U0572396

辽宁省企业信用协会培训教材（二）

企业合同风险防控

薛 斌◎著

辽宁人民出版社

ⓒ薛斌　2019

图书在版编目（CIP）数据

企业合同风险防控 / 薛斌著 . — 沈阳：辽宁人民
出版社 , 2019.3
ISBN 978-7-205-09543-7

Ⅰ . ①企… Ⅱ . ①薛… Ⅲ . ①企业 – 经济合同 – 合同
法 – 研究 – 中国 Ⅳ . ① D923.64

中国版本图书馆 CIP 数据核字 (2019) 第 037746 号

出版发行：辽宁人民出版社
　　　　　地址：沈阳市和平区十一纬路 25 号　邮编：110003
　　　　　电话：024-23284321（邮　购）　024-23284324（发行部）
　　　　　传真：024-23284191（发行部）　024-23284304（办公室）
　　　　　http://www.lnpph.com.cn
印　　刷：辽宁新华印务有限公司
幅面尺寸：185mm×260mm
印　　张：43.5
字　　数：830 千字
出版时间：2019 年 3 月第 1 版
印刷时间：2019 年 3 月第 1 印刷
责任编辑：朱静霞
装帧设计：白　咏
责任校对：赵卫红　等
书　　号：ISBN 978-7-205-09543-7
定　　价：140.00 元

序

习近平总书记在党的十九大报告中提出，从现在到 2020 年，是全面建成小康社会决胜期，这个时期要坚决打好防范化解重大风险攻坚战。中央经济工作会议再次强调，打好防范化解重大风险攻坚战，重点是防控金融风险。加强合同监管、规范合同行为是减少企业违约、防范次贷风险的重要举措。

众所周知，市场经济就是合同经济，正如美国法学家庞德所说："在商业时代，财富多半是由合同构成的。"也正因为如此，一些不法商人为了汲取这个"财富"，往往会不择手段"请君入瓮"，诱使他人与其签订合同。这种合同必然导致对方蒙受经济损失，甚至招致破产之灾。即使通过诉讼程序打赢了官司，也耗费了自己大量的时间、精力和财力，大有元气大伤之感。俗话说，"小心驶得万年船"，只要防控措施得当，很多合同纠纷和损失也是完全可以避免的，即使这些纠纷和损失不能降为零，也能降到最低。

如何防控合同风险，是事关企业生存、效益与发展的攸关问题。经验证明，防控合同风险的要领有三：一要知法。企业应当知晓《合同法》等相关法律、法规和司法解释，知晓合同的构成要素及签约程序，在脑海中形成一幅完整、明确、合法的合同文本图像，构筑合同风险自我保护的防火墙。二要守法。企业不仅要遵守《反不正当竞争法》《产品质量法》等相关法律，而且要按照《合同法》规定的要求去签订合同，并全面履行自己的合同义务，做守合同、重信用的典范，防患于未然。三要用法。企业应掌握防控合同风险的基本技能，并从已发生合同风险的典型案例中获得某些启发和警示，运用法律及时预防或者化解合同风险，拒合同风险于厂门之外。

"授人以鱼不如授人以渔。"为适应经济发展的新常态，满足企业防控合同风险的需求，辽宁省企业信用协会组织有关专家编写了《企业合同风险防控》一书。本书按照《合同法》的立法体例，把风险防控技能分为基本技能和专项技能，并附之典型案例警示，对合同风险实行纵深梯次防御、全位多维布控的防控格局。本书以实战为目的，融知识性、趣味性为一体，并采用创新的编写体例，易于企业合同管理人员随章就典，随时查找、比对和学习。本书的出版，不仅填补了企业合同风险防控技能方面的研究空白，也为企业构筑了防控合同风险的坚固城墙，它一定会成为读者生活中的良师益友。

目录

第一章 合同风险防控概述

合同是商品交换的法律形式，是连接市场主体之间经济往来的纽带，它贯穿于企业生产经营的全过程。无论是企业的创立、厂房的建设、原材料的采购，还是产品的生产和销售等，无不都是通过合同来实现的；无论是合同对象的考察、合同内容的磋商，还是合同义务的履行和合同权利的实现等，无不构成了企业经营活动的全部，企业几乎成了合同的"集中营"。正因为如此，合同诸要素务必在企业经营活动中处于绝对安全、可控状态，这是确保企业生产经营活动有序、高效运转的前提。否则，一旦某一个合同要素出现了风险，极有可能使企业的经营链条出现断裂，甚至使企业的整个生产经营活动陷于瘫痪的风险，大有"一招不慎，全盘皆输"之虞。因此，企业能否控制经营风险，关键在于能否有效规避和防控合同风险。

第一节 《合同法》基础知识概述

掌握了《合同法》基础知识，就等于夯实了签订合同的法律根基，这是企业防控合同风险的前提和基础。

一、合同的含义和特征

（一）合同的含义

合同（contract），又称契约、协议，它是指平等的当事人之间设立、变更、终止民事权利义务关系的协议。依法成立的合同，具有法律约束力，双方当事人必须恪守履行。广义的合同，是指所有法律部门中确定权利、义务关系的协议；狭义的合同，是指一切民事合同；还有最狭义合同，仅指民事合同中的债权合同。《民法通则》第85条规定："合同是当事人之间设立、变更、终止民事关系的协议。"《合同法》第2条规定："合同是平等主体的自然人、法人、其他组织之间设立、变更、终止民事权利义务关系的协议。婚姻、收养、监护等有关身份关系的协议，适用其他法律的规定。"

（二）合同的特征

根据我国《合同法》的规定，合同具有以下法律特征：

1. 合同是一种双方的法律行为，并以意思表示一致为条件。

2. 合同是平等主体之间的民事法律关系，合同双方当事人处于平等地位，不允许任何一方对他方进行限制或强迫。

3. 合同是具有相应法律效力的协议。合同不能是违法行为，而只能是合法行为，如果合同是违法的，就会引起合同无效，甚至当事人要受到法律追究和制裁。

4. 合同是从法律角度明确当事人之间特定权利与义务关系的文件。合同在当事人之间设立、变更和终止某种特定的民事权利义务关系，以实现当事人的特定经济目的。

二、合同关系"三要素"

合同关系，是指合同法律关系，它包括合同法律关系主体、合同法律关系客体、合同法律关系内容三个要素。

（一）合同法律关系主体

合同法律关系主体是参加合同法律关系，享有相应权利、承担相应义务的自然人、法人、其他组织。

1. 自然人

自然人是指基于出生而依法成为民事法律关系主体的有生命的人。作为主体的自然人必须具备相应的民事权利能力和民事行为能力。民事权利能力是民事主体依法享有民事权利和承担民事义务的资格，而民事行为能力是民事主体通过自己的行为取得民事权利和履行民事义务的资格。自然人既包括公民，也包括外国人和没有国籍的人，他们都可以成为合同法律关系的主体。也就是说，不仅具有中国国籍的公民可以在我国签订合同，外国人乃至无国籍的人也可以在中国与别人签订合同而成为合同当事人。

2. 法人

法人与自然人相对，它是具有民事权利能力和民事行为能力，依法独立享有民事权利和承担民事义务的组织。法人的民事权利能力和民事行为能力，从法人成立时产生，到法人终止时消灭。法人存在的必备条件：

（1）依法成立。法人不能自然产生，它的产生必须经过法定的程序。法人的设立目的和方式必须符合法律的规定，设立法人必须经过政府主管机关的批准或者核准登记。

（2）有必要的财产或者经费。有必要的财产或者经费是法人进行民事活动的物质基础，它要求法人的财产或者经费必须与法人的经营范围或者设立目的相适应，否则就不能被批准设立或者核准登记。

（3）有自己的名称、组织机构和场所。法人的名称是法人相互区别的标志和法人进行活动时使用的代号。法人的组织机构是指对内管理法人事务、对外代表法人进行民事活动的机构。法人的场所则是法人进行业务活动的所在地，也是确定法律管辖的依据。

（4）能够独立承担民事责任。法人必须能够以自己的财产或者经费承担在民事活动中的债务，在民事活动中给其他主体造成损失时能够承担赔偿责任。

实践中，应注意区别"法人"与"法定代表人"的概念。我国《民法通则》第38条规定："依照法律或者法人组织章程规定，代表法人行使职权的负责人，是法人的法定代表人。"依照法律或者法人组织章程的规定，代表法人行使职权。

3. 其他组织

其他组织是指依法成立，但不具备法人资格，而能以自己的名义参与民事活动的经营实体或者法人的分支机构等社会组织。在现实生活中，这些组织也被称为非法人组织。如不具备法人资格的劳务承包企业、合伙企业、个人独资企业等。

（二）合同法律关系客体

合同法律关系客体，又叫合同的标的，是指合同法律关系主体享有的权利和承担的义务所共同指向的对象。在通常情况下，合同主体都是为了某一客体，彼此才设立一定的权利义务，从而产生合同法律关系，这里的权利、义务所指向的事物，就是合同法律关系的客体。客体一般表现为财、物、行为和非物质财富。

1. 财

财一般是指资金和有价证券。在工程建设法律关系中表现为财的客体主要是建设资金，如一个工程建设贷款合同的标的，就是一定数量的货币。

2. 物

物是指可为人们控制的并具有经济价值的生产资料和消费资料。在工程建设法律关系中表现为物的客体主要是建筑材料，如钢材、水泥及机械设备等。

3. 行为

行为是指人的有意识的活动。在工程建设法律关系中，行为多表现为完成一定的工作，如勘察设计、施工安装、检查验收等活动。工程建设勘察设计合同的标的，即完成一定的勘察设计任务；工程建设施工合同的标的，即按期完成一定质量要求的施工行为。

4. 非物质财富

非物质财富是指人们脑力劳动的成果或智力方面的创作，也称智力成果，如专利权、著作权和商标权等。在工程建设法律关系中，如果设计单位提供的是具有创造性的设计图纸，该设计单位依法享有专有权，使用单位未经允许不能无偿使用。

（三）合同法律关系内容

合同法律关系内容，是指合同约定和法律规定的权利和义务。合同法律关系的内容是合同主体的具体要求，它决定着合同法律关系的性质，是联结合同主体的纽带。所谓权利，是指权利主体依据法律规定和合同约定，有权按照自己的意志做出某种行为，同时要求义务主体做出某种行为或者不得做出某种行为，以实现自己的合法权益。当其权利受到侵犯时，法律将予以保护。所谓义务，是指义务主体依据法律规定和权利主体的合法要求，必须做出某种行为或不得做出某种行为，以保证权利主体实现其合法权益，否则要承担法律责任。

三、合同成立的基本要件

合同成立是指订约当事人就合同的主要条款达成合意。合同成立应具备以下条件：

（一）订约主体存在双方或多方当事人

所谓订约主体是指实际订立合同的人，他们既可以是未来的合同当事人，也可以是合同当事人的代理人。订约主体与合同主体是不同的，合同主体是合同关系的当事人，他们是实际享受合同权利并承担合同义务的人。

（二）双方当事人订立合同必须是"依法"进行的

所谓"依法"签订合同，是指订立合同要符合法律、行政法规的要求。由于合同约定的是当事人双方之间的权利和义务关系，而权利和义务是依照法律规定所享有和承担的，所以订立合同必须符合法律、行政法规的规定。如果当事人订立的合同违反法律、行政法规的要求，法律就不予承认和保护。这样，当事人达成协议的目的就不能实现，订立合同也就失去了意义。

（三）当事人必须就合同的主要条款协商一致

合同必须是经过双方当事人协商一致的。所谓协商一致，就是指经过谈判、讨价还价后达成的相同的、没有分歧的看法。

（四）合同的成立应具备要约和承诺阶段

要约、承诺是合同成立的基本规则，也是合同成立必须经过的两个阶段。如果合同没有经过承诺，而只是停留在要约阶段，则合同未成立。合同是从合同当事人之间的交涉开始，由合同要约和对此的承诺达成一致而成立。

以上只是合同的一般成立条件。实际上，由于合同的性质和内容不同，许多合同都具有其特有的成立要件。

四、合同订立的基本原则

合同订立的基本原则，是由《合同法》所规定的，贯穿于整个合同订立过程中，缔约主体均应严格遵守的原则。

（一）平等原则

平等原则，是指合同当事人的法律地位平等。不论是自然人还是法人、其他组织；不论其所有制性质和经济实力；不论其有无上下级关系，他们在合同中的法律地位是平等的。一方不得把自己的意志强加给另一方，实施不公平竞争和不平等交换；不得利用公共权利搞非法垄断，签订"霸王合同"；不得利用自己的经济实力强迫他人接受不平等条款等。

（二）自愿原则

自愿原则，是指当事人有权根据自己的意志和利益，自愿决定是否签订合同，与谁签合同，签订什么样的合同；自愿协商确定合同的内容，协商补充变更合同的内容；自愿协商解除合同；自愿协商确定违约责任，选择争议解决方式。任何单位和个人不得非法干预当事人的合同行为。

（三）公平原则

公平原则，是指合同当事人应当遵循公平原则确定各方的权利、义务。无论是签订合同还是变更合同，都要公平合理地确定各方的权利、义务。除少数无偿合同外，当事人一方不能只享有权利不承担义务。

（四）诚实信用原则

诚实信用原则，是指当事人行使权利、履行义务应当遵循诚实信用原则。不得隐瞒真实情况，用欺诈手段骗订合同；不得擅自撕毁合同，要忠实地履行合同的义务；

不得搞合同欺诈。

诚实信用原则是《合同法》的最重要原则，也称"帝王原则"。它最主要的一个功能就是赋予法官相当大的自由裁量权，承认了司法活动的能动性与创造性。首先，法律往往存在很多漏洞或者当事人约定不明确的现象，如《合同法》第61条、第139条、第141条、第154条规定的情况等，此时法官可以依据诚信原则填补这些漏洞。其次，当法律或当事人间的合同缺乏规定或规定不明确时，法官应依据诚信原则对其进行准确解释并适用。诚信原则的高度概括抽象性使其包括的范围极大，远远超过了它一般条款的范围。实际上，立法者正是以这种模糊规定的方法赋予了法官一定的自由裁量权。

（五）守法原则

守法原则是指当事人订立、履行合同，应当遵守法律、行政法规，遵守社会公德，不得扰乱社会经济秩序，损害国家和社会公共利益。

（六）公序良俗原则

公序良俗是公共秩序和善良风俗的简称。所谓公序良俗原则，是指当事人在进行民事活动时应当尊重社会公德，不得违反公共秩序和善良风俗，不得违反社会道德准则和国家的一般利益，不得损害国家和社会的根本利益。就合同领域而言，根据该原则的要求，合同当事人不得利用合同扰乱社会经济秩序，损害社会公共利益。合同当事人在订立和履行合同中，在追求自己利益的同时，不能损害社会公共利益，不能扰乱社会经济秩序，否则，该合同无效。

五、合同的主要种类

（一）买卖合同

买卖合同，是指一方转移标的物的所有权于另一方，另一方支付价款的合同。转移所有权的一方为出卖人或卖方，支付价款而取得所有权的一方为买受人或者买方。买卖是商品交换最普遍的形式，也是典型的有偿合同。根据《合同法》第174条、第175条的规定，法律对其他有偿合同的事项未作规定时，参照买卖合同的规定；互易等移转标的物所有权的合同，也参照买卖合同的规定。

（二）供用电、水、气、热力合同

供用电合同，是指供电人向用电人供电，用电人支付电费的合同。供用水、供用气、供用热力合同，则参照供用电合同的有关规定。供用电、水、气、热力合同一般为格式合同。供用电、水、气、热力合同作为特殊买卖合同，一般买卖合同的规定也适用于该类合同，但于特殊处，须遵循法律的特别规定。

（三）赠与合同

赠与合同，是指赠与人把自己的财产无偿地送给受赠人，受赠人同意接受的合同。赠与合同可以发生在个人对国家机关、企事业单位和社会团体以及个人相互之间。赠与的财产不限于所有权的移转，对于诸如抵押权、地役权的设定，均可作为赠与的标的。

（四）借款合同

借款合同，是指当事人约定一方将一定种类和数额的货币所有权移转给他方，他方于一定期限内返还同种类同数额货币及利息的合同。其中，提供货币的一方称贷款人，受领货币的一方称借款人。借款合同又称借贷合同。按合同的期限不同，可以分为定期借贷合同、不定期借贷合同、短期借贷合同、中期借贷合同、长期借贷合同；按合同的行业对象不同，可以分为工业借贷合同、商业借贷合同、农业借贷合同；按照合同是否约定利息，可以分为有偿借款合同和无偿借款合同等。

根据《合同法》的规定，自然人间的借款合同未约定利息或者约定不明确的，视为无偿借款。自然人间有偿借款，其利率不得高于法定限制。最高人民法院发布的《关于人民法院审理借贷案件的若干意见》规定，民间借贷的利率可以适当高于银行的利率，但最高不得超过银行同类贷款利率的4倍；不允许计收复利。

（五）租赁合同

租赁合同，是指出租人将租赁物交付给承租人使用、收益，承租人支付租金的合同。在当事人中，提供物的使用或收益权的一方为出租人；对租赁物有使用或收益权的一方为承租人。租赁合同是诺成合同，该合同的成立不以租赁物的交付为要件。

（六）融资租赁合同

融资租赁合同的主体为三方当事人，即出租人（买受人）、承租人和出卖人（供货商）。融资租赁合同的承租人要求出租人为其融资购买承租人所需的设备，然后由供货商直接将设备交给承租人。根据约定以及支付的价金数额，融资租赁合同的承租人有取得租赁物之所有权或返还租赁物的选择权，即如果承租人支付的是租赁物的对价，就可以取得租赁物之所有权；如果支付的仅是租金，则须于合同期届满时将租赁物返还出租人。

与买卖合同不同，融资租赁合同的出卖人是向承租人履行交付标的物和瑕疵担保义务，而不是向买受人（出租人）履行义务，即承租人享有买受人的权利但不承担买受人的义务。与租赁合同不同，融资租赁合同的出租人不负担租赁物的维修与瑕疵担保义务，但承租人须向出租人履行交付租金义务。

（七）承揽合同

承揽合同，是指承揽人按照定作人的要求完成工作，交付工作成果，定作人给付报酬的合同。承揽合同是日常生活中除买卖合同外常见和普遍的合同，有多种多样的表现形式。在承揽合同中，完成工作并交付工作成果的一方为承揽人；接受工作成果并支付报酬的一方称为定作人。承揽合同的承揽人可以是一人，也可以是数人。在承揽人为数人时，数个承揽人即为共同承揽人，如无相反约定，共同承揽人对定作人负连带清偿责任。按照《合同法》第251条的规定，承揽包括加工、定作、修理、复制、测试、检验等工作，因而也就有其相应类型的合同。

（八）建设工程合同

建设工程合同，也称建设工程承发包合同，是指由承包人进行工程建设，发包人支付价款的合同。建设工程合同包括工程勘察、设计、施工合同。

1. 建设工程勘察合同

建设工程勘察合同是承包方进行工程勘察，发包人支付价款的合同。建设工程勘察单位称为承包方，建设单位或者有关单位称为发包方（也称为委托方）。建设工程勘察合同的标的是为建设工程需要而作的勘察成果。工程勘察是工程建设的第一个环节，也是保证建设工程质量的基础环节。建设工程勘察合同必须符合国家规定的基本建设程序，勘察合同由建设单位或有关单位提出委托，经与勘察部门协商，双方取得一致意见，即可签订，任何违反国家规定的建设程序的勘察合同均是无效的。为了确保工程勘察的质量，勘察合同的承包方必须是经国家或省级主管机关批准，持有《勘察许可证》，具有法人资格的勘察单位。

2. 建设工程设计合同

建设工程设计合同是承包方进行工程设计，委托方支付价款的合同。建设单位或有关单位为委托方，建设工程设计单位为承包方。建设工程设计合同为建设工程需要而作的设计成果。工程设计是工程建设的第二个环节，是保证建设工程质量的重要环节。工程设计合同的承包方必须是经国家或省级主要机关批准，持有《设计许可证》，具有法人资格的设计单位。只有具备了上级批准的设计任务书，建设工程设计合同才能订立；小型单项工程必须具有上级机关批准的文件方能订立。如果单独委托施工图设计任务，应当同时具有经有关部门批准的初步设计文件方能订立。

3. 建设工程施工合同

建设工程施工合同是工程建设单位与施工单位，也就是指发包方（建设单位）和承包方（施工人）为完成商定的施工工程，明确相互权利、义务的协议。依照施工合同，施工单位应完成建设单位交给的施工任务，建设单位应按照规定提供必要条件并支付工程价款。建设工程施工合同是承包人进行工程建设施工，发包人支付价款的合同，是建设工程的主要合同，同时也是工程建设质量控制、进度控制、投资控制的主要依据。施工合同的当事人是发包方和承包方，双方是平等的民事主体。但建设工程施工合同的发包方可以是法人，也可以是依法成立的其他组织或公民，而承包方必须是法人。

（九）运输合同

运输合同，是指承运人将旅客或货物运到约定地点，旅客、托运人或收货人支付票款或运费的合同。运输合同是有偿的、双务的合同；运输合同的客体是指承运人将一定的货物或旅客运到约定的地点的运输行为；运输合同大多是格式条款合同。根据《合同法》规定，运输合同包括客运合同、货运合同、多式联运合同等。

（十）技术合同

技术合同，是指当事人就技术开发、转让、咨询或者服务订立的确立相互之间权利和义务的合同。

1. 技术开发合同

技术开发合同，是指当事人之间就新技术、新产品、新工艺或者新材料及其系统的研究开发所订立的合同，包括委托开发合同和合作开发合同。在委托开发合同中，委托方的义务是按照合同约定支付研究开发费用和报酬，完成协作事项并按期接受研究开发成果。受托方即研究开发方的义务是合理使用研究开发费用，按期完成研究开发工作并交付成果，同时接受委托方必要的检查。

2. 技术转让合同

技术转让合同，是指当事人之间就专利权转让、专利申请权转让、专利实施许可和技术秘密转让所订立的合同。技术转让合同包括专利权转让合同、专利申请权转让合同、技术秘密转让合同和专利实施许可合同四种类型。

3. 技术咨询合同

技术咨询合同，是指当事人一方为另一方就特定技术项目提供可行性论证、技术预测、专题技术调查、分析评价报告所订立的合同。提出合同标的要求并付款一方为委托方，提供特定技术项目成果一方为被委托方即顾问方。技术咨询合同标的内容广泛，包括有关科学技术与经济、社会发展的软科学研究项目及专业性技术项目。在技术咨询合同履行过程中，委托方要向顾问方提供技术资料、工作条件；顾问方以其专门的知识、信息、技能、经验，运用科学方法和先进手段，通过调查研究，写出技术咨询合同，提出建议和最佳的或几种可供选择的方案，供委托方决策时参考。

4. 技术服务合同

技术服务合同，是指当事人一方以技术知识为另一方解决特定技术问题所订立的合同。技术服务合同中包括技术培训合同和技术中介合同。技术培训合同是指当事人一方委托另一方对指定的专业技术人员进行特定项目的技术指导和专业训练所订立的合同。

（十一）保管合同

保管合同又称寄托合同、寄存合同，是指双方当事人约定一方将物交付他方保管的合同。保管合同是保管人有偿地或无偿地为寄存人保管物品，并在约定期限内或应寄存人的请求，返还保管物品的合同。寄存人只转移保管物的占有给保管人，而不转移使用和收益权，即保管人只有权占有保管物，而不能使用保管物。

（十二）仓储合同

根据《合同法》相关规定，仓储合同是保管人储存存货人交付的仓储物，存货人支付仓储费的合同。提供储存保管服务的一方称为保管人，接受储存保管服务并支付报酬的一方称为存货人。交付保管的货物为仓储物，仓储合同属于保管合同的一种特殊类型。仓储合同是一种特殊的保管合同，它具有保管合同的基本特征，同时仓储合同又具有自己的特殊特征。

（十三）委托合同

委托合同又称委任合同，是指委托人与受托人约定，由受托人处理委托人事务，委托人支付约定报酬或不支付报酬的合同。其中，委托他人为自己处理事务的人称委托人，接受他人委托的人称受托人。委托合同是典型的劳务合同，它以当事人之间相互信任为前提。

（十四）行纪合同

行纪合同，是指行纪人以自己的名义为委托人从事贸易活动，委托人支付报酬的合同。以自己名义为他人从事贸易活动的一方为行纪人，委托行纪人为自己从事贸易活动并支付报酬的一方为委托人。行纪合同在大陆法系国家及我国合同法理论上又称信托合同。

（十五）居间合同

居间合同，是指居间人向委托人报告订立合同的机会或者提供订立合同的媒介服务，委托人支付报酬的合同。在民法理论上，居间合同又称为中介合同或者中介服务合同。向他方报告订立合同的机会或者提供订立合同的媒介服务的一方为居间人，接受他方所提供的订约机会并支付报酬的一方为委托人。

六、合同的主要形式

合同形式，是指当事人合意的外在表现形式，是合同内容的载体。我国《合同法》第10条规定："当事人订立合同，有书面形式、口头形式和其他形式。法律、行政法规规定采用书面形式的，应该采用书面形式。当事人约定采用书面形式的，应当采用书面形式。"

（一）口头形式

口头形式，是指当事人双方面对面地谈话或者以电话交谈等方式达成的协议。口头订立合同的特点是直接、简便、快速，数额较小或者现款交易通常采用口头形式。口头合同是老百姓日常生活中广泛采用的合同形式。口头合同最大的缺陷就是发生纠纷举证难。当事人在使用口头形式时，应注意只能是即时履行的经济合同，才能使用口头形式，否则不宜采用这种形式。

（二）书面形式

书面形式，是指当事人双方用书面方式表达相互之间通过协商一致而达成的协议。根据《合同法》的规定，凡是不能即时清结的经济合同，均应采用书面形式。在签订书面合同时，当事人应注意，除主合同之外，与主合同有关的电报、书信、图表等，也是合同的组成部分，应同主合同一起妥善保管。书面形式便于当事人履行，便于管理和监督，便于举证，是经济合同当事人使用的主要形式。

（三）其他形式

其他形式，是指合同行为采用以上书面和口头形式以外的方式进行意思表示，包括实际履行完成合意、默示形式和推定形式等。

1. 实际履行完成合意

实际履行完成合意，是指以实际履行的形式来完成双方的合意。双方的实际履行必须是完成了合同的主要条款，而不是仅仅完成了合同的次要条款，比如某购销合同，仅一方交了货物而另一方没有支付货款则不能称实际履行合同主要条款。如果仅仅履行了合同的次要条款，则不能说明当事人已通过他们的实际履行的行为完成合同的主要条款的合意。

2. 默示形式

默示形式，是指以默示的方式进行意思表示。例如，法律规定银行托收承付凭证之后，一定时间不向银行表示拒付，即视为承认付款。对于默示形式，除法律另有特别规定外，法律上承认默示与明示具有同等效力。

3. 推定形式

推定形式，是指行为人既不用语言也不用书面形式作出意思表示，而是以自己的行为作出意思表示的一种形式。通过行为人的行为，他人可以推定行为人实际上已经表达了承认的意图。例如，房屋租赁合同期满后，虽然双方没有通过书面或者口头再订合同，但承租人继续交付租金，出租人继续接受租金，即可推定他们之间已经达成了关于延长房屋租赁关系的协议。

七、合同的条款要素

根据《合同法》第12条规定，具有以下八个条款要素的合同是一份比较完备的合同：

（一）当事人的名称或者姓名和住所

如果当事人是自然人，其住所就是其户籍所在地的居住地；自然人的经常居住地与住所不一致的，其经常居住地视为住所。如果当事人是法人，其住所是其主要办事机构所在地。如果法人有两个以上的办事机构，即应区分何者为主要办事机构，主要办事机构之外的办事机构为次要办事机构，而以该主要办事机构所在地为法人的住所。

（二）标的

标的是合同权利义务所指向的对象，标的是一切合同必须具备的主要条款。合同中应清楚地写明标的的名称，以使其特定化。特别是作为标的的同一种物品会因产地的差异和质量的不同而存在差别时，更是需要详细说明标的的具体情况。例如，白棉布有原色布与漂白布之分，因此，如果购买白棉布，就必须说明是购买原色布还是漂白布。

（三）数量

合同双方当事人应选择共同接受的计量单位和计量方法，并允许规定合理的磅差和尾差。

（四）质量

标的的质量主要包括以下5个方面内容：

1. 标的物的物理和化学成分；

2. 标的物的规格，通常是用度、量、衡来确定的质量特性；

3. 标的物性能，如强度、硬度、弹性、抗腐蚀性、耐水性、耐热性、传导性和牢固性等；

4.标的物的款式，例如标的物的色泽、图案、式样等；

5.标的物的感觉要素，例如标的物的味道、新鲜度等。

（五）价款或者报酬

价款是购买标的物所应支付的代价，报酬是获得服务应当支付的代价，这两项作为合同的主要条款应予以明确规定。在大宗买卖或对外贸易中，合同价款还应对运费、保险费、装卸费、保管费和报关费作出规定。

（六）履行期限、地点和方式

当事人可以就履行期限是即时履行、定时履行、分期履行作出规定。当事人应对履行地点是在出卖人所在地还是买受人所在地、履行方式是一次交付还是分批交付以及是空运、水运还是陆运作出明确规定。

（七）违约责任

当事人可以在合同中约定违约致损的赔偿方法以及赔偿范围等。

（八）解决争议的方法

当事人可以约定在双方协商不成的情况下，是选择仲裁解决还是选择诉讼解决买卖纠纷。当事人还可以约定解决纠纷的仲裁机构或诉讼法院。

此外，根据《合同法》第131条规定，买卖合同的内容除依照上述规定以外，还可以包括包装方式、检验标准和方法、结算方式、合同使用的文字及其效力等条款。

八、合同的生效要件

合同生效，是指合同具备一定的要件后，便能产生法律上的效力。换句话说，只要是符合法定生效要件的合同，便可以受到法律的保护，并能够产生合同当事人所预期的法律效果。合同生效与合同成立是两个不同的概念，合同成立是合同生效的前提条件，合同生效是当事人双方订立合同实现预期目标必然要追求的结果。合同成立后，能否产生法律效力，能否产生当事人所预期的法律后果，要视合同是否具备生效要件。合同生效应当具备以下要件：

（一）当事人在缔约时具有相应的民事能力

合同当事人必须具有相应的民事权利能力和民事行为能力以及缔约能力，才能成为合格的合同主体。若主体不合格，合同不能产生法律效力。

（二）意思表示真实

合同当事人意思表示真实，是指行为人的意思表示应当真实反映其内心的意思。合同成立后，当事人的意思表示是否真实往往难以从其外部判断，法律对此一般不主动干预。缺乏意思表示真实这一要件即意思表示不真实，并不绝对导致合同一律无效。

（三）不违反法律或社会公共利益

合同不违反法律或者社会公共利益，主要包括两层含义：一是合同的内容合法，即合同条款中约定的权利、义务及其指向的对象即标的等，应符合法律的规定和社会公共利益的要求；二是合同的目的合法，即当事人缔约的原因合法，并且是直接的内心原因合法，不存在以合法的方式达到非法目的等规避法律的事实。

（四）符合法定的形式要件

合同应具备法律、行政法规规定的合同生效必须具备的形式要件。所谓形式要件，是指法律、行政法规对合同形式上的要求，形式要件通常不是合同生效的要件，但如果法律、行政法规规定将其作为合同生效的条件时，便成为合同生效的要件之一，不具备这些形式要件，合同不能生效。当然法律另有规定的除外。

（五）特殊合同应符合特殊要求

对于附条件的合同，《合同法》规定：当事人对合同的效力可以约定附条件。附生效条件的合同，自条件成立时生效。附解除条件的合同，自条件解除时生效。当事人为自己的利益不正当地阻止条件成就的，视为条件成就；不正当地促成条件成就的，视为条件不成就。

对于附期限的合同，《合同法》规定：当事人对合同的效力可以约定附期限。附生效期限的合同，自期限届至时生效。附终止期限的合同，自期限届满时失效。

九、合同的效力

合同效力是法律赋予依法成立的合同所产生的约束力。合同的效力可分为四大类，即有效合同、无效合同、效力待定合同、可撤销合同。

（一）有效合同

有效合同，是指依照法律的规定成立并在当事人之间产生法律约束力的合同。合同若成立后生效，则会在合同当事人之间产生法律约束力。我国《合同法》第8条规定："依法成立的合同对当事人具有法律约束力，当事人应当按照约定履行自己的义务，不得擅自变更或者解除合同。"合同依法成立并生效意味着双方当事人享有合同中约定的权利和承担合同中约定的应当履行的义务；任何一方不得擅自变更和解除合同；一旦当事人一方不履行合同规定的义务，另一方当事人可寻求法律保护；合同生效后，对合同当事人之外的第三人也具有法律约束力，第三人（包括单位、个人）均不得对合同当事人进行非法干涉，合同当事人对妨碍合同履行的第三人可以请求法院排除妨害；合同生效后，合同条款成为处理合同纠纷的重要依据。

（二）无效合同

无效合同，是相对有效合同而言的，它是指合同虽然成立，但因其违反法律、行政法规或公共利益，因此被确认无效。无效合同因为违反法律、法规禁止性规范自始而且自然无效，不得履行，应由国家予以取缔。合同无效的情形主要有：

1.一方以欺诈、胁迫的手段订立合同，损害国家利益；

2.恶意串通，损害国家、集体或第三人利益；

3.以合法形式掩盖非法目的；

4.损害社会公众利益；

5.违反法律、行政法规的强制性规定；

6.格式条款及免责条款无效；

7.虚伪表示与隐匿行为。

（三）效力待定合同

效力待定合同，是指合同虽然已经成立，但因其不完全符合法律有关生效要件的规定，因此其发生效力与否尚未确定，一般须经有权人表示承认或追认才能生效。主要包括三种情况：

1.无行为能力人订立的和限制行为能力人依法不能独立订立的合同，必须经其法定代理人的承认才能生效；

2.无权代理人以本人名义订立的合同，必须经过本人追认，才能对本人产生法律拘束力；

3.无处分权人处分他人财产权利而订立的合同，未经权利人追认，合同无效。

（四）可撤销合同

可撤销合同，是指当事人在订立合同的过程中，由于意思表示不真实，或者是出于重大误解从而作出错误的意思表示，依照法律的规定可予以撤销的合同。该合同一经撤销则成为无效合同，不被撤销则为有效合同。可撤销合同分两种情况：

1.当事人任何一方都有权请求撤销的，其法定事由包括：一是因重大误解订立的；二是订立合同时显失公平的。

2.受损害一方有权请求撤销的，其法定事由为一方采取欺诈、胁迫的手段或乘人之危，而使受害一方违背真实意思订立合同。

十、合同的变更

按有关法律规定，依法成立的合同，对当事人具有法律约束力。当事人应当按照约定履行自己的义务，不得擅自变更。但法律同时还规定若符合下列条件，允许当事人对合同的内容进行变更：

（一）原已存在有效的合同关系；

（二）合同内容发生变化，包括标的物数量的增减，标的物品质的改变，价款或者酬金的增减，履行期限的变更，履行地点的改变，履行方式的改变，结算方式的改变等；

（三）经当事人协商一致，或依法律直接规定及法院裁决，有时依形成权人的意思表示；

（四）法律、行政法规规定变更合同应办理批准、登记手续的，应遵守其规定。

需要注意的是：在合同履行过程中，如需变更合同内容，应依据《合同法》的有关规定执行；一方当事人要求变更合同时，在未达成新的协议前，原合同仍然有效；要求变更合同一方应及时将自己的意图通知对方，对方也应在接到书面通知后的15天或合同约定的时间内予以答复，逾期不答复的视为默认。同时，要特别注意物资采购合同的变更。物资采购合同变更的内容可能涉及订购数量的增减、包装物标准的改变、交货时间和地点的变更等方面。采购方对合同内约定的订购数量不得少要或不要，否则要承担中途退货的责任。只有当供货方不能按期交付货物，或交付的货物存在严重质量问题而影响工程使用时，采购方认为继续履行合同已成为不必要，才可以拒收货物，甚至解除合同关系。如果采购方要求变更到货地点或接货人，应在合同规定的交货期限届满前40天通知供货方，以便供货方修改发运计划和组织运输工具。迟于上述规定期限，双方应当立即协商处理。如果已不可能变更或变更后会发生额外费用支出，其后果均应由采购方负责。

十一、合同的解除

合同解除是指合同有效成立后，在一定条件下通过当事人的单方行为或者双方合意终止合同效力或者溯及地消灭合同效力的行为。符合下列条件的，当事人单方可以解除合同：

（一）因不可抗力致使不能实现合同目的；

（二）在履行期限届满之前，当事人一方明确表示或者以自己的行为表明不履行主要债务；

（三）当事人一方迟延履行主要债务，经催告后在合理期限内仍未履行；

（四）当事人一方迟延履行债务或者有其他违约行为致使不能实现合同目的；

（五）法律规定的其他情形。

需要注意的是：在合同履行过程中，如需解除合同，要求解除合同一方当事人应及时将自己的意图通知对方，对方也应在接到书面通知后的15天或合同约定的时间内予以答复，逾期不答复的视为默认。但在未达成新的协议前，原合同仍然有效。

十二、合同的终止

合同终止，是指因发生法律规定或当事人约定的情况，使合同当事人之间的权利义务关系消灭，使合同的法律效力终止。根据《合同法》第91条规定，有下列情形之一的，合同的权利义务终止：

（一）债务已经按照约定履行；

（二）合同解除；

（三）债务相互抵销；

（四）债务人依法将标的物提存；

（五）债权人免除债务；

（六）债权债务同归于一人；

（七）法律规定或者当事人约定终止的其他情形。

需要注意的是：合同的权利义务终止后，当事人应当遵循诚信原则，根据交易习惯履行通知、协助、保密等义务。合同的权利义务终止，不影响合同中结算和清理条款的效力。

十三、合同的中止

合同中止，是指在合同义务履行之前或履行的过程中，由于某种客观情况的出现，使得当事人不能履行合同义务而只能暂时停止的情况。根据《合同法》第68条之规定，应当先履行债务的当事人，有确切证据证明对方有下列情形之一的，可以中止履行：

（一）经营状况严重恶化；

（二）转移财产、抽逃资金，以逃避债务；

（三）丧失商业信誉；

（四）有丧失或者可能丧失履行债务能力的其他情形。

需要注意的是：根据《合同法》第69条规定，若想中止履行合同，一是必须有确切证据证明对方有《合同法》第68条规定的情形，才方可中止履行自己的合同义务，而不能无根据地怀疑对方不能履行合同，否则造成损失要承担相应的法律责任；二是一旦对方提供了适当履行担保时，暂时中止履行的一方就应继续履行合同。适当担保，是指银行或其他担保人担保，给付履约保证金（定金），抵押担保等。当对方提供上述形式的担保时，即可认为是适当担保，中止的一方应当继续履行自己的合同义务。中止履行后，对方在合理期限内未恢复履行能力并且未提供适当担保的，中止履行的一方可以解除合同。

十四、合同的转让

合同转让，即合同权利、义务的转让，又可称合同主体的变更，它是指合同当事人一方依法将其合同的权利、义务全部地或者部分地转让给第三人。根据合同转让的权利、义务不同，合同转让可分为合同权利转让、合同义务转让以及合同权利和义务全部转让三种形态。

（一）合同权利转让

合同权利转让，是指合同权利人一方将其合同的权利全部或部分转让给第三人享有的行为。其中，合同权利人称为让与人，第三人称为受让人。权利人可以将合同的权利全部或者部分转让给第三人，但有下列情形之一的除外：一是根据合同性质不得转让的；二是按照当事人约定不得转让的；三是依据法律规定不得转让的。

需要注意的是：债权人转让权利的，如果合同一方仅仅是把自己的合同权利转让给别人，就不必征得另一方当事人的同意。但是，应当通知债务人，未经通知，该转让对债务人不发生效力；债权人转让权利的通知不得撤销，但经受让人同意的除外。同时，债权人转让权利的，受让人取得与债权有关的从权利，但该从权利专属于债权人自身的除外。债务人接到债权转让通知后，债务人对让与人的抗辩，可以向受让人主张。若法律、行政法规规定转让权利应当办理批准、登记等手续的，依照其规定。

（二）合同义务转让

合同义务转让，是指不改变合同的内容，债务人将其合同义务全部或部分地转移给第三人。债务人将其全部合同义务转让给第三人，由该第三人取代债务人的地位，叫作免责的债务承担。债务人将其合同义务部分地转让给第三人，如果该债务人与第三人连带地向债权人负责，叫作并存的债务承担；如果该债务人与第三人各自按份负其责任，则按份之债的规则处理。

需要注意的是：债务人将合同的义务全部或者部分转移给第三人的，应当经债权人同意，未经债权人同意的，该转让不能生效。债务人转移债务的，新债务人可以主张原债务人对债权人的抗辩，并应当承担与主债务有关的从债务，但该从债务专属于原债务人自身的除外。若法律、行政法规规定转让转移义务应当办理批准、登记等手续的，依照其规定。

（三）合同权利和义务全部转让

当事人一方经对方同意，可以将自己在合同中的权利和义务一并转让给第三人。这种合同权利义务的一并转让，又称合同的概括转让。合同一方当事人将其权利和义务一并转移给第三人，由第三人全部地承受这些权利和义务。这时第三人就取代了出让人在该合同中的地位。

如前所述，债权人转让权利应当通知债务人；债务人转移义务的必须经债权人的同意。权利和义务一并转让既包括了权利的转让，又包括义务的转让，所以，这种合同权利和义务的一并转让也必须经对方当事人同意。否则，转让不发生法律效力。此外，必须依法经有关机关批准方能成立的合同，合同承受须经原批准机关批准。根据《合同法》第89条规定，权利和义务一并转让的，适用《合同法》第79、81、82、83、85、86、87条的规定。

十五、合同的抵销

《合同法》第99条和第100条规定了债务的抵销。所谓抵销，是指双方当事人互负债务时，在对等的数额内以其债权冲抵债务的履行。抵销有法定抵销和协议抵销两种情形。

（一）法定抵销

法定抵销，指法律规定的抵销条件具备时，依当事人一方的意思表示即发生抵销的效力。法定抵销应当具备以下条件：

1.当事人双方互负债务、互享债权。这是抵销的前提，当事人双方既互负债务，又互享债权，只有债务而无债权或只有债权而无债务均不发生抵销。

2.双方债权、债务均已届清偿期。

3.双方债务的标的物种类、品质相同。种类相同，指合同标的物本身的性质相同，如都是支付金钱。品质相同，指标的物的质量、规格、等级无差别。

需要注意的是：下列三种情况不能抵销：一是依照法律规定不得抵销的；二是按照合同性质不得抵销的；三是合同约定不得抵销的。

法定抵销条件具备时，一方当事人主张抵销债务，应当将抵销的意思表示以书面形式通知对方。通知到达时产生抵销的效力。抵销通知不得附期限或附条件。

（二）协议抵销

协议抵销，指当事人双方协商一致，使自己的债务与对方的债务在对等额度内消灭。协议抵销充分体现了当事人的意思自治，没有法定抵销所要求的那么严格的条件。

十六、合同的提存

提存，指由于债权人的原因而无法向其交付合同标的物时，债务人将该标的物交给提存机关而消灭债务的制度。交付合同标的物的债务人为提存人；债权人为提存领受人；交付的标的物为提存物；由国家设立并保管提存物的机关为提存机关。《合同法》第91条明确规定提存为合同权利义务关系终止的事由之一，并以第101—104条规定了提存的原因、风险责任、法律后果等问题，为提存提供了基本的规范。

十七、合同的撤销权

（一）合同撤销权的概念

合同撤销权，即可撤销合同的撤销权，是指撤销权人因合同欠缺一定生效要件，而享有的以其单方意思表示撤销已成立的合同的权利。相对于绝对无效合同而言，可撤销合同属相对无效合同，其在有撤销权的一方行使撤销权之前，合同对当事人仍有效力，故其相对无效。在行使撤销权后，合同无效溯及合同成立之时，自始不发生效力。

（二）合同撤销权的情形

纵观《合同法》对撤销权行使的规定，有以下几种情形：

1. 限制民事行为能力人订立的合同，善意相对人在合同被追认之前可以行使撤销权。

2. 无权代理人以被代理人名义订立的合同，善意相对人在合同被追认之前可以行使撤销权。

3. 合同一方当事人因重大误解、显失公平，或一方以欺诈、胁迫的手段或乘人之危，使对方在违背真实意思情况下订立的合同，受损害方可以行使撤销权。

4. 债务人放弃其到期债权，实施或无偿、低价转让、处分其财产的行为，受损害的债权人有权行使撤销权。

上述第一、二两种情况，系无订立合同行为能力人订立的合同，相对人可以行使撤销权。第三种情形是违背意思表示真实原则，可行使撤销权。第四种情形是违背诚实信用原则，可行使撤销权。

（三）合同撤销权行使的期限

根据《合同法》第55条规定，合同撤销权的行使期间为1年，其起算点是自知道或者应当知道撤销事由之日起计算。也就是说在这1年期限内，具有撤销权的当事人必须行使其撤销权，否则，该当事人就失去此权利，那么当事人就必须接受合同的约束，履行合同中规定的义务。

（四）行使撤销权后所引起的法律后果

根据《合同法》第56条规定，撤销权人行使合同撤销权后，被撤销的合同自始没有法律约束力，处于无效状态。根据《合同法》第58条规定，合同被撤销后，当事人也要承担返还财产、折价补偿、赔偿损失的民事责任。

十八、合同的抗辩权

（一）抗辩权的概念

抗辩权又称异议权，是指对抗对方的请求权的权利。可以说，请求权是矛，抗辩权是盾，抗辩权的功能在于延缓请求权的行使或使请求权归于消灭。抗辩权是一种对抗权，是对抗侵犯自己合法权益的法律请求权。该权利仅仅适用于有关合同的部分内容，对于其他内容将没有什么效果。抗辩权的作用在于"对抗"而非否认对方的权利。抗辩权的行使以请求权存在且提出请求为前提。在未提出请求权的情况下，抗辩权无从行使。故而，在权利已消灭的情况下，也不适用抗辩权。如甲欠乙1万元，一年后甲已偿还，后乙又要求甲再给付1万元，甲予以拒绝，否认自己欠乙1万元的债务。这在性质上可称否认权，不属于抗辩权。

（二）抗辩权的种类

1. 同时履行抗辩权

根据《合同法》第66条规定，同时履行抗辩权是指当事人互负债务，没有先后履行顺序的，应当同时履行，一方在对方履行前有权拒绝其履行要求。一方在对方履行债务不符合约定时，有权拒绝其相应的履行要求。例如：甲、乙约定，甲向乙购买钢材，价款500万元，没有约定先交钱再拿货还是先拿货再交钱。因此若甲不给价款，乙就有权不给钢材，乙行使的就是同时履行抗辩权，通俗的说他们应当"一手交钱一手交货"。

2. 先履行抗辩权

根据《合同法》第67条规定，先履行抗辩权是指当事人互负债务，有先后履行顺序的，先履行一方未履行之前，后履行一方有权拒绝其履行请求，先履行一方履行债务不符合债的本旨，后履行一方有权拒绝其相应的履行请求。例如：甲、乙约定，甲向乙购买钢材，价款500万元，约定乙先交货，甲再给钱。如果乙不能按时交货，甲就有权拒绝给付价款，或者，乙只能交约定钢材二分之一的货物，甲也有权拒给货款，甲行使的就是先履行抗辩权。

3. 不安抗辩权

根据《合同法》第68条规定，不安抗辩权是指当事人互负债务，有先后履行顺序的，先履行的一方有确切证据表明另一方丧失履行债务能力时，在对方没有履行或者没有提供担保之前，有权中止合同履行的权利。例如：甲、乙约定，甲向乙购买钢材，价款500万元，甲先交钱，乙再发货。交货之前，乙厂发生大火，甲有证据证明乙厂不能按时交货，而且乙也没表示可以提供担保，甲出于对自身货款安全的考虑，就有权拒付价款，甲在行使不安抗辩权。

4. 先诉抗辩权

根据《担保法》第17条规定，先诉抗辩权是指主合同纠纷未经审判或仲裁，并就债务人财产依法强制执行用于清偿债务前，一般保证人对债权人可拒绝承担保证责任。例如：甲、乙约定，甲向乙购买钢材，价款500万元，丙作为甲的保证人，在甲不能及时付款的时候承担保证责任。正好甲破产了，尚未清算，没能力给付价款，此时乙要求丙承担保证责任，丙就可以行使先诉抗辩权，不给钱。

十九、合同的代位权

《合同法》第73条规定："因债务人怠于行使其到期的债权，对债权人造成损害的，债权人可以向人民法院请求以自己的名义代位行使债务人的债权，但该债权专属债务人自身的除外。代位权的行使范围以债权人的债权为限，债权人行使代位权必要费用，由债务人负担。"由此可见，合同代位权，也称合同的代位求偿权，是指当债务人怠于行使其权利而危害到债权人的债权时，债权人可以取代债务人的地位，行使债务人的权利。代位求偿权是保险常用名词。保险代位求偿权，是指当保险标的遭受保险事故造成的损失，依法应由第三者承担赔偿责任时，保险公司自支付保险赔偿金之日起，在赔偿金额的限度内，相应地取得向第三者请求赔偿的权利。

二十、格式合同

（一）格式合同的概念

格式合同，又称标准合同、定型化合同，是指当事人一方预先拟定合同条款，对方只能表示全部同意或者不同意的合同。现实生活中的车票、船票、飞机票、保险单、提单、仓单、出版合同等都是格式合同。一般而言，某一行业垄断的存在和交易内容的重复性，以及交易双方所要求的简便、省时导致了格式合同的存在并大量运用于商事生活领域。

（二）格式合同的特征

当事人为了重复使用而预先拟定，并在订立合同时未与对方协商的格式合同具有以下法律特征：

1. 格式合同的要约向公众发出，并且规定了在某一特定时期订立该合同的全部条款；

2. 格式合同的条款是单方事先制定的；

3. 格式合同条款的定型化导致了对方当事人不能就合同条款进行协商；

4. 格式合同一般采取书面形式；

5. 格式合同（特别是提供商品和服务的格式合同）条款的制定方一般具有绝对的经济优势或垄断地位，而另一方为不特定的、分散的消费者。

（三）格式合同的弊端

格式合同虽然具有节约交易的时间、事先分配风险、降低经营成本等优点，但同时也存在诸多弊端。由于格式合同限制了合同自由原则，格式合同的拟定方可以利用其优越的经济地位，制定有利于自己而不利于消费者的合同条款。例如，拟定方为自己规定免责条款或者限制责任的条款等。

（四）格式合同的法律规制

针对格式合同存在的弊端，我国法律从不同的角度对其进行规制：

1.《合同法》规制

（1）第39条规定："采用格式条款订立合同的，提供格式条款的一方应当遵循公平原则确定当事人之间的权利和义务，并采取合理的方式提请对方注意免除或者限制其责任的条款，按照对方的要求，对该条款予以说明。"

（2）第40条规定："格式条款具有本法第52条和第53条规定情形的，或者提供格式条款一方免除其责任、加重对方责任、排除对方主要权利的，该条款无效。"

（3）第41条规定："对格式条款的理解发生争议的，应当按照通常理解予以解释。对格式条款有两种以上解释的，应当作出不利于提供格式条款一方的解释。格式条款和非格式条款不一致的，应当采用非格式条款。"

2.《消费者权益保护法》规制

《消费者权益保护法》第26条规定："经营者在经营活动中使用格式条款的，应当以显著方式提请消费者注意商品或者服务的数量和质量、价款或者费用、履行期限和方式、安全注意事项和风险警示、售后服务、民事责任等与消费者有重大利害关系的内容，并按照消费者的要求予以说明。"

"经营者不得以格式条款、通知、声明、店堂告示等方式，作出排除或者限制消费者权利、减轻或者免除经营者责任、加重消费者责任等对消费者不公平、不合理的规定，不得利用格式条款并借助技术手段强制交易。"

"格式条款、通知、声明、店堂告示等含有前款所列内容的，其内容无效。"

3.《保险法》规制

（1）《保险法》第17条规定："订立保险合同，采用保险人提供的格式条款的，保险人向投保人提供的投保单应当附格式条款，保险人应当向投保人说明合同的内容。"

"对保险合同中免除保险人责任的条款，保险人在订立合同时应当在投保单、保险单或者其他保险凭证上作出足以引起投保人注意的提示，并对该条款的内容以书面或者口头形式向投保人作出明确说明；未作提示或者明确说明的，该条款不产生效力。"

（2）第30条规定："采用保险人提供的格式条款订立的保险合同，保险人与投保人、被保险人或者受益人对合同条款有争议的，应当按照通常理解予以解释。对合同条款有两种以上解释的，人民法院或者仲裁机构应当作出有利于被保险人和受益人的解释。"

4.《海商法》规制

该法第126条规定："海上旅客运输合同中含有下列内容之一的条款无效：（1）免除承运人对旅客应当承担的法律责任；（2）降低本章规定的承运人责任限额；（3）对本章规定的举证责任作出相反的约定；（4）限制旅客提出赔偿请求的权利。"

二十一、合同相对性

（一）合同相对性的概念

合同的相对性，也称合同相对性原则，是指合同的效力范围原则上仅限于合同当事人之间，合同当事人一方只能向合同的另一方当事人基于合同提出请求，而不能向与其无合同关系的第三人提出合同上的请求。同时，因合同而产生的违约责任只能在合同当事人之间发生，合同关系以外的第三人不能基于该合同而承担违约责任。

（二）合同相对性原则的内容

1. 主体的相对性

主体的相对性，是指合同关系只能发生在特定的主体之间，只有合同当事人一方能够向合同的另一方当事人基于合同提出请求或提起诉讼。具体地说，由于合同关系是仅在特定人之间发生的法律关系，因此只有合同关系当事人之间才能相互提出请求，非合同关系当事人，没有发生合同上的权利义务关系的第三人不能依据合同向合同当事人提出请求或提出诉讼。另外，合同一方当事人只能向另一方当事人提出合同上的请求和提起诉讼，而不能向与合同无关的第三人提出合同上的请求及诉讼。

2. 内容的相对性

内容的相对性，是指除法律、合同另有规定以外，只有合同当事人才能享有合同规定的权利，并承担该合同规定的义务，当事人以外的任何第三人不能主张合同上的权利，更不负担合同中规定的义务。在双方合同中，还表现为一方的权利就是另一方的义务，权利义务相互对应，互为因果，呈现"对流状态"，权利人的权利须依赖于义务人履行义务的行为才能实现。从合同内容的相对性可以引申出几个具体规则。一是合同赋予当事人享有的权利，原则上并不及于第三人，合同规定由当事人承担的义务，一般也不能对第三人产生约束力。二是合同当事人无权为他人设定合同上的义务。三是合同权利与义务主要对合同当事人产生约束力，法律的特殊规定即为合同的相对性原则的例外。

3. 责任的相对性

责任的相对性，即指违约责任只能在特定的合同关系当事人之间发生，合同关系以外的人不负违约责任，合同当事人也不对其承担违约责任。违反合同的责任的相对性的内容包含三个方面：第一，违约当事人应对因自己的过错造成的违约后果承担违约责任，而不能将责任推卸给他人。第二，在因第三人的行为造成债务不能履行的情况下，债务人仍应向债权人承担违约责任。债务人在承担违约责任后，有权向第三人追偿，债务人为第三人的行为负责，既是合同相对性原则的体现，也是保护债权人利益所必须的。第三，债务人只能向债权人承担违约责任，而不应向国家或第三人承担违约责任。

（三）合同相对性原则的例外情形

1. 代位权

合同债权人在法定条件成就时，得对合同关系以外的第三人主张权利。法律依据：《合同法》第73条规定："因债务人怠于行使其到期债权，对债权人造成损害的，债权人可以向人民法院请求以自己的名义代位行使债务人的债权，但该债权专属于债务人自身的除外。"

2. 买卖不破租赁

租赁期间，租赁物的所有权发生变动的，原租赁合同对新的所有权人继续有效。法律依据：《合同法》第229条："租赁物在租赁期间发生所有权变动的，不影响租赁合同的效力。"最高人民法院《关于审理城镇房屋租赁合同纠纷案件具体应用法律若干问题的解释》第20条规定："租赁房屋在租赁期间发生所有权变动，承租人请求房屋受让人继续履行原租赁合同的，人民法院应予支持。但租赁房屋具有下列情形或者当事人另有约定的除外：（一）房屋在出租前已设立抵押权，因抵押权人实现抵押权发生所有权变动的；（二）房屋在出租前已被人民法院依法查封的。"

3. 建设工程合同中分包人的连带责任

法律依据：《合同法》第272条第二款："总承包人或者勘察、设计、施工承包人经发包人同意，可以将自己承包的部分工作交由第三人完成。第三人就其完成的工作成果与总承包人或者勘察、设计、施工承包人向发包人承担连带责任。承包人不得将其承包的全部建设工程转包给第三人或者将其承包的全部建设工程肢解以后以分包的名义分别转包给第三人。"最高人民法院《关于审理建设工程施工合同纠纷案件适用法律问题的解释》第25条规定："因建设工程质量发生争议的，发包人可以以总承包人、分包人和实际施工人为共同被告提起诉讼。"

4. 非法分包、违法分包情形下，发包人对实际施工人的责任

法律依据：最高人民法院《关于审理建设工程施工合同纠纷案件适用法律问题的解释》第26条规定："实际施工人以转包人、违法分包人为被告起诉的，人民法院应当依法受理。实际施工人以发包人为被告主张权利的，人民法院可以追加转包人或者违法分包人为本案当事人。发包人只在欠付工程价款范围内对实际施工人承担责任。"

5. 单式联运合同

法律依据：《合同法》第313条规定："两个以上承运人以同一运输方式联运的，与委托人订立合同的承运人应当对全程运输承担责任。损失发生在某一运输区段的，与托运人订立合同的承运人和该区段的承运人承担连带责任。"

6. 旅游合同纠纷

法律依据：最高人民法院《关于审理旅游纠纷案件适用法律若干问题的规定》第2条规定："以单位、家庭等集体形式与旅游经营者订立旅游合同，在履行过程中发生纠纷，除集体以合同一方当事人名义起诉外，旅游者个人提起旅游合同纠纷诉讼的，人民法院应予受理。"

7. 交强险

机动车交通事故责任强制保险，不受合同相对性的限制。法律依据：《道路交通安全法》第76条："机动车发生交通事故造成人身伤亡、财产损失的，由保险公司在机动车第三者责任强制保险责任限额范围内予以赔偿。超过责任限额的部分，按照下列方式承担赔偿责任：（一）机动车之间发生交通事故的，由有过错的一方承担责任；双方都有过错的，按照各自过错的比例分担责任。（二）机动车与非机动车驾驶人、行人之间发生交通事故的，由机动车一方承担责任；但是，有证据证明非机动车驾驶人、行人违反道路交通安全法律、法规，机动车驾驶人已经采取必要处置措施的，减轻机动车一方的责任。交通事故的损失是由非机动车驾驶人、行人故意造成的，机动车一方不承担责任。"《机动车交通事故责任强制保险条例》第21条规定："被保险机动车发生道路交通事故造成本车人员、被保险人以外的受害人人身伤亡、财产损失的，由保险公司依法在机动车交通事故责任强制保险责任限额范围内予以赔偿。道路交通事故的损失是由受害人故意造成的，保险公司不予

赔偿。"

8. 第三者责任商业险

法律依据：《保险法》第 65 条第二款规定："责任保险的被保险人给第三者造成损害，被保险人对第三者应负的赔偿责任确定的，根据被保险人请求，保险人应当直接向该第三者赔偿保险金。被保险人怠于请求的，第三者有权就其应获赔偿部分直接向保险人请求赔偿保险金。"

二十二、善意取得

善意取得，又称即时取得，是指动产占有人向第三人移转动产所有权或为第三人设定其他物权，即使动产占有人无处分动产的权利，善意受让人仍可取得动产所有权或其他物权的制度。2007 年 3 月 16 日第十届全国人大第五次会议通过的《物权法》第 106 条规定了善意取得制度。从司法实践看，与善意取得相关的纠纷非常常见，它不仅存在于物权确认纠纷、执行异议之诉等纠纷中，而且更为广泛地遍布在为数众多的合同、侵权乃至婚姻家庭继承纠纷中。而《物权法》第 106 条在理解上存在诸多争议之处，如何正确适用善意取得制度是《物权法》适用中的一个重点、难点和热点。对此，最高人民法院关于适用《中华人民共和国物权法》若干问题的解释（一）（法释〔2016〕5 号）第 15 条规定了"善意"认定的基本标准，即《物权法》第 106 条规定的善意取得中的"善意"具体指什么，以及在诉讼中由谁承担举证责任；第 16 条、第 17 条则分别就不动产善意取得中受让人非善意的认定、动产善意取得中受让人重大过失的认定作出具体规定；这三条规定与第 18 条关于善意的判断时间的规定，共同构成了对《物权法》第 106 第一款第（一）项"受让人受让该不动产或者动产时是善意的"的具体解释。第 19 条则针对《物权法》第 106 条第一款第（二）项"以合理的价格转让"，指出应严循立法目的与价值取向，立足个别交易的具体情况，深刻体察社会一般交易认知感受，准确判断价格是否合理。第 20 条对机动车等特殊动产如何适用《物权法》第 106 条第一款第（三）项规定进行了明确。上述条文形成了对善意取得适用的较为完整的规则体系。

第二节　企业合同管理的基本要求

加强合同行政管理，增强合同信用意识，争创"守合同重信用"公示活动，是企业防控合同风险、提高经济效益的重要举措。

一、培育企业"诚信"经营理念

市场经济就是契约经济，即合同经济。而合同经济的灵魂就是守信用，即人们通常所说的"客户第一、信用至上"。在生产经营过程中，企业经营者应牢固树立"守合同重信用"的理念，依法诚信经营，这是企业预防合同风险发生的根本性保障。

我国《合同法》第6条规定："当事人行使权利、履行义务应当遵循诚实信用原则。"诚实信用原则作为合同法的"帝王"原则，它要求企业在交易过程中诚实不欺，恪守承诺，不负对方信赖。在具体的合同业务操作中，正确理解和适用诚实信用原则，对于合同当事人恰当地履行自己的权利义务，保障己方的合法权益，以及处理相关的纠纷案件都具有重要的实际指导意义。但由于在当前市场经济条件下，诚实信用原则并没有很好地得到遵守，有些合同当事人法律意识淡薄，被人家用吃喝等手段招待一番，好话连篇地一糊弄，就轻易地在合同上签字盖章，结果吃亏上当，有口难言，应引以为戒。因此，企业经营者要学法、用法、守法，要用诚信观念统领签订合同的全过程。

多年来，辽宁省工商行政管理局和辽宁省企业信用协会一直在开展的创建"守合同、重信用"公示活动，正是培育企业牢固树立"诚信"理念和搞好合同管理工作的重要举措，也是防控企业合同风险发生的基础性措施。"守合同、重信用"这块"金字"招牌在市场经济中的作用已越来越凸显，这项活动的开展也越来越受到广大企业的欢迎。

二、健全企业合同管理制度

俗话说："没有规矩，不成方圆。"规矩就是制度，是大家都要遵循并用来规范个体行为的文字条文，它是各项事业成功的保障。实践证明，凡是发生合同风险的企业，大多是合同管理制度存有漏洞，甚至根本就没有合同管理制度，致使不法之徒乘虚而入所致，教训极其惨痛。因此，防控合同风险发生的前提和关键，就是要从制度建设入手，建立健全各种切实可行的合同管理制度，使合同管理工作有章可循、有规可依，使合同管理更加规范化、科学化和法律化。

合同管理制度内容主要包括：合同的分工负责与归口管理制度，合同的资信调查、签订、审查、会签、审批、登记、备案、归档制度，法人授权委托制度，合同示范文本管理制度，合同印章管理制度，合同履行督查与纠纷处理制度，合同效果评估及考核制度，应收账款管理制度，以及合同管理人员培训制度、年度考核制度，等等。企业通过建立完备的合同管理制度，做到管理层次清楚、职责明确、程序规范，从而使合同的签订、履行、考核、纠纷处理都处于有效的控制状态，进而预防合同风险的发生。

三、完善企业合同管理机制

实践表明，分工负责、约前会审、归口管理是企业合同管理行之有效的工作机制，它对于提高企业经营效率、防控合同风险具有十分重要的意义。

（一）分工负责

分工负责，就是要求企业对合同管理实行分级授权管理，明确各部门职责分工，保证不相容职务相分离，做到合同的洽谈权、审查权、批准权三权相对独立，并相互制约。企业应根据自身的业务性质、组织机构和管理层级设置来建立分级授权、分工负责管理制度。企业最高权力机构（股东大会）负责审议批准与企业重大投资、筹资决策等相关的重大合同；企业最高决策机构（董事会）负责组织建立企业合同管理制度，明确合同分级审批的权限等；企业最高执行机构（经理层）直接分管、参与重要合同的谈判、签订、履行和监控等工作；企业最高监督机构（监事会）负责监督企业董事、经理和其他高管人员对重大合同管理责任的履行情况；各相关业务部门要实行岗位责任制，在公司对本岗位授权范围内进行合同洽谈、拟定合同文本，并落实合同履行，确保合同签署目的的实现。

（二）约前会审

约前会审，就是要求企业在签订重大合同前，组织相关人员开会审理、共同把关。企业的重大合同主要有：中外合资合作合同、企业并购合同、联营合同、独家代理合同、重大技术引进合同、涉及担保合同、房地产开发与交易合同、重大投资等。这些合同对企业的生产经营和经济效益产生重大影响，应作为合同管理的重点对象，由合同归口管理部门牵头，组织相关业务部门、企业高管人员、专业技术人员、法律人员、财务人员等对合同实行会审。通过会审，不仅要对重大合同文本进行审查，也要对合同背景进行调查，对合作方的主体资格、资信、履约能力等方面进行客观调查，作出风险的总体评估。这种审查不是形式上的审查，而是要审查确认对方是否是合法的法律主体，是否具备相关从业资格、完整的履约能力，以及技术条件是否过关等。

对于特别重大的合同，还应考虑聘请专业的机构进行调查，并由其出具调查报告。对于工程项目和重大采购合同，要运用"招投标"程序，明确项目的核心内容和要求，以避免合同中出现重大缺陷。

（三）归口管理

归口管理，就是企业可以根据实际情况确定某个部门（如办公室或者法务部门等）作为合同归口管理的职能部门，并明确具有一定专业知识的人员专职或者兼职负责，对合同实行统一规范管理。要明确归口管理部门负责合同拟定、审批、执行等环节的工作程序和要求。一般说来，归口管理部门应参与重大合同的起草、谈判、审查和签订；参与或者组织合同纠纷的调解、仲裁和诉讼活动；管理合同专用章；管理与合同有关的法人授权委托书；定期检查和评估合同管理中的薄弱环节，采取相应控制措施，促进合同的有效履行。

四、加强合同管理人员的培训

众所周知，企业内部有一个不成文的说法，即"一个企业的合同管理人员的业务熟练程度从一定程度上反映了这个企业的合同管理水平"。由此可见，合同管理人员对于企业管理水平起着至关重要的作用。但遗憾的是，有些企业的合同管理人员并非法律科班出身，没有扎实的法律知识，特别是对合同管理过程中所涉及的《合同法》《民法总则》《民法通则》《担保法》《招标投标法》等法律知识知之甚少。此外，合同管理工作是一项综合性比较强的工作，对合同的审查要从法律和经营两个方面进行，它不仅要求合同管理人员具有专业的法律知识，还要求其对企业管理的相关知识有所了解。合同管理人员只有具备了上述两点要求，才能全方位、全流程、高效率地参与企业合同的管理，才能有效防控合同风险发生。在目前情况下，提高合同管理人员业务素质的最佳途径就是开展各种形式的培训教育。因此，企业应加强对合同管理人员的合同法律知识和签约技巧等方面的业务培训，并实行企业合同管理人员持证上岗和年检考核制度，促使合同管理人员不断提高自己的业务水平。

2016—2017 年，辽宁省企业信用协会会同辽宁省工商行政管理局合同处对全省2000 余户省级"守合同重信用"企业的合同管理人员进行了《企业合同风险防控技能》专项培训，收到了良好的培训效果。今后，省企业信用协会还会举行各种形式的培训班，不断提高企业合同管理人员的法律素质。

五、强化签约后的跟踪管理

合同签订后,合同管理人员要积极跟进,重点做好下列后续跟踪管理工作:

（一）及时保存合同文件

合同签订后,合同管理人员要及时将合同文本复印若干份交给相关人员,并将合同文本原件妥善存档,以避免造成合同原件丢失带来不利后果。

（二）跟踪了解合同履行情况

全过程、全方位跟踪了解合同履行情况,及时掌握、检查、通报合同履行中出现的各种问题,特别是对合同履行过程中出现的违约情况等应及时查明原因,认真收集、调取和保存双方沟通、协商等方面的证据。对即将出现违约风险时,应及时设定应对方案,采取措施,切忌放任违约风险的发生与扩大。要注意规范合同的变更、解除程序,特别是在对方可能发生不能履行或不履行合同的风险情形时,应及时决定是否变更、解除合同。要注意规范合同履行过程中的签证、信函、通知、索赔报告等所有相关文件的送达及签收程序,并及时归档。另外,合同结算是合同履行的主要环节和内容,合同管理部门要同财务部门密切配合,把好结算关至关重要,这既是对合同签订的审查,也是对合同履行的监督。

（三）及时进行合同登记与归档

合同履行完毕后,合同管理人员要进行统计、分类和归档,并详细登记合同的订立、履行、变更和终结等情况。合同档案应一案一档,内容应当包括合同签订、履行、纠纷处理过程中形成的各种文件。对于财务凭证等确需其他部门保管原件的,应当将该文件的复印件及相关部门保管原件的凭证归档管理。严格档案文件的调、借阅程序,严防档案资料丢失和被篡改。明确各种合同档案文件的保存期限。要对合同保管情况实施定期和不定期的检查,发现问题及时纠正。

第三节　合同管理人员的素质要求

企业合同管理人员对合同的管理是全过程、全方位的,其职责是负责经济合同的起草准备工作,严格掌握签约标准和程序,发现问题及时纠正;负责不断追踪合同的履行情况,及时掌握合同履行、变更和终止情况,发现问题及时提出相应建议;积极协调相关部门,对于本企业已发生的合同纠纷和诉讼,及时提出解决争议的法律意见和方案。由此可见，企业合同管理人员素质的高低决定着合同管理的质量高低，它是预防合同风险发生的基础性因素。一般说来，企业合同管理人员应具备以下业务素质：

一、熟悉合同业务所涉及的法律规范

合同管理人员应当熟练掌握与合同有关的法律规范。主要包括：

（一）《合同法》

鉴于《合同法》内容庞大，要求企业合同管理人员对其中每一个条款都要熟记于心是不现实的，也完全没有这个必要。但是，作为企业合同管理人员对《合同法》总则部分应当熟悉、吃透。因为总则是合同的基础和原理，总则部分的法律知识了解透彻了，了解和运用分则部分法律知识就是水到渠成的事情。对于分则，作者建议应重点研究买卖合同这一章。因为，买卖合同是其他很多合同的"母合同"，其他合同基本上都是在买卖合同的规则的基础上发展、变通或者变种而来的。因此，熟悉了买卖合同的法律规定，对熟悉其他合同的法律规定可以起到事半功倍的效果。

（二）司法解释

针对《合同法》的具体操作和实施，最高人民法院已经先后颁发了《关于适用〈中华人民共和国合同法〉若干问题的解释（一）》和《关于适用〈中华人民共和国合同法〉若干问题的解释（二）》，以及《关于审理买卖合同纠纷案件适用法律问题的解释》等司法解释，这也是从事企业合同管理人员必须吃透的法律规范。另外，针对特殊行业，最高人民法院还制定了一些有关合同纠纷案件审理的专门司法解释和批复，例如最高人民法院《关于审理商品房买卖合同纠纷案件适用法律若干问题的解释》《关于审理建设工程施工合同纠纷案件适用法律问题的解释》《关于审理涉及国有土地使用权合同纠纷案件适用法律问题的解释》《关于审理物业服务纠纷案件具体应用法律若干问题的解释》及《关于审理城镇房屋租赁合同纠纷案件具体应用法律若干问题的解释》等司法解释。因此，合同管理人员在具体参与特定合同业务前，还应当了解这方面的司法解释和最高人民法院的相关批复。

（三）经典案例

虽然我国不是判例法国家，但最高人民法院公布的案例代表了其对某些合同纠纷的倾向性定案意见。这些案例对企业签订合同具有一定的借鉴或者警示作用。

（四）其他相关法律和行政法规

熟悉有关法律和行政法规，可以保证合同的效力判断正确，并可以使交易行为不至于违反行政法规，避免遭受行政处罚。

（五）地方性法规、部委规章、地方规章及相关政策

虽然按照合同法司法解释的规定，这些层次的法律规范并不能作为认定合同效力的依据，不会对合同效力构成直接影响，但这并不表示这些法律规范不重要。地方性法规、规章甚至政策，是根据各地区的特殊情况对法律、行政法规的进一步细化和落实。部委规章及政策，是根据各行业的特点，对法律和行政法规的进一步细化和分解。熟悉并尽量遵守这些规定，有利于合同的顺利执行。如过多与之冲突，往往会在合同履行过程中出现障碍重重，甚至得不偿失。

二、了解与签订合同相关的行业知识

合同管理人员要管理好合同工作，仅有法律知识是不够的，还必须了解合同内容所涉及的相关行业知识。经济合同是合同当事人就生产、交易等达成的合意。因此，只有掌握了有关行业基本知识，了解该行业的基本规则，才能更加透彻地了解该行业的法律规范，进而做好相关行业的合同管理工作。这些行业知识主要包括：该行业所涉及的主要概念、名称；该行业生产及交易的基本流程；等等。

三、良好的文字功底和语言驾驭能力

合同的起草和修改，都要求合同管理人员具有较强的文字功底和语言驾驭能力。当然，合同文本中的文字要求标准与诗人、小说家的要求是不一样的，不是要求文字有多么形象和生动，而是要求使用"法语法言"，风格应当严谨、简洁、准确、逻辑缜密。这需要长期的积累，需要合同管理人员唯有多看、多写、多总结，从点滴之处入手，才能做得更好。

四、养成收集有关合同资料的好习惯

要做好合同管理工作，其中一项重要的工作就是注意收集、研究一些与合同有关的资料，这些资料包括：

（一）与合同有关的法律、行政法规、司法解释、经典案例、地方性法规、规章、政策等。收集完资料后，要归类整理，以便于使用。

（二）与合同业务相关的行业术语、规范和标准等。

（三）优秀的合同示范文本。收集一些优秀的合同示范文本，并加以认真研究、学习，借鉴其经验，一定会对合同管理人员的业务能力的提升起到很大的帮助。

第四节　合同订立的基本要求

合同的订立过程，一般包括合同的谈判与起草、审查与修改、签字与盖章等阶段。在合同订立的不同阶段，其业务要求也不尽相同。但只要掌握了合同订立阶段的基本要求，就能筑起预防合同风险发生的壕墙，就能做到防患于未然，拒风险于厂门之外。

一、合同起草的基本要求

（一）合同起草前的准备工作

1. 进行签约前的可行性研究

合同一经签字或者盖章即发生法律效力，对双方当事人即产生约束力，当事人必须严格按照合同条款所确定的权利义务来履行合同，否则将招致违约并承担违约责任的风险。因此，企业在合同签订前必须充分做好可行性研究工作，尽量减少盲目性，做到心中有数，避免错误签约或者签订了不利于自己条款的合同。当然，企业在签约前既要认真考察对方的履约能力，以防"钓鱼"合同，又要正确评估自己的履约能力，预防对方为索取违约金而签订合同。一般说来，企业经营者在签约前的市场调查过程中，只要充分了解了本企业产品的市场供求情况、价格趋势和同类企业的产品生产、销售情况，以及消费者购买能力与具体需求等，就能在签约时言之有理、据理力争，签订既能实现自己的利益，又使对方当事人能够接受的合同，并能使合同在签订后顺利履行。

2. 制订周密的签约谈判计划

企业经营者在开展可行性研究的同时，逐步筛选适合自己的准签约对象。一旦初步确立了适当的准签约对象后，便着手签约谈判准备工作。对于重大以上的经济合同，企业经营者应注意组建素质结构合理的谈判团队，即在组建的谈判团队中，除了经验丰富的业务人员外，还应当有谈判经验丰富的技术、财会、审计、法律等方面的人员参与谈判，必要时还应当聘请外部专家参与合同的相关工作。在合同谈判前，要制定相应的谈判策略与方法，设定自己的谈判底线，尤其是对一些重大问题不得忽略或者作出不当让步。例如，对合同标的，产品或者服务的数量，产品或服务的质量，技术标准，价款或酬金的确定及支付方式，履约期限、地点及方式，违约责任及其承担方式，争议的解决方法等，这些涉及合同内容和条款的核心部分，以及可能存在的不符合国家产业政策和法律、法规要求之事项等关键细节方面更不得忽略，更不能稀里糊涂地作出了不当的让步，以免可能导致企业的权益受损。在谈判过程中，应充分发挥团队的智慧，及时总结谈判过程中的得失，研究确定下一步谈判的策略，强调并做好保密工作。

3. 掌握合同起草所需的基础资料

合同起草的最终目的就是为了实现当事人签订合同的真实目的，所有工作都必须围绕这个目标而进行。只有明确了合同目的，才能确定合同的性质及合同的准确名称，才能"规划"合同双方当事人的权利、义务和违约责任，才能确保合同的有效性和及时性。在明确了合同目的后，就要准备掌握起草合同所需的基础资料。它主要包括：

（1）当事人的基本情况

对于法人和其他组织，通常包括名称、法人或组织机构性质（包括有限责任公司、股份有限责任公司、分公司、合伙企业和全民所有制、集体所有制企业以及政府机关、事业单位等），法定代表人姓名和职务，营业执照注册号，组织机构代码证，法定住所（主要办事机构所在地），通信地址，联系电话等。对于自然人，通常包括姓名、身份证号、法定住所（户籍所在地或经常居住地）、通信地址、联系电话等。

（2）有关当事人主体资格的书面材料

包括自然人的身份证复印件，公司的营业执照、组织机构代码证、公司章程、董事会决议等。

（3）标的物的基本情况

包括买卖合同中产品的名称、规格、型号、质量和数量等，房屋租赁合同中房屋的位置、房号、产权证号、面积等，股权转让合同的目标公司名称、注册资本股东及出资比例等。

（4）当事人之间已经签署的或者记录洽商过程的相关书面文件

包括招标书、投标书、意向书、备忘录、谅解备忘录、会议纪要、往来函件或者传真、广告等。

4. 明确合同交易条款的要点

合同的交易条款，即合同中的商务条款，一般是指当事人为了实现交易而必须约定的与交易内容有关的条款，包括合同的标的物、标的物的具体内容或规格、标的物的数量及价格、价款或报酬的支付方式及期限等。一般说来，合同管理人员在接到合同起草的要求后，通过了解当事人签订合同的真实目的以及对相关基础材料的收集，就可能已经掌握了合同中一些基本的交易条款的要点，这是合同起草的基础。对于交易条款，合同管理人员可以根据自己的判断提出相关建议，并会同相关人员具体研究确定合同的具体内容，并审核合同交易条款的严密性、准确性、可行性，以及把好最后文字关。

5. 了解合同交易的基本流程

在起草合同前，合同管理人员需要了解合同项下交易过程的各个环节，比如：

（1）交易将分几个环节进行？

（2）各个环节之间的顺序是什么？

（3）每一个环节合同各方当事人的权利和义务是什么？

（4）一方合同当事人违反约定的责任及救济途径是什么，等等。

弄清楚了上述问题后，就可以据此列出合同要点。如果对合同的交易流程了解不够，所起草的合同可能会出现前后矛盾等瑕疵，甚至很可能影响合同目的的实行。

6. 收集有关合同样本

合同管理人员在起草一份合同之前，应当查询、收集合同项下与交易有关的合同样本，借鉴他人的成果，并避免与法律规范相冲突。

（二）合同起草和定稿的基本要求

1. 合同的起草

合同管理人员在做好了前述准备工作后，便可开始起草合同。在起草合同的过程中，既要借鉴自己或者他人已有的合同范本，更要借鉴工商行政管理部门推荐的各种合同示范文本。起草合同时，首先应列出需要起草的合同的基本结构，也就是根据合同所需要的内容划分成不同的组成部分，每一个组成部分是合同的一个模块，然后为每个模块标上标题以便于后续工作展开。这种内容划分就是合同最基础的工作，相当于建筑的基础设计。

需要注意的是：无论采用何种组织结构来起草合同，都必须具有以下必备条款，即按照《合同法》第12条所规定的八个必备条款，即当事人的名称或者姓名和住所，标的，数量，质量，价款或者报酬，履行期限、地点和方式，违约责任，解决争议的方法。

2. 合同的定稿

合同草稿完成后，在通读理解条款的基础上，需要对合同条文的前后结构、内容、语句表达等进行修改、补充和完善。一般说来，完稿以后，需要围绕以下重点审视合同草稿：

（1）合同的名称与合同的内容是否一致，若名不副实，则可能带来不必要麻烦和争议。

（2）合同及合同条款有无效力瑕疵。

（3）合同关键词是否一致，特别是当事人的称谓和标的物的称谓是否一致。若关键词不一致，会在理解、履行合同中带来一定麻烦，严重的会引起合同效力、内容发生歧义，引发双方当事人争议。

（4）合同的文字是否规范、准确。主要包括：

①注意合同文字要规范，比如对数字的使用要统一，对标点符号的使用要规范等；

②注意用词要准确。合同中不应当存在前后意思矛盾、词义含糊不清的文字表述，尽量避免用易产生误解、歧义的词语。合同尽量少用形容词，避免使用诸如"大约""相当"等模棱两可的词语，尽量不用"一切""全部"等绝对性语言；

③注意准确使用法律术语，如"定金"与"订金"、"权利"与"权力"、"抵押"与"质押"、"违约金"与"赔偿金"等。避免使用类似于"一方对另一方付款"等明显违反"合同各方法律主体地位平等"等用语。每个法律用语都有其特别含义的，随意滥用可能直接影响到合同内容的有效性和当事人的法律责任，这一点，一定要注意。

在经反复对合同草稿进行推敲、审查和确定无误后，完成定稿，然后再交由相关合同当事人酌定。

（三）合同审查和修改的基本要求

合同管理人员主要围绕以下几个方面开展审查和修改合同工作：

1.对主体适格性的审查与修改

对于有主体资格限制的交易，合同管理人员应审查相对人的营业执照、资质、行政许可等方面是否符合法律规定。主要包括：

（1）对于营业执照的审查，应注意根据其原件判断相对人的经营范围、经营期限、是否年检年报等信息；

（2）对于资质等级的判断，应审查其相关资质证书，以确定其是否合法、有效，并在法律允许的范围之内；

（3）对于特种商品或者特殊行业，应审查其是否具有相关的生产许可或者服务许可的证书或者文件，以确定合同是否存在效力问题。

对于相对人是自然人的情况，主要通过身份证明文件审查其是否具有完全行为能力，身份证明文件与签约主体是否一致。

2. 对合同内容合法性的审查与修改

对合同内容合法性的审查，应当根据国家法律、行政法规、地方性法规和各类规章等规定进行审查，其中审查合同是否可能无效只能依据国家法律和行政法规进行。对于合同内容合法性的审查，主要包括：

（1）审查合同中的约定是否与法律强制性规定相冲；

（2）审查合同中所用的法律术语、技术术语是否规范；

（3）审查合同名称与合同内容、属性是否一致，特别是有名合同的名称与合同内容是否存在冲突等。

3. 对合同条款实用性的审查与修改

合同管理人员可以根据本企业的行业性质、产品特性和相对人的情况等，重点审查合同中是否具有避免争议或者是否明确权利义务等实用性条款。此类审查主要包括：

（1）是否根据交易风险界定双方各自的责任；

（2）是否根据标的物的特点设定避免争议的条款；

（3）是否根据违约特点设定责任条款；

（4）合同约定的管辖条款是否明确等。

4. 对权益明确性的审查与修改

在审查合同时，应注意合同中的权利义务是否明确，以避免当事人因权利、义务不明而丧失权益或者导致损失。此类审查主要包括：

（1）交易内容是否明确、具体、可识别；

（2）交易程序是否明确、具体；

（3）争议处理方式是否明确、具体；

（4）条款之间是否存在权利义务约定冲突；

（5）是否由于表述不严谨而存在权利义务不明确；

（6）附件内容是否明确、是否与合同正文冲突，若有冲突是否有效力顺序约定等。

二、合同签订的基本要求

签订合同本是一件非常简单的事情，但由于相关人员缺乏专业知识或者疏忽大意，还是经常出现了一些本不该出现的问题。因此，企业应注意在这个环节保证不出问题，这是防控合同风险发生的关键环节。

（一）把好合同的最后签订关

1. 做好对合同文本的最后审查

对于签订的合同，无论是由对方起草的还是由自己起草的，抑或是政府部门、行业协会提供的示范文本，都要做好对合同文本的最后审查。这时的审查，与前述的合同商榷过程中的审查重点和角度，应该有所区别。此时的审查不是实质内容的审查，而是集中在下列形式问题进行审查：

（1）审查合同当事人信息是否遗漏

签订合同的主要目的，一方面是为了锁定双方的权利和义务，另一方面便于在出现纠纷时解决问题。为此，合同当事人的相关信息就显得非常重要，信息越完善越好。

（2）审查合同有无更改的条款

在合同签署前，一定要仔细审查合同是否是此前各方当事人已最终确认的文本，以及各方当事人对合同条款有无临时更改。若有更改，要明确提出并保证各方持有的合同文本修改的一致性。如果是手写删除或者添加的内容，最好在合同文本修改处加盖印章或者手印注明，避免合同出现不一致的情况。

2. 对签约主体及签约人员进行审查

（1）对签约主体的审查

主要是对签约主体的正确性进行审查，要审查签约的主体与合同文本中记载的主体是否一致。实践中，合同记载的主体与签约主体不一致的情况时有发生，这种情况特别容易发生在主体一方为关联公司众多的集团企业情形，合同记载的主体是甲公司，签署合同时加盖的却是乙公司印章。对此，一定要审查清楚。另外，对于自然人正确性的审查，要通过签约人提供身份证原件对签约人的真实性进行比对，预防冒充他人签订合同的情况发生。

（2）对签约代表人的审查。

在签订合同时，首先应检查相对方签约人员的身份。若是企业的法定代表人或者自然人本身，则仅需核对其真实性即可。若是签约代理人，应要求签约代理人出示合同当事人出具的授权委托书，授权委托书上应详细载明授权范围、期限和权限。如果代表企业的，应加盖公章，不能用部门章或者财务章代替。核实授权委托书上的盖章单位与合同主体是否一致。若是自然人的代理人，应当要求其出示对该授权委托书进行公证的公证书或者律师见证的见证书，以保证其真实性。

3. 指导各方当事人正确完整地签署合同文本

指导各方当事人按照下列基本要求签约：

（1）各方当事人在自己的落款处签字或者盖章。实践中，有当事人在合同对方的落款处签字或者盖章的情况，甚至有合同双方盖同一方的公章的情况。

（2）对多页组成的合同，要加盖骑缝章，避免一方当事人调换合同内容的情况发生。

（3）要填充完整合同文本中所有的空白部分，或者用斜划线填划空白部分。

（4）特别注意一定要填写签约时间。有的当事人在签订合同时，不填写签约时间，这为自己今后履行合同留下重大隐患。事实上，签约时间非常重要，如有的合同约定自合同签字时生效，也有的合同约定义务在签约或者合同生效后一定时间内履行。如果没有签约时间，可能会为后来合同履行埋下争议的隐患。

（二）搞好合同签订后的后续跟踪

合同签订后，合同管理人员还要做好下列后续跟踪服务工作：

1. 及时保存合同文件

合同签订后，合同管理人员要及时将合同文本复印若干份交给相关人员，并将合同文本原件妥善存档，以避免造成合同原件丢失带来不利后果。

2. 跟踪合同的执行

合同签订后的履行过程中，合同管理人员还应根据合同的履行进程，及时提醒相关人员注意：

（1）参与合同履行的相关人员应了解合同的内容，清楚己方应履行义务的期限、内容，应严格按照合同约定履行义务，并特别注意保留履行证据。若因特殊情况即将出现违约风险时，应及时主动向对方说明和沟通，求得对方的理解，切忌放任违约风险的发生与扩大。

（2）还应清楚合同对方应履行义务的期限、内容，密切注意对方是否发生违约行为，并及时提醒对方，应当保留对方违约的证据。

（3）注意保留合同履行过程中双方沟通协商等方面的证据。

第五节　合同成立的基本要求

简单来说，合同订立是过程，合同成立是结果。合同订立是合同成立的基础，但合同订立并不必然导致合同成立，因为合同的成立，必须同时具备合法的合同主体就合法的合同交易目的达成合意等条件。因此说，合同的订立仅仅是设立合同法律关系的第一步，只有订立了合同，且这个合同符合合同成立的法定要件时，这个合同才成立并生效，双方当事人必须受其约束，即使一方在经济上吃了一些亏，存在某些不合理，但只要合法，就不能反悔，就必须履行，否则就会受到法律的强制执行。因此，企业在订立合同时，必须掌握合同成立的基本要求。这些基本要求主要包括：

一、合同当事人应具有相应的缔约能力

合同当事人，是指参加合同关系，享有合同权利并承担合同义务的自然人、法人或者其他组织。这些自然人、法人或者其他组织在订立合同时必须具有相应的缔约能力，即具有相应的民事权利能力和民事行为能力。只有具有相应的民事权利能力和民事行为能力，才能成为适格的合同主体。若主体不适格，其所签订的合同就不能成立，也不能产生法律效力。

（一）民事权利能力

民事权利能力就是自然人、法人或者其他组织享有民事权利和承担民事义务的资格。自然人的民事权利能力始于出生止于死亡。法人、其他组织的民事权利能力始于成立止于解散或者撤销。对于企业而言，工商或者市场监管部门颁发的《法人营业执照》是其具有民事权利能力的资格证明。如果某一个"企业"没有申领《营业执照》，或者虽已经申领但又被撤销，那么这个"企业"就不具备民事权利能力，其签订任何合同都不具有法律效力。

（二）民事行为能力

民事行为能力就是自然人、法人或者其他组织能够以自己的行为享有民事权利和承担民事义务的能力。自然人的民事行为能力分为完全民事行为能力（18周岁以上的成年人）、无民事行为能力（不满8周岁的未成年人和不能辨认自己的行为的成年人、8周岁以上的不能辨认自己行为的未成年人）、限制民事行为能力（8周岁以上的未成年人和不能完全辨认自己行为的成年人）三种。无行为能力和限制行为能力的人要想成为合同当事人，应由其监护人代为签订合同。

法人或其他组织的民事行为能力是通过其法定代表人、法定负责人、代表机构或者代理人来实现的。法人或其他组织委托他人来代理实施某种民事法律行为的，应对代理人的行为承担民事责任。法人或其他组织的民事权利能力和民事行为能力，取决于有关法律、法规的规定以及相关职能部门对其设立等的审查批准，不同的法

人或其他组织经营范围的不同，其民事权利能力和民事行为能力也不同。

对于企业而言，其民事行为能力由其企业法人机关或代表人实现。企业法人机关或代表以自己的意思形式，代表着企业法人的团体意志，他们根据法律、章程而实施的民事行为，就应认为是法人的行为，其法律后果由法人承担。法人是一种社会组织，其民事行为能力不可能受年龄、精神健康状况的限制，但应受其经营范围的限制。如果当事人超越经营范围订立合同，这份合同有可能因违反国家限制性经营、特许性经营以及法律、行政法规禁止经营而被人民法院认定为无效合同。

二、合同当事人意思表示必须符合达成"合意"要求

合意是对当事人的客观表示进行解释而形成的一致。合意则须有两个或两个以上的当事人，仅有一方当事人是不可能产生合意的。在合同法上，双方当事人意思表示必须达成一致即"合意"，这是合同成立的根本要件。凡意思表示不一致，即使虽经协议但未达合意者，合同也不能成立。合同属于民事法律行为，其成立必须是经过双方当事人协商一致的，突出地表现为当事人之间经过酝酿、沟通、协商，最后达成了相同的、没有分歧看法的协议。这个你来我往、相互讨价还价的过程，法律上称之为要约和承诺阶段。要约、承诺是合同成立的基本规则，也是合同成立必须经过的两个阶段。如果合同没有经过承诺，而只是停留在要约阶段，则合同未成立。合同是从合同当事人之间的交涉开始，由合同要约和对此的承诺达成一致而成立的。

（一）要约

要约，是一方当事人以缔结合同为目的，向对方当事人提出合同条件，希望对方当事人接受的意思表示。发出要约的一方称要约人，接受要约的一方称受要约人。要约的成立必须具备以下两个基本条件：

1. 要约要有明确的订立合同的意图

要约必须具有与他人订立合同的意图，并在要约中必须表明经受要约人承诺，要约人即受该意思表示的约束。比如一方向另一方传达了有关商业上的信息，或者发布了有关价目表或销售广告，但并没有明确地表明要与对方订立合同，就不是要约。由于要约具有订立合同的意图，意味着要约人愿意接受承诺人承诺所产生的后果，因此要约一经承诺，就可以产生合同，要约人要受到约束。至于要约人向谁发出要约也就意味着希望和谁订立合同，要约只有向希望与其缔结合同的受要约人发出才能唤起受要约人的承诺。

2. 要约的内容必须具体确定

所谓"具体"，是指要约的内容必须具有足以使合同成立的主要条款，如果不能包含合同的主要条款，承诺人即难以作出承诺，即使作出了承诺，也会因为这种合意不具备合同的主要条款而使合同不能成立。所谓"确定"，是指要约的内容必须明确，而不能含混不清，必须使受要约人能够理解要约人的真实意图，否则无法承诺。

实践中，切莫把要约邀请误作要约。要约邀请是希望他人向自己发出要约的意思表示，它没有法律拘束力。按照《合同法》第15条规定，寄送的价目表、拍卖公告、招标公告、招股说明书、商业广告等都是要约邀请。由于要约邀请人只是希望对方向自己提出订约的意思表示，所以在要约邀请中订约的意图并不是很明确，当然也不存在包含合同主要条款的内容。

（二）承诺

承诺，是指受要约人同意接受要约的条件来缔结合同的意思表示。承诺的法律效力在于一经承诺并送达于要约人，合同便告成立。承诺的成立必须符合以下三个条件：

1. 承诺必须向要约人作出

既然承诺是对要约人发出的要约所作出的答复，因此只有向要约人作出承诺，才能导致合同成立。如果向要约人以外的其他人作出承诺，则视为对他人发出要约，不能产生承诺效力。

2. 承诺必须在规定的期限内到达要约人

如果要约规定了承诺期限，则应当在规定的承诺期限内到达。在没有规定期限时，则按照《合同法》第23条的规定处理，即如果要约是以对话方式作出的，承诺人应当即时作出承诺；如果要约是以非对话方式作出的，应当在合理的期限作出并到达要约人。只有在规定或者合理的期限内到达要约人的，承诺才是有效的。逾期的承诺被视为一项新的要约。至于承诺到达的方式，原则上采用通知的方式到达，但根据交易习惯或者要约表明可以通过行为作出承诺的除外。

3. 承诺的内容必须与要约的内容一致

也就是说，承诺对要约的同意，其同意的内容必须与要约的内容一致，才构成意思表示的一致即合意，从而使合同成立。若对要约的内容作出实质性更改，则不构成承诺，应视为对要约的拒绝并作出一项新的要约，或成为反要约。

（三）注意承诺生效的特殊时间节点

一般而言，承诺生效的时间以承诺到达要约人的时间为准，即承诺何时到达于要约人，则承诺便在何时生效。然而，在确定承诺生效时间时，应注意以下几种情况：

1. 承诺到达迟延的情形

受要约人在承诺期限内发出了承诺，但因其他原因导致承诺到达迟延。根据《合同法》第 29 条规定，"受要约人在承诺期限内发出承诺，按照通常情形能够及时到达要约人，但因其他原因承诺到达要约人时超过承诺期限的，除要约人及时通知受要约人因承诺超过期限不接受该承诺的以外，该承诺有效。"这就是说，受要约人在承诺期限内发出了承诺，但由于其他原因（如由于邮政部门传递信件迟延）而导致承诺不能在规定的期限内到达要约人，在此情况下，如果要约人没有及时通知受要约人因承诺超过期限而不接受该承诺，则承诺应视为有效，承诺生效时间按承诺通知实际到达要约人的时间确定。

如何确定承诺是在要约规定的期限内发出的呢？这就要根据要约的方式来确定承诺发出的时间。如果要约是以信件或者电报发出的，承诺期限自信件载明的日期或者电报交发之日开始计算。信件未载明日期的，自投寄该信件的邮戳日期开始计算。要约以电话、传真等快速通讯方式作出的，承诺期限自要约到达受要约人时开始计算（参见《合同法》第 24 条）。

2. 采用数据电文形式订立合同的情形

采用数据电文形式订立合同的，如果要约人指定了特定系统接收数据电文的，则受要约人的承诺的数据电文进入该特定系统的时间，视为到达时间；未指定特定系统的，该数据电文进入要约人的任何系统的首次时间，视为到达时间。

3. 以直接对话方式作出承诺的情形

以直接对话方式作出承诺的，应以收到承诺通知的时间为承诺生效时间，如果承诺不需要通知的，则受要约人可根据交易习惯或者要约的要求以行为的方式作出承诺，一旦实施承诺的行为，则应视为承诺生效时间。如果合同必须以书面形式订立，则应以双方在合同书上签字或盖章的时候，才为承诺生效时间。如果合同必须经批准或登记才能成立，则应以批准或登记的时间为承诺生效时间。

4. 需要签订确认书的情形

通常情况下，承诺到达要约人时合同即告成立，但有时，当事人在磋商中会提出以一方或双方签订最终的确认书，合同才能正式成立合同。《合同法》第 33 条规定，"当事人采用信件、数据电文等形式订立合同的，可以在合同成立之前要求签订确认书。签订确认书时合同成立。"确认书实际上是与承诺联系在一起的，双方达成协议以后，一方要求合同成立以其最后的确认书为准，这样其所发出的确认书实际上是其对要约所作出的最终的承诺。可见，确认书是承诺的重要组成部分，是判断是否作出承诺的要素。如果一方在通过信件、数据电文等方式订约时，提出要以最后的确认书为准，那么，在其未发出确认书以前，双方达成的协议不过是一个初步协议，对双方并无真正的约束力。因而在正式承诺以前的任何阶段，订约当事人均可提出要求签订确认书，而不受初步协议的拘束。当然，双方在达成初步协议以后，一方违反已达成的初步协议，不签订确认书是有过错的，并因其过错使订约的另一方遭受了信赖利益的损害，则有过错的一方应负缔约过失责任。至于承诺人在已作出承诺以后，又提出签订确认书的问题，则实际上是要推翻或否认已经成立的合同，因此构成违约。

三、合同订立的形式应符合合同履行的需要

合同的形式，是指合同当事人达成协议订立合同时所采用的方式，是各方当事人意思表示的外部表现形式。它主要包括书面形式、口头形式和其他形式三种。至于当事人采用何种形式签订合同，应本着便于实际履行和预防纠纷的原则确定，一般说来应采用书面形式签订合同为上上策。

（一）合同的书面形式

书面形式是由文字表达双方协议的合同形式，一般用于标的数额比较大、内容比较复杂、不能立即履行的合同。随着科学技术的发展，合同书面形式除了合同书外，还应包括电子邮件、电报、传真等以有形表现所载内容的形式，对此，《合同法》第11条作了专门规定。

书面合同不仅能明确了当事人的具体权利和义务，便于合同履行，而且能明确合同订立的时间和地点，便于合同纠纷的及时解决。根据相关规定，采用书面形式订立合同的，当事人盖章的地点为合同签订地的地点；合同约定签订地与实际签字或者盖章地点不符的，人民法院应当认定约定的签订地为合同签订地；合同没有约定签订地，双方当事人签字或者盖章不在同一地点的，人民法院应当认定最后签字或者盖章的地点为合同签订地。至于合同成立的时间，应自双方当事人签字或者盖章时合同成立；如果合同双方当事人未同时在合同书上签字或盖章，则以当事人中最后一方签字或者盖章的时间为合同成立的时间。

（二）合同的口头形式

口头形式是指合同当事人之间通过口头交谈（包括电话）相互表达意思而订立合同的形式。

（三）合同的其他形式

其他形式是指合同行为采用以上书面和口头形式以外的方式进行意思表示，包括实际履行完成合意、默示形式和推定形式等。

（四）注意合同的法定形式要件

有些合同需要具备法律、行政法规规定的合同生效必须具备的形式要件，如履行登记、备案等。一般说来，法律、行政法规对合同形式要求通常不是合同生效的要件，但如果法律、行政法规规定将其作为合同生效的条件时，便成为合同生效的要件之一，不具备这些形式要件，合同不能生效。因此，在签订合同时一定要注意这种合同形式的法定要件。

四、合同的内容应符合合法性、实用性、明确性要求

（一）合同内容必须合法

企业签订合同，总是为了达到一定的经济目的。但是，只有合法的合同才能受到法律的保护，才能依法实现自己的目的。如果合同违法，就可能被认定为无效，不但不能达到签订合同的预期目的，还可能受到法律的制裁。因此，合同内容是否合法，是企业合同审查中最重要的内容。根据《合同法》第52条规定，合同的内容合法主要包括：

1.合同的标的物必须合法，合同条款不能违反国家有关规定；

2.合同内容不得损害国家、集体或第三人的利益；合同内容不得违反社会公共道德，应该遵循社会公共生活准则；合同内容不得扰乱社会经济秩序；

3.合同内容不得损害社会公共利益；

4.合同内容不能规避法律，以合法形式掩盖非法目的。

上述几种情况是企业签订合同中经常会发生的情况，也是合同审查的重点内容。在实践中，企业应围绕下列事项对合同内容的合法性进行审查：

1.审查合同中的约定是否与法律强制性规定相冲突；

2.审查合同中所用的法律术语、技术术语是否规范；

3.审查合同名称与合同内容、属性是否一致，特别是有名合同的名称与合同内容是否存在冲突等。

（二）合同条款必须具体实用

1.合同条款必须具体

合同条款必须具体，是指企业经营者所签订的合同条款必须符合《合同法》第

12条的规定，不能统而概之，含混不清。但在实践中，只要合同具备以下具体条款，其合同的基本内容就已经确定，对双方的合同履行就能起到指引的作用：

（1）合同当事人的姓名：如果是法人，则需法人的名称。必要时还可查看当事人的身份证或执照。

（2）合同标的：如果是买卖合同的话，需要说明货物的名称、规格型号、购买数量等；如果是提供劳务，则要说明劳务的类型、劳务的标准。

（3）价格：要注明货币单位。

（4）履行期限：超过履行期限会导致违约，甚至守约方可以解除合同。

（5）违约责任：一般约定违约金比例或损失赔偿办法。

（6）纠纷解决方式：约定是采用仲裁还是诉讼的方式。如果约定仲裁，最好在合同中约定仲裁条款。

（7）合同生效条款：生效或者失效的条件以及无效的免责等。

（8）附件：记载本合同的附件种类、数量、效力等。

2. 合同条款必须实用

合同条款必须实用，是指企业经营者根据交易目的、合同类型、对方当事人特点、合同背景等情况，除在交易中所需的基本合同条款外，对于可能发生的问题约定合同细节及违约条款，以便实现合同当事人的交易目的、维护其合法权益。换言之，条款的实用性所强调的，是根据具体情况设立具有针对性准、实用价值高、前瞻性强的条款，尽最大可能"止患于未然"。实践中，企业在签订合同时，越具有超前的预见性，则考虑问题就会越周全，避免纠纷产生的可能性就越大。

（三）合同的权益必须明确

在实践中，有的合同没有明确约定双方的权利、义务；有的合同由于约定时采用的方式不当，使得双方的权利、义务显失公平；还有的合同由于对权利、义务的假设未能穷尽所有可能，从而导致处置条款未对某些可能发生的情况进行约定，并由此而造成权利义务的不明确。凡此种种，导致合同目的的难以实现。因此，企业在签订合同时必须注意合同中的权利义务是否明确，以避免当事人因权利、义务不明而丧失权益或者导致损失。重点注意合同以下事项是否明确：

1. 交易内容是否明确、具体、可识别；

2. 交易程序是否明确、具体；

3. 争议处理方式是否明确、具体；

4. 条款之间是否存在权利义务约定冲突；

5. 是否由于表述不严谨而存在权利义务不明确；

6.附件内容是否明确、是否与合同正文冲突，若有冲突是否有效力顺序约定等。

第六节　合同风险防控的基本要求

风险防控是指某一行为有多种可能的结果，而且事先估计到采取某种行为可能导致的结果以及每种结果出现的可能性，并有针对性地采取某种行为防范有危险事件的发生。合同风险防控就是有目的、有意识地通过计划、组织、控制和监督等活动来阻止防范合同风险损失的发生，削弱损失发生的影响程度，以获取最大利益。实践中，主要围绕合同的准备、签订、履行和履行后管理四个流程阶段，针对合同风险的易发点和频发点实施重点防控。

一、合同准备阶段的风险防控要求

合同准备阶段的风险是指在合同签订前的准备过程中存在不当行为的风险，包括合同策划风险、合同调查风险、初步确定准合同对象风险、合同谈判风险、合同文本风险、合同审核风险等。

（一）合同策划风险及防控

合同策划风险是指在合同策划阶段存在的不能满足企业战略和业务目标的风险。这种风险主要体现在两方面：一是合同策划的目标与企业战略目标或者业务目标不一致；二是故意规避合同管理的相关规定，如将需要招标管理或需要较高级别领导审批的重大合同拆分成标的金额较小的若干不重要的合同。对于合同策划风险的主要控制方法：一是审核合同策划目标与企业战略目标和业务目标的一致性；二是在合同管理制度中明确规定不得将需要招标管理的重大合同拆分为不重大的合同，并建立相应的责任追究制度。

（二）合同调查风险及防控

合同调查风险是指在合同调查过程中对被调查对象作出不当评价的风险。这种风险主要体现为：对被调查对象的履约能力和商业信誉给予过高评价的风险。要控制这类风险，主要是提高合同调查人员的专业素质和责任心，在充分收集相关证据的基础上作出恰当的判断；建立合同对象的商业信用档案等。

（三）初步确定准合同对象风险及防控

初步确定准合同对象风险是指准合同对象确定不当的风险。这种风险主要体现为：将不具备履约能力的对象确定为准合同对象；将具有履约能力的对象排除在准合同对象之外。主要防范措施就是实行准合同对象确定的集体决策制度，并实行责任追究制度。

（四）合同谈判风险及防控

合同谈判风险是指在合同谈判过程中忽略了重大问题或在重大问题上做出不当让步的风险以及本企业谈判策略泄密的风险。这种风险主要表现为：对合同标的、产品和服务的数量、产品或服务的质量或技术标准、价款或酬金的确定方式与支付方式、履约期限和地点及方式、违约责任的主要类型及其承担方式、争议的解决方法和地点等涉及合同内容和条款的核心部分，乃至关键细节等的忽略或做出了不当的让步，可能导致企业权益受损的风险；对可能存在的不符合国家产业政策和法律法规要求之事项的忽略。控制合同谈判风险的主要方法是组建素质结构合理的谈判团队，如要求谈判团队中除了有经验丰富的业务人员外，还应当有谈判经验丰富的技术、财会、审计、法律等方面的人员参与谈判，必要时还应当聘请外部专家参与合同的相关工作；在谈判过程中，谈判团队及时总结谈判过程中的得失，研究确定下一步谈判的策略等，充分发挥团队的智慧；在整个过程中，强调并做好保密工作。

（五）合同文本风险及防控

合同文本风险是指合同内容和条款不当的风险。这种风险主要表现为：合同内容和条款可能存在的不合理、不严密、不完整、不明确或表述不当，可能导致重大误解，合同内容违反国家法律法规或国家产业政策等。控制这类风险的主要方法是严格执行合同审核制度。

（六）合同审核风险及防控

合同审核风险是指在合同审核过程中没有发现或纠正合同不当内容和条款的风险。这种风险主要表现为：合同审核人员因专业素质或工作态度的原因未能发现合同文本中的内容和条款不当的风险；虽然发现了问题但未提出恰当的修订意见的风险；合同起草人员没有充分考虑合同审核人员提出的改进意见或建议，导致合同中的不当内容和条款未被纠正等。控制此类风险的主要方法是提高合同审核人员的专业素质；划分合同起草人员和审核人员的责任；制定合同审核操作指南；建立合同审核工作底稿；实施合同管理责任追究制度等。

二、合同签订阶段的风险防控要求

合同签订阶段的风险是指在合同签订阶段存在不当行为的风险，主要包括合同正式签订风险、合同分送相关部门风险等。

（一）合同正式签订风险及防控

合同正式签订风险是指正式签订合同过程中存在不当行为的风险。这种风险主要表现为：超越权限签订合同；合同印章管理不当，为不符合管理程序的合同加盖了合同印章；签订后的合同被篡改等。控制此类风险的主要方法是：严格划分各类合同的签订权限，严禁超越权限签订合同；严格合同印章管理，确保只为符合管理程序的合同文本加盖合同印章；合同必须由双方当事人当面签订；采取恰当措施，防止已签订的合同被篡改，如在合同各页码之间加盖骑缝章、使用防伪印记、使用纸质合同书、使用不可编辑的电子文档格式等方法对合同内容加以控制，防止对方单方面改动合同文书等。

（二）合同分送相关部门风险及防控

合同分送相关部门风险是指在合同分送相关部门过程中可能存在不当行为的风险。这种风险主要表现为：合同被送到了不相关的部门；收到合同的相关部门没有采取妥善措施处理合同；因保管不当导致合同泄密等。控制此类风险的主要措施是实施合同签收制度，并及时退回与本部门不相关的合同；指定专人负责合同的日常保管，并为合同保管提供相应的条件；建立合同管理的责任追究制度等。

三、合同履行阶段的风险防控要求

合同履行阶段的风险是指在合同履行阶段中存在不当行为的风险，包括合同履行过程中风险、合同变更或转让风险、合同终止风险、合同纠纷处理不当风险等。

（一）合同履行过程中风险及防控

合同履行过程中风险是指在合同履行过程中存在的风险，主要表现为违约风险，即本企业或对方没有恰当地履行合同中约定的义务。控制违约风险的主要方法是：签约前认真调查对方的履约能力和商业信誉等情况，尽量只与具有良好履约能力和商业信誉的单位签订合同；在合同中明确规定违约责任；要求对方为履行合同提供相应的担保措施；对合同履行过程进行监督，一旦发现对方有违约的可能或违约行为，则采取相应措施将合同损失降到最低等。

（二）合同变更或转让风险及防控

合同变更或转让风险是指在合同变更或转让过程中存在的风险。这种风险主要表现为：应当变更合同内容或条款但未采取相应的变更行为；合同变更未经相应的管理程序，导致合同变更行为不当或无效；合同转让行为未经原合同当事人和合同受让人达成一致意见，使合同转让行为无效；合同转让未经相应的管理程序，导致合同转让行为不当或无效等。控制此类风险的主要方法是：明确规定合同变更或转让需向相关负责人报告；合同变更或转让的内容和条款必须与当事人协商一致；变更或转让后的合同视同新合同，需履行相应的合同管理程序等。

（三）合同终止风险及防控

合同终止风险是指在办理合同终止手续过程中存在不当行为的风险。这种风险主要表现为：未达到终止条件的合同终止；合同终止未办理相关的手续等。控制此类风险的主要方法是：明确规定合同终止的条件以及应当办理的相关手续；指定专人对合同终止手续进行复核等。

（四）合同纠纷处理不当风险及防控

合同纠纷处理不当风险是指在处理合同纠纷过程中存在不当行为的风险。这种风险主要包括：未及时向相关领导报告合同纠纷和拟采取的对策；未及时采取有效措施防止纠纷的扩大和发展；未与对方有效协商合同纠纷解决办法，或合同纠纷解决办法未得到授权批准；未收集充分的对方违约行为的证据，导致本企业在纠纷处置过程中处于举证不力的地位；未按照合同约定追究对方的违约责任等。控制此类风险的主要方法是明确规定合同纠纷的处置办法；明确各类人员在合同纠纷处置中的责任；合同纠纷处置方案应当经适当管理层的审核批准等。

四、合同履行后管理阶段的风险防控要求

合同履行后管理阶段的风险即在合同履行完毕或终止后管理过程中存在的风险，包括合同归档保管风险、合同执行情况评价风险等。

（一）合同归档保管风险及防控

合同归档保管风险是指在合同归档保管过程中存在的风险。这种风险主要包括合同丢失或泄密；合同被滥用等。控制此类风险的主要方法是明确规定合同管理人员的职责；规定合同借阅的审批程序；实施合同管理的责任追究制度；对合同保管情况实施定期和不定期的检查等。

（二）合同执行情况评价风险及防控

合同执行情况评价风险是指在合同执行情况评价中存在的风险。这种风险主要包括：未对合同执行情况进行评价；在合同评价过程中未按照规定兼顾全面和突出重点等。控制此类风险的主要方法是：制定合同执行情况的评价制度，建立合同执行情况评价的操作指南；实施责任追究制度等。

第二章　合同风险防控基本技能

按照合同管理的流程，将合同风险防控分为合同签订前、签订时、履行中和纠纷发生后等几个阶段，实行纵深梯次防御、多层全面防守，目的是将合同风险控制在最小层面上，最大化地维护企业的合法权益。本章主要介绍合同风险防控的基本技能，它适用于各种具体合同的风险防控。

第一节　合同签订前的风险防控

合同签订前的风险，主要是指合同当事人的一方对另一方的背景资料没有进行尽职调查。有的忽略对拟签合同对象的主体资格进行审查，将不具有相应民事权利能力和民事行为能力或不具备特定资质的主体确定为准合同对象，或者与不具备代理权或越权代理的主体签订合同，导致合同无效；有的在签订合同前误判对方的资信状况，将不具备履约能力的对象确定为签约对象，或将具备履约能力的对象排除在签约对象之外，最终导致合同无法履行，等等。因此，在合同签订前，企业应严格审查准合同对象的主体资格，慎防与没有签约资格的主体签约。

一、审查准合同对象的主体资格，慎防合同陷阱

（一）审查自然人，看其是否具有签约的主体资格

对于自然人，应审查其是否具有完全的民事行为能力。自然人达到18周岁才有完全的民事行为能力，具备签约的资格；8周岁以下的未成年人或不能辨认自己行为的成年人无民事行为能力，没有签约资格；8周岁以上的未成年人或不能完全辨认自己行为的成年人为限制民事行为能力人，限制民事行为能力人订立的合同，一般须经其法定代理人追认，才能生效。

在与自然人签约时，应当要求其提供身份证、详细的家庭住址、联系方法及个人的其他情况；或者要求其写下个人情况申明，说明其真实情况，以便在必要时对其进行实地考察和确认。对于自然人，也可以登录公安部公民身份信息核查网，对身份证信息进行核查。

从民法意义说，个体工商户等经营实体属于自然人的范畴。对其主体资格的审查，一般通过调查其是否依法登记并领取《营业执照》，以及负责人的具体身份情况就可以确认。当然，还应注意调查个体工商户的业主和实际经营人是否一致。

（二）审查企业法人，看其是否具有签约的主体资格

根据相关法律规定，我国的法人主要包括营利法人（有限责任公司、股份有限公司和其他企业法人等）、非营利法人（包括事业单位、社会团体、基金会、社会职务机构等）、特别法人（机关法人、农村集体组织法人、城镇农村的合作经济组织法人）以及非法人组织（个人独资企业、合伙企业、不具有法人资格的专业职务机构等）。

1. 审查企业法人本身有无签约的主体资格

对于法人，应审查其是否具备签订合同的法人主体资格。因为只有具备法人资格的企业所签订的合同才是安全、有效的。至于企业的各部、科等内设机构是不具备法人主体资格，不能独立承担民事责任，是不能签订合同的。若与其签订了某项经济合同，那么这种合同很有可能会因为其主体不适格而被认定无效。至于企业的分支机构，如分厂、分公司、办事处等，则应看其是否具有对外开展业务的资格（应要求其提供所属法人机构的授权委托书或者相关文件）、是否有《非企业法人营业执照》。若其有授权或有《非企业法人营业执照》则具有对外签订合同的资格。

市场监管部门颁发的《企业法人营业执照》是证明其法人主体资格存在的证明书。在签约前，应要求对方出示其营业执照，并辨别其真伪。要注意保留对方企业的营业执照、税务登记证、资质证书等复印件，并加盖公章。对于授权委托书要注意保留原件一份。决不能仅凭其名片、介绍信、工作证、公章、授权书、营业执照复印件等证件，就相信对方，甚至与其签订合同。

2. 审查企业法定代表人有无签约的主体资格

一般情况下，企业法定代表人的身份是合法有效的，他可以依法或者经授权代表企业对内进行经营管理、对外进行签约合作的。但由于市场经济条件比较复杂，各种鱼龙混杂，假冒伪劣身份或者擅权滥权作为现象时有发生，稍有不慎就易上当。因此，企业在签约前有必要了解企业法定代表人的相关情况。一般说来，只要查看法定代表人的证明书，就能确认其是否为法人的法定代表人。但由于部分专业骗子使用假身份证或借用身份证注册公司，虽然营业执照是真的，但其法定代表人是假的，为了以防万一，必须注意对法定代表人、合同签字人、经办人的身份进行核查，要求其出示身份证，并通过公安部公民身份信息查证网站进行查证。同时，还要注意审查其行为是否在其职权范围内。法人或者其他组织的法定代表人、负责人超越权限订立的合同，如果相对人知道或者应当知道其超越权限的，合同无效；如果相对人不知道其超越权限的，属于善意相对人，合同有效。

3. 审查企业代理人有无签约的主体资格

如果合同是由对方的代理人代为签约的，应注意审查该代理人是否具有代签合同的主体资格。也就是说，企业在签约前应特别留意该代理人是否具有代理权限、是否超越代理权限或代理权限是否已终止。如果企业签约代理人出现上述情况之一，应立即中止或者终止与其签约，否则后患无穷。

在实践中，由于企业不可能将所有合同的签订业务都集中在法定代表人或负责人身上，企业往往会给那些驻外的销售代表或者驻外的销售分公司相当数量的盖有企业公章的空白介绍信或者盖有企业公章的格式合同，以方便其在适当的时候签订合同。这虽然是企业的一种授权行为，但该授权往往存在管控等方面的瑕疵，在授权的同时也埋下了法律风险隐患，突出地表现为无效代理签约。避免无效代理签约风险发生的有效方法是：

（1）未经审批不要预先发出盖章的空白介绍信和空白合同书。如果必须这样做，企业必须严格控制，应在空白介绍信中明确规定该销售代表可以签订合同的具体项目、金额上限，以及该销售代表有权独立签订合同的时间期限等。

（2）在他的职务停止或者调整岗位后，一定要确保将原先预先给他的空白介绍信、授权委托书和空白的盖有企业公章的格式合同及时清理、上缴；同时，务必以最快的速度书面通知和他有业务往来的关系客户，提请其注意。

（3）如果已经发生了无权代理，己方可以权衡利弊及时选择行使追认权和拒绝权。比如无权代理签订的合同对己方不利，应坚决拒绝追认，具体做法上只需要在相对人进行催告时不作任何表示即可。

特别提请读者注意的是：在审查企业代理人资格的情况下，必然涉及表见代理问题。鉴于表见代理给企业带来的风险和危害极大，在后面单独阐述。

（三）审查"其他组织"，看其是否具有签约的主体资格

"其他组织"是介于自然人与法人之间的组织，在民事权利主体中具有独立的地位。根据最高人民法院《关于适用〈中华人民共和国民事诉讼法〉若干问题的意见》中规定，《民事诉讼法》第49条规定的"其他组织"，是指合法成立、有一定的组织机构和财产，但又不具备法人资格的组织。在这里，我们应重点审查企业非法人的主体资格。企业非法人主要包括个人独资企业、合伙企业、企业的分支机构（分公司、办事处、代表处）等。非法人企业的法律地位是不具有法人资格，不能独立承担民事责任，不能独立支配和处分所经营管理的财产，但经营单位可以刻制印章、开立往来账户、单独核算、依法纳税，也可以签订商业合同并作为执行人。

对于有些法人单位设立的分支机构或经营单位，它可以在授权范围内，以其所从属的法人单位的名义签订合同，产生的权利义务由该法人单位承受。对这类组织资格的审查，主要审查其是否按规定到市场监督管理部门登记并取得营业执照，同时审查其所从属的法人单位的资格及其授权情况。

对于个人独资企业、合伙企业等非法人企业，当其对外进行经营业务活动而负债时，如其自身拥有财产和经费，则由自身承担；如其自身所拥有的财产和经费不足以清偿债务时，则由其出资人对其所欠债务承担连带清偿责任。对这种组织的资格审查，除了审查其是否按规定到市场监督管理部门登记并取得营业执照外，更主要的是审查出资人的主体资格及资信情况。

（四）审查特殊民事主体，看其是否具有签约的主体资格

这里的特殊民事主体，主要是指民办非企业单位、社会团体、事业单位、民办学校、建筑企业项目部等，因为它们在市场经济的浪潮中比较活跃，应引起关注。

1. 审查民办非企业单位的主体资格

根据国务院《民办非企业单位登记管理暂行条例》规定，民办非企业单位是指企业事业单位、社会团体和其他社会力量以及公民个人利用非国有资产举办的，从事非营利性社会服务活动的社会组织。民办非企业单位根据其依法承担民事责任的不同方式分为民办非企业单位（法人）、民办非企业单位（合伙）和民办非企业单位（个体）三种。

（1）对于法人型民办非企业单位资格的审查

主要审查其是否经民政部门核准登记并申领《民办非企业单位(法人)登记证书》，同时要注意对其登记证书及登记名称、住所、宗旨和业务范围、法定代表人、开办资金、业务主管单位等真伪情况进行核实。其他情况的审查，应参照企业法人主体资格审查的方法进行。

（2）对于个体、合伙型民办非企业单位资格的审查

主要审查其是否经民政部门核准登记并申领《民办非企业单位（个体、合伙）登记证书》，更主要的是审查出资人或者合伙人的主体资格及资信情况。

2. 审查社会团体的主体资格

根据国务院《社会团体登记管理条例》规定，社会团体是指中国公民自愿组成，为实现会员共同意愿，按照其章程开展活动的非营利性社会组织。社会团体是有独立承担民事责任能力的法人。对于社会团体资格的审查，主要审查其是否经民政部门核准登记并申领《社会团体法人登记证书》，并对其登记证书及登记名称、住所、宗旨和业务范围、活动地域、法定代表人、活动资金、业务主管单位等真伪情况进行核实。其他情况的审查，应参照企业法人主体资格审查的方法进行。

3. 审查机关内部事业单位的主体资格

判断机关内部的事业单位是否具备民事主体资格，应依照其是否进行了事业单位法人登记而定。若其已依据《事业单位登记管理暂行条例》进行了事业单位法人登记的，性质上属于事业法人，具有相应的民事主体资格，对外独立承担民事责任。对于经过机关内部人事管理部门决定或者经编制管理部门批准在机关内部设立的事业性质的机构，未办理事业单位法人登记的，属于机关内设机构，应认定其不具备独立的民事主体资格，其行为后果由设立该机构的机关单位承担。

4. 审查民办学校的主体资格

根据民政部民函〔2005〕237号《关于民办学校民事主体资格变更有关问题的通知》的精神，目前民办学校的登记形式有三种：个体、合伙和法人。民办学校在性质上属于非企业单位，但在处理涉及民办学校的相关案件中，可参照类似性质的企业的相关法律规定，确认民办学校的主体资格。另外需要注意的是，民办学校的办学许可证仅仅是教育行政管理部门实施教育管理的一个行政许可文件，与民办学校的主体资格的确认无关。

5. 审查建筑企业的项目（经理）部的主体资格

建筑企业项目（经理）部是建筑企业因经营需要为特定项目所设立的临时机构，一般随着项目的产生而组建，随着项目的结束而解散。从性质来说，此类项目（经理）部属于企业的有机组成部分，不具备独立的民事主体资格，不能独立对外承担民事责任。实践中，有的项目（经理）部虽然不是由建筑企业出资设立的，但长期以该建筑企业项目（经理）部的名义从事建筑经营活动，并向建筑企业上缴管理费。对于此类项目（经理）部的主体资格，应和建筑企业自己所设立的项目（经理）部同样对待。项目（经理）部所签订的与施工相关的买卖建材、租赁建筑设备等合同，后果应由建筑企业承担。

（五）审查保证人，看其是否具有签约的主体资格

在某些情况下，有些合同当事人要求在签订主合同后，还要签订一份保证合同

作为主合同的从合同。在这种情况下，企业在签约前还应对保证人的资格进行审查，看其是否具备签订担保合同的主体资格。

1. 审查保证人是否具有民事行为能力。

2. 审查保证人是否具有代为清偿主债务的能力。

有些担保企业本身就已经是负债累累，自身难保，或者已经被吊销或面临破产，当交易对方无法履行合同时，企业从担保人那里难以挽回损失。

3. 审查保证人是否属于下列法律禁止情形：

（1）国家机关不得作为保证人，但是经国务院批准为使用外国政府或国际经济组织贷款进行转贷的除外；

（2）学校、幼儿园、医院等以公益为目的的事业单位、社会团体不得作为保证人；

（3）企业法人的分支机构（除有书面授权）、职能部门不得作为保证人。

4. 审查用于抵押的财产状况是否安全。

有的企业为了换取对方的信任，一项财产上设置多个抵押权或者重复抵押，使抵押财产的价值远远大于被担保的财产价值，却并未告知对方，从而使债权人的资产流失，抵押权落空。还有的企业将自己并不享有所有权的财产设定抵押，或者是抵押的标的物本身就是法律禁止的流通物，是法律禁止用于抵押的财产，这样的抵押合同无效，造成债权人财产流失。

二、审查准合同对象的资信状况，慎防合同钓鱼

（一）审查企业的资信状况，看其是否具有履约能力资格

合同对方主体的资信情况往往关系到对方合同履行能力和诚信的问题。在审查了对方主体资格之后，应当核实对方的资信情况，看其是否具有履行合同的资力和信用。不同的合同，对于合同主体的资信要求也不尽相同。合同主体的资信情况一般包括：企业的行业地位；商业信誉；产品的销售渠道和市场份额；企业的履约记录；企业财务报表上体现的盈利能力；企业是否受到行政处罚或者处罚是否影响企业的商誉或履约能力；以及资产负债、资质、诉讼、仲裁等情况。在签订合同前，特别是在订立重大合同前，必须通过各种方式和渠道对对方的资信情况进行调查，掌握和了解对方的履约能力，并相应要求对方提供担保。如果对方履约能力不高，又不能提供任何担保，在非签合同不可的情况下，应注意采取分期发货的方式，实行按月结算，尽量降低呆坏账风险。

一般情况下，企业只要登录市场监督管理部门的官方网站，在《国家企业信用

信息公示系统》中就能查阅到对方企业的相关信用信息。同时，也可以与对方企业正面接触，直接进行现场资信调查；或者与企业非正面接触，与该企业的临近商家、地区管理者、该企业的客商户进行侧面调查。

（二）审查企业的"经营范围"，看其是否超项经营

《民法通则》规定，"企业法人应当在核准登记的经营范围内从事经营。"这就从法律上框定了企业法人经营活动的范围。经营范围一经核准登记，企业就具有了在这个范围内经营的权利，同时还承担不得超越范围经营的义务。一旦超越，不仅不受法律保护，而且要受到处罚。核定的企业经营范围是区分企业合法经营与非法经营的法律界限。

一般情况下，在签约前通过查看对方提供的《营业执照》（副本），就能弄清楚对方的经营范围、经营期限等信息。但由于最高人民法院的司法解释规定了"当事人超越经营范围订立合同，人民法院不因此认定合同无效。但违反国家限制经营、特许经营以及法律、行政法规规定禁止经营的除外"，据此，在签约前企业经营者应当重点审查对方签约项目是否违反了国家限制经营、特许经营和禁止经营的规定等方面，要求对方出示相关的生产许可或者服务许可的证书或者文件，以及其他相应资质证书，以确定其是否合法、有效并在法律允许的范围之内经营。资质证书是国家授予企业从事某种生产经营活动的资格证书。我国法律对某些行业的从业资格做了限制性规定，没有从业资格的单位和个人不得从事特定的业务，如果己方与没有资格的主体签订此类合同势必给己方带来经济损失。商品房预售许可证、出版物印制许可证、药品生产或经营许可证、压力容器生产许可证、建筑企业资质证书等都属于企业的资质证书。没有相应的资质证书，就算合同签订了也可能导致无效。

需要注意的是，在特许经营、限制经营的情形下，尽管未取得经营资质从事民商事交易行为将会得到否定性评价，但在合理期限内取得资质的，其合同的效力不受影响。

三、高度关注企业表见代理，严防表见代理风险的发生

1981 年制定的《经济合同法》并无表见代理的规定，但 1999 年制定的《合同法》增加了表见代理的内容。目前，许多经济合同诈骗犯罪案件都与表见代理有关，而这种犯罪行为给相对方造成的经济损失也往往由表见代理企业来买单。鉴于这种因表见代理所产生的法律关系是相关企业在不知不觉中形成的，而且一旦形成就会把企业拖入莫名其妙的纠纷，甚至给企业带来实实在在的损失。因此，企业在签订合

同前应特别关注表见代理问题，严防表见代理行为引发的合同风险。

（一）表见代理的构成要件

根据《合同法》第49条规定，表见代理是指行为人虽无代理权，但因具有足以使善意相对人客观上有充分正当理由相信其有代理权的表面特征，因而被代理人须承受行为人所实施行为的法律效果的制度。设立表见代理制度的立法宗旨在于保护善意相对人的合法权益、维护市场交易的安全。表见代理的构成要件有：

1. 无权行为人实施了代理行为

无权行为人实施了代理行为，即行为人没有代理权、超越代理权或者代理权终止后仍以被代理人名义订立合同。表见代理作为代理的一种，应当符合代理的要件，即表见代理人须以被代理人的名义进行活动，与第三人发生民事关系。否则，这种代理只是表见代理人与第三人之间形成的民事法律关系，不及于被代理人，只对缔约双方发生法律效力。

2. 相对人相信了无权行为人的代理行为

相对人依据一定事实，相信或认为行为人具有代理权，并在此基础上与行为人签订了合同。在客观上，须有使相对人相信表见代理人具有代理权的情形（如行为人持有某单位的业务介绍信、合同专用章或者盖有公章的空白合同书等），并使相对人形成对该代理人具有毋庸置疑代理权的主观认识。只有这样，相对人才能与其签订合同，并实行自己的合同目的。也基于此，1999年制定的《合同法》设立了表见代理制度，使无权民事代理行为产生有权代理的法律效果，赋予相对人向被代理人主张民事代理行为的法律效果的权利。

3. 相对人主观上须为善意、无过失

相对人主观上须为善意、无过失，即第三人不是明知行为人没有代理权而仍与之签订合同，也不是由于自己疏忽大意，缺乏应有的谨慎而轻易将没有代理权的行为人认作有代理权的人，而是有正当理由相信行为人有代理权。相对人善意且无过失的判断标准是其不知道行为人没有相应的代理权，若相对人明知或应知行为人为无权代理人仍与其订立合同，应为恶意，不构成表见代理，要由相对人和行为人对给他人造成的损害负连带责任。表见代理虽然是无权代理，但却产生有权代理的法律效果，这维护了相对人的合法权益，也在一定程度上损害了被代理人的利益。根据等价有偿的民法原则，要求相对人也给予被代理人一定的对价，以达到权益的平衡。这就要求相对人在主观上必须表现为善意、无过失，以体现民法的公平、诚实信用原则，以保护被代理人的合法权益。

4. 双方所签订的合同本身不具有无效和应被撤销的内容

无权代理人代理被代理人签订的合同，应具备合同有效的一般条件，本身不具有无效和应被撤销的内容。否则，该合同应按无效和可撤销的规定处理。如果表见代理人与相对人之间的民事行为欠缺成立的有效要件，那么该行为从一开始就不产生法律效力，就不能够转嫁到被代理人身上，也无从谈起被代理人承受该代理行为的法律效果。民事行为的有效条件，即行为人具有相应的民事行为能力、意思表示真实、内容不违背法律或者社会公共利益。真实意思表示应理解为法律上的真实意思表示，即相对人根据表象完全有理由相信表见代理人所实施的民事行为系其真实意思表示，而不是仅仅局限于事实上的意思表示真实。如果表见代理人为故意损害被代理人的利益而与善意无过失的相对人签订有损被代理人的权益的合同，就会因表见代理人的意思表示不真实导致合同无效。

（二）表见代理的表现形式

1. 没有代理权的表见代理

（1）本单位内部人员的表见代理

这种情况在建筑业时常发生。例如，某项目部副经理在未经授权的情况下，擅自对外签订合同；派驻乙方的工地代表在未经请示上级批准认可的情况下，擅自在往来文件上签字；项目部员工未经请示，对不明目的的外来文件做签收，等等。上述行为若涉及纠纷，对单位形成的表见代理责任很容易被确认为有效。

（2）外部人员冒充本单位人员

有的企业将具有代理权证明意义的文件、印鉴交于他人，使他人得以凭借其代理人身份实施民事活动。在这种情况下，这个"他人"（代理行为人）就意味着向相对人表示本人已经授权。这种表示的客观依据就是本人所持有的印章、合同章、单位的空白证明信、空白委托书、空白合同文本等。由于这些文件和印鉴在一般情况下与特定的主体相联系，具有专用性。行为人持有具有代理权证明意义的文件和印鉴，这一事实本身在客观上极易使相对人误认其具有代理权，尽管其中有的无权代理人只是利用本人的名义为自己谋利益，但对本人来说，仍不能完全排除表见代理的适用。

（3）企业法人的分支机构、办事处实施的表见代理

企业的分支机构和办事处未领取法人营业执照，不具有法人资格，它们进行经营活动要经过法人授权。如果企业内部管理混乱，分支机构和办事处未经授权就以法人名义进行经营活动，造成相对人误认为其有授权，并且与之为民事行为就构成表见代理。

（4）承包人以发包人的名义实施的表见代理

承包人以发包人的名义进行经营活动，如某工程公司承揽到一项工程后，便将工程或工程的一部分交给某劳务队施工，该劳务队以该公司项目部的名义进行施工。工程竣工后，因工程队拖欠雇佣民工的工资，导致民工集体起诉工程公司。尽管该公司以工程队与自己无隶属关系为由，拒绝支付民工工资，但也难逃脱表见代理的法律责任。因为，该案的劳务队是以工程公司项目部的名义施工，足以导致民工误信劳务队代表工程公司进行施工；加之，该工程公司有违法转分包行为，遂构成表见代理。

（5）知道他人以自己的名义实施民事行为而不作否认的表见代理

这里是指本人在无过错的情况下，他人以自己名义从事民事活动的情况。当本人得知他人以自己的名义从事民事活动时（通常是由相对人向其催告而得知），应当对他人无权代理行为表明态度。本人所表示的不同态度，可以产生不同的法律后果。如果本人表示承认，就等于其在事后授予无权代理人的代理权，这样追认行为具有追溯效力，致使原来的无权代理变成了有权代理，本人应承担代理行为所产生的后果；如果本人表示否认，因本人对他人无权代理行为的发生并无过失，无权代理人与相对人所为的行为对本人无任何法律约束力；如果本人明知他人进行无权代理而又不明确表示否认，虽然其对于他人以自己名义从事民事活动无过错，但其明知而不否认，不可谓之无过失，由此而造成相对人进一步确信行为人有代理权，因而应构成表见代理。

2. 超越代理权的表见代理

突出地表现在施工企业中，如一些施工企业在挂靠经营中超出挂靠协议约定范围的经营活动就属于超越代理权的表见代理。现实生活中，大量存在着挂靠单位不遵守其与被挂靠单位签订的挂靠协议，在未授权的领域仍以被挂靠单位的名义进行经营活动。在此经营活动中，一旦挂靠单位难以承担责任，相对人会直接寻求被挂靠单位的救济。这时，虽被挂靠单位会以未授权或挂靠单位违反协议为由拒绝承担责任，但也难逃承担这种表见代理的后果。因为，在这种情况下，相对人一般会认为挂靠单位隶属于被挂靠单位，或虽知挂靠，但很难分清哪些是有权挂靠哪些是无权挂靠，何况被挂靠单位又未予公示，便构成表见代理。

3. 代理权终止后的表见代理

（1）代理期间届满或代理事务完成后的代理

凡书面委托代理的授权委托书或有关授权通知中均应按照法律规定，载明代理期间及代理事务，如果本人没有具体作出规定，只要善意相对人不知这种情况，仍与代理人为民事行为，则成立表见代理。

（2）本人取消委托后的代理

代理权可以依本人的意思而被撤销，这种撤销行为属单方法律行为，撤销通知到达代理人即发生法律效力——代理人丧失代理权。为了避免原代理人向他人实施无权代理行为，本人理应采取收回代理证书、通知第三人，或者发布撤销代理权的广告等措施。如果本人没有这样做，致使相对人不知代理权被撤销，仍与代理人为民事行为，则构成表见代理。

（三）表见代理风险的防控

1. 提高企业管理者的法律意识是防止表见代理的关键

企业经营管理者的法律意识不强是引起表见代理的主要原因，甚至有的企业明知其行为不符合法律规定，但在利益驱动下，仍心存侥幸，结果不可避免地陷入了表见代理的泥潭，得不偿失。因此，提高企业管理者的法律意识是防止表见代理的关键。

2. 强化企业内控制度是防控表见代理的重要举措

实践证明，企业内控制度不规范也是引起表见代理纠纷的常见原因，制定适时、完备和高效的管理制度来规制自己员工的行为，避免业务对象产生误解，无疑也是防控表见代理纠纷的重要举措。这些举措主要包括：

（1）建立企业证照和印章、空白介绍信的保管、携带和使用的审核、登记制度。证照、印章和空白介绍信具有能够代表着持有人是企业或项目合法代理人的重要证明凭证。因此，尽量不要由用章单位和个人随身携带外出使用，如因特殊情况必须携带，携带人应符合三个条件：一是携带人必须对企业忠实可靠；二是携带人必须对使用证照、印章和空白信的行为后果有充分的认识；三是携带人应当具有基本的法律常识。

（2）建立业务员解聘和代理人解除授权的通告机制。业务员和代理人在企业授权的情况下，不存在表见代理问题。但被解雇的业务员和被终止授权的代理人仍以原项目的名义，与在其任用期间接触过的客户进行民事活动，就有可能产生表见代理。但是，如果企业对解雇业务员和解除授权的情况进行了及时通告，就可依法免除其表见代理责任。如果业务员或代理人所接触的客户非常有限，可以采用书面通知的形式；如果客户群不特定，可以采用报纸、广播电视等形式公示。

3. 实行"一事一授权"的授权规则

对公司的分支机构和办事处进行统一管理，非法人分支机构和办事处以上级法人名义开展经营活动应该坚持"一事一授权"原则。企业法定代表人与被授权人签订《合同授权委托书》，并在该《委托书》中明确被授权人同某企业在限定的期限内就某一具体事项签订合同。同时，在《委托书》中明确注明以下事项：如本委托书涂改、涂抹无效；被授权人转委托、超越授权范围和授权期限及授权人撤回授权委托的，本委托书无效；被授权人调离现岗位或者调离本单位的，自调离之日起本委托书无效，等等。不能在授权委托书中存有授权不明的情况，比如只笼统地写"全权代理""一般代理""部分代理""特定代理"等。

4. 对行为人因表见代理涉嫌犯罪的，公司应将其移交司法机关追究其刑事责任并附加民事责任，维护公司的合法权益

涉及经济犯罪而且由企业承担民事赔偿责任有以下两种情形：

（1）个人借用单位的业务介绍信、合同专用章或者盖有公章的空白合同书，以出借单位名义签订经济合同，骗取财物归个人占有、使用、处分或者进行其他犯罪活动，给对方造成经济损失构成犯罪的，除依法追究借用人的刑事责任外，出借业务介绍信、合同专用章或者盖有公章的空白合同书的单位，依法应当承担赔偿责任。但是，有证据证明被害人明知签订合同对方当事人是借用行为，仍与之签订合同的除外。但事实上这一举证目的往往很难实现。

（2）单位聘用的人员被解聘后，或者受单位委托保管公章的人员被解除委托后，单位未及时收回其公章，行为人擅自利用保留的原单位公章签订经济合同，骗取财物占为己有构成犯罪，如给被害人造成经济损失的，单位应当承担赔偿责任。这是公章管理方面的问题。

四、注意承担先合同义务，防控缔约过失的风险

先合同义务又称"前合同义务"或"先契约义务"，是指在要约生效后合同生效前的缔约过程中，缔约双方基于诚信原则所承担的忠实、照顾、告知、注意、协助、保护、保密等的合同附随义务。缔约人因故意或过失违反先合同义务，造成缔约相对人损害的应承担相应的法律责任。缔约过失容易造成两种后果：一是因缔约人的过失导致合同不能成立，而且使相对人因此而受到损害，这主要是指假借订立合同恶意磋商的情况；二是因缔约人的过失导致合同虽然成立了，但属无效合同或应被撤销的合同，从而使相对人受到损害。无论是哪种后果，都要在缔约人之间产生损害赔偿责任，即缔约过失责任。

实践中，合同的订立不是一蹴而就的，而是一个逐渐发展的过程：要约人发出要约，承诺人作出承诺。要约和承诺的过程中，合同当事人之间必然有一个接触磋

商的过程。在这一过程中，随着当事人之间信用关系的增强，先合同义务逐渐产生。这种义务如果在当事人的心中不成为义务，当事人任由自己的意志率性而为，不考虑相对方，则可能要有悖公平、诚实信用原则，损害对方当事人的权益。比如在买卖合同中，买受人明知标的物在出卖人要约的条件下自己不会买受，却仍然出于恶意，一再以种种理由与方式与出卖人磋商，最终合同不成立，却导致出卖人不能及时出卖标的物，间接蒙受损失。又如出卖人为使买受人更充分翔实了解标的物，可能要介绍一些有关标的物的数据资料、生产工艺等商业秘密，这时如果买受人不遵守先合同义务的规定，就可能会使出卖人权益受损。因此，《合同法》从法律角度强制合同当事人必须遵守先合同义务，对因一方过错而遭受损害的相对方，赋予其依法请求法律救济的权利，从而确保了公平、诚实信用原则。

先合同义务包括主观义务和客观义务两个方面。主观义务是指在订立合同的过程中，合同成立之前，缔约人必须始终以诚实信用的心态积极接触磋商，最终目的是为了促成合同的成立，而不能以不正当竞争、刺探商业秘密等违背诚实信用原则的意图恶意磋商。例如，在要约人发出的要约到达受要约人后，受要约人须对要约的条件及时作出真实意思表示，同时主观上应该是本方要么及时通知要约人接受要约或者拒绝要约，要么在承诺期限内不作出承诺。如果受要约人违背这项义务则应承担损害赔偿责任。客观义务是指缔约人在订立合同过程中，客观上必须为或不为一定的行为。具体指缔约人在订立合同过程中，必须负有提供与订立合同有关的真实情况，不得故意隐瞒与订立合同有关的重要事实，保守在订立合同过程中知悉的商业秘密，及时通知与订立合同有关的重要事项，与缔约相对人互相协作，共同促进合同的及时合法成立等义务。

先合同义务具有法律确定性、强制遵守性。例如《合同法》第42条规定："当事人在订立合同过程中有下列情形之一，给对方造成损失的，应当承担损害赔偿责任：（一）假借订立合同，恶意进行磋商；（二）故意隐瞒与订立合同有关的重要事实或者提供虚假情况；（三）有其他违背诚实信用原则的行为。"《合同法》第43条规定："当事人在订立合同过程中知悉的商业秘密，无论合同是否成立，不得泄露或者不正当地使用。泄露或者不正当地使用该商业秘密给对方造成损失的，应当承担损害赔偿责任。"

五、争取合同文本的起草权，掌握合同风险防控的主动权

合同是具有法律效力的法律文件，对合同双方具有法律约束力。一般来讲，谁

掌握了合同起草的起草权，谁就掌握了操盘合同的主动权。因为，合同起草方可以根据双方协商的内容，认真考虑写入合同中的每一条款，斟酌选用对己方有利的措辞，充分地考虑和保护自己的利益，从而尽量避免己方可能发生的损失，以及在损失发生的情况下如何获得充分有效的救济。因此，为了争取在履约过程中或发生争议时的主动地位，企业应制定自己的标准格式采购或供应合同，并要求对方接受自己的格式文本。在制定标准文本时，应充分考虑企业所进行的同类交易行为可能面临的法律问题和风险，以及出现该等问题或风险时有利于保护己方利益的最佳处理办法。采用自己的格式文本，不仅能节省交易成本，更重要的是减少交易风险，以及避免以后可能出现的争议。

需要注意的是，即使不能单方面起草合同，也要与对方共同起草合同，不能将合同起草权完全交给对方。对于自己起草的书面合同，千万不要留有合同空白处。对于合同而言，空白就是漏洞。在合同中留下空白，等于把风险留给了自己。一些不法企业往往以此为借口将所有合同都掌握在自己手中，然后在合同的空白处随心所欲地填写对自己有利的内容。对此，签约时要注意合同留白处如无内容一定要划掉，并且自己一定要留一份原合同文本。

第二节　合同签订中的风险防控

现实生活中，有些企业因自身没有统一的合同范本，在签订合同时习惯于被动地使用对方提供的合同文本，在合同关键条款上往往处于弱势一方，一旦出现合同纠纷，很容易陷入被动的局面；也有些企业虽有合同文本，但其内容没有经过专业人员审核，关键条款缺失，或表述不清，缺乏可操作性，甚至在内容上存在重大误解，容易导致将来发生履行困难或责任难以界定的尴尬局面。有鉴于此，企业必须加强合同签订中的合同审查，修补合同漏洞，这是合同风险防控的第二个防线。

一、采用书面形式签约，预防"空口无凭"

实践中，有些企业往往重感情、讲义气，仅凭老熟人、老朋友、老关系的意向和口头约定，就用"口诺式"的君子协议代替了正式有效的书面合同。俗话说"人熟理不熟"，这种"口头君子协定"一旦遇到利益冲突时，双方必然产生纠纷，而且这种纠纷往往孰是孰非难以界定。俗话说："空口无凭，立字为据。"为了避免"口说无凭"，减少合同纠纷，在订立合同时除少数即时结清的合同可用口头形式外，对于一些标的数额较大、内容比较复杂的合同都应尽量采用书面形式。特别是在以信件和数据电文（包括电报、电传、传真、电子数据交换和电子邮件）等形式签订合同时一定要求以书面的形式予以最后的确认，以避免双方在履行过程中发生分歧。法律、行政法规规定或者当事人约定采用书面形式订立合同的，一定要以书面的形式订立合同，千万不要因为是熟人就无视这些规定或者约定，从而为自己埋下了许多法律风险隐患。当然，如果当事人未采用书面形式，但一方已经履行主要义务且对方已接受的，那么该合同是成立并有效的，但这样的行为会给企业带来许多不必要的风险和麻烦，应当尽量避免。在合同内容发生变更时，应及时签订书面的补充协议，特别是关于产品质量标准、材料设备、合同期限、价款等合同主要条款变更的情况时，更要签订书面补充协议。如果没有书面补充协议，在发生纠纷时法院一般会认为该合同没有发生变更。

对于拟签合同文本，无论是由对方起草的还是由自己起草的，抑或是政府部门、行业协会提供的示范文本，都要进行仔细的审查，严格把握好合同的最后签订关，保证在这个最后环节上不出问题。具体做法，读者可以参照本书第一章相关内容。

二、仔细审查合同内容，慎防合同的瑕疵条款

合同的内容一般是由诸条款组成（某些合同除条款外，根据需要还包括若干图表及其他附件等）的，这些条款明确了当事人双方的权利和义务，是全面履行合同的准则和依据，也是合同发生纠纷时人民法院或仲裁机构确定合同是否有效、哪方当事人违约、应当承担何种责任的重要依据之一。如果这些条款不完备，合同就难以实际履行。例如，购销合同没有价格条款或者该条款不明确，就妨碍销售方及时得到货款；建筑安装承包合同未写清建筑项目条款，承包方就难以着手施工和保质按期完成施工任务，等等。这就要求在签订合同时，为明确合同双方的权利和责任，合同条款要尽可能详细、具体，用词要准确，表达要清楚，避免产生歧义。尤其对标的物的质量、履行期限、地点、方式等条款中千万不要使用含糊不清、模棱两可的词句或多义词，以免被对方钻空子。例如，某合同条款约定"合同生效后不得超过45天乙方应向甲方缴纳10万元的履约保证金。如超过两个月未能如期缴纳，则合同自动失效"。这里的"两个月"究竟从哪一天开始算起，是从合同生效之日开始算起，还是从合同生效45天以后算起，写得不明确。再如，某还款协议中约定"张三还欠款5万元"。因为"还"字是多音字，在这里的"还欠款"就有两种截然相

反的解释。因此，在全面审查合同的内容时，一定要对合同条款认真审查把关，甚至对合同中的每一个字、每一个标点符号，都要认真推敲，反复琢磨，避免出现漏洞，力求合同条款完备准确，不生歧义，防止对方对合同条款玩文字游戏，随意曲解。实践已无数次证明，合同越简单，风险就越大。如果客户抱怨合同内容过于复杂，并因此拒绝签订合同，只能说明该客户管理素质较差或该客户有欺诈的嫌疑。对合同内容的审查，主要围绕以下方面内容进行：

（一）审查合同当事人的名称或者姓名和住所条款

1. 涉及合同各方企业名称的，一定要写全称，不能写简称

根据我国相关法律、法规规定，企业名称一般由以下几个部分构成，即注册区域名称、字号、行业、责任形式等几个构成要素。如果企业名称表述不规范，市场监管机关将拒绝该企业注册申请。因此，如果在最后签订的书面合同中双方的企业名称表述出现错误，那么被错误表述的一方可能会被认定为不是合同的一方当事人，其将不能享有合同上的权利或要求其承担合同上的义务。即使需要追究对方的违约责任，也需要花费很高的人力、物力去证明该表述错误的一方就是对方当事人。因此，在审查合同时，首先应审查合同的首部，确定合同各方企业的名称的表述是否完整准确，法定代表人是否为营业执照上登记的法定代表人，授权代理人是否为企业授权委托书所委托授权的代理人。此外，还应该核对合同上注明的对方企业名称是否和对方营业执照上的企业名称完全一致。

2. 住所条款

合同主体是自然人的，写身份证上的地址；合同主体是法人的，写法人的营业执照所记载的地址。

3. 一定要弄清楚谁是合同的主体

因为合同仅仅约束参与签署合同的各方主体，所以把某个公司写入甲方、乙方、丙方、丁方就显得很重要。例如购买 A 公司的资产，则合同主体应写 A 公司；但是如果合同是购买 A 公司的股权，则合同主体应写 A 公司的股东。如果主体弄错了，就可能出现无权代理或者可撤销合同的情况。

（二）审查合同的标的条款

标的条款是合同的核心条款之一，是合同当事人权利、义务共同指向的对象。任何一个合同，都有两个核心条款，一个是主体条款，另一个就是标的条款。缺少其一，合同就不能成立。一般来说，标的条款至少应当包括标的物的名称、所有权人和权利证书（如房产证书）等关键性内容。合同标的可以分为物、权利、智力成果、行为等，但无论是何种性质的标的物，在约定时都应注意以下几个方面：

1. 标的物合法

（1）合同约定标的物本身必须合法，即非禁止流通物

如果标的物是法律所禁止流转的，即使签订了合同也是无效合同，甚至还有可能触犯刑律。按照我国现行法律的规定，禁止流通物主要包括以下几类：

①国家或集体所有的财产；

②受国家保护的珍贵动、植物；

③伪劣产品；

④未使用注册商标的人用药品、烟草制品；

⑤迷信、淫秽、走私物品等其他法律禁止流通的物品。

（2）合同当事人对标的物的处分行为必须合法

这就要求标的物的处分人对该标的物合法持有并有相应的处分权。如专利权的转让，必须要求转让人保证其所转让专利的真实性、合法性和排他性。无处分权的人处分他人财产后未经权利人追认，或者无处分权的人订立合同后仍未取得处分权的，该合同的效力就值得商榷。在签订合同时，应当了解、判断当事人是否对合同标的物有处分权，如果没有处分权，应当要求权利人追认。

2. 标的物的名称要规范

要使用标的物的正式名称，即标准学名，而且要用全称。文字表述必须明确、具体，尽可能使用符合国际标准或国际行业习惯的商品名称。比如苹果手机5s的标准学名是iPhone5s。但鉴于现代社会商品日益丰富，若双方约定不明，其真实意思很难探究，极易产生以类似商品作为合同约定标的来交付，致使合同的本来目的落空，这是严重的法律风险。

3. 要写明商品商标

一定的商标，标志着一定商品的性能、质量、种类。只有写明商标才能使商品特定化。比如"天堂牌"自动雨伞、"中华牌"过滤嘴香烟等等。相同的产品因为品牌不同，价格差异有时非常巨大。苹果iPad与联想乐Pad能一样吗？

4. 要写明标的物的品种、规格、花色及配套件等

比如购买电视机，除了要写明名称、商标外，还要写明型号及尺寸大小等，对于多规格产品尤其要注意。企业在与客户协商的时候，要对各型号产品的具体规格作出说明，同时详细了解客户的需要，避免供需之间出现差错。只有把以上这些问题厘清，才算是确定的，才能使标的物特定化。

5. 在确定标的物时，还必须注意同名异物和同物异名的情况

比如大豆，一般是指黄豆，但有些地方把蚕豆也叫大豆；又如自行车，有的地

方叫人力车，有的叫脚踏车，有的叫单车。这种情况更需要双方对标的物进行明确约定，有时甚至还需要配合必要的图片或描述性的说明。

6.若标的物是不动产，要写明其坐落位置，写明四至、套式、单元号、面积等

此外，服务合同应约定详细的服务内容及要求；对合同标的无法以文字描述的，应将图纸作为合同的附件，等等。

（三）审查合同的数量条款

数量是标的物的具体化，决定着当事人权利、义务的大小。如果合同确定了具体的标的物，但没有对数量作出具体约定，当事人的权利、义务仍然无法确定。例如购买电视机的合同，即使对电视机的名称、牌号、商标、型号、规格、品种、等级、花色和生产厂家等都作了明确的约定，但如果不约定购买电视机的台数，合同根本无法履行。数量条款通常包括计量单位、计量方法和具体数量三个部分。关于数量条款的约定应当注意如下几个问题：

1.在数量条款中要明确约定法定的计量单位和计量方法

在数量条款中要明确约定计量单位和计量方法，而且必须要按照国家统一规定的度量衡和法定单位进行计量，并对该计量方法的代号或者标准名称在合同中予以载明。在合同中应尽量避免使用国家没有计量标准的数量单位，例如"包""箱""袋""捆""打""堆"等。如果没有国家法定或主管部门规定的计量单位和计量方法的，双方可根据合同标的物的性质和特点自行协商选用，但计量单位和计量方法必须明确、具体、统一。如果确实需要使用"包""箱""袋""捆""打""堆"等计量单位，也要明确"每包""每箱""每袋""每捆""每打""每堆"的具体数量，防止产生分歧。对于长期合作且合同无法约定确切数量的，应约定数量的确定方式（如订货单、送货单、分合同等）。

2.合同标的物的数量一定要明确具体，切忌模糊不清

必要的时候，标的物的重量需要注明毛重和净重。要在合同中明确约定标的数量的正负尾差、自然减重、超欠幅度、合理磅差和运输损耗及其计算方法。对于交货数量的正负尾差、合理磅差以及在途自然减（增）量的规定及计算方法，有国家标准或行业标准的，应当参照执行，并在合同中应按照有关标准明确注明合理的差额和计算方法；如果没有国家标准或行业标准的，当事人应当在合同中作出约定。

3.对机电设备、成套设备数量条款的约定

对机电设备，必要时应当在合同中明确规定随主机的辅机、附件、配套的产品、易损耗备品、配件和安装修理工具等。对成套供应的设备，应当明确成套供应的范围，并提出成套供应的设备清单。

4. 对大宗散装商品数量条款的约定

在实际业务中，有些大宗散装商品，比如农副产品和工矿产品，由于商品特点和运输装载的缘故，难以严格控制装卸的数量。此外，某些商品由于货源变化、加工条件限制等，往往在最后出货时，实际数量与合同约定的数量会有所出入。对于这类交易，为了便于卖方履行合同，通常可以在合同中约定溢短装条款，也就是约定交货数量可在一定幅度内增减，常用的方式是约定允许溢短装的百分比。例如购买 2000 米塑胶跑道，可有 10% 的增减幅度。

（四）审查合同的质量条款

质量是否符合要求决定着买受人的合同目的能否实现，因此质量条款是合同中的重要条款。实践中，因为质量问题发生的争议占合同纠纷很大的比例，特别是对合同产品没有可适用的质量标准或者既有国际标准、又有国家标准、还有行业标准及企业标准等几个标准同时存在的情况下，若质量标准约定不明确则更容易发生纠纷。而一旦发生质量争议，就需要用一个客观标准来衡量，以便确定责任。为防止发生争议，合同当事人约定质量条款时应特别注意以下事项：

1. 应在合同中约定一个明确的质量检验标准

一般情况下，在合同中约定一个明确的质量检验标准即可。但如果在合同中已经约定有几个标准的情况时，应明确在几个标准的要求不一致时优先适用哪个标准条款。凡有国家标准和行业标准的，合同中应当采用；没有上述标准的，可以采用地方标准、企业标准，并在合同中写明质量标准的执行代号、编号和标准名称。特殊商品没有质量标准的，双方可以约定质量标准，但约定的标准要能满足实际的需要，且不能违反法律、法规的强制性规定。同时，应认真审查合同中约定的标准和客户的需求是否一致，尽量避免以某一方的主观判断为标准。对于合同中没有约定质量标准的，在司法实践中，法院通常会按照社会上同类产品的一般质量标准或该种类产品应当具备的一般性能来认定合同的质量标准。这样对涉诉双方都会有一定的诉讼风险。对于质量标准约定不明的，我国《合同法》规定了一个推定的适用法则，即质量要求不明确的，按照国家标准、行业标准履行；没有国家标准、行业标准的，按照通常标准或者符合合同目的的特定标准履行。

2. 关于"按样品质量标准"交易的问题

在实践中，双方也可以约定采用封存样品的方式对质量加以确定，并在合同中对样品的质量予以说明。作为买受人，在合同中要排除样品中的"隐蔽瑕疵"，可以约定当封存的样品有"隐蔽瑕疵"时，按照同种类物的通常标准或满足买受人需求的质量标准执行。同时，在合同中应当写明是以样品来确定标的物的质量标准，或者写明"凭样品买卖"。

3. 应在合同中明确质量验收的方式

应在合同中明确规定验收时间、验收手段、由谁验收等条款，不能简单地说一句"由某方按质量标准验收"了事。质量验收有三种形式，即按产品说明书验收、按样品验收、按抽样验收。按产品说明书验收的，说明书要明确包含所需技术标准和其他技术条件；按样品验收的，要明确样品的共同提取、封存和保管；按抽样验收的，要明确抽样的实施方式及抽样方式、方法等。

4. 合同产品的质量保证期应有所限制

合同产品的质量保证期应有所限制，应在合同中约定供应方对产品质量保证的期间和环境条件，只有在约定的时间和期限内发生的质量问题，才承担质量保证责任；超过这一限度，就不再承担质量责任。同时，质量保证期的计算，一般应从产品交付之日起算，而不得以接受方销售或安装产品之日起算，否则，若由于接受方在其仓库长期积压产品而引起的质量问题，供应方仍要承担质量保证责任。

（五）审查合同的价款条款

这个条款是双方最为关心的条款，为了避免发生纠纷，在合同中尤其应明确约定，并在约定时注意以下几点：

1. 单价或总金额

合同的价款一般是指标的物本身的价款，但标的物的交易涉及税金、运输、保管等费用，特别是大宗货物在异地交付时，会产生运费、保险费、装卸费、保管费等一些额外的相关费用。对于这些税费的负担，应当在合同中明确约定，比如运输费用等由哪方负担、税金是否包含在价款总额中等。同时，为避免在合同履行中发生对价款支付的争议，要详细列明每项商品的单价，特别是在标的物是多类商品的购销合同中，不应为图省事只在合同中明确商品的总价款，而不确定具体每种商品的单价，否则，一旦合同部分履行后发生争议，就难以确定尚未履行的部分商品的价款。最后，还应注意金额的大小写应当一致且不能发生涂改，以避免产生歧义。

2. 支付期限

如果是在特定日期付款的，应当以自然年（即公历年）为准，如"2013 年 12 月 1 日付款"。如果是在特定期限内付款的，特定期限的起算点应当是特定的事实或行为开始或完结之日，如"一方提交文件之日起 10 日内""甲方向乙方交货完毕之日起 30 日内"等。总之，要明确约定付款的时间，模棱两可的约定会给合作方找到拖延付款的理由。在实践中，应尽量避免出现下列存在瑕疵的付款时间的表述：

（1）"季付"

"季付"仅约定了付款频率，但未约定具体的付款时间。合理的约定，可以约定为"每季度开始后的第一个工作日结算、付款"或者"每季度最后一个工作日结算、付款"。

（2）"甲方收到货物后一次性付清货款"

这种约定的问题在于：究竟是收到货物后多少天付款？如果将此约定修改为"收到货物后 × 日内一次性付清货款"，合同的双方心里都会有数，就不会因为付款期限问题发生争议。

（3）"检验合格后一次性付清货款"

这种约定等于没有约定付款日期，应更正为"检验合格后 × 日内一次性付清货款"。

（4）"货到付款"

出售货物的合同应当避免约定"货到付款"，以防带来钱货两失的风险。

3. 付款方式

为了确保价款能够及时足额地收回，必须用好谈判计谋和策略，在合同中约定好付款方式，从根本上降低经营风险。

（1）作为发货方

作为发货方，最好采用先付款后发货方法。如果是提供服务的合同，应尽量约定分期付款，合同签订后支付一定的预付款，项目进行中支付部分服务费，项目完成审核验收后结清全部价款。如果先支付货款有一定的难度，可以采用先交部分定金的方式来减少供方的风险，并在合同中约定交付定金之日起，合同生效，如果对方未交付定金，合同未生效，己方无义务发送货物。如果一定要采用先发货后付款的方式，则在合同签订前要注重把握好需方的整体实力、信誉度及付款时间的长短等。

（2）作为支付方

作为支付方，应从风险预防的角度出发，可以约定分批多次支付价款，比如可以分三个支付阶段：一是订立合同时支付 30%；二是货物验收合格后支付 60%；三是预留 10% 作为货物的质量保证金，在质量保证期满后，向卖方全额退还。这样一来，对于支付方来说，既可以最大限度地避免因对方违约而造成经济损失，也可以促进双方之间的交易更加具有诚实信用。

4. 结算方式

除非小额交易，一般应当采用转账付款方式。作为接受合同款项的一方，在拟定合同时可以对合同款项的支付进行预先约定，设定严格的支付手续和方式（比如固定银行账号和开户银行名称，约定支付方采用支票转账的方式等），促使客户按照双方的约定付款。转账方式，有以下三类常见问题需要引起注意：

（1）银行划账

对于收款人而言，这是最安全的支付方式，由付款人自行通知自己的开户银行将款项划到收款人指定的账号，需要收款人配合的仅为其提供银行账号。

（2）开具支票

这种形式较为常见，具体操作步骤是：支付人开出抬头为收款人的支票——支付人将支票交给收款人——收款人在支票背后盖上本公司的印章（俗称"背书"）——收款人将支票递交给自己的开户银行兑现。由于从收到支票到兑现支票需要一定的时间，有些不法分子就利用"空头支票"诈骗货物，所以这类方式的风险最高。

（3）开具汇票

汇票分为银行汇票和商业汇票两种。银行汇票是指支付人先将钱交给银行，银行根据收款金额再开出承兑人为银行的银行汇票。这种汇票依赖的是银行信用，因而有确切的付款保障。商业汇票是指支付人无需把钱交给银行，而是自行开出承兑人为支付人自己的汇票。这种汇票依赖的是企业信用，在目前信用环境下要审慎使用。

5. 支付对象

现实生活中，屡见不鲜的是企业的业务经办人以企业的名义私自收取客户的款项，而客户基于合理信赖或者由于其他合理的客观原因而将合同款项支付给他，而业务经办人在款项收讫后立刻就玩人间蒸发。在这个时候，作为所属企业将很难再向客户讨要该笔款项，即使最后能够讨要成功，也将付出大量的人力、物力和财力，甚至同客户撕破脸皮、断绝关系。因此，在合同中要明确界定款项的支付对象。一般可以这样约定：合同款项的结算应凭盖有收款方财务印章的收据以及收款方委派专人收款的介绍信方能支付，若因付款方将合同款项直接付给非收款方介绍信指定的收款人员而造成损失的，责任由付款方自负。

（六）审查合同的履行期限、地点和方式条款

1. 履行期限

如果能够在合同中明确约定交付标的物的时间，就直接约定具体的时间点；如果要求在某一时间以前或者在某一期间内交付，就应当明确约定交付期间；如果订立合同当时，交付的时间尚不能确定的，可约定由一方当事人通知确定交付时间，但一般应明确提前通知的时间，以给对方必要的准备时间。当事人约定的交付标的物时间，一般要求精确到日，避免出现年底、月初、中旬等字眼。在合同中要注意用词要规范，造句要严密，避免出现歧义或者模棱两可。例如，合同中约定"保证

在下个月交货"，这样的约定就是不规范的，存在潜在的风险隐患。若在下一个月准备交货时，正好遇到了两次价格调整：一次是在前半个月，货物的价格上涨，此时的卖方可以以未到履行期为由拒绝向买方交货；但等到下半个月的时候，又遇到该产品价格下降时，此时的卖方又以该合同在履行期内为由，向买方交付货物。又如，在合同中约定"乙方应在五日内完成工作任务"与"乙方应在五个工作日内完成工作任务"是不一样的。所以，在签订合同时，应当对交货时间作出明确的约定。

同时，还要注意履行期限起止时间的计算方法。例如，若仅仅约定"自增资完成之日起届满十八个月，乙方应收购甲方股权"，这样的约定必然会产生从"哪一天开始算增资完成"的问题争议：一是"自签署增资协议之日起计算"？二是"自资金注入验资账户、注册会计师出具验资报告之日起计算"？三是"自公司增资后，换取新的营业执照之日起算"？实际上，若合同文本中明确履行期限起止时间的计算方法，这种争议纠纷就完全可以避免。如上述约定可以修改为："自增资完成之日起届满十八个月，乙方应收购甲方股权。本条所称'增资完成之日'是指注册会计师出具验资报告所记载的、甲方将资金划入指定的验资账户之日。"这样写清之后，履行的过程中就不容易出现纷争。此外，需要分期或者分批履行的，对每一期的履行期限也要作出明确具体的约定。

2. 履行地点

合同履行地的具体地名应明确至市辖区或县一级，履行地点前要写省（自治区）、市、县名称，地名要写准确，避免重名或者地名错误导致履行错误。对于绝大多数合同尤其是买卖合同而言，交付标的物的地点就是合同的履行地，而合同的履行地是确定合同纠纷管辖法院的主要节点之一，因此对于交付地点的约定决不可掉以轻心，必须认真对待。如果把货物送往本地，应当明确约定送货地点，这关系到纠纷处理时的法院管辖；如果货物送往外地，则尽量不要写明确，而应争取约定由本地法院管辖。此外，合同中应列明收货方的经办人的姓名，这样做的目的是防止经办人离开后，对方不承认收货的事实，给诉讼中的举证带来困难。对于合同的履行地应力争做出对本方有利的约定，如买卖合同一般约定交货地点为本方仓库或本方的住所地。若当事人未能对履行地点进行约定，我国《合同法》规定了一个推定的法则，即履行地点不明确，给付货币的，在接受货币一方所在地履行；交付不动产的，在不动产所在地履行；其他标的，在履行义务一方所在地履行。

3. 交付确认

交付确认，是指作为供方向需方依合同的约定交付了符合合同约定的交付内容的具体认定。合同应列明交付凭证（如收货单），并指定收货方的经办人姓名。这样做的目的是为了防止经办人离开后，对方不承认收货的事实，给诉讼中的举证带来困难。

4. 迟延履行

对于买方而言，交付货物的时间是非常重要的，若迟延交付可能会给其生产经营带来重大麻烦，甚至有时迟延交付是合同完全不履行的前兆。因此，对于迟延交付的责任，一方面要约定迟延交付时供方所应当承担的责任，另一方面要约定合同解除权。《合同法》规定的合同解除权有两种，即约定解除权和法定解除权，同时明确了有约定从约定、无约定从法定的适用原则。按照《合同法》第94条的规定，行使合同法定解除权时，必须要证明合同的目的已经不能实现事实，甚至在有的情况下还需要首先催告对方尽快履行合同，只有在对方仍不履行合同时，自己才能解除合同。这种解除合同的程序过于繁琐，势必会使自己陷于被动。最佳方法是在合同中直接约定合同解除权，一旦对方迟延交付，可能对自己造成不利，或者自己已另有交易对象时，可当即通知解除合同，而无需履行《合同法》规定的解除合同的程序。这样的约定是法律所允许的，也是有效的。

（七）审查合同的违约责任条款

1. 留意有无不对等违约责任条款

合同是平等主体之间的权利义务关系，双方的权利、义务是对等的。因此，在签订合同时要注意有无不对等违约责任条款的内容。如果合同是由合作方草拟的，则更应当注意审查有无不平等的违约责任条款和加重己方责任的违约责任条款。

2. 违约金数额应当明确

虽然在合同文本中约定"一方违约时另一方享有追究其法律责任的权利"，但这样的约定十分含糊笼统，没有明确违约金的数额。在这种情况下，若发生纠纷，法院则会视为双方已放弃违约金权利，而不予支持。在合同中，对对方违约赔偿金的数额或者如何计算经济损失的标准、方法应明确约定，这样有利于发生争议后能迅速地确定赔偿金额。但需要注意的是，违约责任条款中的违约金，不宜过高。因为过高的违约金，如果发生争议，对方当事人有权要求法院变更该条款，使得该条款无法实现，此前国内已出现过较多的此类案例。一般来讲，当事人约定的违约金不得超过实际损失的30%。

3. 定金与违约金不能同时适用

根据《合同法》的规定："当事人既约定违约金，又约定定金的，一方违约时，对方可以选择适用违约金或者定金条款。"也就是说不能约定要求对方既承担违约金又支付定金的形式来承担违约责任，而只能在两者中选择一种责任方式来适用。

4."定金"必须在合同中明确

如果签约方想以"定金"方式作为违约责任的承担方式，那么签约方应当在合同中写明"定金"字样，否则，守约方就不能向违约方主张订金的违约责任。因为最高人民法院关于适用《担保法》若干问题的司法解释第118条规定："当事人交付留置金、担保金、保证金、订约金、押金或者订金等，但没有约定定金性质的，当事人主张定金权利的，人民法院不予支持。"但需要注意的是，即使在合同中明确约定了定金条款，但该定金的金额也不得超过主合同标的额的20%。因为《担保法》第91条规定，定金不得超过主合同标的额的20%；第89条规定，给付定金的一方不履行约定的债务的，无权要求返还定金；收受定金的一方不履行约定的债务的，应当双倍返还定金。对于超过20%的部分，可以作为预付款，可以要求返还，但不具备定金的性质。

5.明确损失的范围

在违约责任条款中，关于损失的范围，建议增加"包括实际损失及与诉讼有关的一切实际发生的费用（包括但不限于律师代理费、调查费、交通费、住宿费或差旅费、公证费等）"。或者增加一个条款，即"败诉方要承担与诉讼有关的一切实际发生的费用（包括但不限于律师费、调查费、交通费、住宿费或差旅费、公证费等）"。

（八）审查合同的通知条款

"通知"是某些行为发生法律效力的前提，比如质量异议、债权转让、解除合同等。通知的方式很重要，实践中大多是口头通知，这种口头通知虽然便捷，但恰恰暴露出其很难举证证明以及口说无凭的弱点。因此，当事人在履行通知或告知义务时，应尽量避免采取口头方式，最好采取书面形式或双方当事人确定的其他方式。在采用邮寄特快专递（EMS）、挂号信时，一定要在信封的封面一式四联的粘连单的备注栏上，注明通知的主题及简要内容，或者将通知书一式两份请负责接单的人员在自己留存的那一份上签章或签名，以确认所发送的通知内容及时间。另外，也可以请公证机关现场公证发送通知的行为和通知的内容，等等。这样一来，就完全可以证明自己已经履行了通知的义务和所通知的内容。如果采用传真的方式通知，应当在合同中注明或另行达成通知协议约定相应的传真号码，最好是加盖对方公章之后再传真。如果采用电子邮件的方式通知，应当在合同中注明或另行达成通知协议约定相应的邮件地址。关于通知条款，还有一个细节需要重视，即明确经双方共同确认的法律文书送达地址。

（九）审查合同的担保条款

《物权法》和《担保法》规定，为保障自身债权的实现，债权人可以与债务人签订担保合同，通过保证、抵押、质押、留置和定金等担保方式中的一种或多种保障自己债权的实现。在对方不履行到期债务或发生约定的实现担保物权情形的，通过折价、拍卖、变卖担保财产优先受偿。需要注意的是，订立担保合同时，对法律规定应办理登记的应及时办理登记，如仅签订抵押合同而没有办理抵押登记，在对方有多个债权人时就不能够优先受偿，不能有效地保障自己的债权。在对方提供物的担保时，应审查担保物是否符合法律规定，不能为禁止用于抵押的财产或是法律禁止流通物。如果是人的担保，应审查担保人的实力和信用，看其是否符合法律的规定，看其是否是不具有担保资格的行政机关及事业单位等，否则，签订的担保合同是无效的。

如果在合同中约定："己方保证具有某种能力和资格，包括但不限于订约能力、履约能力、特别资格的许可、资格证书等，一旦己方不具备该种能力和资格，即需向对方承担违约责任"，对于这种条款应引起重视。因为，己方违反了保证条款的约定，或者不具有保证条款的某种能力或资格，也不影响合同的履行，对方也可以要求己方承担违约责任。因此，如果己方不具备对方要求的特别资格，可要求对方将该条款从合同文本中删除。

（十）审查合同的争议解决条款

根据《合同法》的规定，当合同纠纷发生时，当事人可以通过和解、调解、仲裁、诉讼来解决合同争议。其中，诉讼是主要的解决纠纷机制，其他解决纠纷方式被统一称作为替代性争议解决方式。因此，当事人应选择适当争议解决方式，并在合同中予以明确。

1. 争取己方所在地的法院管辖

目前，地方保护主义在我国还不同程度地存在着。司法实践中，对同样或同类案件的审理，在不同地区存在不同的判决结果，甚至是南辕北辙。为维护自身的合法权益，应争取使合同纠纷由自己所在地的法院管辖。一般说来，在签订合同时，双方当事人关系比较友好，比较容易达成一致意见，若这时约定由自己公司所在地法院管辖纠纷，对方一般不会反对。依照《民事诉讼法》第25条规定，只有以下五个地方的法院可供当事人协议管辖，即原告所在地；被告所在地；合同签订地；合同履行地；标的物所在地。但是约定管辖不得违反专属管辖和级别管辖的规定。

在约定法院管辖时，应注意避免如下问题：

（1）表述不清楚，容易产生歧义，如"如果发生争议，可由双方所在地法院管辖"，实际上约定本身隐含了纠纷；

（2）约定由上述五个地方以外的法院管辖，因超出法院管辖范围导致约定无效；

（3）约定违反了级别管辖或专属管辖的规定，导致约定的受诉法院实际上没有管辖权，错失争议解决的最佳时机。

2. 选择仲裁解决纠纷的条件

如果采用仲裁的方式，仲裁条款或仲裁协议一定要约定明确，并符合下列条件：

（1）约定的仲裁机构必须真实存在

我国仲裁机构是在直辖市和省、自治区人民政府所在地的市设立，以及其他设区的市设立，县一级人民政府所在地不设立仲裁机构，如果约定区/县一级政府所在地的"仲裁委员会"管辖，因为该仲裁机构根本不存在，约定无效。

（2）约定的仲裁机构的名称应具体明确

约定的仲裁机构的名称应具体明确，不得笼统约定由甲方（或乙方）所在地仲裁部门解决，因为这样的仲裁条款只是约定了仲裁地点而对仲裁机构没有约定。不过，如果约定某地仲裁机构仲裁，而该地区只有一家仲裁机构，一般认为该约定指定了确定的仲裁机构。

（3）约定仲裁可以不必限于各自所在地

约定仲裁可以不必限于各自所在地，因为仲裁没有地域管辖的问题，为了避免地方仲裁机构的地方保护主义倾向，可以约定双方以外的地区的仲裁机构仲裁。

3. 不得同时约定法院和仲裁机构同时管辖

不得同时约定法院和仲裁机构同时管辖，否则视为约定不明确导致无效，争议由法院管辖。

（十一）审查合同的定义条款

定义条款是对合同中较为复杂的，或可能发生歧义的或有必要进行明确的用语进行定义，表述其在本合同中的含义的条款，防止合同当事人因对合同词语的含义发生争议，导致合同履行困难。实践中，出现争议最多是关于"通知"的问题。例如，商品房达到交付使用条件后，开发商在报纸上刊登公告，要求购房者前来办理房屋交付手续，这算不算是通知？对于"通知"这个单词几乎每个人都能说出大概意思，但在实践中什么才算是"通知"？这就需要在合同中对于"通知"这个词进行定义，否则难免会给一些不法之徒钻空子、挑漏洞。因此，应当对合同中易生歧义的字词作出统一的解释，避免不必要的纠纷发生。一般地说，较为简单的合同，不一定需要特别对词语进行定义，但是对于合同中的用语应当严格的一致，切忌出现前后不一的情况，否则将会给合同内容的解释、理解带来不必要的麻烦。

（十二）审查合同的保密条款

如果合同履行涉及商业秘密和技术资料的交换等情形，应在合同文本中增加保密条款，规定双方互相对对方承担保密责任，而且保密责任期限一般应持续到合同终止或因任何原因解除后的一定期限，如果是关键技术秘密，应承担终身保密的责任。

三、注意合同的效力要件，预防合同无效风险

（一）效力待定合同应及时补正

效力待定合同，又称为效力未定的合同，是指合同虽然已经成立，但因其不完全符合有关生效要件的规定，因此其效力能否发生，尚未确定，一般须经有权人表示承认才能生效。效力待定合同虽已经成立，但合同因缺乏处分权、代理权或缺乏行为能力，致使其效力处于一种不确定的中间状态，它既非完全无效，也非完全有效，有待于其他行为或事实使之确定。

1. 效力待定合同的情形

（1）未成年人签订的效力待定合同

我国《合同法》第47条第一款规定："限制民事行为能力人订立的合同，经法定代理人追认后，该合同有效，但纯获利益的合同或者与其年龄、智力、精神健康状况相适应而订立的合同，不必经法定代理人追认。"限制行为能力人依法不能独立实施的行为，应当由其法定代理人代为行使，或者在征得其法定代理人的同意后实施。但对于未成年人依法不能独立实施的行为并不是当然无效的行为，而只是一种效力待定的行为。当然，未成年人所签订的合同自然也是一种效力待定合同。

（2）无权代理人订立的效力待定合同

行为人没有代理权、超越代理权或者代理权终止后以被代理人名义订立的合同，必须经过被代理人的追认才能对被代理人产生法律拘束力，否则，后果由行为人承担。

（3）无权处分他人财产人订立的效力待定合同

无处分权的人处分他人财产，经权利人追认或无处分权的人订立合同后取得处分权的，合同有效。

2. 效力待定合同的补正方法

（1）未成年人订立的效力待定合同的补正

对于这种合同，应按照《合同法》第47条第二款的规定补正，即相对人可以催告法定代理人在一个月内予以追认。法定代理人未作表示的，视为拒绝追认。合同被追认之前，善意相对人有撤销的权利。撤销应当以通知的方式作出。其中的"善意"是指相对人在订立合同时不知道与其订立合同的人欠缺相应的行为能力。

（2）无权代理人订立的效力待定合同的补正

对于行为人没有代理权、超越代理权或者代理权终止后以被代理人名义订立的合同，相对人可以催告被代理人一个月内予以追认，被代理人未作表示的，视为拒绝。被追认之前，善意相对人有撤销的权利。需要注意的是，无权代理人所订合同，如本人不予追认的，对本人不发生代理人行为带来的后果，但如果该无权代理行为具备一般民事法律行为的有效要件，那么该代理行为仍将产生一般民事法律行为的效力，并由该无权代理人自己作为当事人承担其法律后果。

（3）无权处分他人财产人订立的效力待定合同的补正

无处分权的人处分他人财产，经权利人追认或无处分权的人订立合同后取得处分权的，合同有效。需要注意的是，无处分权人所订合同，不影响善意买受人根据善意取得制度所取得的权利。由于权利人拒绝承认，合同被宣告无效，财产已交付的，如果受让人善意取得动产，则依法取得该动产的所有权。如交付的是不动产，因不动产所有权变动应实行登记，故不发生善意取得的问题。

（二）无效合同应撤销

无效合同，是相对有效合同而言的，它是指合同虽然成立，但因其违反法律、行政法规或公共利益，因此被确认无效。无效合同因为违反法律、法规禁止性规范自始而且自然无效，不得履行，应由国家予以取缔。因此，企业在签订合同时应首先避免所签订的合同无效。

1. 无效合同的情形

（1）《合同法》第52条规定的合同无效情形

①一方以欺诈、胁迫的手段订立合同，损害国家利益；

②恶意串通，损害国家、集体或者第三人利益；

③以合法形式掩盖非法目的；

④损害社会公共利益；

⑤违反法律、行政法规的强制性规定。

（2）《合同法》第53条规定的合同免责条款无效

①造成对方人身伤害的；

②因故意或者重大过失造成对方财产损失的。

（3）《合同法》第214条规定的情形

租赁期限不得超过二十年。超过二十年的，超过部分无效。

（4）《合同法》第329条规定的情形

非法垄断技术、妨碍技术进步或者侵害他人技术成果的技术合同无效。

（5）最高人民法院司法解释规定的情形

①最高人民法院《关于适用〈中华人民共和国合同法〉若干问题的解释（一）》第10条规定："当事人超越经营范围订立合同，人民法院不因此认定合同无效。但违反国家限制经营、特许经营以及法律、行政法规禁止经营规定的除外。"

②最高人民法院《关于审理商品房买卖合同纠纷案件适用法律若干问题的解释》第10条规定："买受人以出卖人与第三人恶意串通，另行订立商品房买卖合同并将房屋交付使用，导致其无法取得房屋为由，请求确认出卖人与第三人订立的商品房买卖合同无效的，应予支持。"

③最高人民法院《关于如何确认公民与企业之间借贷行为效力问题的批复》（1999年2月9日，法释〔1999〕3号）："公民与非金融企业（以下简称企业）之间的借贷属于民间借贷。只要双方当事人意思表示真实即可认定有效。但是，具有下列情形之一的，应当认定无效：（一）企业以借贷名义向职工非法集资；（二）企业以借贷名义非法向社会集资；（三）企业以借贷名义向社会公众发放贷款；（四）其他违反法律、行政法规的行为。"

2. 无效合同的后果

（1）无效的合同或者被撤销的合同自始没有法律约束力。合同部分无效，不影响其他部分效力的，其他部分仍然有效。

（2）合同无效、被撤销或者终止的，不影响合同中独立存在的有关解决争议方法的条款的效力。

（3）合同无效或者被撤销后，因该合同取得的财产，应当予以返还；不能返还或者没有必要返还的，应当折价补偿。有过错的一方应当赔偿对方因此所受到的损失，双方都有过错的，应当各自承担相应的责任。

（4）当事人恶意串通，损害国家、集体或者第三人利益的，因此取得的财产收归国家所有或者返还集体、第三人。

（5）无效合同危害公共利益、国家利益，构成犯罪的，应追究刑事责任。

（三）附条件的合同应待其条件成就

附条件合同，是指当事人在合同中特别约定一定的条件，以条件是否成就来决定合同效力的发生或消灭的合同。附条件的合同虽然要在所附条件出现时生效或者失效，但是对于当事人来说仍然具有法律约束力，双方当事人不能对附条件合同随意变更或者解除。一旦符合所附条件时，一方如果不履行，就要赔偿因此给对方造成的损失。

我国《合同法》第45条规定："当事人对合同的效力可以约定附条件。附生效条件的合同，自条件成就时生效。附解除条件的合同，自条件成就时失效。当事人为自己的利益不正当地阻止条件成就的，视为条件已成就；不正当地促成条件成就的，视为条件不成就。"由此可知，附条件的合同效力可分为条件成就前的效力和条件成就后的效力。条件未出现前的效力对于附生效条件的合同表现为当事人不得自行撤销、变更合同的拘束力和可基于条件出现时对该合同生效的期待权；在附解除条件的合同中则表现为当事人可期待条件出现时合同效力归于消灭的期待权。条件出现后的效力在附生效条件的合同中表现为该合同生效，在附解除条件的合同中则表现为条件出现后合同的效力归于消灭。由于附条件的合同的生效或者终止的效力取决于所附条件的成就或者不成就（即出现或不出现），并且所附条件事先是不确定的，因此，任何一方均不得以违反诚实信用原则的方法恶意地促成条件的成就或者阻止条件的成就（出现）。

（四）附期限的合同应待其期限届满

附期限的合同是指附有将来确定到来的期限作为合同的条款，并在该期限到来时合同的效力发生或者终止的合同。所附期限就是双方当事人约定的将来确定到来的某个时间，可以是一个具体的期日，如某年某月某日；也可以是一个期间，如"合同成立之日起 × 个月"。

合同中所附的期限与合同中所附的条件一样，都能够直接限制合同效力的发生或消失，但作为条件的事实是否发生是不确定的，而期限的到来却具有必然性。期限是以一定时间或期间的到来对合同的效力起限制作用，因此只有尚未到来且必然到来的时间和期间才能作为附期限的合同中的期限。

我国《合同法》第46条规定："当事人对合同的效力可以约定附期限。附生效期限的合同，自期限届至时生效。附终止期限的合同，自期限届满时失效。"

由此可知，附期限合同中的附期限可分为生效期限和终止期限。生效期限，又称为延缓期限或始期，它是指合同的效力自期限到来时才发生。这就是说，在期限到来以前，合同已经成立，但其效力仍然处于停止状态，待期限到来时，效力才发生，这就是《合同法》第46条所称的"自期限届至时生效"。如合同中规定，"本合同自某年某月某日生效"，该期限即为始期，至该期限到来后，当事人才能实际享受权利和承担义务。终止期限，是指以其到来使合同效力消灭的期限。附终止期限合同中的终止期限与附条件合同中的附解除条件的作用相当，故其又称为解除期限。

（五）需要登记或审批的合同应登记或审批

《合同法》第44条第二款规定："法律、行政法规规定应当办理批准、登记等手续生效的，依照其规定。"最高人民法院《关于适用〈中华人民共和国合同法〉若干问题的解释（一）》第9条规定："依照合同法第44条第2款的规定，法律、行政法规规定合同应当办理批准手续，或者办理批准、登记等手续才生效，在一审法庭辩论终结前当事人仍未办理批准手续的，或者仍未办理批准、登记等手续的，人民法院应当认定该合同未生效；法律、行政法规规定合同应当办理登记手续，但未规定登记后生效的，当事人未办理登记手续不影响合同的效力，合同标的物所有权及其他物权不能转移。"因此可知，在法律、行政法规规定应当办理批准、登记等手续的情况下，法律的此种规定并不影响合同的成立，而只影响合同效力，即在没有履行此类审批程序的情况下，合同仍然成立，但是无效。按照法律、行政法规的规定，下列合同需要履行审批或者登记手续：

1. 中外合资经营企业、中外合作经营企业合同

《中外合资经营企业法》和《中外合作经营企业法》规定必须有关部门审查批准。

2. 对外合作开采石油合同

按照《对外合作开采海洋石油资源条例》的规定，中国海洋石油总公司与外国企业签订的石油勘探、开发和生产的合同，经中华人民共和国外国投资管理委员会批准，即为有效。根据《对外开采陆上石油资源条例》的规定，中国石油天然气股份有限公司在国务院批准的对外合作开采陆上石油资源的区域内，与外国企业签订的合作开采陆上石油合同，须经商务部批准。

3. 我国大陆企业与华侨、港澳同胞举办合资、合作经营企业合同

按照《台湾同胞投资保护法》和国务院《关于鼓励华侨和香港、澳门同胞投资的规定》，此类合同应当参照涉外经济法律规定上报审批。

4. 房地产转让合同

根据《房地产管理法》的规定，房地产转让合同应办过户登记。

5. 土地使用权转让合同

按照《城镇国有土地使用权出让和转让暂行条例》的规定，土地使用权转让合同应当办理审批和过户登记。

6. 技术引进合同

根据《技术引进合同管理条例》的规定，技术引进合同须报审批。

7. 某些运输工具转让合同

《海商法》和《民用航空法》都规定船舶、航空器等所有权的取得、转让和消灭，应向主管部门报审批。

8. 抵押合同

《担保法》规定，应当办理抵押物登记的，抵押合同自登记之日起生效。

9. 专利申请权和专利转让合同

《专利法》规定，转让专利申请权和专利权的，当事人应当订立书面合同，并向国务院专利行政部门登记，由国务院专利行政部门予以公告，专利申请权或者专利权的转让自登记之日起生效。

四、设定合同担保，预防违约风险

担保合同，是指为促使债务人履行其债务，保障债权人的债权得以实现，而在债权人（同时也是担保权人）和债务人之间，或在债权人、债务人和第三人（即担保人）之间协商形成的，当债务人不履行或无法履行债务时，以一定方式保证债权人债权得以实现的协议。担保合同旨在明确担保权人和担保人之间的权利、义务关系，保障债权人的债权得以实现。设定合同担保是防控违约风险的一种常用方法，通过设定合同担保促使合同各方主体树立诚信守约意识，加强诚信履约的自觉性，并形成一种保护守约行为、惩戒违约行为的环境，规范合同当事人的履约行为最终实现合同目的。同时，设定合同担保也为合同责任的实行提供了物质基础，保全了作为承担合同责任基础的责任财产，为将来的强制执行做好了准备。根据《物权法》和《担保法》的规定，合同担保的方式主要包括保证、抵押、质押、留置和定金五种方式。对于上述五种担保合同的设定，请查阅本书第九章内容。这里只是重点介绍担保合同风险防控的基本要领。

（一）事先要预防

事前预防，是指担保合同当事人在签署担保合同前要选择适当的形式、研究担保当事人的主体资格、担保的形式以及抵押财产的真伪及变现能力等情况，避免担保合同无效或者难以履行风险的发生。

1. 选择适当担保形式

根据法律规定，当事人在为合法的债权提供担保时，只能提供保证、抵押、质押、留置和定金这五种担保形式，而不能创设新的担保形式。由于这五种担保形式所产生的法律效果不尽相同，债权人选择不同的担保形式对其债权的保障方式也不同，如保证主要是基于保证人的信任，质押一般要转移物的占有等。对同一担保形式，债权人也应及时履行相关的法律手续，否则也易增加债权的风险，有可能影响债权人债权的实现。但无论选择何种担保形式都要注意仔细设置担保合同条款。担保合同的条款内容直接影响到担保权人权利的维护，担保合同的条款应当明确、具体，担保的范围应当明确、担保的方式应当合理、担保合同的起止时间应当具体，等等。

同时，要注意多种担保方式可以共存，提供财产担保，不排斥提供信用担保，比如就借款除财产担保外，还可以让债务人法定代表人个人及其配偶提供连带责任担保；或者让其他优质关联企业或控股股东担保。

2. 审查担保人的主体资格

如果签订合同的当事人为企业法人的，应审查其有无市场监管部门颁发的《营业执照》，取得《营业执照》的，进一步审查对方的经营范围和经营方式。同时，审查对方的履约能力，如生产设备、厂房建设以及技术人员等。要查明签约人是否是法人，是法人的应有单位出具法定代表人身份证明，如不是法定代表人的，应提供法定代表人签发的授权委托书。如果是公民个人的，应提交本人有效的身份证及复印件以及婚姻状况、单位开具的工资情况证明等材料。千万不要人情担保或者靠行政命令担保（或称领导干预担保）。

3. 充分注意抵押财产的合法性、真实性和变现能力

（1）担保物应是合法的

担保财产应当是可以进入民事流转程序而又不违反法律禁止性规定的财产。在签订担保合同前，当事人应充分了解担保物是否为法律禁止流通物，是否为根本不能变卖的物品，担保人是否拥有担保物的所有权。

（2）担保财产应是真实的

担保财产在法律上没有缺陷，真正为担保人所控制及占有的财产。担保财产没有其他法律负担，在此之前没有设置过担保，担保的价值没有超过担保财产自身的价值，担保财产没有设置多重担保。

（3）担保财产应是可以变现的

当事人在签订担保合同时，应充分考虑担保财产变卖的能力，即使是合法的财产其变现能力也会因各种原因降低，从而使债权人的利益受到损失。另外，应充分考虑到担保财产不能变现的可能性，以免出现权利人无力接受该项财产又无法变卖的情况。对一些价值虽然很高，但专业性很强的设备等财产应特别注意，由于专业性很强的这类财产一般很难进行变现，最好不要接受这样的抵押。

4. 注意担保的方式

根据《担保法》的规定，保证分为一般保证和连带责任保证两种担保方式。一般保证的保证人依法享有先诉抗辩权，即保证人在主合同纠纷未经审判或仲裁，并就债务人财产依法强制执行仍不能履行债务之前，不承担保证责任；连带责任保证的保证人没有先诉抗辩权，只要债务人在债务清偿期间届满时没有履行债务，债权人即可要求保证人承担保证责任，而无需过问债务人是否有清偿债务的能力。因此，

保证人在承保时，应尽量提供一般保证。

5. 运用反担保降低担保风险

反担保是保障担保人将来承担责任后对债务人的追偿权实现的有力保证，同时也是一种减少直接风险损失的有效措施。《担保法》第4条规定："第三人为债务人提供担保时，可以要求债务人提供反担保。"如果担保人与债务人并无直接的利益关系或隶属关系，且对承担保证责任后追偿权能否实现没有把握的情况下，必须要求债务人提供反担保。

6. 实施担保财产保险措施

当担保合同有效成立后，担保企业可以要求债务人对担保合同所涉及的财物再次向保险公司投保，以分散并转移风险。一旦发生风险，可能导致担保物损毁灭失，通过保险理赔将企业的风险降到最低。

（二）事中要监督

实践中，多数企业认为有了担保合同就万无一失了，对债务人是否按约履行债务不闻不问，结果被骗才知道真相，但为时已晚。因此，对债务人实施有效跟踪，实现事中监督，若发现有意规避债务或存在其他风险的情况，要及时依法维权。

同时，要强化对担保财产管理，减少风险损失。按照担保合同类型，抵押担保合同签订后，仍由债务人占有该物，而质押合同签订后，需将财产或权利转由债权人占有。对于占有物的保管，因主体的不同要求也不尽相同。在担保权人与担保人担保合同签订后，作为债权人，应注意对担保物品的监督管理。一般说来，对于质押的无形财产，主要指有价证券应由债权人保管；对有形财产抵押的保管要由双方签订合同，由债务人按要求保管，其财产权属证明归债权人保管，抵押权人可以对抵押物品进行监督管理。一旦主债权有风险发生的可能性，能尽早采取补救措施，依法起诉，通过法院向社会公开转让，拍卖抵押、质押财产用于偿还欠款，消除债权的风险隐患。

（三）事后要补救

一般情况下，保证合同成立后，如果债务人不履行债务或人民法院依法强制履行后仍有余债，保证人就应按照合同约定偿还余债或承担相应责任。这时，保证人应区别不同情况，采取相应对策：

1. 正确行使抗辩权

抗辩权包括两种，一种是前面提到的一般保证人享有的先诉抗辩权；另一种是保证人对债权人的抗辩权，即有权对抗债权人向保证人的请求权。比如，债权人超过诉讼时效对债务人主张权利；合同履行期限未到，债权人要求债务人履行义务等。

2. 正确运用免责规定

《担保法》规定的保证人免责的情况主要有：

（1）在保证期间，债权人同意债务人转让债务而未取得保证人书面同意的；

（2）债权人和债务人协议变更主合同而未取得保证人书面同意的；

（3）保证合同中没有约定保证责任期限或约定期限不明确的，在一般保证时，主债务履行届满 6 个月后；在连带责任保证时，超过 6 个月的法定保证期间，保证人不再承担保证责任。

（4）在连带责任保证中，债权人在约定的保证期间或法定保证期间内，未要求保证人承担保证责任的；

（5）同一债权既有保证又有物的担保，而债权人放弃物的担保的。

只要具备这些法定免责事由之一，保证人及时行使抗辩权，保证责任就可免除。

3. 及时行使追偿权

包括两种情况：一是保证人承担保证责任后，应积极向债务人追偿；二是人民法院受理债务人破产案件后，债权人未申报债权的，保证人可以申请参加人民法院对债务人的破产分配，预先行使追偿权，以最大限度地保护自身利益。

五、强化责任意识，预防合同欺诈

近几年来，合同欺诈案件居高不下，作案手段不断翻新，已成为社会经济生活的一大公害。造成合同欺诈的原因是多方面的，既有企业管理不善、签约人员素质不高因素，也有一些不法之徒故意而为之，甚至是"内鬼"与"外鬼"通谋所致，对此必须引起高度重视，不断强化责任意识，严控合同欺诈。

（一）合同欺诈的惯用手段

合同欺诈是指一方当事人故意告知对方虚假情况，或者故意隐瞒真实情况，诱使或误导对方基于此作出错误的意思表示，以签订合同达到欺诈的目的。现实生活中，不法商人采用合同进行欺诈的手段诡辩多样，大有防不胜防之势。但就其本质而言，万变不离其宗，归纳起来，主要包括：

1. 虚构主体或冒用他人名义

欺诈方伪造营业执照，虚构企业名称、资金、经营范围等，采用根本不存在的或者未经依法登记注册的单位与他人订立合同，骗取他人财物；或者欺诈方冒用一些公众比较熟悉的企业、公司名义实施欺骗性交易。这种冒用他人名义，或者是假冒知名企业的法定代表人或法定代理人、业务负责人，利用伪造的证明文件与对方签订合同；或者是盗用他人盖好合同专用章的合同纸、介绍信、合同专用章，冒充该公司与他人订立合同；或者是用他人已经作废或者遗失的合同纸、介绍信、合同专用章，冒充该公司的业务人员与他人订立合同；或者是擅自刻制他人印章，冒充他人，打着别人的招牌与人签订合同，等等。

2. 虚构合同标的

即是我们常说的"空手套白狼"。比如，一些皮包公司以提供紧俏商品为名，签订无法履行的合同，进行诈骗。比如有一段时期，钢材价格上涨，产品紧俏，骗子就伪造了一些假合同、假单证等，谎称自己通过关系购进一批钢材，价格优惠。这股风一放出去，许多建筑公司闻风而动，在未见货源的情况下，就匆匆与骗子签订供销合同，使骗子轻而易举地骗走货款。行骗者根本没有货源，行骗成功完全利用了人们对紧俏商品渴求心理。

3. "钓鱼式"诈骗

骗子先与被骗方签订并履行几份小额合同，或者预付小额定金、预付少部分货款为诱饵，给对方一定甜头，打消对方顾虑，给被骗方造成自己履约能力强的假象，使被骗方丧失警惕，进而签订大额合同，骗取大量的货物或价款。

4. 虚假担保，骗取财物

行为人伪造、变造作废的票据或者虚假的产权证明作担保，引诱他人与之签订合同、履行合同，进而骗取对方的财物。

5. 以中介服务为名，介绍订立假合同，捞取信息费

为了扩大业务往来，不少企业往往委托一些精通信息的人为其介绍业务。骗子们也经常以这种介绍人的身份出现，通过虚设客户、谎报信息、假称委托等方式与企业签订假合同，在捞取信息费后，便以各种借口百般抵赖。

6. 虚构项目，收取投标保证金或者签约保证金

这类诈骗案件在近年来层出不穷，多涉及资金较大的项目。比如，甲与某投资开发公司乙，通过与某乡政府的关系，租用了乡镇土地，在未经主管部门许可的情况下，擅自改变土地用途，发布虚假的建筑工程招投标公告，收取了多家建筑公司的保证金，用以挥霍。

7. 以合同条款为欺诈手段骗取财产

合同的条款是双方协商一致的结果，具有法律效力，任何一方不得违反，否则应当承担违约责任，如交付对方当事人违约金或补偿对方经济损失等。有些合同当事人故意制造条件或是设法在合同中订立对方极有可能违约的条款，以骗取所谓的违约金或其他损失补偿。

8.抵债诈骗

欺诈人先与对方签订合同，想方设法让对方先履行，待对方交付货物后，声称自己无力支付货款，愿以产品抵货款。对方被逼无奈，只好接受欺诈人的条件。此时欺诈人便以劣质产品抵货款，使对方蒙受损失。

9.合同当事人利用虚假广告等传播手段实施诈骗

虚构能带来高额利润的专利、高新技术，打着包技术、包设备、包培训、包回收、包利润的幌子，引诱对方签订合同，连续骗取对方的转让费、培训费、设备费等。此类骗局经常出现在特许经营上，就是我们常说的加盟。骗子公司往往利用虚假宣传，大肆鼓吹如何稳赚不赔，越是这样的"好事"，越是要提高警惕。

（二）合同欺诈的预防措施

孙子曰："知己知彼，百战不殆。"针对合同诈骗的惯用伎俩，对症下药，采取切实可行的应对措施，防患于未然，避免合同诈骗行为的发生。这些措施主要有：

1.以是否超过经营范围为标准判断其项目的真实性

在与对方商谈合作项目时，应详细了解对方的经营范围。如果对方在合作项目中的行为，超出其登记核准的经营范围，则对方的行为至少是违法的，应引起高度重视，必要时可向法律专业人士咨询。切忌脑子一热，一掷千金的鲁莽行为。

2.认清合同公证和见证的内容

一般而言，公证和见证的内容，可以证明双方在合同上的签名是真实的。签名的真实并不必然是合同本身内容的真实。因此，签订合同时应多留个心眼儿，不要轻易被合同外在形式所蒙蔽。

3.核实对方人员、单位的真实性

对于首次交易的对象，企业应通过查验身份证或前往市场监管局查询资料，以核实对方人员、单位的真实性，防止不法分子利用虚假身份和单位行骗。

4.注意交易过程中的反常现象

虽然不法分子想出了不少较为隐蔽的诈骗方法，但在实施过程中并非无迹可寻，这就需要企业在交易过程中多几个心眼儿，注意一些反常现象，例如几次交易后突然增加交易量、交接货物时拖延时间、对方人员提供情况相互不符、频繁变换联系方式等等。要注意最大限度地避免出现人货分离的情况。不法分子想骗取货物，绝大多数情况下都想方设法让送货人与货物分离，在拖住送货人的同时，其同伙将货物暂时藏匿。所以，供货方在送货时，如未收到足够的货款，应避免人货分离，不给不法分子以可乘之机。

5. 充分利用政府职能部门及金融系统资源，及时核实用于抵押物品、票据的真实性

在交易过程中，如果碰到对方以房产、货物、票据作为抵押的情况，应该尽快通过房产、银行等部门核实用来抵押物品的真实性及是否重复抵押，降低受骗概率。

6. 对那些不熟悉的购货人，尽量避免收取其开出的"远期支票"

因为利用"空头期票"实施诈骗是犯罪分子的惯用手法，他们往往利用支付货款的"档期"，转移货物后逃匿或者将货物销售一空后潜逃。

（三）遭遇合同欺诈的补救措施

尽管针对合同诈骗采取了一些预防措施，但"智者千虑，必有一失"，一些欺诈者还会突破"防线"并且签订了合同。对此，应采取以下补救措施：

1. 协商变更和解除合同

协商变更，包括对合同的内容进行修改或者补充。协商解除，是双方当事人通过协商，在合同关系有效期限尚未届满前提前终止合同。协商变更和协商解除这种补救措施有其局限性，欺诈方往往予以拒绝，在这种情况下，被欺诈方应当采取其他措施。

2. 不予履行合同

不予履行适用于被欺诈方发现已签订的合同不符合法律的规定，对方有欺诈嫌疑，双方签订的合同可能为欺诈性的无效合同。在这种情况下，被欺诈方应暂不履行合同规定的内容，如不予发货，不予付款，以免造成财产无法返还。

3. 中止履行合同

中止履行适用于被欺诈方已经开始履行，但尚未履行完毕，发现合同可能为欺诈性合同，对方有欺诈嫌疑的情况。在这种情况下，被欺诈方应当暂时停止履行。

4. 请求人民法院确认合同无效

如果被欺诈方在履行前或正在履行中发现合同属于欺诈性的合同，对方有欺诈嫌疑的情况，且双方没有订立书面仲裁协议，可以直接向人民法院起诉，要求确认该欺诈性的合同无效。在请求人民法院确认合同无效的过程中，应当注意：发现对方有欺诈嫌疑的，要及时起诉；在起诉前做好充分准备，包括收集证据、写好起诉状等；在发现欺诈方可能处分或转移已经履行的财产的，依法向人民法院申请诉讼财产保全。

5. 及时向司法机关报案

合同欺诈的案件有许多都是触犯刑律的，欺诈方应负刑事责任。在发现欺诈方隐匿财产不能履行或欺诈方潜逃之后，被欺诈方应当及时向公安机关、人民检察院或人民法院报案，并积极提供各种线索，收集有关合同欺诈的证据，协助司法机关快速侦破合同欺诈案件，以挽回因合同欺诈所遭受的经济损失。

第三节　合同履行中的风险防控

签订了一份完美的合同，只是做到了防控法律风险的关键一步。但在接下来合同的履行阶段，由于主客观等各种情况的变化，自然也会存在众多的法律风险。因此，在合同履行阶段，应密切关注合同相对方的生产经营状况，及时掌握其经营主体、资信、履约偿债能力等情况的变化，并适时采取相应措施，防控或者降低交易风险。

一、合法、有效的合同，应全面履行

依法签约是预防经济纠纷的"本"，只有把这个"本"夯实，才能固牢合同风险防控的基线。对于依法签订的有效合同，各方当事人应全面恪守履行，这是消除合同纠纷的关键。

（一）全面履行合同

合法、有效的合同一经成立便对合同双方当事人产生法律约束力，当事人必须按照合同约定全面履行自己的义务，不得擅自变更或者解除合同。如果一方当事人不履行合同义务，另一方当事人可依法要求对方履行或承担违约责任。全面履行合同，是指当事人按照合同规定的标的及其质量、数量，由适当的主体在适当的履行期限、履行地点，以适当的履行方式，全面完成合同义务的行为。全面履行合同，主要是指下面内容得到全部履行：

1. 履行的主体

合同的履行必须由双方当事人来亲自完成。由他人代替自己履行债务的，应经合同债权人的同意，否则，债权人可拒绝接受履行。特殊情况下，合同义务也可以由第三人代替其履行，但有些合同因其性质决定了只能由合同债务人亲自履行，不能由第三人代替其履行。例如承揽合同，承揽人必须以自己的机器设备、技术和力量来完成加工成果。在基于双方对人身的信任而订立的合同，其义务也不能代替履行，如基于信任而请某人设计图纸等。

2. 履行的标的

经济合同约定的标的是什么，义务人就必须交付什么，不得擅自更换，不能用其他物品或金钱来代偿。在合同当事人一方违反合同的情况下，违约方即使支付了违约金或赔偿金，也不能免除其履行合同的责任，如果受害方要求违约方继续履行合同的，违约方还应按照合同规定的标的继续履行。

3.履行标的的数量和质量

经济合同约定的标的数量是多少，就必须履行多少；合同规定什么质量就按什么质量交付。数量的计量方法，应按国家规定执行；没有国家规定的，按双方商定的方法执行。质量的标准，应由双方在合同中作出明确约定；若约定不明确，按照国家质量标准执行；没有国家质量标准的，按照通常标准执行。

4.履行的地点

必须严格按照合同约定履行，任何一方不得擅自变更，否则，应视为违约，并承担相应的法律责任。若双方约定不明确，对于给付货币的，应在接受给付一方的所在地履行，其他标的在履行义务一方的所在地履行。

5.履行的价款或酬金

经济合同当事人应按照合同约定的价款或酬金支付对价。若双方约定不明确，按照国家规定的价格履行；没有国家规定价格的，参照市场价格或者同类物品的价格或者同类劳务的报酬标准履行。

6.履行的期限

必须严格按照合同约定履行，任何一方不得擅自变更，否则，应视为违约，并承担相应的法律责任。履行期限不明确的，债务人可以随时向债权人履行义务，债权人也可以随时要求债务人履行义务，但应当给对方必要的准备时间。

7.履行的方法

各种合同的履行方法，法律法规有规定的，按照法律法规的规定履行；没有规定的，按照双方当事人协商的方法履行。一般说来，对于履行的方法不明确的，应按照诚实信用的原则，从有利于债权人出发履行；也可征求债权人的意见，依债权人同意的方法履行。

（二）协作履行合同

合同的履行，只有债务人的给付行为，没有债权人的受领给付，合同的内容仍难实现。不仅如此，对于建筑工程合同、技术开发合同、技术转让合同、提供服务合同等情况，债务人实施给付行为也需要债权人的积极配合，否则，合同的内容也难以实现。因此，履行合同，不仅是债务人的事，也是债权人的事，协助履行往往是债权人的义务。只有双方当事人在合同履行过程中相互配合、相互协作，合同才会得到适当履行。在合同履行中，协作履行的具体要求有：

1. 一方当事人履行合同义务，另一方当事人应尽量为其履行创造必要的方便条件，以使其实际履行得以实现；

2. 一方当事人因客观情况发生变化需变更合同时，应及时通知对方，对方也应及时答复，共同协商妥善的变更办法；

3. 一方当事人确实不能履行合同时，应及时向对方说明情况，对方接到通知后应积极采取补救措施，尽量减少或挽回损失；

4. 一方当事人因过错违约时，对方应尽快协助纠正，并设法防止或减少损失；

5. 合同履行过程中发生争议，双方应本着实事求是的态度，及时协商解决。

二、违法、无效的合同，应拒绝履行

违反法律、行政法规的强制性规定的合同是无效的合同，合同当事人不得履行。违反法律、行政法规的强制性规定的合同虽经双方当事人协商一致而订立，但因其违反法律、行政法规、社会公共利益，不能产生法律行为的生效要件，因而不能产生当事人预期的法律后果，国家对此既不承认也不保护。这种合同是无效的，它一旦被确认无效，就产生溯及既往的效力，即自合同成立时起不具有法律的约束力，以后也不能转化为有效合同。也就是说其合同尚未履行的，不得履行；已经开始履行的，应立即终止履行；如果合同已履行完毕的，也必须恢复到合同履行前的状况。

（一）违法无效合同的情形

根据《合同法》第52条、第53条之规定，下列情形为无效合同或无效合同条款：

1. 一方以欺诈、胁迫的手段订立合同，损害国家利益；

2. 恶意串通，损害国家、集体或者第三人利益；

3. 以合法形式掩盖非法目的；

4. 损害社会公共利益；

5. 违反法律、行政法规的强制性规定；

6. 造成对方人身伤害而免责的条款；

7. 因故意或者重大过失造成对方财产损失而免责的条款。

对于无效合同的认定，应由当事人向人民法院提出申请，由人民法院依法认定。

（二）违法无效合同的法律后果

无效合同所引起的法律后果主要有：

1. 一方当事人应该将其已从对方获取的财产返还给对方当事人，并恢复合同签订前的财产关系状况。

2.按照《合同法》所规定的双方当事人按照各自的错误状况和程度承担所需承担的责任。如果一方当事人给另一方当事人造成损失的，有过错的当事人应承担赔偿另一方当事人损失的责任。

3.收缴一方或双方当事人在无效合同中的非法收入。所谓非法收入必须具备两个条件：一是在客观上损害了国家或公共利益；二是当事人在主观上是出于故意。

4.行政处罚。市场监管部门和其他有关行政主管部门在各自的职权范围内，依照法律、行政法规的规定，对利用合同危害国家利益、社会公共利益的违法行为，负责监督处理，并根据其违法情节，予以警告、罚款、吊销营业执照或者行政许可证等行政处罚。

5.追究刑事责任。对于利用合同危害国家利益、社会公共利益的行为构成犯罪的，按照《刑法》第193条第一款第（二）项规定，依法追究其刑事责任。

三、效力待定的合同，应待其条件补正后履行

效力待定合同，是指合同成立以后，因存在不足以认定合同无效的瑕疵，致使合同不能产生法律效力，在一段合理的时间内合同效力暂不确定，由有追认权的当事人进行补正后再视具体情况确定合同是否有效。若有追认权的当事人进行了补正后，则补正后的合同有效，应予以履行。

（一）限制民事行为能力人订立的合同

《合同法》第47条规定："限制民事行为能力人订立的合同，经法定代理人追认后，该合同有效，但纯获利益的合同或者与其年龄、智力、精神健康状况相适应而订立的合同，不必经法定代理人追认。"由此可见，限制民事行为能力人即已满8周岁不满18周岁的未成年人和不能完全辨认自己行为的成年人签订的与其年龄、智力、精神健康状况不相适应的非纯获利益的合同，因为行为人缺乏缔约能力，在其法定代理人未追认前，属于效力待定合同。对于限制民事行为能力人订立的合同，如果其法定代理人未及时追认的，相对人可以催告法定代理人在一个月内予以追认，法定代理人在一个月内予以追认后的合同有效，相对人应予以履行。

（二）无权代理人签订的合同

《合同法》第48条规定："行为人没有代理权、超越代理权或代理权终止后以被代理人名义订立的合同，未经被代理人追认，对被代理人不发生效力，由行为人承担责任。"此类合同因为行为人没有代订合同的资格，在被代理人未追认前处于效力待定状态。对于行为人没有代理权、超越代理权或者代理权终止后以被代理人

名义订立的合同，相对人可以催告被代理人在一个月内予以追认，被代理人在一个月内予以追认后的合同有效，相对人应予以履行。

（三）无处分权人签订的合同

《合同法》第51条规定："无处分权的人处分他人财产，未经权利人追认或无处分权人订立合同后未取得处分权的，该合同无效。"也就是说，缺乏处分权人签订的合同在经权利人追认前或本人取得处分权前，该合同为效力待定合同。如果无处分权的人处分他人财产，经权利人追认或者无处分权的人订立合同后取得处分权的，该合同有效，应予以履行。

（四）附条件、附期限的合同

在一般情况下，合同都是在最后一方签字或盖章后生效的，这是因为绝大部分合同都是在签订后就要立即履行或为履行做准备的。但对某些特殊的交易，虽然双方已经有了各类权利义务的约定，但合同还不需要立即履行，合同的生效还必须等待一个特定的条件成就。如果双方约定的条件成就了，则双方按合同中的约定履行；如果条件未成就则双方无需履行。从这个意义上理解，附期限的合同其实是附条件的合同中的一种而已。附条件、附期限的合同在其条件未成就时，该合同为效力待定合同，应在其条件成就后予以履行。

（五）需要登记或审批的合同

《合同法》第44条第二款规定："法律、行政法规规定应当办理批准、登记等手续生效的，依照其规定。"最高人民法院《关于适用〈中华人民共和国合同法〉若干问题的解释（一）》第9条规定："依照《合同法》第44条第二款的规定，法律、行政法规规定合同应当办理批准手续，或者办理批准、登记等手续才生效，在一审法庭辩论终结前当事人仍未办理批准手续的，或者仍未办理批准、登记等手续的，人民法院应当认定该合同未生效；法律、行政法规规定合同应当办理登记手续，但未规定登记后生效的，当事人未办理登记手续不影响合同的效力，合同标的物所有权及其他物权不能转移。"因此可知，在法律、行政法规规定应当办理批准、登记等手续的情况下，法律的此种规定并不影响合同的成立，而只影响合同效力，即在没有履行此类审批程序的情况下，合同仍然成立，但是无效。

按照法律、行政法规的规定，下列合同需要在履行审批或者登记手续后予以履行：1.中外合资经营企业、中外合作经营企业合同；2.对外合作开采石油合同；3.我国大陆企业与华侨、港澳同胞举办合资、合作经营企业合同；4.房地产转让合同；5.土地使用权转让合同；6.技术引进合同；7.某些运输工具转让合同；8.抵押合同；9.专利申请权和专利转让合同等。

四、存在漏洞的合同，应及时修补漏洞后履行

合同漏洞是指当事人在合同中对于合同内容没有约定或者虽有约定但约定不明确或约定前后矛盾的现象。如果合同双方当事人的所有权利义务都能由合同明确约定，那么合同纠纷就不可能出现，事实上这也是不可能的。由于当事人在订立合同时，不能对未来发生的各种情况都作出充分的完全的预见，当事人即使具有丰富的交易经验和雄厚的法律知识，也不可能在合同中把未来的各种事务安排得十分周全，所以在合同中出现某些漏洞是在所难免的。因此，合同管理人员要全程跟踪合同的履行，随时发现合同中存在的"漏洞"，及时修补这些"漏洞"，力争将合同风险降至最低。在合同的履行过程中，若发现合同"漏洞"，应按照以下程序进行修补：

（一）由当事人达成的补充协议来修补

修补合同的第一步，就是及时达成补充协议。《合同法》第 61 条规定："合同生效后，当事人就质量、价款或者报酬、履行地点等内容没有约定或者约定不明确的，可以协议补充……"在合同内容出现漏洞的情况下，优先考虑的补救方法是协商补充，使合同具体化和明确化，并与原合同共同构成一份完整的合同。因为作为合同的双方当事人，他们最了解合同需要约定哪些内容，最清楚合同"漏洞"的本质所在。因此，首先由当事人协商补充合同，既充分贯彻了合同自由原则，也有助于有效修补合同漏洞，更有利于迅速解决当事人之间的争议。由当事人达成的补充协议，可以是书面的，也可以是口头的，但补充协议必须针对合同的漏洞而达成。

（二）按照交易习惯来修补

修补合同漏洞的第二步，就是在当事人不能达成补充协议的情况下，由人民法院或者仲裁机构按照合同的有关条款和交易习惯来确定。我国《合同法》第 61 条规定："合同生效后，当事人就质量、价款或者报酬、履行地点等内容没有约定或者约定不明确的，可以协议补充；不能达成补充协议的，按照合同有关条款或者交易习惯确定。"所谓习惯，是指当事人所知悉或实践的生活和交易习惯。所谓交易习惯，是指在当时、当地或者某一行业、某一类交易关系中，为人们所普遍采纳的且不违反公序良俗的习惯做法。按照这种无论在国内交易中还是在国际交易中都已形成的交易习惯来修补合同的漏洞，使合同具体化和明确化。

（三）依据《合同法》第 62 条的规定来修补

若通过协商达成补充协议或按交易习惯确定仍不能修补合同漏洞时，第三步才考虑根据《合同法》第 62 条任意性规定来修补，这就是法律规定的合同中的法定默

示条款。我国《合同法》第62条的规定是法官补充合同漏洞的依据。该条规定的内容有：

1. 质量标准不明确的，按照国家标准、行业标准履行；没有国家标准、行业标准的，按照通常标准或者符合合同目的的特别标准履行。

2. 价款或者报酬不明确的，按照订立合同时履行地的市场价格履行；依法应当执行政府定价或者政府指导价的，按照规定履行。

3. 履行地点不明确，给付货币的，在接受货币一方所在地履行；交付不动产的，在不动产所在地履行；其他标的，在履行义务一方所在地履行。

4. 履行期限不明确的，债务人可以随时履行，债权人也可以随时要求履行，但应当给对方必要的准备时间。

5. 行为方式不明确的，按照有利于实现合同目的的方式履行。

6. 履行费用的负担不明确的，由履行义务一方负担。

（四）通过合同解释的方法进行修补

在通过协商、交易习惯和依据《合同法》第62条的规定都不能解决合同漏洞时，则可以考虑通过《合同法》第125条合同解释的方法来修补合同漏洞。《合同法》第125条规定："当事人对合同条款的理解有争议的，应当按照合同所使用的词句、合同的有关条款、合同的目的、交易习惯以及诚实信用原则，确定该条款的真实意思。合同文本采用两种以上文字订立并约定具有同等效力的，对各文本使用的词句推定具有相同含义。各文本使用的词句不一致的，应当根据合同的目的予以解释。"在这里特别指出的是：《合同法》第125条规定的合同解释方法，不能优先于《合同法》第62条所规定的任意性规则的适用，即在专门适用合同漏洞的修补时，应当优先适用法律的任意性规定。只有在适用任意性规范确定不符合当事人的利益时，才应当针对该合同的特殊情况，作出补充的解释。

上述"四步走"顺序，构成了修补合同漏洞的完整的程序。在修补漏洞时，应当按照《合同法》规定的上述程序逐步地进行，而不应打乱上述步骤和程序，否则，便难以准确完成合同漏洞修补的任务。

五、情势变化的合同，应及时变更履行

（一）情势变更情况的判断标准

何为"情势变化"，我国《合同法》并未明文规定，但最高人民法院关于《合同法司法解释（二）》第26条中有明确规定："合同成立以后客观情况发生了当事人在订立合同时无法预见的、非不可抗力造成的不属于商业风险的重大变化，继续履行合同对于一方当事人明显不公平或者不能实现合同目的，当事人请求人民法院变更或者解除合同的，人民法院应当根据公平原则，并结合案件的实际情况确定是否变更或者解除合同。"由此可知，所谓"情势变化"，是指合同依法有效成立后，全面履行前，因不可归责于当事人的原因，使合同赖以成立的基础或环境发生当事人预料不到的重大变化，如发生通货膨胀、币值贬值，以及战争即导致的封锁、禁运等，若继续维持合同的原有效力则显失公平，受不利影响的一方当事人有权要求对原合同的内容进行修改和补充。如果对方不同意变更，可要求法院或者仲裁机构变更。

（二）因情势变化变更合同的方法

因情势变化而变更合同的，应由双方当事人协商一致变更，其合同变更适用《合同法》关于要约和承诺的规定。希望变更合同内容的一方首先向对方提出变更合同的要约，该要约应包括希望对合同的哪些条款进行变更，如何变更，需要增加、补充哪些内容。对方收到后予以研究，如果同意，以明示的方式答复对方，即为承诺；如果不同意，或部分同意及部分不同意，也可以提出自己的修改、补充意见，这样双方经过反复协商直至达成一致。

若双方经过协商取得一致，则一般采用书面形式予以确认，以便日后查考；特别是原来的合同为书面形式的，更应当采用书面形式；若用口头形式改变书面合同无凭无据，极易发生纠纷。如果对合同的变更约定不明确，或者变更采用口头形式，发生纠纷后又无其他证据证明合同变更内容的，视为合同没有变更。当事人变更的内容约定不明确的，也视为未变更。

如果原来的合同是经过公证、鉴证的，变更后的合同应报原公证、鉴证机关备案，必要时还可以对变更的事实予以公证、鉴证。如果按照法律、行政法规的规定原来的合同是经过有关部门批准、登记的，合同变更后仍应报原批准机关批准、登记，未经批准、登记的，变更不生效，仍应按原合同执行。

六、重大误解或显失公平的合同，应及时终止合同履行

因重大误解订立的合同或者订立时显失公平的合同，虽然也是经双方当事人协商一致而订立的，但因其合同的结果并非是当事人真实的意思表示，难以实现当事人签订合同的目的，当事人可以通过请求人民法院或者仲裁机构撤销或者解除此合同而终止履行。

（一）重大误解的判断标准

所谓重大误解，它是指一方因自己的过错而对合同的内容等发生误解，订立了合同，且这种误解直接影响到当事人所应享有的权利和承担的义务。最高人民法院《关于贯彻执行〈中华人民共和国民法通则〉若干问题的意见》第71条规定："行为人对行为的性质、对方当事人、标的物的品种、质量、规格和数量等的错误认识，使行为的后果与自己的意思相悖，并造成较大损失的，可以认定为重大误解。"在实践中，判断是否属于重大误解难度较大，一般情况下可以通过以下几个要件来把握：

1.表意人须因误解而作出了意思表示。首先，表意人要将其意思表示表达出来，否则无从评价其是否存在着误解问题。其次，表意人作出的意思表示必须是因为误解所造成的，即表意人的错误认识与其作出意思表示之间具有因果关系。

2.误解的"事实"必须是合同订立时存在的事实，且该事实必须是合同订立所依据的基本前提条件。合同订立后发生的出乎预料的事实不构成重大误解。

3.必须是对合同的内容等发生了重大误解，一般误解不构成重大误解。实践中，只有对合同的主要内容发生误解的情况下，才可能影响当事人的权利和义务，并可能使误解的一方的订约目的不能达到。若仅仅是对合同的非主要条款发生误解且不影响当事人的权利义务，就不应作为重大误解。

4.误解必须是由误解方自己的过失造成的，即由于其不注意、不谨慎造成的，而不是因为受他人的欺骗或不正当影响造成的。如果表意人具有故意或重大过失，例如表意人对于对方提交的合同草案根本不看就签字盖章，或者表意人在订约时故意保留其真实的意志，或者明知自己已对合同发生误解而仍然与对方订立合同，均表明表意人希望追求其意思表示所产生的效果。在此情况下，并不存在意思表示不真实的问题，因此不构成重大误解。

（二）显失公平的判断标准

所谓显失公平，它是指合同一方当事人利用自身优势，或者利用对方没有经验等情形，在与对方签订合同中设定明显对自己有利的条款，致使双方基于合同的权利义务和客观利益严重失衡，明显违反公平原则。根据最高人民法院《关于贯彻执行〈中华人民共和国民法通则〉若干问题的意见》第72条规定，认定显失公平可以从以下两个方面进行考察判断：

1.考察合同对另一方当事人是否明显不公平。根据《民法通则》和《合同法》的有关规定，签订合同作为一种双方的民事法律行为，应贯彻公平原则。公平原则的实质在于均衡合同双方当事人的利益。因此，对合同显失公平的认定应结合双方当事人权利义务是否对等、一方获得的利益或另一方所受损失是否违背法律或者交易习惯等方面综合衡量。在显失公平的合同中，一方要承担更多的义务而享受极少的权利或者在经济上要遭受重大损失，而另一方则以较少的代价获得较大的利益，承担极少的义务而获得更多的权利，例如某人投资额占全部投资的大半，但利润的分配比例仅占5%，等等。当然，这种利益的不公平是在合同订立时已经形成的，而不是在合同订立以后形成的。如果在合同订立以后因为市场行情的变化等原因，而使合同对一方不公平，可能属于情势变更的范畴，而不应按可撤销合同处理。

2. 考察合同订立中一方当事人是否故意利用其优势或者对方轻率、没有经验。所谓利用优势，是指一方利用其在经济上或其他方面的优势地位，使对方难以拒绝对其明显不利的合同条件。例如，大企业利用其优势订立了不公平的格式合同条款，迫使消费者接受。除格式合同以外，在实践中也经常发生一方利用其经济实力和经营上的优势而提出苛刻的条件迫使对方接受的情况。所谓没有经验，是指欠缺生活经验或者交易经验。显失公平的合同中，利益受损的一方往往因为无经验，或对合同的相关内容缺乏正确认识的能力，或者因为某种急迫的情况，并非出于真正的自愿而接受了对方提出的合同条件。一般认为，欠缺经验仅限于欠缺一般的生活经验或交易经验，不包括欠缺特殊的经验。因为当事人在购买某种特殊的标的物如汽车时，应当适当了解此类标的物的信息。当事人订立合同时应当具备订约的基本知识，不能以这些经验具有特殊性、自己不了解为由而认为合同显失公平。所谓轻率，是指在订约时的马虎或不细心。例如，对合同的价格不作审查和判断，对标的物的性能不进行了解，匆忙地与对方订约。可见，在轻率的情况下受害的一方本身是有过失的。

当然，对于利用对方没有经验或轻率的情况，应作严格限定。受害人应当举证证明对方有利用行为，而不能仅证明自己在订约时无经验或轻率。为证明对方有利用行为，受害人可以证明对方明知自己无经验或轻率，而制造混乱的价格信息和标的物的信息或不适当地夸大标的物的销路，从而影响其作出正确的判断。

七、合同风险即将出现时，应及时中止合同

市场经济的风云变幻莫测。有时候，某些企业在签订合同时经营状况正常，但在签订合同后出现经营状况严重恶化等情况。在这种情况下，若另一方继续履行合同，极有可能给自己造成难以挽回的经济损失。这就要求企业在风险即将出现时，果断地主张抗辩权，及时中止合同履行。这里的抗辩权主要是指不安抗辩权、先履行抗辩权和同时履行抗辩权。

（一）因行使不安抗辩权而中止合同履行

不安抗辩权，是指若在合同中明确约定了履行次序，作为先履行一方的企业，有足够证据证明对方出现财务危机或濒临破产等有丧失或可能丧失履行债务能力的情形时，有权中止履行自己的债务。也就是说，应当先履行债务的当事人，有确切证据证明对方有下列情形之一的，可以中止履行：1.经营状况严重恶化；2.转移财产、抽逃资金，以逃避债务；3.丧失商业信誉；4.有丧失或者可能丧失履行债务能力的其他情形。合同当事人在行使不安抗辩权时，应注意以下几点：

1.如果当事人欲中止履行，应当及时通知对方。这里的"应当"，实际上就是"必须"的意思，即行使不安抗辩权时应当采取积极的通知行为，不能以消极的不履行作为对抗。若不履行"通知"义务，不安抗辩权则是很难成立的。

2.除了形式上的"通知"要求外，在实体上还要求当事人须有"确切证据"，并以此来证明对方有丧失或可能丧失履行债务能力的法定和其他情形。《合同法》第68条也明确规定，即当事人没有确切证据中止履行的，应承担违约责任。因此，当事人在行使不安抗辩权时，要充分评估其法律风险，慎重行使，以避免给当事人带来不必要的损失。

3.在及时通知对方后，若对方提供了适当履行担保时，暂时中止履行的一方就应继续履行合同。适当担保，是指银行或其他担保人担保，给付履约保证金（定金），抵押担保等。当对方提供上述形式的担保时，即可认为是适当担保，中止的一方应当继续履行自己的合同义务。若对方未恢复履行能力且未提供适当担保的，当事人有权解除合同。对于分批送货、分批付款的合同，如果对方对某批货款没有如期支付时应引起充分的重视；如果继续送货，可能会受到更大的损失。当然，是否中止合同的履行应视具体情况而定，不能一概而论。

（二）因行使先履行抗辩权而中止合同履行

先履行抗辩权，是指若在合同中明确约定了履行次序，作为后履行一方，在对方未先履约或履行不符合约定时，有权拒绝履行自己的合同义务。这种拒绝履行合同义务的行为，可以表述为"保留自己的给付"，也可以表述为"中止履行合同义务"。先履行抗辩权，本质上是对先期违约的抗辩。先期违约是指一方当事人首先违约，是导致另一方不履行合同的原因。先履行抗辩权是对负有先履行义务一方违约的抗辩，亦即对先期违约的抗辩。合同当事人在行使先履行抗辩权而中止合同履行时，应注意以下几点：

1.把握先履行抗辩权的效力

（1）先履行抗辩权的行使，产生后履行一方可暂时中止履行自己债务的效力，以对抗先履行一方的履行请求；

（2）在先履行一方采取了补救措施、变违约为适当履行的情况下，先履行抗辩权消失，后履行一方须履行其债务；

（3）后履行一方行使先履行抗辩权致使合同迟延履行的，迟延履行责任应由对方当事人承担。后履行一方行使先履行抗辩权没有促使对方履行，或者没有促使对方对瑕疵履行采用救济措施的，可以根据《合同法》第94条的规定通知对方解除合同；

（4）先履行抗辩权的行使不影响后履行一方主张违约责任。

2. 掌握行使先履行抗辩权的方式

关键是行使先履行抗辩权是否明示对方。对于在行使先履行抗辩权前是否应当及时通知另一方，应区别不同的情况，采用不同的规则：

（1）因对方不履行合同义务而行使先履行抗辩权的时候，可以不通知对方。行使先履行抗辩权而未通知另一方并不构成合同违约责任，这不同于行使不安抗辩权。行使不安抗辩权的一方当事人必须及时通知另一方当事人，使其有一举证的机会或能及时采取减损措施。当然，行使先履行抗辩权的一方也可以主动通知对方，要求其实际履行合同，但这并不是"必须"。

（2）负有先履行义务的一方当事人的履行有重大瑕疵时，或只履行一部分时，依诚实信用原则，另一方当事人行使先履行抗辩权应当通知对方，给对方举证、解释、改正的机会，防止损失的扩大。因为，在先履行的一方，有时可能不了解自己履行的效果。比如，合同约定甲方1月2日发货，乙方3月1日付款。乙方在收到货物时，发现货物与合同约定严重不符，他可以在履行期届至时，拒绝付款，同时通知对方，对方可以及时提出解决问题的办法。

（三）因行使同时履行抗辩权而中止合同履行

《合同法》第66条规定："当事人互负债务，没有先后履行顺序的，应当同时履行。一方在对方履行之前有权拒绝其履行要求，一方在对方履行不符合约定时，有权拒绝其相应的履行要求。"这就是同时履行抗辩权。同时履行抗辩权属延期的抗辩权，只是暂时阻止对方当事人请求权的行使，非永久的抗辩权。对方当事人完全履行了合同义务，同时履行抗辩权消灭，当事人应当履行自己的义务。当事人行使同时履行抗辩权致使合同迟延履行的，迟延履行责任由对方当事人承担。

同时履行抗辩权主要适用双务合同，如买卖、互易、租赁、承揽、有偿托、保险、雇佣、劳动等合同。在这些双务合同中，双方当事人的权利义务是对等的；若一方未履行，另一方有权拒绝履行自己的义务。比如，双方约定一手交钱一手交货，一方未交货之前，另一方有权拒绝支付货款；在对方未全部交付货物时，另一方有权拒绝交付其余货款。但同时履行抗辩权双方的义务应当是相当的，任何一方不得以对方未履行附随义务为由不履行合同主义务。

同时履行抗辩权是对当事人的一种权利保障，尤其是当发现对方履行合同缺乏诚意时，可以拒绝履行。但这种抗辩权是存有极大弊端的，因为它直接关系到双方能否依照合同来履行义务的问题，因此当事人不能随意行使此种权利。在实践中，经常发生一方在另一方仅有轻微违约的情况下便拒绝履行自己的义务，或以各种理由拒绝对方的履行，或同时拒不履行自己的义务等等，这就妨碍了合同的正常履行，严重影响了交易秩序。而事实上，在合同履行上总是有先有后的，绝对的同时履行是难以实现的，尤其是双方当事人极不信任的情况下约定同时履行，在合同履行过程中就会因为履行时间问题严重扯皮。因此，双方在合同中最好约定相互义务的履行的时间顺序，以免为日后埋下纠纷的种子。同时，需要明确同时履行抗辩权行使的条件，对拒绝履行的权利的滥用作出严格的限制。俗话说"市场如战场"，市场经济的风云变幻莫测，各类市场经济的主体随时都处于风险中。有时候，某些企业在签订合同时经营状况正常，但在签订合同后有可能出现经营状况严重恶化等情况，致其有丧失或可能丧失履行合同的能力。在这种情况下，若另一方继续履行合同，势必给自己造成难以挽回的经济损失。这就要求企业经营者在风险即将出现时，果断地主张抗辩权，及时中止合同履行。这里的抗辩权主要是指不安抗辩权、先履行抗辩权和同时履行抗辩权。

八、合同风险已经出现时，应及时解除或撤销合同

在合同的实际履行中，若出现风险，一般经双方协商一致，完全可以通过修改、补充或者变更原合同内容方式消除其风险。但若双方无法达成一致，最有效的办法就是果断地行使合同的解除权或者撤销权，依法解除或者撤销合同，避免给自己造成更大的损失。

（一）合同的解除

一般情况下，合同双方当事人通过协商一致或者按照合同约定解除的方式，可以直接解除合同。但在合同履行过程中，如果出现了法定的可以解除合同的情形，一方当事人可以依法解除合同，终止合同双方当事人的权利与义务。《合同法》规定了下列合同解除的情形：

1.因不可抗力致使不能实现合同目的。不可抗力是指当事人在订立合同时不能预见、对其发生和后果不能避免并不能克服的事件，包括自然灾害、战争、社会异

常事件等。不可抗力事件的发生，对履行合同的影响可能有大有小，有时只是暂时影响到合同的履行，这时当事人可以通过延期履行实现合同的目的，不能滥用单方解除权。因不可抗力事由而单方解除合同的一方当事人必须承担举证责任，证明自己行使解除权的法律事实已经发生。

2. 在履行期限届满之前，当事人一方明确表示或者以自己的行为表明不履行主要债务。主要债务，即次要债务的对称，是指根据合同的约定，当事人应当承担债务的大部分或者对债权人权利有重要或者根本性影响的部分，即一方当事人不履行主要债务，对方当事人的合同目的就会落空。

3. 因当事人一方迟延履行主要债务，经催告后在合理期限内仍未履行。迟延履行是指债务人无正当理由，在合同约定的履行期间届满，仍未履行合同债务；或对于未约定履行期限的合同，债务人在债权人提出履行的催告后仍未履行。对于债务人迟延履行主要债务的，债权人首先应当规定一个合理期间，书面催告债务人履行。该合理期间由债权人根据债务人的履行能力、债务的多少、履行的难易程度及履行债务的外部条件等因素确定，一般不应少于准备和履行义务本身所需要的时间。债务人超过该合理期间仍不履行的，则债权人可以依法解除合同。

4. 当事人一方迟延履行债务或者有其他违约行为致使不能实现合同目的。如果合同中约定的履行期限或者其他合同条款对当事人权利义务至关重要，一方有违约行为将严重影响到当事人订立合同所期望的经济利益时，当事人可以不经过催告程序而直接单方解除合同。比如季节性、时效性较强的标的物迟延交货，则另一方当事人有权单方解除合同。

5. 应当先履行债务的当事人有确切证据证明对方有下列情形之一的：（1）经营状况严重恶化；（2）转移财产、抽逃资金，以逃避债务；（3）丧失商业信誉；（4）有丧失或者可能丧失履行债务能力的其他情形，可以中止履行。中止履行后对方在合理期限内未恢复履行能力并且未提供适当担保的，中止履行的一方可以解除合同。

6. 法律规定的其他情形。如借款人未按照约定的借款用途使用借款的，贷款人可以停止发放借款、提前收回借款或者解除合同（《合同法》第203条）；承租人未经出租人同意，转租租赁物的，出租人可以解除合同（《合同法》第224条）等。

需要说明的是，当事人单方解除合同的，应当通知对方。合同自通知到达对方时解除。对方有异议的，可以请求人民法院或者仲裁机构确认解除合同的效力。合同解除后尚未履行的，终止履行，已经履行的，根据履行的情况和合同的性质，当事人可以要求恢复原状、采取其他补救措施，并有权要求赔偿损失。

（二）合同的撤销

可撤销合同，是指因合同当事人意思表示不真实，致使合同的目的不能实现，有撤销权的当事人通过行使撤销权，使已经生效的意思表示归于无效的合同。可撤销合同包括以下情形：

1. 限制民事行为能力人订立的合同，经法定代理人追认后有效。相对人可以催告法定代理人在一个月内予以追认，合同被追认之前，善意相对人有撤销的权利。撤销应当以通知的方式（向法定代理人）作出。

2. 行为人没有代理权、超越代理权或者代理权终止后以被代理人名义订立的合同，未经被代理人追认的，对被代理人不发生效力，由行为人承担责任。相对人可以催告被代理人在一个月内予以追认，合同被追认之前，善意相对人有撤销的权利。撤销应当以通知的方式（向被代理人）作出。

3. 对于因重大误解而订立合同，产生误解的一方可主张撤销权。

4. 对于在订立合同时显失公平的，显然不利的一方可主张撤销权。

5. 对于因欺诈、胁迫、乘人之危致使违背真实意思订立的合同，自己的真实意思被违背的一方可主张撤销权。

需要说明的是，《合同法》第47、48条规定的善意相对人的撤销权，可以由善意相对人单方以通知的方式作出，自该通知到达法定代理人或被代理人时生效。《合同法》第54条规定的撤销权则需要通过提起诉讼或申请仲裁的方式来行使，当事人不得单方撤销合同（否则无异于违约），而且这种撤销权要在一定期限内主张，即在自知道或者应当知道撤销事由之日起一年内（该"一年内"属于除斥期间，不适用中止、中断、延长）。具有撤销权的当事人知道撤销事由后明确表示或者以自己的行为放弃撤销权除外。

合同撤销是从根本上否定了合同的效力，被撤销的合同视为自始不生效。合同被撤销后，因该合同取得的财产属于不当得利性质，应当予以返还；不能返还或者没有必要返还的，应当折价补偿。有过错的一方应当赔偿对方因此所受到的损失，双方都有过错的，应当各自承担相应的责任。同时，合同被撤销，不影响合同中独立存在的有关解决争议方法的条款的效力；合同部分被撤销，不影响合同中其他部分效力的，其他部分仍然有效。

九、及时采取合同保全措施，防止财产不当减少

合同的保全，是指合同之债的债权人依据法律规定，在债务人不正当处分其权

利和财产，危及其债权的实现时，可以对债务人或者第三人的行为行使代位权或者撤销权的债权保障方法。《合同法》第73、74、75条对此制度作出了规定。

（一）债权人的代位权

债权人的代位权，是指债务人怠于行使其对第三人（次债务人）享有的到期债权，并危及债权人债权实现时，债权人为保全其债权，以自己的名义代替债务人向第三人（次债务人）行使权利的权利。代位权针对的是债务人消极不行使自己债权的行为，即当债务人有权利行使而不行使，以致影响债权人权利的实现时，法律允许债权人代债务人之位，以自己的名义向第三人行使债务人的权利。这是一种合同的保全方式，目的是防止债务人怠于行使其到期债权，进而损害其债权人的权益，避免出现"讨债难、执行难"窘境。债权人行使代位权时应注意以下几个问题：

1. 把握代位权行使的条件

根据《合同法》及司法解释的相关规定，债权人行使代位权，应当符合下列条件：

（1）债权人对债务人的债权合法。如果债权人对债务人不享有合法债权，如赌博债权、买卖婚姻之债等，或者因合同被认定无效、被撤销以及已过诉讼时效的，债权人就不能行使代位权。

（2）债务人怠于行使其到期债权，对债权人造成损害。债务人只有以诉讼或仲裁的方式向次债务人主张权利，才不构成"怠于行使"，而仅仅以私力救济方式主张权利，如直接向次债务人或其代理人主张权利，甚至包括向民间调解委员会或行政机关请求处理，都属于"怠于行使"。只要债务人未履行对债权人的债务，债权人的债权未能实现，就可视为债权人的债权受到了损害，不要求债权人举证证明自己的债权受到了具体的实质性损害。

（3）债务人的债权已到期。只有债务人的债权已到期，债权人才能代债务人而行使，否则就会侵害次债务人的合法权益。因为如果债务人的债权尚未到期，债务人就不能对次债务人行使请求权，那么债权人也就不能对次债务人行使代位权。

（4）债务人的债权是具有金钱给付内容的债权，而不是专属于债务人自身的债权。所谓专属于债务人自身的债权，是指基于扶养关系、抚养关系、赡养关系、继承关系产生的给付请求权和劳动报酬、退休金、养老金、抚恤金、安置费、人寿保险、人身伤害赔偿请求权等权利。

2. 把握代位权行使的方式

债权人代位权行使的方式只能通过诉讼方式。因为只有通过法院裁判方式才能有效防止债权人滥用代位权，随意处分债务人的财产，不当侵犯债务人及第三人的合法权益，也能避免债权人与其他未行使代位权的债权人、债务人以及第三人之间因代位权的行使产生纠纷。债权人代位行使的范围一般以保全债权的必要为标准。只有在债权人的债权具有不能实现的危险时，才能行使代位权，并以保全债权的必要为限，即通过代位行使所能获得的权利价值应与所保全的债权价值相当。如果债权人行使债务人的某项权利，已经足以保全自己的债权，就不应对债务人的其他权利行使代位权。

3. 把握代位权行使的法律效果

根据相关司法解释规定，债权人向次债务人提起的代位权诉讼经人民法院审理后认定代位权成立的，由次债务人向债权人履行清偿义务，债权人与债务人、债务人与次债务人之间相应的债权债务关系即予消灭。从此规定来看，债权人的债权就代位权行使的结果有优先受偿权利。在代位权诉讼中，次债务人对债务人的抗辩，可以向债权人主张。

（二）债权人的撤销权

债权人撤销权，是指债务人放弃对第三人的到期债权、实施无偿转让或者以明显不合理的低价处分财产的行为而有害于债权人的债权时，债权人可以依法请求人民法院撤销债务人的行为。在合同的履行过程中，如果债务人将其财产处分，以致债务给付行为成为不可能，就会直接侵害到债权人的债权，债权人就得以有权提请人民法院予以撤销。这种撤销权是着眼于债务人的积极行为，即当债务人在不履行其债务的情况下，实施减少其财产而损害债权人债权实现的行为时，法律赋予债权人有诉请法院撤销债务人所为的行为的权利，目的出于防止债务人实施不正当的逃债行为，充分保护债权人的利益。债权人在行使撤销权时应注意以下几个问题：

1. 把握撤销权行使的条件

根据《合同法》及司法解释的相关规定，债权人行使撤销权，应当符合下列条件：

（1）债权人对债务人存在有效债权。债权人对债务人的债权可以到期，也可以不到期。有效债权，是指债务人的行为发生在债权成立之后，并已经发生法律效力。如果在债权成立之前发生上述行为，此时债权尚不存在，不能认为该行为对债权造成损害。若这时债权人仍与债务人发生法律关系，表明债权人愿意承担债权不能实现的风险，自然不得请求撤销债务人发生在先的行为。同时，债务人的行为须已经发生法律效力，如果债务人的行为未发生法律效力，或者根本不会发生法律效力（例如属于无效民事行为），债务人的财产所有权并未发生转移，则债权人无须通过行使撤销权保全自己的债权，而可以请求法院宣告债务人的行为为无效民事行为。

（2）债务人实施了减少财产的处分行为。主要包括：①放弃到期债权，对债权人造成损害；②无偿转让财产，对债权人造成损害；③以明显不合理的低价转让财产，对债权人造成损害，并且受让人知道该情形。其中第③种处分行为不但要求有客观上对债权人造成损害的事实，还要求有受让人知道的主观要件。这里的"受让人知道该情形"，既包括受让人知道债务人转让的财产价格明显低于一般的市场价格，同时还包括受让人知道债务人的行为会对债权人的债权造成损害。如果受让人仅知道该财产转让的价格明显低于市场价格，而不知该出让人（即债务人）的行为会对债权人造成损害，不能认定受让人主观上有恶意从而行使撤销权。

（3）债务人的处分行为有害于债权人债权的实现。债务人的行为危害债权的实现，是指债务人的行为会导致其作为债权担保的责任财产减少，使债权人的债权有不能实现的危险。

2. 把握撤销权行使的方法

债权人须以自己的名义向被告所在地人民法院提起诉讼，通过诉讼程序行使撤销权。撤销权的行使范围要以债权人的债权为限，并在法定的期限行使。《合同法》对撤销权的行使规定了期限，即撤销权自债权人知道或者应当知道撤销事由之日起1年内行使。自债务人的行为发生之日起5年内没有行使撤销权的，该撤销权消灭。上述规定中的"5年"期间为除斥期间，不适用诉讼时效中止、中断或者延长的规定。

3. 把握撤销权行使的法律后果

一旦人民法院确认债权人的撤销权成立，债务人的处分行为即归于无效。债务人的处分行为无效的法律后果则是双方返还，即受益人应当返还从债务人获得的财产。因此撤销权行使的目的是恢复债务人的责任财产，债权人就撤销权行使的结果并无优先受偿权利。

十、及时行使提存权，终止自己的债务履行

（一）巧用提存来规避风险

所谓提存，是指由于债权人的原因而无法向其交付合同标的物时，债务人将该标的物交给提存机关而消灭债务的制度。提存制度的建立，有利于债务纠纷的及时解决，避免产生延迟履行的新债务，有利于保护债务人的利益，保证市场机制的正常运行。因此，在合同履行过程中，当事人巧用提存制度，及时终止合同履行，能有效规避合同风险。下面这个案例足以说明问题：

某医药商店承包人尹某到某市第三制药厂购买了一批中药产品。尹当时付清了货款，双方协议：20天后提货，若发生纠纷到某仲裁委员会仲裁。但过了一年，尹不仅未提货而且下落不明。药厂致函尹的单位，促其速来提货。药店回信称：尹是

该店的承包人，一切业务均由他本人负责，现尹出差在外，不清楚他何时回来。该厂再次通知尹的单位，决定代为托运。药店竟回信拒收货物，并称如果托运，一切损失由该厂负责。药厂在此情况下，只能将尹某所购药品向本厂所在地的公证处申请提存公证。该批药品有效期只有两年，若积压下去，可能失效。

在此情况下，药厂经公证处许可，将该药品变卖，将变卖的价金扣除保管费予以提存。提存后一个月，尹某来到第三制药厂，称双方协议提取货物的时间是20天以后，但未规定多少时间必须提货。因此，第三制药厂变卖药品的行为属于违约行为，遂依据仲裁协议向某仲裁机构申请仲裁。仲裁裁定，第三制药厂的行为完全符合《合同法》的规定，是合法的提存行为。第三制药厂依法提存后，其与尹某的合同已经终止，尹某不得再向第三制药厂主张债权，而只能向提存部门主张权利。这是一个巧用提存制度，规避合同风险的典型案例。

（二）提存的条件

提存的前提是债务人无法向债权人清偿。债务人只有在无法向债权人给付时才可用提存的方法消灭债务。因此，凡因债权人一方的原因致使债务人无法清偿的事实，均为提存的合法原因。依《合同法》第101条规定，有下列情形之一，难以履行债务的，债务人可以将标的物提存：

1.债权人无正当理由拒绝受领。在债务人履行不适当的情况下，债权人拒绝受领有正当理由，债务人就不能提存。

2.债权人下落不明。债权人下落不明，包括债权人地址不清或不详，债务人通过正常途径无法得知，从而无法向债权人履行的情形。如果债权人虽然下落不明，但债务人仍可履行债务的，如债务人可向债权人的代理人或第三人履行，那么债务人就不能提存。

3.债权人死亡未确定继承人或者丧失民事行为能力未确定监护人。

4.法律规定的其他情形。除以上原因外，凡法律规定其他可以提存的情形的，当事人提存的，就是有合法的提存原因。如当事人在合同中约定以提存方式给付的，债务人也可提存。

（三）提存的程序

1.提存人应在交付提存标的物的同时，提交提存申请书。该申请应载明：提存的原因，标的物及其种类、数量，标的物受领人的姓名、地址或者不知谁为受领人的理由等基本内容。此外，债务人应提交有关债务证据，以证明提存申请载明的提存物确系其所负债务的标的物，并还应提交有关债权人迟延或者无法向债权人清偿的相关证据。如有法院或者仲裁机构的裁决书，也应一并提出。其目的在于证明其债务已符合提存要件，以便提存部门判定是否准予提存。

2.提存部门（主要是指公证部门）应当在收到申请之日起3日内作出受理或者不予受理的决定。不予受理的，公证处应当告知申请人对不予受理不服的复议程序（《提存公证规则》第10条第2款）。提存部门通过审查确定提存人具有民事行为能力，意思表示真实，提存之债真实、合法（《提存公证规则》第13条第1款）。具备提存的原因，提存标的物与合同标的物相符，符合管辖规则时，应当准予提存。提存部门应当验收提存标的物并登记存档。对不能提交提存部门的标的物，提存部门应当派人到现场实地验收。验收时，提存申请人或者其代理人应当在场，提存部门的工作人员应制作验收笔录。验收笔录应当记录验收的时间、地点、方式、参加人员，物品的数量、种类、规格、价值以及存放地点、保管环境等内容。验收笔录应当提交提存人核对。提存部门的工作人员、提存人等有关人员应当在验收笔录上签字。对难以验收的提存标的物，提存部门可予以保全证据，并在笔录和证书中注明。对经验收的提存标的物应采用封存、委托代管等必要的保管措施。对易腐烂、易燃、易爆等物品，提存部门应在保全证据后，由债务人拍卖或者变卖，提存其价款（《提存公证规则》第14条）。

3.提存部门授予债务人提存证书。提存部门在收取提存申请及提存物后，应向债务人授予提存证书。提存证书与清偿受领证书具有同等的法律效力。

4.通知债权人受领提存物。在提存时，债务人应附具提存通知书。在提存后，应将提存通知书送达债权人。至于通知的义务应由谁承担，我国《合同法》明确规定，将提存的通知义务规定由债务人承担，即该法第102条规定："标的物提存后，除债权人下落不明的以外，债务人应当及时通知债权人或者债权人的继承人、监护人。"

（四）提存后的风险转移

标的物提存后，债因提存当然消灭，债务人不再负清偿责任。标的物的所有权如同债务人给付后一样移转于债权人，标的物毁损、灭失的风险也一并移转于债权人。根据《合同法》第103条的规定，标的物提存后，毁损、灭失的风险由债权人承担。提存期间，标的物的孳息归债权人所有，提存费用也由债权人负担。

第四节　合同争议解决中的风险防控

合同争议，是指合同的当事人双方在签订、履行和终止合同的过程中，对所订立的合同是否成立、合同生效、合同成立的时间、合同内容的解释、合同的履行、合同责任的承担以及合同的变更、解除、转让等有关事项产生的纠纷。尽管合同是在双方当事人意思表示一致的基础上订立的，但由于当事人所处地位的不同，从不同的立场出发，对某些问题的认识往往会得出相冲突的结论。因此，做好合同争议解决中的风险防控工作，对及时化解矛盾纠纷，稳定市场经济秩序，保护合同当事人的合法权益十分重要。

一、选择适当方式解决合同争议

无论对何种合同争议，均需要采取适当的方式（或途径）予以解决。根据我国《合同法》的规定，发生合同争议时当事人可以通过和解或者调解解决；当事人不愿和解、调解或者和解、调解不成的，可以根据仲裁协议向仲裁机构申请仲裁；当事人没有订立仲裁协议或者仲裁协议无效的，可以向人民法院起诉。

（一）和解

和解，是指由争议各方根据合同约定的违约责任和各方实际情况，自行协商而不需通过司法程序解决纠纷的方式。通过协商和解是常见的解决纠纷的方式，也是最先采用的方式。只有当协商解决不了纠纷时，才考虑选择仲裁或者诉讼方式。但由于和解协议缺乏法律约束力，有些人可能会出尔反尔，使和解结果成为一纸空文，延误了纠纷的有效解决。

（二）调解

调解，是指由争议各方选择信任的第三方居中，就合同争议进行调解处理。调解通常是以各方互谅互让为原则进行。此方法解决纠纷的可能性较和解大一些，但由于调解协议与和解协议一样不具有强制性效力，也使得纠纷的解决难尽人意。

（三）仲裁

仲裁，是指争议各方根据合同中的仲裁条款或者纠纷发生以后达成的仲裁协议，将争议提交法定的仲裁机构，由仲裁机构依据仲裁规则进行居中调解，依法做出裁定的方式。当事人不愿和解、调解或者和解、调解不成的，可以根据仲裁协议向仲裁机构申请仲裁，并可根据生效的仲裁协议申请人民法院强制执行。

（四）诉讼

诉讼，是指人民法院根据争议双方的请求、事实和法律，依法作出裁判，借此解决争议的方式。当事人没有订立仲裁协议或者仲裁协议无效的，可以向人民法院起诉。诉讼是解决合同争议的最后方式。

二、务必在法定期限内提出解决纠纷诉求

合同双方当事人若发生合同纠纷，经协商或者调解不能达成一致的，务必在法定期限内向仲裁机构或者人民法院提起仲裁或者诉讼，否则自己的维权诉求就得不到法律的支持和保护。这里的"法定期限"就是诉讼时效，它是指民事权利受到侵害的权利人在法定的时效期间内不行使权利，当时效期间届满时，债务人获得诉讼时效抗辩权。也就是说，在法律规定的诉讼时效期间内，权利人提出请求的，人民法院就强制义务人履行其所承担的义务。但若在法定的诉讼时效期间届满之后，权利人行使请求权的，人民法院则不再予以保护。时效具有强制性，任何时效都由法律、法规强制规定的，任何单位或个人对时效的延长、缩短、放弃等约定都是无效的。

（一）诉讼时效的种类

1.普通诉讼时效。2017年10月1日施行的我国《民法总则》第188条规定："向人民法院请求保护民事权利的诉讼时效期间为三年。"因合同纠纷而起诉的期间，均适用3年的普通诉讼时效期间。

2.特别诉讼时效。特殊时效优于普通时效，也就是说，凡法律有特殊时效规定的，适用特殊时效。我国《民法总则》第188条规定："向人民法院请求保护民事权利的诉讼时效期间为三年。法律另有规定的，依照其规定。"

（1）《产品质量法》第45条规定："因产品存在缺陷造成损害要求赔偿的诉讼时效期间为二年，自当事人知道或者应当知道其权益受到损害时起计算。"

（2）《海商法》第265条规定："有关船舶发生油污损害的请求权，时效期间为三年，自损害发生之日起计算；但是，在任何情况下时效期间不得超过从造成损害的事故发生之日起六年。"

（3）《合同法》第129条规定："因国际货物买卖合同和技术进出口合同争议提起诉讼或者申请仲裁的期限为四年，自当事人知道或者应当知道其权利受到侵害之日起计算。因其他合同争议提起诉讼或者申请仲裁的期限，依照有关法律的规定。"

3.最长诉讼时效。我国《民法总则》第188条规定："诉讼时效期间自权利人知道或者应当知道权利受到损害以及义务人之日起计算。法律另有规定的，依照其规定。但是自权利受到损害之日起超过二十年的，人民法院不予保护；有特殊情况的，人民法院可以根据权利人的申请决定延长。"根据这一规定，最长的诉讼时效的期间是从权利被侵害之日起计算，权利享有人不知道自己的权利被侵害，时效最长也是二十年，超过二十年，人民法院不予保护。

（二）诉讼时效的起算时间

1.合同请求权系附条件、附期限的，应从停止条件成就、始期到来时起计算。

2.如合同约定有履行期限的，应自履行期限届满时第二天起计算。

3.如合同没有约定履行期限的，应从权利人可以行使权利之时起计算；债权人给对方必要的准备时间的，则从该期限届满之日的第二天开始起算。

4.合同无效或合同被撤销后的返还请求权，应自合同被确认为无效或被撤销时起计算。

5.如合同的标的为不作为的，其诉讼时效自合同义务人违反不作为义务时起计算。

6.因违约行为而产生的强制实际履行权、损害赔偿请求权和违约金请求权，应自违约行为成立时起计算。

7.当事人约定同一债务分期履行的，诉讼时效期间自最后一期履行期限届满之日起计算。

8.保证债务诉讼时效的起算。债权人在保证期间内向保证人主张了权利，则保证期间的使命完成，功成身退，而让位于诉讼时效，保证责任的诉讼时效从此开始计算。

9.合同无效情况下诉讼时效的起算。合同无效，但当事人不知道也不应知道合同无效而将合同作为有效合同起诉要求对方履行合同义务的，诉讼时效应以合同约定的履行期限届满之次日开始计算；履行期限没有约定或约定不明确的，按《合同法》第61、62、66、161等条规定确定，从确定的履行期限届满之次日开始计算。合同无效产生的请求权的诉讼时效期间，应从法院关于合同无效的判决生效之日起计算。

10.合同解除情况下诉讼时效的起算。在合同解除返还原物，因该物权返还请求权自合同解除生效之时产生，其诉讼时效期间的起算点应为合同解除生效之时。因解除合同，产生损害赔偿请求权的，在协议解除的情况下，当事人有损害赔偿的约定时，依其约定。当事人未采取补救措施致使损失扩大等情况下，其起算点为损害赔偿责任成立的次日。

（三）诉讼时效的中止和中断

1.诉讼时效中止

诉讼时效中止，是指在诉讼时效期间的最后6个月内，因不可抗力或者其他障碍等法定事由而使权利人不能行使请求权的，诉讼时效期间的计算暂时停止。从中止时效的原因消除之日起，诉讼时效期间继续计算。根据《民法总则》第194条规定，在诉讼时效期间的最后六个月内，因下列障碍，不能行使请求权的，诉讼时效中止：

（1）不可抗力；

（2）无民事行为能力人或者限制民事行为能力人没有法定代理人，或者法定代理人死亡、丧失民事行为能力、丧失代理权；

（3）继承开始后未确定继承人或者遗产管理人；

（4）权利人被义务人或者其他人控制；

（5）其他导致权利人不能行使请求权的障碍。

自中止时效的原因消除之日起满六个月，诉讼时效期间届满。

2. 诉讼时效中断

诉讼时效中断，是指由于法定原因的出现（如提起诉讼、当事人一方提出要求或者同意履行义务等），导致以前已经过的诉讼时效期间失去效力，待原因消除后，重新起算时效期间。从中断时起，诉讼时效期间重新计算。根据《民法总则》第195条规定，有下列情形之一的，诉讼时效中断，从中断、有关程序终结时起，诉讼时效期间重新计算：

（1）权利人向义务人提出履行请求；

（2）义务人同意履行义务；

（3）权利人提起诉讼或者申请仲裁；

（4）与提起诉讼或者申请仲裁具有同等效力的其他情形。

3. 不适用诉讼时效中止、中断的情形

我国《合同法》明确规定了有些期间不适用诉讼时效中止、中断的情形，主要包括：

（1）具有撤销权的当事人自知道或者应当知道撤销事由之日起1年内没有行使撤销权的，撤销权消灭（《合同法》第55条）。

（2）撤销权自债权人自知道或者应当知道撤销事由之日起1年内行使。自债务人的行为发生之日起5年内没有行使撤销权的，该撤销权消灭（《合同法》第75条）。

（3）债权人领取提存物的权利，自提存之日起5年内不行使而消灭，提存物扣除提存费后归国家（《合同法》第104条）。

上述《合同法》规定的"1年"和"5年"均为除斥期间，不适用诉讼时效中止、中断的规定。

（四）诉讼时效即将届满时应制造时效中断的事实

在诉讼时效期间内，对于当事人拒不履行债务或者拖延履行债务的，应积极准备申请仲裁或者提起诉讼，使自己处于主导地位。如果诉讼时效期间已经接近期满，且已经来不及准备必要的材料提起诉讼，应该采取一些自救措施，使诉讼时效中断，变被动为主动，以实现自己的权利。这些措施主要包括：

1. 要求债务人写出还款计划。与债务人协商，制定还款计划或协议，诉讼时效从还款计划的履行期限届满时起再开始计算，这样可以延长即将过去的诉讼时效。

2. 与债务人对账。在对账中有催收债权的意思表示，既便于诉讼又能延续诉讼时效，诉讼时效从对账之日起再开始计算。

3. 起草与债务人清欠会谈纪要或者备忘录。对于暂时还不上债的单位，采用这种方法，既不伤和气，又能掌握清欠的主动权，也能引起诉讼时效重新计算。

4. 在诉讼期间内对方还了一笔钱，也要留下书面凭证，或者针对余下的欠款，让对方再出具一张新的欠条。债务人的履行实际上表明其同意履行义务，因此也产生诉讼时效中断的效果。

5. 向债务人发出要求其履行义务的催款函或者律师函，并要求其签收；若对方拒绝签收催款函，则向其发特快专递信件、电报、挂号信等，并保留邮寄凭证、信函内容复印件等相关证据，必要时将这些证据予以公证。

6. 要求债务人找担保人。保证在一定期限内还款，逾期不还，由担保人偿还，诉讼时效从还债期限届满之日起重新计算。

7. 找第三者证明曾向债务人主张过权利，诉讼时效从主张权利之日起重新计算。

8. 保留证据。如请求清偿债务时出行的车票、住宿发票、信函、电报等，证明一直在主张权利。

9. 每次清欠，尽量要求债务人支付路费。支付的路费从欠款中扣除，这样也可使债权人的诉讼时效得到延长。

10. 提起诉讼。向有管辖权的法院起诉，原诉讼时效中断。

11. 让债务人同意履行。债务人对债权表示承认、请求延期履行、提供担保、支付利息等都被视为同意履行义务。要求债务人立字据、签订清偿债务的协议或制作备忘录。债务人不愿立字据的，可邀请无利害关系的第三方或有关单位见证，保存债务人同意履行的电话记录、录音磁带、信件、电报和电传等。

12. 通过非诉讼方式主张权利。根据最高人民法院《关于贯彻执行〈民法通则〉若干问题的意见》规定，权利人向人民调解委员会或者有关单位提出主张权利的请求，从提出请求时起，诉讼时效中断。经调解达不成协议的，诉讼时效时间即重新计算；如调解达成协议，义务人未按协议规定期限履行义务的，诉讼时效期间就从履行期限届满时重新计算。此外，债务人向仲裁机关或有关主管机关主张权利的，也可引起诉讼时效中断。

（五）诉讼时效届满后也要积极主张权利

诉讼时效届满后，债务人可以提出不履行义务抗辩，但这仅对债权人请求权的行使发生了障碍，权利本身及请求权并没有因此而被消灭。对于超过诉讼时效的案件，法院一般会受理，但是会提示当事人，案件进入审判阶段以后，法院会主动审查诉讼时效的问题。如果另一方当事人提出诉讼时效抗辩且查明无中止、中断、延长事由的，判决驳回其诉讼请求；如果另一方当事人未提出诉讼时效抗辩，则视为其自动放弃该权利，法院不得依照职权主动适用诉讼时效，应当受理支持其诉讼请求。也就是说，超过诉讼时效，只是存在很大的败诉风险，并不意味着债权完全失效，只是债务变为自然债务。对于自然债务，《民法通则》第138条规定："超过诉讼时效期间，当事人自愿履行的，不受诉讼时效限制。"并且，《最高人民法院关于贯彻执行〈民法通则〉若干问题的意见（试行）》第271条规定："过了诉讼时效期间，义务人履行义务后，又以超过诉讼时效为由反悔的，不予支持。"《合同法》第192条规定："诉讼时效期间届满后，义务人同意履行的，不得以诉讼时效期间届满为由抗辩；义务人已自愿履行的，不得请求返还。"

三、避免签订有瑕疵的仲裁协议

选择仲裁解决合同争议的前提是合同双方当事人之间签有仲裁协议，否则就不能选择仲裁这种方式。这种仲裁协议签订的时间可以是在纠纷发生前、纠纷发生中，也可以在纠纷发生之后。仲裁协议的内容一般包括：仲裁事项、仲裁地点、仲裁机构、仲裁程序规则及仲裁裁决的效力。实践中，当事人在合同中约定通过仲裁解决合同争议时，往往会因没有约定仲裁机构或仲裁机构约定不明、仲裁与诉讼约定矛盾等原因，导致仲裁协议无效，在争议发生时只能无奈地选择通过诉讼解决争议。因此，在选择仲裁解决争议时，应尽量避免瑕疵仲裁协议的出现。

（一）瑕疵仲裁协议的情形

在实践中，经常存在一些不明确或者不完整的仲裁协议，也称之为有瑕疵的仲裁协议。这种瑕疵仲裁协议往往会导致仲裁机构因仲裁协议不明确为由无法受理案件，而人民法院又以有仲裁协议为由也拒绝受理案件；或者导致一方当事人向仲裁机构提请仲裁，而另一方当事人以仲裁不明为由向人民法院提请诉讼。这就出现了对发生的合同纠纷或者无人受理解决，或者仲裁机构和人民法院都要受理同一合同纠纷的尴尬局面。因此，当事人在拟定仲裁协议时，要尽量避免出现下列瑕疵仲裁协议的情况：

1. 当事人没有约定仲裁机构，或仲裁机构约定不明

选择明确的、唯一的仲裁机构，是仲裁条款的必备要素之一。《仲裁法》第16

条第三款规定，仲裁协议应当具备"选定的仲裁委员会"；第18条规定："仲裁协议对仲裁事项或者仲裁委员会没有约定或者约定不明确的，当事人可以补充协议；达不成补充协议的，仲裁协议无效。"最高人民法院《关于适用〈中华人民共和国民事诉讼法〉若干问题的意见》第146条规定："当事人在仲裁条款或协议中选择的仲裁机构不存在，或者选择裁决的事项超越仲裁机构权限的，人民法院有权依法受理当事人一方的起诉。"

如果在争议解决条款中遗漏仲裁机构名称，或具体仲裁机构约定不明（如写错仲裁机构名称导致无法确定唯一机构），甚至约定的仲裁机构并不存在，都会被法院认定仲裁协议无效。此时，当事人只能通过诉讼解决纠纷，而不能实现仲裁的本意。最高法院《关于仅选择仲裁地点而对仲裁机构没有约定的仲裁条款效力问题的函》（法函〔1997〕36号）、《最高人民法院关于四川省高级人民法院经一请字第13号请示报告的复函》（〔1996〕经他字第26号）等多个司法解释性文件都阐明了没有约定仲裁机构、仲裁机构不存在或者约定不明确将导致仲裁条款绝对无效。

2. 同一法律关系存在仲裁与诉讼的矛盾约定

若当事人就同一法律关系先后签订多份合同，且前后合同存在替代关系，此时争议解决条款一般以最后一份合同的约定为准，即只要最后的协议约定仲裁管辖，就应认定排除了诉讼管辖。

实践中，当事人可能就同一法律关系的不同事项分别签订数份协议，而协议间又对诉讼或仲裁作出了不同选择。如果当事人仅就该法律关系的某一事项产生争议，且关于该事项的协议仅约定仲裁管辖的，则当事人一般可就该事项申请仲裁。但如果当事人就合同具体事项分别约定管辖，一旦双方就合同效力、合同解除等整体法律关系产生争议，则很难通过某一孤立事项的仲裁协议覆盖约束整个法律关系。此时，法院很可能以当事人的约定矛盾或约定不明为由，认定仲裁协议无效。

3. 格式合同中，当事人未以适当方式选择争议解决条款

格式合同是当事人为了重复使用而预先拟定，并在订立合同时未与对方协商的合同。为了交易便捷高效，格式合同越来越受当事人青睐。在格式合同中，通常都会提示当事人选择争议解决方式。需强调的是，在格式文本中，当事人选择的争议解决方式应清楚明确，避免法院以约定不明为由，否定仲裁条款效力。

例如，在江苏某建设集团有限公司诉黑龙江某房地产开发有限公司建设工程施工合同纠纷一案【（2014）民一终字第183号】中，最高法院认为：仲裁协议必须反映当事人之间存在通过仲裁解决纠纷的真实意思表示。否则，不能认定存在仲裁协议。该案双方当事人采用的合同文本是当地行政部门制定的格式合同示范文本。

在该文本中，对合同争议的解决方式约定为"申请仲裁"和"向有管辖权的人民法院提起诉讼"两种择一，并在每个选项前标有"□"作为选择区域。因此，按照合同文意解释，当事人应当在双方约定的选项前"□"内画钩作为双方当事人就争议解决的方式达成一致的意思表示。而本案双方当事人在该两选项前均未划画，表明双方当事人对争议解决的方式并未达成一致。原审裁定以"双鸭山仲裁委员会"为制式合同中横线上填充书写，其他内容为制式合同中原有文字为由，认定双方当事人对解决争议方式进行了特别约定，不符合合同当事人本意。

4. 在同一份合同中不能同时约定用仲裁和诉讼解决合同争议

对合同纠纷是仲裁解决还是诉讼解决，当事人可在合同上约定，但不能在合同中约定为既仲裁又诉讼，因为这种解决争议条款的约定是无效的，如"若产生合同纠纷对可向供方所在地法院提起诉讼和向有权的仲裁机构申请仲裁"。合同双方要么约定向某一法院提起诉讼，要么约定向某一仲裁机构申请仲裁，只能选定一种方式。同时约定提起诉讼法院和申请仲裁机构的无效。凡约定仲裁条款的，发生纠纷时只能申请仲裁，不得向法院起诉；相反，没有约定仲裁条款的，可以向法院起诉。因此，合同纠纷是提交仲裁还是向法院起诉，当事人的约定起到决定作用，签订合同时要格外注意。

5. 由于争议当事人的误解，使选择的仲裁机构与该仲裁机构适用仲裁程序规则的规定矛盾，造成无法实施的仲裁协议

例如，"在发生争议时，经双方协商不能解决的，应提交中国国际经济贸易仲裁委员会按照联合国贸易委员会仲裁规则进行仲裁。仲裁裁决是终局的，对双方有约束力"。再如，"适用国际商会仲裁规则在中国进行仲裁"，或者"在中国国际经济贸易仲裁委员会用国际商会仲裁规则进行仲裁"，等等。

（二）瑕疵仲裁协议的补救方法

出现了有瑕疵的仲裁协议，对当事人、仲裁机构和法院都有影响。在出现上述有瑕疵的仲裁协议的情况下，可通过以下几个方法予以补救。

1. 当事人自行完善

有瑕疵的仲裁协议是由当事人所订立的，因而对其完善的最好办法是由当事人各方自行完善，使其成为一个明确的、完整的、有效的仲裁协议，从而使仲裁机构顺利受理案件，使当事人通过仲裁方式解决争议的愿望得以实现。

2. 仲裁机构协助完善

作为争议当事人之外的第三人，仲裁机构可以通过各种方式帮助当事人完善有瑕疵的仲裁协议。在当事人自愿的情况下，由仲裁机构协助其完善有瑕疵的仲裁协议，或者重新订立一份明确、有效的仲裁协议，这是一种有效的办法。

3. 法院协助完善

完善有瑕疵的仲裁协议最有效的途径当数法院协助。在当事人对仲裁协议的效力发生异议时，法院通过司法监督权对有瑕疵的仲裁协议进行效力认定，或者依据立法宗旨直接指定当事人将争议提交有关仲裁机构解决。《仲裁法》第20条也明确规定，当事人对仲裁协议的效力有异议的也可以请求人民法院作出裁定；而且，当一方请求仲裁机构作出决定，另一方请求人民法院作出裁定的，由人民法院裁定。这表明，法院对有瑕疵的仲裁协议有最后完善的权力。

四、尽量选择有利于自己诉讼的管辖法院

合同纠纷诉讼中，管辖问题很重要，既直接影响到哪方当事人诉讼便利的问题，也可能影响到合同纠纷诉讼结果。因为，不同地区法院、不同的法官对法律规定的理解不尽相同，再加上地方保护主义和人情关系干扰等因素，对同一类型的案件审理结果大不相同，甚至南辕北辙，这是客观存在的现实。因此，当事人在未发生合同纠纷前约定管辖法院时，一定要给予高度重视，尽量选择最有利于自己诉讼的管辖法院。

（一）避免签订管辖法院约定无效的协议

《民事诉讼法》第34条规定："合同或者其他财产权益纠纷的当事人可以书面协议选择被告住所地、合同履行地、合同签订地、原告住所地、标的物所在地等与争议有实际联系的地点的人民法院管辖，但不得违反本法级别管辖与专属管辖的规定。"由此可见，协议管辖是指合同双方在纠纷发生前或纠纷发生后，以书面形式约定管辖法院。其约定可以是合同中的条款，也可以是单独订立的管辖协议。但在实践中，由于不少公民、法人和其他组织对这一规定仍不理解或者不完全理解，致使合同双方达成的协议管辖条款存在重大瑕疵，甚至无效。

1. 协议管辖约定不采取书面形式的无效

约定管辖法院的意思表示必须通过书面方式表达出来，它可以是合同中的协议管辖条款，也可以是在诉讼前达成的选择管辖的协议，口头约定无效。

2. 协议管辖约定两个以上法院管辖的无效

最高人民法院司法解释规定，合同的双方只能在被告住所地、合同履行地、合同签订地、原告住所地、标的物所在地的五个法院中选择某一个法院管辖，约定上述两个以上法院或者约定上述五个以外的与合同没有实际联系地点的人民法院管辖的均无效。合同签订地是指合同双方在书面合同上签字和盖章的地点，例如广东某

厂与黑龙江某厂在北京签订购销合同，北京为合同签订地。标的物所在地是指标的物存放的地点，例如上海某厂与大同某厂签订的购销合同，合同约定履行地为大同火车站，货物由上海装船运至秦皇岛港时发生纠纷，因货物在秦皇岛港，秦皇岛港为标的物所在地。如果当事人选择的是由合同签订地的法院进行管辖，在合同中应载明合同的签订地，否则也可能因合同签订地无法确定而出现选择管辖不明确的情况。

3. 协议管辖约定不明确的无效

如"发生合同纠纷由守约方所在地法院管辖"的约定，该管辖协议无效。这是因为：第一，该协议选择管辖条款不能理解为原告住所地法院管辖。一方是否违约并不是当事人自己能认定的，只有经过法院的实体审理后，才能认定一方是否违约，在确定管辖权的阶段无法判明。如果双方均为违约方，那么该管辖约定也没有实际意义，因为这种约定不明确的管辖协议无法执行，应当认定为无效。第二，合同是否有效也是由法院经过审理后才能认定的。如果合同无效，则就不存在违约的问题。第三，我国《民事诉讼法》第 34 条中规定的可以约定管辖的六种情形并不包含"守约方"这种情形，所以应认定协议管辖的条款无效。最高人民法院《关于金利公司与金海公司经济纠纷案件管辖问题的复函》（法函〔1995〕89 号）认为："如甲、乙双方发生争议，由守约方所在地人民法院管辖"的约定无效。最高人民法院（2010）民二终字第 39 号民事裁定中也认为，约定由守约方所在地法院管辖的协议无效。

约定由"当地"法院管辖的，应当综合考量，能够确定法院的，有效，不能确定的，应认定为约定不明确。何为"当地"指代不明确，常常产生争议。有的理解为当事人住所地，有的理解为合同履行地，有的根据合同类型理解为工程所在地。最高法院认为，应当综合考量当事人的意思、合同类型及其他因素，能够确定何为当地的，应当认为有效；不能确定的，应当认定为约定不明确。约定不明确的，按照法定管辖确定管辖法院。最高法院在（2010）民申字第 809 号裁定书中认为，在施工合同中约定"在合同执行中发生争议，双方应协商解决；协商不成向当地人民法院起诉"中所称的当地，系指工程所在地（即合同履行地）。

4. 协议管辖约定违反级别管辖和专属管辖规定的无效

合同双方只能对第一审法院管辖的合同纠纷案件进行协议，不得对第二审法院管辖的合同纠纷案件和专属管辖纠纷案件进行协议。对本应由中级人民法院管辖的案件就不能协议约定由基层人民法院管辖，本应由不动产所在地法院管辖的案件就不能协议约定由不动产所在地之外的法院管辖。

5. 双方当事人对经济合同以外的纠纷协议管辖的无效

双方当事人只能就经济合同纠纷适用协议管辖的规定。具体地适用我国《合同法》所成立的经济合同适用协议管辖之规定，而其他如特殊地域管辖中的因保险合同引起的纠纷与因运输合同引起的纠纷等不适用协议管辖。

6. 一方以欺诈、胁迫手段或者乘人之危，使合同双方在违背真实意思的情况下达成的管辖协议无效

因为无效的民事行为，从行为开始起就没有法律约束力。

7. 诉讼前仅为合同一方当事人书面意思表示

如"因合同纠纷提起诉讼，由法院管辖"，而合同的另一方未作书面表示同意的无效。但口头同意，诉讼后仍然承认，或在法院期限内未提出书面管辖异议的除外。

8. 其他被人民法院确认为协议管辖无效的

因合同纠纷提起诉讼，协议管辖约定被法院确认为有效的，即使合同无效，也应由合同双方诉讼前约定的法院管辖；协议管辖约定确被认为无效的，依照《民事诉讼法》第24条之规定，由被告住所地或者合同履行地法院管辖。

（二）掌握规避法院管辖的技巧

所谓规避管辖，是指当事人通过一定的行为方式，使得有管辖权的法院无法受理案件，而没有管辖权的法院反而可以受理了案件。即使规避管辖不成功，至少也算是对管辖权提出了异议，为了拖延案件处理争取了打官司的时间，因为人民法院受理管辖权异议的期间不计算在审限内。

1. 采用含混语言，规避管辖法院

当事人在合同中约定"由卖方公司住所地法院或者买方公司住所地法院管辖"，这种约定具有选择性，因而是有效的，当事人可以任意选择所约定的法院之一提起诉讼。但如果当事人约定为"由卖方公司住所地法院和买方住所地法院管辖"，那么这种约定是并列关系，应认定是约定了两个以上法院管辖，该约定就无效了。在这种情况下，如果采用以下三种含糊语言约定，就有可能使管辖有效了。

（1）巧用"或"字，把两个以上法院的管辖变成选择关系。如当事人在合同中约定"由卖方公司住所地法院或者买方公司住所地法院管辖"，这种约定极易使人认为约定了两个以上的法院管辖，但因是"或"的关系，法院最终还是认定有效。

（2）约定由原告住所地法院管辖。这种约定也易引发争议，因为合同双方都有可能是原告。但由于双方当事人谁先提起诉讼，谁就处于原告的诉讼地位，约定由原告住所地法院管辖应属约定明确，实践中一般也认定有效。

（3）约定为由甲方或者乙方住所地法院管辖。这种说法也易引发争议，因为法律并没规定可以约定甲方、乙方住所地法院管辖。但在合同文本上，合同当事人都会将自己简称为甲方和乙方，且双方会在各方处写明当事人的全称、地址，并在落款处加盖公章。因此，约定甲方或乙方住所地法院管辖也应属约定明确。当事人对这种约定方法提出管辖异议的，法院一般会裁定驳回。

2. 变更诉讼金额，规避管辖法院

在实践中，如何规避级别管辖，从而选择对自己当事人最有利的管辖法院，最常用的手段是在诉讼中任意增减诉讼标的额或者通过分开或合并起诉，规避级别管辖。具体而言，通过分开起诉，或将一个纠纷或对同一债务人的诉讼分成几个案件分别起诉，使每个案件诉讼标的均不超过下级法院管辖的金额；或将数个债务人的案件合并起诉，增加诉讼标的额，使其达到或超过上级法院级别管辖的金额。也可以任意增减诉讼标的额，诉讼金额本应由高一级法院管辖时，原告降低请求金额从而由下一级法院管辖；本应由下一级法院管辖时，原告增加请求金额从而由上一级法院管辖。之后在举证期间内，再向受理法院申请增加或者减少诉讼请求金额。在实际操作中，具体需要确定或者增减多少诉讼金额，应参照法院关于级别管辖规定的具体标准而定。例如，依据2015年4月30日发布的《最高人民法院关于调整高级人民法院和中级人民法院管辖第一审民商事案件标准的通知》，当事人住所地均在辽宁省行政辖区的省高级人民法院管辖诉讼标的额3亿元以上一审民商事案件，所辖中级人民法院管辖诉讼标的额3000万元以上一审民商事案件；当事人一方住所地不在辽宁省行政辖区的省高级人民法院管辖诉讼标的额1亿元以上一审民商事案件，所辖中级人民法院管辖诉讼标的额2000万元以上一审民商事案件。

需要注意的是：尽管《最高人民法院关于案件级别管辖几个问题的批复》第2条规定："当事人在诉讼中增加诉讼请求从而加大诉讼标的金额，致使诉讼标的金额超过受诉法院级别管辖权限的，一般不再变动。但是当事人故意规避有关级别管辖等规定的除外。"但实际上，法院或者对方当事人很难提出证据证明当事人属于"故意规避"，因为诉讼请求金额的确定，是由诸多因素决定的，可能是"笔误"，也可能是后续证据的补充，因此上述"但书"部分的规定意义不大。

3. 虚拟债权转移，规避管辖法院

有些当事人利用法律对第三人规定的缺陷，将不是被告的人列为被告，把真正的被告列为"第三人"，从而规避了真正被告即"第三人"所在地人民法院的管辖。最常见的情形就是虚构债权转让。有的债权人，不但制造虚假的债权转让，还在债权转让的同时与受让人约定管辖法院，并且在新的债权债务关系中自愿充任保证人，从而为争夺管辖权设置多重"保险"。这种以保证人作为"诉讼靶子"，使得对管

辖权的争夺更具合法的隐蔽性。特别是，长期以来大家普遍认为只要实体判决不错，在哪一家法院审理都一样。最高人民法院也认为：判决生效后，如果当事人对驳回管辖权异议的裁定和判决一并申诉的，"法院经过复查，发现管辖虽有错误，但判决正确的，应当不再变动"（见最高人民法院法经复〔1990〕10号批复）。有鉴于此，不少原告虚拟债权转移，浑水摸鱼，规避地域管辖，下面这个案例足以说明：

甲地的A公司为一钢材经销商，乙地的B公司为一建筑施工企业。B公司曾在丙地承建某工程，A公司为其供应钢材。因A公司对B公司主张债权而产生争议，正常情况下A公司需要到乙地或者丙地对B公司提起诉讼。然而，在某一天，B公司接到A公司邮寄送达的一书面通知，称已将其对B公司享有的债权转让给了丁地的自然人C，由B公司直接向C履行其对A公司所负债务。随后，B公司又接到丁地法院邮寄送达的应诉通知书及自然人C出具的民事起诉状，分别以B公司和A公司为第一、第二被告，诉请连带承担清偿责任。B公司对丁地法院受理该案很是不理解，因为A公司原与B公司的债务纠纷，双方当事人住所地一个在甲地、一个在乙地，原合同履行地是丙地，原合同也未曾约定管辖法院，何来丁地法院管辖受理？在B公司提出管辖异议后，丁地法院裁定驳回，理由是：A公司转让债权已通知B公司，A公司与自然人C所达成的债权转让协议有明确约定，如若B公司不能按期还款，A公司自愿承担连带清偿责任，A公司为被告之一，并且A公司已与自然人C约定由C所在的丁地法院管辖。

4. 虚列被告，规避管辖法院

有些当事人将不是被告的人虚列为被告或提供虚假地址，规避地域管辖。明知立案法院无管辖权，通过虚列与所诉法律关系根本无关的被告，以达到由被告住所地法院管辖的目的。案件进入实体审理阶段后，原告常撤回对虚列被告的起诉。比较典型的虚列被告的情形有将公司的法定代表人列为共同被告或虚构担保人，并将该担保人列为共同被告。例如，建设单位欠承包人工程款，法院地应是建设工程施工合同的行为地、履行地和被告所在地管辖。承包人认为该管辖对自己不利，要求建设单位以承包人信任的第三人做连带责任担保，建设单位认为没有增加自己义务就同意。后承包人以担保人为被告，选择担保地法院起诉，在法院立案后追加债权人即发包人为被告。

5. 转换案由，规避管辖法院

案件的性质即案由决定适用的法律。买卖合同纠纷适用的买卖法律关系，受诉法院一般是合同履行地和被告住所地。加工承揽合同适用的是加工承揽法律关系，受诉法院一般是加工承揽地和被告住所地，若买卖合同纠纷的原告拟在原告所在地法院起诉，便会将案件虚拟为加工承揽关系，从而通过改变案件性质选择受诉法院。对于一些特殊类型的案件，人为地转换案由，使本该由上级法院管辖的案件起诉到下级法院。如本属于专利案件，但当事人却将案由转换为不正当竞争纠纷起诉到法院。如被告不提管辖异议，推翻原告规避法律的设计，就可能跌入陷阱。在这种情况下，一旦在案件进入实体审理后，原告往往再通过变更诉讼请求的方式调整其请求权。

6. 利用默示管辖规定，规避法院管辖

被告在答辩期内不提出管辖权异议，应视为法院有管辖权，依此规定，当事人虚设被告居住地起诉到法院，被告未提出管辖权异议，受诉法院即取得默示管辖权，从而规避管辖。

（三）规避管辖法院的典型案例启示

1. 基本案情

住所位于江苏高邮市的张某某于1998年6月25日与住所位于上海市A区的双湖公司签署一份《产品订货合同》，向双湖公司采购一台变频器；双方后又签署一份《变频器技术协议书》，约定了变频器的质量标准和技术规格等。1998年7月10日张某某出具还款承诺书1份，写明8月5日前归还双湖公司58600元货款。在还款承诺书左下方，住所位于上海市B区的陈某某签名并写有"保证"字样。后张某某欠款一直未还，双湖公司于2006年7月10日起诉到上海B区法院，要求张某某支付双湖公司货款58600元，陈某某承担连带保证责任。

张某某在答辩期内提出管辖权异议，认为自己从来就不认识陈某某，其从未要求陈某某为其债务提供过保证，且陈某某的保证不是在张某某面前所写，而是后来原告和陈某某私自添加上去的，原告的目的就是要使上海B区法院取得本案管辖权，属于恶意规避地域管辖权的行为。因此，本案应由被告所在地即江苏高邮市人民法院管辖，上海B区法院没有管辖权。

上海B区法院认为，对管辖权异议的审查属于形式审查，而对陈某某的保证真实性的审查属于实质审查且要待正式开庭后才可查明。本案原告在起诉阶段所提供的证据足以达到上海B区法院有权立案受理的程度，至于其所提供的材料是否真实、合理、合法，只有在案件进入实体审查之后才能认定，否则就是对诉讼程序的非法超越，使案件"提前进入"开庭审理阶段，这显然违背了审判程序的公正性。因此，裁定驳回张某某的管辖权异议。

张某某不服上海B区法院裁定，上诉至二审法院，被二审法院以同一理由驳回。

2. 规避地域管辖的行为分析

（1）将不是被告的人虚列为被告，使案件规避真正被告所在地法院的管辖，使得没有法律上关联的法院取得了案件的管辖权，最常见的就是虚构保证人。例如，本案即属于此种情形。本案原告通过虚构一位位于原告所在地的保证人，并将保证人与债务人列为共同被告的方式，使原告所在地人民法院取得了案件的管辖权，再在正式开庭审理后撤回对保证人的诉讼，从而成功地规避了债务人所在地法院对本案的管辖权。

（2）利用法律对第三人规定的缺陷，将不是被告人的人列为被告，把真正的被告列为"第三人"，从而规避了真正被告人即"第三人"所在地人民法院的管辖，最常见的就是虚构债权转让。还是以本案例说明，本案原告还可以采取虚构债权转让的方式使上海市A区人民法院取得管辖权，即双湖公司将对张某某的债权转让给陈某某，然后陈某某在上海市A区法院起诉双湖公司，并将张某某列为第三人（也可以将双湖公司与张某某列为共同被告）。即可成功取得上海市A区法院对案件的管辖权。

根据最高人民法院《关于适用〈中华人民共和国民事诉讼法〉的若干问题的意见》的第66条"在诉讼中，无独立请求权的第三人有当事人诉讼权利义务，判决承担民事责任的无独立请求权的第三人有权提出上诉。但该第三人在第一审中无权对案件的管辖权提出异议，无权放弃、变更诉讼请求或者申请撤诉"的规定，第三人张某某将无权提出管辖异议，所以就只能由上海市A区人民法院管辖了。

《民事诉讼法》第56条规定："对当事人双方诉讼标的，第三人虽然没有独立请求权，但案件处理结果同他有法律上关系的，可以申请参加诉讼或者由人民法院通知他参加诉讼，人民法院判决承担民事责任的第三人，有当事人诉讼权利义务。"法律规定第三人可以成为判决承担责任的主体，而第三人与被告人承担的责任又往往存在同一性，第三人履行了生效判决的义务，被告也就无需履行任何义务，因此，当事人才会为了规避地域管辖中的法律规定，将本是被告的人列为第三人，在结果上对原告而言无任何区别。

（3）受理法院擅自改变案件的定性，从而达到取得案件管辖权的目的。对另一方当事人而言，是一种法律欺诈行为。本案中，双湖公司与张某某之间先后签署有《产品订货合同》和《变频器技术协议书》。据《产品订货合同》，双方之间构成买卖合同关系，但如果仅看《变频器技术协议书》，双方之间又构成承揽合同关系。如果双湖公司以承揽合同为案由的话，即可向合同履行地即上海市A区人民法院提起诉讼。实践中很多法院不愿意丢失已经受理的案件，即使面对被告的管辖权异议，法院也很有可能擅自改变案件定性，从而"依法"取得案件管辖权。虽然，1996年11月13日最高人民法院颁布的《关于经济合同的名称与内容不一致时如何确定管辖权问题的批复》司法解释，对与案件同类性质的案件管辖权的问题基本上给予了解决，从一定程度上能防止法院和法官对案件性质"识别"的随意性，这是立法的进步，但该司法解释仍有需要进一步完善的地方。

综上所述，为减少不必要的管辖地之争，合同双方应尽可能明确约定管辖法院，例如：某某住所地为诉争管辖地；其次，管辖法院约定不宜过分具体，例如"某区人民法院"，否则超出该法院管辖级别范围，就可能认定为无效约定。

五、全面收集证据，积极备战打官司

打官司是费时、费力又伤财的事情，弄不好还输了官司，这是企业经营过程中谁也不愿意看到的，但也是不得已而为之的事情。因为，在穷尽了和解、调解、仲裁等方式都不能解决争议时，只有走打官司这条路，通过对簿公堂，决一雌雄。打官司就是打证据，所谓"以事实为依据"，其实就是"以证据为依据"，"法律只相信证据，不相信眼泪"，没有证据是打不赢官司的。因此，当事人无论是在签订合同过程中还是在合同履行过程中，都尽可能不遗漏地全面收集、保存证据，以便在诉讼时启用，防患于未然。

（一）合同纠纷案件需要提交的证据种类

在实际工作中，当事人应注意收集、保存以下有关合同纠纷的一些主要证据：

1. 证明当事人诉讼主体资格的证据

（1）当事人为自然人的，应提交身份证明资料，如身份证、户口簿、暂住证等；

（2）当事人为法人或其他经济组织的，应提供主体登记资料，如工商营业执照副本、工商登记机构出具的工商注册资料、社团法人登记证等；

（3）当事人在诉争的法律事实发生后曾有名称变更或分立、合并的，应提交变更登记资料。

2. 证明合同关系成立的证据

（1）合同文本；

（2）订货单；

（3）证明要约、承诺生效的信函、数据电文（包括电报、电传、传真、电子数据交换、电子邮件等）；

（4）证明口头合同成立和生效的证据，如证人证言、实际履行凭证等；

（5）证明担保合同关系的保证合同、抵押合同、质押合同、定金合同或交付定金的凭证、保函等。

3.证明合同履行情况的证据

（1）交货、收货凭证，包括交货单、送货单、提货单、收货单、入库单、仓单、运单等；

（2）货款收支凭证，包括收据、银行付款凭证、发票等；

（3）证明拖欠货款的证据，包括结算清单、欠条、还款计划、还款承诺、能证明欠款事实的信函等；

（4）收货方提出质量异议的信函、证人证言、有关单位的证明、检验报告、客户投诉、退货和索偿的证据；

（5）合同约定向第三人履行或由第三人代为履行的，应提交第三人关于合同履行情况的证明及相应凭证。

4.证明对方违约事实的证据

如果对方的产品存在质量问题，可以采取以下方式对证据予以保存：

（1）要求对方当事人到场对此问题进行确认，并做好产品共同检验记录，由双方当事人签字；

（2）发出质量异议通知书，要在通知书上详细记载存在的质量问题；

（3）对产品质量问题进行现场拍照、录像；

（4）对产品质量交由双方约定的质检机构进行检验，并对取样过程进行公证；

（5）双方共同交由事先或事后约定的质检机构进行质检。

5.证明己方损失的证据

如果对方违约造成工期延误、保管费用、运输费用的支出等损失的，均应保存相应证据加以证明。

6.当事人诉讼请求的计算清单，同时注明计算方法、公式、依据等。

7.证明合同纠纷属于受诉法院管辖的证据

比如管辖协议，原、被告住所地、合同履行地、合同签订地、合同标的物所在地的证明。

8.证明一方权利主张超过或未超过诉讼时效的证据

比如证明诉讼时效中止或中断事由的证据。

上述证据应当妥善保存，包括己方向对方发送的函件，均应做到专人专案专管，严防证据丢失。除诉讼主体资格的证据外，所有证据均需严格保留原件。另外，为防止己方材料给对方造成有利的因素，除非法律需要，己方应尽量少给对方发送函件。

（二）及时采取证据保全措施

《民事诉讼法》第74条规定："在证据可能灭失或者以后难以取得的情况下，

诉讼参加人可以向人民法院申请保全证据，人民法院也可以主动采取保全措施。"

1. 诉讼证据保全的条件

（1）证据有灭失的可能。如，证人因衰老、疾病有死亡的可能，将来作为证据的物品容易腐坏、变质等。

（2）证据将来有难以取得的可能。例如，证人将要出国。虽然难以取得不等于无法取得，但会影响案件的及时处理，甚至影响办案的质量，因此应当及时保全。

（3）证据的保全应在开庭前进行。"不得迟于举证期限届满前七日。"因此，证据保全也应在开庭前完成。如果是属于在庭审期间新发现的证据，可以直接向人民法院提供或由人民法院收集，没有必要进行证据保全。

上述情况，只要具备其中之一，就可采取保全措施。

2. 诉讼保全的程序

诉讼参加人提出证据保全申请时，应提交申请书，并在申请书上载明下列事项：需要保全的证据的内容，证据同案件事实之间的联系，采取保全措施的理由等。如果人民法院认为诉讼参加人的申请有理，就应及时作出证据保全的裁定，并针对不同种类的证据采取不同的保全措施。如果人民法院不接受诉讼参加人的申请，则应当作出不予保全的裁定。

3. 诉讼证据保全的对象

（1）书证的保全

对当事人提供的书证，人民法院应当出具收据，注明名称、收到的时间、份数和页数，由审判员或书记员签名或盖章。单位提交的证明文书，应由单位负责人签名或盖章，并加盖单位印章。书证经当事人申请或人民法院认为必要时，均可采取保全措施，除妥善保管外，还可抄录、复印、拍照，也可及时传唤当事人进行调查并制作调查笔录，确定书证的证明效力。

（2）物证的保全

要在尽可能的情况下提取原物，对提取到的原物应妥善封存保管；提取、固定物证的过程应当制作笔录，笔录中应记明发现物证、提取物证的时间地点；收集保全的物证，任何人不得使用、调换、损毁或者自行处理。

（3）视听资料的保全

视听资料能动态反映案件事实，却又极易被伪造、复制和修改，状态不太稳定。人民法院在依法收集到视听资料后应当封存或采取相当的措施保存，避免丢失，同时应做好保密工作不得扩散其内容。

（4）证人证言的保全

询问证人，无论是用口头还是书面的方式，其保全都要用文字的形式固定。法庭笔录应当当庭宣读，也可告知当事人和其他诉讼参加人在5日内阅读。作为诉讼参加人的证人认为自己的陈述有遗漏或者差错的，有权申请补正。人民法院在证人证言制作成笔录以后，应当附卷保存，不得擅自改动、遗失或者损坏。

（5）鉴定结论的保全

鉴定书应包括绪论、检验、论证和结论四部分，并由鉴定人签名或盖章、注明自己的职称。鉴定书要加盖单位鉴定专用章方视为有效。对于鉴定记录，一旦作为证据使用就应当附卷妥善保管。

（6）勘验笔录的保全

勘验笔录是审判人员对现场和物证进行勘验后所作的笔录。在民事诉讼中的勘验笔录上，应让有关人员签名或盖章，附卷保存以备复验、复查，从而保证勘验笔录的真实性。

六、掌握诉讼方略，全力应对官司

（一）起诉方略

根据我国《民事诉讼法》的有关规定，人民法院对民事案件采取的是不告不理的原则，即不管何种民事案件，只要当事人不到法院起诉，法院就不会主动受理。所以依法起诉便成了民事诉讼至关重要的第一环节。但这并不意味着生活中只要有人起诉，法院都必须立案受理，只有那些符合法定条件和手续的起诉，才会被法院受理。起诉的法定条件和手续主要包括：

1. 原告与本案有利害关系。即要起诉的案件必须与起诉者本人或者单位有直接的利害关系。

2. 要有明确的被告。即必须在起诉状中说明被告是谁及其基本情况。如果被告是自然人，需要写明包括姓名、年龄、籍贯、性别、家庭住址、邮编、电话等情况。如果被告是单位，需要写清楚单位的全称、地址、邮编、联系方法、行政负责人姓名。

3. 要有明确的诉讼请求。必须在起诉状中明确提出让人民法院依法保护的具体民事权利是什么，同时提出相应的事实根据和理由。

4. 属于人民法院主管和受诉人民法院管辖。即所诉的问题，必须属于人民法院依法拥有管辖权，并符合地域管辖和级别管辖。

5. 起诉人必须具有诉讼行为能力。未成年人、精神病人等，必须由其监护人或法定代理人代为行使诉讼权利。

6. 起诉应在诉讼时效期限内向有管辖权的人民法院提出。

7. 起诉应按照法院的要求及格式递交起诉状，而且要根据被告的人数（或单位数）向一审人民法院提交份数、内容相同的起诉状副本，供被告答辩之用。

8. 将与本案有关的证据和情况及时提供给法院。

9. 按法院立案通知中所提的数额，按时、足额交纳诉讼费。如交纳有困难，可向法院书面申请减、缓、免交纳诉讼费，法院依照有关规定作出裁决。

10. 必须按照法院传票上所写的时间，准时出庭，若遇不可抗力的情况不能按时到庭，需要向受理法院书面说明情况，否则，如果原告两次无故不到庭，法院可以依法按照原告已自动撤诉处理案件。

11. 若诉讼中涉及的人和事相对复杂，应提前咨询或聘请代理律师。

12. 若诉讼主要证据不在自己手里（如需要对方财务部门收存的单据、账册等），可以在诉讼之初即向法院提出并申请证据保全。若欲向被诉方追索的财物或金钱，有被转移或抽逃的可能，也可以在起诉的同时向法院申请财产保全或先予执行，即要求法院立即查封或执行被告部分财产，冻结被告银行账户中的部分资金划至法院案款的专项账户内。当然，若进行后一项申请，申请人必须向法院交纳保证金或由第三人提供担保。

（二）应诉方略

合同纠纷发生后，当合同一方当事人收到人民法院送达的另一方当事人的起诉书副本时，不能惊慌失措，自乱阵脚，相反地，为了维护自己的合法权益要依法应诉，认真提交答辩状。如果对对方起诉置之不理，或者不参加开庭审理或者中途未经许可退庭，对非必须到庭的被告，可以依法缺席判决；对必须到庭的被告，经人民法院两次传唤，无正当理由仍不到庭的可以依法拘传。由此可见，不应诉的结果可能导致其承担不利的裁判后果。应诉对策主要有：

1. 审查是否存在管辖权异议

认真审查起诉状中涉及的管辖问题。如果审查发现原告的起诉和受理的法院不符合有关管辖权的规定，应当在15天的答辩期内提出书面管辖权异议，人民法院收到管辖权异议书后必然停止对案件的实体审理，首先对管辖权问题作出裁定，对驳回管辖权异议的裁定不服还可以依法提出上诉。

2. 认真制作答辩状

根据法律规定，原告起诉，人民法院立案后，应在5日内将起诉书副本发送被告，被告在收到之日起15日内提出答辩状。被告不提出答辩状的，不影响人民法院审理。

为此，合同当事人作为"被告"在应诉时，为维护自身权益，应通过起诉状认真分析原告的诉讼目的和诉讼主张的事实、证据及法律依据，了解原告及其代理人的基本情况和诉讼心态，在收到起诉状后的次日起15日内向人民法院提交答辩状及副本。

3. 准确应对法院的财产保全裁定

诉前或者诉讼中，如果人民法院基于原告的申请，裁定并执行财产保全的，应诉的合同当事人为维护自身利益，根据实际情况，可以基于财产保全的财物与案件无关、财产保全的范围远大于诉争标的的价值等原因要求人民法院复议一次，申请法院撤销裁定。对于诉前财产保全，如果当事人超出15日以后才正式起诉的，应要求法院解除原财产保全措施。同时，如果因被采取财产保全而被查封、扣押、冻结的财产严重影响企业正常的生产经营活动，企业可以提供相应的担保，此时，人民法院即应立即解除财产保全。

4. 考虑有无反诉的可能

在诉讼过程中，被告还可以依法提起反诉。所谓的反诉，是指在已经开始的诉讼程序中，被告向本诉的原告提出的一种独立的反请求，目的是抵消或否并原告的诉讼请求。反诉要具备以下四个条件：一是要以本诉的存在为前提；二是与本诉有牵连；三是向审理本诉的人民法院提出；四是在本诉作出裁判前提出。

5. 通过反诉对抗原告的诉讼请求

通过反诉方式可以对抗原告的诉讼请求，可以在同一诉讼中解决原告的民事责任问题，可以有效地维护被告的合法权益，因此，掌握好这一法律武器是十分必要的。根据实际情况，适时提出的反诉，可以使合同当事人摆脱被动应付的局面，在诉讼中更具主动性和进攻性，从而能够更好地维护合同当事人自身利益。提起反诉应当注意，反诉应包括原诉讼请求的内容。如果反诉成立，则反诉包含的原告，享有原告的权利，承担原告的义务。提起反诉的时间为法庭辩论之前。

6. 分析研究举证责任很重要

被告对原告的主张不必承担举证责任。即对于原告的主张，只要原告所举证据达不到证明的要求，被告方就能胜诉，不必对于该主张举出相反的证据。根据胜诉中举证责任的分担原则，合同当事人作为"被告"时在应诉时即可采取相应策略，或者举出"反证"，或者可以仅针对原告主张的证据的证明力未达到"优势"程度，要求法院驳回原告的起诉。

7. 制订应诉的具体方案

尽快熟悉有关法律知识，及时请教或者聘请知识渊博、经验丰富的律师处理涉诉事务和指导诉讼活动，制订自己的应诉策略和方案，争取由被动变为主动。

七、采取财产保全措施，预防经济损失

在实践中，让人啼笑不得的是合同当事人虽然打赢了官司，却难以挽回自己的经济损失，究其原因很简单，就是执行难，难以锁定对方财产，找不到可供执行的财产，执行工作无法进行下去。在漫长的诉讼期间内，债务人恶意转移财产、逃避诉讼执行的情况较为普遍。一旦债务人暗中将财产成功转移，再去查找债务人可供执行的财产就非常困难，即使法院强制执行，其效果可想而知。特别是对于一些审理周期长，涉案金额大的案件，如果不及时采取财产保全措施，债务人一方很可能采取一边拖延时间一边偷偷转移财产、增加债务等手段逃避将来的执行责任。因此，在诉讼阶段必须捕捉对方相关财产线索的信息，并及时采取有效的财产保全措施，防止债务人恶意转移财产、逃避执行。

（一）财产保全的效能

财产保全，是指人民法院为了保证将来的生效判决能够得到切实执行，或者为及时、有效地避免利害关系人或者当事人的合法权益受到难以弥补的损害，根据当事人或利害关系人的申请，所采取的限制有关财产处分或者转移的强制性措施。它在通过诉讼程序解决合同纠纷过程中的作用不可小觑。

1. 在诉讼中甚至诉讼前向法院申请财产保全，给对方施加压力

当对方为自然人时，通过查封房产、车，冻结银行账户等措施，直接影响其生活消费；当对方为企业时，通过查封土地使用权、房产，冻结基本账户等，影响其实际的正常经营、影响其融资能力等。一般来说，申请保全的金额往往与诉讼请求的金额相等，当金额巨大时，对方可能会因此而导致资金链断裂。为了实现资金的周转和持续经营，尽早缓解危机，对方就更愿意进行和解、调解，特别是债权债务关系、主体责任明确的情况下，通过这一措施，原告在诉讼中能争取更多的主动权，为后期和解、调解谈判时增加更多筹码，及时最大限度地实现己方的权利，缩短问题解决的周期和避免将来可能出现的执行难问题。

2. 诉讼过程中实施财产保全措施，也有利于配合将来生效裁决的执行

根据最高人民法院《关于人民法院民事执行中查封、扣押、冻结财产的规定》第4条规定："诉讼前、诉讼中及仲裁中采取财产保全措施的，进入执行程序后，自动转为执行中的查封、扣押、冻结措施，并适用本规定第29条关于查封、扣押、冻结期限的规定。"这样就实现了诉讼中财产保全与执行财产保全的衔接，更好地为生效裁决执行创造了条件。

总之，通过诉讼财产保全，申请人既有效防止了债务人转移财产逃避执行的风险，又为诉讼中的达成和解、调解缩短纠纷解决期限创造了有利条件，同时还为生效判决的执行、权利的实现奠定了基础。在诉讼中更好地运用诉讼财产保全是当事人更为快捷、高效、经济地解决纠纷的一个重要选择。

（二）财产保全的法律风险

1.超范围申请财产保全，给被申请人造成损失而引起诉讼。在实践中，债权人超范围申请财产保全，主要有两种情况：一是对债务人的财产，超范围申请财产保全，损害了债务人的合法权益；二是对不属于债务人的财产，错误申请财产保全，损害了第三人的合法权益。对于申请有错误的，申请人应当赔偿被申请人因财产保全所遭受的损失。

2.诉讼前采取保全措施后未在法定期间起诉，导致财产保全解除，甚至引发被申请人以申请人对其造成损失为由要求赔偿的诉讼。根据《民事诉讼法》规定，申请人在人民法院采取诉讼前的保全措施后，应当在15日内起诉，逾期不起诉的，人民法院应当解除财产保全。实践中，债权人申请人民法院采取诉讼前的财产保全措施，保全债务人的财产后，债务人可能以还款为由，要求债权人不起诉，在人民法院解除财产保全措施后立即转移财产逃债，导致债权人的债权落空；或者债务人也可能以愿意还款为由与债权人协商，诱使债权人对其不起诉，过后反而以债权人采取诉讼前的财产保全不当对其造成损害为由，起诉债权人赔偿损失。

3.申请采取的财产保全措施不当，未能有效控制所保全的财产，致使判决后无法执行。比如，对季节性商品，鲜活、易腐烂变质以及其他不宜长期保存的物品，债权人不及时要求债务人处理、保存价款，或者不及时申请人民法院处理、变卖、保存价款。又比如，对异地被保全财产，应该采取异地扣押措施的，而仅采取就地查封措施，致使保全财产失控，被债务人非法转移等。

4.人民法院在实施财产保全强制措施时，相关手续不完备，致使财产保全形同虚设。如最高人民法院《关于人民法院执行工作若干问题的规定（试行）》第41条规定，对动产的查封，应当采取加贴封条的方式。不便加贴封条的，应当张贴公告。对有产权证照的动产或不动产的查封，应当向有关管理机关发出协助执行通知书，要求其不得办理查封财产的转移过户手续。

（三）采取财产保全的措施

1.严格把握财产保全的条件

（1）诉前财产保全

诉前财产保全，是利害关系人在起诉前有权申请人民法院采取财产保全措施。

根据《民事诉讼法》第 101 条的规定，诉前财产保全的适用条件是：

①需要采取诉前财产保全的申请必须具有给付内容，即申请人将来提起案件的诉讼请求具有财产给付内容；

②情况紧急，不立即采取相应的保全措施，可能使申请人的合法权益受到难以弥补的损失；

③由利害关系人提出诉前财产保全申请。利害关系人，即与被申请人发生争议，或者认为权利受到被申请人侵犯的人；

④诉前财产保全申请人必须提供担保，申请人如不提供担保，人民法院驳回申请人在起诉前提出的财产保全申请。

（2）诉讼中财产保全

诉讼中财产保全，是指人民法院在受理案件之财产保全后、作出判决之前，对当事人的财产或者争执标的物采取限制当事人处分的强制措施。诉讼中财产保全的适用条件是：

①需要对争议的财产采取诉讼中财产保全的案件必须是给付之诉，即该案的诉讼请求具有财产给付内容。

②将来的生效判决因为主观或者客观的因素导致不能执行或者难以执行。主观因素有当事人有转移、毁损、隐匿财物的行为或者可能采取这种行为；客观因素主要是诉讼标的物是容易变质、腐烂的物品，如果不及时采取保全措施将会造成更大损失。

③诉讼中财产保全发生在民事案件受理后、法院尚未作出生效判决前。在一审或二审程序中，如果案件尚未审结，就可以申请财产保全。如果法院的判决已经生效，当事人可以申请强制执行，但是不得申请财产保全。

④诉讼中财产保全一般应当由当事人提出书面申请。当事人没有提出申请的，人民法院在必要时也可以裁定采取财产保全措施。但是，人民法院一般很少以职权裁定财产保全，因为根据国家赔偿法的规定，人民法院依职权采取财产保全或者先予执行错误的，应当由人民法院依法承担赔偿责任。

⑤人民法院可以责令当事人提供担保。人民法院依据申请人的申请，在采取诉讼中财产保全措施前，可以责令申请人提供担保。提供担保的数额应当相当于请求保全的数额。申请人不提供担保的，人民法院可以驳回申请。在发生诉讼中财产保全错误给被申请人造成损失的情况下，被申请人可以直接从申请人提供担保的财产中得到赔偿。

2. 严格执行财产担保的程序

（1）申请。诉前财产保全，由利害关系人在起诉之前向受诉法院提出申请。人民法院接受申请并裁定保全的，申请人在 30 日以内不起诉的即解除裁定保全。诉讼财产保全可以在起诉同时申请，也可以在起诉以后申请。

（2）提供财产线索。与执行不同，人民法院不会在财产保全阶段为当事人查找债务人的财产，必须由申请人自己提供明确的财产线索。以下类别的财产线索属于明确的财产线索：

①银行账户：有明确的开户行、户名、账号；

②房地产：有明确的地址和权利人名称，最好有相关的权利凭证复印件；

③有价证券：知道债券品种的记名证券，或证券账号；

④车辆：明确的车牌号和车主姓名；

⑤股权：明确的公司名和债务人拥有的股权份额；

⑥其他财产性权利：需要有相关的权利证明资料。

（3）担保。人民法院可以责令申请人提供担保，申请人不提供担保的，请求驳回。

（4）裁定。当事人申请诉前担保的，人民法院接受申请后须在 48 小时内作出裁定，裁定一旦作出即发生法律效力，当事人不服不得上诉，可申请复议一次，复议期间不停止对裁定的执行。

（5）解除。财产保全裁定的效力至生效法律文书执行时止，如果诉讼过程中需要解除保全措施的，法院应及时作出裁定解除保全裁定。如财产保全的原因和条件发生变化，不需要保全的；被申请人提供相应担保的；诉前保全的申请人在 30 日内未提起诉讼的等。但需要注意的是，根据最高人民法院《关于人民法院民事执行中查封、扣押、冻结财产的规定》，冻结银行存款及其他资金的期限不得超过六个月，查封、扣押动产的期限不得超过一年，查封不动产、冻结其他财产的期限不得超过二年。查封期限届满后，财产续行查封需经相关申请执行人依法提出续封的申请，才能继续保全，否则将自动解除。

（6）相关费用。根据民事诉讼法和相关民事诉讼法司法解释的规定，诉前财产保全和诉讼中财产保全都必须交纳保全费用，并依照《人民法院诉讼收费》执行。

（7）赔偿。人民法院根据利害关系人或者当事人的申请而采取财产保全措施的，如果由于申请人的错误而导致被申请人因财产保全而遭受损失的，应当由申请人负责赔偿。

八、及时申请法院执行，囊归本应属于自己的财产

俗话说："徒法不足以自行。"尽管合同权利人费尽了九牛二虎之力打赢官司，但由于债务人拒不履行生效判决，人们法院的生效判决文书如同一纸空文，合同权利人的合法权益仍然得不到保护。此时，权利人需要申请人民法院予以强制执行。在某种意义说，申请人民法院强制执行是债权人与债务人最后的博弈，也是合同风险防控的最后环节。

（一）当事人应知申请执行的司法实务

根据《民事诉讼法》第230条规定，发生法律效力的民事裁决、裁定，当事人必须履行。一方拒绝履行的，对方当事人可以向人民法院申请执行。生效法律文书的执行，一般应当由当事人提出申请。申请执行是引起执行程序开始的前提。当事人在申请执行时应注意以下几个问题：

1. 关于合同纠纷案件的申请执行，申请人应当向有管辖权的人民法院提交申请执行书和据以执行的法律文书。首先，申请执行书，包括申请执行的理由、事项、执行标的，以及申请人所了解的被执行人的财产状况、申请执行人的身份证明、申请执行人继承或者承受权利的证明文件等。其次，生效的法律文书副本。外国一方当事人申请执行的，应当提交中文申请执行书。当事人所在国与我国缔结或共同参加的司法协助条约有特别规定的，按照条约规定办理。

2. 申请执行仲裁机构的仲裁裁决，应当向人民法院提交有仲裁条款的合同书或者仲裁协议。申请执行外国仲裁机构的仲裁裁决，应当提交经我国驻外使领馆认证或全国公证机关公证的仲裁裁决书中文文本。

3. 申请执行人可以委托代理人代为申请执行。委托代理的，应当向人民法院提交经委托人签字或盖章的授权委托书，写明委托事项和代理人的权限。委托代理人代为放弃、变更民事权利或代为执行和解或代为收取执行款项的，应当有委托人的特别授权。

4. 申请人民法院强制执行，应当按照人民法院诉讼收费办法的规定交纳申请执行的费用。

5. 申请执行的期限。按照我国《民事诉讼法》的规定，双方或者一方当事人是公民的，合同纠纷申请执行的期限为1年，双方当事人是法人或者其他组织的，申请执行的期限为6个月。申请执行的期限从法律文书规定履行期限的最后1日起算。法律文书规定分期履行的，从规定的每次履行期间的最后1日起算。

（二）防范执行难的对策

在实践中，由于某些债务人（被执行人）蓄意欺诈，恶意违规，或者转移、抽逃、隐匿财产；或经营不善、资不抵债等，这些都可能导致判决无法履行。一旦出现这种情况，人民法院也无计可施，生效的判决就难以执行，也许会成为无法兑现的"法律白条"。这并不仅仅是法院措施不当、执行不力的问题；对于出现执行难的情况，申请执行人即债权人也有一定责任。事实上，债权人（申请执行人）与其坐等法院执行，不如事先采取一些防范措施，自我救济。如果债权人能事先采取一些风险防控措施，也能有效缓解执行难，更有利维护自己的合法权益。

1. 摸清债务人"家底"，做到心中有数

只有把债务人的底细摸清摸透，才能有效地防止以后的交易所带来的风险，也给以后法院的执行有力的支持。因此，有必要通过一切合法渠道，从各个方面了解债务人，摸清债务人家底。主要调查债务人的资信程度，包括注册资本、实有资本、组织机构，是否涉及重大诉讼活动，有无巨额财产担保情况，等等。千万不要被债务人的花言巧语所蒙骗，一定要加强防范意识并付诸行动，避免钻进债务人精心设计的"圈套"。

2. 多用担保手段，保证债权得以实现

债权人在交易过程中，常常牵扯到债权的履行问题，为了确保债权到期能得以兑现，设定必要的担保措施是非常重要的。担保法规定的担保形式有保证、质押、抵押、留置和定金五种方式，债权人可以选择适当的担保方式。当债务人不能履行债务时，债权人可以根据债务人所提供的担保，请求人民法院依法实现自己的权利。

3. 在诉讼中采取财产保全等措施维护债权人的合法权益

一旦发生纠纷，如果无法协商解决，双方只能诉诸法律，对簿公堂。在这个阶段中，如果因债务人的行为或其他原因，使判决不能执行或者难以执行的，债权人可以根据《民事诉讼法》第100条规定，向人民法院提出申请财产保全。如果出现追索赡养费、抚养费、抚恤金、医疗费，追索劳动报酬，因情况紧急需要先予执行的，债权人可以依据《民事诉讼法》第196条的规定，向人民法院申请先予执行。这样可以防止债务人转移、抽逃、隐匿、挥霍、非法处分财产，依法维护债权人的合法权益。

总之，债权人采取以上防范措施来降低执行风险是明智之举，既节约了成本，又能在法院执行的时候向其提供有效的执行手段，从而提高效率，真正实现权利的救济，于公于私都大有裨益。

（三）了解最高人民法院关于执行的三个最新司法解释

2018年2月23日，最高人民法院发布《关于执行和解若干问题的规定》《关

于执行担保若干问题的规定》《关于人民法院办理仲裁裁决执行案件若干问题的规定》三个司法解释。这三个司法解释作为执行规范体系的重要组成部分，将于2018年3月1日开始施行。

1.《执行和解规定》的有关情况

执行和解是民事诉讼法确立的一项重要制度，它既有利于在一定程度上缓解"执行难"，又是意思自治原则在民事执行阶段的体现，在强制执行工作中一直发挥着重要作用。为充分发挥执行和解的制度效用，公正处理执行和解纠纷，提高司法公信力，最高人民法院在总结执行实践经验的基础上，出台了这部司法解释。《执行和解规定》共20个条文，重点解决以下五方面问题：

（1）明确区分执行和解与执行外和解

根据《民事诉讼法》第230条第一款规定，当事人自行达成和解协议，执行员将协议内容记入笔录，由双方签名或盖章的，成立执行和解。但法律、司法解释对于当事人私下达成的和解协议是否构成执行和解、产生何种法律效果没有明确规定，导致这一问题在司法实践中存在较大分歧，不同案件的认定结果可能截然相反。为统一司法尺度，《执行和解规定》明确了执行和解与执行外和解的区分标准，并分别规定了不同的法律效果。具体而言，执行和解与执行外和解的区别在于，当事人是否有使和解协议直接对执行程序产生影响的意图。换言之，即便是当事人私下达成的和解协议，只要共同向人民法院提交或者一方提交另一方认可，就构成执行和解，人民法院可以据此中止执行。反之，如果双方没有将私下达成的和解协议提交给人民法院的意思，那么和解协议仅产生实体法效果，被执行人依据该协议要求中止执行的，需要另行提起执行异议。

（2）明确不得依据和解协议出具以物抵债裁定

司法实践中，对于能否依据执行和解协议出具以物抵债裁定，不同法院做法不同，有的不予出具裁定，有的不仅出裁定，还协助办理当事人办理过户手续。为统一法律适用，在充分调研、多方征求意见的基础上，《执行和解规定》最终明确人民法院不得依据和解协议作出以物抵债裁定。这样规定的主要理由是：一方面，执行和解协议本身并不具有强制执行力，如果允许人民法院依据和解协议出具以物抵债裁定，无异于强制执行和解协议；另一方面，以物抵债裁定可以直接导致物权变动，很容易损害被执行人的其他债权人的合法权益，实践中此类纠纷已经屡见不鲜，司法解释应当积极予以回应。

（3）明确申请执行人可以就执行和解协议提起诉讼

根据《民事诉讼法》第230条第二款，达成和解协议后，被执行人不履行义务的，申请执行人可以要求恢复执行。但对申请执行人能否起诉被执行人，要求其履行执行和解协议约定的义务，法律规定并不明确。从结果看，"债务人不履行执行和解协议，债权人只能申请恢复执行"的做法实际上否定了当事人之间的合意，缺乏对债权人和债务人预期利益的保护。尤其当执行和解协议对债权人更有利时，被执行人可以通过不履行执行和解协议获益，也与诚实信用原则相悖。为此，《执行和解规定》明确赋予了申请执行人选择权，即在被执行人不履行执行和解协议时，申请执行人既可以申请恢复执行，也可以就履行执行和解协议提起诉讼。

（4）明确恢复执行的条件

根据《民事诉讼法》第230条第二款规定，申请执行人受欺诈、胁迫与被执行人达成执行和解协议，或者当事人不履行和解协议的，人民法院可以依申请执行人的申请恢复执行。但对于申请执行人能否随时反悔、"不履行"的具体内涵、"受欺诈和胁迫"由谁认定等问题，不同法院把握的标准并不一致。为澄清实践中的误解，《执行和解规定》明确了恢复执行的条件。首先，契约严守和诚实信用原则应当适用于双方当事人，任何一方都不应无故违反和解协议，如果被执行人正在依照和解协议的约定履行义务，或者执行和解协议约定的履行期限尚未届至、履行条件尚未成就，申请执行人就不能要求恢复执行。其次，如果债务人已经履行完毕和解协议确定的义务，即便存在迟延履行或者瑕疵履行的情况，申请执行人也不能要求恢复执行。迟延履行或瑕疵履行给申请执行人造成损害的，申请执行人可以另行提起诉讼，主张赔偿损失。最后，出于审执分离的考虑，当事人、利害关系人主张和解无效或可撤销的，应当通过诉讼程序认定，再向法院申请恢复执行。

（5）明确执行和解协议中担保条款的效力

为担保被执行人履行执行和解协议约定的义务，申请执行人常常会要求被执行人提供担保。此类担保条款是否构成《民事诉讼法》第231条的执行担保，执行法院能否依据该条款直接执行担保财产或者保证人，实践中争议很大。为解决该问题，《执行和解规定》特别规定了执行和解协议中担保条款的效力，即如果担保人向人民法院承诺被执行人不履行和解协议时自愿接受强制执行，恢复执行原生效法律文书后，人民法院可以依申请执行人的申请及担保条款的约定，直接执行担保财产或保证人的财产，不需要申请执行人另行提起诉讼。当然，如果申请执行人选择就履行和解协议提起诉讼，担保条款依然有效，申请执行人可以在诉讼中主张担保人承担责任。

2.《执行担保规定》的有关情况

执行担保是《民事诉讼法》第231条规定的一项重要制度。执行担保一方面增加了债权人权利实现的可能性，另一方面通过适当延缓债务履行的期限，帮助债务人整顿生产经营，筹措资金，提高偿债能力，对保护债务人的合法权益，稳定经济发展有着积极意义。但是，因法律、司法解释的相关规定比较粗疏，导致司法实务中对执行担保的适用范围、成立条件、法律效力等问题缺乏统一认识，各地法院实际做法存在较大差异。为统一法律适用，充分发挥执行担保的制度优势，进一步规范人民法院办理涉执行担保案件，最高人民法院在充分调研，反复征求意见的基础上，出台了《执行担保规定》。该规定共16个条文，重点对以下四方面内容予以明确规范：

（1）明确执行担保的担保事项

根据《民事诉讼法》第231条规定，在执行中，被执行人向人民法院提供担保，并经申请执行人同意的，人民法院可以决定暂缓执行及暂缓执行的期限。但该条并未明确，担保的事项到底是什么。司法实践中，不少执行实务工作者对担保事项的理解较为宽松，即只要涉及执行程序的担保，例如为解除保全措施提供的担保、第三人撤销之诉中第三人为中止执行提供的担保，都属于执行担保。经研究认为，上述担保虽然都和执行程序有关，但与《民事诉讼法》第231条的规定尚有区别，在概念上不宜混淆。一方面，上述规定中提供担保的主体各不相同，担保事项也差异较大，很难涵盖在同一制度之下。另一方面，执行担保的法律效果是不经诉讼程序，直接要求相应主体承担责任，这种对当事人程序保障的限制，应当有法律的明确规定。为澄清上述误解，《执行担保规定》将执行担保明确限定在《民事诉讼法》第231条，即为被执行人履行生效法律文书确定义务提供的担保。

（2）明确执行担保的实现方式

根据《民事诉讼法》第231条规定，被执行人于暂缓执行期限届满前仍不履行的，人民法院有权执行被执行人的担保财产或者担保人的财产。但由于其对执行担保具体实现方式的规定较为笼统，导致司法实践中，人民法院的做法不一。有的直接执行，有的裁定追加担保人为被执行人，有的裁定直接执行担保财产。处理方式的不统一，既有损司法权威，又增加了纠纷产生的可能性，司法解释对此应当予以回应。经反复讨论，考虑到执行担保与变更、追加执行当事人在民事诉讼法上属于不同的法律制度，《执行担保规定》明确规定，人民法院可以根据申请执行人的申请，直接裁定执行担保财产或者保证人的财产，不得将担保人变更、追加为被执行人。

（3）确立执行担保的担保期间

《执行担保规定》第12、13条确立了执行担保期间这一全新的制度。这主要是出于以下考虑：一方面，《民事诉讼法解释》第469条曾经规定过担保期限，但因其内涵与担保法的保证期间明显不同，实践中常常引发误解；另一方面，考虑到任何权利的行使都不能没有约束，如果申请执行人长期不主张权利，既会对担保人的生产、生活产生不利影响，还存在利用执行担保使担保人财产被长期查封，进而规避担保人的债权人求偿的可能。最终，本司法解释规定，申请执行人应当在担保期间内对担保人主张权利，否则担保人的担保责任将得以免除。

（4）明确执行担保的追偿权

由于法律、司法解释缺乏明确规定，司法实践中，对于执行担保中担保人是否享有追偿权，以及如何行使观点不一。有的法院基于法律、司法解释对此没有明确规定，且执行担保不能适用民事担保规则，不允许担保人进行追偿；有的允许担保人在承担担保责任后，向人民法院起诉被执行人；还有的则从鼓励、保护担保人的积极性和权益出发，在裁定执行担保人财产时同时明确担保人向被担保人的追偿权和申请执行权，允许担保人直接申请执行被执行人。经反复讨论，考虑到担保人是否对被执行人享有追偿权往往取决于担保人与被执行人之间的约定，不能一概而论，对此法律关系执行机构不宜介入。最终，《执行担保规定》明确担保人可以通过诉讼进行追偿。

3.《仲裁裁决执行规定》的有关情况

在社会经济交往过程中，仲裁因自身所具有的充分体现当事人的意思自治、灵活便捷、一裁终局等诸多特性，成为兼具契约性、自治性、民间性和准司法性的一种重要的纠纷化解方式，愈来愈多的当事人选择将争议提交仲裁解决。而仲裁的自身特点决定了其健康发展必须依赖于司法的监督与支持。目前，由于法律及司法解释对人民法院办理仲裁裁决执行案件的规定较少，该类案件在实践操作中仍存在一些规则空白。为切实保护当事人、案外人的合法权益，提高仲裁公信力和执行力，促进仲裁事业的健康有序发展，最高人民法院经过充分调研，数易其稿，最终形成《仲裁裁决执行规定》。该规定共24个条文，主要涉及以下五个方面的内容：

（1）适当调整仲裁裁决执行案件的管辖

根据最高人民法院《关于适用〈中华人民共和国仲裁法〉若干问题的解释》第29条，当事人申请执行仲裁裁决案件的，由被执行人住所地或者被执行的财产所在地的中级人民法院管辖。考虑到司法实践中，多数仲裁裁决执行案件的申请执行标的较小，且就执行实施程序而言，对仲裁裁决与民商事判决规定不同的级别管辖意义不大，本解释对仲裁裁决执行案件管辖进行了适当调整：一方面，坚持以中级人民法院管辖为原则；另一方面，当执行案件符合基层法院一审民商事案件级别管辖受理范围，并经上级人民法院批准后，可以由被执行人住所地或者被执行财产所在地的基层法院管辖。

需要注意的是，对不予执行仲裁裁决申请的审查属于对仲裁裁决的司法监督范畴，为统一对仲裁裁决司法监督的审查尺度，《仲裁裁决执行规定》明确规定，对不予执行申请的审查仍由中级人民法院负责，即使案件已指定基层法院管辖的，也应移送原执行法院另行立案审查处理。这充分体现了人民法院对仲裁裁决不予执行的审慎态度。

（2）明确裁决执行内容不明确具体的认定标准及处理方法

根据《民事诉讼法解释》第463条规定，当事人申请人民法院执行的生效法律文书应当给付内容明确。但对于"明确"的标准，对不明确的案件应当如何处理，目前的法律、司法解释尚缺乏指引。为解决实践争议，《仲裁裁决执行规定》主要从以下五个方面入手：一是列举了实践中常见的仲裁裁决"不明确具体"的情形；二是为减轻当事人讼累，规定执行内容不明确具体的应首先通过补正等方式解决；三是经补正等方式仍无法明确执行内容的，人民法院可以裁定驳回执行申请；四是明确当事人对驳回执行申请不服的，可以直接向上一级法院申请复议；五是对于仲裁裁决确定交付的特定物确已毁损或灭失的，人民法院可以通过终结执行等方式处理。

（3）适当拓展申请不予执行的主体范围

实践中，个别当事人恶意仲裁、虚假仲裁，不仅损害了案外人的合法权益，更损害了仲裁与司法的社会公信力。但法律、司法解释对于案外人能否申请不予执行仲裁裁决缺乏规定。此次《仲裁裁决执行规定》对申请不予执行的主体范围予以适当拓展，明确赋予了案外人申请不予执行的权利，并分别在第九条和第十八条明确了不予执行仲裁裁决的程序条件和实质审查标准。简言之，案外人有证据证明仲裁案件当事人恶意仲裁或者虚假仲裁损害其合法权益的，可以向人民法院申请不予执行仲裁裁决或者仲裁调解书，人民法院将严格审查，确认其主张是否成立。而对于案外人申请不予执行的审查结果，同时赋予当事人、案外人进一步救济的权利，以充分保障其权益。

（4）统一不予执行仲裁裁决案件的审查标准

目前，民事诉讼法对于不予执行仲裁裁决的事由虽有规定，但仍显得过于原则和笼统，实践中容易出现审查尺度不统一的问题。为此，《仲裁裁决执行规定》对不予执行仲裁裁决的事由进一步予以解释，明确了无权仲裁、违反法定程序、伪造证据及隐瞒证据的认定标准，使法律适用更统一、更具操作性。

此外，为防止被执行人滥用程序权利阻碍仲裁裁决案件执行，《仲裁裁决执行规定》还列举了若干明显违背诚实信用原则申请不予执行的情形，明确规定人民法院对此类申请不予支持。

（5）明确撤销仲裁裁决与不予执行仲裁裁决司法审查的程序衔接

根据仲裁法的规定，申请撤销仲裁裁决与不予执行仲裁裁决两救济程序双轨并行；且提出申请的法定事由基本相同，为了进一步提高人民法院对仲裁裁决司法审查的效率，贯彻尊重仲裁、保障仲裁执行的司法原则，《仲裁裁决执行规定》对两程序的衔接进一步予以明确、简化。详言之，不予执行审查期间，当事人撤销仲裁裁决申请被受理的，法院应当裁定中止不予执行申请的审查；被执行人同时申请撤销仲裁裁决和不予执行仲裁裁决时，其撤回撤裁申请的，应视为一并撤回不予执行申请。如此制度设计，可以有效避免被执行人滥用司法程序阻碍执行，也有利于减少重复审查造成的司法资源浪费。

第五节　合同违法犯罪的风险防控

合同诈骗作为一种犯罪是指以非法占有为目的，在签订履行合同过程中，以虚构事实，隐瞒事实真相或其他方法，骗取对方当事人的财物，数额较大的行为。合同欺诈罪是我国1997年修订刑法后新设立的罪名，属于近年来出现的新型经济犯罪之一，也是目前经济犯罪数量多、社会危害性强的犯罪之一。这在合同领域的"毒瘤"正在不断地吞噬着现代市场经济的健康细胞。对此，企业经营者们必须高度重视，既要研究合同诈骗案件的特点，又要研究合同诈骗犯罪的构成要件，做到知彼知己，并采取一些行之有效的防控措施，维护自己的合法权益。

一、合同违法犯罪的特点

我国《刑法》第224条把合同诈骗罪的形式列为五种，即（一）以虚构的单位或者冒用他人名义签订合同的；（二）以伪造、变造、作废的票据或者其他虚假的产权证明作担保的；（三）没有实际履行能力，以先履行小额合同或者部分履行合同的方法，诱骗对方当事人继续签订和履行合同的；（四）收受对方当事人给付的货物、货款、预付款或者担保财产后逃匿的；（五）以其他方法骗取对方当事人财物的。但在司法实践中，合同违法犯罪的形式是多种多样的，其作案手段也不断翻新，并出现了一些新特点。概括起来主要有：

（一）首先打造优秀的合法单位或先进人物形象，再一步一步精心设计骗局

过去诈骗者经常采取隐姓埋名的方式进行暗中操作，用虚假公司或者"皮包公司"的名义进行诈骗。随着市场经济的发展，合同诈骗的手法也有所变化，犯罪投入开始大幅增加，犯罪成本大幅提高，骗局设计更加巧妙。有些行为者采用注册合法公司的形式，先投入一些资金或者拆借资金通过合法验资之后，获取营业执照，为自己披上合法公司的外衣。有些大骗子进行合同诈骗时，还采用了自我包装手段，假装善人，慷慨解囊，为自己涂脂抹粉，加上美丽的光环。例如，利用公益事业，扮作慈善家。

（二）公开冒用高知名度单位的名义铤而走险，大肆进行合同诈骗

近年来，许多诈骗犯罪分子公开跳出来冒用较大、较知名单位的名义招摇撞骗。因为较大、较知名的单位，业内同行或公众对他们都很信任。打着他们的旗号，使受骗者心里会产生确信无疑的效果，可大为提高骗局的成功率。这种方式诈骗分子可节省大量的资金投入，别人投入的资金和长年积累下来的声誉，自己信手拈来，从而使犯罪成本降低。这些骗子在进行合同诈骗犯罪活动时，为了取信于他人，往往进行全方位包装，穿着西装革履，住高级宾馆，乘高级轿车，或乘坐飞机往往来来，给人以大客商的感觉。他们一般采取私刻假公章、私开虚假证明信、虚构个人身份等手段招摇过市，图谋达到其犯罪目的。这样做虽省去了许多前期投入，提高了犯罪的时间效率，但此种方法的犯罪风险也较大，因公开冒用他人名义易于让被冒用单位或被骗者发现，容易中途暴露，身败名裂。

（三）制造诱饵，利用小额利益，掩盖大额诈骗

这种手法常常在合同的履行过程中逐步地、分阶段地实施。诈骗分子采用先签订小额合同，并完全履行，或签订大额合同先履行一小部分，造成其重合同、守信誉的假象。骗取对方信任后，再签订更大金额的合同或继续骗取对方履行合同的其余部分，以达到最终目的。这种方式一般称为"钓鱼式"诈骗，小额投入作为诱饵，目的在于钓取大宗的被骗者财物。在司法实践中，诈骗者为了掩盖其诈骗的本质，往往还极力制造经济纠纷假象以逃避制裁。这种合同诈骗行为大致有三种方式：其一，双方签订合同之后，诈骗者先付小额货款或定金，以此取得合同对方当事人的信任，等待大宗的货物到了之后，迅速转移或转手倒卖。剩余货款拒不偿还，或者变卖货物携款逃之夭夭。其二，先收货款，钱到手后，少量给付货物，或者干脆不给付货物，百般抵赖或者干脆携款潜逃。其三，先期有选择的与部分客户签订合同，合同规范且严密，并得到良好执行。给其他人一个良好印象，以此骗取其他旁观者也是合同的潜在签订者的信任，然后获取后期大量合同的签订，并且利用先前选择的获益客户为他们做宣传，提高自己的知名度和可信度，以达到更大的诈骗目的。采用这种诈骗方式的骗子经常选择一些典型客户作先期受益者，以展示自己实力和技术可靠性。随后进行大肆宣传。他们利用人们致富心切的心理，加之周围的获利者一般都是自己的亲朋好友，故骗局常常得以成功。

（四）利用现代传媒，制造虚假信息进行合同诈骗

现代科技快速发展，大众传媒越来越发达，报纸、电台、电视台、手机短信、计算机网络等各种技术手段层出不穷。广告信息铺天盖地，极易被人利用。科技的发达为合同诈骗犯罪提供了新的可利用手段。这种手段虽然需要部分资金投入，但是信息传播快，覆盖面广，为实施合同诈骗的犯罪分子提供了技术上的便利条件。

（五）施放糖衣炮弹，寻求合同诈骗犯罪的保护伞

这是一种"投资"集中、命中率高、回报率高的犯罪手段。犯罪投入比起前几种行为方式显得定向性较强，目标明确。投资的标的一般是权力服务，目的在于进行钱权交易。成为合同诈骗的受害单位大多是国家机关、国有或集体企业单位。投资对象的选择，一种是在职的有职有权的国家机关领导干部或国有、集体公司、企业的负责人；一种是曾经有权位，至今尚有利用价值的人。例如，聘请一些离退休干部或其家属为本单位的挂名董事长、经理，定期领取高额报酬。这些人被买通后，他们就为骗子们打通关系，甚至充当骗子行贿的中介，可以帮助骗子公司办齐所有合法手续，设计更"完美"的骗局，使其具有更大的欺骗性。

（六）犯罪标的增大，案件日趋复杂，往往形成案中有案，多案并发

随着我国社会主义市场经济的高速发展，百姓生活水平的不断提高，诈骗分子的胃口也随之大了起来，合同诈骗犯罪的数额越来越大。这些诈骗犯罪分子很善于钻研受害单位或受害人的心理，他们常常以手中有紧俏的商品货源或紧缺、低价的工业原材料为诱饵，利用企业急需畅销产品或工业原材料的焦急心理，签订购销合同，骗取预付款、定金或者货款。他们还往往利用某单位有大量滞销产品，急于出手的焦急心理，签订虚假的买卖合同，骗取货物，然后转手倒卖获取货款后逃逸。这给受害单位和个人造成了巨大损失，甚至使被骗的公司企业濒临破产。诈骗分子诈骗得手以后，他们则挥霍无度，即使落网，所造成的财产损失大都已无法追回，其社会危害性十分严重。

在实践中，还出现一种连环诈骗方式。受害者被骗后，为了挽回损失，又产生诈骗他人的犯罪心理，与其他人签订虚假合同，转嫁被他人诈骗所造成的损失。这种情况常常是受害者变成了害人者，并经常以三角债纠纷为借口掩盖其诈骗本质。

二、合同违法犯罪的预防对策

俗话说："魔高一尺，道高一丈。"针对合同违法犯罪的手段和特点，对症下药，猛药治病，就能有效防控合同违法犯罪这个"毒瘤"。实践中，最有效的"药方"是企业加强信用体系建设，提高签约人员法律素质，完善内部合同管理制度，严把合同签订关等。

（一）加强企业信用体系建设

当前，造成合同诈骗案件频发的一个重要原因，就是企业信用体系建设严重滞后，经济领域许多不诚信问题难以根除。特别是在经济下行压力加大形势下，一些企业不讲诚信现象更为突出，这已经成为制约企业长远发展的短板。信用体系建设滞后，使市场主体难以准确掌握关联方的信用状况，容易导致市场主体决策失误；同时，失信者没有受到应有的惩戒，失信成本太低，失信者往往得"利"，而守信者没有受到激励。

现代市场经济是法制经济，也是信用经济。俗话说："人无信不立，业无信不兴。"诚信是企业的立业之本，既是创业成功的秘诀，又是守业坚实的根本，是现代企业的一个黄金准则，是企业获得最大利润的基础。在任何时候、任何市场环境下，企业信用都是至关重要的，只有良好信用的企业，才会有长远的发展，才会在许多方面受益；反之，信用不良企业也要承担应有的后果。通过信用体系的建设，建立起向社会公开披露企业不良信用记录的制度，使有不良信用记录的企业犹如"过街老鼠，人人喊打"，使其在未来经营中面临着"一处失信，处处受限"的信用约束的境地。加强企业信用体系建设，主要是建立并落实"守信激励，失信惩戒"，"一处失信，处处受限"的信用约束机制。目前，国家市场监督管理局已经建立企业信用信息公示系统即"全国一张网"，这张网集企业信息归集、公示、协同监管、社会共治于一体的信息平台，此信息平台里记录的每户企业的信用档案都是终身的，且信用档案中的每条信息对企业的销售、合作、招聘、投标、信贷等商务活动起着能否成功的关键作用。企业要时刻对自身的信用记录进行关注，以免上了信用"黑名单"。最高人民法院公布失信被执行人"黑名单"公示系统，以及数十个国家部委联合签署对失信被执行人实施联合惩戒合作备忘录，标志着政府、社会共同参与的跨地区、跨部门、跨领域的守信联合激励和失信联合惩戒机制已经形成，且联合行动的力度越来越大。

自从2017年起，辽宁省企业信用协会制定了《会员企业信用评级暂行规定》，并对会员企业开展了信用评级，这是落实国务院《关于建立完善守信联合激励和失信联合惩戒制度　加快推进社会诚信建设的指导意见》的重要举措。通过对会员进行信用评级，完善了会员企业信用评价机制，建立了行业自律公约和职业道德准则，并完善了行业内部信用信息采集、共享机制。通过对会员进行信用评级，对于优秀诚信会员进行表彰，并通过协会官网以讲好行业"诚信故事"的栏目，将其诚信事迹予以登载，树立诚信会员典型；对于严重失信行为记入会员信用档案，并视其情节予以惩戒，或取消年度"守信用重合同"公示资格推荐等。

总之，在当前深化改革和加快发展方式转变的形势下，推进企业信用体系建设意义重大。随着信用体系建立完善，企业信用已经成为市场配置资源的重要考量因素，不仅是企业发展的内在需要，也是企业外部关系的硬约束。

（二）完善企业内部合同管理制度

1. 提高企业内部合同管理人员的业务素质

从某种意义上讲，诈骗行为的成功，乃是行骗者和被骗者"合作"的结果。大多数被骗者都是由于自己素质低下所致。有些企业的合同管理人员法律意识淡薄，对合同的重要性认识不足，市场风险意识淡薄，面对复杂的市场经济，缺乏驾驭市场的能力。他们只想着多发展经营，多签合同，尽快盈利，急功近利。有的企业由于经营状况不太好就急于推销自己的产品，其合同管理人员便急于求成，草率签约。他们在对方高谈阔论的吹嘘面前，洗耳恭听，疏忽麻痹，盲目签约，过分地相信"合同的形式"，甚至已经步入陷阱后仍对对方深信不疑。因此，企业合同管理人员一定要学习《民法通则》《民法总则》《合同法》《物权法》和《担保法》等相关法律知识，并能做到熟练应用。签订合同时，要做到合同规范、合法，要使合同双方的权利义务关系清楚，违约责任明确，重大合同还应有合同担保，还可进行合同公证，如此才能不给骗子以可乘之机。

2. 建立健全企业内部合同管理机制

当前受骗单位多于个人，公有资产受骗多于私人资产，内外勾结的合同诈骗案件普遍增多。究其原因这与单位的制度不健全、管理不完善有很大关系。为了提高单位的防范能力，应当在经济组织内部设立专门的管理合同的制度。一般可设置分级合同管理制度，统管和分管相结合，使合同管理严密、有序。要防止正在履行中的现有合同、制式空白合同和有关签订合同的介绍信流入骗子手中，被其利用行骗。要建立合同签订前的资信调查制度，在合同签订之前的接触和磋商阶段都要详细了解对方单位的代表身份的可靠性，对方单位的合法性，资金、设备、产品质量及信誉的真实性，交易的诚实性，以及履约的实际可能性。要建立合同审查和监管制度，合同的签订应当由单位主管合同的部门审核，单位负责人审定签字。单位的财务部门应参与监督合同执行的全过程，强化责任制。重大合同的签订可在本单位采用公开或半公开方式，由职工代表或职工投票决定，以防止暗箱操作。应建立健全职工监督举报制度，把单位签订、履行合同的整个工作置于职工的全面监督之下。

3. 建立合同档案和过错责任追究制度

合同档案应包括从签订到合同履行的全过程。要注意保存合同所有证据（各种资料）。如合同得以顺利履行，应认真总结经验，以利再战；如合同签订和履行中发生问题，对内部工作人员及其工作情况进行检讨，加强自我约束作用，为责任追究提供依据；如需进行诉讼解决，则可提交充分、确凿证据，以保护自身合法权益。

（三）严把企业经济合同签订关

把好经济合同的签订关是企业防控合同违法犯罪的关键，企业除了掌握本书介绍的合同风险防控的基本技能外，应重点注意以下几个方面：

1. 在签订合同前，要审查签约主体是否适格

审查签订合同的主体是否适格，一是审查对方是否有工商和市场监督管理部门核发的统一社会信用代码《营业执照》；二是审查对方营业执照上的经营范围，有无超越经营范围的活动。审查签约人是否合格，主要看其是否具备委托代理人的资格（有无委托书），然后查看委托期限、委托事项、委托人的签章，等等。

2. 在签订合同前，审查对方是否具备履行合同的实际能力或有效担保

《刑法》在第224条中特别警示："没有实际履行能力，以先履行小额合同或者部分履行合同的方法，诱骗对方当事人继续签订和履行合同的"行为是合同诈骗犯罪。因此，在签订合同前一定要调查清楚签约对方是否具备履行合同的实际能力或是否提供有效担保。合同签订后，对方是否有诚意履行，是否以签订合同的方式诈骗公私财物，关键看其是否具有实际能力或有效担保。有实际能力或有效担保在客观上表现为对方是否有一定的货源、资金、生产能力作保证，同时也包括主观上的经营能力。要注意审查企业登记、注册、年报信息，因为这些信息是一个正常经营的企业不会疏漏的环节。应到对方企业实地考察，从其经营场所、从业人员、机械设备、原料及产品库存情况就可以看出该企业经营生产是否正常进行，从税务登记情况可以看出企业经营规模和状况。对于签订诸如借贷、买卖、货物运输、加工承揽等合同时，可以要求对方依照《担保法》的有关规定，通过保证、抵押、质押、留置、定金等方式设定担保。若合同需要担保的，要注意审查担保人是否合格，有无担保能力，等等。

3. 审查合同的必要条款是否完备规范

经济合同的主要条款是合同的内容和核心。根据法律规定，合同必须具备的条款如合同的履行期限、履行地点和方式、价格条款、质量条款等是合同中不可缺少的主要条款，必须在合同中明确规定，力求表达清晰、明确、完整，决不能含混不清或者模棱两可，以防给签约后的合同履行埋下隐患。同时，对违约条款的规定，也要严格审查，违约责任应明确具体。事实证明，合同条款愈完善、具体、规范，就愈有利于堵塞漏洞。

4. 注意交易过程中的反常现象

虽然不法分子想出了不少较为隐蔽的诈骗方法，但在实施过程中并非无迹可寻，这就需要商家们在交易过程中多几个心眼，注意一些反常现象，例如几次交易后突然增加交易量、交接货物时拖延时间、对方人员提供情况相互不符、频繁变换联系方式等等。要最大限度避免出现人货分离的情况。不法分子想骗取货物，绝大多数情况下都想方设法让送货人与货物分离，在拖住送货人的同时，其同伙将货物暂时藏匿。所以，供货方在送货时，如未收到足够的货款，应避免人货分离，给不法分子以可乘之机。

三、合同诈骗犯罪的风险防控

（一）合同诈骗罪的立案标准

合同诈骗罪，是指以非法占有为目的，在签订、履行合同过程中，采取虚构事实或者隐瞒真相等欺骗手段，骗取对方当事人的财物，数额较大的行为。根据最高人民检察院、公安部《关于公安机关管辖的刑事案件立案追诉标准的规定（二）》第 77 条规定："以非法占有为目的，在签订、履行合同过程中，骗取对方当事人财物，数额在二万元以上的，应予立案追诉。"

（二）合同诈骗犯罪的认定

对合同诈骗犯罪的认定，要结合合同诈骗罪的主体、主观方面、客体、客观方面等犯罪构成、诈骗数额等因素综合判断、认定。

1. 合同诈骗罪的犯罪主体

合同诈骗罪的主体是一般主体，凡达到刑事责任年龄且具有刑事责任能力的自然人均能构成合同诈骗罪。根据《刑法》第 231 条的规定，单位亦能成为合同诈骗罪主体。合同诈骗罪是在合同的签订和履行过程中发生的，主体是合同的当事人一方。

2. 合同诈骗罪的主观方面

合同诈骗罪主观方面只能出于故意的，并且具有非法占有公私财物的目的。行为人主观上没有上述诈骗故意，而是由于种种客观原因，导致合同不能履行或所欠债务无法偿还的，不能以合同诈骗罪论处。行为人主观上的非法占有目的，既包括行为人意图本人对非法所得的占有，也包括意图为单位或第三人对非法所得的占有。

诈骗故意产生的时间既可能是行为人实施行为的最初，也可能产生在其他合法行为进行的过程中。例如，利用合同进行诈骗的犯罪，行为人诈骗的故意既可以是在签订合同之前，即行为人在签订虚假合同之前就已经具有非法占有对方钱财的故意，其签订合同的目的就是为了骗取对方钱财；诈骗的故意也可以产生在签订合同之后，即行为人在签订合同的最初，并无骗取对方钱财的故意，但在合同签订之后，由于种种原因致使合同无法履行，从而产生诈骗的故意，行为人有归还能力而不愿归还已经到手的对方的钱财，并进而采取虚构事实或隐瞒真相等手段，欺骗对方，以达到侵吞对方钱财的目的。

3. 合同诈骗罪的客观方面

合同诈骗罪在客观方面表现为在签订、履行合同过程中，虚构事实、隐瞒真相，骗取对方当事人财物，且数额较大的行为。如何认定当事人以签订合同的方法骗取财物的行为构成犯罪呢？关键从以下两个方面进行把握：

（1）行为人是否虚构事实或隐瞒真相

认定行为人是否虚构事实或隐瞒真相，关键在于查清行为人有无履行合同的实际能力。也就是说，行为人明知自己没有履行合同的实际能力或者担保，故意制造假象使与之签订合同的人产生错觉，"自愿"地与行骗人签订合同，从而达到骗取财物的目的，这是利用合同进行诈骗犯罪在客观方面的主要特征。具体包括以下几项内容：

①行为人根本不具备履行合同的实际能力。认定行为人是否具有履行合同的实际能力，应当以签订合同时行为人的资信或货源情况作依据。比如签订购销合同时，供货方既没有实物储备，也没有货物来源，利用一些单位急于购买紧俏或便宜物资的心理，虚构货源，骗取信任，接受合同预付款或定金后，逾期又不履行合同，就可以认定为没有实际履约能力。

②采取欺骗手段。欺骗手段表现为行为人虚构事实或隐瞒真相。虚构事实，是指行为人捏造不存在的事实，骗取被害人的信任。其表现形式主要是：假冒订立合同必需的身份；盗窃、骗取、伪造、变造签订合同所必需的法律文件、文书；制造合法身份、履约能力的假象；虚构不存在的基本事实；虚构不存在的合同标的；等等。

隐瞒事实真相是指行为人对被害人掩盖客观存在的基本事实，其表现形式主要是：隐瞒自己实际上不可能履行合同的事实，隐瞒自己不履行合同的犯罪意图；隐瞒合同中自己有义务告知对方的其他事实。

③使与之签订合同的人产生错误认识。这种错误认识是指对能够引起处分财产的事实情况的错误认识，而不是泛指受骗者对案件的一切事实情况的错误认识。在合同诈骗犯罪中，受骗者的错误认识是由于行骗者的行骗行为所引起的，在时间顺序上，欺骗在先，是受骗者产生错误认识的原因。受骗人产生错误认识在后，是欺骗的结果。如果他人错误认识在先，行为人利用他人的错误认识取得财物，只能作为民事纠纷而不能作为诈骗犯罪处理。如果行为人虽然采取了欺骗手段，他人认识上也存在错误，并基于这种错误认识错误地处分了财产，但欺骗手段与错误认识之间缺乏因果联系，也不能以合同诈骗罪论处。

④被骗人自愿地与行为人签订合同并履行合同义务，交付财物或者行为人（或第三人）直接非法占有他人因履约而交付的财物。作为行骗者诈骗手段的经济合同，就其种类讲，通常有三种：

a. 签订买卖合同，骗取现金或实物。有五种情况：一是利用盗窃、伪造或骗取的空白合同和介绍信与他人签订合同；二是用已作废、失效的合同书、介绍信，冒充有效的合同书、介绍信与他人签订合同；三是利用已撤销单位的名义及其印章、介绍信、合同书与他人签订合同；四是在条款上做手脚，使合同无法按期履行；五是在标的物上设陷阱，使对方违约而不履行合同。

b. 利用承包合同进行诈骗。行为人无承包能力，以骗取钱财为目的，承包工厂或某项工程，骗取大量钱财供自己挥霍或一溜了之。

c. 利用联营合同骗取钱财。行为人根本无生产经营能力，利用与他人签订联营合同，骗取联营单位的钱财。

（2）诈骗对方当事人财物必须是数额较大的

所谓数额较大，根据最高人民检察院、公安部《关于公安机关管辖的刑事案件立案追诉标准的规定（二）》第77条规定："以非法占有为目的，在签订、履行合同过程中，骗取对方当事人财物，数额在二万元以上的，应予立案追诉。"由此可见，以非法占有为目的，在签订、履行合同过程中，骗取对方当事人财物，数额在二万元以上的，就涉嫌构成合同诈骗罪。

4. 合同诈骗罪的犯罪客体

合同诈骗罪侵犯的客体为复杂客体，即既侵犯了合同他方当事人的财产所有权，又侵犯了市场秩序。

（三）合同诈骗罪的刑事责任

对于构成合同诈骗罪的，应按照《刑法》第224条之规定追究其刑事责任，即以非法占有为目的，在签订、履行合同过程中，骗取对方当事人财物，数额较大的，处3年以下有期徒刑或者拘役，并处或者单处罚金；数额巨大或者有其他严重情节的，处3年以上10年以下有期徒刑，并处罚金；数额特别巨大或者有其他特别严重情节的，处10年以上有期徒刑或者无期徒刑，并处罚金或者没收财产。

（四）掌握合同诈骗犯罪与合同纠纷的界限

合同诈骗犯罪往往与合同纠纷交织在一起，罪与非罪的界限容易混淆。要划清它们的界限，大体有三种情形：

1. 内容真实的合同

内容真实的合同，即行为人是在有实际履行能力的前提下签订的合同。这种合同的签订，表明了行为人在签订合同时有进行经济往来的真实意思，并非旨在诈骗他人钱财，根据有关司法解释的精神，即使合同签订后没有得到完全的履行，也不属于诈骗犯罪。但是，有的行为人以有限的履约能力和他人签订大大超过履约能力的合同，就另当别论了。以超出自己履约能力的合同签订后，行为人积极落实货源，设法履行合同，即使最终没有完全履约，也不能认定为诈骗罪。但若行为人在合同签订后，并没有设法履行合同，就有故意诈骗他人财物的企图了，此时就应以合同诈骗罪论处。

2. 内容半真半假的合同

内容半真半假的合同，就是那种行为人只具有某种履行合同的意向，就与第三人签订合同，其内容带有半真半假的性质。这类合同客观上已经具备部分履约的可能性，但要受到许多条件的制约。如果行为人有履约意图，客观上也为履行合同做积极努力，最后因种种客观原因未能履行合同，不能认定为诈骗犯罪。相反，如果行为人借有部分履约能力之名行诈骗之实，没有为合同的进一步履行做出努力，就应当以合同诈骗罪论处了。

3. 内容完全虚假的合同

内容完全虚假的合同，即行为人是在完全没有履约能力情况下签订的合同。行为人在主观上就没有准备履行合同，占有他人财物的动机明显，应当以合同诈骗罪论处；但行为人主观上无长期占有他人财物的意图，只是想临时借用，待将来有收益后再行归还对方的，一般不宜以合同诈骗罪论处。

（五）掌握合同诈骗犯罪与合同欺诈行为的界限

合同诈骗犯罪也往往同合同欺诈行为交织在一起，但是二者也有明显的区别，主要表现在以下几个方面：

1. 主观目的不同

合同欺诈是为了用于经营，借以创造履行能力而为欺诈行为以诱使对方陷入认识错误并与其订立合同，不具有非法占有公私财物的目的，只希望通过实施欺诈行为获取对方的一定经济利益；而合同诈骗罪是以签订经济合同为名，达到非法占有公私财物的目的。

2. 欺诈的内容与手段不同

合同欺诈有民事内容的存在，即欺诈方通过商品交换，完成工作或提供劳务等经济劳动取得一定的经济利益。而合同诈骗罪根本不准备履行合同，或根本没有履行合同的实际能力或担保。合同的民事欺诈一般无需假冒身份，而是以合同条款或内容为主，如隐瞒有瑕疵的合同标的物，或对合同标的物质量作虚假的说明和介绍等；而合同诈骗罪的行为人是为了达到利用合同骗取财物的目的，总是千方百计地冒充合法身份，如利用虚假的姓名、身份证明、授权委托书等骗取受欺诈方的信任。

3. 欺诈财物的数额不同

以非法占有为目的，在签订、履行合同过程中，骗取对方当事人财物，数额在二万元以上的，才涉嫌构成合同诈骗罪。

4. 欺诈侵犯的客体不同

合同欺诈的客体是双方当事人在合同中约定的权利义务关系，如欺诈方骗来的合同定金、预付款等，都是合同之债的表现物；而合同诈骗罪侵犯的客体是公私财物的所有权，作为犯罪对象的公私财物始终是物权的体现者。

5. 欺诈的法律后果不同

合同欺诈是无效的民事行为，当事人可使之无效。若当事人之间发生争议，引起诉讼，则由合同欺诈方对其欺诈行为的后果承担返还财产、赔偿损失的民事责任；而合同诈骗罪是严重触犯刑律，应受刑罚处罚的行为，行为人对合同诈骗罪的法律后果要负担双重的法律责任，不但要负刑事责任，若给对方造成损失，还要负担民事责任。

6. 欺诈适用法律不同

合同欺诈虽在客观上表现为虚构事实或隐瞒真相，但其欺诈行为仍处在一定的限度内，故仍由合同法规范调整；而合同诈骗罪是以非法占有他人公私财物为目的，触犯刑律，应受到刑罚处罚，故由刑法规范调整。

四、签订、履行合同失职被骗犯罪的风险防控

签订、履行合同失职被骗罪是指国有公司，企业、事业单位直接负责的主管人员，在签订、履行合同过程中，因严重不负责任而被诈骗，致使国家利益遭受重大损失的行为。现实生活中，国有公司，企业、事业单位的工作人员在签订、履行经济合同的过程中严重不负责任，未向主管单位或有关单位了解，盲目同无资金或无货源的另一方进行购销活动；有的不了解对方情况，擅自将本单位资金借出受骗，有的违反外贸法规规定，未经咨询，不调查客户信誉情况，盲目与外商成交或擅自作经济担保，结果被诈骗造成重大经济损失。鉴于这种行为具有一定的普遍性和典型性，为严肃法纪，保护国有资产的安全，保障市场经济健康发展，《刑法》第167条规定了签订、履行合同失职被骗罪。

（一）签订、履行合同失职被骗犯罪立案标准

根据最高人民检察院、公安部《关于公安机关管辖的刑事案件立案追诉标准的规定（二）》第14条规定，国有公司，企业、事业单位直接负责的主管人员，在签订、履行合同过程中，因严重不负责任被诈骗，涉嫌下列情形之一的，应予立案追诉：

1.造成国家直接经济损失数额在五十万元以上的；

2.造成有关单位破产，停业、停产六个月以上，或者被吊销许可证和营业执照，责令关闭、撤销、解散的；

3.其他致使国家利益遭受重大损失的情形。

金融机构，从事对外贸易经营活动的公司、企业的工作人员严重不负责任，造成一百万美元以上外汇被骗购或者逃汇一千万美元以上的，应予立案追诉。

（二）签订、履行合同失职被骗犯罪的认定

如何认定签订、履行合同失职被骗犯罪，应综合此罪的犯罪构成及危害结果等因素而定。具体可以从以下几个方面认定：

1.主体要件

本罪的主体为特殊主体，只有国有公司，企业、事业单位的直接负责的主管人员才能构成本罪，其他主体不构成本罪。所谓直接负责的主管人员，是在国有公司，企业、事业单位中对该合同的签订、履行负领导责任的人员。

2.主观方面

主观方面是过失。如果行为人是与对方当事人恶意串通，合伙诈骗国有公司，企业、事业单位的财产，则是诈骗的共同犯罪而不再是本罪。

3. 客观要件

本罪在客观方面表现为签订、履行合同的过程中，因严重不负责任，致使国家利益遭受重大损失的行为。

（1）国有公司，企业、事业单位直接负责的主管人员在签订、履行合同过程中严重不负责任而被诈骗。所谓合同，是指处于平等地位的当事人之间设立、变更或终止民事关系、经济关系等的一种协议，如买卖合同，承揽合同，技术、融资、租赁、居间、担保、劳务、期货等合同。所谓签订合同，是指当事人之间就合同的条款进行协商，从而使各方的意思表示趋于一致的过程。所谓履行合同，是指双方当事人按照合同规定的条款履行自己的义务，从而将双方当事人的合同目的因此得以实现的行为。只有属于在签订、履行合同的过程中因严重不负责任而导致了被诈骗的事实，才可构成本罪。所谓严重不负责任，在这里是指不履行或者虽然履行但不是正确、认真地履行自己在合同签订、履行过程中应当履行的职责。其表现形式多种多样，如粗枝大叶、盲目轻信，不就对方当事人的合同主体资格、资信情况、履行能力等进行认真的咨询、调查、了解、审查；应当公证或者鉴证的不进行公证或鉴证；贪图个人私利，关心的不是标的质量、价格，而是从中得到多少回扣，捞到多少好处。得到好处后，在质量上舍优求劣，在价格上舍低就高，在路途上舍近求远，在来源上舍公取私等；违规让售或赊购非滞销或是紧俏的商品；擅自越权作主签订、履行合同；急功近利，不辨真假，盲目吸引外资，上当受骗；违反规定为他人签订经济担保合同；发现合同无效或对方根本没有履行能力，仍不坚持自己应当拥有的合法权益，甚至撒手不管，听之任之，等等。如果并不存在严重不负责任的行为，或者虽有严重不负责任的行为但不是因此而被诈骗，即使有重大过失，亦不能以本罪论处。所谓被诈骗，是指他人出于非法占有的目的，在签订、履行合同的过程中，故意采用虚构事实或者隐瞒真相的手段，致使其发生错误的认识，从而导致公司、企业财产被他人骗取。无被诈骗的事实，即使国有公司，企业、事业单位的直接负责的主管人员在工作中具有严重不负责任的玩忽职守行为，亦不能构成本罪，这是本罪构成的一个重要客观条件。

（2）在签订、履行合同过程中，因严重不负责任而被诈骗，必须致使国家利益遭受了重大损失。如果没有带来损失或者虽然带来损失但不是重大的损失，即使有上述严重不负责任的行为，也不能构成本罪。对方出于诈骗故意实施诈骗行为如因意志以外的原因如被及时发现而未得逞，或者虽然得逞，但通过各种途径如法律途径得以追回，造成的损失包括诉讼费用、追缴被诈骗钱财的费用等并不重大，都不能以犯罪论处。所谓国家利益遭受重大损失，是指造成大量的资金、财物被诈骗而无法追回；或因对方诈骗造成无法供货，被迫停产甚或濒临破产、倒闭等严重后果。

4. 客体要件

本罪的客体是国有公司，企业、事业单位的财产权益和社会主义市场经济秩序。国有公司，企业、事业单位在社会经济生活中担负着举足轻重的作用。国有公司，企业、事业单位的主管人员背离市场活动的基本原则，玩忽职守严重不负责任，被诈骗，必然会使国有公司，企业、事业单位的正常活动遭到破坏，使国家和人民利益受到损害。

（三）签订、履行合同失职被骗犯罪的刑事责任

对于构成签订、履行合同失职被骗犯罪的，应按照《刑法》第167条之规定追究其刑事责任，即："国有公司，企业、事业单位直接负责的主管人员，在签订、履行合同过程中，因严重不负责任被诈骗，致使国家利益遭受重大损失的，处三年以下有期徒刑或者拘役；致使国家利益遭受特别重大损失的，处三年以上七年以下有期徒刑。"

五、国家机关工作人员签订、履行合同失职被骗犯罪的风险防控

（一）国家机关工作人员签订、履行合同失职被骗犯罪立案标准

国家机关工作人员签订、履行合同失职被骗犯罪，是指国家机关工作人员在签订、履行合同过程中，因严重不负责任被诈骗，致使国家利益遭受重大损失的行为。根据最高人民检察院《关于渎职侵权犯罪案件立案标准的规定》中规定，国家机关工作人员签订、履行合同失职被骗犯罪是指国家机关工作人员在签订、履行合同过程中，因严重不负责任，不履行或者不认真履行职责被诈骗，致使国家利益遭受重大损失的行为。涉嫌下列情形之一的，应予立案：

1. 造成直接经济损失30万元以上，或者直接经济损失不满30万元，但间接经济损失150万元以上的；

2. 其他致使国家利益遭受重大损失的情形。

（二）国家机关工作人员签订、履行合同失职被骗犯罪的认定

如何认定国家机关工作人员签订、履行合同失职被骗犯罪，应综合此罪的犯罪构成及危害结果等因素，主要从以下几个方面考量：

1. 客体要件

本罪侵犯的客体是国家机关的正常活动，由于国家工作人员对本职工作严重不负责，不遵纪守法，违反规章制度，不履行应尽的职责义务，致使国家经济利益受到重大损失，给国家、集体和人民利益造成严重损害，从而危害了国家机关的正常活动。

2. 客观要件

本罪在客观方面表现为国家机关工作人员在签订、履行合同过程中，因严重不负责任被诈骗，致使国家利益遭受重大损失的行为。

（1）必须有在签订、履行合同的过程中违反有关工作纪律和规章制度，严重不负责任的行为，包括作为和不作为。所谓的作为，是指国家机关工作人员在签订、履行合同的过程中不正确履行职责义务的行为。有的工作马马虎虎，草率从事，敷衍塞责，对于自己应该履行的，而且也有条件履行的职责，都不尽自己应尽的职责义务。

本条规定的犯罪行为发生在签订、履行合同过程中。所谓签订，是指当事人双方就合同的主要条款经过协商，达成一致。所谓履行，是指合同当事人对于合同中所规定的事项全部并适当地完成。所谓严重不负责任，一般有如下一些表现：粗枝大叶、盲目轻信，不认真审查对方当事人的合同主体资格、资信情况；不认真审查对方的履约能力和货源情况；应当公证或者鉴证的不予公证或鉴证；贪图个人私利、关心的不是产品的质量和价格，而是个人能否得到回扣，从中捞取多少，得到好处后，在质量上舍优取劣，在价格上舍低就高，在路途上舍近求远，在供货来源上舍公取私；销售商品时对并非滞销甚至是紧俏的商品，让价出售或赊销，以权谋私，导致被骗；无视规章制度和工作纪律，擅自越权签订或者履行合同；急于推销产品，上当受骗；不辨真假，盲目吸收投资，同假外商签订引资合作等协议；违反规定为他人签订合同提供担保，导致发生纠纷时承担担保责任，等等。

（2）必须具有因严重不负责被诈骗，致使国家利益造成重大损失的结果。所谓重大损失，是指给国家和人民造成的重大物质性损失和非物质性损失。物质性损失一般是指人身伤亡和公私财物的重大损失，就本罪而言，一般是指重大的经济损失。非物质性损失是指严重损害国家机关的正常活动和声誉等。认定是否重大损失，应根据《刑法》实践和有关规定，对所造成的物质性和非物质性损失的实际情况，并按直接责任人员的职权范围全面分析，以确定应承担责任的大小。

根据1999年9月16日最高人民检察院发布施行的《关于人民检察院直接受理立案侦查案件立案标准的规定（试行）》的规定，涉嫌下列情形之一的，应予立案：①造成直接经济损失30万元以上的；②其他致使国家利益遭受重大损失的情形。

（3）严重不负责任行为与造成的重大损失结果之间，必须具有《刑法》上的因果关系，这是确定刑事责任的客观基础，严重不负责任行为与造成的严重危害结果之间的因果关系错综复杂，有直接因果，也有间接因果；有主要因果，也有次要因果；有领导者的责任，也有直接责任人员的过失行为，构成本罪，应当追究刑事责任的，则是指严重不负责任行为与造成的严重危害结果之间有必然因果联系的行为。

3. 主体要件

本罪主体为特殊主体，即是国家机关工作人员，根据本法的规定，国家机关工作人员是指在国家各级人大及其常委会、国家各级人民政府及各级人民法院、人民检察院中从事公务的人员。

4. 主观要件

本罪在主观方面只能由过失构成，故意不构成本罪。也就是说，行为人对于其行为所造成重大损失结果，在主观上并不是出于故意而是由于过失造成的，他应当知道自己在签订、履行合同过程中的严重不负责任的行为，可能会发生一定的社会危害结果，但是他因疏忽大意而没有预见，或者是虽然已经预见到可能会发生，但他凭借着自己的知识或者经验而轻信可以避免，以致发生了造成严重损失的危害结果，行为人主观上的过失是针对造成重大损失的结果而言，但并不排斥行为人对自己严重不负责任的行为可能是故意的情形，如果行为人在主观上对于危害结果的发生不是出于过失，而是出于故意，不仅预见到，而且希望或者放任它的发生，那就不属于本罪所定的犯罪行为，而构成其他的故意犯罪。

（三）国家机关工作人员签订、履行合同失职被骗犯罪的刑事责任

对于构成国家机关工作人员签订、履行合同失职被骗犯罪的，应按照《刑法》第406条之规定追究其刑事责任，即："国家机关工作人员在签订、履行合同过程中，因严重不负责任被诈骗，致使国家利益遭受重大损失的，处三年以下有期徒刑或者拘役；致使国家利益遭受特别重大损失的，处三年以上七年以下有期徒刑。"

（四）认定本罪要注意与对方的行为结合起来

只有对方出于非法占有的目的，采取虚构事实或隐瞒事实真相的手段实施了诈骗，且构成合同诈骗犯罪的情况下，本罪才能构成。如果对于不是出于非法占有的目的，即使有虚构事实或隐瞒真相的手段，后亦因自己的行为造成了国家利益重大损失，但由于对方行为不属诈骗，因而也不能以本罪论处。因此，本罪的成立要以对方实施合同诈骗的犯罪成立为前提；当然，对方诈骗犯罪成立，并不意味着本罪一定成立，如认真履行了自己的职责，却被对方诈骗，或者对方虽然诈骗得逞、后又追回了一些损失并未造成重大损失的，就不应以本罪定罪。

第三章　买卖合同风险防控

买卖是经济生活中最基础、最重要、最典型的交易方式。买卖合同纠纷案件是人民法院受理的民商事案件中最常见、数量最大的案件类型。世界各国的合同法乃至民法典均将买卖合同置于有名合同的首位。我国也不例外，例如《合同法》第9章，通过46个条文，比较全面系统地规定了买卖合同法则，该章居于分则所规定的十五种有名合同的首位，彰显了买卖合同的统领地位；特别是《合同法》第174条明确规定："法律对其他有偿合同有规定的，依照其规定；没有规定的，参照买卖合同的有关规定。"据此，很多学者将买卖合同章称为《合同法》的"小总则"，它在《合同法》中是仅次于合同法总则的纲领性条款。也就是说，买卖合同是其他很多合同的"母合同"，其他合同基本上都是在买卖合同的规则的基础上发展、变通或者变种而来的。因此，买卖合同的风险防控技能，普遍地适用于其他合同风险的防控；掌握了买卖合同的风险防控技能，对于防控其他合同风险会起到事半功倍的效果。

第一节　买卖合同概述

买卖合同，是指合同的一方当事人将自己的东西卖于另一方合同当事人，而且另一方必须支付对价，即完成标的物的所有权的转移。买卖合同是商品交换最普遍的形式，也是典型的有偿合同。根据《合同法》第174、175条的规定，法律对其他有偿合同的事项未作规定时，参照买卖合同的规定；互易等移转标的物所有权的合同，也参照买卖合同的规定。

一、买卖合同的法律特征

（一）买卖合同是转移财产所有权的合同

转移所有权的合同，是指以转移财产所有权为内容的合同，即由当事人一方向他方交付特定的财产并转移该财产的所有权，他方接受该财产并取得该财产所有权的合同。转移财产所有权，是当事人订立买卖合同的目的，也是履行买卖合同的结果，因而是买卖合同的本质所在。对于作为合同标的物的财产，一方面应当表现为有形的、具体的物品，不包括无体物和财产权利；另一方面该财产还应当属于出卖人所有或者出卖人有权处分，并不属于法律、行政法规禁止或者限制转让的范围之列。

（二）买卖合同是有偿合同

买卖合同的实质是以等价有偿方式转让标的物的所有权，即出卖人转移标的物的所有权于买方，买方向出卖人支付价款。这是买卖合同的基本特征，使其与赠与合同相区别，是有偿民事法律行为。

（三）买卖合同是双务合同

在买卖合同中，买方和卖方都享有一定的权利，承担一定的义务。而且，其权利和义务存在对应关系，即买方的权利就是卖方的义务，买方的义务就是卖方的权利，是双务民事法律行为。

（四）买卖合同是诺成合同

买卖合同自双方当事人意思表示一致就可以成立，不以一方交付标的物为合同的成立要件，当事人交付标的物属于履行合同。

（五）买卖合同一般是不要式合同

通常情况下，买卖合同采用何种方式订立，一般由当事人双方自行确认。除法律、行政法规有特别规定外，买卖合同的成立并不需要采用特定的形式和履行特别的手续。

二、买卖合同中的当事人

在买卖合同的当事人中，出卖财产的一方称为出卖人或卖方，接受财产并支付价款的一方称为买受人或买方。在一般情况下，所有权人是最经常的出卖人，但也有例外（如行纪人、代理人、担保物权人等）。《合同法》对买卖合同的当事人的主体资格并未作特殊要求。因而，平等主体的自然人、法人或其他组织均可作为买卖合同的任何一方当事人。当然，对某些特殊物为标的物的买卖，法律亦对主体进行了一定限制。另外，法人或其他组织还要受其经营范围的限制。在买卖合同法律关系中，合同双方当事人的权利和义务是对等的，出卖人的权利就是买受人的义务，反之亦然，买受人的权利即是出卖人的义务。

（一）出卖人的主要权利和义务

1. 出卖人的主要权利

在买卖合同法律关系中，出卖人最基本的权利是请求买方支付价金并取得价金的所有权。

2. 出卖人的主要义务

（1）交付标的物

交付标的物是出卖人的首要义务，也是买卖合同最重要的合同目的。标的物的交付可分为现实交付和观念交付。现实交付是指标的物交由买受人实际占有；观念交付包括返还请求权让与、占有改定和简易交付。

（2）转移标的物的所有权

买卖合同以转移标的物所有权为目的，因此出卖人负有转移标的物所有权归买受人的义务。为保证出卖人能够转移标的物的所有权归买受人，出卖人出卖的标的物应当属于出卖人所有或者出卖人有权处分；法律、行政法规禁止或者限制转让的标的物，依照其规定（《合同法》第132条）。

（3）权利瑕疵担保义务

为保障买受人取得所有权，出卖人应担保其出卖的标的物的所有权完全转移于买受人，第三人不能对标的物主张任何权利。除法律另有规定外，出卖人就交付的标的物负有保证第三人不得向买受人主张任何权利的义务（《合同法》第150条），这就是出卖人的权利瑕疵担保义务。但买受人于订立合同时知道或者应当知道第三人对买卖的标的物享有权利时，则出卖人不负权利瑕疵担保义务（《合同法》第151条）。

（4）物的瑕疵担保义务

它是指出卖人就其所交付的标的物具备约定或法定品质所负的担保义务，即出卖人须保证标的物转移于买受人之后，不存在品质或使用价值降低、效用减弱的瑕疵。标的物欠缺约定或法定品质的，称为物的瑕疵。依其被发现的难易程度，物的瑕疵可划分为表面瑕疵和隐蔽瑕疵。

（二）买受人的主要权利和义务

1. 买受人的主要权利

买受人的基本权利是请求卖方交付货物并取得货物的所有权。

2. 买受人的主要义务

（1）支付价款

价款是买受人获取标的物的所有权的对价。依合同的约定向出卖人支付价款，是买受人的主要义务。买受人须按合同约定的数额、时间、地点支付价款，并不得违反法律以及公共秩序和善良风俗。合同无约定或约定不明的，应依法律规定、参照交易惯例确定。

（2）受领标的物

对于出卖人交付标的物及其有关权利和凭证，买受人有及时受领义务。

（3）对标的物检查通知的义务

买受人受领标的物后，应当在当事人约定或法定期限内，依通常程序尽快检查标的物。若发现应由出卖人负担保责任的瑕疵时，应妥善保管标的物并将其瑕疵立即通知出卖人。

当然，买卖合同的当事人除履行买卖合同的总义务即给付义务外，尚需承担法律规定或双方约定的付随义务。

三、买卖合同中的标的物

（一）标的物的内容

买卖合同的标的物是指卖方所出卖的货物。买卖合同广义上的标的物不仅指实物，而且包括其他财产权利，如债权、知识产权、永佃权等。我国《合同法》所规定的标的物采取狭义标准，指实物，不包括权利。买卖合同的标的物，是指能满足人们实际生活需要，并能为人们独立支配的财产。除法律予以禁止或限制的以外，任何标的物，无论是动产或不动产、种类物还是特定物、消费物还是非消费物，均可作为买卖合同的标的物。在我国，土地、山脉、河流、海洋只能由国家依法确定使用主体，不能作为买卖合同的标的物。

（二）标的物所有权的转移

买卖合同的标的物，除法律另有规定或当事人另有约定外，自交付时起发生所有权转移。

（三）标的物的风险责任承担

标的物的风险责任承担，是指买卖合同履行过程中发生的标的物意外毁损灭失的风险由哪一方当事人承担。在买卖合同中，对于债务不履行或不协助履行，标的物的风险通常由有过失的一方承担。在标的物非因双方当事人的故意或过失而发生意外毁损灭失的情况下，根据我国《合同法》规定，风险承担按交付原则确定。具体来说，即标的物毁损灭失的风险，在标的物交付之前由出卖人承担，交付之后由买受人承担，但法律另有规定或当事人另有约定的除外。对于不动产或船舶、航空器等以登记为权利变动公示的，风险由所有人承担。

对于各种不同交付方式，《合同法》确定的风险承担原则是：

1.买受人亲自提取标的物的，出卖人将标的物置于约定或法定地点时起，风险由买受人承担。

2.出卖人出卖交由承运人运输的在途标的物，除当事人另有约定外，自合同成立时起，在途风险由买受人承担。

3.对于需要运输的标的物，没有约定交付地点或约定不明确的，自出卖人将标的物交付给第一承运人起，风险由买受人承担。

4.买受人受领迟延的，自迟延成立时起承担标的物风险。

根据《合同法》规定，出卖人未按照约定交付有关标的物的单证和资料的，不影响标的物毁损、灭失风险的转移。因标的物质量不符合要求致使不能实现合同目的，买受人如果不接受标的物或者解除合同的，标的物毁损、灭失的风险由出卖人承担。

（四）标的物孳息归属

标的物交付前产生的孳息，归出卖人所有；交付之后产生的孳息，归买受人所有。

四、买卖合同中的所有权保留

所有权保留是指在转移财产所有权的商品交易中，根据法律的规定或者当事人的约定，财产所有人转移标的物的占有于对方当事人，但仍保留其对该财产的所有权，待对方当事人支付部分或全部价款，或完成特定条件时，该财产的所有权才发生移转的一种法律制度。

在买卖合同中双方约定的货物虽已交付买受人，但须支付所有欠款后标的物所有权方发生转移的条款。凡属这类买卖，买受人在已接受货物的交付，但未取得所有权期间，可将货物运用于生产过程，甚至可以将货物转卖，但此时买受人不是作为所有人，而是作为出卖人的受托人对货物进行处分。在此期间，如买受人破产或发生其他变化，出卖人可优先于买受人的债权人，以所有人的身份将货物或货物的价值收回。所有权保留条款的作用是利用物权优先于债权的法律原理，使出卖人的利益处于更可靠的地位，从而使交易过程中的风险降低到最小限度。所有权保留条款，分为简单保留条款和扩张保留条款。前者表现为，在买受人完全偿付价金之前，所有权不发生转移；后者表现为，如果买受人在完全偿付价金前已将货物在生产过程中消费掉，或已将其转卖，则出卖人就其货物制造的最终产品或转卖货物的收益享有所有权，买受人只是作为出卖人的受托人对最终产品或转卖收益进行占有。所有权保留条款实质上是一种担保方式，但与其他担保方式不同，它不凭借任何外来的人或物对交易的安全进行保证，而将交易的安全建立在标的物的所有权的效力上，因而比其他担保方式少受限制，从而使它在国际贸易中更有意义。

五、买卖合同的特殊类型

（一）分期付款买卖合同

分期付款买卖，是指买受人将其应付的总价款，在一定期限内分次向出卖人支付的买卖合同。其特点在于，合同成立之时，出卖人将标的物交付给买受人，价款则依合同约定分期支付。除法律另有规定或合同另有约定外，标的物的所有权自出卖人交付时起转移给买受人。买受人应按期履行支付价金的义务，若未按期付款，应承担违约责任。

（二）样品买卖合同

样品买卖，又称货样买卖，是指标的物品质依一定样品而定的买卖。当事人约定依样品买卖的，视为出卖人保证交付的货物与样品具有同一品质，其意义是出卖人提供一种质量担保。样品买卖的当事人应当封存样品，并可对样品质量作出说明。

（三）试用买卖合同

试用买卖，又称为试验买卖，是指合同成立时出卖人将标的物交付给买受人试用，买受人在试用期间内决定是否购买的买卖。此类买卖合同常见于新产品的买卖。一般认为，试用买卖合同属于附停止条件的买卖合同，即在所附买卖条件成就前，出卖人应将标的物交付给买受人试验使用，最终是否同意购买取决于买受人的意愿。

（四）招标投标买卖合同

招标投标买卖合同是指招标人通过招标公告、投标邀请书向特定或不特定人发出要约邀请，投标人通过投标发出要约，招标人选定中标人作出承诺或再经磋商而签订的买卖合同。招标投标一般分招标、投标、开标验标以及评标定标等阶段。招标投标买卖合同是在合同订立过程中引入招标投标竞争机制的特殊买卖合同，一般在大宗商品买卖、政府采购等交易中采用，如根据《招标投标法》第3条的规定，全部或部分使用国有资金投资、大型基础设施等项目中重要设备和材料的采购，就必须进行招标。

（五）房屋买卖合同

房屋买卖合同是指出卖人将房屋所有权依约转给买受人所有，买受人支付价金的买卖合同。房屋买卖合同与一般买卖合同的不同之处，在于房屋属于不动产。

六、买卖合同条款的构成要素

签订买卖合同是日常市场交易中最常见的一种活动，在签订买卖合同时一定要掌握其主要条款及其构成要素，以防合同欺诈，避免不必要的损失和纠纷。

（一）合同当事人的名称或者姓名和住所

如果主体是法人组织的应以营业执照名称为准，如果自然人以居民身份证上的名字为准。

（二）标的物名称、规格、型号、生产厂商、产地、数量及价款

1.合同标的物应全称具体，不能简写，注意标的物不得为法律禁止或限制流通物。

2.品种、规格、型号、等级、花色等要写具体注明，必要时可通过附件说明标的物的实际情况。

3.数量、价款要明确，包括数额的计量单位，大多数事项应由双方协定，同时需要标出标的物的单价、总价、币种、支付方式及程序等，各项须明确填写，不得含糊。

（三）质量要求方面

产品质量应按照国家标准，没有国家标准的应按照行业标准或企业标准，也可以协商确定。买卖合同应对货物质量重点加以约定，以便于验收，避免纠纷。卖方应当按照约定的质量标准交付标的物，如果交付的标的物附有说明书的，交付的标的物应符合说明书上的质量要求。

（四）产品的包装标准

货物的包装方式对于货物的完好至关重要，包装不到位就可能发生货损，引起纠纷。对于包装方式可以按约定的包装，无约定的应当按照通用的方式包装，没有通用方式的，应当采取足以保护标的物的包装方式。

（五）履行的期限、地点、方式

1.履行期限可按照年度、季度、月、旬、日计算，要准确、具体、合理，不能

用模棱两可的词语。

2.履行地点指的是交货地点，要写清楚、具体、准确。

3.履行方式指的是双方应约定交货、提货、运输方式和结算方式，要写得具体明确。

（六）交货的时间、地点、方式

交货的时间、地点和方式是合同的关键内容，它涉及双方的利益实现和标的物毁损灭失风险承担问题。一般情况下，标的物的所有权自交付时转移，风险承担随之转移。因此对交付的相关内容一定要在合同中予以明确。

（七）检验标准、时间、方法

合同中应当约定检验的时间、地点、标准和方法，买方发现质量问题提出异议的时间及卖方答复的时间、发生质量争议的鉴定机构等。买方收到标的物后应当在合同约定的检验期间内对标的物进行检验，如发现货物的数量或质量不符合约定应在检验期内通知卖方，买方怠于通知的，视为所交货物符合约定。合同没有约定检验期间的，买方应及时检验，并在发现问题的合理期间内通知卖方。

（八）结算方式

结算方式，应该具体、明确。对用支票进行支付应按规定程序检查，以免被套走标的物。针对虚开支票欺诈的，可以通过两种途径防范，一种是款到交货，根据支票转账所需时间，要求买方款到卖方账面后才交货，但这种方法一般很难使买方接受，除非货物供不应求；另一种是直接到出票人开户银行去持票入账，马上就能知道支票能否兑现，如能兑现可以即行转账，如被拒付可以立即停止发货，从而避免损失。

（九）违约责任方面

违约责任的约定，应该具体可行。如果双方违反了应尽的义务，应当按照合同约定承担违约责任，合同没有约定的按照法律规定承担违约责任。对违约行为的惩处，合同双方应在合同违约责任条款中加以详细描述。

（十）解决争议的方法

解决争议的方法，要明确具体。此外，对于约定的争议处理机构和起诉法院不得超出地域管辖权。

（十一）其他注意事项

包括合同使用的文字及其效力等条款。

第二节　买卖合同中的法律风险

一、合同订立的程序不规范

（一）合同订立前缺乏必要的可行性分析

兵法曰："知己知彼，百战不殆。"讲的是，在战前一定要充分了解对方的优劣条件，并在此基础上制订切实可行的作战计划，只有这样才能百战百胜。签合同做买卖也是如此。但在实践中，有些当事人在订立合同前缺乏对订立合同的目的、实现合同目的的方式，以及签约的各种主客观因素进行必要的科学性研究和可行性分析，甚至对合同当事人的主体资格及其履约能力等关键因素都缺乏了解，盲目与其签订合同，致使所签合同处于难以履行的危险状态。主要表现为：有的合同主体不明确或者主体混乱，甚至连自己都不知道与谁签约；有的合同虽然有主体，但主体不适格，甚至是无权人员滥权签订；有的故意将供货方填写成与签约人有关系但无供货能力，且无独立承担经济责任能力的单位，或者故意将需求方填写成与签约人有关系但无付款能力，且无独立承担经济责任能力的单位；有的合同当事人对合同的标的物不具有处分权，无法按约交付标的物；有的合同标的物的实际状况有瑕疵，不能按约交付标的物；有的合同当事人资信状况不佳，其生产经营能力和条件有限，难以履行合同。凡此种种，使企业所签订的买卖合同始终处于难以掌控的危险中。

（二）签订合同的形式存在隐患

由于种种原因，有些企业在实际工作中不重视合同的签订形式，甚至还采用口头形式和其他形式的"君子协定"。这种非书面形式的合同在发生纠纷时往往是责任难定，甚至被他人利用进行欺诈，风险较大。有些企业即使采用书面形式订立合同，但由于没有采用或者参照工商行政管理部门颁布的标准的合同示范文本，合同形式不规范，容易产生风险。合同形式不规范主要表现为：有的以口头形式代替书面合同；有的使用传真形式进行来往签订，而事后未取得合同原件；有的通过电子邮件签订，但没有对该电子邮件的真实性进行确认，并事后未取得书面合同备份；有的合同上双方单位名称前后不统一，合同署名处不写明签名人是法定代表人还是法定代表人授权的其他委托代理人；有的合同落款处没有加盖公章，或者加盖的印章是没有备案的合同章甚至业务章，或者加盖的是分公司或者下属部门的印章；有的多页合同没有盖骑缝章，甚至有的合同修改处也没有加盖印章或者手印；有的合同对双方当事人基本情况记载不详细；有的合同打印文本和手写文本同时存在，等等。所有这些都为后来的合同履行埋下了纠纷隐患。

（三）误将广告或者订单当邀约

实践中，有不少商家通过散发订单的方式招揽生意，这种订单充其量只是要约邀请。但如果在双方事先没有订立合同的情况下，你按照订单付款或者交货了，则你必须接受订单的约束，因为你的付款或者交货行为就是表示已经承诺，对方发给你的订单行为就表示要约，他的订单在没有合同的前提下已经上升为合同了。即使你们双方有合同，若订单的内容在合同之外，你仍然也受订单的约束，尽管这个订单上有不合理条款，你也必须接受这个约束。因此，在收到订单后，切忌误将订单当要约，盲目发货。对于收到的订单，必须全面检查，发现不合理条款，立即回复，在对方修改订单后方可发货。

（四）特殊合同未履行登记、审批手续

《合同法》实施以来，大多数合同已经无须行政部门审批就能生效了。但是，有些少量的合同仍须按照我国法律规定由政府有关部门审批，如中外合资经营企业合同、中外合作经营企业合同、涉外经贸合同、技术引进合同、对外合作开采海洋石油资源合同、企业并购合同等。这些合同如果没有按照法律规定进行审批，或者经审查未被批准的，则合同不生效。但是，合同不生效并不意味着合同无效，不生效的合同经过批准后即可生效。另外，不要擅自调整已经审批合同的内容，若确需调整的，还须履行审批程序。

（五）合同管理缺乏有效规范

企业合同管理制度是合同管理的关键。构建合同管理体系，建立适合企业本身的合同管理制度是科学化合同管理的关键。有些企业合同管理制度不完备，缺乏合同风险控制能力，不具备应对合同纠纷和维权处理的能力；有些企业虽然有合同管理制度，但仅限于制度层面，不能灵活应用于实际的合同管理工作中。一般说来，合同管理中主要存在以下问题：（1）授权混乱；（2）印章管理混乱；（3）内部人员欺诈、失职，专业能力不强；（4）监督管理缺位；（5）违法违规操作，如阴阳合同、违法招投标、出借资质、商业贿赂，等等。

二、合同的主要内容或条款不完备

（一）标的物条款瑕疵

在买卖活动中，有的当事人不了解买卖物品在法律上有无限制、禁止买卖的规定，盲目签订合同后却因标的物为法律禁止流通或者限制流通物，而导致合同无效；有的当事人故意对产品的名称不写全称，混淆产品品种；有的供方不写产品牌号和商标，以期达到以次充好的目的；有的供方不写产品规格型号，企图交货蒙混过关；还有的供方不写生产厂家，想用价低的档次差的产品供货等。

（二）产品数量（计量）条款瑕疵

产品的数量本应以国家统一的标准计量单位来表示，但有的当事人却将产品数量或计量方法故意约定为本企业的标准或计量方式；也有的供方不写合理损耗，或将合理损耗写得较多；还有的供方不写随机备品或配件工具的数量等。

（三）产品质量条款瑕疵

产品质量是合同中的特别重要条款，如果产品质量出现严重问题，就不能实现合同目的。产品质量约定不准确会给以后产品的验收，以及货款的催收等带来麻烦。现实中，有的当事人故意不写质量标准，对于成套产品也不写附件的质量标准，即使看样订货的也不封存样品；有的供方故意对质量负责的条件签订苛刻一些，以期达到不负责任的目的，或者故意将质量负责的期限写得过短，使需方根本没有时间提出质量异议。

（四）货物交付条款瑕疵

在日常交易中，大量存在交付不规范的情形。有的存在没有交接（付）的记录；有的虽然有交付的记录，但接受对象存在重大瑕疵，接受主体不合法。比如送货单上仅有接收方的一个"库管员"的签收，而没有合同签订人签收，也没有法定代表人的确认，更没有加盖买方的公章，一旦库管员"失踪"，则卖方难以主张其权利。有的不写交货地点，不写清交货方式，以达到不承担风险责任的目的，也为纠纷管辖设下埋伏；有的供方不写交货时间，或将交货时间写成"在某年某月某日至某年某月某日交货"，而不写"某日具体交多少货"；有的不写或不写清运输方式，笼统写到达站（港），不写费用负担，等等。

（五）货物验收条款瑕疵

供方不写验收标准、方法及提出异议的期限，或将提出异议的期限订得过短，以便尽快过了质量异议期后，视为全部合格，规避风险。

（六）价款支付条款瑕疵

在买卖合同中，有的对价款的支付时间约定不清晰，或不写结算方式和期限，或只写结算方式，不写结算期限，以达到拖延付款的目的；有的不写单价，逃避物价检查，并为偷、漏税创造条件；有的需方只写金额数量，不写币种；有的虚开支票，套取货物；有的借签订合同之名骗取定金、预付款，等等。

（七）违约责任条款瑕疵

有的买卖合同完全没有违约条款，特别是有可能违约的一方，不写违约责任，或将违约责任写得过轻；有的合同虽有违约条款，但内容笼统，如"一方违约应向对方支付违约金"，并没有涉及违约金的具体数字以及违约后如何进行处理，这给日后的索赔造成困难；有的适用定金罚则不当，如有的合同约定的定金数额已经超过了主合同标的额20%，还有的合同约定的违约金数额已经超过了造成损失的30%等，这些超出部分很可能得不到人民法院的支持。

（八）保证条款瑕疵

保证担保人的资格不符合法律规定，有些国家机关和学校、医院等以公益为目的的事业单位，以及未经授权的企业法人分支机构、职能部门等提供担保的情况时有发生。有些担保人虽具有担保资格，但其信誉状况、资产数量、质量及负债比例严重存疑，难以保证其具有履行偿债义务的可能性。也有些企业没有注意保证责任的免除问题，导致保证合同失效。如根据《担保法》规定，在下列情况下，保证人不再承担保证责任：1.保证合同中没有约定保证责任期限或约定期限不明确的，在一般保证时，主债务履行届满6个月后，在连带责任保证时，超过6个月的法定保证期间，保证人不再承担保证责任；2.债权人未在约定的保证期限内向保证人主张权利的，保证人不再承担保证责任；3.保证期间，保证人对未经其同意转让的债务，不再承担保证责任；4.未经保证人书面同意，债权人与债务人协议变更主合同的，保证人不再承担保证责任。

（九）所有权保留条款瑕疵

所有权保留本来只适用买卖合同中有效控制违约风险的手段，如果运用得当，即使标的物已经交付完毕，仍然可以很好地维护交付方的财产权益，特别是在执行阶段，债务人如果还有其他债务，那么标的物不能对其他债务进行清偿。但在实践中，有些企业在买卖合同中根本没有约定所有权的保留条款，使出卖人的财产始终处于风险状态。有些企业虽然约定了所有权保留条款，但运用不当，导致无效。这种情形主要包括：1.将保留所有权条款适用于买卖合同之外的合同中；2.出卖人要求归还已经制造成其他产品的货物；3.出卖人主张返还已经被对方出售的货物；4.交付方要求对方归还已不能识别且不能证明为原物的货物等。

三、合同的履行暗藏杀机

（一）恶意履行合同

签订了一份内容齐备、详尽完善的合同并不代表没有任何风险。在实际履行中很有可能出现恶意履行的情况，常见的恶意履行主要有：1.借口产品质量有问题而拒绝付款；2.产品真有质量问题而故意隐瞒不告知对方；3.在对方多交货时故意不通知对方；4.在对方履约不符合合同约定时，不及时采取措施避免或减少损失的发生；5.故意设立陷阱，骗取定金或者预付款；6.一女多嫁，重复买卖现象时有发生，等等。

（二）怠于主张权利

在合同签订后履行阶段，由于当事人主、客观条件的变化和情势变更等原因，合同的履行仍然暗藏风险。如因经营状况严重恶化等，对方已经丧失或者可能丧失合同履行能力；或者因对方迟延履行或者有其他违约行为而导致合同目的不能实现的，等等。当上述情形发生时，合同当事人本应该及时主张权利，行使不安抗辩权、先履行抗辩权或者同时履行抗辩权，及时变更、中止或者解除合同，维护自己的合法权益。但由于种种原因，当事人怠于行使这些权利，致使自己的利益受到或者可能受到损害。

四、合同争议的解决缺乏举措

（一）管辖权的约定不明确

在合同发生纠纷需要通过诉讼或者仲裁解决时，首先要确定谁有管辖权的问题，这个问题往往对案件的处理结果有着重要的影响。实践中，有许多合同对发生争议后管辖权问题没有约定，即使有约定也往往选择对优势方有利的合同纠纷解决方式和管辖机构，这就增加了诉讼成本和风险。约定管辖权常见的错误有：1.没有约定管辖权，一旦合同发生纠纷时，不知所措；2.约定的管辖权不明确，关于管辖权的表述不清楚，容易产生歧义，如"如果发生争议，可由双方所在地法院管辖"等；3.约定由"原告所在地、被告所在地、合同签订地、合同履行地、标的物所在地"五个地方以外的法院管辖；4.约定违反了级别管辖的规定，如将普通案件约定由某地中级人民法院管辖；5.约定违反了专属管辖的规定，如将普通买卖合同纠纷约定由某地海事法院管辖，等等。

（二）诉讼时效把握不好

在日常经济往来中，对方拖欠货款的情况比较常见，原因也比较复杂。但对于多数企业来说，主要有：有的公司出于还要与拖欠方继续发生业务往来的考虑，碍于情面对其所欠货款予以宽容；有的企业怕打官司影响了双方的合作关系，轻易听从对方的承诺和再承诺，对其所欠货款一再延期收取；有的甚至对所欠货款漠不关心，怠于催收，等等。从而导致有的货款被拖延数年，有的甚至被拖延长达十几年之久。当你考虑到要通过诉讼解决时，诉讼时效已经过期，你的诉讼主张或者实体权利已经得不到法律的支持或者保护，从而导致巨大经济损失。

（三）有些诉权未及时行使

合同当事人在起诉前或者起诉后，如果发现另一方当事人隐匿、转移或者挥霍争议中的财产或者以后用于执行的财产，很有可能会使生效的判决不能得到执行，就必须及时申请人民法院诉讼保全措施，查封、扣押或者冻结相关当事人的财产或者争议的标的物，以避免财产遭受损失。但由于种种原因，当事人未能及时行使诉权，导致生效的判决不能得到执行，使自己遭受重大经济损失。

同时，当债权人发现债务人怠于行使其到期债权，给自己造成损害的，债权人可以向人民法院请求以自己的名义代位行使债务人的债权，以保全自己的债权；或者当债权人发现债务人放弃其到期债权或者无偿转让财产，对自己造成损害的，债权人可以请求人民法院撤销债务人的行为；或者债权人发现债务人以明显不合理的低价转让财产，对自己造成损害的，并且受让人知道该情形的，债权人也可以请求人民法院撤销债务人的行为。但是，由于种种原因，债权人并没有及时行使代位权或者撤销权，致使自己本应该通过诉讼得到的财产而没有得到，损失惨重。

（四）打官司缺乏必要证据

在合同的履行过程中，有些公司法律意识淡薄，不重视证据的收集和保存，一旦面临诉讼举证，就束手无策。有的就根本没有保存证据；有的虽然有证据，但证据不全；有的在合同履行时有证据，但后来由于不管不善，证据丢失或者损坏等。凡此种种，一旦发生诉讼，造成举证困难，甚至要承担败诉的后果。

五、电子合同存在特殊风险

随着互联网的发展以及"互联网+"概念的兴盛，作为交易桥梁和纽带的传统纸质合同也开始慢慢地被电子合同所取代。人们通过缔结电子合同来进行交易的情况越来越多，但是由于市场环境固有的一些缺陷，以及相关法律的不完善，目前电子合同存在种种难以预测的特殊风险。

（一）主体欺诈风险

因为订立电子合同的双方当事人身处异地，一方在采用电子合同方式签约时无法自动得到对方的接收确认。同时，由于网上空间的虚拟状态，商业信誉、个人信用等对网络交易各方约束力不大，因而存在交易主体资格的确认问题，也存在任何防止网上交易主体资格的假冒或者虚构的问题。目前从技术的角度主要是通过电子签名来确认主体资格，但需要一个认证系统对电子签名的真实性和合法性进行认证。

（二）放弃风险

放弃是指数据电文发送人否认已发送电文，或者接收人否认已接收电文的行为。这一行为可能出于错误，也可能出于恶意。根据《合同法》的相关条款规定，对当事人采取数据电文形式订立合同的行为均实行到达生效主义，即该数据电文到达相对人方生效。如果对方以未收到或者未发送数据电文为由来逃避责任，会形成对自己的单方合同行为如何举证的潜在风险，称之为放弃风险。

（三）内容异议风险

所谓内容异议风险，是指数据电子合同发送人对接收人所收到的电文内容提出异议，认为其内容与自己所发原件相比发生了变化；或者接收人对发送者所持的发送原件存本内容提出异议，认为与自己所收电文内容不符。在目前网络技术条件下，信息安全问题比较突出，可能有多种因素造成数据电文损坏或者丢失。同时，数据加密程序也存在法律效力不明的问题，并且也无法解决由于线路不畅而造成的数据电文不完整传送问题。因此，一旦对方提出异议，当事人举证也非常困难。

（四）举证风险

电子证据举证问题非常突出，这是因为电文只能以数据的形式存储于计算机内，很难确定其通过输出设备打印出来的哪一份是"原件"，也很难证明其打印件与原件数据相符而未经改动。一方面，网络所存在的各种风险诸如网络故障、黑客攻击等常造成用户邮件丢失；另一方面，即使邮件仍然存储于计算机中，但通常情况下，由于相对人可以随时删除邮件，因此举证人在法庭上能提供的邮件的打印件，显然这种打印件需要权威机构认证其真伪后方能作为证据使用。

第三节　买卖合同风险防控技能

签订买卖合同是日常市场交易中最常见的一种活动。在签订买卖合同过程中，对于一些细节和条款，应慎之又慎，以防合同欺诈，避免不必要的损失和纠纷。对买卖合同的风险防控，除了参照本书第二章的内容操作外，还应注意掌握以下技能：

一、买卖合同签订前的风险防控

（一）审核合同当事人的名称或者姓名和住所

主要确认合同主体是否具备订立合同的资格，同时核实签约方是否具有实际履行能力。

1. 主体是法人组织的

对于主体是法人组织的，应重点审核：

（1）在订立合同时要求对方提供资格证明，如营业执照的原件，并注意其证件复印件等非原件的证明材料的真实性，防止造假；

（2）注意审查营业执照是否有瑕疵，比如被吊销、被暂扣等情况；

（3）通过当地的市场监督管理部门核实其年报情况，通过当地税务部门核实其纳税情况，综合评估其合同实际履行能力；

（4）确认出卖方必须是标的物的所有人或者有权处分该物的组织。

2. 主体是个人的

对于主体是个人的，应重点审查：

（1）该自然人的居民身份证信息状况；

（2）通过对其单位及其同事、家庭、朋友、邻居等进行调查，以获取相关信息，综合判断其是否具有履约能力和信用程度。

3. 主体是代理人的

对于对方业务员或经营管理人员代表其单位订立合同的，应注意了解对方的授权情况，包括授权范围、授权期限、介绍信的真实性；对非法定代表人的高级管理人员，如副总经理、副董事长等，应了解其是否具有代表权。只有这样，才能避免无权代理情形的发生。

（二）采用书面形式，并争取合同文本的起草权

1. 采用书面形式签订合同

一般而言，除了交货的同时付款的合同外，买卖合同应以书面的形式签订合同，在以信件和数据电文（包括电报、电传、传真、电子数据交换和电子邮件）等形式签订合同时一定要要求以书面的形式做最后的确认，以避免双方在履行过程中发生分歧。在合同内容发生变更时，应及时签订书面的补充协议，特别是关于产品质量标准、材料设备、合同期限、价款等合同主要条款变更的情况时，更要签订书面补充协议。如果没有书面补充协议，在发生纠纷时法院一般会认为没有变更。特别需要注意的是，根据《合同法》第36条、第37条的规定，如果法律、法规规定或当事人约定采用书面形式的，当事人未采取书面形式但一方已经履行主要义务，对方接受的，该合同成立并有效；采用书面合同形式订立合同，但在签字或盖章之前，当事人一方已经履行主要义务，对方接受的，该合同成立并有效。但这样的行为往往会给企业带来许多不必要的风险和麻烦，应当尽量地避免。

当然，在一些快捷、简便型的买卖关系中，采用"其他形式"建立合同关系的情形大量存在。比如在建筑工地建筑材料配送、超市物流以及电话购物等上门送货的情形，当事人常常以结算单、收货单等主张存在合同关系，要求对方支付价款。此外，现实中还大量存在第三人送货及凭送货单主张合同关系成立的情形。上述情形，因为没有书面合同，对方可能以签收人不是其工作人员等理由否定存在合同关系，而此时原告又很难证明签收人的身份，导致合同纠纷官司很难打。防止上述情况发生的有效方法就是与对方签订书面合同。若遇特殊情况不能签订书面合同的，也要用书面方式确定对方收货人的身份情况，如必要时可用自己的手机拍摄保留收货人收货的图片、音像资料等，以防万一。

2. 争取合同文本的起草权

合同是具有法律效力的法律文件，对合同双方具有法律约束力。一般来讲，合同起草方掌握主动权，其可以根据双方协商的内容，认真考虑写入合同中的每一条款，斟酌选用对己方有利的措辞，更好地考虑和保护自己的利益。因此，为了争取在履约过程中或发生争议时的主动地位，公司应制定自己的标准格式采购合同和供应合同，并要求对方接受自己的格式文本。在制定标准文本时，应充分考虑公司所进行的同类交易行为可能面临的法律问题和风险，以及出现该等问题或风险时有利于保护己方利益的最佳处理办法。采用自己的格式文本，不仅能节省交易成本，更重要的是减少交易风险，以及避免以后可能出现的争议。此外，即使自己不能单方面起草合同，也要争取与对方共同起草合同，不能将合同起草权完全交给对方。

（三）关注多重买卖，慎防"一女多嫁"

通常情况下，一个标的物买卖合同只是一个普通的买卖合同，出卖人与甲买受人签订了买卖合同，理应遵循合同严守原则，向甲履行合同并交付标的物。但实践中，会出现由于乙买受人出价更高，出卖人经过计算而认为卖给乙更划算，从而选择向甲承担违约责任，将货物卖给了乙的现象。出卖人在未交付标的物前就同一标的物同时或者先后出卖给不同的买受人时，将发生一物数卖或者多重买卖。这种对同一标的物订立多重买卖合同的，称之为"一女多嫁"。具体而言，多重买卖通常是在出卖人因标的物的价格上涨、后买受人支付的价金更加有利可图的情况下发生的。出卖人本应履行前一买卖合同，交付标的物于先买受人，但其却不履行该义务而将同一标的物出卖给后买受人，明显违反诚实信用原则。其在履行合同与不履行合同并承担违约责任之间的选择方面，通常选择后买受人支付的高价而对先买受人自愿承担低于高价的违约赔偿责任，从而损害交易安全。另外，在数个合同均面临实际履行的请求场合，也容易催生出卖人与个别买受人恶意串通行为的发生。此前，处理多重买卖合同，往往简单地认定一部分合同无效或者予以撤销，甚至认定为刑事犯罪。但实际情况是，数量众多的多重买卖合同无法认定为无效，也无法撤销，更无法认定为犯罪。出卖人仅仅是见利忘义、贪图更高的价格或者更好的交易条件，寻求其利益最大化，此时的出卖人并无欺诈或者诈骗的故意。他对每一个买受人都有出卖的真实意思表示，每个买受人都可能获得标的物的所有权，就像多角恋爱一样，对每一个恋爱对象都有出嫁的承诺，谁都有可能抱得美人归。在多个合同都有效的情况下，不能获得标的物的其他买受人就可以根据《合同法》及相关司法解释的规定，可以要求出卖人承担违约责任。

（四）注意以电子信息产品为交易对象的买卖合同

传统的买卖合同的标的物均为有体物，而电子信息产品却与此不同，它既可以储存于特定的实物载体，如刻录在光盘上的音乐作品；也可以脱离于有体物，以数字化编码的形式存储于计算机系统中。对于标的物是有物质载体的电子信息产品买卖合同而言，在交付规则上，与一般买卖合同无异，应适用《合同法》及有关买卖合同司法解释的规定。对于标的物无实物载体的电子信息产品买卖合同而言，虽然买卖双方并未实际交付有体物，但仍然是以出卖人向买受人交付电子信息产品、买受人给付价款的方式履行合同。因此，在我国未就电子信息产品买卖交易制定专门的法律法规以前，应当适用《合同法》及有关买卖合同司法解释的规定。

（五）小心格式合同条款中的陷阱

《合同法》第 39 条第二款规定："格式条款是当事人为了重复使用而预先拟定，

并在订立合同时未与对方协商的条款"。因此可知，认定格式条款有两个条件：一是为重复使用而预先拟定。也就是说，同样的条款反复使用，与众多的相对人签署内容相同的合同，拥有相当多的数量；数量基础是认定格式条款的一个条件，同时它是预先拟定的，不是双方协商拟定的。二是在订立合同时未与对方协商。与对方当事人协商与否是认定格式条款的根本条件，如果经过双方协商，即使存在为重复使用而预先拟定的情形，且有相当数量，也不能简单地认定为格式条款。

格式合同条款简化了合同订立的程序，提高了交易效率。但是在实践中，提供格式合同条款的一方往往具有某种优势地位，且可能会利用其优势地位在合同中添加一些不公平内容，而弱势一方因无法对抗，只能被动接受，这些内容对弱势一方是不公平的。因此，《合同法》对提供格式条款的一方规定了相应的附属义务。如《合同法》第39条规定，采用格式条款订立合同的，提供格式条款的一方必须：1.应当遵循公平原则确定当事人之间的权利和义务，特别是优势的一方要根据公平原则充分考虑弱势的一方的权利义务。2.采取合理的方式提请对方注意"免除或者限制其责任"的条款。一是要提请对方注意合同中的免责条款，即提示义务。如果没有尽到免责条款提示义务，该条款无效；二是提请的方式是合理的方式。根据最高人民法院《关于适用〈中华人民共和国合同法〉若干问题的解释（二）》第6条规定，合理的方式是指在订立合同时采用引起对方注意的文字、符号、字体等特别标识，并按照对方的要求对该格式条款予以说明。

二、买卖合同签订中的风险防控

对于买卖合同签订中的风险防控，主要是对买卖合同中的关键条款进行审查，严防瑕疵条款出现在即将生效的合同中。

（一）合同主体名称和签订人名字首尾须保持一致

出卖方应该注意买受方合同尾部的单位名称须与合同首部的单位名称一致，所加盖的公章或合同专用章上的单位名称须与书写的单位名称一致，法定代表人、委托代理人的名字是否与真实名字一致，不能有错字、别字、漏字或简称。

（二）审查买卖合同标的物的质量条款

1. 审查买卖合同约定的质量标准

在买卖合同中，一定要约定明确的质量使用标准，如按国家标准、行业标准、地方标准或者企业标准。成套产品的，不但要写清主件的质量标准，还要写清附件的质量标准。一般说来，按照《合同法》第153、154条的规定，标的物的质量可以采用约定标准和法定标准来确定，如果当事人有约定标准的从其约定，没有约定标准的按照法定标准执行。

（1）约定标准。买卖合同可以在合同中约定标的物的质量标准，如果买方对标的物有特殊要求的，应当在合同中约定。如果双方同意以样品的质量作为质量标准，可以约定按样品交货，但样品应当由双方确认后封存，样品通常由买受人保管。如果约定不明确，可由双方协商确定标的物的质量要求。

（2）法定标准。如果双方不能通过协商确定质量标准，或者通过交易习惯也不能确定的，则适用法定标准。按《合同法》第154条及第62条第（二）项的规定，如果质量要求不明确的，推定适用的法定标准首先应按照国际标准、行业标准履行；如果没有国际标准、行业标准的，则按照通常标准或者符合合同目的的特定标准履行。通常标准是指标的物的质量应当具备同类物的一般标准。符合合同目的的特定标准是指根据买受人购买标的物的目的和意图来确定标的物应当达到何种质量要求。

2. 审查买卖合同约定的质量检验方法

明确约定货物的验收办法，事关供需双方预期的经济效益与合作成功与否的大局，这也是易发生质量纠纷的风险点，必须在合同明确订明。合同中应明确载明：验收的时间；验收的方法；验收的标准；由谁负责验收和试验；验收的地点；当验收中发生纠纷后，由哪一级主管产品的质量监督检查机关执行仲裁等等。

（1）关于验收期限

对于验收期限，若国家有验收期限规定的，则按国家规定的期限进行。若国家没有规定的，双方当事人则可按下述原则约定：

①需方自提的，在提货时当面点清验收。

②供方送货或代运的，货到后10天内验收完毕，特殊情况的双方在货到时或者合理的期限内验收；没有验收，不得动用，一旦动用，就视为验收合格，不能再提出数量及质量的异议。

③若既没有国家规定又没有约定的，则根据货物的性质、交易的情况和贸易惯例确定合理的检验期间。对于容易发现瑕疵的，买受人应当按标的物的性质，依通常的程序，尽快检验其所领受的标的物；对不能立即发现瑕疵的，应按照标的物的性质、买卖合同的种类等进行综合判断，买受人在合理期间未通知或者自标的物收到之日起2年内未通知出卖人的，视为标的物的数量或者质量符合约定，但对标的物有质量保证期的，适用质量保证期，并适用该2年的规定。出卖人知道或者应当知道提供的标的物不符合约定的，买受人不受前两款规定的通知时间的限制。

④如果约定的检验期间过短，依照标的物的性质和交易习惯，买受人在检验期

间难以完成全面检验的，人民法院应当认定该期间为买受人对外观瑕疵提出异议的期间，并根据交易性质等合理因素依据诚实信用的原则确定买受人对隐蔽瑕疵提出异议的合理期间。

（2）关于验收的方法

可以由买卖双方在合同中进行约定，如果没有约定，可以由验收人以通常的方式进行验收，如外观验收、实验室化验、抽样检查、安装运行检验、破坏性实验等。有的验收需要委托有关专业部门进行的，应当委托国家法定检验机构验收，以保证其验收的法律效力。无论采用哪一种方法验收，都应在合同中明确载明。对于看样订货的，一定要将样品封存好，作为验收的标准。

（3）关于验货人

合同中可以约定买受人及其代理人自行验货，也可以由买卖双方指定有关质量检验机构进行验货，实践中还存在由买卖双方共同验货的情形。

（4）关于检验地点

合同中可以约定在出厂地验货、装货地验货、卸货地验货、买受人营业地验货、标的物交付地验货等，如果合同中未约定或者约定不明确的，通常在标的物交付地验货。

（三）审查买卖合同产品的数量或者计量条款

在买卖合同中，对于产品的数量，双方应约定以国家统一的标准计量单位来表示；没有统一计量单位的，产品数量的表示方法由双方确定，但必须具体、明确，切忌采用含糊不清的计量概念来表述，如一件、一箱、一打等。若确实需要用一件、一箱、一打等来表示计量单位的，双方应对所使用的计量方法作出具体解释，如一件、一箱、一打等单位具体包括的产品数量是多少。

对于某些产品，必要时应当在合同中写明有关主管部门规定的（没有主管部门规定的由当事人商定）交货数量的正负尾差、合理磅差和在途自然减（增）量规定及计算方法。注意明确什么产品是多交、少交和如数交付的法律概念。工矿产品购销合同在履行过程中，由于运输、计量、自然、产品本身的性能等多方面原因，在发货数、实际验收数、合同规定的交货数之间，有时会出现差额，发生不一致现象。此时，只有符合法律规定的磅差和增减范围的，才能以少交、多交或如数交付论处。通常这种法律规定均为有关主管部门规定的范围。

（四）审查买卖合同货物的交付条款

交付标的物并转移标的物的所有权是出卖人的主要义务。《合同法》第135—141条对出卖人交付标的物的时间、地点和方式都作了详尽的规定。

1. 交付时间的确定

按照《合同法》第138—140条的规定，交付的时间主要通过以下方式确定：

（1）如果合同中明确约定了标的物交付的具体日期，或者在合同中可以确定交付的具体日期，出卖人应按照该日期履行交付标的物的义务。

（2）如果合同中未明确约定交付标的物的期限或者约定不明确，买卖双方可以根据《合同法》第61条、第62条第（四）项的规定，就此达成补充协议。不能达成补充协议的，按照合同有关条款或者交易习惯确定。买卖双方既未达成补充协议，也未能按照合同有关条款或者交易习惯确定时，出卖人可以随时履行交付义务，买受人也可以随时请求出卖人履行交付义务，但都应当给对方必要的准备时间。在此种情况下，完成下列行为的时间为交付时间：

①出卖人送货上门的，出卖人将标的物运送到约定地点并由买受人验收后，即为交付；

②出卖人代办托运或者邮寄的，出卖人办理完托运或者邮寄手续后，即为交付；

③买受人自己提货的，出卖人通知的提货时间为交货时间，但出卖人通知的提货时间应该给买受人留有必要的在途时间；

④需要办理法定手续的，以标的物占有转移给买受人的时间为交付时间，办理完规定的变更手续的时间为所有权转移的时间；标的物在订立合同之前已为买受人占有的，合同生效的时间为交付时间。

2. 交付地点的确定

按照《合同法》第141条规定，交付地点主要通过以下方式确定：在合同中约定有交付地点的，出卖人应当按照合同约定的地点交付标的物；在合同中没有约定交付地点或者交付地点约定不明确的，当事人可以在原合同的基础上，通过协商一致，达成补充协议确定交付地点；如果当事人不能达成补充协议，则按照合同有关条款或者交易习惯确定，即根据合同条款上下文之间的关系或者某类交易通常约定俗成的习惯交付方式来确定交付地点。依据上述方式仍不能确定交付地点的，根据具体的交易方式，按如下规则确定：

（1）标的物需要运输的，出卖人将标的物交付给第一承运人视为交付给买受人。在此情况下，出卖人将标的物交付给第一承运人的地点即视为交付地点。

（2）标的物不需要运输的，出卖人与买受人订立合同时知道标的物在某一地点的，出卖人应该在该地点交付标的物；不知道标的物在某一地点的，应当在出卖人订立合同时的营业地交付标的物。该项规则将不需要运输的情况下，标的物交付地点的确定区分两种类型：一是订立合同时双方当事人已知标的物所处的地点的，标的物所在地为交付地点；二是订立合同时标的物所处地点尚不确定的，则以出卖人的营业地为交付地点。

3. 交付方式的确定

交付的主要方式是现实交付，但不仅限于现实交付，交付的方式还包括简易交付、指示交付和占有改定。现实交付一般是指具体的、可以转移实际占有的标的物的交付。简易交付是指标的物在订立合同之前已为买受人占有的，按照《合同法》第140条的规定，简易交付自合同生效时即视为交付。指示交付是指出卖的标的物由第三人占有的情况下，出卖人将向第三人就标的物的返还请求权转让给买受人，以代替标的物的实际交付。如出卖人将提单、仓单交付给买受人，由买受人向第三人提取标的物。《合同法》第135条规定的交付提取标的物的单证，即属于指示交付。占有改定是指合同生效后，出卖人如需要继续占有合同标的物的，出卖人与买受人缔结由买受人取得间接占有的合同关系以代替现实交付。《合同法》对占有改定的交付方式未作规定，《物权法》第27条规定了动产占有改定的方式："动产物权转让时，双方约定由出让人继续占有该动产的，物权自约定生效时发生效力。"如甲将自行车卖给乙，甲乙签订买卖合同后，又签订了借用合同，由甲在买卖合同生效后借用该自行车，借用合同生效时即为标的物交付。

4. 以电子信息产品为交易对象的买卖合同的交付方式

无实物载体的电子信息产品具有显著区别于传统买卖合同的标的物的特征，例如不以实物承载为必要、使用后无损耗、其本身易于复制并可迅速传播，等等。因此，对于标的物无实物载体的电子信息产品买卖合同而言，其法律规则具有一定的特殊性。就交付问题而言，《合同法》中有关买卖合同的交付方式的规定均以有体物的交付为原型，但信息产品已经逐步脱离了实物载体的束缚，更多的是以电子化的方式传送，以在线接收或者网络下载的方式实现交付，买卖双方都不接触实物载体，这与传统的买卖合同中，出卖人向买受人转移对标的物的占有，并转移标的物的所有权的交付方式有较大差异。

那么，如何认定无实物载体的电子信息产品的交付呢？有关买卖合同司法解释对此作了专门规定。如果买卖双方对交付问题有约定的，遵守其约定；没有约定或者约定不明的，当事人可以协议补充；不能达成补充协议的，买受人收到约定的电子信息产品或者权利凭证即为交付。买卖合同司法解释根据电子信息产品的特点，确定了以下两种具体的交付方式：

（1）交付权利凭证

对这种交付方式而言，买卖双方交付的并非电子产品本身，而是仅交付电子产品的权利凭证，比如访问或者使用特定信息产品的密码等。在此情形下，买受人取得权利凭证后，即可自由决定取得、使用该电子信息产品的时间。因此，不宜以买受人收到该电子产品为标准来确定交付是否完成，买受人收到该电子产品权利凭证的，即应认定出卖人已经完成交付义务。

（2）以在线网络传输的方式接受或者下载该信息产品

对于这种交付方式而言，买卖双方以电子数据在线传输方式实现电子信息产品的交付。信息产品的传输过程包括出卖人发出信息产品和买受人接受信息产品两个不同阶段。由于技术、网络、计算机系统的原因，出卖人发出的电子信息产品并不必然引起买受人收到信息产品的后果。因此，如果以出卖人发出电子信息产品为交付标准，有可能产生买受人虽未能实际接收到该电子信息产品，仍须承担给付价款的合同义务的法律后果，难免有失公平。考虑到电子信息产品的出卖人在电子信息产品的制作及传输方式选择方面具有更明显的优势地位，买卖合同司法解释规定，以买受人收到约定的电子信息产品为完成交付的标准。

（五）审查买卖合同货款的支付条款

1.支付数额的确定

《合同法》第159条规定："买受人应该按照约定的数额支付价款。对价款没有约定或者约定不明确的，适用本法第61条、第62条（二）项的规定。"以此规定，买受人支付价款是其最重要、最基本的义务，支付数额应按如下方式确定：

（1）买受人依约定数额支付价款

买卖双方在合同中明确约定了标的物价款的，买受人应按约定数额支付价款，否则应承担违约责任。

（2）买受人依推定数额支付价款

买卖双方在合同中对标的物的价款未约定或者约定不明的，按照《合同法》第61条、第62条第（二）的规定推定价款数额支付。也就是说，合同生效后，当事人就质量、价款或者报酬、履行地点等内容没有约定或者约定不明确的，可以协议补充；不能达成补充协议，则按照合同有关条款或者交易习惯确定；当事人就有关合同内容约定不明确，且依照《合同法》第61条的规定仍不能明确的，对于不明确的价款或者报酬则按照订立合同时履行地的市场价格履行，有政府定价或者政府指导价的，要按照规定履行。

2.支付地点的确定

《合同法》第160条规定："买受人应当按照约定的地点支付价款。对支付地点没有约定或者约定不明确的，依照本法第61条的规定仍不能确定的，买受人应当在出卖人的营业地支付，但约定支付价款以交付标的物或者交付提取标的物单证为条件的，在交付标的物或者交付提取标的物单证的所在地支付。"照此规定，如果买卖合同有约定地点支付价款的，买受人应当以约定的地点支付价款；如果合同未约定地点或者地点约定不明支付价款时，买卖双方当事人可以协议补充，不能达成补充协议时，按照合同有关条款或者交易习惯确定；如果买受人按法定地点支付价款，买受人应当在出卖人营业地支付价款；但是如果约定单证为标的物支付的，约定支付价款在交付标的物或者交付提取标的物单证的所在地交付。

3. 支付时间的确定

《合同法》第161条规定："买受人应当按照约定的时间支付价款。对支付时间没有约定或者约定不明确，依照本法第61条的规定仍不能确定的，买受人应当在收到标的物或者提取标的物单证的同时支付。"照此规定，如果买卖合同约定有价款支付的时间，买受人应当按照合同约定的时间支付价款；如果合同没有约定或者不明确的，按《合同法》第61条推定期限支付价款；如果约定期限不存在，推定期限也不能确定时，适用法律确定的支付期限，即买受人应当在收到标的物或者提取标的物单证的同时支付价款。

4. 结算方式的确定

结算方式是指出卖人向买受人交付标的物后，买受人向出卖人支付合同价款的形式。按照中国人民银行公布的结算办法，国内贸易都应当用人民币结算，大额支付应当采用银行转账或者票据结算。对于数量的结算，通常都是按照出卖人向买受人交付标的物的数量进行结算，也可以按照其他方式结算。例如，在商品砼买卖合同中，对砼的数量的结算可以按照相应的定额标准计算使用量。

（六）审查买卖合同所有权保留条款

《合同法》第134条规定，当事人可以在买卖合同中约定买受人未履行支付价款或者其他义务的，标的物的所有权属于出卖人。这就是所有权的保留制度。设立保留所有权制度的目的，在于确保出卖人对于买受人支付价款债权的实现，维护出卖人的利益，使其在交易中的风险降至最低的程度。因为依所有权保留制度，当买受人未能按约定的期限和金额支付价款时，出卖人有权按约定取回已经交付给买受人的标的物，而且由于所有权保留条款规定的是一种物权请求权，不受诉讼时效制度的制约，在时间上也给了出卖人更多的维权空间，从而能更好地维护出卖人的权益。一般而言，所有权保留主要适用于非即时结清的买卖合同，且标的物是非一次性消耗物，因为在这类合同中，由于合同订立和履行的时间不一致，从而导致合同的双方都承担着一定的风险。所有权保留的行使必须是基于买受人不支付价款或者有其他违约行为。

但需要注意的是，按照最高人民法院的相关司法解释规定，买受人已经支付的价款达到总价款的75%以上的，出卖人的取回权不能行使；同时，标的物被买受人处分后，出卖人的取回权将受到善意取得制度的限制。

（七）审查买卖合同的违约责任条款

《合同法》第109条规定，当事人一方未支付价款或者报酬的，对方可以要求其支付价款或者报酬。《合同法》第148条规定，因标的物质量不符合质量要求致使不能实现合同目的的，买受人可以拒绝接受标的物或者解除合同。第155条、第111条规定，出卖人交付的标的物不符合质量要求的，应当按照当事人的约定承担违约责任。对违约责任没有约定或者约定不明确的，依照《合同法》第61条的规定仍不能确定的，受损方根据标的物的性质及损失的大小，可以合理选择要求对方承担修理、更换、重作、退货、减少价款或者报酬的违约责任。根据上述规定，买卖合同违约责任的形式主要有如下几种：

1. 继续履行

继续履行的责任，是指在一方违约不按照合同履行义务时，对方可以要求其继续履行，除非合同在法律上或者事实上已经不能履行，或者不适于强制履行或者履行费用过高，或者在合理的期限内没有要求对方履行，只能寻求其他救济方式。

2. 采取补救措施

采取补救措施的责任，一般包括修理、更换、重作、退货等后续的措施，补救履行达到符合约定的状态。

3. 赔偿损失

赔偿损失是最为普遍的承担违约责任的方式，一方因违约行为而遭受的实际损失有权要求对方赔偿。当然，要求赔偿方必须提供证据证明自己所遭受的实际损失是多少。例如，因为对出卖人交付的货物质量不符合约定的，不仅包括货物本身的损失，包括买受人因为使用质量不合格的产品而造成的其他财产、人身损害的也应当予以赔偿。

在违约赔偿方面，我国《合同法》确立的是完全赔偿原则，包括积极损失的赔偿和可得利益损失的赔偿。积极损失是指当事人现有财产的损失，包括准备履行合同义务支出的费用、守约方应得到的与其实际得到的履行之间的价值差额、守约方采取补救措施以及因违约造成的其他财产损失。可得利益损失是指在合同得到履行后，当事人利用合同标的从事生产经营可以获得的利益的损失，通常包括生产利润损失、经营利润损失、转售利润损失三种类型。生产设备和原材料等买卖合同违约中，因出卖人违约而造成买受人的可得利益损失通常属于生产利润损失。承包经营、租赁经营合同以及提供服务或者劳务的合同中，因一方违约造成的可得利益损失通常属于经营利润损失。先后系列买卖合同中，因原合同出卖方违约而造成其后的转售合同出售方的可得利益损失通常属于转售利润损失。之所以在积极损失之外还要赔偿可得利益损失，是因为如果只赔偿积极损失而不赔偿可得利益损失，就只能使守约方的利益恢复到合同订立前的状态，这对守约方不公平，而且也纵容了违约方。

人民法院在计算和认定可得利益损失时，应当综合运用可预见规则、减损规则、利益相抵规则以及过失相抵规则等，从非违约方主张的可得利益赔偿总额中扣除违约方不可预见的损失、非违约方不当扩大的损失、非违约方因违约获得的利益、非违约方亦有过失所造成的损失以及必要的交易成本。对于存在《合同法》第113条第二款规定的欺诈经营及《合同法》第114条第一款规定的当事人约定损失赔偿的计算方法以及因违约导致人身伤亡、精神损失等情形，不宜适用可得利益损失赔偿规则。

4. 支付违约金

违约金是当事人事先约定一方违约时应当向守约方支付一定数额的金钱的责任。《合同法》第114条规定："当事人可以约定一方违约时应当根据违约情况向对方支付一定数额的违约金，也可以约定因违约产生的损失赔偿额的计算方法。约定的违约金低于造成的损失的，当事人可以请求人民法院或者仲裁机构予以增加；约定的违约金过分高于造成的损失的，当事人可以请求人民法院或者仲裁机构予以适当减少。当事人就迟延履行约定违约金的，违约方支付违约金后，还应当履行债务。"一方当事人向对方当事人主张违约金应当以双方之间对违约金有约定为前提，如果当事人之间没有约定，或者虽然有约定但该约定因违反法律规定归于无效时，当事人不得主张违约金，但仍可以依据《合同法》第107条要求对方继续履行、采取补救措施或者赔偿损失等违约责任。对于违约金在什么情况下"过分高于"，法律并没有明确规定，但在实践中，当事人约定的违约金超过造成损失的30%的，一般可以认定为《合同法》第114条第2款规定的"过分高于造成的损失"。

5. 定金罚则

定金罚则是具有担保作用和惩罚性的责任方式。按照《合同法》及其司法解释的相关规定，当事人可以约定一方向另一方给付定金作为债权的担保。债务人履行债务后，定金应当抵作价款或者收回。给付定金的一方不履行约定的债务的，无权要求返还定金；收受定金的一方不履行约定的债务的，应当双倍返还定金。定金应当以书面形式约定。当事人在定金合同中应当约定交付定金的期限。定金合同从实际交付定金之日起生效。定金的数额由当事人约定，但不超过主合同标的额的20%。当事人交付留置金、担保金、订约金、押金或者订金等，都没有约定定金的性质，当事人主张定金权利的，人民法院一般不予支持。实际交付的定金数额多于或者少于约定数额，视为变更定金合同；收受定金一方提出异议并拒绝接受定金的，定金合同不生效。当事人既约定定金，又约定违约金的，一方违约时，对方可以选择适用违约金或者定金条款，通常都选择对自己有利的方式要求对方承担责任。

6. 解除合同

如果合同目的不能实现或者双方约定解除合同的情形出现时，当事人可以解除合同。合同解除后，尚未履行的，终止履行；已经履行的，根据履行情况和合同性质，当事人可以要求恢复原状、采取其他补救措施，并有权要求违约方赔偿损失。

三、买卖合同履行中的风险防控

合同的履行过程是一个动态的过程，会有许多不确定的因素，如双方可能会对合同进行变更，一方可能会违约，可能会因不可抗力而导致合同不能履行等。因此，合同履行环节，必须要有专人跟进，保证己方依约履行，督促对方履行义务，及时发现对方的违约行为，采取有效措施，避免对方违约后果的扩大，减少自身损失。

（一）供货方的风险防控

1. 要加强货物的签收管理

有效的货物签收单可以表明供方是否履行了买卖合同的主要义务，即交付货物，它是发生纠纷时主张债权的重要凭据。有效的签收单上应注明货物的规格、型号、品名、单价、数量、金额、送货日期、送货人、收货单位，最重要的是要有收货人的签名及收货单位的盖章。该收货人应当是合同上约定的或者是能提供授权委托书的收货人，否则，一些人员变动频繁的企业会辩称签收单上的人不是其职员而不承认收到货。如果送货时合同上约定的收货人不在，应先电话联系收货人确定临时收货人，由其签收后，事后应及时让合同约定的收货人再补签收货单。

2. 要及时对账，要求欠款方出具欠款确认书或还款计划

对于交易频繁的长期客户，或供货期较长的交易，供方应定期或及时与对方对账，以免在整个交易结束或合作结束后再来对账时，出现因人员的变动而无法对清的情况。如果买方表示因资金困难而无法按约支付货款的，供方可与其签订还款协议。签订还款协议时应注意：

（1）在协议中应当写明对方承认的欠款数额、还款的具体时间；

（2）要尽量回避双方还有争议的其他事项；

（3）要约定如果首次还款期满仍不依约还款，则视为全部货款到期；

（4）最好约定如果对方不依约付款，则由我方所在地法院管辖；

（5）如果能找到信誉较好的第三方企业为买方担保，则可提高该货款回收的可能性；

（6）协议应加盖欠款单位的公章。

3. 接收支票时应注意的事项

一定要对支票进行审查。支票付款的情况下，有可能是购货方用别的单位的支票支付货款。实践中，只要支票是真实有效的，一般都可以接受。接收支票时应重点审查以下内容，避免银行退票带来的麻烦和损失：

（1）收款人的名称是否正确；

（2）书写是否清楚，字迹是否潦草；

（3）大小写的金额是否一致；

（4）大写数字是否正确。如"参"和"叁"，哪一个是数字"3"的正确的汉字大写？一般的银行对于这两个字不会特别注意，但是实践中有过因该字书写错误而遭退票的案例，应尽量避免这种错误；

（5）印鉴（包括公章和法定代表人的印章）是否清晰；

（6）如果是经过背书的支票，应审查背书是否连续；

（7）支票有无伪造变造的痕迹。

4. 出具收据时的注意事项

在合同履行过程中，如果对方要求先出发票并挂账，应当让对方出具收条，并且一定要在收条中注明"以上款项未付"，或者在发票背后加注一行说明："请付款方在收到本发票 ×× 日内将本发票记载金额之款项划至 ×× 账号"。这样做，一方面可以打消付款方利用发票做文章的可能性，另一方面使该张收条同时具有了欠款确认书的作用。对于其他的收据也应尽量把有利的相关信息都包含进去。下面这个案例就存在重大缺陷：A 公司给 B 公司开出了发票，B 公司出具了以下收据："今收到 A 公司发票 NO123456 号壹份，金额 5 万元。B 公司。张三。2002 年 12 月 31 日。"这张收据遗漏的相关信息主要有：该支票相对应的合同；支票记载的款项是否已经支付；公司的公章等。

5. 收款时应保证收货人与付款人一致，以免因不当得利被要求返还

接收支票时应审查一下支票上的付款人与合同上约定的需方的名称是否一致（除非合同中就约定收货人与付款人不同），如果不一致，则应要求付款方出具书面说明，表示该款项是代需方支付的款项，这样才能保证交易过程的对应和联系，才能表明收款方有合法的权利收取该款项，否则可能引发纠纷，被付款人以"不当得利"

为由索回，而届时再向收货人索取货款时，很有可能收货人已不知所终。

（二）收货方的风险防控

1.验收货物时应注意的问题

通常，验收是接收标的物一方的权利，也是其义务。接收人对接收的标的物如果没有及时进行验收，没有履行应尽的合同义务，需对产生的法律后果承担责任。验收时，如不能及时检验的，在签收单上切不可注明"合格"或"未检验"的字样，但可以注明"待检验"的字样。

2.对于质量问题应及时提出书面异议

当需方发现标的物存在质量问题时，应在合同约定的质量异议期内及时向供方书面提出异议；如果合同没有约定质量异议期，需方应在合理期限内及时提出，以维护自己的权益。同时，在质量异议通知中应当详细具体地说明货物存在的质量问题所在，有数个质量问题时，应一一列明，否则需方就未通知的部分瑕疵很可能丧失请求权。切勿只提出口头异议，并以此为由拒付货款。

3.付款时应注意的问题

如果所付的款项是现金的，实际收款人必须是合同中指定的收款人，或者是持供方授权委托书的人。付款后应让收款人出具现金收据，列明付款金额、付款事由等。如果所付的款项是通过银行直接划账的，应保存相关银行的交易记录。在货款支付问题上，必须严格按照合同的约定向签约对方单位以约定的付款方式付款。如果对方提出变更收款单位，必须由双方协商一致并签订补充条款作为原合同的附件，由双方盖章确认后方可变更。一定要杜绝仅凭单方变更通知即改变付款对象的情况。

（三）预防恶意履行合同

合同恶意履行的情况比较复杂，但在订立合同时如能进行积极的事前防范将极大地减少合同风险。例如，若对对方资信有质疑的，可以要求对方提供担保等。在合同履行中，如果发现对方隐瞒了重要事实，或恶意设置事实上不能履行的条款，造成自己无法履行合同的，应及时行使不安抗辩权等，及时终（中）止合同履行，并保留相关证据，积极行使诉权通过人民法院保护自己的权利。

（四）及时履行瑕疵抗辩权

买卖合同签订后，合同双方当事人就应各自履行义务，买方及时付款，卖方按时发货并确保商品质量合格。但有时候，债务人虽然履行，但其履行存在瑕疵，即履行不符合规定或约定的条件，导致减少或丧失履行的价值或效用的情形。对于买方而言，他就有权针对这种瑕疵提出抗辩，请求其消除缺陷或另行给付；在债务人未消除缺陷或另行给付时，债权人有权行使同时履行抗辩权，拒绝支付价款。履行瑕疵抗辩权的情形主要包括：

1. 货物瑕疵

卖方交付时的货物有瑕疵。在这种情况下，如果标的物能够修理，那么损失赔偿额原则上应按照修理该标的物所需要的合理的修理费来确定。所谓合理，是指在正常情况下，修理该有瑕疵的货物所必须支出的费用，即使修理结果并不能达到合同所规定的质量，违约方也应当支付已经花费的修理费。值得注意的是，在修理期间，因标的物不能使用所造成的损失，也应由违约方负责赔偿，并按卖方未交付货物的损失来计算违约金。

2. 迟延履行

迟延履行是指合同一方当事人在合同约定的履行期满后，能履行债务而没有履行债务的合同履行行为。履行迟延发生以下法律后果：

（1）合同另外一方有权要求违约方继续履行合同义务；

（2）合同另外一方有权请求对方赔偿自己因对方的瑕疵履行所遭受的损失；

（3）即使瑕疵履行方继续履行合同义务，对合同相对方而言已经失去意义，合同相对方有权解除合同并要求瑕疵履行方赔偿损失；

（4）在迟延期间，标的物发生意外灭失的，由瑕疵履行方承担该损失责任；

（5）瑕疵能补正的，债权人有权拒绝受领，要求补正，并不负受领迟延履行责任。因补正标的物导致债务人迟延履行的，债务人应负迟延履行的责任。如果因债务人补正给债权人造成损失的，债务人应负责赔偿。标的物虽能补正，但补正对债权人已无利益的，债权人有权解除合同，并请求损害赔偿。债务人能补正而不补正时，债权人有权要求人民法院强制债务人补正，但依债务的性质不得强制执行的除外。

（6）当债务人履行上的瑕疵不能补正时，债权人有权拒绝受领标的物，并可以解除合同，要求损害赔偿。当然，债权人也可以在受领后，要求债务人降低价格或者酬金。

3. 加害履行

加害履行又称加害给付，是指因为瑕疵履行方的过错履行行为，致使合同相对方的利益受到损害的情形，如数量不足，质量不符合法定或约定的标准，包装不符合规范，交付的地点、方式不符合要求等。其法律后果是：

（1）合同相对方有权要求瑕疵履行方承担违约责任或者要求瑕疵履行方承担侵权的民事责任；

（2）合同相对方不能依据违约责任获得赔偿时，有权要求瑕疵履行方承担侵权损害赔偿责任。值得注意的是，在服务消费合同领域，经营者有保证服务质量的义务。

但是，"消费者在购买该商品或者接受该服务前已经知道其存在瑕疵，且存在该瑕疵不违反法律强制性规定的除外"（《消费者权益保护法》第23条）。经营者只要明示了服务存在何种瑕疵，没有欺骗消费者的行为，并且消费者是自愿接受服务的，那么，经营者就不必承担瑕疵履行的法律责任。这里也提醒消费者，选择存在瑕疵的服务时一定要三思而后行。否则，一旦发生消费纠纷，消费者将很难得到法律的保护。

4.受领迟延

受领迟延是指接受合同标的一方没有及时接受对方的给付。通常认为，受领不是义务，但合同中约定应当在何时受领标的并于受领后给付价金的，受领人的受领就构成了义务，对方的权利实现有赖于受领人的受领。如果因为受领人的迟延受领构成违约，则应承担违约责任。

四、买卖合同争议解决中的风险防控

（参阅本书第二章相关内容）

第四节　特殊买卖合同风险防控

一、分期付款买卖合同风险防控

分期付款买卖合同，是指当事人双方约定出卖人先行给付标的物于买受人，买受人将其应付的总价款分期支付给出卖人的买卖合同。它与普通买卖合同相比，其独特之处在于买受人在接受标的物后不是一次性支付价款，而是将价款分成若干份，分不同日期支付。它主要适用于标的价款数额较大，买受人消费能力目前尚不能一次付清，但对未来收入状况有稳定的预期，能够按期支付分期款的情况。在所有权转移与风险责任的承担等方面，除非有特别约定，否则与普通买卖合同并无不同。由于在分期付款买卖合同中，买受人未支付价金即取得买卖标的物，出卖人未取得全部价金即需交付买卖标的物给买受人，出卖人存在不能取得全部价金的风险，因而应更加注重其风险防控。

（一）应在合同中特别约定"分期付款"中的"分期"含义条款

关于"分期付款"的界定。司法解释规定"在一定期间内至少分三次"，其理由在于分期付款买卖中在交货时一般都会支付首期款，除该款项外，至少还有两期款项才有可能适用"分期"付款买卖的法律规则。也就是说，分期付款买卖合同中的"分期"是指买受人将应当支付但尚未支付的总价款至少分三次（期）向出卖人支付。若约定少于三次（期）支付价款则无效，若约定多于三次（期）支付价款则有效。如果在出卖人将买卖标的物交与买受人前或者与之同时，买受人已经支付了首期或者多期款项，则余下的分期还应至少为两期。如果首期款是于标的物交付前或者同时支付给出卖人的，则该期不计入分期中的一期。但是，若首期款系于出卖人交付标的物后支付的，就应当计入分期中的一期。

（二）应在合同中特别约定标的物所有权保留条款

分期付款买卖合同作为买卖合同，其所有权转移也适用《合同法》第133条规定。也就是说，除法律另有规定或者出卖人与买受人另有约定这种情形外，标的物的所有权自标的物交付时起转移。法律另有规定是指房地产或者车辆、船舶等所有权的转移须经有权机关登记后方能生效。在这里，主要利用当事人另有约定的附加条款，对分期付款买卖合同的风险进行防控。在分期付款买卖合同中，当事人可以特别约定保留标的物所有权的条款，即出卖人和买受人依照《合同法》第134条"当事人可以在买卖合同中约定买受人未履行支付价款或者其他义务的，标的物的所有权属于出卖人"的规定，在分期付款合同中应特别约定：即"买卖标的物虽交付买受人，但出卖人仍保留其所有权，买受人全部支付价金或者在买受人支付若干期价款或者已经支付的价款达到全部价款的一定比例后，买卖标的物的所有权方能移转买受人"，从而保障出卖人能按期收回价款。应注意的是，这种约定应符合《合同法》第134条规定，否则，标的物所有权转移不受影响。

（三）应在合同中特别约定丧失期限利益条款

出卖人在分期付款买卖合同中采取的风险防控的各项措施中，最重要的是解除合同或者请求支付全部价款的特别约定。为了保证及时收回价款，出卖人可以特别设定期限利益丧失条款，也就是说出卖人可以在合同中提出这样的条款，即"买受人不按期支付价金，出卖人有权请求买受人一并支付未到期的价金"。这种条款被称为期限利益丧失条款。

鉴于分期付款买卖合同中的期限利益属于买受人，为了防止因特别约定而致使买受人一有迟延付款行为即丧失期限利益的不公平现象的发生，我国法律对因买受人延期付款而丧失期限利益的特别约定加以严格限制。如《合同法》第167条规定：

"分期付款的买受人未支付到期价款的金额达到全部价款的五分之一的，出卖人可以要求买受人支付全部价款或者解除合同"。这条规定是强制性规定，当事人在合同约定中不得限制、排除或者违反这个规定，否则是无效的。因此，出卖人可在分期付款买卖合同中这样约定：即"如果买受人不按期偿付分期价款，达到全部价款（而非到期价款）的五分之一的，出卖人有权要求买受人将剩余价款一次付清，买受人将丧失他在分期付款买卖合同中享有的分期付款的权利"。当然，并不是当事人所有的与国家强制性规定不一致的约定都是无效的，如果当事人的约定对保护买受人的利益更加有利，则该约定不认为是违反法律规定的。如当事人特别约定，即"出卖人只有在买受人连续三次未支付价款，并且未支付到期价款的金额达到全部价款的四分之一的，才可以请求买受人支付到期以及未到期的全部价款或者解除合同"，那么，这样的约定就是有效的。

尽管出卖方可以要求在合同中约定在买受人价款付清前标的物所有权归属于出卖人，当买受人未按期支付价款时，出卖人可以通过对标的物行使取回权以保障自身的利益。但是，如果买受人已经支付标的物总价款的75%以上，出卖人不能再主张取回标的物。值得注意的是，标的物的所有权的保留只适用于动产，不适用于不动产。

（四）应在合同中特别约定解除合同条款

根据《合同法》的规定，当事人可以在合同中约定解除合同的条件，当解除合同的条件成就时，合同解除。当事人也可以事后经协商一致解除合同。当事人一方迟延履行主要债务，经催告后在合理期限内仍未履行的，对方可以解除合同；当事人一方迟延履行债务或者有其他违约行为而导致严重影响订立合同所期望的经济利益的，对方可以不经催告解除合同。这些都是合同解除的一般性原则，对分期付款买卖合同当然也能适用。除此以外，在分期付款买卖合同中，出卖人与买受人还应特别约定合同的解除条款，又称失权条款。也就是说，出卖人可以在合同中约定，在合同成立之后全部履行之前，由出卖人与买受人约定：即"若买受人迟延支付的到期价款时，出卖人基于将标的物取回的行为，可视为行使合同解除权"，以免遭受损失。对于出卖人解除权的行使，应严格按照《合同法》第167条规定的限制条件来认定，即买受人未支付到期价款的金额达到全部价款的五分之一的，出卖人可以解除合同。若当事人约定违反该比例或者达不到该标准，损害买受人利益的，约定无效。例如，若双方约定买受人未支付到期价款的金额达到全部价款的1/6时出卖人享有解除合同权利，则该约定无效。若双方约定买受人未支付到期价款的金额达到全部价款的1/4时出卖人享有解除合同权利，则该约定未损害买受人的利益，有效。

另外，不论分期付款买卖合同是否约定了所有权的保留，出卖人均可在法律规定的情形出现时有权解除合同，否则不利于保护出卖人的利益。且我国《合同法》并未要求出卖人在解除合同前对买受人先实施付款催告程序，这是出于对出卖人权利的保护，即买受人未支付到期价款的金额达到全部价款的五分之一的，则构成了对出卖人权利的极大侵害，法律允许出卖人不经催告而行使解除合同的权利。

分期付款买卖合同被解除后，会产生以下法律后果：1.买受人返还已经取得的标的物及其孳息，即产生返还原物的效果；出卖方相应返还已经收取的价款。2.出卖方还可以扣留买受人支付的全部或者部分价款，以用于支付该标的物的使用费。如果当事人对标的物的使用费没有约定，可以参照当地同类标的物的租金标准确定。3.出卖人还可以要求买受人给付违约金或者赔偿金。

（五）应在合同中特别约定标的物抵押条款

在实践中，即使有丧失期限利益、标的物所有权保留和合同解除等特别条款的约定，但也难以确保出卖人的债权万无一失。如果买受人的信用出现危机，出卖人保留标的物可能已被买受人转让、抵押给善意第三人或者因为其他债务被司法机关查封，这时出卖人的债权也很难实现。在实践中，可以将标的物抵押给出卖人，并依法办理抵押登记手续，这可以更加有效地防止上述风险。

（六）应在合同中特别约定抗辩权条款

在分期付款买卖合同中，双方当事人应特别约定买受人的抗辩权，即买受人对出卖人设定的合同条款主张无效的权利。在分期付款买卖合同中，出卖人处于优势地位，他为了躲避风险，往往会事先拟定出有利于自己的格式合同条款，如有的条款免除自己的责任、加重对方的责任或者排除对方主要权利等。同时，由于分期付款买卖的总价款往往显著高于即时结清买卖的总价款，分期付款买卖的付款人在经济上处于弱者，其利益容易受到损害。因此，法律为了防止出卖人提出的合同条款过于苛刻，对其权利规定出一定的限制，以保护双方当事人利益的平衡。如最高人民法院《关于审理买卖合同纠纷案件适用法律问题的解释》第38条规定："分期付款买卖合同中约定违反《合同法》第167条第一款的规定，损害买受人利益，买受人主张该约定无效，人民法院应予支持。"也就是说，如果买受人与出卖人约定"即使买受人未支付到期价款的金额低于全部价款的五分之一的，出卖人也可以要求买受人支付全部价款或者解除合同"，买受人可以主张该约定无效。但若买受人并没有主张该约定无效，则法院或者仲裁机构不能依职权确认该约定无效。

二、样品买卖合同风险防控

样品买卖合同，又称凭样品买卖或者货样买卖合同，是指出卖人交付的标的物须与当事人保留的样品及其说明具有同一品质的买卖合同。它是一种特殊买卖合同，其特殊性表现在以货物样品来确定标的物的品质。随着凭样品买卖这样的交易模式越来越广泛的应用，凭样品买卖合同的法律风险也逐渐显现出来。对样品买卖合同的风险防控，除了适用普通买卖合同风险防控的操作技能外，更应注意以下几点：

（一）在合同中应明确约定"样品"的确定

所谓样品，又称货样，是指当事人选定的用以决定标的物的品质的货物。它是凭样品买卖必须具备的条件，也是区别于一般买卖的显著标志。对于"样品"的确定，一般要从以下几个方面把握：

1. "样品"由谁提供

对于样品由谁提供问题，《合同法》对此亦无明确规定。实践中，样品既可由出卖人提供，也可以由买受人提供。买受人提供样品的称之为"买方样"；出卖人提供样品的称之为"卖方样"；出卖人根据买受人提供的样品复制加工出一个类似的样品由买受人确认，称之为"回样"。

2. 什么样的产品才能算是样品

一般认为，样品必须是有代表性的种类物，因为样品要满足可以复制的要求，而特定物不具有再复制的功能，所以不能充当样品的角色。样品既可以是现货，也可以是订约后特意制造的。因为实践中，买卖合同的标的物不限于现实之物，将来之物也可成为买卖合同的标的物。当事人订立凭样品买卖合同之后，由一方当事人根据合同的要求特制样品，由双方确认并封存。因此，双方当事人选择什么样的样品，要看买受人的目的、需要和出卖人的能力，选择的样品既可以从现货中选择，也可以另行约定。

3. 样品提供的时间

样品的提供时间应该是在双方订立合同时，如果当事人在订立合同后，出卖人于履行前向买受人提供样品的，不属于样品买卖。但是，如果双方当事人明确约定了买卖合同的性质为凭样品买卖，且样品于缔约时已存在的，出卖人于履行前向买受人提供样品，买受人接受的，应认为凭样品买卖合同成立。如果买受人拒绝接受样品，则应适用《合同法》第61、62条规定处理，视为普通买卖合同成立。

4. 样品的封存

样品买卖中，双方约定了样品后，就应当保存好样品以备日后对照，**必要时要在公证处封存**。封存样品是当事人对交付标的物品质的特殊要求，样品经双方确认后加以封存借以固定合同的质量要求。样品不封存，便失去了特约的质量标准，除非当事人认可，不能成立凭样品买卖合同。《合同法》之所以规定样品买卖合同的双方当事人应当封存样品，是因为样品买卖合同中必须有样品的存在，而样品的质量是检验出卖人交付的标的物是否符合要求的唯一标准。封存样品的目的即在于保护样品，使其不损坏灭失，并为合同标的物的检验以及当事人纠纷的解决提供证据。封存应当在双方当事人已经确认该样品作为标的物的标准后及时进行，当事人还应当对样品的质量予以书面说明。当然，这里所说的"封存"，应当作较为广义的理解，不应仅理解为包装及密封，只要认为属于必要且妥当的保护措施即可。至于样品该由谁保管、怎么保管等，需要合同双方当事人在签订合同时予以明确。

5. 防范样品侵犯他人知识产权

不论是买受人还是出卖人，在凭样品买卖中都会存在知识产权的侵权风险，一个是提供侵犯知识产权的样品，一个是生产侵犯知识产权的产品。因而，在查看样品时应该清楚样品所涉及的知识产权是否为样品提供方所有，并在合同中要求提供方予以保证，明确双方在知识产权侵权发生时的责任。

（二）在合同中应明确约定样品品质的确定

1. 样品品质的依据

根据《合同法》的规定，凭样品买卖合同双方可以约定样品并对样品进行说明。在现实中，经常会出现封存的样品与样品说明文字不相符的情况，买卖合同由此陷入纠纷，给双方带来了不可估量的损失。因此，在签订合同时，协商约定产品的最终的品质依据，以期在纠纷中能够找到依据。

2. 样品品质的确定

在样品买卖中，品质概念的外延很广，包括规格、型号、成分、花色、结构、外观、包装等许多方面。实践中，一般很少以样品来全面表示标的物的品质，因为样品在存封期间自身品质可能发生变化而导致标的物确认纠纷。常见的做法是：（1）通常样品的品质就是样品买卖合同标的物的标准。样品的品质以规格、型号、色泽、质量等为主要判断标准；（2）以样品的某一特征作为出卖人交付标的物应当符合的标准。如果合同双方约定采用样品的部分特征作为标准，则样品的其他特征就不作为样品识别的标准；（3）样品说明应当作为样品买卖合同的质量标准。

3. 样品品质说明的效力

《合同法》第168条规定,当事人封存样品时,还可同时对样品的质量予以说明。当事人在封存样品的同时,还可以用语言、文字对样品的品质予以说明,防止合同成立后样品发生变化,从而产生纠纷。出卖人交付的标的物应当与样品及其说明的质量相符。所以,出卖人对样品出具的说明,亦构成对标的物质量的担保内容。

（三）在合同中应明确约定标的物与样品须具有同一品质

有些企业往往会把最好的产品作为样品去推销,当真正需要交付时,却无法保证批量生产的产品跟样品的品质能相符,以至于违约,使双方都产生损失。为了避免此风险,双方当事人应在样品买卖合同中明确约定:即"标的物与样品须具有同一品质"。因为,样品买卖的根本特征就在于出卖人交付的货物与样品须具有同一品质,它是以样品来确保标的物品质的,而不是以出卖人交付的货物符合样品的品质为生效条件,也不是以出卖人交付的货物不符合样品的品质为解除条件。可见,在样品买卖合同中,标的物的品质与样品相同是当事人关于标的物品质的约定,而不是以标的物的品质符合样品为决定买卖合同效力的条件。如果出卖人交付的标的物与样品的质量不相同,买受人不但可以请求其承担违约责任,并且可以认为出卖人的违约行为对买受人来说是"严重影响订立合同所期望的经济利益",从而符合《合同法》总则所规定的合同解除的条件,买受人可以请求单方解除合同。为了检验买卖标的物是否与货样品质相同,当事人应当封存样品,以待验证。同时,出卖人应当对样品质量予以说明。

（四）在合同中应明确约定样品买卖的意思表示

样品买卖合同依出卖人与买受人共同的"以样品作为标的物品质标准"的意思表示或于合同中明确写明"凭样品买卖合同"的字样而成立,如果仅有当事人向买受人提示样品的事实,但当事人却未在订立合同时明确表明样品买卖的意思,除非双方当事人认可,不能成立凭样品买卖合同。因此,样品买卖合同当事人必须在合同中明确约定标的物的品质以双方指定的样品为准,或者写明"凭样品买卖"等类似字样以表明当事人双方存在样品买卖的意思表示。

（五）在合同中应明确约定样品买卖的质量标准

样品买卖合同的质量标准应按如下规则予以确定:

1. 通常情况下,样品的品质即是样品买卖合同的质量标准。出卖人交付的标的物应当与样品的品质相同。样品的品质内涵包括规格、型号、花色、材质等外在质量和内在质量的标准。但是如果当事人约定仅采用样品的某一或某一部分特征作为标的物交付的品质,则样品的其他特征不应作为出卖人交付标的物的品质标准。

2.样品与文字说明不一致时质量标准如何确定。通常情况下，样品说明应当作为合同约定的质量标准。但实践中经常出现样品与语言文字说明不一致的情形，此时出卖人交付标的物的质量标准应如何确定？实践中，应当根据文字说明的性质对当事人的真实意思表示作理性的判断，具体情况具体分析：

（1）样品说明是对样品外观及内在品质的描述。为防止双方对样品的品质发生理解上的差异，当事人可以在合同中对样品的外观及内在品质可能引起歧义的部分进行明确界定。这种性质的说明内容与样品的外观及内在品质本应是相一致的，不管是以样品还是以说明作为认定标的物质量的标准均不会产生争议。如果质量说明所表述的内容与样品有所出入，基于此种情形下说明的目的，应当以样品作为出卖人交付标的物的质量标准。

（2）样品说明是对与样品不同的品质作出的要求，这种说明的性质，究其本质并非系《合同法》第168条规定的对"样品质量予以说明"，而是基于当事人的约定对标的物的品质作出的与样品不同的要求。根据合同自治原则，当事人既可以完全采用样品的标准作为合同履行的依据，也可以仅采用样品外在质量或内在质量的一部分为依据，而就其他部分另外作出质量约定。此时，便需要对与样品不同的品质作出说明，因文字说明恰是当事人对样品部分品质变更的意思表示，故应以文字说明作为认定质量标准的依据。

3.实践中，某些产品由于各方面的原因很难达到标准化生产要求，不可能生产出完全符合样品品质的产品。因此，在合同条款中应该增加样品所要达到的标准范围，比如某些科学指标或者行业标准等等。

在样品买卖合同中，如何判断交付标的物质量是否符合样品？一般情况下，在凭样品买卖合同纠纷案件中，买受人如果认为出卖人所交付的标的物的质量不符合样品质量的，则应当由买受人负举证证明的责任。在诉讼中，买受人可以申请由人民法院委托有关专门机构进行质量鉴定。质量鉴定机构对出卖人交付标的物进行质量鉴定的标准，一般情况既不是国家标准、行业标准，也不是标的物的通常标准，而是以样品所体现的品质为鉴定标准，双方当事人对样品所作的说明也是鉴定所依据的标准内容。对于出卖人实际交付的标的物是否与样品的品质相符，除凭肉眼能够作出判断的以外，一般均应当委托专门机构进行质量鉴定后认定。此外，在判断交付的标的物品质是否符合样品品质时，还有一个问题应当引起注意，即当双方当事人所封存的样品存在隐蔽瑕疵时，对质量标准如何判断与选择？根据《合同法》第169条规定，凭样品买卖的买受人不知道样品有隐蔽瑕疵的，即使交付的标的物与样品相同，出卖人交付的标的物的质量仍然应当符合同种类物的通常标准。也就是说，判断的标准是：出卖人交付的标的物的质量是否符合同种类物的通常标准。在这里，"同种类物的通常标准"判断应根据合同标的物的不同情况具体分析，可能是国家标准，也可能是行业标准、地方标准或者企业标准。

（六）在合同中应明确约定瑕疵担保责任

1. 一般瑕疵担保责任

在买卖合同中，出卖人对标的物负有物的瑕疵担保责任，在凭样品的买卖合同中亦不例外。所谓的瑕疵是指质量瑕疵，即标的物存在不符合规定或者通用质量规格的缺陷，或者影响使用效果等方面的情况。《合同法》第154条规定："当事人对标的物的质量要求没有约定或者约定不明确，依照本法第61条的规定仍不能确定的，适用本法第62条第（一）项的规定。"该条规定要求在不能明确标的物质量要求的情况下，出卖人应当担保标的物没有质量瑕疵。对标的物的品质或依样品确定或依样品与合同中的文字说明共同确定，出卖人交付的标的物的品质应当与双方共同确定的品质要求相符合，否则出卖人即应承担物的瑕疵担保责任。

2. 特殊瑕疵担保责任

特殊瑕疵是指隐蔽瑕疵，是指当事人已尽其交易上的必要注意，仍然没有发现的瑕疵。《合同法》第169条规定："凭样品买卖的买受人不知道样品有隐蔽瑕疵的，即使交付的标的物与样品相同，出卖人交付的标的物的质量仍然应当符合同种类物的通常标准。"也就是说，如果样品虽然存在隐蔽瑕疵，但并没有因此影响标的物的通常用途，能够达到同种标的物的通常标准的，出卖人仍然可以按样品的品质交付标的物；如果出卖人未按样品的品质要求交付标的物的，而样品存在的隐蔽瑕疵足以影响标的物的通常用途，达不到同种类物的通常标准的，则属于违约行为。因此，按照《合同法》的规定，即使样品存在隐蔽瑕疵，担保标的物没有质量瑕疵的义务仍然适用于出卖人，而不论出卖人是否知道样品存在隐蔽瑕疵。如果出卖人明知该瑕疵而故意隐瞒，则甚至可以构成对买受人的欺诈。

（七）把握样品买卖合同的成立时间

凭样品买卖合同的成立时间有其特殊性，应区分不同情况确定其成立时间：

1. 当事人就凭样品买卖合同达成合意之时，样品已经现实存在并经双方共同确认、封存的，口头合同于双方当事人合意达成之时，书面合同于双方当事人签字或盖章时，凭样品买卖合同即告成立。

2. 当事人就凭样品买卖合同达成合意之时样品尚不存在，需待一方当事人依据合同事后提供的，样品经双方共同确认并封存之时，凭样品买卖合同方始成立。在凭样品买卖合同的样品确认并封存前，双方虽已达成"合意"，但这个"合意"只不过是双方成立凭样品买卖合同的预约意思表示，因为双方对样品并未确认、封存，实际是对标的物质量标准尚未作出明确约定，这导致凭样品买卖合同的实质性条款不具备，合同尚不具备履行的条件。因此，在上述情况下，即使合同已签字盖章，亦需样品确认并封存时方始成立。

第五节　商品房买卖合同风险防控

一、商品房买卖合同中的法律风险

（一）虚假宣传不担责

众所周知,目前的商品房销售都是选择以售"楼花"的方式进行销售,即销售期房。由于期房存在很多不确定性，购房者在选择期房时只能依据开发商所作出的广告宣传来选择适合自己的房屋。为了吸引购房者的眼球，开发商会在广告宣传上大做文章，诸如将自己销售的房屋形容的是"人间少有"、最适合购房者居住或者投资的，甚至将自己正在开发的小区描绘成有小学、中学、幼儿园、超市、银行，等等。但在签订合同的时候，业主却发现广告介绍的这些地方都是空地。此时开发商可能会说马上就建，但真正住进以后，这些地方很可能已盖起其他新楼。开发商正是利用精美的图画和极具蛊惑的文字描绘其楼盘的美好蓝图，吸引购房者的眼球，增加了购房人士的购买欲望，却又不对广告内容承担责任。因为这些硕大无比而又图文并茂的广告语或者页面的角落，你可能没有发现这样一些小字提示："该广告（资料）仅作为参考"，"本图例仅作示意用图，如有更恕不另行通知"，"本公司对广告内容享有最终解释权"，"本公司发出的一切资料均以最后批准之法律文件为准"，等等。

事实上，这些广告提示或约定，暗藏玄机。因为它们均排除了开发商所做商业广告和宣传资料成为要约的可能性，为其进行虚假宣传提供了方便。这些广告提示或者约定不外乎包含着两层意思：一是广告、楼书、样板房、模型以及其他宣传资料不能作为业主要求开发商承担责任的依据和标准；二是如果合同或补充协议约定的标准低于样板房或其他售房资料时，业主只能以低标准来要求开发商了。根据最高人民法院《关于审理商品房买卖合同纠纷案件适用法律若干问题的解释》第2条的规定，在没有特别约定的情况下，广告、楼书、样板房、模型以及其他宣传资料在符合条件下是可以作为补充内容的，而这里广告提示或者约定就是对购房者的特别约定，开发商正是利用这个特别约定来排斥这条规定，减少业主主张权利的依据和范围。

（二）《商品房认购书》里有陷阱

目前，消费者在选购商品房时，常常被开发商要求签订"认购书"之类的认购协议，即由开发商事先准备好的格式合同，主要就消费者所选定的房屋位置、面积、单价、优惠比例、付款方式等几方面进行简单约定。其核心是要求消费者必须交纳少则千元多则几万元的定金，并限定在短时间内签订《商品房买卖（预售）合同》。而在签认购协议之前，开发商往往不向消费者提供《商品房买卖（预售）合同》等相关资料，使消费者无从了解自己的权利、义务，却在种种诱导下被套上了具有惩罚性的定金枷锁。

其实，认购书只是一个预约，它与商品房买卖合同是预约和本约的关系。在签订认购书后，交易双方只能依据诚实信用原则，在签订商品房买卖合同的条件成就后，要求对方就商品房买卖合同中的其他内容进行谈判。开发商在此过程通过认购协议向消费者收取的定金在法律上称为"立约定金"，这种定金又称为"犹豫定金"，是以该定金作为今后订立合同的担保，在一定时期内购房合同未订立，有过错的当事人要承担定金责任。但在这里开发商却悄悄地切换了概念，将消费者置于不利地位。特别是在消费者不知情的情形下签订"认购协议"，这种纠纷经常发生。正式签约时，由于已交定金，迫于不退定金的压力，消费者往往只能委曲求全，签订不平等的格式条款。

近年来，随着房价的不断飙升，开发商为了获得更大的经济利益，很多开发商会采取捂盘、惜售等措施来拖延销售时间，谋取利益最大化。这时与购房人签订《认购书》的形式销售楼盘，成为他们规避法律的最佳方式。而《认购书》中仅写明购房意向和订金，不写明房屋的具体情况和相关违约责任等，因此，这种认购书在法律上通常是无法认定为《预售合同》的，而且开发商将《认购书》中的"定金"写成"订金"。这样一来，《认购书》不但使开发商收取了部分订金，达到了回笼资金的目的，还免去了开发商捂盘惜售、哄抬房价后承担违约责任的可能。

（三）霸王合同条款突出

一般说来，开发商在商品房买卖合同及其补充协议中预设的霸王条款主要表现为：

1. 购房签约先交钱

有的开发商在购房合同中约定诸如"在乙方（购房者）交清首期房款以及本条第 × 款所列的有关综合费用时，甲方应与乙方签署《商品房买卖合同》"等。事实上，在签认购书时，购房者已交付了定金，提供了立约担保。上述约定又规定购房者必须先交清首期房款及有关综合费用，才能签署商品房买卖合同，实际上颠倒了签约与付款的顺序。此时，如果消费者选择不签约，不但损失定金，还要为要回首期房款和相关费用付出成本。这种条款加重了消费者的负担，侵犯了消费者的公平交易权，属不公平、不合理的条款。

2. 质量问题模糊化

有的开发商在购房合同中约定："双方约定开发商将经过'竣工验收合格'的商品房交付给乙方"；还有的开发商约定："装修所使用的材质如不能取得本协议约定的产品，以其他同等档次的产品代替"，等等。

事实上，现行法规对建筑质量的管理主要是针对施工单位的管理，而施工单位建筑质量的好坏不是以购房者的认可为准，而是以质检站的质检结果为准。按照通常惯例，质检结果一般只是针对工程主体所下的结论，一些购房者认为的细节问题，并不包含在质检的内容当中。一般购房者对建筑质量的反映主要集中在装修、格局的变化；水、电、管线通畅；门、窗、家具瑕疵等问题上，而这些问题是否能被认为是质量问题，绝非一个质检证明就能说清楚的。开发商在这里做了模糊化处理。况且"竣工验收"一般只限于房屋本身，对绿地、车库、游泳池等配套设施并不涉及，需要其他方面的单项验收才能确认。至于"同等档次"的约定，是个典型的模糊质量的技术手段，由于它有合理的成分但又确实被开发商利用谋利，所以令人头疼。

3. 任意扩大免责权

如某房地产有限公司制定的《商品房买卖补充协议》中规定："不可抗力和出卖人不能控制的原因导致的延期交房，出卖人不承担迟延责任；非出卖人原因造成的延误因素包括但不限于：政府管制及办证行为滞后、政府市政配套未到位、第三人破坏、高考期间停工或其他政府规定、施工单位工期延误、施工期间停水停电等。出卖人在交房时告知买受人即可据实予以延期交房。"

在上述规定中，开发商将各种可能造成延误的原因一一列举，全部作为自己免责的事由，从而免除了开发商所有可能的违约责任。在这些原因中，有的确实可以作为免责事由，如不可抗力等，但也要甄别情况，部分或全部免责；有些则纯属开发商自身或第三方原因造成，如承建商施工误期、因技术上需要更改图纸、因天气影响或其他异常困难及重大技术问题不能及时解决导致的延误等，这种情况下应由开发商向购房人承担违约责任，更不能剥夺消费者的索赔权和诉权。其实像高考期间停工、办证行为滞后等内容是开发商可以预料并提前做好准备的，不能作为免责事由。而像施工期间停水停电、第三人破坏等则是第三人原因造成的，开发商应向消费者承担违约责任，再依法律、依约定向第三人追偿。该格式条款私自扩大自己的免责范围，将第三方对开发商违约的风险转嫁到消费者头上，使开发商的逾期行为不必承担任何责任。

4. 单方扩大解约权

有的开发商约定："若乙方违反协议书中约定之任何条款，甲方有权解除本协议书，并有权将本协议书所指商品房另行出售，乙方不得提出任何异议，乙方所付定金不予返还。"还有的开发商约定："若乙方支付定金之日起十天内未能依时签署《商品房买卖合同》及交付首期房价款，则甲方有权单方面解除本商品房认购书，并不退还定金。"

事实上，订立或解除合同必须在当事人自愿前提下进行，任何一方不得擅自变更或者解除。按最高人民法院的司法解释，在商品房买卖中，买受人迟延履行债务，出卖人要进行催告，催告后，买受人还有三个月的宽限期，如在此期限内仍未履约，方可解约。此外，约定中所谓"违反任何条款""未能依时签署"内容都不具体，也不明确。当事一方迟延履行债务可能基于各种原因，不是所有违反协议的情况都必然导致经营者有权解除合同、不退定金。这种做法客观上隐瞒了导致不能签订购房合同的多种情况，如不可抗力、意外事件、经营者自身责任等，故意排除了消费者与经营者协商或经催告履行债务的可能，为经营者逃避责任、私吞定金预埋了伏笔。上述格式条款单方扩大了经营者解除合同的权利，剥夺了消费者依法变更、解除合同的权利，侵害了消费者的公平交易权和自主选择权。

5. 房贷风险早转移

有的开发商约定："买受人申请商业银行贷款的具体数额和具体年限以银行最后审批为准。如果银行批准的贷款金额低于买受人所申请的数额，则买受人必须在接到银行或出卖人通知之日起 10 日内，以现金形式向出卖人支付差额部分，否则视为逾期付款，应按买卖合同第七条承担违约责任。"

这是典型的开发商转移贷款风险的条款，本来应该由双方承担的风险，现在变为由购房人来全部承担。由于国家信贷政策的不断变化，按揭的规定和条件也是随时变化的。特别是现阶段由于政府实施金融调控，抑制房地产投机行为，房屋贷款的门槛提高了，难度增加了。购房人本来是按照开发商的事先承诺制订购房计划，而现在不是自身的原因导致不仅无法实现购房目的，还要承担违约责任，而开发商却不承担任何损失，这对购房人来说是极其不公平的。

6. 违约责任不对等

合同当事人应当遵循公平原则确定各方的权利和义务。但在商品房买卖中，开发商往往利用不容协商的格式条款减轻自己的责任，加重消费者责任。如开发商在购房合同中违约责任一栏约定："（1）甲方须于××年×月×日前将房产交付使用，甲方若延期交房，则每迟交一个月，按乙方已付房款3%计算罚金，付给乙方作赔偿。（2）乙方若未按期限向甲方缴清房款，视为违约，甲方有权从乙方已交购房款中，扣罚10%的金额作违约金，同时不予办理进户手续。"

显然，在上述条款中，关于买卖双方违约的责任不对等。经营者延期交房必须等一个月后方计算罚金，且额度仅为消费者已付房款的3%；消费者若未按期交付房款，则立即视为违约，并扣罚消费者已交购房款的10%作违约金。由于商品房的标的额大，双方承担的违约金数额相差悬殊，明显不公平。上述条款的实质是设置陷阱，加重消费者责任，减轻经营者责任。

7. 附属权益遭侵害

有的开发商约定："本商品房所在楼宇的外墙面使用权不属于买受人，买卖双方同意屋顶和外墙面广告权、会所、小区停车位、休闲娱乐设施及其他卖方投资建造的经营性房产和设施权益属于卖方。"

这样的约定是开发商以约定的形式将商品房的外墙面使用权及其他权益据为己有。事实上，外墙面、屋顶等使用权应该属于全体业主所有，可现实情况是不少楼盘，特别是一些地段好、位于商业闹市区的楼盘，开发商往往把屋顶、外墙面等使用权据为己有，因为其中有利可图。如此条约定，开发商安装广告牌就不需要经过业主委员会同意，只要做到不影响全体业主的正常生活，广告内容不降低小区的整体形象，开发商就可以安装广告牌，所收取的广告费就全部收归自己囊中。但是，如果约定使用权归全体业主共有，或者索性不约定，则安装广告牌就必须经过业委会同意，并且所收取的广告费就归全体业主所有，由业委会统一保管使用。

（四）"一女多嫁"纠纷多

一房二卖，是指出卖人先后或同时以两个买卖合同，将同一特定的房屋出卖给两个不同的买受人，又称房屋的二重买卖。在商品房买卖中，如果购房者与开发商只是签订了商品房买卖合同，而没有进行房屋所有权过户登记，此时买受人只有合同法上的请求权，不具有排他的效力。这种情况下，无法防止开发商将房屋以更高的价格再卖给其他人的情况发生，这种行为在二手房买卖中尤为突出，几乎成了商品房交易的诚信"黑洞"。据法院统计，95%以上的"一房二卖"案件由二手房交易引发，原因在于二手房交易周期长，在这一过程中，房价有可能出现大幅上涨，卖房人出现后悔心理，认为即使赔偿先买房人定金，再卖房仍有赚头。因此，此类案件原告几乎全是先买房人，对于诉求，有的先买房人要求确认卖房人与后买房人签订的合同无效，继续履行与自己签订的合同，交付房屋；有的是要求解除合同，要求卖房人返还购房款并支付包括房屋涨价损失在内的巨额违约赔偿。"要钱"和"要房"所占比例相当，大致各占50%。

在目前房价飞涨的情况下，卖房人"一房二卖"的违约成本是比较低的。因为我国民事案件中的违约金仅以补偿守约方的实际损失为限，合同约定的违约金过分高于实际损失的当事人可以申请法院调整减少。因此，在卖房人"一房二卖"构成违约的情况下，法院往往仅判决其向买房人支付与房屋差价损失相当的违约赔偿，相当于卖房人把"多卖的钱"赔了出去。因此很多情况下，卖房人可能并没有遭受与守约相比额外的利益损失或者惩罚。也正因为如此，"一女多嫁"的现象还会继续下去。

（五）"阴阳合同"风险多

在二手房交易过程中，交易双方为了逃避债务或办理贷款很有可能就会约定签订两份房屋买卖合同，一份是真实有效的，另一份则是用于去房管局登记备案的，这就是所谓的"阴阳合同"。"阳合同"，系由双方签订后向有关部门备案的那份合同，价格一般都很低。这种合同虽然符合合同成立的形式要件，但其实际上是通过虚假降低合同标的价格的方式，欺骗登记部门，目的是少缴税金。"阴合同"，则是双方当事人私下签订并实际履行的合同，价格一般都符合市场行情，充分反映了双方当事人的真实购买价格和意图。签订"阴阳合同"，似乎是卖房人、购房人和中介三方获得了"三赢"，但实际上却蕴藏着下列巨大风险：

1. 合同一旦被确认无效后无法顺利取得产权

当买卖双方因交易发生争讼时，由于签订阴阳合同的目的是为了逃避国家税收，违反了《合同法》中的相关规定，属于当事人恶意串通损害国家利益，一旦进入法律程序肯定会被宣布无效。而房地产交易中心是基于"阴合同"才办理过户手续的，一旦"阴合同"被认定无效，其过户行为也会相应地被撤销。届时，买方已支付了全部或大部分房款但却没有取得房屋的产权，其间如再发生卖方"一房二卖"、抵押房屋或司法查封等状况，后果不堪设想。

2. 再次出售时承担高昂的差价税负

买方通常是在卖方同意让价的条件下而配合签订"阴阳合同"的，而卖方这样做虽然逃避了税负，但是一旦将来买方的角色转换成卖方，将买到房屋出售时必然面临两个问题：一是由于买入价低，房屋出售时估值也会相应降低；二是再次卖出和买入价之间的差额较大而承担高额的个人所得税税负。

3. 承担必要法律责任

房地产买卖中，买方应按成交金额的一定比例缴纳契税。若阴阳合同被查出后，税务部门可能对偷逃契税的买方给予补缴税款、罚款等行政处罚。如果偷逃的契税数额达到标准，则可能直接被追究偷税罪的刑事责任。

此外，签订阴阳合同的双方还都可能被相关部门将其偷税行为记入个人诚信体系，留下信用污点。并且"阴阳合同"会容易引发纠纷，使双方额外支出仲裁费、诉讼费等解决争议的成本，可谓得不偿失。

（六）交房入住问题多

1. 先"交费"后入住

开发商违反"先验房，再收房"的市场原则，要求购房人先交纳入住费，而后再验房。这是因为现阶段房地产处于卖方市场，地产市场不断涨价，购买人迫切希望能早日买到中意的房产，这些供需关系导致了开发商要求购买人先交付入住费用，再验收房屋的情况。这种风险在现阶段是难以避免的，但是，先交纳入住费用并不能免除开发商交付不合格房屋的责任，因为开发商的房屋是否合格，首先需要看是否有《竣工备案表》，其次是要购买人验收房屋后签署《验收单》后才能完成交付义务。

2. 捆绑收费没商量

我国现阶段入住前，消费者需要交纳的入住费用可谓五花八门，名目繁多，诸如面积增加的补差款；违约金；暖气费；公共维修基金；燃气初装费；管道煤气开栓费；有线电视安装费；电话、宽带初装费；安防系统费用；产权代办相关费用（契税、印花税、办证工本费等）；预交几个月的物业管理费；装修押金费；装修垃圾清运费；等等。这些费用的收取，有的是合理的，有的是不合理的；有的是交给开发商的，有的是交给物业公司的。但开发商以"不交费用不拿钥匙"为要挟，捆绑收费。消费者对此有口难言，有苦难诉，大有任人宰割之感。

3. 产权办理有"猫腻"

按照建设部的规定，应该是入住之日起三个月内办理完房屋产权证书，但实践中却难以如愿。因为很多开发商（或物业）因种种原因并没有把"两书"（即《住宅质量保证书》《住宅使用说明书》）交给购买人。《住宅质量保证书》是开发商针对房屋质量及保修期限、范围作出的承诺。《住宅使用说明书》则是针对房屋设计、施工及验收中的具体技术指标，如抗震指数、墙体结构类型等作出的相关说明。

实际上，"两书"本质上类似于任何产品的质保凭证和使用说明，商品房本身也是一种产品，因此，也需要有质量保证书和使用说明书。如果开发商不交给业主"两书"，那么等于缺少质量保障的承诺书。也正因为如此，购房人也就无法获得房屋的产权凭证，房屋就无法认定物权。因为根据《物权法》规定，物权经依法登记设立，未登记的物权不发生效力，也不受法律保护。商品房预售合同鉴证只是"预告登记"，即表示这套房子将来是某买房人的，只有等办了产权登记，才能真正明确房子的权属。但如果开发商没有《住宅质量保证书》《住宅使用说明书》，自然在房子建好交付 3 个月内办理不了产权登记，预告登记也就自动失效。这时，对于购房人来说，如果不办房产登记，房屋的物权仍属于开发商。如果开发商有债务，开发商有可能拿房屋抵债，由此会造成购房人无法挽回的损失。而且没有做物权登记的房屋也无法正常进入房地产三级市场流通，这对购房人来说损失是巨大的。

4. 房屋质量挺"闹心"

购房人千辛万苦买来了盼望已久的商品房，但入住后发现，此房存在严重质量问题：诸如房顶或墙面渗漏；墙皮脱落；墙体裂及楼板裂缝；隔音、隔热效果差；门窗密封性差、变形；上下水出现滴漏；水、电、暖、气的设计位置不合理，等等。购房人带着上述找物业，物业将问题推向开发商；找开发商，开发商早已人去楼空；找有关部门，有关部门托词推诿；打官司，劳力费时。凡此种种，几乎搞碎了购房人的心。

二、商品房买卖合同风险防控

（一）虚假广告风险防控

1. 开发商防控风险的方法

为了规范开发商的广告宣传，最高人民法院《关于审理商品房买卖合同纠纷案件司法解释的理解与适用》规定："商品房的销售广告和宣传资料属要约邀请，但是出卖人就商品房开发规划范围内的房屋及相关设施所做的说明和允诺具体确定，并对商品房买卖合同的订立以及房屋价格的确定有重大影响的，应当视为要约。该说明和允诺即使未载入商品房买卖合同，亦应当视为合同内容，当事人违反的，应当承担违约责任。"对开发商而言，这个规定无疑给其敲响了一个警钟。也就是说，对自己开发的项目，是不能任意宣传的。有些宣传或者说明，虽然没有在商品房买卖合同中明确约定，仍然可以作为合同条款，一旦交付的房屋无法实现这些宣传，开发商是要承担责任的。这就需要开发商在做广告宣传时，应注意以下策略：

（1）广告宣传的内容一定不能过于明确和具体，比如楼盘的规划指标，包括容积率、绿化率、配套生活设施等，不要用具体的数字或设施名称来说明。可以用一些表示范围的形容词来说明，比如绿化率极高，容积率很低，生活配套设施比较完善，等等。千万要注意不要说"5000 平方米的中庭广场、10000 平方米的花园绿地等"，也不要说配备了医院、学校、超市等。如果开发商能够做到这些，当然可以大肆宣传了。

（2）对于样板房，一定要在样板房内的显著位置标明"本样板房仅供参考，以商品房买卖合同约定为准"字样。根据《商品房销售管理办法》的规定，开发商没有说明实际交付的房屋的质量、设备及装修与样板房是否一致的，实际交付的房屋应该与样板房一致。因此，样板房作为宣传工具，也应当作为交付房屋时的验收标准。

（3）对于一些购房即送大奖、购房办户口，或者说保证升值等的宣传用语，一定要谨慎使用。总之，要把握一点，就是宣传用语切忌明确具体。一旦明确具体，而且对购房者是否选择该房屋以及房屋的价格有重大影响的，这些宣传用语就转化为合同条款了，如果在交房时不能实现，将导致承担违约责任的不利后果。

2. 购房人防控风险的方法

对于购房人而言，"天花乱坠"的售楼书、广告等是房地产开发商或代理商向不特定的对象发放的，用以介绍其预售商品的图片、文字材料，但它并非预售合同，仅仅是一种要约邀请。在预售房屋竣工交付前，购房人只能参考售楼书、广告等传递信息（房屋的结构、套型、环境、物业管理等）作出是否购买的决定。为了避免受售楼书、广告等不实内容影响而误导与其签订预售合同，购房人应注意采取以下防控措施：

（1）耐心咨询相关情况。购房人在决定预购商品房前，一定要认真阅读房地产商提供的售楼书、广告等材料，并保留好开发商的楼盘宣传资料。对于宣传资料中的问题，要向在预售现场的其他意向购买人询问，听取其他人的意见，还要多问开发商预售人员问题，所谓"言多必失"就是这个道理，听的时间长了、次数多了就会发现其中的漏洞。若有可能，可对开发商预售人员的承诺进行录音，然后与开发商的管理层确认承诺的真实性，并且要保留好录音材料，以备将来不时之需。

（2）亲自现场查看。千万不要轻信售房者的广告内容，自己要亲自到现场实地考察一番，核实其广告内容。

（3）仔细审核设计图。签订合同前，要索要《商品房预售许可证》配套使用的设计图，仔细研究与广告宣传的内容是否相符。比如广告称小区内设超市、银行，那么在设计图纸上应有标明，如果没有标明，则要三思而后签。

（4）提前看合同文本。在商品房预售中，开发商为了将购房人"套牢"，往往要求其签订《认购书》和交付定金。因此，在这之前，你一定坚持让开发商提供日后所要使用的空白购房合同文本给你看，核实一下广告内容是否载明其中。许多人想当然地认为开发商会主动把广告的内容都写进合同中，这正是开发商利用了多数购房者的这种心理引诱定金到手，最后把购房者死死地套住。

（5）广告关键的、主要的内容都要写进合同中，并细标尺寸。司法实践中，法官只承认开发商写入合同中承诺为承担责任的依据，因此在签订合同时应力争将广告的内容写入合同中。

（二）认购书风险防控

由于房地产开发项目投入资金大、周期长的特点，很多房地产开发企业多采用认购书销售模式，在收取购房者部分定金后与购房者签订认购协议，鉴于目前法律对认购书的性质并没有明确规定，其风险不言而喻，应注意严加防范。

1. 开发商防控风险的方法

（1）要注意在认购书中只能约定一些核心的内容，比如房屋的位置、面积、价格等。对于不能确定的问题，比如面积，应当明确注明以测绘报告确定的面积为准；对于取得预售许可证的时间，也尽量避免约定明确的期限。对于交房时间以及违约责任等问题，也尽可以在签订正式的商品房买卖合同时约定。

（2）要披露项目信息及手续现状，避免被认定为欺诈导致双倍赔偿。最高人民法院《关于审理商品房买卖合同纠纷案件司法解释的理解与适用》规定："出卖人通过认购、订购、预订等方式向买受人收取定金作为订立商品房买卖合同的担保的，如果因当事人一方的原因未能订立商品房买卖合同的，应当按照法律关于定金的规定处理。因不可归责当事人双方的事由，导致商品房买卖合同未能订立的，出卖人应当将定金返还给买受人。"

由此可知，签订了认购书，并不意味着一定要签订商品房买卖合同，但是否签订正式的商品房买卖合同，其主动权还是掌握在开发商手中。实践中，由于开发商的原因导致无法签订商品房买卖合同，从而双倍返还定金的案例是很少的。如果签订认购书后，房价出现大幅度上涨，如果不想将房屋按照认购书约定的价格出售，则可以在商讨正式的商品房买卖合同条款时，向购房人提出一些苛刻的但又符合法律规定的条款，如果购房者不能接受，从而导致无法签订正式的商品房买卖合同，作为开发商来讲，也已经履行了认购书所约定的义务，无法订立正式的合同的责任就不在开发商，开发商只需要承担返还定金的义务就可以了。当然，这种做法有失诚信，对注重企业形象的开发商而言，建议不要采用。如果由于购房者自己的原因导致无法签订商品房买卖合同，比如购房者不想再购买这套房屋，开发商就可以不用返还已收取的定金了。

2. 购房人防控风险的方法

对于购房人而言，防范这种风险的简单办法就是采用扁鹊先生的"望、问、切"方式：

（1）"望"

所谓"望"，一是要查看开发商的"五证"。这"五证"实际上就是开发商的资质、信用及经营范围。开发商的资质，是相关的行业主管部门根据开发企业的综合实力认定的，资质越高，说明其开发能力越强，承担风险及责任的能力就越强。若没有资质或者证照不全，此开发商的危险系数就比较高了，就千万不要去签订认购书；二是要到开发商预售楼盘的实际工地外去观察，看是否有动工迹象，是否已经动工一段时间等，如果根本没有动工，或者仅仅是刚刚施工，那么就可能没有达到预售条件。

（2）"问"

所谓"问"，就是打听了解开发商所开发项目的基本情况。一是去有关行政主管部门咨询，该项目是否以在建工程或土地使用权或房屋抵押向银行贷款；该项目是否有法律缺陷，该项目是否已具备相关的手续；开发商的以往的开发业绩如何等情况。二是从群众及其他开发商同行处了解一些信息，如开发商的信誉与实力，俗话说同行是冤家，购房人可以用巧妙的方式从其他开发商那儿得到一些意想不到的"秘密"，这一招在买房过程中往往是屡试不爽的。

（3）"切"

所谓"切"，一是记住开发商的预售许可证编号到建委网站或者亲自到建委询问，看看开发商的预售的内容是否与相关部门的公告登记相一致。如果一致，就说明开发商已经达到预售标准；二是到建委网站或者亲自到建委询问，看看开发商的《预售合同》有没有到建委"网签"备案。若在建委网站上查询到该《预售合同》的备案登记号，说明开发商已经备案登记。

（三）签约商品房合同时风险防控

1. 审查"五证""两书"

"五证"，是指《国有土地使用证》《建设用地规划许可证》《建设工程规划许可证》《建筑工程开工证》《商品房预售许可证》；"两书"，是指《住宅质量保证书》和《住宅使用说明书》。"五证"和"两书"是合法售房的证明文件。购房者应要求房地产开发商和销售商出示"五证"和"两书"，这是法律对销售方的基本要求。如果开发商没有"五证""两书"，或者"五证""两书"不全的，消费者就不要与其签订《商品房买卖合同》。

2. 审查欲购买的房屋是否已被抵押

由于现在房地产开发的规模一般都较大，所需资金较大，很少有开发商能够独立支付全部的建设资金，各种渠道的融资就成为开发房地产项目的一个重要事宜，其中开发商将已经取得的土地使用权抵押给银行以获得贷款，是国家政策允许和鼓励的。但是如果在商品房开始预售时开发商没有办理解押，就会使购房者承担很大的风险。这种情况下，如果开发商预售商品房所收上来的钱没有用于及时偿还银行的贷款，而用于其他风险投资，致使其无法偿还银行的到期债权，那么银行的抵押权属于担保物权，购房者的预期房产权利属于债权，根据相关法律，担保物权优于债权受偿，银行的权利优先于购房者的权利。

实际中，个别开发商为了筹措资金，将已售房产再次抵押或隐瞒事实将已抵押房产进行销售，这样就可能侵害消费者的利益。依照法律规定，房产售出后，只要依法将买卖合同在房管部门进行备案登记，交易即告成立，不管房屋是否建成或实际交付，开发商无权做抵押处理，否则应承担相应的法律责任。当然，购房者同意抵押除外。对于将已抵押房产进行销售的情况，开发商销售时必须讲明抵押状况，然后由购房者选择是否签约。如果开发商恶意隐瞒，就可能侵害消费者的利益。因此建议消费者在签约之前，要求开发商出具保证函或约定保证条款，还可以通过房产登记部门查询了解，以防止不必要的纠纷。

3. 使用 2014 版《商品房买卖合同（示范文本）》签订合同

在签订商品房认购书前，应要求开发商提供建设部和工商总局联合制发 2014 版《商品房买卖合同（示范文本）》，特别注意详阅由售房方自己擅自增加的合同条款，看其是否有不公平条款或与自己购房意图不符的条款，如无异议，应要求复印作为认购书附件，以免将来正式签约时就商品房买卖合同文本内容产生不必要的纷争。同时，还要特别留意示范文本之外的补充协议，合同风险大都藏匿于此。

（四）商品房交接时风险防控

1. 应及时办理商品房交接手续

若商品房已经符合合同约定的交付条件，开发商应当在合同确定交付房屋的日期前书面通知买房人办理交接手续。若开发商的通知书中已经明确了办理交接手续的时间、地点以及应当携带的证件，买房人应当按时办理交接手续。买房人如果拒绝收房或未如期办理交接手续，则必须承担逾期交接的违约金。此外，房屋毁损、灭失的风险自书面交房通知确定的交付日期起将转由买房人承担。

2. 应要求开发商出示相关的证明文件

商品房交付时通常要符合下列条件：已取得建设工程规划验收合格证和房屋建筑工程竣工验收备案证明材料；已取得用于房屋权属登记的房屋测绘成果；商品房上存在的权利瑕疵已消灭；商品房为住宅的，开发商还应当提供"两书"。买房人在进行商品房交接时，可以要求开发商出示合同中约定的证明文件。如果开发商拒不出示或者出示的证明文件不齐全，买房人则有权拒绝接受该商品房，并可要求开发商按照约定承担迟延交付的责任。

3. 及时书面催告开发商交付房屋

法律规定，如果开发商迟延交房，买房人主张解除购房合同必须先催告，催告后经过3个月开发商仍然不交房的，方可以退房。所以在办理交接时，一旦开发商拒不出示相应的证明文件，买房人应当及时书面催告开发商交付房屋。其方法是：写好书面催告交房通知函，交由开发商签收（注意要求对方盖章）；或者用邮政特快专递形式寄给开发商，在邮寄单据上注明所寄为催告交房通知函，并注意保存好回执以备查询。如果开发商在收到催告交房通知函后3个月仍然不能交房的，买房人可以要求退房，并可要求退还购房款，同时追究开发商的违约责任。

4. 不要急于交接入户

有些买房人在办理交接时，明知开发商没有相应的证明文件，因为急于装修入住，仍然接受房屋，此种行为在法律上被视为交付。此后，若买房人再以开发商长时间没有出示相应证明文件要求解除合同的，法院将不接受。实践中，有些狡猾的开发商在办理交接时，会要求买房人签署房屋交接单。在签署这类文件时，一定要看清房屋交接单上的内容。如果买房人仅仅是为了领取钥匙进行验房，并不表示接受房屋的，应当在交接单上明确注明。

5. 认真检验房屋有无严重质量问题

一般来说，房屋交付时，如果开发商已经取得建设工程规划验收合格证和房屋建筑工程竣工验收备案证明材料，则意味着房屋质量基本没有什么问题。但因为现在的房屋竣工验收主体已变更为开发商，这就可能导致通过竣工验收的房屋并不符合验收标准情况的发生。所以，买房人在交接房屋时，应当认真对房屋质量进行检验，若在验房时发现轻微质量问题，可要求开发商进行整修。

6. 发现质量问题及时委托专业检测机构检测

如果买房人在验房时发现房屋存在严重质量问题，应当及时委托有市级以上检测资质的省、市建筑工程质量检测机构检测。经检测发现商品房主体结构质量确属不合格的，或因商品房存在重大工程质量问题，严重影响正常使用的，买房人有权解除合同，同时要求开发商返还购房款，并承担相应的违约责任。

（五）"一女多嫁"风险防控

实践中，商品房市场"一房二卖"现象时常出现，对此必须引起购房人的高度重视，以免受到危害。防控"一女多嫁"风险措施主要有：

1. 尽快完成交易，交付房屋全部功能

因为房屋的使用功能具有排他性，买卖双方一旦签订正式的购房合同，买方就

是房屋的合法占有人，其他人无权再使用该房屋。如果卖方同时与多方签订正式的房屋买卖合同，众多买方中仍然是只能有一人获得该房屋的使用功能。具体该如何分配，应按照以下几个原则来处理：已经办理房屋所有权转移登记的优先；均未办理房屋所有权转移登记，已经实际合法占有房屋的次之；均未办理房屋所有权转移登记，又未合法占有房屋，应综合考虑各买受人实际付款数额的多少及先后、是否办理了网签、合同成立的先后等因素，公平合理的予以确定。所以，此处提醒买家，为避免夜长梦多，在签订正式的房屋买卖合同之后，一定要尽快完成房屋交易。

2. 提高定金支付比例

对于房屋交易来说，提高付款额度是一件利弊共存的事情。利处在于提前支付较高的房款，可以稳定房主的心，更加顺利而负责地完成房屋交易。弊端在于一旦发生什么风险，损失也不小。但是，弊端也可以通过合同约束，用法律手段来维权。买方通过支付高额定金来督促卖方及时交易，同时在合同中对卖方毁约制定双倍甚至更严格的赔偿方法。高额的赔偿成本也就束缚了卖方，使其不敢随随便便毁约，甚至一房二卖了。

3. 进行房屋网签合同的登记

网签同样具备防止房屋一房二卖的效力。网签代表着该房屋在互联网系统上已经留下交易记录，有心人一查就可知道房屋的走向。网签之后，如果卖方想反悔，无论是涨价还是毁约卖给第三方，如果想要顺利完成房屋交易都需要注销网签记录才能进行接下来的相关事宜。而网签的注销则需要买卖双方同时到场，同时申请才可完成。否则，新的房屋交易便无法顺利完成，更无法过户和取得不动产证。

4. 提前完成预告登记

预告登记，是指具有预购商品房、以预购商品房设定抵押、房屋所有权转让抵押以及法律法规规定的其他情形之一的当事人可以申请预告登记。预告登记后，未经预告登记的权利人书面同意处分该房屋的，房屋登记机构应当不予办理。简而言之，买方申请并完成了预告登记，卖方即使把房屋一房二卖，其他的买方也得不到房子，合同是无效的。如果情节严重的话，其他的买方还会以"恶意串通损害第三人利益"为由，失去房屋购买资格。

房屋买卖合同一旦签订，便具备了法律效力，任何一方都要遵守合同约定，不得无故违约。如果卖方想要毁约或者是出现一房二卖的情况，买方有权依照合同向法院提出诉讼，要求卖方继续履行合同或者是赔偿买方的损失。

第六节　买卖合同典型案例警示

一、未签订书面合同时，如何认定买卖合同成立

——扬州晶新微电子有限公司诉广州市晶源半导体有限公司买卖合同纠纷案

【基本案情】

原、被告之间有长期的半导体芯片供求关系，双方经过对账，被告于 2012 年 11 月 11 日确认截至 2012 年 11 月 5 日尚欠原告货款 718919 元。2012 年 11 月 11 日，被告向原告提交付款承诺书一份，承诺在三年内（即 2015 年 12 月 31 日之前）将该笔货款全额支付。但被告作出该承诺后，未按约定支付货款。

扬州晶新微电子有限公司在原审时的诉讼请求为：1. 判令被告向原告支付货款 718919 元，并支付逾期付款利息（从对账日起计至起诉之日止计为 70000 元）；2. 由被告承担本案的诉讼费用。

被告广州市晶源半导体有限公司答辩称：一笔涉及 70 多万元的交易，单凭原告提供的对账单及承诺书并不能证明交易的真实存在，我公司已于 2013 年 10 月 31 日依据《公司法》完成清算程序，结束经营，原告不再具备主张债权的权利。另，原告提供的对账单只有公司前股东许某某的签字，没有公司盖章，我公司于 2012 年 3 月后就没有经营，2012 年 10 月底许某某也离开了公司，故现无法确认该签名的真实性；承诺书上所盖的公章与我公司办理注销登记时找到的旧章样式不一样，故请求法院驳回原告的全部诉讼请求。

【案件焦点】

在没有签订书面合同的情况下，如何证明合同真实存在并已实际履行完毕？

【裁判结论】

本案原、被告双方争议的焦点应为原告公司主张的被告公司欠其货款 713919 元未支付的债务是否真实存在，及如果存在，现被告公司已清算完毕，原告是否仍有权向被告追索货款的问题。

对于被告欠原告货款 713919 元未支付的债务是否真实存在的问题。从被告庭审陈述及提供的证据材料可以看出，被告在办理注销工商登记进行债权债务清理过程中多次通知原告参加，可见，被告将原告视为可能的债权人。至于被告实际欠货款的数额，原告提供其公司财务出具的、有被告股东许某某签名确认的扬州晶新微电

子有限公司对账单及有被告公司签章的承诺书证明其主张，庭审中被告已无法确认对账单上的签名是否为其股东许某某的签名，并举证证实承诺书上被告公司签章与其拟注销的旧章不一致为由进行抗辩，但对比原告提供的从被告工商登记部门查询到的档案资料，被告所提供的证据显然不具证明力，鉴于被告未能提出确实、有力的证据反驳原告提交的证据，也未在期限内对提出异议的股东签名及承诺书上被告公司的签章提出笔迹鉴定及印章真伪鉴定的申请，本院依法确认原告提交的上述证据真实有效，对被告上述抗辩主张不予采纳。又，原告提交其于2011年9月26日至2011年11月17日间开具给被告的贷款金额合共为925969.92元的增值税专用发票，并提供被告自2011年9月2日至2011年11月10日间向原告订货的6张订货单印证其主张；被告与其存在承诺书上写明的欠款金额的业务往来，因经向税务部门查证，上述增值税专用发票被告已在规定的时间内进行认证申报抵扣，现无证据证明原、被告之间存在虚开增值税专用发票的情况，被告也无提供证据证明其在付款承诺作出后的付款情况，反驳原告的主张，本院依法确认原告主张的欠款数额。

对于被告表示现债权债务已清理完毕，原告无权再向其追索贷款的问题。因从原告提供的由广州市工商行政管理局荔湾分局出具的被告商事登记信息可以看出，被告现仍为"已开业的"有限责任公司。庭审中，被告陈述因在肇庆还有债权没有实现，故还未办理工商登记注销手续。可见，被告债权债务实际仍未清理完毕，现仍为具独立法人资格企业，依法仍应以其公司名义对外承担债务；又，从被告向原告发出清算通知邮寄的地址可以看出并非为原告的实际经营地（工商登记住所地），而从原告庭后补充提供的增值税专用发票可以看出，原告早将实际经营地址告知被告；又，从被告当庭陈述与其有业务往来的企业包括江苏、浙江的一些企事业单位，而其刊登清算公告的媒体为主要在我省内有影响力的报纸；另，有被告签章的付款承诺书写明付款时间为2015年12月31日前，且原告举证证明被告在2012年12月20日仍有支付货款5000元，可见，未及时向被告主张债权并非原告的过错，被告该抗辩主张不成立。

综上，被告确认欠原告货款718919元，在作出付款承诺后未按约还款显属违约，虽其在付款承诺书中承诺"在叁年内（即2015年12月31日之前）将该笔货款全额支付，在此期间平均每月还款"，但从被告履行承诺的情况及其庭审的陈述可以表明，其已不再按该承诺履行，依法原告可解除该约定并要求被告承担违约责任，故，对原告起诉要求被告立即支付货款713919元，并支付逾期付款利息的请求，本院予以支持。但原告要求从对账日（2012年11月11日）起计算逾期付款利息，因与被告在承诺书中的约定不符，调整为从2012年12月21日起算较为适宜。故判决如下：

一、被告广州市晶源半导体有限公司于本判决发生法律效力之日起三日内支付欠款713919元给原告扬州晶新微电子有限公司。

二、被告广州市晶源半导体有限公司于本判决发生法律效力之日起三日内支付欠款713919元的逾期付款利息给原告扬州晶新微电子有限公司（计息时间从2012年12月21日起计2014年11月5日止，按中国人民银行同期同类贷款利率计付）。

三、驳回原告的其他诉讼请求。

【定性分析】

本案涉及两个争议焦点，包括：（1）原告公司主张的被告公司欠其货款713919元未支付的债务是否真实存在（即买卖合同关系是否成立）？（2）如存在，现被告公司已清算完毕，原告是否仍有权向被告追索货款？由于本案法院判决主要的落脚点在第一个争议焦点，下面主要针对第一个争议焦点展开论述。

（一）合同的形式

根据《合同法》第10条规定，我国合同的形式应有书面合同、口头合同和其他形式。书面合同通常是指双方当事人通过合同书、书信、电报、电传、传真等形式达成协议。书面合同具有严格、明确、规范等优点，在解决纠纷中具有积极意义。而相对于书面合同，口头合同虽然比较即时、高效、直接、简洁，但因为口头形式很难留下凭证，使得合同关系发生争议后，难以调查交易事实真相，明确双方责任。

根据《合同法》的规定，除法律、行政法规有特别约定的以外，合同的形式可以由双方当事人自由约定，这体现了合同自由的原则。本案中，双方没有签订书面的合同，也没有其他证据证实双方曾订立书面的合同。而根据原告所述，若双方之间涉案的合同关系真实存在，也应认为涉案合同为口头合同。不论是书面合同，还是口头合同，都是我国法律予以承认的一种合同订立形式，受我国《合同法》调整，其形成的民事法律关系受我国法律保护。

（二）通过交货凭证、结算凭证确认合同成立

在实际的市场交易中，为了更快地进行交易，存在许多没有订立书面合同，仅以口头形式或其他方式约定了合同的主要内容的情况。在这种情况下，确认合同是否存在可以根据与交易有关的其他凭证并结合实际情况来判断。最高人民法院《关于审理买卖合同纠纷案件适用法律问题的解释》第1条第一款规定："当事人之间没有书面合同，一方以送货单、收货单、结算单、发票等主张存在买卖合同关系的，人民法院应当结合当事人之间的交易方式、交易习惯以及其他相关证据，对买卖合同是否成立作出认定。"这里的送货单、收货单就是交货凭证；而结算单、发票等属于结算凭证。但仅有交货凭证和结算凭证并不必然就能认定双方合同关系真实存

在，还需要结合当事人之间以及行业间的交易习惯、交易方式及其他证据予以佐证。

本案中原告提交了原告公司出具给被告的多张江苏省增值税专用发票，中国农业银行汇款凭证等结算凭证；且根据法院调查得知，该些增值税专用发票实际已经由被告进行认证申报抵扣。结合《合同法》第37条，采用合同书形式订立合同，在签字或盖章前，当事人一方已经履行主要义务，对方接受的，该合同成立。原告已经尽到了主要的合同，按照双方的交易习惯，为被告出具"增值税专用发票"，履行自己的合同义务。被告申报抵扣的行为证明被告是接受了原告的给付义务。因此，应当认为原、被告间的涉案合同成立。

（三）根据债权凭证确认合同成立

最高人民法院《关于审理买卖合同纠纷案件适用法律问题的解释》第1条第二款规定："……对账确认函、债权确认书等函件、凭证没有记载债权人名称，买卖合同当事人一方以此证明存在买卖合同关系的，人民法院应予支持，但有相反证据足以推翻的除外。"对账确认函、债权确认书的性质为债权凭证，根据上述最高人民法院的解释，以此类债权确认书证明存在买卖合同关系的，被告没能提供相反证据足以推翻的，法院应当予以支持。该类债权凭证上一般有债务人的签章作实，实际上是债务人对债权人已经履行合同义务的间接承认，如果没有足够相反证据推翻该证据，应当认定债权凭证载明的关联的买卖成立。而在本案中原告也提供了被告股东之一许某某签字的对账单、盖有被告公司签章的付款承诺书等，虽然被告抗辩为对账单上许某某的签章是假的。但经法院查实，付款承诺书上的被告公司印章与被告在工商登记机关备案的印章是一致的，且被告没有在法定期限内对异议的股东签名及承诺书上被告公司的签章提出笔迹鉴定及印章真伪鉴定的申请，可以认定被告未能提供相反证据予以推翻。故不采纳被告的抗辩。

二、未签订书面合同时，能否凭收货条主张买卖合同关系成立
——王某某诉孙某甲、孙某乙买卖合同纠纷案

【基本案情】

原告王某某从事贩卖板皮业务，被告孙某甲在临沂市兰山区义堂镇某村开办了福隆板材厂，为个体工商户，从事胶合板生产。自2011年开始，原告王某某将板皮送至板材厂，由本案另一被告孙某乙（孙某甲之兄）收货，孙某甲给付货款。2012年4月1日，被告孙某乙在收货后，用制式的出库单为原告王某某出具了一张收货条，收货条载明：夹心皮，货款236000元。被告曾偿付10000元，其后迟迟不再给付剩

余货款。原告为追回剩余货款226000元，于2013年9月27日诉至临沂市兰山区法院。二被告以收货条系孙某乙签字，属于孙某乙与王某某之间的买卖合同关系为由抗辩，孙某甲并称已经替孙某乙以银行存款的方式分两次向王某某付款64000元，余下货款应由孙某乙支付。

二审期间，二被告上诉人孙某乙、孙某甲本人均未出庭应诉，均由特别授权委托代理人王琳出庭应诉。

【裁判结论】

山东省临沂市中级人民法院二审认为，本案争议的焦点问题有二个：一、该批板皮买卖合同的买方是孙某乙还是孙某甲。二、被上诉人孙某甲曾向上诉人王某某银行卡存款54000元，是否系偿还本案中该批板皮的货款。

关于双方争议的焦点一，被上诉人孙某甲认可自2011年上诉人王某某即开始向福隆板材厂送板皮，双方多次发生业务，以前货款也是由孙某甲支付，且本案的该批板皮送到了其开办的福隆板材厂，实际上用于板材厂的生产经营，该批板皮的部分货款已由其支付；孙某甲在王某某提供的录音证据中对孙某乙出具债权凭证的行为认可，并承诺对孙某乙收货行为所产生的欠款由其偿还。考虑以前的交易习惯、兄妹关系等因素，孙某乙出具债权凭证的行为是代表福隆板材厂出具，系履行职务的行为，根据《民法通则》第43条的规定（企业法人应当对他的法定代表人和其他工作人员的经营活动，承担民事责任），孙某甲应对孙某乙出具债权凭证的行为承担民事责任。二被上诉人主张孙某乙将板皮转售给孙某甲，孙某甲已于2012年年底将货款支付给孙某乙的事实，二人未提供任何证据予以证实，二审法院不予采信。故应认定该板皮的买方系个体户孙某甲。

对于争议的焦点二，二审法院认为，银行业务存款凭条是银行向存款人出具的证明银行与存款人之间双方发生交易的业务凭据，不是由上诉人向存款人出具的收款条，该业务凭据只能证明存款人孙某甲于2012年4月14日向王某某银行卡存款54000元的事实，不能证明该笔存款的用途，即银行存款凭条本身不能证明与本案中的货款存在关联性，上诉人在提供银行存款凭条后，仍需要继续提供证据证实该银行存款凭条与本案货款存在关联性，此时，举证责任不发生转移。因为此时之前的债权凭证因偿付完货款而销毁，法院若要求债权人举证之前的债权凭证会对债权人造成非常大的举证困难，对债权人不公平。本案中，孙某甲仅提供了银行业务凭条，未能继续举证该笔银行业务凭条与本案货款存在关联性，二审法院不认定该54000元的银行存款与本案债权存在关联性，本院对该份证据不认定是本案的有效证据，孙某甲以此次存款要求冲减总货款理由不成立。另外，上诉人孙某甲采用银行汇款只取得银行出具的业务凭条，在存款后不及时更改其与上诉人之间的债权凭证这种交易方式，是造成孙某甲举证困难的重要原因，由此带来的后果，应由其自行承担。

据此判决：被上诉人孙某甲于本判决生效后十日内偿付上诉人王某某货款226000元及利息（利息自2012年4月1日起至本院确定的履行之日止，按中国人民银行规定的同期银行基准贷款利率计算）。

【指导意义】

该案是一宗普通的买卖合同案件，但是裁判的说理十分透彻。一是关于举证责任的划分，债务人在主张还款后，负有举证证明已还款的义务，这是毋庸置疑的，在举证不充分的情况下，要承担败诉的风险，举证责任不发生转移。在本案中，孙某甲以银行存款凭条举证，但是该证据不能充分证明其已还款，孙某甲仍负有举证证明该事实的义务。二是银行存款业务凭证作为证据时效力的认定，尤其是关联性的认定。银行存款凭条是银行向存款人出具的证明银行与存款人之间发生交易的业务凭据，不是由债权人向存款人出具的收款条，该业务凭据只能证明存款人存款的事实，不能证明存款的用途，即是否偿还了欠款，在有多笔欠款的情况下，更不能证明存款是用于偿还了哪笔欠款。即银行存款本身不能证明欠款存在关联性。三是雇佣人员职务行为的认定。本案中，孙某乙既是孙某甲的哥哥，又是板材厂的雇佣人员，根据以往的交易习惯，应视孙某乙签字收货的行为为职务行为。该案中买卖合同的一方当事人孙某甲违约，不履行付款义务。人民法院依法裁判，具有积极导向意义。

三、未签订书面合同时，送货单能否成为买卖合同成立的凭证

——都安瑶乡土鸡饲养专业合作社诉唐某甲、唐某乙买卖合同纠纷案

【基本案情】

2012年7月18日至2012年9月1日，被告唐某甲因经营养鸡场，分10次向原告购买饲料、兽药品等物资，由被告唐某甲的女儿唐某乙代为签收，货款金额共计人民币20659元，用于被告唐某甲的鸡场经营。收货后被告并未当场支付货款，所欠货款至今未支付。另查明，被告唐某甲所经营的养鸡场不具备法人资格，没有固定的工作人员，由唐某甲的家里人协助其经营管理。被告唐某乙是被告唐某甲的女儿，系在校大学生，现已成年，放假期间协助唐某甲经营管理鸡场并代被告唐某甲签收货物。

都安瑶族自治县人民法院作出一审判决后，被告唐某甲、唐某乙不服一审判决，认为一审审判程序违法、认定事实不清、证据不足，提起上诉。河池市中级人民法院经审理认为一审判决认定事实清楚，审理程序合法，处理正确，因此作出二审判决：驳回上诉，维持原判。

【案件焦点】

一是送货单是否能成为买卖合同成立及欠款的凭证；二是被告唐某乙在送货单上签字对被告唐某甲是否具有约束力，应由谁承担支付货款的责任。

都安瑶族自治县人民法院审理认为，被告唐某甲因经营鸡场需要，向原告购买饲料及药品等物资，双方形成买卖合同关系，被告唐某甲应向原告支付货款履行合同义务。被告唐某甲拒绝支付货款的行为构成违约，应承担违约责任。原告起诉要求被告唐某甲支付货款20659元及其从2013年1月1日起的利息，符合法律规定，本院予以支持。原告要求按银行利率的三倍计付逾期付款的利息，没有法律依据，应按银行同期贷款利率计付逾期履行的利息，对超过的部分，本院不予支持。被告唐某甲否认其委托被告唐某乙代为签收货物，但承认被告唐某乙在假期协助其经营管理鸡场，并承认其与原告所购买的物资系用于其鸡场的经营。被告唐某甲的鸡场不具备法人资格，没有固定的工作人员，平常由家人协助经营管理，被告唐某甲在知道被告唐某乙协助管理鸡场期间代其签收货物后不作否认表示，且所签收的货物用于其鸡场经营，唐某乙代签送货单的行为构成表见代理，被告唐某乙代理行为的后果应由被告唐某甲承担责任。原告要求被告唐某乙承担连带赔偿责任没有法律依据，对该诉讼请求本院不予支持。两被告虽否认被告唐某乙在送货单上签字时收到货物，且否认该签字行为系承认欠货款，但未能提供充分证据证实其主张，对两被告的抗辩主张，本院不予支持。故判决如下：

一、被告唐某甲向原告都安瑶乡土鸡饲养专业合作社支付货款20659元及其利息（利息计算：从2013年1月1日起至本案生效判决规定的履行期限最后一日止，按中国人民银行规定的同期贷款利率计付）。

二、驳回原告都安瑶乡土鸡饲养专业合作社对被告唐某乙的诉讼请求。

三、驳回都安瑶乡土鸡饲养专业合作社的其他诉讼请求。

【定性分析】

本案处理的焦点在于对送货单的定性，以及应由谁承担向都安瑶乡土鸡饲养专业合作社的付款责任。

关于送货单的定性，依据《合同法》第130条规定，买卖合同是指出卖人转移标的物的所有权于买受人，买受人支付价款的合同。根据都安瑶乡土鸡饲养合作社与唐某甲等社员以往的交易凭证及都安土鸡饲养合作社社员对于交易方式的证言，被告唐某乙在送货单上签名的行为符合对未付款交易进行确认的交易习惯，且被告唐某甲未能提供相应的付款凭证证实其已支付本案诉争货款，故都安瑶乡土鸡饲养专业合作社请求唐某甲支付尚欠货款有事实和法律依据。

关于应由谁承担向都安瑶乡土鸡饲养专业合作社的付款责任的问题，被告唐某甲经营的苏利养鸡场不具备法人资格，为家庭经营形式。被告唐某乙系被告唐某甲的女儿，唐某甲亦认可唐某乙在假期期间协助其管理苏利养鸡场，而且唐某乙是以苏利养鸡场的名义签收送货单，因此都安瑶乡土鸡饲养专业合作社有理由相信唐某乙可以代为签收送货单，唐某乙代签送货单的行为构成表见代理，其签收送货单的行为应视为唐某甲已实际接收了本案诉争货。

四、未签订书面合同时，以交货凭证和结算凭证能否主张买卖合同的成立

——刘某某诉广饶蓝海大饭店有限责任公司买卖合同纠纷案

【基本案情】

刘某某诉广饶蓝海大饭店有限责任公司（以下简称大饭店）自 2009 年 3 月至 2010 年 12 月间，一直存在买卖关系，刘某某为大饭店供应燃油，大饭店支付燃油款。2009 年 3 月 20 日、3 月 26 日，刘某某两次向大饭店供应燃油，大饭店于 2009 年 3 月 31 日支付货款 29000 元，余款 1456 元未付；2009 年 4 月 1 日、4 月 6 日、4 月 17 日，刘某某三次向大饭店供应燃油，三笔货款共计 55425 元未付。大饭店合计拖欠刘某某燃油款 56881 元，遂刘某某诉至法院。

一审法院认为，原告刘某某提交的证据能证明其已向被告提供燃油，被告大饭店未支付货款，构成违约。原告凭有被告（收货方员工）签字的送货单和收款收据要求被告支付燃油款的诉讼请求于法有据，应予支持。刘某某提交的挂账单中有刘某某作为供应商和被告财务会计的签名确认，并且被告在 2010 年 12 月 7 日向原告付款 8924 元，能认定原告是买卖合同的实际供货方，且原、被告之间的买卖合同关系一直存续到 2010 年 12 月 7 日，故被告所持其与原告之间不存在买卖合同关系及原告起诉超过诉讼时效的抗辩理由，不予支持。被告主张货款已结清，因被告未提供证据予以证实，该主张不予支持。

【裁判结论】

一审法院判决：被告大饭店于判决生效后十日内支付原告刘某某燃油款 56881

元。

大饭店不服判决提起上诉称：一、被上诉人刘某某不是涉案合同的当事人，无权主张合同债权。刘某某提供的送货单、收款收据存根联、记账联加盖了"开元生物能源化工有限公司"的财务专用章。二、涉案买卖合同的款项已经结清。1. 刘某某提供的证据不足以证明涉案买卖合同的款项没有结清。刘某某主张债权的凭证主要是送货单、收款收据存根联和记账联，均是其用于内部管理和核算的单据，不具有对外结算的效力；挂账单和银行活期存折恰好证明买卖合同的款项均已付清。2. 刘某某认可用于与大饭店结算的单据是"客户联"，且认可涉案单据之"客户联"已交付大饭店的事实证明涉案买卖合同款项已经付清。3. "挂账单"证明涉案款项已经付清。4. 刘某某的代理人在一审代理词中称"原告货款和被告付款都是累计计算"，构成自认，证明上诉人 2010 年 12 月 7 日支付 8924 元货款后，货款余额为零，已全部结清。5.《合同法解释（二）》第 20 条规定，本案中债权人与债务人对清偿债务或者清偿债务冲抵顺序没有约定，债务种类相同、均无担保、负担相同，因刘某某主张的款项时间在前（2009 年 4 月 17 日及以前），在上诉人付款时应优先抵充。因此，姑且不谈涉案款项是否全部结清，单就上诉人主张的款项而言，已经结清。三、刘某某的主张已过诉讼时效。

二审法院判决：驳回上诉，维持原判。

【定性分析】

本案争议的焦点问题是：1. 以送货单、收款收据等票据能否证明大饭店与刘某某之间存在买卖关系，刘某某主张的涉案货款能否成立；2. 刘某某的诉讼请求是否超过时效。

1. 关于买卖合同关系。大饭店与刘某某没有签订书面合同，刘某某以送货单、收款收据存根联和记账联等主张与大饭店存在买卖合同关系时，应当结合双方之间的交易方式、交易习惯，以及其他证据对买卖合同是否成立予以认定。（1）送货单、收款收据（存根联）和收款收据（记账联）上载明刘某某为"供货人"或者"经办人"，大饭店的工作人员作为收货人签字确认；（2）大饭店与刘某某在 2009 年至 2010 年间存在燃油买卖合同关系；（3）大饭店向刘某某出具过挂账单，并支付部分货款。综合上述事实及证据，在大饭店未提供相反证据的情况下，应当确认其与刘某某存在买卖合同关系。收款收据上虽然加盖了"开元生物能源化工有限公司"的椭圆形财务专用章，但该凭证由刘某某持有，并且该印章与企业法人成立后刻制的圆形公章不同。大饭店主张的"开元生物能源化工有限公司"主体存在，并且是买卖合同的相对方，应当予以证明。未提出相反证据时，原审法院确认大饭店与凭证的持有人刘某某之间存在买卖合同关系没有错误。

关于货款的支付。大饭店与刘某某在2009年3月至2010年12月期间存在长期的买卖关系，有多次履约行为。刘某某出具的单据是供大饭店挂账使用，双方的结算方式并非即时结清，而是实行挂账后分期向刘某某付款。由于挂账和付款均是由大饭店来掌握，因此大饭店若对合同的履行有异议，应当提供其挂账所依据的原始单据和付款凭证，对合同期间的履行情况进行统一核算。但是，大饭店没有提供任何证据证明，其异议不予支持。

2. 对于当事人之间存在长期持续的买卖关系，除非有证据证明价款的支付有明确的指向，诉讼时效应当从大饭店最后一次支付货款的次日起重新计算。大饭店最后一次向刘某某支付货款是2010年12月7日，到起诉之日未超过两年诉讼时效期间。综上所述，原审法院认定事实正确，适用法律得当。大饭店未提供证据证明其主张，上述请求不予支持。

五、一般买卖合同关系还是试用买卖合同关系的认定

——宁波海顺电力电子有限公司诉宁波市富春精密铸造有限公司买卖合同纠纷案

【基本案情】

2014年4月至5月下旬，海顺公司向富春公司提供了节能电炉（为一机两炉设备）3台及相应的打炉辅料，双方未签订合同。电炉送至富春公司进行安装调试使用后，富春公司于2014年6月19日委托浙江蓝泓律师事务所（以下简称蓝泓所）向海顺公司发出律师函，表示其在试用海顺公司提供的中频电炉中，电炉实际性能达不到海顺公司在向其推荐使用该中频电炉时所作的承诺，要求海顺公司将该三台电炉予以收回。双方遂酿成本纠纷。

海顺公司于2014年7月8日向一审法院提起诉讼称：2014年4月下旬，富春公司因生产急用，向海顺公司购买节能电炉（为一机两炉设备）3台，每台单价为140000元（一机一炉单价为90000元，外加一炉价格为50000元）。海顺公司考虑到富春公司生产急用，在没有签订合同的情况下，将电炉设备配件送至富春公司进行安装测试。在安装测试时，海顺公司向富春公司提供了打炉辅料合计36096元。设备安装调试成功后，富春公司将电炉及辅料用于生产，但在海顺公司向其催款时，富春公司以设备质量有问题为由拒绝付款。经过多次交涉，富春公司提出购买一台、退还两台设备，要求海顺公司接受，海顺公司对此无法接受。富春公司至今仍没有支付任何款项。故请判令：富春公司立即支付海顺公司电炉设备款456095元（其中

节能电炉三套共计价款 420000 元，打炉辅料款 36095 元），并赔偿海顺公司利息损失 1140 元，合计 457235 元。

【裁判结论】

一审法院判决：驳回海顺公司的诉讼请求。

海顺公司不服判决提起上诉。二审法院判决：驳回上诉，维持原判。

【定性分析】

本案争议的焦点是，海顺公司与富春公司之间是一般买卖合同关系还是试用买卖合同关系。对此，法院认为，海顺公司、富春公司与其他公司涉及电炉一般买卖时，通常签有合同，并约定了定金及其他付款时间，但本案中双方当事人之间没有签订书面合同，富春公司没有预付定金，海顺公司也未要求富春公司支付价款，海顺公司的绝大多数送货单亦没有注明价格，显然与双方当事人一般买卖的交易习惯不符。同时，富春公司试用 3 台电炉用以了解电炉效能不属于重复调换，也未有法律所禁止，故原审法院认定双方当事人之间更符合试用买卖合同关系并无不当。海顺公司、富春公司对试用期未作出明确约定，鉴于富春公司已对试用期作了解释，富春公司发出律师函前海顺公司也未要求富春公司支付价款，可以认定 2 个月试用期限尚属合理。试用买卖合同作为特殊的买卖合同，买受人在试用期内可以决定是否购买，该决定取决于买受人的意思，并不受标的物的价格、性能等其他条件的限制，故富春公司于 2014 年 6 月 19 日明确表示拒绝购买海顺公司的 3 台电炉后，海顺公司无权要求富春公司支付电炉、打炉辅料价款并赔偿损失。

六、要约内容进行实质性变更后双方未达成一致意见的买卖合同不成立

——韩华公司与华信公司买卖合同纠纷案

【基本案情】

韩华公司于 2011 年 4 月 21 日以电子邮件方式，向华信公司发送《重芳烃销售合同》，主要内容为：华信公司为买受人，韩华公司为出卖人，由韩华公司向华信公司提供重芳烃 2900 吨至 3000 吨，交货方式为买方自提，运输方式为海运，交货时间 2011 年 4 月 26 日至 2011 年 4 月 28 日。货物单价为每吨人民币 7100 元，华信公司于 2011 年 4 月 22 日前向韩华公司支付该船次货物预估货款的 30%（预估货款的 20% 作为本合同定金），该 30% 预估货款于华信公司按合同约定支付预估货款时冲抵预估货款。华信公司于 2011 年 4 月 26 日前将该船次货物预估货款的 100% 以

电汇形式支付韩华公司，双方结算后，货物结算价款高于预估货款，华信公司应在结算后5个工作日内补齐差额，韩华公司于收到货物金额结算货款后5个工作日内向华信公司提供相应金额的增值税发票；若货物结算货款低于预估货款的，韩华公司于结算后5个工作日内将差额一次性无息返还华信公司。违约责任，任何一方在合同生效后拒绝履行或者以自身行为明确表示拒绝履行合同，守约方有权解除合同，违约方应当承担本合同约定预估货款20%的违约金，如违约金不足以赔偿守约方实际损失的，违约方应按实补足，华信公司承运船舶未约定到港或者未按约定靠泊、装货、离港的，逾期2日后，自第3日起每逾期1日，华信公司按合同货物预估货款的千分之一承担违约金，逾期超过3日的，韩华公司有权解除合同，要求华信公司按约定承担违约责任。

2011年4月26日，华信公司以电子邮件方式回复韩华公司，改动合同部分内容，将交货时间修改为"具体时间由华信公司提供，经双方协商后确定"，结算及支付方式，"2011年4月22日前支付30%款项"修改为"2011年4月29日"，将"华信公司于2011年4月26日前支付100%货款"修改为"提货前"。同日，韩华公司将交货时间修改为"2011年5月10日"，结算及支付方式中，支付30%款项时间修改为"2011年4月27日"，将支付100%货款时间修改为"提货前2个工作日"后再将合同回传华信公司。后，华信公司将双方所持不同意见的条款除支付30%款项时间同意修改为"2011年4月27日"外，其余条款仍按原要求（交货时间修改为"具体时间由华信公司提供，经双方协商后确定"、提货前支付100%货款）形成正式合同文本加盖合同专用章回传韩华公司，并将韩华公司在双方合同磋商前提交给华信公司的货物产品质量典型值表作为合同附件一并交韩华公司。

2011年4月27日，韩华公司向华信公司发出传真，表示韩华公司方"加了合同中交货时间暂定在5月上旬，见手写字体，另余款请于提货前2日支付。我上海董事会在你传过来的合同上手写更正章，传至贵司，请与藏总协商后，如贵公司同意，也加盖更正章传至上海"。次日，韩华公司在华信公司提交的合同文本及附件上盖章后将合同回传华信公司，在回传的合同文本上交货时间一栏手写添加了"装船时间暂定为2011年5月上旬，以宜早不宜晚的原则"，将支付100%货款的时间修改为"提货前2个工作日"。

2011年4月27日，华信公司向韩华公司电汇4260000元。同年4月28日，华信公司向韩华公司电汇2130000元。

2011年5月6日，华信公司以电子邮件方式向韩华公司发出补充协议，内容为"作为合同执行的一部分，甲方（即华信公司，下同）已于2011年4月27日和28日向美卡诺（即韩华公司，下同）支付了30%的合同预付款和订金6390000元，由于甲乙双方共同知晓的原因，协商后同意合同作如下补充：1.甲方在未付完70%货款前，货物所有权仍属于美卡诺所有；2.甲方将于下周支付剩余70%货款；3.双方协商将产品运往山东莱州港油库卸货，此期间发生的仓储费及运费由甲方承担。"韩华公司在收件后，将"由于甲乙双方共同知晓的原因，协商后同意合同作如下补充"修改为"甲乙双方共同协商后同意合同作如下补充"，第2条增加了"尽量于5月11日，但不迟于5月13日支付"，同时增加"第四条：甲方未能履行上述约定时，美卡诺有权支配和专卖此货物，由此引起的美卡诺损失由甲方承担"。并将补充协议发回华信公司，华信公司将第2条修改为"甲方尽量于5月11日—13日支付剩余70%货款"，并在补充协议上盖章后传真韩华公司，韩华公司将该协议第2条中的"尽量"二字划掉后，在协议上盖章后以电子邮件方式发给华信公司。

2011年5月19日，韩华公司向华信公司发出电子邮件，称韩华公司已经于船舶装货之5月6日，向供应商支付了所有货款，而华信公司承诺多次付款期限，包括5月13日，华信公司都没有兑现，故要求华信公司于5月19日支付剩余70%款项，并在同日内使船舶靠港卸货，及时办理租船、保险、报检等货物转移手续，承担相关费用，华信公司在兑现上述义务完成之前，货物之货权仍属于韩华公司。

2011年5月20日，韩华公司致函华信公司于2011年5月23日前支付所有款项。2011年5月22日，华信公司与杨浦金腾船务有限公司签订《航次租船合同》，约定收货日期为5月2日，货物名称为重芳烃，起运港大连、到达港岚山。2011年5月30日，韩华公司经电子邮件方式要求华信公司支付货物商检费2430元、保险费7090.12元。

2011年6月23日，韩华公司致函华信公司要求华信公司在2011年6月24日前支付剩余货款，否则终止合同。2011年6月24日，华信公司复函韩华公司，表示同意付款，但韩华公司必须同时将货权移交华信公司，对于韩华公司擅自单方将付款时间改为提货前2个工作日，华信公司不认可。同日，韩华公司回函小号格式，称在收到华信公司剩余70%货款和2个月的利息后会将货权转让于华信公司，同时强调只有在收到剩余款项才会移交货权。

2011年7月18日，韩华公司致函华信公司，表示解除双方签订的销售合同及补充协议，没收华信公司支付的合同定金4260000元，应由华信公司支付的费用从预付款2130000元抵扣，如有不足将继续追偿。2011年7月20日，华信公司回函韩华公司，称对韩华公司要求解除合同不阻拦，但认为韩华公司在签约、履约过程中存在问题，货物非是协商时所称韩国货、合同签订时单方修改交货条款及付款条款、约定由华信自提货物而单方安排货物运输、未经韩华公司同意即安排货检、货物质量存在问题、货物色度与约定不符等等，故要求韩华公司退还全部预付款并赔偿损失。

2011 年 12 月 1 日，华信公司向原审法院提起诉讼，请求判令：1. 确认双方当事人间签订的《重芳烃销售合同》及相关补充协议解除；2. 判令韩华公司返还华信公司预付款 639 万元；3. 判令韩华公司向华信公司支付违约金 426 万元；4. 本案诉讼费由韩华公司承担。原审中，华信公司以双方在庭审中就合同解除达成一致为由，申请撤回第一项诉讼请求。

【裁判结论】

一审法院认为，本案双方当事人之间所争议的合同，从双方邮件、传真往来的合同协商过程和内容来看，最终双方实际未能就交货、付款时间达成一致；华信公司在 4 月 27 日、28 日付款 30% 的事实形式貌似可以作为华信公司方对韩华公司此前最后一次要约的承诺。但事实上，华信公司付款后仍继续与韩华公司协商合同交货、付款内容，双方又往来数次邮件、传真等，故以华信公司预付货款来推定合同成立不当；华信公司与案外人签订租船合同的行为，系其为履行合同而做的准备，非履行磋商中合同约定的义务，不能视为对韩华公司此前要约的承诺；基于双方之间就最终付款、交货时间未能达成一致，华信公司对于韩华公司的要约的承诺内容属于对有关合同履行期限及方式的实质性变更，形成新的要约，而韩华公司对此新要约未作出承诺，故双方所协商的合同尚未成立，现双方对于"转让标的物所有权"这一合同目的均已表示放弃，韩华公司亦表示已将标的物另行处理，促成合同订立及履行已不可能；对于造成合同未成立的原因和后果，因双方均无证据证明对方存在法律规定的缔约过失责任的情形，故在合同未成立双方均无过错的情况下，为订立和履行合同而做的给付均应各自返还。未经依法成立的合同，不发生合同当事人所预期的法律效果，故华信公司要求支付违约金没有法律依据，不予支持。

一审法院判决：一、韩华公司应于本判决生效十日内返还华信公司预付货款 6390000 元；二、驳回华信公司其他诉讼请求。

上诉人韩华公司不服原判，提起上诉。

二审法院判决：驳回上诉，维持原判。

【定性分析】

法院认为，根据《合同法》第 30 条规定，有关合同价款或者酬金、履行期限的变更，是对要约内容的实质性变更，应当视为新的要约。在本案中，双方当事人就重芳烃交易，于 2011 年 4 月 21 日开始连续通过电子数据传输方式进行协商，双方往来内容中主要涉及对交货及付款时间，也即双方履行期限的反复修改。无论从《重芳烃销售合同》还是"补充协议"的内容反映来看，双方当事人自始至终未能就交货与付款时间达成一致。在2011年4月27日、28日华信公司支付639万元之后，双方仍在继续协商交货与支付剩余货款的期限，故原审法院认定华信公司的上述付款行为不能视作对此前韩华公司要约的承诺是正确的。韩华公司以华信公司在双方往来协商期间所作的付款行为应当认定为对韩华公司要约的承诺，该上诉理由与本案实际情况不符，法院难以采信。

双方当事人在"补充协议"阶段仍然对于付款期限继续协商：韩华公司要求华信公司"尽量于5月11日，但不迟于5月13日支付"，华信公司修改为"尽量于5月11日—13日支付"，华信公司再次修改又删去"尽量"二字，对此华信公司又不予确认。韩华公司在双方协商合同文本时反复对付款期限进行修改，而本案诉讼中却又称其所作的并非实质性修改而无须对方承诺，明显存在矛盾。且对付款期限的约定显然属于合同的实质性内容，故韩华公司称"补充协议"成立的上诉理由缺乏事实和法律依据，法院不予支持。

对于合同是否成立，《合同法》都有明确具体的规定。基于维护市场经济秩序、保障交易安全和促进实现合同目的的需要，在当事人对合同是否成立存在争议时，符合一定条件情况下，一般应当认定合同成立。而本案中，双方协商各自合同权利义务的过程中，韩华公司已将双方准备的标的物另行处理，故客观上并不存在继续交易的可能，双方之间的交易目的显然无法实现。故韩华公司关于本案应适用《最高人民法院关于适用〈中华人民共和国合同法〉若干问题的解释（二）》第1条规定的上诉理由，法院难以支持。原判根据本案实际情况认定双方当事人之间的合同未成立，并无明显不当。因合同并未成立，故韩华公司占有华信公司的款项即无法律依据，原判据此判令韩华公司向华信公司返还相应款项正确。

七、买卖合同签订双方因不具备经营主体资格而导致的合同无效

——宜春市袁州区种子公司诉原萍乡市湘东种子有限公司买卖合同案

【基本案情】

2002年2月，宜春市袁州区种子公司得知原萍乡市湘东种子有限公司（以下简称湘东种子公司）有"中优402"种子，便电话与其取得联系。同年2月底，湘东种子公司带样品到袁州区种子公司，经协商，双方就购销"中优402"种子的品种、数量、价格达成协议，同年3月3日，湘东种子公司将从广西收购的"中优402"种子16000公斤运至袁州区种子公司。袁州区种子公司在明知该批种子无任何合法手

续的情况下，予以收购，并于当天按每市斤5.1元的价格付清全部货款计163200元，并要求湘东种子公司提供湘东区的种子生产许可证、检疫证和质量合格证书。同年3月4日湘东种子公司出具一张盖有该公司公章的"请开具质量合格证和检疫证，该批种子质量我公司负责"的便条给湘东区种子站，该种子站在既未见到种子，也未对其进行检验的情况下，便出具了"中优402"种子质量合格证和植物检疫证书，袁州区种子公司得到上述证书后，即将16000公斤"中优402"种子分别按0.5、1、1.5、2.5公斤进行分装，并附有种子说明书和生产许可证号、植物检疫证号、产地"萍乡"的内标签，以每市斤7元的价格分别销往宜春市袁州区、上高县、万载县、高安市、宜丰县等县、市、区，涉及55个乡镇，5507户农户，种植面积达10666.66亩。经江西省农业大学专家组进行鉴定，结论为该种子为非"中优402"早稻杂交种子，其生产期过长，影响农户正常栽种第二季水稻，造成经济损失达3717540元。为了减轻给农民造成的经济损失，袁州区种子公司赔偿袁州区包括分宜县凤阳农民损失957732元，赔偿万载县农民损失382170元，宜丰县石市镇人民政府赔偿农民损失127800元，上高县农业局赔偿农民损失1274640元，万载县农业局赔偿农民损失630542元，合计人民币3372884元。为此，宜丰县石市镇人民政府、上高县农业局、万载县农业局委托袁州区种子公司追偿经济损失。因此，袁州区种子公司诉请法院依法判令湘东种子公司、湘东区种子站、湘东区农业局、萍乡市财政局因买卖假种子给农户造成的经济损失3717540元。

【一审裁判】

宜春市袁州区人民法院审理认为：湘东种子公司在未取得经营许可证的情况下，与袁州区种子公司签订的农作物购销合同属无效合同。湘东种子公司将非"中优402"杂交水稻种子销售给袁州区种子公司，对导致重大经济损失的严重后果负有不可推卸的责任，现因湘东种子公司改制，故湘东种子公司清算组依法应承担该民事责任；袁州区种子公司明知湘东种子公司不具备种子经营资格且所销售的"中优402"种子无合法的证书，仍予以收购并进行分包装销售亦有重大过错责任；湘东区种子站在未见到种子样品又未对该种子进行检验的情况下，出示虚假合格证、检疫证，其行为极端错误，依法应当承担赔偿责任；湘东区农业局作为湘东种子公司的股东和主管部门并逐年收取管理费对该公司经营管理未起到管理监督作用，依法应承担连带赔偿责任；萍乡市财政局下属的原萍乡会计师事务所因验资不实并提供验资报告属工作不负责任，但因袁州区种子公司索赔依据的合同无效，具备法定免责条件，故不承担民事责任。鉴于本案实际情况对宜丰县石市镇人民政府、上高县农业局、万载县农业局给农户赔偿的金额予以确认，其委托追偿的民事行为予以采纳。

该院根据《合同法》第58条，《种子法》第41条、第46条、第68条，《最高人民法院〈关于金融机构为企业出具不实或者虚假验资报告资金证明如何承担民事责任问题的通知〉》，《民事诉讼法》第128条的规定，并经该院审判委员会讨论决定，判决：一、袁州区种子公司损失款3372884元，由湘东种子公司清算组承担40%，计1349153.60元，由湘东区种子站承担30%，计1011865.20元（已付65840.90元），上述款项限在判决生效之日起十日内付清。逾期未付由湘东区农业局负连带清偿责任。余30%，由袁州区种子公司承担；二、评估费、运费等共计6000元，由湘东种子公司清算组承担40%，计2400元，湘东区种子站承担30%，计1800元。上述款项限在判决生效之日起十日内付清。逾期未付由湘东区农业局负连带清偿责任。余30%，由袁州区种子公司承担。案件受理费46203元，由袁州区种子公司负担30%，计13860.90元，湘东种子公司清算组负担40%，计18481.20元，湘东区种子站负担30%，计13860.90元。

【二审裁判】

湘东种子公司清算组、湘东区种子站、湘东区农业局不服原审法院上述民事判决，向宜春市中级人民法院提起上诉称：1.重审判决歪曲本案的客观事实。2002年6月初，宜春五县、区的5507户农民发现栽种的"中优402"早杂种子有问题，当地公安机关介入侦查，检察机关审查起诉，经宜春市中级人民法院审判，江西省高级人民法院裁定，5507户农民栽种10666.66亩的"中优402"早杂种子为假种子，其农民的3717540元的经济损失是由袁州区种子公司和广西的李某甲、李某乙，萍乡的兰某某、徐某某，宜春的黄某某、周某某等7人共同犯销售伪劣种子罪造成的。袁州区法院对此事实视而不见，错误地认定上述农民3717540元经济损失中的3372884元的70%是由三上诉人造成的，并照此比例判决由三上诉人承担赔偿责任没有事实和法律依据。再则，重审判决不但将袁州区政府预先赔偿给农民的损失957732元和万载县法院扣划其382170元错误地认定为袁州区种子公司的损失款，还将已认定为"追偿委托人"的宜丰县石市镇人民政府、上高县农业局和万载县农业局赔偿农民损失共计2032982元，统统说成是"追偿代理人"袁州区种子公司的损失款，这是错误的。2.重审判决违反了法律规定。（1）判决三上诉人承担赔偿责任，违反了《刑法》第36条规定，因犯罪行为而使被害人遭受经济损失，应由袁州区种子公司在内的七个犯罪人共同承担赔偿责任；（2）由袁州区种子公司代为追偿，违反了有关代理和《种子法》第41条第二款的规定，将丧失诉权和没有追偿资格的一并审理；（3）重审判决湘东区种子站直接承担赔偿责任，违反了《种子法》第68条规定，湘东区种子站要承担责任的话，也只能与湘东种子公司清算组承担连带责任；（4）重审判决湘东区农业局承担连带赔偿责任，没有指明所依据的法律条款。3. 农作物种子购销合同无效，袁州区种子公司无权要求三上诉人对扩大的损失进行赔偿。综上，重审判决违背事实和法律，是完全错误的判决，请求二审法院撤销重审判决，驳回袁州区种子公司的诉讼请求。被上诉人袁州区种子公司未进行书面答辩。原审被告萍乡市财政局没有进行答辩。

宜春市中级人民法院经审理认为：本案的焦点是：湘东种子公司与袁州区种子公司签订的合同是否有效，袁州区种子公司是否具备原告主体资格，以及因买卖假种子造成农民的经济损失应由谁承担。

湘东种子公司在未取得江西省农业行政主管部门核发的农作物种子经营许可证的情况下，仍进行主要农作物种子的经营，属于无证经营，且袁州区种子公司也明知其属于无证经营。因此，袁州区种子公司与湘东种子公司签订的农作物种子购销合同应认定为无效合同。

2002年3月3日，袁州区种子公司与湘东种子公司签订一份农作物种子购销合同，合同签订后，双方按合同履行，但因湘东种子公司销售的种子属假种子，造成农民经济损失3372884元。事件发生后，有关单位直接负责的主管人员和其他直接责任人员以及其他行为人等均已被依法追究刑事责任。对此，上诉人湘东种子公司清算组、湘东区种子站、湘东区农业局均主张因买卖该批假种子造成农民的经济损失应由犯罪人承担。经审理，袁州区种子公司与湘东种子公司签订的农作物种子购销合同，属于单位与单位之间的合同关系，尽管湘东种子公司由湘东区农业局发包给本局职员兰某某承包经营，但该承包仍属内部责任制承包。因为兰某某与湘东区农业局签订的承包协议，明确该种子公司为农业局的下属企业，兰某某为该种子公司的承包经理，在承包期间，湘东区农业局仍保留兰某某的编制，发放兰某某的打卡工资，兰某某应如数上交管理费，否则，湘东区农业局将扣发兰某某的打卡工资抵交管理费，故可以认定兰某某与湘东区农业局通过签约所确定的关系不属平等主体之间的承包关系，应属内部责任制承包。因此，湘东种子公司等相关责任单位对兰某某在承包期间以该种子公司的名义销售的假种子所造成的后果，依法应当承担民事责任。袁州区种子公司虽然在这起假种子买卖过程中有违法行为，且该公司的直接负责的主管人员和直接责任人员均已被依法追究刑事责任。但该公司因买卖假种子造成农民的经济损失已赔偿部分受损农民，并在万载县农业局、上高县农业局、宜丰县石市镇人民政府为了保护受损农民的利益，维护社会稳定，已先行代为赔偿后委托其追偿的情况下，向湘东种子公司等相关责任单位请求赔偿并不违反法律、法规的强制性规定，同时，鉴于本案的实际情况，为了保护受损农民的利益，减少诉累，袁州区种子公司作为原告提起诉讼，并无不当。综上，根据《种子法》第41条和《最高人民法院〈关于在审理经济纠纷案件中涉及经济犯罪嫌疑若干问题的规定〉》第2条、第3条的规定，对买卖假种子造成农民的经济损失，除依法追究有关人员的刑事责任外，所涉单位仍应依法承担相应的民事责任。上诉人湘东种子公司清算组、湘东区种子站、湘东区农业局关于买卖假种子造成农民的经济损失应由犯罪人承担的上诉理由不能成立，本院不予支持。

原审判决认定事实部分不清，适用法律部分不当，应予改判。宜春市中级人民法院依照《民事诉讼法》第153条第一款第（二）、（三）项的规定，并经本院审判委员会讨论决定，判决如下：一、撤销宜春市袁州区人民法院（2004）袁法重字第4号民事判决；二、因买卖假种子给农民造成的经济损失3372884元，由萍乡市湘东区农业局赔偿60%，计2023730.40元（扣除宜春市袁州区人民法院已先予执行萍乡市湘东区种子管理站65840.90元，实际应给付赔偿款1957889.50元），由宜春市袁州区种子公司自行承担40%，计1349153.60元；三、萍乡市湘东区种子管理站对萍乡市湘东区农业局承担的民事责任承担连带清偿责任；四、萍乡市财政局对萍乡市湘东区农业局承担的民事责任在50万元范围内承担赔偿责任。上列应付款项限在本判决送达之次日起10日内付清。逾期给付，按照《民事诉讼法》第232条的规定办理。一、二审案件受理费92406元，评估费与运费等6000元，合计98406元，由萍乡市湘东区农业局承担60%，计59043.60元，由宜春市袁州区种子公司承担40%，计39362.40元。

【定性分析】

关于湘东区农业局对湘东种子公司因销售假种子造成的后果应否承担赔偿的民事责任。本案的事实表明，湘东种子公司明为湘东区农业局和4个自然人股东共同出资设立，实为湘东区农业局开办，其设立挂名股东的目的是为了规避法律的禁止性规定。尽管湘东种子公司在工商部门领有企业法人营业执照，但其并没有自己独立的财产，根据《种子法》第26条、第31条第二款、第32条第二款、第41条、第46条第一款第（二）项的规定，根本不具备法人资格。湘东区农业局在开办湘东种子公司时，明知行政单位不能办企业，但为了经济利益，置法律于不顾，在没有任何的财产和经费的情况下，仍开办种子公司。其在进行工商登记时向工商登记部门提供虚假的验资报告和虚假的公司章程等相关设立文件，4个自然人股东也是虚假的挂名股东，骗取了工商部门的登记。湘东种子公司成立后，湘东区农业局也未投入任何财产和资金，而是将该既无财产和经费，又无技术管理人员和经营场所的空壳种子公司采取承包方式进行经营，该局收取管理费。《种子法》和农业部发布的《农作物种子生产经营许可证管理办法》施行后，湘东区农业局明知其开办的湘东种子公司不具备经营主要农作物种子的条件，未能取得江西省农业行政主管部门核发的农作物种子经营许可证，且又明知该种子公司原有的农作物种子经营许可证已作废的情况下，仍将该种子公司由本局职员兰某某承包经营，并确认其为该种子公司的承包经理，收取管理费。综上，湘东种子公司从其形式上虽办理了工商登记，但实质上不具备有限责任公司应当具备的法律特征，参照《最高人民法院〈关于审理军队、武警部队、政法机关移交、撤销企业和与党政机关脱钩企业相关纠纷案件若干问题的规定〉》第3条的规定，湘东种子公司应当认定未依法成立。湘东区农业局对此负完全过错责任，以既未合法成立又未取得主要农作物种子经营许可证的湘东种子公司的名义对外发生的一切民事责任均应由设立该公司的湘东区农业局承担。关于湘东区种子站应承担何种民事责任。本案的事实表明，湘东区种子站作为萍乡市湘东区的种子管理机构，理应对湘东种子公司的种子经营进行监督管理，但该站不但未履行监督管理职能，反而在明知该种子公司未取得江西省农业行政主管部门核发的农作物种子经营许可证和明知该种子公司调进的种子无合法证书的情况下，既未对种子进行检验，又未对种子进行检疫，便出具了虚假的"中优402"种子质量合格证和植物检疫证书，根据《种子法》第68条的规定，湘东区种子站在本案中应依法与种子销售者承担连带责任。

关于萍乡市财政局应否对原萍乡会计师事务所出具的虚假验资证明承担赔偿责任。1997年10月，原萍乡会计师事务所接受湘东种子公司（筹）的委托，对该公司在设立期间的实收资本及相关资产和负债的真实性、合法性进行审验，该所在明知委托人提供的验资资料均为虚假的情况下，仍出具虚假的验资报告，证明该公司实收注册资本50万元。1999年11月，原萍乡会计师事务所脱钩改制，经清产核资，其净资产全部由萍乡市财政局接收。根据《最高人民法院〈关于会计师事务所为企业出具虚假验资证明应如何承担责任问题的批复〉》第2条和《最高人民法院〈关于会计师事务所、审计事务所脱钩改制前民事责任承担问题的通知〉》的规定，萍乡市财政局对原萍乡会计师事务所因出具虚假验资证明应承担的赔偿责任，在其接收的原萍乡会计师事务所的剩余财产和风险基金范围内承担清算责任。但因萍乡市财政局在原萍乡会计师事务所注销申请书中明确该会计师事务所债权债务已处理，并承诺一切债权债务由其负责处理，且该会计师事务所注销至今已有5年余的时间，萍乡市财政局也并未提供证据证明仍有其他债权人主张清偿债务。因此，根据《最高人民法院〈关于审理军队、武警部队、政法机关移交、撤销企业和与党政机关脱钩企业相关纠纷案件若干问题的规定〉》第4条、第7条的规定，萍乡市财政局应在其接收原萍乡会计师事务所的剩余财产和风险基金范围内承担赔偿责任。萍乡市财政局接收原萍乡会计师事务所的剩余财产和风险基金已超出 50 万元，故萍乡市财政局应在 50 万元范围内承担赔偿责任。

关于袁州区种子公司对因买卖假种子造成农民的经济损失承担 40% 的赔偿责任是否适当。本案的事实表明，袁州区种子公司明知湘东种子公司未取得江西省农业行政主管部门核发的农作物种子经营许可证，属于无证经营，且又明知该批种子无正当的合法手续，但袁州区种子公司仍予以购买并销售，因此，袁州区种子公司对这起假种子造成农民的经济损失亦负有不可推卸的责任。根据袁州区种子公司在本案中的过错，其应自行承担 40% 的赔偿责任。

我国现阶段，由于合同签订当事人的法律观念仍比较淡薄，类似本案的因签订双方不具备主体资格而导致合同无效的情况时有发生，而且当事人往往还不自知。因此，在此建议读者今后再碰到签订特殊种类商品买卖合同时应向有关部门或法律专业人士咨询，同时建议司法部门加大普法宣传力度，提高国民的法制观念，以减少此类重大案件的再次发生，为农民的生产经营创造良好的社会环境。

八、公司被吊销营业执照后所签订的买卖合同是否有效

——陆某某诉佛山市佛砂磨具有限公司、王某某、黎某某买卖合同纠纷案

【基本案情】

2011 年 8 月，被告佛山市佛砂磨具有限公司（以下简称佛砂磨具公司）从原告陆某某处购得价值 24904.40 元的磨具卡板，经原告陆某某多次催讨，被告佛砂磨具公司未依约支付货款。

另查明，被告佛砂磨具公司因逾期未年检，于 2010 年 9 月 27 日被佛山市禅城区工商行政管理局吊销营业执照，但未办理注销登记；被告王某某、黎某某系被告佛砂磨具公司的股东。

原告陆某某诉请判令：1. 被告佛砂磨具公司向原告支付货款 24904.40 元；2. 被告王某某、黎某某承担连带责任；3. 三被告承担本案的诉讼费。

【裁判结论】

法院判决：一、被告佛山市佛砂磨具有限公司在本判决发生法律效力之日起十日内向原告陆某某支付货款 24904.40 元；二、被告王某某、黎某某对本判决第一项确定的被告佛山市佛砂磨具有限公司的债务承担连带清偿责任。

【定性分析】

法院认为，原告诉请三被告支付逾期货款，本案属买卖合同纠纷。原告诉求能否得到支持，关键在于：一、佛砂磨具公司作为本案的被告主体是否适格；二、被告佛砂磨具公司在被吊销营业执照后的合同行为是否有效；三、被告王某某、黎某某是否对被告佛砂磨具公司的债务承担连带责任。

一、佛砂磨具公司作为本案的被告主体是否适格。根据《民法通则》第40条、第46条，《企业法人登记管理条例》第33条的规定及《最高人民法院法经（2000）23号函》的答复，企业法人营业执照被吊销后，应当由其开办单位或者企业组织清算组依法进行清算，停止清算范围外的活动。清算期间，企业民事诉讼主体资格依然存在。因此，被告佛砂磨具公司虽在诉前被吊销营业执照，但未办理注销登记，仍可以公司名义参与诉讼，故被告佛砂磨具公司是本案适格被告。

二、被告佛砂磨具公司在被吊销营业执照后的合同行为是否有效。根据《公司法》第184条及第187条第三款的规定，公司因被吊销营业执照而解散的，应当在解散事由出现之日起十五日内成立清算组，开始清算。清算期间，公司存续，但不得开展与清算无关的经营活动。涉案合同虽然发生于被告佛砂磨具公司被吊销营业执照之后，但在法律意义上被告佛砂磨具公司仍然存续，具有订立合同的民事主体资格。上述法律规定清算期间的公司不得从事与清算无关的活动，旨在保护公司债权人的利益，避免清算中的公司开展与清算无关的经营活动而损害债权人的利益，而不是为了否认与清算无关的经营行为的效力。而对于公司在清算期间开展与清算无关的经营活动应承担的法律责任，《公司法》第206条进行了明确规定，即"由公司登记机关予以警告，没收违法所得"。鉴于涉案买卖合同是双方当事人的真实意思表示，不违反法律法规关于合同效力问题的强制性规定，未损害其他债权人的利益，且原告已依约履行了供货义务，涉案合同应认定为有效。原告诉请被告佛砂磨具公司承担逾期付款的违约责任符合法律规定，本院予以支持。

三、被告王某某、黎某某是否对被告佛砂磨具公司的债务承担连带责任。根据《最高人民法院关于适用〈中华人民共和国公司法〉若干问题的规定（二）》第18条第二款的规定，有限责任公司的股东、股份有限公司的董事和控股股东因怠于履行义务，导致公司主要财产、账册、重要文件等灭失，无法进行清算，债权人主张其对公司债务承担连带清偿责任的，人民法院应依法予以支持。因此，本案的关键在于如何认定股东怠于履行清算义务和公司无法清算。首先，关于如何认定怠于清算。根据《公司法》第184条规定，公司应当在解散事由（本案系被吊销营业执照）出现之日起十五日内成立清算组，开始清算。被告王某某、黎某某作为被告佛砂磨具公司的股东，不仅未在法定期间内启动清算程序，且自被吊销营业执照之日（2010年9月27日）起至原告起诉之日（2013年11月29日）长达三年的时间未对公司进行清算，其长期不清算的事实足以证明其怠于履行清算义务；其次，关于如何认定无法清算。根据上述法律规定，公司主要财产、账册、重要文件等灭失，是判断无法清算的重要事实依据。被告佛砂磨具公司不在原办公地址，股东也无法通过电话、邮件等方式取得联系，如要求原告举证证明被告公司主要财产、账册灭失，客观上难以实现。因此在被告佛砂磨具公司及被告王某某、黎某某下落不明的情况下，应视同公司主要财产、账册、重要文件等灭失，公司无法进行清算。综上，原告诉请被告王某某、黎某某对被告佛砂磨具公司的债务承担连带责任。

九、公司下设职能部门所签订的买卖合同是否有效

——浙江省十里丰砖瓦厂诉巨化集团公司工程有限公司买卖合同纠纷案

【基本案情】

2004年3月13日，巨化集团公司工程有限公司（以下简称巨化公司）承建浙江省龙游县龙北经济开发区内的义乌市徐江镇浩东工艺饰品厂办公楼、厂房及厂区附属工程。巨化公司于2004年上半年设立了巨化工程有限公司龙游项目经理部（以下简称龙游项目部），并刻制龙游项目部公章一枚，公章上刻有"采购借贷担保无效"字样。2004年11月18日，巨化公司与龙游项目部签订施工承包责任书一份，该责任书约定巨化公司承接的义乌市徐江镇浩东工艺饰品厂办公楼、厂房及厂区附属工程由龙游项目部代表巨化公司进行承建，并约定龙游项目部有材料采购权，除合同第7条发包方规定的材料外，可向市场采购等。2004年12月14日，龙游项目部经理孙某某以巨化公司名义与浙江省十里丰砖瓦厂（以下简称砖瓦厂）联系购置工程所需的屋瓦，并向其出示了龙游项目部公章及《施工承包责任书》。同日，孙某某以巨化公司的名义与砖瓦厂签订了屋瓦买卖合同一份，孙某某作为巨化公司的代表签名，并加盖了龙游项目部印章。合同约定砖瓦厂向龙游项目部提供模压规格型号为342×30的脊瓦、规格型号为342×427的主瓦，数量按实计算，脊瓦5.10元/块、主瓦2.32元/块，货到施工现场由需方指定人员当面清点签字，发现质量问题需方在七天之内提出异议，屋面盖完一周内一次性付清货款，一方违约则赔偿另一方违约金30000元等。合同签订后，砖瓦厂于2004年12月17日至2005年2月3日供给龙游项目部主瓦32750块、脊瓦950块。龙游项目部完成屋面盖瓦工程后，于2005年4月17日将多余的主瓦1339块、脊瓦28块退还给砖

瓦厂。龙游项目部实际购买主瓦 31411 块、脊瓦 922 块，共计货款 77575.72 元。另查明，龙游项目部无独立法人资格。

【裁判结论】

一审法院认为，龙游项目部系巨化公司下设的职能部门，无独立法人资格。巨化公司虽在其授予龙游项目部的印章中对其权限进行限制，注明"采购借贷担保无效"，但 2004 年 11 月 18 日与龙游项目部签订的《施工承包责任书》关于龙游项目部享有除该责任书第 7 条发包方规定的材料外，可向市场采购材料的采购权的约定，对龙游项目部的材料采购权进行了变更。因此巨化公司已授予龙游项目部以材料采购的代理权。砖瓦厂提供的屋瓦并非在《施工承包责任书》限制的范围内。2004 年 12 月 14 日砖瓦厂在审查龙游项目部公章及《施工承包责任书》后与龙游项目部签订的屋瓦买卖合同，双方意思表示真实，内容不违反法律禁止性规定，属有效合同。根据《民法通则》第 63 条第 2 款之规定，代理人在代理权限内，以被代理人的名义实施民事法律行为，被代理人对代理人的行为承担民事责任。因此巨化公司应对龙游项目部与砖瓦厂签订的屋瓦买卖合同及履行后产生的法律后果承担民事法律责任。砖瓦厂已按约供货，巨化公司未支付货款，应承担相应的民事责任。双方签订的屋瓦买卖合同约定若一方违约赔偿另一方违约金 30000 元，该约定对双方都具有约束力。巨化公司未按约支付货款显属违约，应承担支付违约金的民事责任。一审法院判决：巨化公司于判决生效后十日内支付砖瓦厂货款 77575.72 元、违约金 30000 元。

上诉人巨化公司不服一审判决，提起上诉称：1. 原审判决关于证据的认证有严重错误。上诉人对被上诉人砖瓦厂提供的证据二即施工承包责任书的复印件真实性有异议，因为其未向法庭提供原件；同时，施工承包责任书不能等同于授权委托书。被上诉人提供的证据六即鉴定结论只能证明上诉人承建的工程使用了被上诉人生产的主屋瓦等产品，而证据四即运单等不能证明买主就是上诉人；一审对上诉人提供的证据七即法院生效判决书认为与本案无关属认证错误。2. 原审判决未查清买卖事实，孙某某在合同中加盖的上诉人印章权利受到限制。3. 原审判决定性分析和适用法律错误，讼争合同不是有效合同。上诉人巨化公司请求二审法院撤销原判，依法改判驳回被上诉人砖瓦厂的诉讼请求。

二审法院判决：一、撤销一审判决；二、驳回被上诉人浙江省十里丰砖瓦厂的诉讼请求。

【定性分析】

二审法院认为：《合同法》第 48 条第一款规定："行为人没有代理权、超越代理权或者代理权终止后以被代理人的名义订立的合同，未经被代理人追认，对被代理人不发生效力，由行为人承担责任。"本案中龙游项目部系上诉人巨化公司下设的职能部门，其一般不具有以自己的名义独立地对外从事民事活动的资格。巨化公司在授予龙游项目部印章时在该印章中刻注"采购借贷担保无效"的内容，证明孙某某或龙游项目部不能以该印章代表巨化公司对外采购材料。故孙某某以该印章与被上诉人砖瓦厂订立讼争买卖合同的行为属于无权代理巨化公司的行为。因无权代理而订立的合同，对被代理人不发生效力，由无权代理人自行承担责任。原审判决认定孙某某与巨化公司签订的施工承包责任书系对龙游项目部采购权的变更，因此龙游项目部有权代表巨化公司对外签订买卖合同，讼争买卖合同对巨化公司具有约束力。本院认为，本案中巨化公司授予龙游项目部的印章已对龙游项目部的权限作了限制，即对外"采购借贷担保无效"；而施工承包责任书仅仅是巨化公司内部的承包协议，并不能作为巨化公司对龙游项目部的材料采购权进行变更的有效依据，龙游项目部与砖瓦厂订立的买卖合同在未得到巨化公司追认的情况下对巨化公司并不产生法律效力。原审判决认定施工承包责任书系巨化公司对龙游项目部采购权的变更、巨化公司已授予龙游项目部采购材料的代理权属适用法律错误，依法应予纠正。

十、犯罪行为与合同行为重合并不当然导致合同无效

——吴某某诉陈某某、王某某、德清县中建房地产开发有限公司借贷担保合同纠纷案

【基本案情】

原告吴某某因与被告陈某某、王某某、德清县中建房地产开发有限公司（以下简称中建公司）发生民间借贷、担保合同纠纷，向浙江省德清县人民法院提起诉讼。

原告吴某某诉称：2008 年 11 月 4 日，原、被告签订一借款协议，被告陈某某共向原告借款人民币 200 万元，借款期限为 2008 年 11 月 4 日至 2009 年 2 月 3 日，并由被告王某某和被告中建公司连带责任担保，当日陈某某收到吴某某的 200 万元的借款。因陈某某拖欠其他债权人款项无法及时偿还，数额较大，并已严重丧失信誉，现陈某某无力归还借款，依照协议，遂要求陈某某提前归还，王某某、中建公司承担连带责任。请求法院判令：1.解除原告与三被告之间订立的借款协议；2.陈某某立即归还原告借款 200 万元，王某某、中建公司承担连带清偿责任。

被告陈某某辩称：向原告吴某某借款人民币 200 万元到期未还是事实。目前无偿还能力，今后尽力归还。

被告王某某、中建公司辩称：本案的程序存在问题，本案因被告陈某某涉嫌犯罪，

故应中止审理。2009 年 4 月 15 日德清县人民法院以（2009）湖德商初字第 52 号—2 号民事裁定中止审理本案，且明确规定，待刑事诉讼审理终结后再恢复审理本案。现陈某某的刑事案件并未审理终结。本案借款的性质可能为非法吸收公众存款。在未确定本案借款的性质时，应该中止审理本案。且如确定陈某某是涉嫌犯罪的情况下，那么王某某和中建公司无须承担保证责任。

德清县人民法院一审查明：2008 年 11 月 4 日，原、被告签订一借款协议，被告陈某某共向原告吴某某借款人民币 200 万元，借款期限为 2008 年 11 月 4 日至 2009 年 2 月 3 日，并由被告王某某和被告中建公司提供连带责任担保，当日原告履行了出借的义务，陈某某于当日收到原告 200 万元的借款。2008 年 12 月 14 日陈某某因故下落不明，原告认为陈某某拖欠其他债权人款项数额巨大，已无能力偿还。2008 年 12 月 22 日陈某某因涉嫌合同诈骗和非法吸收公众存款罪被公安机关立案侦查，依照协议，遂要求陈某某提前归还，王某某、中建公司承担连带责任，直至开庭时，三被告均未履行还款义务。以上事实有各当事人陈述、借款和担保协议、被告陈某某签字的收条、银行凭证、德清县公安局立案决定书及函原件等证据，足以认定。

【一审裁判】

一审法院认为：

关于第一个焦点问题。本案原、被告之间的借贷关系成立且合法有效，应受法律保护。本案中，单个的借款行为仅仅是引起民间借贷这一民事法律关系的民事法律事实，并不构成非法吸收公众存款的刑事法律事实，因为非法吸收公众存款的刑事法律事实是数个"向不特定人借款"行为的总和，从而从量变到质变。《合同法》第 52 条规定了合同无效的情形，其中符合"违反法律、行政法规的强制性规定""以合法形式掩盖非法目的"两种情形的合同无效。当事人在订立民间借贷合同时，主观上可能确实基于借贷的真实意思表示，不存在违反法律、法规的强制性规定或以合法形式掩盖非法目的。非法吸收公众存款的犯罪行为与单个民间借贷行为并不等价，民间借贷合同并不必然损害国家利益和社会公共利益，两者之间的行为极有可能呈现为一种正当的民间借贷关系，即贷款人出借自己合法所有的货币资产，借款人自愿借入货币，双方自主决定交易对象与内容，既没有主观上要去损害其他合法利益的故意和过错，客观上也没有对其他合法利益造成侵害的现实性和可能性。根据《合同法》第十二章规定，建立在真实意思基础上的民间借款合同受法律保护。因此，被告陈某某向原告吴某某借款后，理应按约定及时归还借款。陈某某未按其承诺归还所欠原告借款，是引起本案纠纷的原因，陈某某应承担本案的全部民事责任。

被告王某某和被告中建公司未按借款协议承担担保义务。对于王某某、中建公司提出被告陈某某可能涉及非法吸收公众存款，其不应再承担责任的辩称，根据《担保法》有关规定，如债权人与债务人恶意串通或债权人知道或应当知道主合同债务人采取欺诈手段，使保证人违背真实意思提供保证的，保证人应免除保证责任。现王某某和中建公司未能提供相关证据佐证原告吴某某与陈某某之间具有恶意串通的事实，亦未能提供相关证据证明吴某某知道或应当知道陈某某采取欺诈手段骗取王某某和中建公司提供担保。主合同（借款合同）有效，从合同（担保合同）本身无瑕疵的情况下，民间借贷中的担保合同也属有效。从维护诚信原则和公平原则的法理上分析，将与非法吸收公众存款罪交叉的民间借贷合同认定为无效会造成实质意义上的不公，造成担保人以无效为由抗辩其担保责任，即把自己的担保错误作为自己不承担责任的抗辩理由，这更不利于保护不知情的债权人，维护诚信、公平也无从体现。涉嫌非法吸收公众存款的犯罪嫌疑人（或被告人、罪犯）进行民间借贷时，往往由第三者提供担保，且多为连带保证担保。债权人要求债务人提供担保人，这是降低贷款风险的一种办法。保证人同意提供担保，应当推定为充分了解行为的后果。若因债务人涉嫌非法吸收公众存款而认定借贷合同无效，根据《担保法》，主合同无效前提下的担保合同也应当无效，保证人可以免除担保责任。债权人旨在降低贷款风险的努力没有产生任何效果，造成事实上的不公，因此，对于王某某和中建公司的抗辩理由，法院不予支持。

关于第二个焦点问题。原告吴某某根据借款协议给被告陈某某200万元后，其对陈某某的债权即告成立。至于陈某某可能涉及非法吸收公众存款的犯罪，与本案合同纠纷属于两个法律关系，公安部门立案侦查、检察院起诉以及法院判决构成刑事犯罪，并不影响法院依据民事诉讼法审理本案当事人间的民事合同纠纷。对合同效力进行判断和认定属于民商事审判的范围，判断和认定的标准也应当是民事法律规范。非法吸收公众存款罪和合同的效力问题是两个截然不同的法律问题。判定一个合同的效力问题，应从民事法律的角度去考虑，从有效合同的三个要件来考察：1.行为人是否具有相应的民事行为能力；2.意思表示是否真实；3.是否违反法律或者社会公共利益。且本案涉嫌的是非法吸收公众存款罪，涉嫌犯罪的当事人单个的借贷行为不构成犯罪，只有达到一定量后才发生质变，构成犯罪，即犯罪行为与合同行为不重合，故其民事行为应该有效。鉴于此，法院受理、审理可以"刑民并行"。"先刑后民原则"并非法定原则，任何一部法律并未对这一原则作出明确规定。实行"先刑后民"有一个条件：只有符合《民事诉讼法》第136条规定，即"本案必须以另一案的审理结果为依据，而另一案尚未审结的"，才"先刑后民"。不符合《民事诉讼法》第136条规定的，应"刑民并行"审理。先刑后民并非审理民刑交叉案件的基本原则，而只是审理民刑交叉案件的一种处理方式。据此，对于被告王某某和被告中建公司提出在未确定本案借款的性质时本案应该中止审理的诉讼主张，法院不予支持。因此，本案原、被告之间的民间借贷法律关系明确，被告对该借款应当予以归还，王某某和中建公司自愿为陈某某借款提供担保，应承担本案连带清偿责任。

据此，浙江省德清县人民法院判决如下：

一、被告陈某某限在判决生效后十日内归还原告吴某某200万元的借款；

二、被告王某某、中建公司对上述债务承担连带清偿责任。

王某某、中建公司不服一审判决，向浙江省湖州市中级人民法院提起上诉。

【二审裁判】

上诉人王某某、中建公司诉称：1. 如原审被告陈某某经人民法院审理后确定涉及合同诈骗罪和非法吸收公众存款罪，那么根据《合同法》第52条的规定，本案借款协议存在"违反法律、行政法规的强制性规定"、"以合法形式掩盖非法目的"两种情形，借款协议显然无效，由此担保当然无效。2. 根据最高人民法院《关于适用〈中华人民共和国担保法〉若干问题的解释》第8条的规定，本案导致担保合同无效的责任不在其，其没有过错。但原判未对借款协议的效力进行认定，直接侵犯了其合法权益。因此，请求二审撤销原判第二项，依法改判确认担保无效，其不承担担保责任，驳回被上诉人吴某某对其的诉请。

被上诉人吴某某辩称：一审判决认定事实清楚，适用法律正确，应予维持。

二审中，上诉人王某某、中建公司，被上诉人吴某某均未提交新的证据。

湖州市中级人民法院经二审，确认了一审查明的事实。又查明：2010年1月13日德清县人民法院以原审被告陈某某犯非法吸收公众存款罪，判处有期徒刑五年二个月，并处罚金人民币25万元。该判决已生效。

二审法院认为：合同效力的认定应尊重当事人的意思自治原则，只要订立合同时各方意思表示真实，又没有违反法律、行政法规的强制性规定，就应当确认合同有效。最高人民法院《关于正确适用〈中华人民共和国合同法〉若干问题的解释（二）》第14条对《中华人民共和国合同法》第52条第（五）项规定"强制性规定"解释为是指效力性强制性规定，本案原审被告陈某某触犯刑律的犯罪行为，并不必然导致借款合同无效。因为借款合同的订立没有违反法律、行政法规效力性的强制性规定。效力上采取从宽认定，是该司法解释的本意，也可在最大程度上尊重当事人的意思自治。因此，原审判决陈某某对本案借款予以归还，王某某、中建公司承担连带清偿责任，并无不当。王某某、中建公司的上诉理由不能成立。据此，湖州市中级人民法院判决：驳回上诉，维持原判。

十一、家庭成员之间买卖合同的效力应如何判定
——高某甲、高某乙、高某丙诉田某某、高某丁买卖合同纠纷案

【基本案情】

高某某与成某某系夫妻关系，共生育四子女，分别为高某甲、高某乙、高某丙、高某丁。1992年12月，高某某与单位签订《公有住房买卖契约》，将单位早年分配其使用的位于海淀区白石桥路三号四十九楼二层五号的房屋购为已有，并办理了房屋产权登记。1996年1月9日其妻成某某病故，高某某于2013年7月31日病故。其间于2008年6月11日，高某某作为出卖人、田某某（田某某系高某丁之妻）作为买受人就该套房屋签订《北京市存量房屋买卖合同》，约定高某某将该套房屋以10万元的价格出卖与田某某，双方于当年办理了该套房屋的产权转移登记手续，现所有权登记于田某某名下。庭审中，高某甲、高某乙、高某丙主要以高某某出卖房屋侵犯其权利及田某某买受该房屋并非善意为由，主张高某某与田某某之间的买卖合同无效。田某某、高某丁则以善意取得、对父母尽了主要赡养义务及父母生前均表示该套房屋留给夫妻二人为由进行抗辩。其中，经法院询问，双方当事人均确认该套房屋系高某某、成某某的夫妻共同财产。高某甲、高某乙、高某丙对田某某、高某丁主张的上述赡养及遗嘱事实均不予认可，田某某、高某丁未能就其所主张的事实向法院充分举证。上述事实有《公有住房买卖契约》、《北京市存量房屋买卖合同》、《房屋所有权证》、双方当事人陈述等在案佐证。

【案件焦点】

田某某是否属于善意第三人。

【裁判结论】

北京市海淀区人民法院判决认为，依法成立的合同具有法律效力。本案中，经双方当事人确认，争议房屋原系高某某与成某某的夫妇共同财产。成某某去世后，高某某及子女未对该房屋中属于成某某的部分进行分割，处于共有的状态。田某某、高某丁主张父母生前均表示同意将该套房屋留给其夫妻二人。高某甲、高某乙、高某丙不予认可，田某某、高某丁未就此事实向法院充分举证。后高某某与田某某在高某甲、高某乙、高某丙不知情的情况下，就该套房屋签订买卖合同，并将该房屋所有权转移至田某某名下，侵犯了高某甲、高某乙、高某丙作为共有人的权利，应承担无权处分的法律责任。庭审中，田某某主张善意取得产权，但其作为家庭成员，对该套房屋买卖前的产权状态即涉及其他家庭成员的权利是明知的，其未能就善意

之主张向法院充分举证。

综合以上分析，法院认为高某某与田某某签订的买卖合同应属无效，对高某甲、高某乙、高某丙的主张予以支持。据此，依据《合同法》第51条、《物权法》第106条第一款之规定，判决：确认高某某与田某某于2008年6月11日就本市海淀区白石桥路三号四十九号楼二层五号房屋签订的《北京市存量房屋买卖合同》无效。

田某某、高某丁持原审答辩意见提起上诉。

高某乙、高某甲、高某丙服从一审法院判决。

北京市第一中级人民法院认为：处分共有的不动产的，应当经全体共同共有人同意，但共有人之间另有约定的除外。争议房屋原系高某某与成某某的夫妻共同财产，成某某去世后，高某某及子女未对该房屋进行分割，该房屋处于共有状态，房屋的共有人分别为高某甲、高某乙、高某丙、高某丁四人。高某某未经共有人同意擅自与田某某签订房屋买卖合同，并将该房屋买卖价格明显低于市场价格，说明高某某、田某某签订合同时均并非善意，上诉人认为田某某属于善意取得，本院不予采信。原审法院判决双方之间签订的房屋买卖合同无效并无不当。

综上所述，上诉人的上诉理由不能成立，上诉请求本院不予支持。原判正确，应予维持。依照《民事诉讼法》第170条第一款第（一）项之规定判决：驳回上诉，维持原判。

【定性分析】

共同共有是指两个以上的人，对全部共有财产不分份额的享有平等的所有权。共同共有人对共同共有财产享有共同的权利，承担共同的义务。法律赋予了每个共有人对共同共有财产享有共同的权利，承担共同的义务。法律赋予了每个共有人平等的权利、地位，共有人的这种义务是为了约束共有人保持共有财产的完整性和统一性而设立的。因此处分共同共有财产应当经全体共有权人同意。

根据案件审理情况，一般应当参照以下具体事实来认定受让人能够取得不动产或者动产的所有权：（一）受让人受让该不动产或者动产时是善意的；（二）以合理的价格转让；（三）转让的不动产或动产依照法律规定应当登记的已经登记，不需要登记的已经交付给受让人。受让人依照前款规定取得不动产或者动产的所有权的，原所有权人有权向无处分权人请求赔偿损失。作为共同共有的财产，部分共有权人未经其他共有权人同意，擅自与他人订立买卖合同，而购买者对于房屋处于共有状态是明知的，并且没有以市场价格购买，即使该房屋已经过户，该购买人不能认定为善意第三人，该购房合同应当认定无效。

十二、个体工商户的经营权能否转让

——雷某某诉邱某某买卖合同纠纷案

【基本案情】

2013 年 8 月 20 日，原告雷某某（受让人，乙方）与被告邱某某（转让方，甲方）签订了《砖厂转让协议》，主要约定：甲方将其投资所有的杨坪乡页岩机砖厂整体转让，包括现有的设施、设备、房屋、成品、半成品、采矿许可证、安全生产许可证、营业执照、税务登记证、排污许可证、土地租赁合同、公章及财务专用章各一枚。乙方有意受让，并在协议签订时向甲方支付了 2 万元定金。砖厂转让时，因没有经过砖厂租赁土地出租方的同意，土地出租方不同意转让。原告请求确认原、被告双方于 2013 年 6 月 20 日签订的《砖场转让协议书》无效。理由为：协议约定的砖厂转让的采矿许可证、安全许可证、排污许可证、营业执照都是未经许可不允许转让的，土地也未经出租人的同意，转让行为违反法律禁止性规定。被告认为，砖厂转让合法，且已经履行，应认定转让协议合法有效。

【案件焦点】

双方签订的砖厂转让协议是否合法有效，个体工商户经营权能否转让。

【裁判结论】

四川省广安市广安区人民法院审理认为：原、被告双方签订的《砖场转让协议书》，约定将被告投资所有的杨坪乡页岩机砖厂整体转让给原告，转让内容为杨坪乡页岩机砖厂，包括现有的设施、设备、房屋、成品、半成品、采矿许可证、安全生产许可证、营业执照、税务登记证、排污许可证、土地租赁合同、公章及财务专用章各一枚，该砖厂转让协议实质为被告将砖厂的经营权转让给原告，而双方签订转让协议时，被告并未依法在办理注销登记后，违反了我国《个体工商户条例》第 10 条第二款"个体工商户变更经营者的，应当在办理注销登记后，由新的经营者重新申请办理注册登记"的规定；被告亦未提供其转让采矿许可证、安全生产许可证、排污许可证等证照的合法性依据，故《砖厂转让协议》内容违反了法律法规的禁止性规定，应认定为无效合同。

据此，依照《合同法》第 53 条第五款、《个体工商条例》第 10 条第二款规定，作出如下判决：

原、被告签订的《砖厂转让协议》无效。

邱某某不服一审判决，提起上诉。四川省广安市中级人民法院审理认为，个体工商户的经营权是不能直接转让的，同时，双方转让的内容中还包括了采矿许可证、安全生产许可证等特种行政许可证照，根据《行政许可法》第9条规定，邱某某未经法律、法规规定的程序转让，亦违反了法律、法规的禁止性规定。一审认定事实清楚，适用法律正确。

四川省广安市中级人民法院审理依照《民事诉讼法》第170条第一款第（一）项之规定，作出如下判决：驳回上诉，维持原判。

【定性分析】

本案在认定合同效力方面有典型性：一是全面分析砖厂转让的内容。转让内容包括现有的设施、设备、房屋、成品、半成品、采矿许可证、安全生产许可证、营业执照、税务登记证、排污许可证、土地租赁合同、公章及财务专用章各一枚；二是对砖厂转让协议的定性。协议本身即表明砖厂整体转让，原告转让的不仅包括设施、设备等物品，还包括采矿许可证、安全生产许可证、营业执照、税务登记证、公章及财务专用章等，故协议的性质应为砖场经营权的转让。三是法律的正确适用。一审判决仅主要依据《个体工商条例》第10条第二款"个体工商户变更经营者的，应当在办理注销登记后，由新的经营者重新申请办理注册登记"的规定判决无效。但从严格意义上讲，该判决适用法律不够全面、准确。二审还依据《行政许可法》第9条"依法取得的行政许可，除法律、法规规定依照法定条件和程序可以转让的外，不得转让"之规定，作出判决，更全面、更具说服力。

十三、经营主体与经营字号不一致时，如何认定买卖合同的责任主体

——王某诉北京市兴桂酒楼有限公司买卖合同纠纷案

【基本案情】

2013年9月，北京兴桂酒楼有限公司（以下简称兴桂公司）作为甲方与乙方金家宴（北京）餐饮管理有限公司（以下简称金家宴公司）签订《合作经营协议》，协议约定：甲方拥有北京渔阳饭店二楼"徽香园"餐厅的经营权，乙方具有良好的餐厅运营经验及知名餐饮服务品牌"金家宴"，双方同意按照本协议的约定进行合作经营；共同利用甲方"徽香园"餐厅现有的经营场所和设备、设施、用具，以乙方"金家宴（渔阳店）"之合作经营体对外挂牌，开展合作经营；由甲方提供"金家宴（渔阳店）"的相关设备、设施、用具的使用权并委派专业人员一名担任该合作经营体的主办会计，代表甲方合作经营；乙方负责提供"金家宴（渔阳店）"正

常经营所需的资金并配备精明强干的管理团队，具体负责该合作经营体的日常经营管理；合作经营期间，"金家宴（渔阳店）"所产生的租金、水电费用、人员工资等一切开支费用，由乙方负责控制并承担亏损风险，合作期间所有资产投入由乙方负责，不纳入成本核算；合作期限暂定自 2013 年 10 月 1 日至 2019 年 4 月 15 日，经双方协商一致，可延长或提前终止；合作期间如"金家宴（渔阳店）"发生亏损，一切亏损均由乙方承担；对于合作期间的"金家宴（渔阳店）"取得的利润，由甲、乙双方按四、六比例进行分配，乙方负责把甲方利润打入甲方指定账户，此外，协议对日常管理及甲乙双方的权利义务等进行了约定。兴桂公司与金家宴公司合作期间一直使用的是兴桂公司的营业执照，双方签订合作协议后字号由"徽香园"变更为"金家宴"，2014 年春节后字号恢复为"徽香园"。

2013 年 10 月 29 日至 2014 年 1 月 16 日，王某向"金家宴（渔阳店）"提供肥牛、牛骨髓、羔羊卷等货物，并形成了 7 张送货单，金额合计为 9315.25 元；送货单中顾客名称载明的是金家宴（渔阳饭店）；送货单中的提货人签字栏处分别有郭某某、黄某等签字，其中郭某某为库管，黄某为厨师长。庭审中郭某某出庭作证，称送货单中确为其本人签字，"金家宴（渔阳店）"确实收到了送货单中载明的货物。

另查，金家宴公司于 2012 年 12 月 31 日成立，经营期限自 2012 年 12 月 31 日至 2032 年 12 月 30 日，法定代表人为金某。

【裁判结论】

北京市朝阳区人民法院经审理认为：王某向"金家宴"饭店送货，郭某某等人代表饭店签收了货物，双方当事人对此并无异议。本案争议的焦点在于兴桂公司是否应支付货款。首先，在餐厅行业中经常出现经营主体与经营字号不一致的情况，相对方在确定交易对象时应该以饭店的经营主体即其悬挂的营业执照为准，而不能以其字号确定交易对象。在王某送货期间饭店悬挂的是兴桂公司的营业执照，故王某交易的对象应为兴桂公司，兴桂公司作为被告主体适格。其次，兴桂公司与金家宴公司有合作关系，金家宴公司利用兴桂公司的经营场所对外以"金家宴"名义经营饭店，合作期间兴桂公司派出财务人员参与饭店的实际经营，兴桂公司参与饭店的盈利分配。但是在对外交往中，兴桂公司或者金家宴公司未将合作关系对外明示，相对方难以知晓兴桂公司与金家宴公司的内部关系，故兴桂公司不能以其与金家宴公司的内部关系对抗第三人。综上，本院认定王某与兴桂公司之间存在事实上的买卖合同关系，该合同系双方当事人的真实意思表示，内容未违反国家相关法律、行政法规的强制性规定，应属合法有效。王某提供的订货单中有饭店工作人员的签字，可以证明兴桂公司收到了王某提供的货物，王某要求兴桂公司支付货款的诉讼请求有事实和法律依据，本院予以支持。兴桂公司在支付货款后，可以依据合作协议与金家宴公司结算。

关于王某要求兴桂公司支付利息的诉讼请求。兴桂公司未向王某支付货款，应赔偿王某的利息损失。但王某与兴桂公司未约定付款时间，债务人可以随时履行，债权人也可以随时要求履行，但应当给对方必要的准备时间。本院确定利息自王某向本院起诉之日起算，至兴桂公司付清货款之日，利率按照王某主张的银行同期定期存款利率。故判决如下：

一、被告北京兴桂酒楼有限公司于判决生效之日起十日内向原告王某支付货款九千三百一十五元二角五分及利息（以九千三百一十五元二角五分为基数，自二〇一四年六月十七日起至付清之日止按照中国人民银行同期存款利率的标准计算）；

二、驳回原告王某的其他诉讼请求。

兴桂酒楼持原审判决书提起上诉。北京市第三中级人民法院经审理认为：王某与兴桂酒楼之间虽未签订书面的买卖合同，但王某提供的供货单，表明其向兴桂酒楼送货的事实，故王某与兴桂酒楼之间形成事实上的买卖合同关系。兴桂酒楼在收取王某的货物后，应及时给付对应货款。关于兴桂酒楼提出其不是适格被告，应由金家宴公司承担对外债务一说。在王某送货时，金家宴公司经营的餐厅内悬挂为兴桂酒楼的营业执照，王某有理由相信其供货的相对方为兴桂酒楼，兴桂酒楼作为被告主体适格。金家宴公司与兴桂酒楼签订的合作协议对外不具有约束力。兴桂酒楼或者金家宴公司在从事经营活动中，未将合作关系对外明示，其他交易相对方难以知晓兴桂酒楼与金家宴公司之间的合作关系，故兴桂酒楼不能以此为由对抗第三人。关于兴桂酒楼提出王某在送货时明知买受人系金家宴公司一说。兴桂酒楼提供的现有证据不能证明其上述主张，本院对其上诉意见不予支持。故判决如下：驳回上诉，维持原判。

【定性分析】

《合同法》第 49 条规定，行为人没有代理权、超越代理权或者代理权终止后以被代理人名义订立合同，相对人有理由相信行为人有代理权的，该代理行为有效。该条规定即为表见代理制度。所谓表见代理指行为人虽无代理权，但由于本人的行为，造成了足以使善意第三人相信其有代理权的表象，而与善意第三人进行的、由本人承担法律后果的代理行为。其意义在于维护代理制度的诚信基础，保护善意第三人的合法权益，建立正常的民事流转秩序。表见代理需要满足以下要件：行为人须无代理权；须有使相对人相信行为人具有代理权的事实或理由；须相对人为善意且无过失，不得违反法律或者社会公共利益等。

具体到本案来说，双方认可王某向金家宴饭店送货，金家宴饭店签收了货物。本案的焦点问题在于金家宴饭店的签收行为是否意味着兴桂酒楼应当承担购买货物行为所带来的支付货物对价的法律后果。王某送货期间，饭店使用的是金家宴的字号，但悬挂的是兴桂酒楼的营业执照，餐饮行业中经营主体与经营字号不一致的时有发生，对王某而言其有理由依据饭店悬挂的营业执照相信买受人为兴桂酒楼。王某送货发生在兴桂酒楼与金家宴饭店合作期间，双方约定对外以金家宴的名义经营，由兴桂酒楼派出财务人员参与饭店的实际经营，兴桂酒楼参与饭店的盈利分配。对外交往中，王某无从知晓兴桂酒楼与金家宴公司的内部关系，兴桂酒楼不能以此为由对抗第三人。现无证据证明王某在送货时明知买受人系金家宴公司，金家宴公司的买受行为符合表见代理的构成要件，兴桂酒楼应当承担支付货物对价的法律后果。基于此，两审法院最终作出了一致的判决。

十四、关联公司人格混同的认定
——南雄高分子有限公司诉名人纺织品复合有限公司等买卖合同纠纷案

【裁判要旨】

法院应从公司间组织机构、财产及业务方面判定是否存在混同现象。关联公司利用人格混同逃避债务时，为维护债权人的正当利益，实现公平，由关联公司对被利用公司的债务承担连带清偿责任。

【基本案情】

2012年9—10月，原告南雄公司与名人公司签订三份购货合同向名人公司出售TPU薄膜，合同买方签字为名人公司的职员严某某，合同项下货物分别由名人公司员工严某某、胡某某和昆山名川纺织有限公司（以下简称名川公司）员工季某甲签收。同年11月8日，名川公司发传真给南雄公司，要求对部分高透透明膜和低透透明膜进行调膜，落款处签署"名川季某甲"字样。11月20日，名川公司再发加盖本公司印章的传真，次日名川公司又向南雄公司发传真，要求在调膜的费用中扣除相关损失，落款处除加盖名川公司公章外，还写有"名川财务"字样。名人公司、名川公司的法定代表人均为季某乙，二公司的住所地在同一处。南雄公司供货共计25万余元，名人公司以货物质量问题拖欠货款不付。南雄公司诉至法院，要求名人公司、名川公司共同支付货款。

【裁判结论】

一审法院判决名人公司支付原告货款，名川公司承担连带责任。

宣判后，名人公司、名川公司不服一审判决，提出上诉，认为名川公司与名人公司财务及其他管理都分开独立，是独立公司法人，请求撤销原判。

二审法院判决驳回上诉，维持原判。

【定性分析】

本案的争议焦点为南雄公司与名人公司是否存在买卖合同关系，以及名川公司是否应承担责任的问题。

涉案购货合同签字的虽为名人公司的员工严某某，但购货合同的买方为名人公司，送货单载明的买受人及增值税发票上的货物数量、规格型号相一致，因此足以认定名人公司系本案合同项下TPU薄膜的买方，南雄公司与名人公司之间存在买卖TPU薄膜的合同关系，南雄公司向名人公司供应货物价值为259038.80元的事实。

名人公司与名川公司法定代表人为同一人，经营场所为同一地址；名川公司向南雄公司指令调取涉案合同项下的TPU薄膜，并在产生质量纠纷后向南雄公司交涉，要求南雄公司在继续在所调膜的费用中予以扣除相关费用；名川公司在给南雄公司的函件中同时使用了名人公司、名川公司的名称，由此可知名川公司与名人公司具备了共同经营的行为表征，对涉案货物的买卖名人公司、名川公司为共同经营人，名川公司与名人公司承担共同付款责任。

【法理分析】

本案的争议焦点为名人公司与名川公司是否构成人格混同？若构成人格混同，两公司如何承担责任。公司人格混同的主要表现为：1.公司间组织机构混同。本案中，名人公司及名川公司法定代表人均为季某乙；两公司在工商行政部门登记的经营地点与实际办公场所均一致；两公司的工作人员有重叠，因此足以认定两公司间组织机构混同。2.公司间财产混同。本案中，名川公司在2012年11月21日的传真件中认定相关业务系其与南雄公司发生。该传真件中落款处载有"名川财务"字样，据此可以推定名川公司要求扣除的款项系由其财务部门计算确定，因此两公司间存在财产混同现象。3.公司间业务混同。业务混同是指公司之间在经营业务、经营行为、交易方式、价格确定等方面存在混同现象，主要表现为：公司之间从事相同业务活动，各业务活动不以公司独立意志支配，受到同一个第三方主题影响。本案中，两公司的实际经营内容一致，系争合同项下南雄公司分批交付的货物，陆续由名人公司和名川公司员工签收，之后名川公司以自己的名义向南雄公司提出质量异议并要求调货、扣款，构成公司间业务混同。综上所述，名人公司与名川公司间在组织机构、财产及业务方面均存在混同现象，故足以认定两公司存在人格混同。故名人公司支付原告货款，名川公司承担连带责任。

十五、公司是否应对其员工私刻印章对外签订买卖合同的行为承担责任

——巴某某诉胜利油田胜利工程建设（集团）有限责任公司买卖合同纠纷案

【基本案情】

2009 年巴某某与吕某某（甲方）签订数份劳保用品买卖合同。合同甲方由吕某某签字并加盖了"胜利油田胜利工程建设（集团）有限责任公司第三工程处"印章。合同签订当日，吕某某分别出具了收到条，同样加盖了上述印章。

2009 年 5 月 15 日，吕某某因涉嫌诈骗罪被公安机关刑事拘留。吕某某在公安机关供述，其在 2006 年 6 月借钱做生意赔了 30 万元，便产生骗钱还账的念头，于是花钱找人私刻公章，持私刻公章以为单位购买劳保用品买卖合同方式进行诈骗。吕某某诈骗案经东营市中级人民法院审理，作出（2010）东刑二初字第 6 号刑事判决认定：2007 年 7 月至 2009 年 2 月期间，吕某某私刻胜利油田胜利工程建设（集团）有限责任公司第三工程处、第六工程处公章，以单位购买劳保用品为由，先后与田某某、李某等人签订劳保用品买卖合同，并要求所需劳保用品必须到指定的东营区商河路长增劳保用品商店（老板燕某某）或兴旺劳保用品商店（老板罗某，在逃）进货。合同签订后，被害人将购买劳保用品的货款交付事先指定的劳保用品店。一方面，吕某某告知各被害人不需送货，由其自行到指定劳保店提货，并向各被害人出具收到合同中标注商品的验收条。另一方面，吕某某告知燕某某或罗某，购货人付款后不需要实际进货，而是由吕某某直接将所付货款提走，吕某某每次付给燕某某或罗某好处费 2000 元或 3000 元。除通过以上方法外，部分被害人还将进货款直接交付被告人吕某某，由吕某某具体操作。吕某某因此构成合同诈骗罪，被判处无期徒刑；燕某某犯合同诈骗罪，被判处有期徒刑四年。该判决已发生法律效力。

经胜建集团公司申请，原审法院委托北京明正司法鉴定中心对上述合同及收条上的印章进行了技术鉴定，该中心鉴定结论为：该合同及收条上盖印的"胜利油田胜利工程建设（集团）有限责任公司第三工程处"印文不是胜建集团公司在山东省滨海公安局备案的印章盖印所形成。原审法院对吕某某进行调查时，吕某某陈述本案所涉及合同、收条上加盖的印章均是其私刻印章。

【裁判结论】

一审法院判决：驳回巴某某的诉讼请求。

上诉人巴某某不服原审判决提起上诉。

二审经审理查明，吕某某被捕前系胜建集团公司职工，2010 年 9 月 2 日，胜建

集团公司与其解除劳动合同。

二审法院判决如下：驳回上诉，维持原判。

【定性分析】

一审法院认为，根据巴某某的陈述及吕某某的供述，结合东营市中级人民法院刑事判决书认定的事实，能够认定产生纠纷的过程与刑事案件所认定的吕某某实施的诈骗行为一致。《最高人民法院关于在审理经济纠纷案件中涉及经济犯罪嫌疑若干问题的规定》第5条第2款规定，行为人私刻单位公章或者擅自使用单位公章、业务介绍信、盖有公章的空白合同书以签订经济合同的方法进行的犯罪行为，单位有明显过错，且该过错行为与被害人的经济损失之间具有因果关系的，单位对该犯罪行为所造成的经济损失，依法应当承担赔偿责任。吕某某虽属胜建集团公司职工，其私刻公章与巴某某签订了合同，但巴某某提供的证据不能证实吕某某得到了胜建集团公司单位的授权，涉案款项、财、物也不能证明与胜建集团公司存在联系。巴某某不能证实胜建集团公司对吕某某私刻公章签订合同的行为存在明显过错，故巴某某要求胜建集团公司承担民事责任，证据不足，不予支持。

二审法院认为，二审中，双方当事人有四个争议焦点：1.吕某某签订涉案劳保用品买卖合同的行为后果应否由被上诉人胜建集团公司承担；2.涉案劳保用品买卖合同是否具有法律效力；3.被上诉人胜建集团公司有无明显过错，应否承担民事责任；4.原审判决适用法律是否正确。

一、关于吕某某签订买卖合同的行为后果应否由胜建集团公司承担的问题。其一，吕某某的行为不属于职务行为。根据上诉人提交的证据和庭审查明的事实，能够证实吕某某系胜建集团公司职工，其职责主要是负责安全和综合治理工作。2009年1月以后调整到胜建集团公司第三工程处沥青搅拌站工作，并无采购劳保用品的职权，其以单位名义对外签订劳保用品买卖合同，既不在其职权范围内，也未经单位授权，故吕某某的行为不属于职务行为。其二，吕某某的行为不属于表见代理。《合同法》第49条规定："行为人没有代理权、超越代理权或者代理权终止后以被代理人名义订立合同，相对人有理由相信行为人有代理权的，该代理行为有效。"构成表见代理要求相对人在主观上是善意且无过失，有理由相信行为人有代理权。吕某某私刻单位印章与上诉人签订的劳保用品买卖合同标的数额巨大，上诉人在交易时没有对吕某某的职责、权限进行详细调查，对不实际供货，在签订合同的同一天直接出具欠条这种非正常交易方式没有尽到充分注意义务。而且，在全市范围都启用新的有防伪码的防伪章之后，与吕某某签订的合同上还盖有与防伪章有明显区别的不带防伪码的印章，其本身存在过错。因此，吕某某签订涉案劳保用品买卖合同的行为不属于表见代理。综上两点，吕某某签订涉案劳保用品买卖合同的行为不属于代表被上述人胜建集团公司的行为。故上诉人关于其与被上诉人胜建集团公司之间存在买卖合同的主张，没有事实和法律依据，本院不予支持。

二、关于涉案劳保用品买卖合同的效力问题。吕某某以被上诉人胜建集团公司的名义对外签订劳保用品买卖合同，其一开始便以非法获利为目的，并通过私刻印章冒用单位名义的方式骗取钱财，签订涉案劳保用品买卖合同仅仅是其犯罪手段，其行为属于"以合法形式掩盖非法目的"，根据《合同法》第52条第三项之规定，涉案劳保用品买卖合同属于无效合同。

三、关于胜建集团公司有无明显过错，应否承担责任的问题。根据现有证据和庭审查明的事实分析，吕某某虽为被上诉人胜建集团公司职工，但其私刻印章对外签订劳保用品买卖合同实施诈骗的行为，并非代表被上诉人胜建集团公司的行为。上诉人主张被上诉人胜建集团公司对于吕某某实施诈骗的行为是知情和存在过错的，主要理由是吕某某关于"2008年下半年单位领导史某某曾经找其谈过话""有部分劳保用品买卖合同是在单位办公室签订的"等供述和证言，上诉人的上述主张，被上诉人胜建集团公司不予认可。本院认为，根据《最高人民法院关于在审理经济纠纷案件中涉及经济犯罪嫌疑若干问题的规定》第5条第二款规定："行为人私刻单位印章或者擅自使用单位印章、业务介绍信、盖有印章的空白合同书以签订经济合同的方法进行的犯罪行为，单位有明显过错，且该过错行为与被害人的经济损失之间具有因果关系的，单位对该犯罪行为所造成的经济损失，依法应当承担赔偿责任。"本案系吕某某实施合同诈骗犯罪引起的，上诉人主张被上诉人承担赔偿责任，就必须有证据证明被上诉人对吕某某的诈骗行为具有明显过错。关于单位是否知情的问题，现有证据只有吕某某关于史某某曾与其谈话的个人供述，而史某某对此予以否认；关于吕某某"有部分劳保用品买卖合同是在单位办公室签订的"供述，吕某某也有"为防止单位发觉，每项业务均进行隐蔽操作"等相互矛盾的陈述。本院认为，吕某某在刑事案件中的供述、民事案件中的证言等证据相互矛盾，且上诉人并无其他有效证据与吕某某所作的对上诉人有利的陈述相互印证。故根据现有证据不能证实被上述人胜建集团公司对吕某某实施诈骗行为存在明显过错。根据《最高人民法院关于民事诉讼证据的若干规定》第2条规定："当事人对自己提出的诉讼请求所依据的事实或者反驳对方诉讼请求所依据的事实有责任提供证据加以证明。没有证据或者证据不足以证明当事人的事实主张的，由负有举证责任的当事人承担不利后果。"因此，上诉人主张被上诉人胜建集团公司承担民事责任，证据不足，本院不予支持。

四、原审判决适用法律是否正确。《最高人民法院关于在审理经济纠纷案件中涉及经济犯罪嫌疑若干问题的规定》第3条规定："单位直接负责的主管人员和其他直接责任人员，以该单位的名义对外签订经济合同，将取得的财物部分或全部占为己有构成犯罪的，除依法追究行为人的刑事责任外，该单位对行为人因签订、履行该经济合同造成的后果，依法应承担民事责任。"该规定限定的主体是"单位直接负责的主管人员和其他直接责任人员"，而在本案中吕某某的身份是胜建集团公司的安全员，职责范围是安全和综治，并非劳保用品采购的直接负责的主管人员和直接责任人员，故该条款不适用于因吕某某诈骗行为引起的法律责任承担问题。本案系吕某某以私刻单位公章、冒用单位名义对外签订劳保用品买卖合同的方法进行诈骗引发的单位是否承担民事责任的纠纷，应当适用《最高人民法院关于在审理经济纠纷案件中涉及经济犯罪嫌疑若干问题的规定》第5条第二款的规定，原审法院适用法律并无不当，故本院对上诉人的该项主张不予支持。

综上，原审判决认定事实清楚，适用法律正确，程序合法，应予维持。

十六、印章真实性不明的情况下如何确定买卖合同关系
——陈某某诉河南永畅建工集团有限公司买卖合同纠纷案

【基本案情】

2011年3月10日，甲方陈某某与乙方周口市建筑工程有限公司（后更名为河南永畅建工集团有限公司）田庄选煤厂车库改造项目签订钢材供货协议一份，其中约定：乙方在收到甲方钢材180日付款。乙方每提前一天支付货款，钢材价格每吨优惠伍元。逾期付款，按中国人民银行同期贷款利率的四倍支付违约金。每次结算按乙方出具的收到条或欠条为凭证。付款时违约金同时计算。落款处有甲方陈某某的签名和乙方张某的签名，并加盖有"周口市建筑工程有限公司（二）"字样的印章，在乙方签名处下方注明有"乙方收料人马某"的字样。2011年3月11日至2011年7月21日，以"田庄选煤厂车库改造"或"周口建工田庄选煤厂"等名义出具的收据共19张，钢材总计172.327吨，货款金额共计971132元，收据上均有张某和马某的签名。

2011年4月，中平能化建工集团有限公司土建处与周口建筑工程有限公司签订建设工程施工劳务分包合同，工程名称为田庄选煤厂产业升级改造技改工程汽车库、矸石仓等，工程地点在田庄选煤厂院内，合同落款委托代理人处有张某的签名，并加盖有周口市建筑工程有限公司合同专用章，在分包单位一栏中负责人处有张某的签名，并加盖有"周口市建筑工程有限公司（二）"字样的印章。2012年8月，周口市建筑工程有限公司出具收据：今收到平煤神马建工集团有限公司土建处交来材

料费200000元，收款人张某，加盖有周口市建筑工程有限公司财务专用章。同时，平煤神马建工集团有限公司土建处的2012年8月23日兑换申请表中显示，收款单位为周口市建筑工程有限公司、银行账号为A的工程款200000元，由张某签名予以确认。

另查明，2010年3月18日，郏县国土资源局出具中标通知书，确定周口市建筑工程有限公司为郏县白庙乡、谢招等七个村一期土地整理项目施工、监理第三标段中标人。在周口市建筑工程有限公司的项目管理机构组成表中有张某、栾某某、马某、程某某、李某某、刘某某、赵某某等人员名单。2010年3月26日，郏县土地整理中心与周口市建筑工程有限公司签订河南省郏县土地整理项目Ⅰ期（白庙乡）项目工程施工协议书，落款处有周口市建筑工程有限公司合同专用章及法定代表人李某的印章，且开户银行为中国农业银行平顶山卫东支行，账号为A。2012年4月17日，郏县财政国库支付中心向周口市建筑工程有限公司支付工程施工费，开户银行为中国农业银行平顶山卫东支行、账号为A。2013年2月6日，郏县财政国库支付中心向周口市建筑工程有限公司支付工程施工费，开户银行为周口银行六一支行、账号为B。

又查明，2009年11月18日，周口市建筑工程有限公司在中国农业银行平顶山市卫东区支行开设账户，账号为A，并在向银行提交的印鉴卡上有法定代表人李某的印章、周口市建筑工程有限公司财务专用章和"周口市建筑工程有限公司（二）"字样的印章。

2011年10月18日、2012年3月7日、2012年5月9日、2012年7月17日，周口市建筑工程有限公司向周口市川汇区地税局直属分局交税的综合申报表中，均加盖有周口市建筑工程有限公司财务专用章。

再查明，2009年11月5日，《周口日报》刊登遗失声明，内容为周口市建筑工程有限公司的银行开户许可证丢失（编号：4910-00824189），核准号：C，声明作废。周口市建筑工程有限公司申请补发开户许可证申请书，并向中国人民银行周口市中心支行出具证明一份，内容显示其在开户行为周口市城市信用社六一办事处、账号为B、证号为C的开户许可证丢失，申请补发。

2015年4月20日，平顶山市明审会计师事务所有限公司出具平明会专审字【2015-3-02】审计报告，截至2015年4月20日，永畅建工集团公司（原周口市建筑工程有限公司）未偿还陈某某货款及违约金总计297835元（其中：货款本金为167153元；违约金为130682元）。为此，原告陈某某支付审计费5000元。

【案件焦点】

原告陈某某提供的印章是否为被告河南永畅建工集团有限公司所有，原、被告之间是否存在买卖合同关系。

【裁判结论】

河南省平顶山市卫东区人民法院审理认为：周口市建筑工程有限公司对《周口日报》的遗失声明予以认可，即认可开户行为周口银行六一支行、账号为 B 的账户为其公司所有。因郏县土地整理项目工程款汇入周口市建筑工程有限公司上述账户，且被告认可郏县工程项目中的部分人员为公司员工，故郏县土地整理项目工程由周口市建筑工程有限公司施工的事实，本院予以确认；又因郏县土地整理项目的工程款另汇入开户银行为中国农业银行平顶山卫东支行、账号为 A 的周口市建筑工程有限公司账户，故上述账户也为其公司账户。

同时，周口市建筑工程有限公司承建中平能化建工集团有限公司土建处的田庄选煤厂车库的工程款也汇入到账号为 A 的账户，并有张某签名的收据为证，其在与中平能化建工集团有限公司土建处签订的合同中加盖有"周口市建筑工程有限公司（二）"字样的印章和张某的签名，且其在向中国农业银行提供的开户资料中也有"周口市建筑工程有限公司（二）"字样的印章，故"周口市建筑工程有限公司（二）"的印章为其公司印章的事实，本院予以确认。

原告陈某某与周口市建筑工程有限公司签订的钢材供货协议上有陈某某的签名、张某的签名和"周口市建筑工程有限公司（二）"的印章，故该协议系双方当事人真实意思表示，且不违反法律法规的强制性规定，依法成立并发生法律效力。双方当事人均应依约全面履行自己的义务，原告陈某某已依约提供钢材，周口市建筑工程有限公司尚有部分货款未付，构成违约。因周口市建筑工程有限公司已更名为河南永畅建工集团有限公司，结合审计报告的内容，原告陈某某请求被告永畅建工集团公司支付货款及违约金总计 297835 元，理由正当，本院予以支持。

被告辩称原告提供的合同专用章、财务专用章均不是其公司印章，且公司于2011 年更名后已经不再使用周口市建筑工程有限公司财务专用章，但在其更名后交税的综合申报表中，却加盖有周口市建筑工程有限公司财务专用章，其辩称与事实存在诸多矛盾之处，不能否认"周口市建筑工程有限公司（二）"的印章为其公司印章的事实。综合全案证据，相互之间可以印证，并使原告举证证明案件事实形成具有高度盖然性的证据优势，故被告辩称理由，本院不予采信。

根据《民法通则》第 43 条、第 44 条，《合同法》第 107 条、第 109 条，《民事诉讼法》第 64 条的规定，判决如下：一、被告河南永畅建工集团有限公司支付原告陈某某货款及违约金总计 297835 元，在本判决发生法律效力之日起十日内履行完毕，如未按本判决指定的期间履行给付金钱义务的，应当依照《中华人民共和国民事诉讼法》第二百五十三条之规定，加倍支付迟延履行期间的债务利息；二、驳回原告陈某某的其他诉讼请求。

【定性分析】

现行商事交易行为日益频繁，印章以其外在形式的规范性和内在的证明作用被广泛运用，具有较高的可信度。但现实案例中，仍有部分当事人否认印章的真实性而导致交易失败，进而引发诉讼。此时，印章是否具有真实性，商事合同关系成立与否，即成为此类案件的争议焦点。

在确定印章真实性的过程中，首先应确定当事人对合同文本真实性的认同度，如仅对签章事实否认而认可合同交易行为的真实性，则可以对合同行为予以确认；如对全部签名盖章事实均予否认，则应全面排查合同文本及商事行为交易中存在的其他相关信息，如法定代表人或代理人的签名、交易账号及开户银行等，通过查明此类相关信息的真实性，延伸至涉案印章真实性的确定。

在查明印章及相关信息真实性时，应注重查找确定事实，即双方均无异议的事实，由此确定其中某项信息的真实性，具体方法如查询该公司在工商、市场监管部门的登记资料、其内部正式文件或该公司认可的其他文件等。确定其中某项信息真实性之后，再通过查明与其他证据是否相互印证，便可顺藤摸瓜，查明案件事实。

本案中，被告河南永畅建工集团有限公司对涉案印章及合同交易行为全盘否定，印章及合同真实性存疑，案件事实难以查明。按照上文所述具体处理方式，法院数次到银行、工商、税务及被告原工程建设单位等部门调取证据，包括被告的两个银行账户、数枚印章、郏县施工工程等。虽然被告仅对调取证据中的周口银行六一支行、尾号为 A 的账号予以认可，但通过该账号信息及郏县工程项目部人员信息，可以确定该公司在郏县施工工程的真实性，同时确定其开设的农行平顶山卫东支行、尾号为 B 的账号的真实性，又结合收据及合同中代理人张某的一致性签名、账号、印章、签名之间环环相扣，相互印证形成完整的证据链条。至此，涉案印章真实性不言而喻，商事合同行为确定无疑。

十七、委托代理人在代理期限届满后所进行的买卖行为应承担法律责任

——张某诉杜某等买卖合同纠纷案

【基本案情】

中铁一局二分部为中铁一局集团有限公司在兰渝铁路 LYS-13 标段设立的临时性机构。2010 年 7 月 20 日，夏家朝口碎石场出具委托书，委托杜某到中铁一局二分部办理碎石销售及运输业务。2010 年 7 月 21 日，被告夏家朝口碎石场与被告中铁一局二分部签订《砂石料采购供应合同》，该合同主要内容：从双方签字之日起至 2010 年 10 月 20 日，夏家朝口碎石场向中铁一局二分部汽车运输路基碎石，路线为从夏家朝口碎石场至中铁一局二分部的岳池工地，单价每立方米 88 元。2012 年 3 月 15 日，中铁一局二分部与被告杜某签订《物资采购合同》，约定被告杜某将 A 组填料碎石以每立方米 105 元的价格运输至兰渝铁路 LYS-13 标段兴隆车站工地。合同签订后，被告杜某多次在原告张某处购买碎石转卖给中铁一局二分部。2013 年 1 月 7 日，被告杜某与原告张某进行结算之后，其向原告张某出具欠材料款 876905 元的欠条一张，欠条内容中注明为 2012 年 8 月至 11 月的货款，同日，还出具一份要求中铁一局集团二分部向张某支付材料款 876905 元的委托书。现原告张某诉请被告偿还货款。

【案件焦点】

代理期限届满之后，代理人进行的买卖行为，被代理人是否仍然承担连带责任。

【裁判结论】

四川省华蓥市人民法院经审理认为：结合 2010 年 7 月 21 日被告夏家朝口碎石场与被告中铁一局二分部签订《砂石料采购供应合同》内容看，该合同履行期限为从 2010 年 7 月 21 日至 2010 年 10 月 20 日，而被告杜某 2013 年 1 月 7 日向原告张某出具的欠条显示原告张某与被告之间的买卖行为发生在 2012 年 8 月至 11 月，由此可以判定原告张某与被告杜某之间的买卖行为不属于 2010 年 7 月 21 日《砂石料采购供应合同》的组成部分。

依照《合同法》第 159 条、第 161 条，《最高人民法院关于审理买卖合同纠纷案件适用法律问题的解释》第 24 条第四款，《民事诉讼法》第 144 条的规定判决如下：一、被告杜某在本判决生效之日起十日内向原告张某支付货款 876905 元及利息（从 2013 年 1 月 7 日起至付清之日止以中国人民银行同期同类贷款基准利率为基础，参照逾期罚息利率标准计算）；二、驳回原告张某的其他诉讼请求。

宣判后，原告张某不服一审判决，提起上诉。

四川省广安市中级人民法院经审理，认为一审判决认定事实清楚，适用法律正确，依照判决如下：驳回上诉，维持原判。

【定性分析】

本案双方争执的焦点是代理期限届满之后，代理人进行的买卖行为，被代理人是否仍然承担连带责任。

第一，被告夏家朝口碎石场于2010年7月20日出具的委托书仅是委托被告杜某到中铁一局二分部办理碎石销售及运输业务，并未委托其在夏家朝口碎石场之外的第三人处购买碎石。

第二，虽然该委托书没有委托事项的终止时间，但从被告夏家朝口碎石场于2010年7月21日与中铁一局二分部签订的《砂石料采购供应合同》约定的供应期限至2010年10月20日止看，该委托书终止时间应为2010年10月20日；且无证据证明该《砂石料采购供应合同》在合同期限届满后有展期情形。

第三，被告杜某向原告出具欠条内容上明确了本案欠款系2012年8月至11月期间的货款，而此期间无证据证明夏家朝口碎石场与中铁一局二分部发生砂石交易行为，因此可以认定该欠款应为被告杜某为履行2012年3月15日与中铁一局二分部签订的《物资采购合同》期间，被告杜某在原告张某处购买碎石而产生的债务，虽然原告张某对该《物资采购合同》的真实性持有异议，但未提供证据证明该合同系虚假的，故该合同真实性本院予以确认；

第四，被告杜某是以个人名义开具票据与被告中铁一局二分部进行的结算，货款均系由被告杜某个人领取。

第五，原告张某在本案原一审、二审及本次审理中，均未提交被告夏家朝口碎石场委托被告杜某到其处购买碎石的证据，亦未提交其与被告杜某交易时，有符合《合同法》第49条规定的情形，即被告杜某虽没有代理权、超越代理权或代理权终止后依然以被告夏家朝口碎石场的名义与其订立合同，其有理由相信被告杜某仍有代理权的证据。

综上，故不能认定被告夏家朝口碎石场与原告张某之间有买卖合同关系。

十八、未尽合理审核义务可阻却表见代理

——日腾投资管理有限公司诉亨井联接件有限公司买卖合同纠纷案

【基本案情】

2006年7月至2007年2月,沈某在担任亨井联接件有限公司(以下简称亨井公司)

实习采购员期间，私刻公章，伪造购货请购单、订购单和销售合同，以亨井公司名义对外采购，共骗取供货商的回扣款 145000 元，后被市金山区人民法院以诈骗罪判刑。在上述期间，沈某还多次在亨井公司向上海日腾投资管理有限公司（以下简称日腾公司）传真订购单、请购单，在日腾公司按要求将价值 409 余万元的货物交给沈某后，沈某向日腾公司出具了欠条，欠条上加盖了亨井公司的印章。之后，由于日腾公司索要货款无着，遂诉请法院判令亨井公司向其支付相应的货款及违约金。对此，亨井公司辩称，金山法院的刑事判决已确认本案所涉合同等文本均系沈某伪造，是其实施诈骗犯罪的主要手段，故不产生表见代理的效果；系争议货物均是日腾公司直接交付给沈某个人的，日腾公司只能针对沈某提出侵权之诉，故应驳回对方的诉讼请求。

【案件焦点】

沈某的代理行为是否构成表见代理。

【裁判结论】

一审法院认为沈某的代理行为构成表见代理，对亨井产生约束力。判决如下：一、亨井公司赔付日腾公司货款 4093655 元；二、亨井公司偿付日腾公司违约金。

亨井公司不服提起上诉。二审法院判决：一、撤销一审判决；二、对日腾公司的诉讼请求不予支持。

二审宣判后，原审原告不服二审判决，向上级人民法院申诉。上级人民法院指令二审人民法院再审，二审人民法院经再审作出民事裁定，撤销原一、二审判决，将案件发回原一审法院另行组成合议庭重审。

重审判决：一、原审被告亨井联接件有限公司于本裁决生效日起 10 日内支付原审原告日腾投资管理有限公司货款人民币 4093655 元；二、驳回原审原告日腾投资管理有限公司的其他诉讼请求。再审重审后，当事人均未上诉，重审判决已生效。

【定性分析】

二审法院经审理认为，本案中向上诉人发送订购单、请购单传真、签收货物及出具欠条，均系上诉人采购员沈某一人所为，现双方当事人的争议在于沈某的行为是否对上诉人构成表见代理。《合同法》第 49 条规定了表见代理制度，该制度的设立旨在保护善意合同相对人的合法权益、维护交易安全。根据该条规定，表见代理的构成要件有三：一是行为人并未获得被代理人有代理权的授权即与第三人签订或履行合同；二是客观上有使第三人相信无权代理人具有代理权的情形；三是客观上存在使第三人在交易时主观上必须为善意且无过失。

关于第一个要件，沈某是上诉人实习采购员，上诉人否认其对外享有独立的货物采购、收取权限，被上诉人也无证据证明沈某具有相关授权，故沈某以公司名义向被上诉人订货、收货的行为显已构成超越代理权的无权代理行为。

关于第二个要件，被上诉人提供了沈某的名片及由上诉人主管签字的请购单、订购单传真以及沈某出具的欠条等证据，以证明被上诉人在与沈某交易过程中有理由相信沈某具有以公司名义对外采购的权限。但是，1. 被上诉人与上诉人没有交易历史，对沈某的代理权限的了解也仅来源于名片及朋友的介绍，且并未看到上诉人对沈某明确授权的文件，故被上诉人缺乏信任沈某的事实基础，其相信沈某具有代理权的理由并不充分。2. 被上诉人主张其直接送货至上诉人且已使用部分货物，证据并不充分，并不能作为其相信沈某有代理权的依据。3. 沈某出具的欠条上虽有上诉人的公章，但被上诉人去取该欠条时双方交易已结束，故该欠条上的公章不能作为被上诉人在交易发生时相信沈某有权订货的依据。况且，根据沈某在刑事案件的两次询问笔录中对该欠条形成过程的陈述以及该欠条反常的表面特征，不排除该欠条系变造以及被上诉人在沈某向其出具该欠条时已明知沈某不具有代理权的可能性。

关于第三个要件，被上诉人在交易中对沈某是否具有代理权并未尽到合理审慎的审查义务。本案中：1. 沈某订货使用的绝大部分是请购单，应属亨井公司内部流转单据，不具对外效力，且其中又有相当一部分请购单的抬头并非上诉人，而一般具有普通审慎义务的交易人根据上述单据不足以确信沈某有权代理上诉人订货，可见被上诉人相信沈某的订货行为是轻率的。2. 被上诉人提供的部分请购单签字一栏明显有变造的痕迹，所有请购单都没有注明订货单位，且无论是请购单还是订货单都没有写明货物的单价与总价，明显不符合一般交易常态，而普通的交易人对此反常表现也应予以重视。3. 被上诉人与从未有过业务往来的上诉人发生金额高达400万余元的交易却未订立书面合同，而被上诉人在未收到预订付款的情况下即送货，且在未收到任何货款的情况下继续送货，在货物交付时双方亦没有履行任何货物验收入库的手续，此显然与正常的商业交易行为不符。4. 被上诉人与上诉人的交往过程中始终只与沈某一人联系，甚至在因巨额货款无着而要求对方出具欠条的过程中，也未向上诉人的管理人员核实情况、要求清偿货款，这对于被上诉人主张的400万余元的交易而言也是极不正常的。综上所述，被上诉人在接受订单、发送、交付货物等交易环节中未尽商业交易中作为商人的合理审慎义务，在审查沈某是否具有代理方面存有过失，其轻信沈某的订货行为显然过于草率，对交易中出现的大量反常现象也熟视无睹，主观上难谓善意。

因被上诉人主张的表见代理行为欠缺上述第二项及第三项要件，二审法院不能认定沈某的行为构成对上诉人的表见代理，被上诉人请求上诉人承担由无权代理人沈某订立及部分履行的买卖合同的责任，缺乏事实和法律依据，法院不予支持。原审判决认定事实和适用法律有误，法院予以纠正。

重审法院认为，表见代理是否成立，关键是原审原告主观上是否为善意，即原审原告是否有理由相信沈某有代理权。从现有证据来看，难以认定原审原告在与沈某的业务联系中具有善意。理由如下：1.原审原告与原审被告发生金额数百万的大宗交易中没有签订正式的书面合同，没有明确约定货物的质量要求、单价、付款时间、违约责任，仅凭存在明显疑问的请购单、订购单就贸然建立买卖关系，明显不符合正常经营的一般要求；2.原审原告交货，除了两次小额的直接送货给原审被告处，另有按照沈某要求或利用原审被告休息的日子送货至沈某办公室，或交付至沈某的住处等处，也违反正当交易的交货常态；3.原审原告多次给付沈某"好处费"，以促成沈某进行"交易行为"，过错明显；4.原审原告在未收到货款的情况下，仍继续多次"送货"，且始终未与原审被告管理部门接触催讨货款，亦有违企业间买卖的交易常识；5.原审原告2006年度、2007年度的工商年检材料反映的销售收入合计为2930696.06元，也远低于原审被告的诉讼请求标的额。结合原审被告提供的同期向其他商家购货发票，可以发现原审原告对同类产品的要价明显高于其他企业，由此可以推定原审原告有利用沈某缺少经验而故意抬高价格，说明原审原告缺乏经营诚信。故沈某之行为不能构成表见代理。但原审被告实际接受并使用的两笔货物，实际构成与原审原告间的买卖合同关系，原审被告应当支付该笔货物的货款。

【法理分析】

构成表见代理的核心要件是"相对人有理由相信行为人有代理权"，即由于存在客观上使相对人相信代理人有代理权的表见事实，导致本属无权代理的行为发生了有权代理的法律后果。其构成要件有两项：一是存在表见事实。依《合同法》的规定，这些表见事实或多或少均与本人有关联：1.善意相对人相信代理人有代理权，即本人知道代理人以本人名义订立合同而不作否认表示，或者代理人超越代理权限实施行为；2.善意相对人相信代理人的代理权仍然继续存在，即代理权终止后仍然以本人名义订立合同。二是相对人须为善意且无过失。即相对人不知行为人无代理权，且相对人的不知不能归咎于他的疏忽或者懈怠，其判断标准应是一个理智商人在从事正常商业行为时应有的合理审慎的注意义务。

本案中，日腾公司面对不熟悉的客户——亨井公司和沈某，要求对方出示代理证书、介绍信、身份证明，以了解和证实其身份、代理权限和期限等对一个理智的商人来说显然是必要的，而且现代通信技术已经十分发达，核实身份变得容易且迅捷，并不构成相对人的额外负担，但日腾公司既未要求沈某出示授权文件，也未向亨井公司进行任何的审查与核实即认定其是合法代理人，故二审法院认为日腾公司缺乏信任沈某的事实基础。另外，一名尽到合理审慎注意义务的商人应当发现，沈某作为采购员，其购货数量、金额与其职位明显不一致，订货所使用的单据不合常规，且多处有明显的变造痕迹，交货行为亦存在明显异常，但日腾公司却未尽到谨慎合理的注意，最终产生了货款两空的结果。由此可知，日腾公司在接收订单、发送、交付货款等交易环节中未尽明智商人应尽的合理审慎义务，在审查沈某是否具有代理权方面存在明显的过失，对交易中出现的大量反常现象熟视无睹，主观上难谓善意且无过失。

十九、在涉及公司重大利益时，公司业务员非经授权一般不能表见代理
——大成管业有限公司诉哈威工程材料有限责任公司买卖合同纠纷案

【基本案情】

大成管业有限公司（以下简称大成公司）与哈威工程材料有限责任公司（以下简称哈威公司）有长期的工业品管材购销业务往来。自 2008 年 5 月 30 日至 2008 年 9 月 1 日，大成公司向哈威公司指定的送货地点满洲里南区排水工程工地提供管材，哈威公司工程负责人倪某某于 2008 年 9 月 3 日为大成公司出具收条，对收到上述货物予以确认。此后，经大成公司多次催要，哈威公司一直未能付款。2013 年 5 月 6 日，大成公司起诉要求哈威公司支付满洲里项目的货款 4008763.50 元，大成公司另要求哈威公司支付 2008 年 5 月 25 日五原项目的货款 110160 元。

一审审理过程中，哈威公司提交向大成公司业务员张某个人汇款 21 万元的银行凭证，对此大成公司认为张某收款是个人行为，大成公司并未收到 21 万元。哈威公司还提交张某出具的确认函（没有记载书写日期），确认函记载同意哈威公司退货 DN800 型号管材 1200 米，DN1000 型号管材 1100 米，并且同意由大成公司承担返工费 120 万元，上述费用从货款中扣除。张某作为证人出庭陈述称：其已从大成公司离职，离职时间记不清；认可收到哈威公司的汇款 21 万元，但没将该 21 万元交给大成公司，而是用于运作关系；认可确认函系其本人签字，但具体日期记不清了。一审法院询问张某是否有大成公司的授权，张某表示没有大成公司书面的授权委托书，其在签署确认函之前是向大成公司的崔某某汇报过，但崔某某表示张某从未就确认函的事向其汇报过。

大成公司认为该确认函未经大成公司盖章确认，张某也无权代表公司签订此确

认函，张某作为大成公司的业务员只能代表公司商谈价格，无权接受货款、签署确认函。哈威公司则认为，其在与大成公司的买卖交易过程中，只认识张某一人，从未与大成公司其他工作人员包括法定代表人有其他任何接触，故哈威公司有理由相信张某代表大成公司；在诉争货物出现质量问题后，也是张某代表大成公司出面解决，大成公司也从未有其他人员出面，故张某的行为符合表见代理的法律构成要件。

【案件焦点】

大成公司业务员张某在确认函上签字是否构成表见代理。

【裁判结论】

对于张某在确认函上签字是否构成表见代理，北京市怀柔区人民法院经审理认为：对于哈威公司提交的张某出具的确认函，由于没有记载书写日期，而张某当庭也表示记不清书写日期，故无法确定该证据是张某从大成公司离职之前还是离职之后形成的；而且该证据涉及大成公司的重大利益，既没有大成公司的盖章确认，也没有大成公司的授权委托书，故该确认函对大成公司没有约束力。故判决如下：一、哈威公司于判决生效后十日内给付大成公司货款人民币三百六十三万零八百一十九元并支付利息（自二〇一三年五月六日始至实际给付之日止，以货款人民币三百六十三万零八百一十九元为基数，按照中国人民银行规定的同期贷款利率计算利息）；二、驳回大成公司其他诉讼请求。

哈威公司提起上诉。对于张某在确认函上签字是否构成表见代理，北京市第三中级人民法院审理认为：第一，张某出具的确认函没有记载签署日期，张某在一审中当庭表示记不清书写日期，故无法确定该函是张某离职前还是离职后形成；第二，确认函的内容涉及大成公司的重大利益，张某既没有大成公司的盖章确认，也没有大成公司的授权委托书，故其无权代表大成公司出具该函；第三，哈威公司称确认函形成于2011年春节后，而从录音资料来看，大成公司的董事长曾于2010年与哈威公司的总经理当面商谈所欠货款的问题，当时大成公司已告知哈威公司，张某在满洲里项目后未做其他工程，需要向哈威公司核实相关情况。据此，哈威公司应当知道张某无权对退货以及120万元返工费事宜作出承诺，上述重大事项应经大成公司同意，故张某签署确认函的行为不构成表见代理。故作出如下判决：驳回上诉，维持原判。

【定性分析】

所谓表见代理，按照《合同法》第49条的规定，是指行为人没有代理权、超越代理权或者代理权终止后以被代理人名义订立合同，相对人有理由相信行为人有代理权的情况。表见代理应符合下列条件：1.须行为人无代理权，即实施代理行为时无代理权；2.须在客观上存在使相对人相信行为人具有代理权的事实或理由，如行为人持有被代理人的介绍信、盖有合同专用章或盖有公章的空白合同书，或被代理人向相对人所作的法人授予代理权通知等；3.须相对人主观上为善意、无过失，即相对人不知道或不应当知道无权代理人实际上没有代理权。构成表见代理则产生有权代理的法律效力，相应法律后果由被代理人承担。在价值取向上，表见代理保障的是交易安全和善意交易人的利益。这是表见代理的核心要件。如不强调这一要件，则会使表见代理不当扩大，增加交易风险，也不利于构建善意诚信的交易秩序。表见代理制度的产生，实现了行为主体与行为后果的分离，使民事主体的民事能力得以扩张和延伸。

本案中，大成公司的业务员张某是否构成表见代理关键要看是否存在能使哈威公司相信其有代理权的表象。首先，本案所涉确认函无法确认是在张某离职前还是离职后签署的；其次，即使是张某离职前签署的，其作为大成公司的业务员，一般对于公司的业务应有一定范围的代理权限，但确认函所涉的大成公司同意哈威公司退货，以及大成公司主动承担返工费的事项则涉及大成公司的重大利益，在此情况下，我们认为应有授权委托书或大成公司盖章确认的文件才能确认业务员有此代理权限，而本案对于此事项既没有授权委托书，又没有大成公司盖章确认，哈威公司应无理由相信张某有代理权，故本案不符合表见代理的构成要件。张某签署确认函的行为不构成表见代理，该函对大成公司不发生效力。

需要强调的是，对于是否构成表见代理，关键是要审查行为人是否在争议关系中使关系相对人相信其有权代理，而不是使其他人相信其有权代理。故在审判实践中，在审查表见代理是否成立时，要梳理准确关系相对方，勿错误判断。最后，需要明确的是，公司业务员通常仅在其相应权限范围内能够代表公司，但在涉及公司重大利益时，公司业务员通常不构成对公司的表见代理。

二十、买卖合同纠纷中，如何认定表见代理
——沪安电线电缆厂诉圣大建设集团有限公司买卖合同纠纷案

【基本案情】

原告沪安电线电缆厂诉称：2011年3月，被告圣大建设集团有限公司因承建浙江桐庐华光国际大厦工程需要，向原告订购电线电缆，原告按被告要求供应部分产品。2011年4月12日，原、被告双方及总承包单位共同确认了电缆型号规格、电缆走向、主线支线长度，订立了书面文件《浙江华光大厦分支电缆清单》和《浙江华光大厦

分支电缆图》。2011年4月22日，在上述清单和技术文件的基础上，原、被告双方签订《买卖合同》一份，约定：被告向原告购买总金额为人民币956846.20元的电缆（分支电缆附清单）；买受人指定石某某等为收货人。自2011年3月至8月，原告共向被告供应电缆1300885.70元，但被告未及时付款，至今尚欠原告货款297585.30元。故原告诉至法院，请求判决：1. 被告立即支付货款297585.30元；2. 被告支付逾期付款利息损失等。

被告辩称：被告与原告没有任何业务往来，与原告没有签订过任何合同，也没有收到过原告提供的货物，因此不同意原告的诉讼请求。请求法院驳回原告的全部诉请。

法院经审理查明：原告持有一份签订于2011年4月12日的《浙江华光大厦分支电缆清单》（以下简称《分支电缆清单》），内容涉及电缆米数、安装方法等内容。被告在清单中加盖印章的文字为"圣大建设集团有限公司浙江桐庐华光大厦外立面石材玻璃墙工程项目部，本章仅限用于本工程资料联系单的签订，不作为签订合同用"（以下简称被告项目部章）；案外人中达建设集团股份有限公司（以下简称中达公司）也在该清单中加盖了技术资料专用章（以下简称中达公司技术章）。原告还持有一份《浙江华光大厦分支电缆图》（以下简称《分支电缆图》），涉及应急照明、地下照明、空调动力等电缆图，被告及案外人中达公司也分别在其上加盖了上述被告项目部章和中达公司技术章。原告另持有一份《买卖合同》，内容涉及：出卖人名称为原告，买受人名称为"圣大建设集团有限公司（浙江桐庐华光大厦工地）"；货物为电缆，总金额为956846.20元；买受人必须将价款直接支付出卖人账户，未经出卖人书面许可不得支付现金、也不得支付给任何第三方或个人。在该合同尾部，买受人处由孙某某签字，并手写了"圣大建设有限公司"的名称。原告确认，孙某某在签署合同时，并无授权委托书或介绍信等证明其有权作为被告公司代表的文件。2011年5月23日，被告向案外人浙江省工业品市场勤丰五金经营部（以下简称勤丰五金部）汇款250110元。审理中，证人孙某某称：原告提供的《买卖合同》系她个人与案外人勤丰五金部签订，签字时，该页上并无手写的文字，也没有加盖印章；250110元系被告代其支付给案外人勤丰五金部的款项。原告提供了案外人勤丰五金部的证明，证明该250110元系案外人勤丰五金部代原告收取。原告还提供了一组供货单，送货时间为2011年3月12日至8月6日期间，供货单位的名称均是直接打印在供货单上，名称为"沪众电线电缆有限公司""省工业品市场5区37号"等；收货单位名称为手写，包括"孙某某（桐庐工地）""石某某"等不同的名称。在审理过程中，原告向桐庐县城建档案馆查询了浙江华光国际大厦的部分城建档案，其中包括被告出具的一份企业驻桐负责人授权委托书，内容涉及：案外人钟某某为被告驻桐庐负责人，全权负责管理被告在桐庐的工程管理业务、无权委托授权等。开工报告中注明建设单位为桐庐君杰置业有限公司（以下简称君杰公司），施工单位为案外人中达公司。城建档案中还包括一套加盖了中达公司技术章的工程材料报审表，该工程材料报审表还附有原告公司出具的产品质量证明书及产品合格证等文件。被告提供了华光国际大厦建设单位君杰公司出具的证明，证明被告负责分包施工的是外立面石材及玻璃幕墙工程。另查明，证人孙某某与案外人钟某某系夫妻关系。

【裁判结论】

一审法院判决驳回原告沪安电线电缆厂的诉讼请求。

一审判决后，原告不服，提起上诉。二审终审判决：驳回上诉，维持原判。

【定性分析】

法院经审理后认为：本案中，原告主张其与被告之间存在买卖合同关系，被告予以否认，且否认孙某某具有代理权。双方的争议焦点在于：原、被告之间是否存在买卖合同关系，孙某某是否具有代理权或构成表见代理。在合同纠纷案中，主张合同关系成立并生效的一方当事人应当对合同订立和生效的事实承担举证责任。法院认为，可以从以下几个方面分析：

关于被告的意思表示。原告提供的《分支电缆清单》和《分支电缆图》的文字部分中，并无直接体现被告名称的文字表述。尽管上述两份文件上加盖有被告项目部章，但该章中已明确注明"仅限用于本工程资料联系单的签订，不作为签订合同用"。基于正常的注意义务，原告方的工作人员在看到这样的文字之后，应当明确知晓该章不能用于签订合同。因此，本院认为，即便上述两份文件上有被告项目部章，根据该章中的文字表述，不足以认定被告与原告之间存在合同关系。

关于证人孙某某是否具有代理权。原告提供的《买卖合同》，仅有证人孙某某的签字，并未加盖被告公章。原告也确认，证人孙某某在签订合同时，并无授权委托书或介绍信等证明其具有代理权的文件。因此，原告并无证据证明证人孙某某具备代表被告签订合同的代理权。

关于证人孙某某的行为是否构成表见代理。《买卖合同》中证人孙某某所写的被告名称并不完整，《买卖合同》上也没有任何与被告有联系的印章；证人孙某某在2012年寄送的确认函中，也未出现原告或被告的名称。对于证人孙某某的身份与被告的关联性，原告并无证据证明证人孙某某系被告工作人员，亦无证据证明其在以往曾经具有代表被告的代理权；对证人孙某某与被告的授权委托代理人钟某某为夫妻关系这一事实，原告在诉状及第一次庭审中均未提及，而是在第一次庭审后补充证据时才提供证据证明的，难以认定原告在签订合同时即知晓这一事实，即便原告知晓该事实，也不足以就此认定证人孙某某具有代表被告签订合同的代理权。从合同的实际履行情况来看，送货单中的收货人均为个人或工地，并非原告；原告称被告曾经向其支付过系争合同的款项 100 余万元，但并未能提供证据证明，被告也予以否认；对被告支付给案外人勤丰五金部 250110 元，原告的证据也不足以证明该款是被告支付的电线电缆款；电线电缆的金额和货款的支付方式等也与《买卖合同》的约定并不相符。从标的物的用途来看，原告提供从桐庐县城建档案馆所调取的档案材料可以证明原告生产的电线电缆用于浙江桐庐华光大厦，但无法看出电线电缆的实际使用方是本案被告。上述因素综合考量，原告提供的证据不足以证明原、被告之间存在买卖合同关系，亦不足以证明证人孙某某具有代理权或构成表见代理。

【法理分析】

表见代理的判断，主要是对表象事实是否充分、相对人是否构成善意等具体事实的审查，主要属于事实判断。实践中，对表见代理的审查判断须依照《合同法》第 49 条规定的要件即"相对人有理由相信行为人有代理权"进行。据此，应审查两方面事实，即权利外观要素事实和相对人主观因素事实。这两方面事实并非截然分开，而是相辅相成的关系。

（一）关于表见代理的适用前提

表见代理的适用前提是行为人不具备代理权，包括自始无代理权、超越代理权及代理权终止三种情形。有证据证明行为人具备代理权的，不适用表见代理。本案中，一审法院认定孙某某无代理权，审查其是否构成表见代理的前提条件已经具备。

（二）认定权利外观要素事实的主要考量因素

1.合同是否以被代理人名义签订。书面合同文本上列明的合同主体能够体现合同当事人对相对人的认知，如果合同文本上的当事人名义不是被代理人，甚至不是其下属单位、部门，而是行为人自身，除非当事人有合理理由并提供相关证据证明，否则难以认定。

2.行为人是否存在合理授权的身份。并非行为人与被代理人之间的任何身份关联均可作为认定表见代理的因素，而是应考察该种身份关系是否在通常意义上具有与涉案业务有关的职责或者授权，如行为人是高管经办人、承包人、挂靠经营人等。本案中，虽然钟某某系被告的委托代理人，但是证人孙某某的身份自始至终未得到被告认可，亦未有证据显示被告的相关行为能够导致原告有理由相信孙某某拥有代理权，故其主张的表见代理缺乏相应权利外观因素作为基础。

3.行为人是否使用与被代理人有关的印章。公章一般能够作为证明单位意志的重要依据，对其他印章则需详加考量。如有伪造、变造、盗用之嫌的法人公章或合同专用章，企业内设部门印章（如项目部章、办公室章等），以及一般不作为签订合同用途使用的非经营性印章（资料章、签收章、财务章）等。本案原告主张实际交易方为被告，提供了《分支电缆清单》《分支电缆图》《买卖合同》等证据，因上述证据均未盖有被告具有对外意思表示效力的印章，应不能作为确定双方存在实际交易关系的事实依据。虽然《分支电缆清单》与《分支电缆图》上盖有圣大公司的相关印章，因该印章上标明的内容已清楚地表示了不能对外签订合同，故法院认定其亦不能作为圣大公司意思表示的依据。

4. 合同订立的形式是否符合双方的交易习惯，合同订立的过程、环境等能否建立与被代理人有关的合理推断。如被代理人以往惯常由项目部或承包人或某业务员与相对人建立合同关系、行为人出示了被代理人的营业执照或资质证书等，均是判断表见代理的重要因素。

5. 被代理人是否直接参与合同履行，被代理人是否直接取得履行合同的权益。如合同签订后按约支付了部分款项，标的物交付至被代理人的营业场所或者负责管理的其他业务场所，设备、建材等合同标的物被实际应用于被代理人所需等。本案中，城建档案馆资料显示，相关工程确已使用原告生产的电线电缆，但是相关资料同时也显示被告所承包的施工工程仅为"外立面石材及玻璃幕墙工程"，故难以确认系争的电线电缆为被告采购使用。

（三）判断相对人善意的主要考量因素

结合社会一般理性商人的正常认识标准，对相对人善意与否的判断，具体可以考量以下因素：

1. 双方之间是否熟悉或者存在交易历史。如果合同双方彼此对对方的业务范围、资信状况、履约能力等比较了解，或者基于彼此之间的交易历史，能够合理判断系被代理人参与涉案交易，则相对人善意要件可得到一定的证明。

2. 合同相对人在订立合同之前是否即已充分知悉权利外观事实。相对人主张自己善意且无过失，应证明自己知悉权利外观事实的时间早于实施交易行为，实施交易行为后或风险产生后才了解的相关事实则一般不能支持相对人善意的判断。如本案原告举证的孙某某系被告项目经理钟某某的妻子这一事实，系纠纷发生后为诉讼之需而收集获取，即便这一事实存在，也并不足以证明相对人交易行为发生之时的主观善意。再进一步讲，即便原告主观上确实相信了孙某某拥有代理权，从表见代理的主观因素考察，原告在买卖交易中想当然地认为钟某某的配偶孙某某拥有授权，该种确信显然存在一定的过错，亦并非是无过失地相信。

3.交易规模和金额的大小、交易对效率的要求以及核实该代理权的成本。一般而言，交易规模或者所涉的金额越大，交易越复杂，参与主体的重视程度应当越高，谨慎程度也应随之升高。反之，谨慎程度会较低。

本案对于表见代理的认定具有很好的指导意义。在分析经办人孙某某的行为是否构成表见代理过程中，充分注意到了上述考量因素，例如，合同文本中记载的相对人名称与被告不符、经办人孙某某的身份从未经被告认可、经办人孙某某从未使用过被告印章、被告未履行过合同义务亦无证据证明被告取得了合同利益等。因上述外观要素事实严重缺乏，即便原告主观上确实相信了经办人孙某某拥有代理权，从表见代理的主观因素考察，原告在买卖交易中想当然地认为项目经理的配偶孙某某拥有授权，显然也存在一定的过错。综上，从表见代理的权利外观以及主观因素两个方面考察，法院最终认定原告证据不足以证明其主张，孙某某的行为不构成表见代理。

二十一、对标的物的约定未使用规范术语时，能否构成合同欺诈
——张某诉某地板商行买卖合同纠纷案

【基本案情】

原告张某因房屋装潢所需向被告孙某个人经营的地板商行购买了标称为"柚木王"的地板共 47 箱，在支付了所有的货款 14000 多元后即提走地板，孙某经营的地板商行当即出具给张某销售单一份。不料，张某在地板铺装后没多久就发现地板存在挤压变形、开裂、油漆脱落等问题。张某通过一家司法鉴定事务所进行鉴定，鉴定意见为地板名称应为"摘亚木"，经向当地的地板协会了解到，"柚木王"是"摘亚木"产地的俗称。孙某认为，"摘亚木"俗称"柚木王"，故被告使用"柚木王"并非销售假冒商品，也不存在欺诈行为；地板存在质量问题并非事实，是原告使用不当造成的。张某则认为购买的地板"柚木王"并不是柚木中的"王"，而是"摘亚木"，地板商行使用"柚木王"名称是对消费者的欺诈行为。张某遂向法院起诉，主张退货，并要求孙某返还货款并赔偿同等货款价值的损失。

【裁判结论】

一审法院经审理认为，尽管地板产销行业对"摘亚木"称为"柚木王"，但摘亚木与柚木是两种截然不同的材质，而且，这一俗称仅限于业内人士。消费者和业外人士根本无法依据这一俗称得知，其应当为摘亚木。根据《最高人民法院关于贯

彻执行〈中华人民共和国民法通则〉若干问题的意见（试行）》第68条规定："一方当事人故意告知对方虚假情况，或者故意隐瞒真实情况，诱使对方当事人作出错误意思表示的，可以认定为欺诈行为。"卖方孙某在"摘亚木"地板的包装箱上标称了"摘亚木"的俗称"柚木王"，使张某误认为购买的地板"柚木王"是柚木中的"王者"，即最好的，因而，地板商孙某使用"柚木王"名称对消费者张某具有严重的误导，使张某陷于错误认识而与孙某订立合同。加之其销售的地板有质量问题，孙某的行为构成欺诈消费者的行为。根据《合同法》第113条和《消费者权益保护法》的有关规定，一审法院依法判决张某有权退货，孙某向张某返还货款并赔偿同等货款价值的损失。孙某不服，提起上诉。二审法院经审理，依法判决：驳回上诉，维持原判。

【定性分析】

本案是一起因买卖合同的标的物的名称以俗称代替其规范名称所引起的纠纷。在当地的地板产销行业对"摘亚木"称为"柚木王"，但摘亚木与柚木是两种截然不同的材质，而且，这一俗称仅限于业内人士，而对于消费者和业外人士根本无法依据这一俗称得知其应当为摘亚木。本案中对孙某将"摘亚木"标注为"柚木王"的行为是否构成欺诈的认定，将直接决定着本案的处理结果。

根据《合同法》第54条第二款的规定，一方以欺诈手段，使对方在违背真实意思的情况下订立的合同，受害方有权请求人民法院或者仲裁机构变更或者撤销。根据《最高人民法院关于贯彻执行〈中华人民共和国民法通则〉若干问题的意见（试行）》第68条规定："一方当事人故意告知对方虚假情况，或者故意隐瞒真实情况，诱使对方当事人作出错误意思表示的，可以认定为欺诈行为。"根据上述规定，合同欺诈的构成要件具有如下几点：1.欺诈方具有欺诈的故意。所谓欺诈的故意，是指欺诈的一方明知自己告知或者展示给对方的情况是虚假的，且故意使被欺诈人陷入错误认识。2.欺诈方实施欺诈行为。所谓欺诈行为，是指欺诈方在订立合同过程中将其欺诈故意表示于外部的行为。在实践中大都表现为故意陈述虚假事实或故意隐瞒真实情况或者故意提供和展示虚假情况而使他人陷入错误认识的行为。3.被欺诈的一方因欺诈而陷入认识错误。在欺诈的情况下，被欺诈人认为欺诈人的意思表示是真实的。在此问题上，应注意两点：欺诈人的欺诈行为与被欺诈人的认识错误之间有因果联系；被欺诈人基于虚假的情况而对合同内容发生了错误认识，如果欺诈人实施欺诈行为以后，受欺诈人未陷入错误或者所发生的错误内容并不是欺诈造成的，则不构成欺诈。从上述分析可知，欺诈一般表现为积极作为，即欺诈结果的发生是行为人采取积极行为，如故意陈述虚假事实或故意隐瞒真实情况或者故意提供和展示虚假情况而使他人陷入错误认识的行为。但是，买卖合同的一方当事人负有告知对方有关交易的真实情况义务的，消极地隐瞒真实的事实，即采用沉默的不作为方式，亦构成欺诈。

《消费者权益保护法》第8条第一款规定，消费者享有知悉其购买、使用的商品或者接受的服务的真实情况的权利。该法第20条规定，经营者向消费者提供有关商品或者服务的质量、性能、用途、有效期限等信息，应当真实、全面，不得作虚假或者引人误解的宣传。可见，本案中，作为消费者的张某有权获得其购买商品的真实情况，而作为出卖人的孙某也负有向张某提供所售地板真实名称和质量状况等信息，不得作出引人误解的虚假宣传。摘亚木与柚木属截然不同的两种材质，在地板产销行业对摘亚木虽有"柚木王"的称呼，但该称呼并不规范，容易误导消费者。故即使是可以用"柚木王"的称呼，也应同时注明其真实名称摘亚木。本案中，地板经销商孙某将摘亚木仅标注为"柚木王"，在张某购买时未告知其"柚木王"为摘亚木并非柚木，致使张某误以"柚木王"为柚木，且为"柚木"之中的"王者"，即最好的柚木，因此，其未履行告知消费者张某有关所售地板规范名称和真实成分的行为，构成以消极不作为的方式欺诈消费者张某。孙某作为经营者的这种违反其告知消费者有关商品真实信息义务的消极不作为，是导致消费者张某陷入认识错误的直接原因。因此，孙某的行为应当认定为欺诈。根据《消费者权益保护法》第55条规定，经营者提供商品有欺诈行为的，应当按照消费者的要求增加赔偿其受到的损失，增加赔偿的金额为消费者购买商品的价款或者接受服务的费用的3倍。

当事人在制作合同文书时，对合同标的物如使用俗称、方言，不用其规范名称，结果对合同的标的物会引起歧义和买受人的误解，甚至造成合同的一方当事人被欺诈。这两种情况都可能引发合同纠纷，致使合同被撤销。根据《合同法》第56条规定，被撤销的合同自始没有法律约束力。根据该法第58条规定，合同被撤销后，因该合同取得的财产，应当予以返还；不能返还或者没有必要返还的，应当折价补偿。有过错的一方应当赔偿对方因此所受到的损失，双方都有过错的，应当各自承担相应的责任。如果消费者不主张撤销合同，而以经营者具有欺诈行为而要求退货和赔偿损失，经法院审理支持其主张的，那么，经营者应当根据《合同法》第143条和《消费者权益保护法》第55条规定，承担退货、返还货款并赔偿消费者损失的责任。

二十二、仅凭增值税专用发票及税款抵扣资料能否证明出卖人已经交付货物

——辉柏嘉文具有限公司与宏丽黄埔百货有限公司买卖合同纠纷案

【基本案情】

2008年1月1日，辉柏嘉公司（卖方）与宏丽公司（买方）签订《买卖合同》。合同第1条约定，买方接受其关联公司的委托，就买方及其关联公司与卖方之间的买卖交易条件事实，经与卖方平等协商，签订合同。合同的效力及于合同所列之买方关联公司。第3条约定，关联公司的定义为：买方之下属分公司、买方控股公司、买方承包经营公司、买方委托经营公司或使用"好又多"商号、商标、专利的企业或买方通知卖方的其他买方关系企业。第9条约定，卖方根据买方所下订单发货。第12条约定，卖方应依据税法规定，在双方约定的时间内，开具合法有效且符合销项税率的增值税发票。第13条约定，1.付款程序：（1）买方以"发票请款"方式结算卖方货款。卖方随货附送发票至买方收货处，送货单和发票须注明厂编、店别、订单号码、收货编号、货号、商品名称、买方销售单位、未含税单价、规格、数量、税率、搭赠数量并加盖卖方送货专用章和发票专用章或财务专用章。（2）买方每月分两个时段将进退货、扣款对账单传真给卖方，或在商务网上公告由卖方自行下载。2.付款日：买方及其关联公司于其指定的付款日付款。第25条约定，合同有效期限自2008年1月1日至12月31日。合同期满后，若双方继续交易，在新合同签订之前，本合同继续有效。同日，双方签订《买卖合同之补充协议》，协议第3条约定付款条件为月结75天，付款方式为网上支付。第5条约定卖方提供税率为17%的增值税发票。

2010年8月至9月，宏丽公司持续向辉柏嘉公司订购多批文具，所用订单抬头大部分标有"好又多"字样。辉柏嘉公司于2010年8月2日至9月28日共向宏丽公司送货25672.62元，但宏丽公司一直未向辉柏嘉公司支付该笔货款。辉柏嘉公司经追讨无果，遂提起本案诉讼。

在原审庭审过程中，辉柏嘉公司还提交了辉柏嘉公司于2010年5月7日至8月3日开具给宏丽公司的四张总金额为94704.78元的增值税专用发票。辉柏嘉公司称如宏丽公司办理付款，辉柏嘉公司要把发货单、签收单交回宏丽公司。宏丽公司已支付该四张发票的部分货款，尚欠货款67319.93元未支付。宏丽公司确认四张发票的真实性和合法性，但不确认是否已将发票抵扣税款，并且认为仅凭发票不能证明

辉柏嘉公司已实际交货。经原审法院到广州市黄埔区国家税务局调查，上述四张增值税专用发票当中的三张宏丽公司已用于抵扣税款。

另外，辉柏嘉公司还向原审法院提交了2014年3月沃尔玛公司向辉柏嘉公司邮寄的关联公司抵扣辉柏嘉公司促销费的通用发票七张，开票日期为2013年12月和2014年1月。辉柏嘉公司称以前辉柏嘉公司是去天河的好又多公司财会中心结算，有关费用的发票由其开出，寄给辉柏嘉公司。现在好又多公司被沃尔玛公司收购，从2013年开始，由沃尔玛公司向辉柏嘉公司寄出发票。宏丽公司则确认宏丽公司与好又多公司、沃尔玛公司为关联公司。

一审另查明，2007年4月26日，辉柏嘉公司（卖方）与好又多公司（买方）签订《买卖合同》，好又多公司接受其关联公司的委托，就买方及其关联公司与卖方之间的买卖交易条件事实，经与卖方平等协商，签订合同。合同附件列明关联公司包括宏丽公司、广州市宏丽有限公司黄石分公司、广州市好又多新港百货商业有限公司等。

辉柏嘉公司原审诉讼请求判令：1.宏丽公司立即向辉柏嘉公司支付货款92992.55元；2.宏丽公司负担本案诉讼费。

【裁判结论】

一审法院认为：辉柏嘉公司与宏丽公司签订的《买卖合同》是双方真实意思表示，内容不违反法律规定，合法有效。《买卖合同》虽然约定有效期限自2008年1月1日至12月31日，但同时亦约定合同期满后，若双方继续交易，在新合同签订之前，合同继续有效。根据查明的事实，至2010年9月，双方仍在继续交易，且未签订新合同。故本案的交易仍适用双方之间《买卖合同》的约定。本案辉柏嘉公司诉请的货款92992.55元由两部分组成，一部分是未开发票的货款25672.62元，另一部分是已开发票的货款67319.93元。对于该两部分的货款，一审法院作如下认定：第一，对于未开发票的货款25672.62元。辉柏嘉公司提交了发货单和订单证实向某乙公司送货25672.62元，宏丽公司确认发货单和订单的真实性和合法性，故原审法院对该部分货款予以确认。宏丽公司认为该部分货款存在退货、扣款等情形，但未提交证据予以证实。故对宏丽公司的该答辩意见，一审法院不予采纳。第二，对于已开发票的货款67319.93元。辉柏嘉公司在一审庭审中称如宏丽公司办理付款，辉柏嘉公司要把发货单、签收单交回宏丽公司的情形，与《买卖合同》第13条中关于买方以"发票请款"方式结算卖方货款，卖方需将发票、送货单、订单送至买方，买方每月分两个时段进行对账的约定相符。而且宏丽公司已将辉柏嘉公司开具的发票用于抵扣税款，说明宏丽公司已对相关的货款进行了对账。结合辉柏嘉公司的证据和陈述，以及一审法院调取的证据，能够证实宏丽公司已收到辉柏嘉公司交付的相应货物。对宏丽公司辩称凭现有证据不足以证明辉柏嘉公司已实际交付货物的答辩意见，一审法院不予采纳。辉柏嘉公司已开具的四张增值税发票总金额为94704.78元，宏丽公司没有提交其向辉柏嘉公司支付货款证据，而辉柏嘉公司请求的该部分货款为67319.93元，未超过发票的总金额，不损害宏丽公司的权益，故原审法院对辉柏嘉公司的该部分诉讼请求予以支持。

一审法院判决：宏丽公司于判决发生法律效力之日起十日内向辉柏嘉公司支付货款92992.55元。

上诉人宏丽公司不服原审判决，提起上诉。

二审法院另查明：辉柏嘉公司与宏丽公司签订的《买卖合同》第13条约定：1. 付款程序：买方以"发票请款"方式结算卖方货款。1. 卖方随货附送发票至买方收货处，"送货单"和"发票"须注明厂编、店别、订单号码、收货编号、货号、商品名称、买方销售单位、未含税单价、规格、数量、税率、搭赠数量并加盖卖方送货专用章和发票专用章或财务专用章。2. 卖方不能随货附送发票的，应于收到买方对账单传真件，或商务网公告对账资料之日（每月4日和19日）起的10日内按对账单上"本期应交发票金额"开出相应发票给买方，买方开具"发票签收回执"给卖方。3. 在约定付款日卖方到买方指定地点领取货款支票或由买方直接划入卖方账户。

辉柏嘉公司原审提供的发货单下方均备注如下内容："一式四联：白色仓库联；浅蓝色客户联；粉红色财务记账联；黄色放行联"。

二审法院判决：一、变更一审判决为：上诉人广州市宏丽黄埔百货有限公司于本判决书送达之日起十日内向被上诉人辉柏嘉文具有限公司支付货款25672.62元；二、驳回被上诉人辉柏嘉文具有限公司的其余诉讼请求。

【定性分析】

本案二审的主要争议焦点为：1. 宏丽公司尚欠辉柏嘉公司货款的金额；2. 辉柏嘉公司提起本案诉讼有无超过诉讼时效。

关于宏丽公司尚欠辉柏嘉公司货款的金额问题。辉柏嘉公司已提交了订单与发货单证实了其向宏丽公司供应了25672.62元货物，宏丽公司亦确认上述订单与发货单的真实性，宏丽公司主张该部分货款存在退货扣款情形，但未提交证据证实，故原审确认该部分25672.62元货款，并无不当之处，法院予以维持。《最高人民法院关于审理买卖合同纠纷案件适用法律问题的解释》第8条第一款规定："出卖人仅以增值税专用发票及税款抵扣资料证明其已履行交付标的物义务，买受人不认可的，出卖人应当提供其他证据证明交付标的物的事实。"本案中，辉柏嘉公司主张宏丽公司欠其67319.93元货款仅提供了四张增值税发票及原审调取的税款抵扣资料，在宏丽公司对该部分货款不予认可的情况，辉柏嘉公司无法提供其他证据证明已实际交付了该部分货物，故辉柏嘉公司要求宏丽公司支付该部分 67319.93 元货款，缺乏事实及法律依据，本院不予支持。至于辉柏嘉公司与宏丽公司签订的《买卖合同》第 13 条第一款第（一）项约定的有关开具发票请款的结算方式，并不能反映辉柏嘉公司所称必须将发货单、签收单交给宏丽公司才能办理结算付款的交易程序。且根据辉柏嘉公司原审提供的发货单下方备注的内容，发货单是一式四联，包括白色仓库联、浅蓝色客户联、粉红色财务记账联、黄色放行联，依据常理，卖方交予买方的应当只是客户联，辉柏嘉公司主张将发货单都交给了宏丽公司没有证据证明，显然也与常理不符，法院不予采信。

关于辉柏嘉公司提起本案诉讼有无超过诉讼时效问题。《买卖合同》第 13 条第一款第二项约定，买方每月分两个时段将进退货、扣款对账单传真给卖方，或在商务网上公告由卖方自行下载，据此可证实双方对于货款的结算应由买方发起对账。宏丽公司未能提交证据证明其已就涉案货款进行了对账结算，故在本案诉讼之前诉讼时效尚未起算，辉柏嘉公司提起本案诉讼并未超过诉讼时效。

综上所述，原审判决对部分事实认定错误，处理欠妥，法院予以纠正。

二十三、对标的物的计量单位约定不明确时，能否构成重大误解

——甲建筑工程公司诉乙沙场买卖合同纠纷案

【基本案情】

原告甲建筑工程公司为建筑桥梁工程需要大量沙土，与被告乙沙场签订了一份购买 50 车沙土，每吨价格 400 元的合同。在合同中约定，合同订立后的两个月内由被告送货，货到付款。合同订立半个月后沙土价格由每吨 400 元上涨到每吨 460 元，被告为了减少损失，遂与原告联系，要求变更货物数量，减少供货车数，遭到原告的拒绝。一周后被告开始供货，用 10 辆"130"型货车每车装载 2 吨沙土运到原告工地。原告指出被告的做法不合理，合同中约定的购买 50 车沙土是指每车装载 4 吨的"东风牌"大卡车运载的 50 车沙土，总量为 200 吨。

双方因协商未果，原告遂向法院起诉，要求被告承担违约责任。在法庭审理中，原告认为在双方以往的交易中都是以"东风牌"大卡车作为计量标准，现被告乙沙场改用"130"型货车送货，违背了双方的交易习惯，构成违约，应承担违约责任。被告认为自己的做法是按照双方签订的协议来执行的，自己并没有违约。即使双方

对交货数量的计算标准有着不同的理解，也属于重大误解，因此应当撤销该合同。

【裁判结论及定性分析】

本案是由于买卖合同的双方当事人对交付标的物的计量标准约定不明确而引起的纠纷。原告认为在双方的交易中是以"东风牌"大卡车作为计量标准，被告乙方主张以"130"型车为计量标准，而其中的数量差竟达1倍。对于此种情况，原告认为被告乙方构成违约并要求乙方承担违约责任，而被告乙方主张这是由于双方对交货数量的计算标准有着不同的理解，属于重大误解。如果乙方即被告的主张成立，那么甲乙之间的买卖合同就可以依法撤销，双方只承担合同撤销的后果，乙方就可以不予承担继续履行和赔偿损失等违约责任。

根据《最高人民法院关于贯彻执行〈中华人民共和国民法通则〉若干问题的意见（试行）》第71条规定，行为人对行为的性质、对方当事人、标的物的品种、质量、规格和数量等的错误认识，使行为的后果与自己的意思相悖，并造成较大损失的，可以认定为重大误解。本案中被告不用"东风牌"大卡车而用"130"型货车装载沙土运到原告工地，是为了减少供货数量；按照双方以往的交易习惯，本案中应是指以"东风牌"大卡车为计量标准，因此其对标的物的数量并未发生错误认识，故不能认定为重大误解，甲乙双方的买卖合同不应当撤销。

根据我国《合同法》规定，当事人应当遵循诚实信用原则，按照约定全面履行自己的义务。出卖人应当按照买卖合同所约定的出卖物数量向买受人交付标的物，出卖人如果要增加或者减少交付的物品数量，必须事先同买受人达成协议；未征得买受人同意，出卖人不得擅自变更标的物的数量。否则，应当依法承担违约责任及因此所造成的交易风险。本案双方当事人因对交付标的物沙土的计量标准约定不明确引起了纠纷，因此，为了使双方已经订立并依法生效的合同得以履行，就必须依法确定沙土的计量标准并在此基础上确定乙方应交付的沙土数量。

《合同法》第61条规定，合同生效后，当事人就质量、价款或者报酬、履行地点等内容没有约定或者约定不明确的，可以协议补充；不能达成补充协议的，按照合同有关条款或者交易习惯确定。本案中双方当事人对于标的物沙土的计量标准约定不明确，属于合同内容约定不明确，根据上述履行原则，双方可以在协商的基础上，对装载沙土的车型是"东风牌"大卡车还是"130"型货车作出补充约定；本案中双方当事人未能就此达成补充协议，因此应当按照合同的有关条款或者交易习惯确定。本案中按照双方订立的合同的有关条款无法确定的情况下，只能考虑双方当事人在以往的沙土买卖中是否形成了确定沙土计量标准的交易习惯。可见，在本案中，判断合同的双方当事人是否遵守彼此之间业已形成的交易习惯，是判断出卖人乙沙场交付数量进而判定其是否构成违约的一个重要依据。

《合同法司法解释二》第7条规定，下列情形，不违反法律、行政法规强制性规定的，人民法院可以认定为合同法所称"交易习惯"：（1）在交易行为当地或者某一领域、某一行业通常采用并为交易对方订立合同时所知道或者应当知道的做法；（2）当事人双方经常使用的习惯做法。对于交易习惯，由提出主张的一方当事人承担举证责任。本案中，在双方以往的交易中都是以"东风牌"大卡车作为计量标准，现被告乙沙场改用"130"型货车送货，违背了双方的交易习惯。因此，原告对标的物计量标准的主张应当支持，乙方即被告应当承担以"东风牌"大卡车送交被告计50车沙土的履行责任。

二十四、对标的物的计量方法约定不明确时，应如何进行责任认定

——通达公司诉致诚公司买卖合同纠纷案

【基本案情】

2000年9月1日，原告通达公司与被告致诚公司签订《销售协议》一份，协议约定致诚公司向通达公司购买玄武岩碎石，运到四台火车站站台交货，价格每吨43.00元人民币。根据该销售协议，通达公司2000年向致诚公司销售碎石202车皮。因双方未约定车皮的具体计量标准，在年底结算时双方约定按原告发货车皮标重平均值（每车皮65吨）计算，并结清了102车的货款。2001年1月，双方口头约定：四台火车站站台交货价43.00元/吨，装车费用3.60元/吨。按照上述约定价格，2001年通达公司向致诚公司销售玄武岩碎石480车皮。2001年8月6日，双方当事人又签订了补充合同，该合同约定要将碎石运到站台并装上车皮，价格为46.60元/吨，结算方式为"代工程款结账后一星期内结清"。2001年12月19日，双方又签订了还款协议一份，规定在遵循原合同基础上签订本协议。该协议对通达公司销售给致诚公司的碎石，关于数量、价格进行了确认，约定具体结算数量以收货厂家检质验斤为准，并约定在2001年12月31日前致诚公司先支付通达公司30万元的货款。届时因致诚公司仍未履行该还款协议，通达公司遂向法院起诉，要求致诚公司支付580车皮的货款。

在法庭审理中查明，双方对580车皮的货款未结清没有异议，2001年480车皮中的218车皮检斤过磅单，实际检斤过磅数12644吨，平均计算每车58吨。但双方对上述580车皮的货物的计算方法却存在严重分歧：原告认为，2000年未结账的

100 车皮的吨数和 2001 年的 480 吨应当以 2000 年年底结算时双方约定的按原告发货车皮标重平均值（每车皮 65 吨）计算。被告认为，2001 年 12 月 19 日双方签订的还款协议已进行了变更，对未结款的 580 吨货物都应当按 2001 年的每车 58 吨平均值计算。但原告主张 2001 年 12 月 19 日，双方签订的还款协议对结算数量及计量方法的约定是有条件的，即被告在 2001 年 12 月 31 日前先支付给原告 30 万元的货款的前提下执行该约定，但由于上述条件未成就，所以该约定不能成立。

【裁判结论及定性分析】

买卖合同标的物是以数字和计量单位来衡量标的物的数量的。订立合同应当有明确的数量规定，没有明确的数量规定，合同就无法履行。合同数量规定一般包括计量单位和计量方法。计量单位是衡量标的物长宽高、体积、重量等计量单位，一般应当按照国家规定的度量衡制度在合同中作出约定。当事人也可以出于计量的方便按照标的物的特点，如车、打、堆、棵等作为计量单位。但因这些计量单位具有模糊性和不具体，在采纳这些计量单位的同时一般还应当对其计量标准或计量方法作出进一步的约定。总之，当事人对标的物计量单位和计量方法的约定应当具体、明确，否则，将会导致因对标的物的计量单位和计量方法约定不明确引起纠纷。

本案中，双方当事人在 2000 年 9 月 1 日签订的销售协议约定了"车皮"这种模糊性的计量方法，为了进一步对其双方交易货物计量的具体化，在年底结算时双方约定按出卖人发货车皮标重平均值（每车皮 65 吨）计算。2001 年 12 月 19 日，双方又签订了还款协议一份，该协议对通达公司销售给致诚公司 2001 年的碎石数量、价格进行了确认，同时约定具体结算数量以收货厂家检质检斤为准。可见，本案中双方当事人在 2000 年 9 月 1 日签订的销售协议和 2001 年 12 月 19 日签订的还款协议中规定了两种不同的计量方法。对于按照哪种计量方法计量未结清货物的数量，作为出卖人的原告和作为买受人的被告二者具有不同认识：原告认为，2000 年未结账的 100 车皮的吨数和 2001 年的 480 吨应当以 2000 年底结算时双方约定的按原告发货车皮标重平均值（每车皮 65 吨）计算。被告则认为，2001 年 12 月 19 日双方签订的还款协议已进行了变更，对未结款的 580 吨货物都应当按 2001 年的每车 58 吨平均值计算。因此，能否认定还款协议所约定的计量方法是对销售协议所约定的计量方法的变更，抑或二者是两个独立的合同，成为解决本案纠纷的关键。

合同是当事人就成立的法律关系所达成的一致的意思表示，买卖合同是双方当事人就双方之间成立买卖关系所达成的一致意思表示。根据《合同法》第 12 条和第 131 条的规定，买卖合同一般包括以下条款：当事人的名称或者姓名和住所、标的、数量、质量、价款、履行期限、地点和方式、包装方式、检验标准和方法、结算方式、合同使用的文字及其效力、违约责任、解决争议的方法。根据《合同法》的有关规定，双方当事人对于内容达成一致、意思表示真实，亦不违反法律、行政法规的强制性规定的买卖合同，依法生效。对于依法生效的买卖合同，双方当事人应当切实履行。对于存在长期买卖关系的双方当事人而言，双方当事人可以订立一个长期买卖合同来调整他们的买卖关系，也可以分别订立几个短期买卖合同来调整他们之间的关系。在双方当事人通过订立不同的买卖合同，来调整他们业已存在的长期买卖关系的情况下，当事人所订立的不同合同具有独立性，各个合同应当分别履行。此外，在订立一个长期买卖合同的情况下，当事人也可以通过合同内容的变更来改变合同的内容并由此随着情况的发展来进一步调整他们之间的买卖关系。买卖合同的内容变更是指在合同成立、生效以后，尚未履行以前以及合同履行中，双方当事人经过协商对合同所约定的货物数量、质量、价款、履行期限、地点和方式、包装方式、检验标准和方法、结算方式、合同使用的文字及其效力、违约责任、解决争议的方法等内容作出新的约定。买卖合同内容经双方当事人协商变更后，原买卖合同确定的当事人的权利义务随即也就发生了变化，也就是说，买卖合同变更必然要在变更范围内使买卖合同双方当事人之间形成新的权利义务关系。买卖合同变更的协议生效后，合同当事人应当依照变更后的合同内容履行义务和行使权利。

本案中，双方于2000年9月1日签订的销售协议、2001年1月双方订立口头协议、2001年8月6日签订的补充合同、2001年12月19日签订的还款协议均系双方当事人真实意思表示，亦不违反法律、行政法规的强制性规定，均应认定为有效。双方签订的还款协议中曾明确约定此协议是在遵循原合同基础上订立的，由此得出双方当事人并无变更原合同的意思表示，既没有因新合同发生而使旧合同消灭的意思表示，也没有对原合同变更的意思，故致诚公司认为还款协议是对原合同变更的主张不能成立。2000年9月1日签订的销售协议与2001年订立的包括1月份的口头合同、当年8月6日签订的补充合同以及12月19日签订的还款协议（即两个年份所订立的合同）是两个各自独立的合同。2001年所签订的合同对所购货物的车数即数量、对标的物的计量方法、价款、履行方式都作了与2000年销售协议不同的规定，因此，它们是两个不同的合同，应当分别履行，即对2000年未结款的100吨货物数量应按年底结算时双方约定的原告发货车皮标重平均值即每车皮65吨计算；2001年还款协议中约定的具体结算数量以收货厂家检质验斤为准，是对2001年货物数量的计算方法的约定，因此2001年的480吨货物应当按每车58吨平均值计算。所以，被告关于2000年未结款的100吨货物和2001年的480吨货物都应当按每车58吨平均值计算的说法不能成立，对原告所持的580车皮的货物都以原告发货车皮标重平均值每车皮 65 吨计算的主张也于法无据。

从上述分析可以看出，本案中对于 580 车皮的碎石无论是按原告主张的以原告发货车皮标重平均值每车皮 65 吨计算，还是按被告主张的按 2001 年的每车 58 吨平均值计算，原告和被告之间都会出现一定的利益失衡，原告或者被告都可能因对标的物的计量方法约定不明确而承担责任。本案在合同当事人双方对标的物的计量方法约定不明确，而又不能达成补充协议的情况下，通过不同时间所签订的有关条款加以解决。

二十五、无送货凭证，能否仅凭买方出具的确认单认定供货事实成立

——无锡市鼎宸物资有限公司诉南通四建集团有限公司买卖合同纠纷案

【基本案情】

2008 年 1 月 7 日，无锡市建设局批准建设清扬御庭建设工程项目，施工单位为南通四建集团有限公司（以下简称南通四建公司）。2008 年 2 月 23 日，无锡市鼎宸物资有限公司（以下简称鼎宸公司）与南通四建公司订立一份产品买卖合同，主要内容为：鼎宸公司向南通四建公司出售 HEA 型膨胀剂，用于掺入混凝土，起增强防渗水作用，每立方米混凝土使用 27 元膨胀剂，数量、金额均按实结算；南通四建公司在产品使用前 24 小时通知鼎宸公司，由鼎宸公司送到南通四建公司指定地点，南通四建公司验收后入库。该合同落款处，鼎宸公司加盖了鼎宸公司印章，南通四建公司加盖了南通四建公司清扬御庭项目部印章，并由南通四建公司代表王某某签名。2009 年 11 月、2010 年 8 月，经无锡市建设局批准实施新欧风花园 B 地块、C 地块房地产建设工程项目，施工单位仍系南通四建公司。自 2009 年 11 月 17 日起，南通四建公司即开始使用鼎宸公司的膨胀剂，至 2010 年 8 月 23 日前使用的膨胀剂的价款已经结清。2012 年 1 月 11 日和 7 月 17 日，南通四建公司确认，自 2011 年 11 月 11 日起至 2012 年 4 月 4 日止，新欧风花园 C 地块混凝土中有 9216 立方米方量使用了膨胀剂，该膨胀剂确认单由南通四建公司的混凝土供应商无锡市天时混凝土有限公司（以下简称天时公司）出具，由鼎宸公司持有。而天时公司出具给无锡市建设工程质量监督站的 18 份无锡市预拌混凝土出厂质量证明书载明：2011 年 11 月 11 日至 2012 年 3 月期间，其使用膨胀剂的供应商部分标注为无锡弘智物资有限公司（以下简称弘智公司），部分未作标注。后弘智公司出具说明，确认其没有与南通四建公司发生过买卖膨胀剂业务，不认可无锡市天时混凝土有限公司确认其为供应商。

原告认为，其与南通四建公司于 2008 年订立买卖膨胀剂合同后，已依约向南通四建公司提供了膨胀剂，但南通四建公司至今未能支付价款 248832 元。被告则认为，鼎宸公司提供的买卖合同只能适用于被告承建的无锡市清扬御庭建设项目，不能适用于无锡市新欧风花园建设项目，每一个建设工程都有独立的建设施工许可证、一个施工合同和一个混凝土买卖合同；被告公司职员签字确认的是新欧风花园混凝土方量单，不能作为鼎宸公司提供膨胀剂的证据，根据无锡市预拌混凝土出厂证明记载，新欧风花园膨胀剂的供应单位为无锡弘智物资有限公司。根据膨胀剂生产厂家出具的询价函，2011 年膨胀剂每吨价格为 600 元，折合 20 元 / 方。综上所述，请求驳回鼎宸公司的诉讼请求。

【裁判结论】

江苏省无锡市北塘区人民法院经审理认为：鼎宸公司与南通四建公司之间订立的膨胀剂买卖合同，合法有效。南通四建公司清扬御庭项目部，是公司内设机构，其所从事的民事行为，是代表公司的职务行为，因此合同主体应为鼎宸公司和南通四建公司。该买卖合同内容仅约定了每立方米混凝土添加 27 元膨胀剂，对膨胀剂数量、合同终止期限没有约定，具有概括性，因此自合同生效之日起，鼎宸公司与南通四建公司之间的所有膨胀剂买卖，均受此合同约定的价格约束，双方解除合同或重新订立合同的情形除外。建设许可证的更替、混凝土供应商的变更并不会导致膨胀剂供应商必然替换。鼎宸公司持有的南通四建公司确认的新欧风花园 C 地块中使用膨胀剂的混凝土方量为 9216 立方米的确认单，具有债权文书性质，能够证明南通四建公司在 9216 立方米的混凝土中添加了膨胀剂。南通四建公司以预拌混凝土出厂质量证明书否认膨胀剂供应商为鼎宸公司，但出厂质量证明书上载明的供应商弘智公司已经否认与南通四建公司存在供货关系，且南通四建公司也不能提供其他买卖合同和付款凭证证明膨胀剂供应商为弘智公司。综上，足以认定南通四建公司积欠鼎宸公司价款 248832 元（9216 立方米 ×27 元 / 立方米 =248832 元）的事实。

江苏省无锡市北塘区人民法院依照相关法律判决如下：

一、南通四建集团有限公司于本判决生效之日起 10 日内给付无锡市鼎宸物资有限公司价款 248832 元，并自 2012 年 7 月 18 日起至法院判决价款给付之日止，按人民银行同期贷款利率标准计算，赔偿逾期付款利息损失。

二、驳回无锡市鼎宸物资有限公司其余部分诉讼请求。

被告持原审答辩意见提起上诉。

江苏省无锡市中级人民法院经审理认为：鼎宸公司与南通四建公司于 2008 年 2 月 23 日签订的膨胀剂买卖合同，系双方真实意思表示，内容合法有效。鼎宸公司向新欧风花园C地块项目提供膨胀剂，仍应是履行双方之间2008年2月23日签订的合同。根据鼎宸公司持有的确认单，可以证实新欧风花园C地块混凝土中9216立方米方量使用了膨胀剂，南通四建公司虽然否认鼎宸公司为其膨胀剂供应商，但其无法证明其使用的膨胀剂有其他供应商，因此新欧风花园C地块项目中使用的膨胀剂，应为鼎宸公司所供，膨胀剂的价格亦应按双方2008年2月23日签订的膨胀剂买卖合同约定的价格，即每立方米27元计算。综上，南通四建公司的上诉理由均不能成立，原审法院所作判决并无不当，应予维持。故判决如下：驳回上诉，维持原判。

【定性分析】

本案处理重点主要在于在无送货凭证的情况下，仅凭买方出具的混凝土数量确认单能否认定供货事实确实成立，具体涉及的法律问题包括概括性合同的继续履行以及在无直接证据的情况下证据规则的适用问题。

本案中，被告是否应当向原告支付膨胀剂款项的前提是双方就新欧风花园C地块的膨胀剂买卖是否达成过合意。从表面上来看，双方并没有针对该地块签订过专门的膨胀剂买卖合同，在案证据亦无法证明双方对此进行过磋商，但双方于2008年签订的膨胀剂买卖合同，并没有约定合同的终止期限，属于无固定期限合同，根据法律规定，无固定期限的合同可以无限期地长期执行，也可以双方另行约定终止或者单方提出终止，但必须在合理时间内通知对方。而根据本案实际情况，自该份合同成立后长达5年时间里，原、被告并未就合同的解除进行过约定，亦不存在一方通知解除的情况，因此，双方之间的该份膨胀剂买卖合同，具有概括性，自合同生效之日起，双方之间的所有膨胀剂买卖，均是对此合同的继续履行行为。

虽然法院认定原、被告就新欧风花园C地块项目的膨胀剂买卖达成了协议，双方之间关于此地块项目的膨胀剂买卖合同成立，但本案诉辩双方均没有直接证据佐证己方观点，需对原、被告的证据进行综合权衡，来确认其证明力的大小，继而对事实作出认定。本案中，虽然原告没有送货单，但原告持有的经被告确认的混凝土方量确认单，能够与双方签订的合同约定相互印证，即膨胀剂的结算方式以使用了膨胀剂的混凝土总方量来计算，而非以膨胀剂供货量来计算，该事实同样能够与原告的陈述相印证，可以形成一套完整的证据链。而被告关于其膨胀剂供货商为弘智公司的证据，本身有瑕疵，且因弘智公司的书面否认而失去了证明效力，因而原告证据证明力大于被告证据。综上，法院最终认定被告新欧风花园C地块的膨胀剂为原告所提供，被告应当支付原告相应款项。

二十六、未签订书面合同但已经交付的货物，灭失风险由谁承担

——厦门众瑞纸业有限公司诉南宁市圣大纸业有限公司买卖合同纠纷案

【基本案情】

原告厦门众瑞纸业有限公司是买方，被告南宁市圣大纸业有限公司是卖方，双方进行了多次半成品纸买卖交易，双方没有签订书面合同。2013 年 9 月 13 日至 11 月 20 日，双方共进行了 9 次交易。双方的交易习惯是原告先汇款至被告账户，原告负责人胡某通过短信告知被告其指定承运人的姓名、车牌号码、身份证号码、手机号码等信息，然后承运人从被告处提货，承运人将货物运送至原告指定地点后，原告与被告通过电话联系确认双方交易的数量及金额，被告开具相应金额的增值税发票后邮寄给原告。原告同时提交了其与承运人签订的《运输协议》及提货单等，证明发货的规格及金额。假如上一次交易原告尚有余款就留作下一次交易的货款，假如本次交易原告的预付货款不足，则承运人以现金方式代原告垫付尚欠的货款，后被告以原告为缴款人将该现金存入被告银行账户。原告与被告第 1—9 次交易已经结清，原告尚余货款 4724 元在被告处，2013 年 11 月 26 日，原告汇 190000 元至被告账户进行第 10 次交易，并短信告知被告本次交易的承运人为李某某、车牌号为豫P××××。被告称于 2013 年 11 月 28 日将货款总额 204835 元的货物交给承运人李某某承运，因原告预付款 190000 元加上之前结余的货款 4724 元不足，原告尚欠10111 元，承运人李某某以现金方式为原告垫付所欠货款 10111 元，被告已于 2013年 12 月 20 日将该 10111 元现金以原告为缴款人存入被告银行账户。2013 年 11 月29 日 0 时左右，承运人李某某所驾驶的车辆的挂车及车上货物在广昆高速公路（南梧段）464KM 横县校椅收费站匝道处燃烧，李某某向广西区公安厅交警总队高速公路管理支队十三大队报案，后经横县公安局消防大队将火扑灭，着火原因不明。被告认为燃烧的货物就是本案争议的货物，原告则以烧毁的货物不能证明是原告购买的货物，被告未履行发货义务为由，主张被告退回货款 194724 元。

【裁判结论】

南宁市横县人民法院经审理认为，燃烧的货物即为被告交由原告指定的承运人李某某承运的双方第 10 次交易的货物。被告主张已经将价值 204835 元的货物交给承运人李某某，2013 年 11 月 29 日 0 时左右，承运人李某某所驾驶的豫 P×××××重型半挂牵引车的挂车及车上货物在广昆高速公路（南梧段）464KM 横县校椅收费

站匣道处燃烧。根据《合同法》第145条："当事人没有约定交付地点或者约定不明确，依照本法第141条第二款第（一）项的规定标的物需要运输的，出卖人将标的物交付给第一承运人后，标的物毁损、灭失的风险由买受人承担。"被告将货物交给原告指定的承运人承运后已经履行了交货义务，货物灭失的风险应由原告自行承担，因此，原告主张要求被告退回货款194724元及支付利息，不予支持。

综上，依照相关法律法院判决如下：驳回原告厦门众瑞纸业有限公司的诉讼请求。案件受理费2109元，由原告厦门众瑞纸业有限公司承担。

判决作出后，双方当事人均未提出上诉。

【定性分析】

本案首先要查明的事实是，被告是否履行了交付货物的义务，以及燃烧的货物是否为被告交付的货物。本案中，被告是否将货物交付给原告指定的承运人，燃烧的货物是否为本案争议的货物，被告没有提供直接证据予以证明，但根据双方的交易习惯，同时根据被告提供的发货单、运输协议、增值税专用发票等，虽然原告对这些证据不予认可，不能作为直接证据，但与双方的交易习惯相结合，已经足以形成证据链，证明被告已经履行发货义务及发货数量。

其次，本案要解决的问题是，货物发生燃烧灭失的风险由谁承担。《合同法》第145条："当事人没有约定交付地点或者约定不明确，依照本法第141条第二款第（一）项的规定标的物需要运输的，出卖人将标的物交付给第一承运人后，标的物毁损、灭失的风险由买受人承担。"本案双方当事人并没有约定货物的交付地点，但买受人即原告指定了承运人，被告将货物交给原告指定的承运人承运后已经履行了交货义务，货物灭失的风险应由原告自行承担。

二十七、如何认定买卖合同中的标的物的交付地点

——翟某某诉广州市德心诚数码科技有限公司买卖合同纠纷案

【基本案情】

2012年10月6日，原告翟某某与被告德心诚数码科技有限公司在互联网上通过QQ联系的方式达成了协议，内容主要为：翟某某向德心诚数码科技有限公司购买联想新圆梦F358+20SX1982G500G512独显10台及联想新圆梦20寸钛金色显示器10台，合同总价款为26800元，双方约定货物通过案外人某物流公司运输。双方并未就货物在运输途中毁损灭失的责任进行约定，翟某某曾要求广州市德心诚数码科技有限公司对上述货物进行实价保值。当日，翟某某通过银行转账的方式向广州市德

心诚数码科技有限公司支付了货款 26800 元。广州市德心诚数码科技有限公司称收到货款后已将货物交付给某物流公司托运,但在运输过程中,由于运输车辆发生火灾,导致货物毁损灭失。

广州市德心诚数码科技有限公司认为承运人系由翟某某指定,故自其将货物交付承运人时起,货物毁损灭失的风险已转移至翟某某。翟某某则认为广州市德心诚数码科技有限公司根据其提供的收货地址发货,应明确知道货物的交付地点为云南省昆明市,广州市德心诚数码科技有限公司未实际完成交付义务。双方致成纠纷。翟某某起诉要求解除双方的货物买卖合同关系,并要求广州市德心诚数码科技有限公司返还货款 26800 元。

【裁判结论】

广州市天河区人民法院经审理认为:广州市德心诚数码科技有限公司提供的托运单载明货物到站点为昆明,出仓单载明的收货地址为云南省昆明市官渡区新螺蛳湾八区四楼 4040 号,收货方联系人均为翟某某,且亦是由广州市德心诚数码科技有限公司通知某物流公司将货物运送至昆明。由此可知,翟某某与广州市德心诚数码科技有限公司双方约定货物的交付地点是云南省昆明市。根据《合同法》第 142 条"标的物毁损、灭失的风险,在标的物交付之前由出卖人承担,交付之后由买受人承担,但法律另有规定或者当事人另有约定的除外"的规定,本案标的货物在运输途中毁损,广州市德心诚数码科技有限公司并未实际将标的货物依约交付翟某某,翟某某有权要求解除合同及要求广州市德心诚数码科技有限公司返还相关货款。

据此,法院判决:一、解除原告翟某某与被告广州市德心诚数码科技有限公司间签订的联想新圆梦数码产品买卖合同;二、被告广州市德心诚数码科技有限公司于本判决发生法律效力之日起 10 日内返还原告翟某某货款 26800 元。

广州市德心诚数码科技有限公司对原审法院上述民事判决不服,提起上诉。

广州市中级人民法院经审理认为:广州市德心诚数码科技有限公司作为出卖人,翟某某作为买受人均应依照法律的规定行使约定的权利并履行约定的义务。关于交付地点的问题。首先,出仓单及托运单显示昆明或为收货地址或为到站地址。该两份证据均指向涉案货物应运至昆明,翟某某将在昆明收货。其次,双方均未通过任何形式明确在昆明之外的地点交货。因此,原审法院认定交付地点为昆明符合本案的事实。再次,虽然双方约定由翟某某支付运费,但与物流公司成立运输关系的主体仍为广州市德心诚数码科技有限公司。可见,仅凭运费不能认定托运人实际为翟某某。关于风险承担的问题。根据《合同法》第 142 条规定:"标的物毁损、灭失的风险,在标的物交付之前由出卖人承担,交付之后由买受人承担,但法律另有规定或者当事人另有约定的除外。"本案货物交付地为昆明，因此，标的物在运输途中毁损、灭失的风险仍应由出卖方也就是广州市德心诚数码科技有限公司承担。本案的交付地点明确，并不适用《合同法》第142条。广州市德心诚数码科技有限公司关于风险应由翟某某承担的上诉理由不能成立。故法院作出如下判决：驳回上诉，维持原判。

【定性分析】

（一）如何确定交付地点

《合同法》对标的物交付地点的明确规定是在第61条和第141条。但对上述条款的适用，应当存在先后顺序：当事人对交付地点有约定的，出卖人应当按照约定的地点交付标的物（第141条第一款）；当事人没有约定交付地点或者约定不明确的，由当事人协议补充，不能达成补充协议的，按照合同有关条款或者交易习惯确定（第61条）；仍不能确定的，区分标的物是否需要运输的情况适用下列规定：（1）需要运输的，出卖人应当将标的物交付给第一承运人以运交给买受人；（2）不需要运输的，出卖人和买受人订立合同时知道标的物在某一地点的，出卖人应当在该地点交付标的物；不知道标的物在某一地点的，应当在出卖人订立合同时的营业地交付标的物（第141条第二款）。

（二）案件解读

具体到本案，合同双方约定以由卖方办理托运手续，买方自提货物并承担运费的方式交付货物。双方当事人虽然并未在合同中明确约定标的物交付地点，但从托运单记载到货地为昆明以及本案并无其他证据证明存在其他到货地点的情况可知，无论卖方向哪一个承运人办理托运，其均需将货物交付至昆明，而货物到达昆明后再由买方自提。虽然由买方支付运费，但与承运人成立运输合同关系的主体仍然是卖方。因此，买卖双方关于交付货物的地点在昆明是明确知悉的，且交付地点的指向是唯一的可确定的。故法院认定本案标的物交付地点在云南昆明，趋向于交易实际，符合双方当事人的真实意思表示，处理妥当。

二十八、出卖人交付标的物的期间未约定计算起点的，应如何确定违约责任

——永大公司与海西公司买卖合同纠纷案

【基本案情】

2010年5月16日，永大公司（乙方）与海西公司（甲方）签订《电梯设备订货合同》一份，第1条约定：甲方因"盛世江山南区"及"昆仑山路经济适用房"项目向乙

方采购电梯35台，合同价款6522600元，合同总价包括电梯设计、制造、运输、保修期内保修服务及备品备件发生的所有含税费用。第2条约定：甲方通知乙方生产并按合同约定支付预付款之日起120日内全部交货完毕。若甲方根据设计、安装要求调整交货时间时，应提前两周书面通知乙方，乙方按照调整后的时间交货；上述规定的交货时间均以货物到达××市经济开发区盛世江山南区或昆仑山路经济适用房工地现场交付甲方为准。第3条约定：合同签订后，甲方通知生产时支付电梯设备价款的5%作为预付款；甲方通知发货前20天支付电梯设备价款的65%；安装完毕且验收合格并取得技监检测合格证，交付甲方使用30天后，设备如无异常情况支付至设备价款的95%；其余5%为质保金，于质保期满后无质量问题并取得年检证书10日内无息付清。第6条约定：在乙方负责或由乙方安排委托安装，并且甲方在合理正常地使用、运输、搬运、保管的条件下，自电梯取得当地质量技术监督局验收合格之日起24个月为产品质量保证期；合同设备在质量保证期满前，如因乙方原因造成的质量问题，乙方免费更换；如因甲方造成的问题，乙方也应及时修复和更换，但费用由甲方承担。第11条约定：乙方逾期交付货物的，拖期1—4周，每周罚合同金额1%违约金；拖期5—8周，每周罚合同总金额2%的违约金。累计违约金总额不超过合同总额5%。甲方无正当理由（如乙方逾期供货或产品有质量缺陷等）逾期付款超过30天，每天按逾期金额的万分之五向乙方支付违约金，违约金总额不超过合同总额的5%。合同还约定，乙方为第三人即怡和电梯设备安装公司的保证人，在电梯设备安装合同中共同对甲方承担连带责任。

上述合同签订后，海西公司于2010年7月5日向永大公司支付合同预付款326130元。2010年11月5日，海西公司按约向永大公司支付电梯设备总款65%，计款4239690元。截至永大公司起诉之日，海西公司共支付永大公司电梯款5825960元。2010年11月27日，永大公司向海西公司交付合同项下的14部电梯（梯号OU19044至OU19057），2011年5月12日，该批电梯经技术监督局检验合格；2010年12月21日，永大公司向海西公司交付16部电梯（梯号OU19028至OU19043），2011年6月13日，该批电梯经技术监督局检验合格；2011年5月6日，永大公司向海西公司交付5部电梯（梯号OR04714至OR04718），2011年8月25日，该批电梯经技术监督局检验合格。截至2012年5月23日，上述电梯全部移交海西公司使用。之后，因海西公司未按时支付剩余款项双方引发纠纷。

永大公司在一审中诉称：签约后，永大公司按约履行合同义务。上述35部电梯已于2011年8月25日经政府部门验收合格，并于2012年5月23日移交海西公司。根据合同约定，海西公司应于2012年6月22日前付至合同总价款的95%，计

6196470 元。然而海西公司仅支付部分款项 5825960 元，至今仍有 370510 元未予偿付。请求判令海西公司支付欠款 370510 元并承担逾期付款违约金 10930 元（按逾期金额日万分之五，自 2012 年 6 月 23 日起，至实际清偿之日止）。

海西公司在一审中反诉称：2010 年 5 月 16 日，本案双方签订《电梯设备订货合同》，由海西公司向永大公司采购电梯 35 部，用于海西公司开发的 ×× 市经济技术开发区盛世江山南区和昆仑山路经济适用房建设。合同约定："甲方通知乙方生产并按合同约定支付预付款之日起 120 日内全部交货完毕。""乙方逾期交付货物的，拖期 1—4 周，每周罚合同金额 1% 违约金；拖期 5—8 周，每周罚合同总金额 2% 的违约金。累计违约金总额不超过合同总额 5%。"合同生效后，海西公司按约于 2010 年 7 月 5 日向永大公司支付预付款 326130 元。2010 年 12 月 20 日，永大公司才向海西公司交付第一批电梯，另外电梯 2011 年 5 月份才交付，2011 年 8 月份经质量技术监督局验收后，2012 年 5 月 23 日才移交给海西公司，严重违反了合同约定，依约应向海西公司支付违约金 326130 元。海西公司反诉要求永大公司支付逾期交货违约金 326130 元。

【一审裁判】

一审法院认为，本案双方争议的主要焦点：一、永大公司主张的货款及逾期付款违约金能否支持？二、海西公司主张的逾期交货违约金能否支持？

关于争议焦点一，原审法院认为，永大公司主张的货款，海西公司应支付。理由如下：本案双方约定，电梯安装完毕且验收合格并取得技监检测合格证交付使用 30 天后，设备如无异常情况支付至设备价款的 95% 即 6196470 元，永大公司于 2012 年 5 月 23 日已将合同项下的全部电梯移交海西公司使用，且经技术监督局检验合格，海西公司使用 30 天后即在 2012 年 6 月 24 日前未能提交证据证明此期间内电梯设备存在异常情况，海西公司的付款条件已成就。由于海西公司存在逾期付款事实，应承担相应违约责任，永大公司主张违约金 10930 元，符合法律规定，应予支持。

关于争议焦点二，原审法院认为，海西公司主张的逾期交货违约金应予支持。理由如下：截至 2011 年 5 月 6 日，永大公司才将全部 35 部电梯向海西公司交付完毕，双方合同约定，海西公司通知永大公司生产并按合同约定支付预付款之日起 120 日内全部交货完毕，海西公司通知生产时支付电梯设备价款的 5% 作为预付款，海西公司支付 5% 的预付款的时间是 2010 年 7 月 5 日，其支付预付款时实际就已履行了通知电梯生产义务。同时，合同约定海西公司通知发货前 20 天支付电梯设备价款的 65%，海西公司于 2010 年 11 月 5 日向永大公司支付了此款项，实际也履行了通知永大公司发货的义务。综上，支付预付款之日起 120 日即 2010 年 11 月 2 日，永大公司应向海西公司交付货物，永大公司交付货物延期超过180天。根据合同约定，永大公司逾期交付货物拖期5—8周，每周罚合同总金额2%的违约金，累计违约金总额不超过合同总额5%，海西公司主张此合同总金额5%即326130元的违约金，符合合同约定及法律规定。

永大公司辩解海西公司应对发出电梯生产通知的时间进行举证，未就生产通知举证，即无法确定涉案电梯的交货期限起算点，与本案事实不符，原审法院不予采纳。永大公司辩解只有海西公司事先对电梯土建图进行确认其才能生产电梯，海西公司确认之时才能开始计算电梯的交付时间。对此，一审法院认为，永大公司辩解与合同约定不符，即使如永大公司所述电梯土建图确认才具备电梯生产条件，永大公司亦应在合同约定的电梯交付期限前要求海西公司及时确认电梯土建图，而永大公司未举证证明海西公司对此存在过错。同时，双方合同亦未约定从电梯土建图确认之时开始计算电梯的交付时间，故对永大公司的辩称，原审法院不予采纳，海西公司要求永大公司支付逾期交货违约金326130元，一审法院予以支持。

综上，一审法院依法判决：一、海西公司支付永大公司货款370510元；二、海西城市投资有限公司支付永大电梯设备有限公司逾期付款违约金10930元；三、永大电梯设备有限公司支付海西城市投资有限公司逾期交货违约金326130元；上述一至三项合计，海西城市投资有限公司于判决生效后10日内支付永大电梯设备有限公司55310元。一审案件受理费7022元，由海西公司承担；反诉费3471元，由永大公司承担。上诉人永大公司不服一审判决，提起上诉。

【二审裁判】

二审法院经审理查明，本案双方所签《电梯设备订货合同》第15条明确约定：本合同任何一方给另一方的通知都应以"特快专递"形式。而被上诉人称其通知上诉人出货及生产均采取电话通知方式。上述合同第7.3条约定：电梯运到甲方（被上诉人）指定地点，经甲、乙双方会同监理共同开箱检验，验收合格后由乙方（上诉人）负责安装调试和试运行；第18.1条约定：乙方为电梯设备安装合同中安装方怡和公司的保证人，在电梯设备安装合同中共同对甲方承担连带责任。上述合同附件"技术要求"第5条第（一）项约定：乙方（上诉人）负责全部安装，轨道安装必须根据现场施工情况施工。再查明，2010年5月26日，被上诉人（甲方）与怡和公司（乙方）签订《电梯设备安装合同》一份，此份合同第4条约定：甲方认为土建具备安装条件后，应书面通知乙方派员进行安装前勘查作业，由双方确认安装开工条件是否具备并商定计划开工日期，联系工作应在开工前两周进行，以便乙方制订安装计划。乙方进场安装前书面通知甲方具体开工日期和安装人员名单，甲方联系人应及时签收并回复乙方，经甲方签收确认的开工通知单所写日期为正式开工日。还查明，被上诉人于一审中所提交三份开工通知单记载本案所涉电梯安装开工的拟定日期分别是：2010年11月27日、2010年12月21日和2011年5月5日。

本院审理查明的其他事实与原审法院查明的事实基本一致。

二审法院认为，本案的争议焦点是：一、上诉人是否逾期交货；二、上诉人诉请的逾期付款违约金数额究竟是多少。

关于争议焦点一，二审法院认为，首先，因本案双方所签《电梯设备订货合同》明确约定被上诉人就涉案电梯的生产及发货时间负有通知义务，且双方还特别约定"通知"须采用特快专递形式，而被上诉人并未提交切实充分的证据证明其按双方约定履行通知义务的时间，即被上诉人并未举证证明其在向上诉人预付货款的同时便通知上诉人生产或发货。原审法院依据被上诉人的付款行为推定其履行了通知义务，与本案双方所作约定不符。故依据《最高人民法院关于民事诉讼证据的若干规定》第2条之规定"当事人对自己提出的诉讼请求所依据的事实或者反驳对方诉讼请求所依据的事实有责任提供证据加以证明；没有证据或者证据不足以证明当事人的事实主张的，由负有举证责任的当事人承担不利后果"，被上诉人未举证证明其于何时依约通知上诉人进行生产和发货，其应就此承担举证不能的法律后果。因此，在被上诉人通知上诉人生产及发货的具体时间未予确定的情形下，被上诉人主张上诉人逾期交货，证据不足。

其次，因本案双方所签《电梯设备订货合同》约定的标的物并非简单交付即可认定上诉人已履行完毕其合同义务，上诉人依约就涉案电梯还负有安装调试义务，故涉案电梯的生产、交货、安装调试密切衔接。而上诉人主张被上诉人于一审中所提交三份开工通知单记载的拟开工日期与被上诉人实际通知其交货的日期相吻合，原审法院亦查明上诉人的三次具体交货时间确与被上诉人所提供三份开工通知单记载的拟开工日期基本相契合。且从被上诉人与怡和公司所签《电梯设备安装合同》第4条约定的内容也可以看出，本案所涉电梯能否安装开工完全由被上诉人与怡和公司根据涉案工程土建施工情况确定。因此，在被上诉人未能举证证明其通知上诉人具体发货日期的情形下，结合被上诉人与怡和公司就涉案电梯安装开工条件所作约定，本院认为上诉人关于被上诉人通知其实际交货日期与涉案电梯拟安装开工日期相吻合的陈述可信程度较高，本院予以采信。综上，被上诉人主张上诉人逾期交货，无事实与法律依据，本院对其要求上诉人支付逾期交货违约金的诉请不予支持。

关于争议焦点二，本院认为，因上诉人在其起诉状中已明确主张其诉请的逾期付款违约金为10930元，且在一审审理过程中，上诉人也未曾追加或变更其诉讼请求，故上诉人在二审中要求判令被上诉人支付逾期付款违约金至实际支付之日，于法无据，本院不予支持。

综上所述，上诉人的上诉理由部分成立，本院对其上诉请求予以相应支持；原审判决认定事实错误，本院依法予以纠正。二审法院判决如下：一、维持××市××区人民法院（2012）××商初字第766号民事判决第一项和第二项。若未按本判决指定的期间履行给付金钱义务，应依照《中华人民共和国民事诉讼法》第二百五十三条之规定，加倍支付迟延履行期间的债务利息。二、撤销××市××区人民法院（2012）××商初字第766号民事判决第三项。三、驳回被上诉人海西公司的一审反诉请求。四、驳回上诉人永大公司关于判令被上诉人海西公司支付逾期付款违约金至其实际支付之日止的上诉请求。一、二审案件受理费共计16685元，由被上诉人海西公司负担。本判决为终审判决。

【法理分析】

本案中，双方当事人对合同中"甲方（即买受人）通知乙方（即出卖人）生产并按合同约定支付预付款之日起120日内全部交货完毕"的约定有着不同的理解。本案纠纷之所以发生是由于双方当事人对买卖合同约定的出卖人的交货期限的计算起点有不同理解引起的。

作为买受人的海西公司认为：双方约定的出卖人120天的交货期限应当自其支付预付款之日开始计算。根据海西公司的观点，本案双方所签合同第2条第一款约定："甲方（指被上诉人）通知乙方（指上诉人）生产并按合同约定支付预付款之日起120日内全部交货完毕。若甲方根据设计、安装要求调整交货时间时，应提前两周书面通知乙方，乙方按照调整后的时间交货。"该款确立固定期间120天交货，变更另行书面通知的原则。同时，该条第二款进一步明确："上述规定的交货时间均以货物到达××市经济技术开发区盛世江山南区或昆仑山路经济适用房工地现场交付甲方为准。"另外，合同第3条约定："合同签订后，甲方通知生产时支付电梯设备价款的5%作为预付款。"由此可知，被上诉人向上诉人支付5%预付款时，上诉人即应开始生产，并在120天内全部交货完毕。合同履行中，被上诉人未变更交货时间，因此，上诉人应在2010年11月2日前将货物全部交付完毕。2010年11月27日，上诉人向被上诉人交付合同项下电梯14部，梯号OU19044至OU19057，此后分别在2010年12月21日、2011年5月6日，向被上诉人交付电梯16部（梯号OU19028至OU19043）、电梯5部（梯号OR04714至OR04718）。上诉人从开始交货之日即2010年11月27日至货物交付完毕之日即2011年5月6日，前后160天，远远超过了合同约定的交货期限。合同履行遵循生产、交付、安装、检测四个阶段，为明确双方各阶段的权利义务，特别是购买方的付款义务及供货方的交货、安装、检测义务，为使之相互衔接，合同确定甲方向乙方支付5%预付款时，作为乙方开始生产的条件；甲方向乙方支付65%电梯设备价款后20天，作为乙方发货的条件；安装验收合格交付使用设备无异常付至设备价款95%；余款5%质保期满取得年检证书后10天内无息付清。将本案双方的权利义务相对应、环环相扣，充分体现了合同约定与实际履行结合。原审判决认定上诉人违反合同约定期限，逾期180天交付标的物，应按约向被上诉人支付违约金326130元，与事实相符，于法有据。

作为出卖人的永大公司则认为：海西公司简单以预付款支付日期起算交货期限，与合同性质不符。根据双方订立的《电梯设备订货合同》第2条、第3条和第15条的约定，只有具备三个条件才能交货。永大公司交付海西公司第一批货物的时间是2010年11月，海西公司反诉所述事实有误。本案所涉35部电梯已于2011年8月25日前经政府部门验收全部合格，并于2012年5月23日移交海西公司，海西公司在上述电梯交付后30天没有提异议，付款条件已成就。原审判决认定上诉人逾期交货与事实不符。被上诉人以付款时间推算上诉人出货逾期，未提供其"通知出货"证据，而原审法院推定上诉人逾期交货，与事实不符。在实践中，一方为履约方便，在资金充足的情况下，一次性付足分批出货款项并不鲜见。被上诉人为履约方便选择放弃付款期限利益，系对其私权利的处置，但不能替代"通知"责任或义务。尤其在电梯买卖或安装合同中，现场安装条件的不确定性受施工等各种因素影响大，故特别强调"通知"行为，付款与通知并行是出货的必要前提。首先，根据"谁主张，谁举证"原则，被上诉人主张上诉人逾期交货，应提供相应证据，结合本案，其能够证明逾期的证据应是"通知"，但其未予提供。从本案双方所签《电梯设备订货合同》第2条、第15条不难看出，"通知"在合同履行中的重要性。这是因为实践中电梯订货数量较多的，往往涉及不同项目或不同工期，需方会根据现场土建施工进度等情况，要求电梯供应商分期出货，若在部分工地还不符合安装条件时，就把所有电梯拉到工地上待装，无疑会给需方造成巨大的保管、维护风险，因此，需方往往会要求供方严格按需方发出的"通知"时间出货，避免无谓风险。从此份安装合同第4.1条"甲方认为土建具备安装条件后，应书面通知乙方派员进行安装前勘查作业，由双方确认安装开工条件是否具备并商定计划开工日期，联系工作应在开工前两周进行"不难看出，能否安装开工完全由被上诉人与第三人根据土建施工情况确定，双方商定计划开工日期前两周也就是被上诉人土建具备安装条件的时间节点。被上诉人在一审中本应对"通知"时间进行举证但未予举证，履约过程中又有诸多"巧合"，表明上诉人分批交付的电梯均有相应项目对应，符合被上诉人所需，故原审法院关于"付款即为通知"的推定无事实及法律依据，此推定不成立。

通过双方的上述观点可以看出，本案争议的关键在于：双方当事人在合同未对标的物的交付日期及其交付期限的计算起点作出明确约定的情况下，双方当事人关于"甲方（即买受人）通知乙方（即出卖人）生产并按合同约定支付预付款之日起120日内全部交货完毕"的约定，能否作为判断出卖人违约的期限依据？

根据《合同法》第60条规定，当事人应当按照约定履行自己的义务；当事人应当遵循诚实信用的原则，根据合同的性质、目的和交易习惯履行通知、协助、保密等义务。这是对当事人履行合同原则的基本规定，即合同全面履行原则和诚实信用履行原则。（1）全面履行原则，是指当事人除了按合同规定的标的履行外，还应当按照合同规定的标的质量、数量、履行期限、地点、履行方法等内容，全面完成合同义务。遵循全面履行原则，首先，要求当事人全面按照合同规定的条款履行；其次，在合同有关事项没有约定或者约定不明确的情况下，当事人应当按照《合同法》规定的漏洞填补规则确定履行内容，并以此确定的内容履行合同义务。（2）诚实信用履行原则，是指合同的双方当事人应公正地调和或平衡相互之间的利益，维护当事人的信用利益，使当事人正当期待的合同利益得以实现。诚实信用原则是指导合同履行的基本原则，依照这一原则，当事人应当按照合同约定、依据合同性质和交易习惯全面履行合同义务，当合同约定出现不周延情形时，应当兼顾双方当事人的利益，本着诚信原则填补合同漏洞。按照诚信原则，当事人除了履行合同义务外，还应履行通知、协助、保密等附随义务。

根据上述原则，本案中判断双方当事人是否构成违约，主要应当判断其各自是否按照合同约定履行了自己的义务。在因双方对出卖人交付标的物的期间未约定计算起点，而按照《合同法》规定的漏洞填补规则亦不能填补的情况下，就应当按照诚实信用履行原则来判断出卖人是否构成违约。本案中双方订立的《电梯设备订货合同》的履行，不仅包括电梯生产、交付，还涉及安装、检测过程；电梯的交付、安装也不是由出卖人单方能够决定的，而是由双方的相互配合和买受人创造安装条件才能实现的。对此，本案中买受人海西公司（甲方）与电梯安装方怡和公司（乙方）签订的《电梯设备安装合同》第4条约定："甲方认为土建具备安装条件后，应书面通知乙方派员进行安装前勘查作业，由双方确认安装开工条件是否具备并商定计划开工日期，联系工作应在开工前两周进行，以便乙方制订安装计划。乙方进场安装前书面通知甲方具体开工日期和安装人员名单，甲方联系人应及时签收并回复乙方，经甲方签收确认的开工通知单所写日期为正式开工日。"根据该条规定可知，出卖人永大公司要履行交付电梯的义务，买受人海西公司负责开发的××市经济技术开发区盛世江山南区或昆仑山路经济适用房工地现场应当具备交付电梯和安装电梯的条件，即出卖人永大公司交付电梯和安装电梯需要待海西公司所完成的土建状况具备交付条件时才可以交付。由此可以看出，出卖人永大公司履行标的物的交付义务取决于买受人海西公司建设工地现场是否具备交付条件。也就是说，本案中永大公司何时履行交付义务是由海西公司决定。在双方订立的《电梯设备订货合同》仅规定了永大公司的履行期，而没有约定该履行期的计算起点，也没有对海西公司何时具备标的物的交付条件和履行通知时间作出约定的情况下，那么，永大公司因等待海西公司的施工场地具备交付条件等履行协助义务的时间都算在履行期限内，永大公司是否因此造成违约完全掌握在海西公司手中。因此，本案中以"甲方（即买受人）通知乙方（即出卖人）生产并按合同约定支付预付款之日起120日内全部交货完毕"的约定，来判定永大公司违约有违合同履行的诚实信用原则。

根据上述分析可知，本案在双方所签《电梯设备订货合同》明确约定海西公司就涉案电梯的生产及发货时间负有通知义务，且双方还特别约定"通知"须采用特快专递形式，而在其通知永大公司生产及发货的具体时间未予确定的情形下，海西公司主张永大公司逾期交货，证据不足。此外，本案所涉电梯能否安装开工完全由海西公司与怡和公司根据涉案工程土建施工情况确定。因此，在海西公司未能举证证明其通知永大公司具体发货日期的情形下，其主张永大公司逾期交货，无事实与法律依据，故二审法院对其要求永大公司支付逾期交货违约金的诉请不予支持，适用法律正确。

二十九、在口头协议中，检材自然灭失，应如何认定产品的质量问题

——鑫盛膨润土厂诉泰丰铸造有限公司、张某某买卖合同纠纷案

【基本案情】

2014年，原告鑫盛膨润土厂与被告泰丰铸造有限公司口头达成买卖协议，由原告向被告供应煤粉。2014年3月3日至4月14日，泰丰铸造有限公司向原告出具送货单4份，收货单位经手人为被告张某某，并载明了名称、单价和金额，4份对账单列明的货款数额分别为22400元、17504元、20800元、22400元，共计83104元。被告提交由潍坊市新正理化检测有限公司出具的检验报告一份，委托单位为泰丰铸造有限公司，检验报告载明的检验项目为灰分9.03%，挥发分34.66%。但是，原告认为被告属于自行委托，不具有法律效力。潍坊市新正理化检测有限公司持有山东

省质量技术监督局颁发的计量认证证书。此时，原、被告均同意进行再次委托进行鉴定，但是检材已经自然灭失，不能再现原来的客观状态。为证明产品确实具有质量问题，被告出具证人证言以及单位内部管理通报。但是原告坚持认为产品无质量问题，双方因为产品是否存在质量问题而对簿公堂。请求法院支持各自主张。

【裁判结论】

山东省寿光市人民法院经审理认为：原告与被告之间的买卖煤粉口头协议合法有效，原告依据送货单索要货款的事实清楚，证据充分，本院予以支持。被告泰丰铸造有限公司作为买受人未支付货款，应负清偿责任。被告张某某作为被告寿光市泰丰铸造有限公司的职工，为原告出具送货单的行为系职务行为，由此产生的法律责任应由被告泰丰铸造有限公司承担。被告以所供产品煤粉存在质量问题为由进行抗辩，并提交检验报告一份，原告质证后认为该检验报告系单方委托，被告提交的考核通报亦属内部通报，属于企业自身的管理行为，对外不具有法律效力。本院认为，被告提交的检验报告和内部通报均系未经双方认可的单方行为，不足以证明原告所供产品具有质量问题，故对被告的抗辩，本院不予采信，可待证据充足后，另行主张权利。依照《合同法》第159条，《民事诉讼法》第64条第一款、第142条，《最高人民法院关于适用〈中华人民共和国民事诉讼法〉若干问题的意见》第42条之规定，判决：一、被告泰丰铸造有限公司于本判决生效后十日内支付原告鑫盛膨润土厂货款83104元；二、驳回原告的其他诉讼请求。

本案判决后，在上诉期限内，被告自动履行判决。法官也根据本案向被告提出了司法建议，建议公司在处理类似事项时一定要保存证据，封存材料，确保自身权益不受损失。

【定性分析】

针对检材已经灭失的情形，本院本着公平原则和案结事了的原则，对当事人进行调解。第一次调解时，原告提出了一定的数额降低，被告认为这个数额无法抵消被告受到的损失，坚持不同意。第二次调解时，法官着重在数额上进行了调解，双方因为有成见，在数额达成一致的情形下，又各自反悔。法官只好放弃调解。双方均坚持各自立场，原告认为所供货物并无质量问题，而被告认为原告的产品存在严重质量问题，并提供了检测报告。被告提供了证人证言认为该项检测属于原告和被告共同委托，只是原告出于经济支出考虑，所以才没有写上原告的名字，对此被告并无其他证据支持，在此情形下，合议庭认定被告的委托属于自行委托。而此时，如果产品仍有存留，鉴定就能顺利做出，双方的争议也能到此结束。但是材料已经全部灭失，无法进行二次鉴定。如果产品确实存在质量问题，案件走向不利于被告。

产品质量问题是买卖合同能否继续履行的关键。很多合同当事人在产品出现质量时，没有"封存"检材进行检验，而是任由产品灭失，无法进行检测，造成的损失无法得到赔偿。针对此类问题，法官提醒，对产品出现的质量问题，一定及时封存现场，并进行录音录像，并封存证据，请公证人员进行全程公证，保证证据的客观性和合法性。

三十、出卖人交付的标的物因存在质量瑕疵引起的纠纷责任认定

——贾某某诉北京博瑞祥云汽车销售中心买卖合同纠纷案

【基本案情】

2004年2月，贾某某诉至一审法院称：其于2002年7月19日在北京博瑞祥云汽车销售中心（以下简称博瑞祥云中心）购买了一辆奥迪A6轿车，车型为4B31T6。购买后，认真仔细阅读了随车文件，并严格按使用说明书中的操作要领驾驶轿车，后又按《保养手册》的要求进行了日常保养。但是在驾驶过程中，该车的质量问题凸显，转向灯、继电器、安全气囊控制单元、刹车真空泵、机油灯报警、节气门开关等不断出现问题。原告认为该车存在严重质量问题，博瑞祥云中心明知此车贴有"禁止销售"的贴条仍将此车予以销售，故要求判令博瑞祥云中心退、换奥迪A6轿车一辆，并由博瑞祥云中心承担本案诉讼费。被告博瑞祥云中心辩称：被告作为销售商，在车辆销售后应承担的责任是对车辆进行12个月的质量保修。在保修期内，我中心已为贾某某车辆的故障进行了维修，履行了保修责任。贾某某在保修期后，共在我处维修6次，贾某某所陈述的故障已经修复，没有重复维修的现象，不存在退车或换车的事由，故不同意贾某某的诉讼请求。

一审法院经审理确认，博瑞祥云中心销售给贾某某的高档车辆在保修期满后较短时间内多次出现质量问题，且相同问题重复出现三次，虽经多次维修，但问题一直没有得到根本解决，对此，博瑞祥云中心不能举证证明是贾某某使用不当或其他外因所致，应认定车辆存在质量瑕疵。在车辆内的"禁止销售"贴条，已表明质量瑕疵的存在，也使得贾某某有理由怀疑该车存在质量问题。因车辆质量不符合应当具备的使用性能，且经多次维修尚未解决，因此贾某某要求博瑞祥云中心退、换车辆的请求，应予支持。贾某某应支付适当使用费，具体数额由法院酌定。关于博瑞祥云中心所称已经完成车辆保修责任的辩称意见，因为保修责任的完成并不能免除其对车辆质量的担保责任，该辩称意见不能成立。据此，一审法院于2004年10月

判决：一、博瑞祥云汽车销售中心在判决生效之日起十日内为贾某某更换同一型号的奥迪 A6 轿车一辆。二、贾某某于判决生效后十日内给付博瑞祥云汽车销售中心车辆使用费二万元。

判决后，博瑞祥云中心不服，上诉至二审法院称，原审法院未对车辆进行技术鉴定即认定该车存在质量问题是错误的，贾某某出示"禁止销售"的纸条并非我中心所留，其提供的录像与对话记录严重失实，对话记录不能作为证据，贾某某的车辆没有重复修理的项目，不具备退车的理由，故请求二审法院依法改判。贾某某同意原判。

二审法院经审理查明：2002 年 7 月 19 日，贾某某从博瑞祥云中心处购买了一辆车型为 4B31T6，发动机号为 AWL048628 的奥迪 A6 轿车。该车保修期为 1 年。贾某某购车后，在博瑞祥云中心进行了维修和保养，博瑞祥云中心出具的 12 份任务委托单的"修理项目名称"一栏中分别记载如下：2003 年 1 月 16 日"首保"；2003 年 6 月 25 日"手刹护板（订货）及下板"；2003 年 7 月 15 日"常规服务（每15000 公里）"；2003 年 9 月 5 日"检修发动机怠速不稳、节气门开度修前 11 修后5 前盖、顶子、后盖漆面不好、拆装节气门开关（清洗）、转向灯继电器坏用户不修"；2003 年 11 月 15 日"检修 AIRBAG 灯报警、安全气囊控制单元坏"；2003 年 11 月19 日"检修 AIRBAG 灯报警、检修转向灯不亮、检修凉车无刹车、更换安全气囊控制单元、拆装转向灯继电器（更换）、安装刹车真空泵及线束"；2003 年 12 月 5 日"检修了 EPC 灯报警、拆装发动机线束（更换注明）"；2003 年 12 月 7 日"更换 1 缸点火线圈"；2003 年 12 月 29 日"检修凉车熄火、抖（挂挡时）"；2004 年 1 月 2日"检修发动机突突、更换 3 缸点火线圈"；2004 年 1 月 5 日"检修凉车熄火"；2004 年 1 月 13 日"检修凉车挂挡熄火、检修凉车遥控失灵、检修机油灯报警（红灯）"。

博瑞祥云中心称，上述项目系贾某某报修项目，有些报修问题经检测实际并不存在，没有出现重复修理的项目。但博瑞祥云中心承认维修节气门开关、检修AIRBAG 报警灯、转向灯不亮、更换安全气囊控制单元、更换继电器、安装真空泵及线束、拆装发动机线束、更换 1 缸点火线圈、更换 3 缸点火线圈等项目。贾某某称，其在该车上发现了一张写有"禁止销售"的贴条，贴条注明"缺陷描述：整车、解码系统有问题"，并提供录像说明该贴条为博瑞祥云中心所贴注，博瑞祥云中心对此予以否认并认为贾某某提供的录像与对话记录有出入，不能作为证据使用。经本院核查，在录像当中，没有向博瑞祥云中心工作人员出示"禁止销售"贴条的明显镜头。在原审法院审理中，双方均不要求法院对该车进行检测。在本院审理中，博瑞祥云中心申请对该车进行检测。

【裁判结论】

二审法院认为，商品销售者应当保证其销售的商品在质量保证期内在正常使用的情况下应当具有的质量。汽车作为高速运行的交通工具，该商品的质量直接关系到车辆使用人的人身安全和交通公共安全，因此，其质量更应严格保证。贾某某在博瑞祥云中心购买的高档车辆在较短的时间内多次出现故障，其中部分故障博瑞祥云中心不能举证证明是因使用不当、自然损耗或其他外因所致，且博瑞祥云中心有义务证明其销售的产品在质量上无瑕疵的前提下，不能举证证明，故原审法院认定该车存在质量瑕疵并无不当。贾某某所提供的录像虽然没有明显出示贴条的镜头，但表明博瑞祥云中心在销售前对车辆需进行检测，而现其所销售的车辆存在较多问题，博瑞祥云中心未尽保证其销售汽车的质量的义务，原审法院判决博瑞祥云中心为贾某某更换汽车是适当的。鉴于博瑞祥云中心在原审法院审理中已明确表示不申请相关机构鉴定，故其在本院申请鉴定的要求不予支持。综上所述，依照《民事诉讼法》第153条第一款第（一）项之规定，本院判决如下：驳回上诉，维持原判。一审案件受理费2688元，由博瑞祥云汽车销售中心负担（本判决生效后七日内交纳）；二审案件受理费2688元，由博瑞祥云汽车销售中心负担（已交纳）。本判决为终审判决。

【定性分析】

本案是一起因出卖人所出卖的汽车存在质量瑕疵引起的纠纷。

根据我国《合同法》的规定，出卖人负有担保其出卖的标的物符合法律规定和合同约定的质量要求的义务。根据《合同法》第153条和第154条规定，出卖人向买受人交付的标的物应当符合以下质量要求：

首先，出卖人应当按照合同约定或者其提供的质量说明交付标的物。对此，《合同法》第153条规定，出卖人应当按照约定的质量要求交付标的物。出卖人提供有关标的物质量说明的，交付的标的物应当符合该说明的质量要求。合同当事人约定的质量要求或出卖人提供有关标的物质量说明，一般包括标的物的用途、性能、规格、等级、技术标准、主要成分、生产日期、有限期限等，这是出卖人履行交付义务的基本依据。但是，法律、行政法规对出卖人交付的标的物规定了强制性标准的，当事人约定的质量要求或出卖人提供有关标的物质量说明，不得低于该强制性标准。

其次，当事人对标的物的质量要求没有约定或者约定不明确的，应当依法确定出卖人交付的标的物的质量标准。《合同法》第154条规定，当事人对标的物的质量要求没有约定或者约定不明确，依照本法第61条的规定仍不能确定的，适用本法第62条第1项的规定。据此，当事人就标的物的质量内容没有约定或者约定不明确的，可以协议补充；不能达成补充协议的，按照合同有关条款或者交易习惯确定。根据《合同法》第62条第1项的规定，当事人按照上述办法仍不能确定标的物的质量要求的，应当按照国家标准、行业标准履行；没有国家标准、行业标准的，按照通常标准或者符合合同目的的特定标准履行。

出卖人对于其出卖的标的物不符合合同约定和法律规定以及依法确定的质量要求的，应当向买受人承担物的瑕疵担保责任。所谓物的瑕疵担保责任，是指出卖人就其向买受人出卖的标的物因品质上所存在的瑕疵而承担的担保责任。根据《合同法》及相关司法解释的规定，只有符合下列条件的，出卖人才对标的物承担物的瑕疵承担责任：（1）标的物的瑕疵必须在标的物交付时存在。出卖人交付的标的物瑕疵由出卖人承担，即使买卖合同成立时就存在瑕疵，但出卖人在交付前已经消除了该瑕疵的，这就不会发生瑕疵担保责任问题。（2）买受人在缔约时不知道或者不应当知道标的物质量存在瑕疵。《最高人民法院关于审理买卖合同纠纷案件适用法律问题的解释》（以下简称《买卖合同司法解释》）第33条明确规定，买受人在缔约时知道或者应当知道标的物质量存在瑕疵，主张出卖人承担瑕疵担保责任的，人民法院不予支持，但买受人在缔约时不知道该瑕疵会导致标的物的基本效用显著降低的除外。（3）合同未约定免除出卖人对标的物的瑕疵担保责任。对此，《买卖合同司法解释》第32条明确规定，合同约定减轻或者免除出卖人对标的物的瑕疵担保责任，但出卖人故意或者因重大过失不告知买受人标的物的瑕疵，出卖人主张依约减轻或者免除瑕疵担保责任的，人民法院不予支持。

本案中双方当事人虽未在买卖合同中约定标的物即汽车的质量标准，但应当按照国家标准、行业标准履行；即使没有国家标准、行业标准的，博瑞祥云中心向买受人贾某某支付的汽车也应当满足汽车正常行驶的通常标准和符合合同目的的安全行驶标准。贾某某所购买的汽车在购买的短短时间内一再出现故障，不仅影响了其正常行驶，而且会给汽车驾驶人带来安全隐患。其中部分故障博瑞祥云中心不能举证证明是因使用不当、自然损耗或其他外因所致，且博瑞祥云中心有义务证明其销售的产品在质量上无瑕疵的前提下，不能举证证明，故两审法院认定该车存在质量瑕疵并无不当。对于该车存在的质量瑕疵，在缔约时博瑞祥云中心未告知贾某某，而贾某某在此时既不知道也不应当知道，且双方订立的合同也未约定免除出卖人对标的物的瑕疵担保责任，因此，博瑞祥云中心应当对贾某某承担质量瑕疵担保责任。

根据《合同法》第155条和第111条及其他相关条款规定，出卖人所承担的质量瑕疵责任主要有买受人有权解除合同，或者退货、更换，或者减价。因出卖人所交付的标的物存在质量瑕疵给买受人造成其他损失的，出卖人还应当向买受人赔偿损失。据此，本案中法院判决博瑞祥云汽车销售中心为贾某某更换同一型号的奥迪A6轿车一辆于法有据；考虑到贾某某对所购车辆使用了较长时间，使该车的价值有所减损，法院酌情判决贾某某向博瑞祥云汽车销售中心支付两万元的使用费，也符合公平原则。

三十一、对标的物的交付期限约定不明确时的责任认定
——乙水泥厂诉甲建筑公司买卖合同纠纷案

【基本案情】

甲建筑公司与乙水泥厂多年以来具有合作关系，乙水泥厂每一季度都向甲建筑公司提供数量不等的水泥。为确保施工用料，2007年1月甲建筑公司与乙水泥厂签订了一份批量供应水泥的合同。合同约定：2007年度由水泥厂供应建筑公司水泥1000吨，分4批供货，每批发运250吨，由供方负责运输，甲建筑公司应在每批交付后的5日内将运费和货款付清。合同签订后，乙水泥厂于2007年2月1日向甲建筑公司发运水泥250吨，建筑公司于当月5日结清了这次的运费和货款。2007年4月至10月是水泥的销售旺季，甲建筑公司虽几经发函催告乙水泥厂供货，但遭到了乙水泥厂的拒绝。在乙水泥厂供货无望的情况下，甲建筑公司分别于当年5月份和10月份在别处各购买了水泥250吨。因当时水泥供应紧张，每吨比原订货价高100元。进入11月份以后，工程量减少，水泥开始滞销，乙水泥厂于当年11月1日和11月16日两次向建筑公司发货，每次250吨。

甲建筑公司收到当年11月的第二次发货后，立即电告水泥厂"停止发货，来人协商"。在协商中，甲建筑公司指出，合同规定全年分4批发货1000吨，水泥厂应按季供货。第二季度、第三季度未发货，已经造成建筑公司5万元损失。现在乙水泥厂集中发货，建筑公司暂不需要，也无处存放，肯定又要造成损失。乙水泥厂则认为，当时合同中只是规定全年要分4批发货1000吨，并未写明每季度发一次，乙水泥厂按照合同每批发运250吨，分4批发货是正确履行合同。乙水泥厂于2007年12月1日又向甲建筑公司发运水泥250吨，在甲建筑公司表示拒收货物的情况下，乙水泥厂的运输人员将水泥卸在了甲建筑公司的施工场地。至此，乙水泥厂认为自己完全按规定履行了合同，甲建筑公司拒不支付货款构成违约，遂向法院起诉，要求建筑公司付款。建筑公司则以水泥厂迟延履行行为由提出反诉，要求水泥厂承担违约责任。

【裁判结论及定性分析】

本案是一起因分批交付标的物的买卖合同未约定每批具体交付时间或期限引起

的纠纷。本案中买卖合同的双方当事人在合同中约定了1年内分4次交货，可见，该合同的卖方和买方是分期分批履行交货义务和付款义务的，因此，每一次的交货都应在规定的期限内履行。但本案中买卖合同未规定每次交货的期限，这给水泥厂与建筑公司发生纠纷埋下了隐患。

根据《合同法》第61条规定，就买卖合同的履行期限来说，在约定不明确的情况下，可以协议补充；不能达成补充协议的，按照合同有关条款或者交易习惯确定。当事人不能达成补充协议的，而按照合同有关条款或者交易习惯仍不能确定的情况下，应当适用《合同法》第62条第（四）项的规定，即债务人可以随时履行，债权人也可以随时要求履行，但应当给对方必要的准备时间。本案中，甲建筑公司与乙水泥厂多年以来具有合作关系，乙水泥厂都是按季度向建筑公司提供水泥，从这一交易习惯来看，在2007年的合同履行中水泥厂应当遵从这一交易习惯。因此，对于2007年度由水泥厂供应建筑公司水泥1000吨、分4批供货、每批发运250吨的合同约定，乙水泥厂也应当是按季供货。2007年4月至10月在建筑公司几经发函催告的情况下，乙水泥厂因水泥正处于销售旺季，而且水泥的价格也高于1月份签约时的价格，一直拒绝供货，进入11月以后，工程量减少，水泥开始滞销，乙水泥厂于11月1日至12月1日的一个月内3次向建筑公司发货，每次250吨，可见，水泥厂的行为违背了双方以往交易中所形成的交货惯例。

《合同法》第166条第一款和第二款推定，出卖人分批交付标的物的，出卖人对其中一批标的物不交付或者交付不符合约定，致使该批标的物不能实现合同目的的，买受人可以就该批标的物解除合同。出卖人不交付其中一批标的物或者交付不符合约定，致使今后其他各批标的物的交付不能实现合同目的的，买受人可以就该批以及今后其他各批标的物解除。据此，本案中甲建筑公司在乙水泥厂不能按季供货的情况下，可以行使合同解除权与其解除合同。根据《合同法》第96条第一款规定，当事人一方因对方迟延履行合同致使不能实现合同目的主张解除合同的，应当通知对方。合同自通知到达对方时解除。对方有异议的，可以请求人民法院或者仲裁机构确认解除合同的效力。根据《最高人民法院关于适用〈中华人民共和国合同法〉若干问题的解释（二）》第24条规定，当事人对《合同法》第96条规定的合同解除虽有异议，但在约定的异议期限届满后才提出异议并向人民法院起诉的，人民法院不予支持；当事人没有约定异议期间，在解除合同通知到达之日起3个月以后才向人民法院起诉的，人民法院不予支持。本案中在乙水泥厂对第二批和第三批水泥不按季交付的情况下，甲建筑公司可以依法行使合同解除权，并有权就解除合同造成的经济损失要求乙水泥厂赔偿。但甲建筑公司未依法行使解除权，而是以乙水泥厂迟延履行合同，要求其承担违约责任。因乙水泥厂的行为违背了双方以往交易中所形成的交货惯例，构成违约，甲建筑公司当然有权要求乙水泥厂承担违约责任。甲建筑公司可以拒绝接受乙水泥厂于11月16日和12月1日发送的500吨水泥，乙水泥厂并应承担因迟延交付给建筑公司造成的5万元损失。

对于买卖合同来说，由于受供求影响和季节的影响，标的物的价格波动很大，在对买卖合同的履行期限约定不明确的情况下，往往会导致乙方当事人利用这种合同漏洞，来规避自己的义务并追求自己利益的最大化，从而影响另一方当事人经济利益的实现。在这种情形下，应当按照《合同法》所规定的有关履行规则加以解决，一旦认定一方当事人构成迟延履行、拒绝履行，其应当承担合同依法解除或者承担违约责任的后果。

三十二、检验期间约定过短时，如何认定隐蔽瑕疵异议期间
——碧绿春生物科技有限公司诉萍乡环球化工填料有限公司买卖合同纠纷案

【基本案情】

2011年11月11日，环球化工公司为供方，碧绿春公司为需方，双方签订一份《工矿产品购销合同》。合同第一项，产品名称为3A分子筛，产品型号及规格为1/8条形、3-5球形，数量及价格为：40吨条形总价528000元，4吨球形总价52800元，交货时间为2011年11月20日之前；合同第二项，质量要求、技术标准、供方对质量负责的条件和期限：按行业标准GB/T10504—2008《3A分子筛》执行。合同还对交货地点、运输方式、结算方式、期限、违约责任等作了约定。合同签订后，2011年11月26日，环球化工公司向碧绿春公司按约提供了合同产品，碧绿春公司也按约定的价格支付了货款580800元。因碧绿春公司厂房搬迁，碧绿春公司未及时生产。2012年10月进行试生产，4吨3—5球形3A分子筛和38吨条型3A分子筛已经使用，还有2吨条型3A分子筛没有使用。2012年年底，双方因产品存在质量问题发生矛盾，环球化工公司派人到碧绿春公司取样送检并分析质量原因，因协商未果，2013年9月17日碧绿春公司起诉，要求环球化工公司立即退还全部货款580800元并赔偿因产品质量不合格给其造成的损失，由环球化工公司承担诉讼费用。

审理中，经环球化工公司申请，碧绿春公司同意，双方委托国家化肥质量监督检验中心（上海）对环球化工公司提供的3A分子筛1/8条形产品抽样检测，检验结论为：磨耗率、抗压碎力变异系数单项含量不符合GB/T10504—2008《3A分子筛》国家标准条形3A分子筛（3.0—3.3）mm合格品技术指标要求，静态水吸附等六项

含量均符合上述技术指标要求。原审法院向国家化肥质量监督检验中心（上海）咨询，专家表明磨耗率、抗压碎力变异系数比标准值大，影响抗压均衡度，损耗大，对产品使用有一定影响，该产品没有保质期。

在审理过程中，碧绿春公司同意将产品退还给环球化工公司。

二审法院另查明：环球化工公司与碧绿春公司签订的《工矿产品购销合同》第（二）项约定：质量要求、技术标准、供方对质量负责的条件和期限：按行业标准GB/T10504—2008《3A分子筛》执行。第7条约定：验收标准、方法及提出异议期限按第（二）项执行。根据中华人民共和国3A分子筛GB/T10504—2008国家标准检验规则第6.1条规定：产品应由生产厂技术检验部门检验，生产厂应保证所有出厂的产品符合本标准的要求。第6.6条规定：如果检验结果有一项指标不符合本标准要求时，应按第6.4条规定重新于双倍采样桶数中采取试料进行复验，复验结果即使只有一项指标不符合本标准要求时，则整批产品不能出厂。

2011年11月26日，碧绿春公司收到环球化工公司提供的40吨1/8条形3A分子筛和4吨3—5球形3A分子筛后，因该公司需整体搬迁，所以一直未使用该合同产品。2012年9月28日，经来安县环境保护局批准同意碧绿春公司试生产。2012年10月，碧绿春公司投产并使用该批货物。随即发现该批货物质量达不到生产的要求，立即通知环球化工公司派人来处理。环球化工公司于2012年12月底派人到碧绿春公司取样并自行鉴定。2013年1月4日，环球化工公司出具检测报告，对3A分子筛（条形）在处理温度200℃（再生温度）条件下的检测结论为：该产品的静态水吸附、动态水吸附指标不符合国家标准GB/T10504—2008《3A分子筛》的要求。

另查明：2011年10月17日，碧绿春酿酒有限公司名称变更为碧绿春生物科技有限公司。

【裁判结论】

一审法院判决：一、被告环球化工填料有限公司于判决生效后十日内退还原告碧绿春生物科技有限公司货款369600元；原告碧绿春生物科技有限公司同时将40吨条形3A分子筛退还给被告环球化工填料有限公司。二、驳回原告碧绿春生物科技有限公司的其他诉讼请求。

环球化工公司不服，提起上诉。

二审法院判决：驳回上诉，维持原判。

【定性分析】

本案二审的争议焦点是：一、环球化工公司向碧绿春公司交付的产品是否存在质量问题，碧绿春公司提出质量异议，是否超过了质量异议期限；二、碧绿春公司的起诉是否超过诉讼时效；环球化工公司是否应当返还碧绿春公司货款。

法院认为：依法成立的合同具有法律约束力，当事人应当按照约定全面履行合同义务。本案中，环球化工公司与碧绿春公司签订的《工矿产品购销合同》，是双方当事人的真实意思表示，不违反法律、行政法规的强制性规定，合法有效。双方当事人应当按照合同约定全面履行义务。

关于争议焦点一。根据环球化工公司与碧绿春公司签订的《工矿产品购销合同》约定，质量要求、技术指标、供方对质量负责的条件和期限：按行业标准 GB/T10504—2008《3A 分子筛》执行。该标准检验规则第 6.1 条规定："产品应由生产厂技术检验部门检验，生产厂应保证所有出厂的产品符合本标准的要求。"第 6.6 条规定："如果检验结果有一项指标不符合本标准要求时，应按第 6.4 条规定重新于双倍采样桶数中采取试料进行复验，复验结果即使只有一项指标不符合本标准要求时，则整批产品不能出厂。"该标准第 6.7 条规定："用户有权按照本标准规定在收到货后的一个月内核验收到的产品是否符合要求，如有特殊情况，可由供需双方协商决定验收时间"。本案中，碧绿春公司于 2011 年 11 月 26 日收到环球化工公司交付的产品后，因该公司需整体搬迁，所以一直未使用该合同产品。2012 年 9 月 28 日，经来安县环境保护局批准同意碧绿春公司试生产。碧绿春公司投产使用环球化工公司交付的产品后不久，即发现存在质量问题，便于 2012 年 10 月向环球化工公司提出质量异议。2012 年 12 月，环球化工公司派人到碧绿春公司取样检测。2013 年 1 月 4 日，环球化工公司出具检测报告，对 3A 分子筛（条形）在处理温度 200℃（再生温度）条件下的检测结论为：该产品的静态水吸附、动态水吸附指标不符合国家标准 GB/T10504—2008《3A 分子筛》的要求。在诉讼过程中，双方又委托国家化肥质量监督检验中心（上海）对环球化工公司提供的 3A 分子筛 1/8 条形产品抽样检测，检验结论为：磨耗率、抗压碎力变异系数单项含量不符合 GB/T10504—2008《3A 分子筛》国家标准条形 3A 分子筛（3.0—3.3）mm 合格品技术指标要求。上述事实表明，环球化工公司向碧绿春公司支付的产品存在质量问题，根本就不能出厂。环球化工公司称其提供的产品系合格产品，缺乏事实依据。其关于此点的上诉理由不成立，法院不予采信。

本案中，因环球化工公司支付的标的物的质量检验需专业的技术、设备，碧绿春公司通过外观验收，不可能发现标的物的隐蔽瑕疵。根据法律规定，提供合格的产品是出卖人的义务；从正常的交易习惯看，买受人有理由相信出卖人提供的是合格产品，因此，通常不会在收到货物后即委托专业技术部门进行检测。而本案买受人碧绿春公司本身并无标的物隐蔽瑕疵的检测条件，在未投入使用前不可能发现标的物存在质量问题。根据《最高人民法院关于审理买卖合同纠纷案件适用法律问题的解释》第18条规定："约定的检验期间过短，依照标的物的性质和交易习惯，买受人在检验期间内难以完成全面检验的，人民法院应当认定该期间为买受人对外观瑕疵提出异议的期间，并根据本解释第17条第一款的规定确定买受人对隐蔽瑕疵提出异议的合理期间。"据此，应认定该一个月的核验期限是对涉案标的物外观瑕疵异议期限的约定。鉴于本案碧绿春公司整体搬迁，2012年9月28日，来安县环境保护局才批准同意碧绿春公司试生产的特殊情况，环球化工公司与碧绿春公司又未另行协商检验期限。碧绿春公司投产后发现产品存在质量问题，于2012年10月即向环球化工公司提出质量异议，系在合理期限内提出。因此，环球化工公司关于碧绿春公司提出质量异议超过约定期限的上诉理由不能成立，法院不予采信。

关于争议焦点二。碧绿春公司基于其与环球化工公司签订《工矿产品购销合同》，主张环球化工公司交付的产品标的物不符合合同约定，系买卖合同纠纷；其要求环球化工公司退还货款，系行使债权请求权，其诉讼时效适用一般诉讼时效两年。碧绿春公司于2011年10月发现产品存在质量问题后，即向环球化工公司提出异议，在协商无果的情况下，于2013年9月17日向原审法院提起诉讼，其起诉不超过两年的诉讼时效。环球化工公司关于碧绿春公司的起诉已超过诉讼时效的上诉理由不能成立，本院不予采信。因环球化工公司交付给碧绿春公司的产品存在质量问题，不符合合同约定的质量要求，碧绿春公司主张返还货款，符合法律规定。鉴于碧绿春公司未尽合理的检验义务，在未经检验即将绝大部分产品投入使用，碧绿春公司主张全额返还价款，显失公平。对已投入使用且存在质量问题的产品的价款，原审判决按70%返还，合理合法。环球化工公司关于其不应返还货款的上诉理由不能成立，法院不予采信。

三十三、未约定质量检验期间时，如何认定异议期

——精志粉末冶金有限公司诉金森宝电机配件有限公司买卖合同纠纷案

【基本案情】

2012年2月20日，精志公司与金森宝公司签订合同，约定金森宝公司购买精志公司的3T成型机4台，单价3万元，10T碳刷成型机3台，单价6万元，合同总金额30万元，金森宝公司先付定金21812元，精志公司15天交货，余款278188元两年之内付清，保修一年。合同实际履行中，3T成型机数量变更为2台，10T碳刷成型机的数量变更为4台，其中1台10T碳刷成型机于2012年2月送货，另3台10T

碳刷成型机于2012年5月送货。2012年6月4日，双方对账确认，金森宝公司欠精志公司货款278188元，在2012年内结清。此后，金森宝公司陆续支付了部分货款，仍欠176188元未付。

精志公司的诉讼请求为：判令金森宝公司支付精志公司货款176188元以及利息23115元（自2013年1月1日起按照中国人民银行贷款利率计算至还清之日）。金森宝公司的反诉请求为：判令金森宝公司退回精志公司3台有质量问题的10T碳刷成型机，精志公司返还金森宝公司货款3812元及利息（自2012年6月1日起按中国人民银行同期贷款利率计算至还清之日，暂计至反诉日为548元），并赔偿3台有质量问题的10T碳刷成型机保管费21600元、经济损失10万元。

【裁判结论】

一审法院认为：精志公司、金森宝公司之间的买卖合同依法成立，对当事人具有法律约束力，当事人均应当依照合同约定全面履行各自义务。对于未付货款金额176188元，双方均无异议，对此原审法院予以确认。金森宝公司主张精志公司供应的4台10T碳刷成型机均存在质量问题，其中1台经维修后可以正常使用，另3台未经维修、一直无法使用，提交了2013年8月23日的电子邮件，并申请证人唐某到庭作证。原审法院认为，电子邮件的发出时间已经超过机器交付后的一年保质期，邮件反映机器自交付当月存在较大质量问题，属金森宝公司的单方陈述，没有得到精志公司的回应。证人唐某是金森宝公司员工，与金森宝公司存在利害关系，根据《最高人民法院关于民事诉讼证据的若干规定》第69条的规定，其证言不能单独作为认定4台机器有质量问题的依据。金森宝公司的证据不足以证明3台10T碳刷成型机存在质量问题，其反诉请求不予支持。综上，金森宝公司应当承担支付精志公司货款176188元及逾期付款利息的违约责任。

一审法院判决：一、金森宝公司应于判决生效之日起十日内向精志公司支付货款176188元及逾期付款利息（以176188元为本金，从2013年1月1日起按照中国人民银行同期贷款利率计至判决指定的支付之日止）；二、驳回金森宝公司的全部反诉请求。

上诉人金森宝公司不服，提起上诉。

二审法院判决：驳回上诉，维持原判。

【定性分析】

二审法院认为：《合同法》第158条第二款规定："当事人没有约定检验期间的，买受人应当在发现或者应当发现标的物的数量或者质量不符合约定的合理期间内通知出卖人。买受人在合理期间内未通知或者自标的物收到之日起两年内未通知出卖人的，视为标的物的数量或者质量符合约定，但对标的物有质量保证期的，适用质量保证期，不适用该两年的规定。"《最高人民法院关于审理买卖合同纠纷案件适用法律问题的解释》第17条第一款规定："人民法院具体认定《合同法》第158条第二款规定的'合理期间'时，应当综合当事人之间的交易性质、交易目的、交易方式、交易习惯，标的物的种类、数量、性质、安装和使用情况、瑕疵的性质，买受人应尽的合理注意义务、检验方法和难易程度、买受人或者检验人所处的具体环境、自身技能以及其他合理因素，依据诚实信用原则进行判断。"第二款规定："《合同法》第158条第二款规定的'两年'是最长的合理期间。该期间为不变期间，不适用诉讼时效中止、中断或者延长的规定。"根据法律及司法解释的上述规定，买卖合同当事人没有约定检验期间的，买受人应当在发现或者应当发现标的物质量不符合约定的合理期间内通知出卖人，合理期间应当综合当事人之间的交易性质、交易目的、交易方式、交易习惯，标的物的种类、数量、性质、安装和适用情况、瑕疵的性质，买受人应尽的合理注意义务、检验方法和难易程度、买受人或者检验人所处的具体环境、自身技能以及其他合理因素，依据诚实信用原则进行判断，只有在合理期间难以确定时，才适用两年最长合理期间。金森宝公司称其在接收精志公司交付的10T碳刷成型机当月即发现存在运转时发出咣咣的声音、压制稳定性差、易损模具的较大质量问题，这说明金森宝公司可以在较短时间内对10T碳刷成型机质量进行检验。本案双方当事人未约定检验期间，金森宝公司在合理期间内未将质量异议通知精志公司，应视为标的物质量符合约定。《最高人民法院关于审理买卖合同纠纷案件适用法律问题》第20条规定："《合同法》第158条规定的检验期间、合理期间、两年期间经过后，买受人主张标的物的数量或者质量不符合约定的，人民法院不予支持。"金森宝公司在合理期间经过后主张精志公司交付的10T碳刷成型机质量不符合约定，原审法院不予支持并无不当。金森宝公司提出的其可在两年期限内提出质量异议的上诉理由不符合法律规定，本院不予采纳。

三十四、买受人未在合理期间内提出质量异议的，不得以货物质量为由拒付货款

——则达物资有限公司诉文某某、丁某买卖合同纠纷案

【基本案情】

2011年5月5日，深圳市龙岗区平湖慧欣荣金属材料商行（以下简称慧欣荣商行）与原告则达物资有限公司签订《购销合同》，约定原告向慧欣荣商行购买白铜

板856千克，每千克162元。其中合同第7条约定，原告收货后一周内对产品质量提出异议，逾期不予处理。合同签订后，慧欣荣商行于2011年6月6日向原告交付白铜板921千克，并附有深圳市慧欣荣金属材料有限公司出具的《产品质量检测书》，同时，原告向慧欣荣商行付清货款人民币149202元。2013年4月8日，原告诉至法院要求判令：1.解除原、被告双方签订的《购销合同》；2.被告返还原告货款人民币149202元；3.被告承担本案诉讼费用。

诉讼中，原告称其是于2011年6月16日知道有质量问题的，于2011年6月18日向被告发了质量异议的传真，但未提交相关证据予以证明；于2012年8月15日向被告发了质量异议的《函》，未提交已将《函》送达被告的相关证据，被告辩称未收到。法庭辩论时，原告申请产品质量鉴定。原告称货物仍在其仓库内，又称没有证据可以证明仓库内的货物就是慧欣荣商行所售的货物。

深圳市龙岗区平湖慧欣荣金属材料商行原业主为被告文某某，于2012年2月14日变更为被告丁某。

【裁判结论】

一审法院判决：驳回原告的诉讼请求。

宣判后，则达物资有限公司提出上诉。

二审法院判决：驳回上诉，维持原判。

【定性分析】

法院认为：慧欣荣商行与原告则达物资有限公司签订的《购销合同》第7条约定了质量异议期，根据该约定，原告收货后应当及时检验货物并在异议期限内提出质量异议。本案中，原告于2011年6月6日收货，于2012年6月18日才向被告提出质量异议，已超过了一周的质量异议期，按照约定应不予采纳。况且，原告称2011年6月18日是通过传真方式向被告提出的质量异议，但被告予以否认，原告又未能提供相关证据予以证明，对于该事实，本院亦无法采信。另外，原告提交的《关于制盐物资Bfe30-1-1验收的情况说明》不是权威部门的检测报告，所涉货物无法证明就是被告所供货物，因此，原告称被告所供货存在质量问题，证据不足。原告在辩论时申请质量鉴定，一是已过举证期限，二是原告没有证据证明仓库所放货物就是被告所供货物，三是已过质量异议期限，故本院不予准许。

【法理分析】

《合同法》第157条规定，买受人收到标的物时应当在约定的检验期内检验。没有约定检验期间的，应当及时检验。第158条第一款规定，当事人约定检验期间的，买受人应当在检验期间内将标的物的数量或者质量不符合约定的情形通知出卖人。

买受人怠于通知的，视为标的物的数量或者质量符合约定。对于买卖合同中商品质量问题，买受人应当在合同约定的检验期内将质量不符的情形通知出卖人。为便于质量争议的顺利解决，买卖双方在缔约时应约定共同封存商品样品，以便出现争议时能取样鉴定。买受人应在合同约定期限内提出商品质量异议。对于商品质量是否符合质量标准，可以在举证期限内向法院提出商品质量鉴定申请。

三十五、当事人买卖商品提货单后，提货单受让人应自行承担提货不能的后果
——徐某某诉苏某某砖票买卖合同纠纷案

【基本案情】

王某某系个体工商户，开办一页岩砖厂，因欠苏某某借款1.5万元，双方协议以10万匹页岩砖作价1.5万元抵偿债务，不再偿还借款。王某某向苏某某开具了提货人为苏某某、数量为10万匹页岩砖的砖票1张，砖票一式两联，双方各持一联。2004年3月，苏某某将砖票作价1.4万元转让给徐某某。2005年4月，徐某某持砖票从王某某的砖厂提走页岩砖2万匹。2005年8月，王某某因经营管理不善，砖厂停产，无砖可供。徐某某因提不到货，便向苏某某要求退还尚余8万匹页岩砖的砖票，苏某某拒绝。徐某某诉至法院，请求判令退还砖票并由苏某某返还砖票购买款1.12万元。

【裁判结论】

一审法院判决驳回徐某某的诉讼请求。

判决生效后，人民检察院向中级人民法院提起抗诉，要求对本案依法进行改判。

中级人民法院指令一审法院再审，该院依法维持了原判决，即驳回了徐某某的诉讼请求。

再审宣判后，各方当事人均未再上诉，再审判决已生效。

【定性分析】

一审法院经审理认为，徐某某、苏某某二人自愿买卖砖票，徐某某也持砖票到砖厂提取了部分页岩砖。因此，砖票上记载的砖的质量及王某某的供应风险均已转移给徐某某，遂依法判决驳回了徐某某的诉讼请求。

再审认为，苏某某与徐某某之间的砖票买卖属债权让与，而不是实物——页岩砖买卖，债权让与人仅对让与的债权负有权利瑕疵担保责任，对债务人的履行能力不负担保责任，债务人履行瑕疵带来的不利后果应由受让人承担。因此，徐某某应

当向不能继续履行合同义务的债务人王某某主张违约责任，苏某某对王某某的履行能力不承担担保责任。

三十六、仅凭增值税发票能否认定交货事实或付款事实

——晟联科讯公司诉北超伺服公司买卖合同纠纷案

【基本案情】

晟联科讯公司在一审中起诉称，其自 2008 年以来向北超伺服公司提供电子元器件，北超伺服公司尚欠 60633.95 元货款未付，晟联科讯公司起诉请求对方给付剩余货款。晟联科讯公司提交 5 张增值税专用发票予以证明其上述事实主张。北超伺服公司在一审中辩称双方之间的买卖合同已经履行完毕，否认收到前述发票。

二审审理期间，北超伺服公司认可其已收到前述发票中的 2 张，价税合计 23396 元，其辩称已付清上述两张发票对应的货款，但未能提供证据予以证明。

【裁判结论】

一审审理认为：晟联科讯公司未提交充分证据证明其已向北超伺服公司交付了与上述发票数量、金额相符的货物，因此晟联科讯公司提供的证据不足以证明北超伺服公司尚欠货款未付的事实。一审法院判决：驳回晟联科讯公司的诉讼请求。

晟联科讯公司持原审起诉意见提起上诉。

二审法院判决：一、撤销密云县人民法院（2011）密民初字第 4022 号民事判决；二、北超伺服技术有限公司于本判决生效之日起七日内给付晟联科讯电子技术有限公司货款二万三千三百九十六元；三、驳回晟联科讯电子技术有限公司其他诉讼请求。

【定性分析】

案件焦点是法院能否仅凭增值税发票认定当事人之间的买卖合同关系、交货事实或付款事实。二审法院认为：依据北超伺服公司的陈述及 2 张增值税发票，可以认定其已收到 23396 元货物，但因其未能提交增值税发票之外的其他证据证明付款事实，故北超伺服公司应给付晟联科讯公司 23396 元货款。

【法理分析】

《中华人民共和国发票管理办法》第 22 条明确规定禁止虚开发票，包括为他人、为自己开具与实际经营业务情况不符的发票；让他人、为自己开具与实际经营业务情况不符的发票；介绍他人开具与实际经营业务情况不符的发票。但是，在市场交易中，先开增值税发票后付款、代开增值税发票等违规行为大量存在，为此，北京市高级人民法院《审理买卖合同纠纷案件若干问题的指导意见》第 41 条指出："买

受人以增值税发票抗辩其已履行付款义务但出卖人不认可的，买受人应当提供其他证据证明付款事实的存在。"市场交易中的发票使用有待进一步规范，在当前的审判实践中，法院不能仅凭增值税发票认定当事人之间的买卖合同关系、交货事实或付款事实。

在本案二审期间，北超伺服公司认可其已收到晟联科讯公司所提交的 5 张发票中的 2 张，价税合计 23396 元，其辩称已付清上述两张发票对应的货款，但未能提供证据予以证明。二审法院依据北超伺服公司的陈述及 2 张增值税发票，认定其已收到 23396 元货物，但因其未能提交增值税发票之外的其他证据证明付款事实，故改判北超伺服公司给付 23396 元货款。二审判决正确认定增值税发票的证明力，合法妥当，有效维护了买卖双方的合法权益。

三十七、买受人可否以对方未开具发票为由主张行使同时履行抗辩权

——高某某诉周某某买卖合同纠纷案

【裁判要旨】

开具发票的义务属于从给付义务，而不是合同主给付业务。买受人不得以未履行开发票的从给付义务为由主张行使同时履行抗辩权。

【基本案情】

2014 年 7 月 2 日，周某某因向高某某购买钢材，写下欠条一张，写明"我（周某某）今日对账下欠货款 9196.20 元，大写：玖仟壹佰玖拾陆元贰角"。同年 7 月 4 日，周某某与张华对账，写明下欠 9196.20 元。

2014 年 9 月 18 日，高某某诉到原审法院，请求判令：周某某支付欠款 9196.20 元；由周某某负担本案诉讼费用。

周某某一审提供了 1 份其与"湖北欧本钢结构有限责任公司"签订的《内部承包经营合同书》（复印件）。周某某辩称：1. 双方不是本案适格主体。周某某是代表湖北欧本钢结构有限责任公司进行采购的，不是个人行为，应由湖北欧本钢结构有限责任公司承担相应的法律责任。周某某代表公司与高某某进行经济交往中，不是与宜昌市伍家岗区高美特彩钢结构加工厂产生合同关系的，高某某出具的"武汉市武昌区高美特彩钢结构厂"发票和小票可以证明，根据合同相对性原则，高某某不是本案适格主体。高某某不认可周某某提交的《内部承包经营合同书》，称周某某购买钢材时并非以湖北欧本钢结构有限责任公司的名义进行，书写欠条时也没有

注明是欧本公司购买钢材。2.周某某不支付货款是行使同时履行抗辩权。周某某作为公司项目经理与高某某达成口头协议购买材料。在合同履行中，周某某代表公司依约支付大部分货款，而高某某未按约定开具发票。周某某代表公司多次催要下，高某某却以各种理由推脱。因此，周某某有理由认为高某某没有开具发票的能力和诚意。

【裁判结论】

一审法院判决：周某某于判决生效之日起 10 日内支付高某某货款 9196.20 元。

周某某不服一审法院的判决，提起上诉。

二审法院判决：驳回上诉，维持原判。

【定性分析】

法院认为：1.根据《最高人民法院关于审理买卖合同纠纷案件适用法律问题的解释》第 1 条的规定，高某某一审提供的周某某欠条，可以证明高某某与周某某之间存在买卖合同关系。周某某对此虽有异议，但其提供的证据不足以证明。因此，周某某上诉称双方不是本案适格主体的理由不能成立，本院不予采纳。2.同时履行抗辩权是指双务合同中应当同时履行的一方当事人有证据证明另一方当事人在同时履行的时间不能履行或者不能适当履行，到履行期时其享有不履行或者部分履行的权利。同时履行抗辩权的行使必须具备四个构成要件：（1）双方当事人须基于同一双务合同而互负债务，这是双务合同履行之间的牵连性决定的；（2）须双方互负的债务均已届清偿期；（3）须双方没有履行债务；（4）须双方的对等债务是可能履行的。同时履行抗辩权的基础在于双方合同功能上的牵连性，并应根据当事人的意思、合同的约定，结合交易习惯、诚实信用原则加以综合判断。

高某某所负未经约定的开具发票的义务属于从给付义务，而不是合同主给付义务。高某某向周某某开具发票的义务不能构成对价、牵连关系，故周某某以此为由拒绝履行自己的主给付义务，不能得到支持。根据交易习惯，发票一般是在对方付款时填写，款项到账后交付付款方。因为发票作为已付款的凭证，如果在款项未到账前已被对方持有，此时对方拒绝支付货款将给开具发票的一方当事人造成无法弥补的损失。故周某某不应在高某某主张货款权利时，以对方未开具发票为由拒绝付款，但周某某可以在付款后要求高某某给付发票，且本案高某某在原审庭审中已明确表示能够出具发票。若高某某不出具，周某某可以依法主张权利。根据《合同法》第 136 条的规定，出卖人应当按照约定或者交易习惯向买受人交付提取标的物单证以外的有关单证和资料。第 161 条规定，"买受人应当按照约定的时间交付价款。对支付时间没有约定或者约定不明确，依照本法第 61 条的规定仍不能确定的，买受人应当在收到标的物或者提取标的物单证的同时支付。"本案中，双方没有约定支付货款时间和发票交付，周某某应当在收到高某某交付货物的同时向其履行支付货款的义务，而发票交付属于合同中从给付义务，不属于同时履行抗辩权中的应当同时履行义务。

三十八、以案外人违约为由主张行使不安抗辩权不符合合同相对性原则
——俞某某诉福建华辰房地产有限公司、魏某某商品房买卖（预约）合同纠纷案

【基本案情】

上诉人（原审原告）：俞某某。

上诉人（原审原告）：福建华辰房地产有限公司（以下简称华辰公司）。

法定代表人：蔡某，该公司总经理。

原审被告：魏某某。

福建省高级人民法院一审查明：2007年12月10日，甲方华辰公司与乙方俞某某、丙方魏某某签订《商铺认购书》，约定：俞某某向华辰公司认购"君临盛世茶亭"一号地块的一、二、三层店面，面积2378平方米，每平方米价格72798元，总价款17275.0198万元。俞某某在签订本认购书后10日内支付给华辰公司订金6360万元；华辰公司应当在收到俞某某订金后30日内领取《商品房预售许可证》，并与俞某某签订《商品房买卖合同》，同时保证在签订《商品房买卖合同》后的10日内在房地产交易管理部门备案登记。如华辰公司不能在上述约定的期限内领取《商品房预售许可证》，俞某某即放弃认购，华辰公司必须于收到订金后的第31日起两个月内将俞某某支付的订金全部返还；逾期返还，其利息按月利率10%计（不是一个月的，按实际天数计算）。华辰公司收到订金后的第31日起两个月未全部返还订金的，视为逾期返还；逾期三个月未全部返还订金及其利息的，俞某某可采取"以房抵欠款"的方式实现债权，即将华辰公司尚欠的订金和利息转为购买华辰公司上述项目的房产（具体店面房号由俞某某选定），其店面售价按第一条约定的出售价的30%计价。如在"以房抵欠款"后，华辰公司仍欠俞某某余款，则华辰公司应提供其他地块的店面抵扣其余欠款（仍按售价30%计价），双方签订《商品房买卖合同》。俞某某不同意"以房抵欠款"的方式实现债权的，则华辰公司应以现金返还和支付。俞某某支付订金6360万元部分为现金，部分为汇款等。魏某某对华辰公司的债务承担连带保证责任，保证期间为两年。

上述《商铺认购书》签订后，俞某某或其指令有关单位通过银行账户向华辰公司支付八笔共计4900万元，具体为：2007年12月10日支付一笔2000万元，2007年12月11日支付两笔900万元及400万元，2007年12月20日支付两笔800万元及200万元，2007年12月21日支付两笔400万元及100万元，2008年1月7日支付一笔100万元。在上述八笔银行付款凭证的附加信息及用途或用途栏目中，2007年12月20日的800万元凭证的栏目上注明周转金，2007年12月21日的100万元凭证上此栏目为空白，其余六笔凭证的相应栏目均注明借款。相应地，华辰公司出具六张共计4900万元的收款收据，具体为：2007年12月10日的一张2000万元，2007年12月11日的一张1300万元，2007年12月21日的三张分别是1000万元、400万元及100万元计1500万元，2008年1月7日的一张100万元。且华辰公司还分别于2007年12月10日、2007年12月11日、2007年12月21日由俞某某出具400万元、260万元、300万元计960万元三张收款收据，即华辰公司先后共向俞某某出具九张计5860万元的收款收据，其在该九张收款收据的款项内容栏目内均写明"认购君临盛世茶亭一号地块1—3层店面订金（详见2007年12月10日协议书）"等内容。华辰公司在上述400万元、260万元、300万元计960万元三张收款收据的存根联中，除记载"认购君临盛世茶亭一号地块1—3层店面订金（详见2007年12月10日协议书）"内容外，还分别注明"回报率部分2%另计""回报率部分20%另计""100+1000+400=1500万元回报率20%"的内容。

一审法院另查明：华辰公司于2008年6月26日取得讼争商铺的《商品房预售许可证》。

俞某某向一审法院起诉称：2007年12月10日，其作为乙方与甲方华辰公司、丙方魏某某签订《商铺认购书》，约定：购买华辰公司开发的房地产项目"君临盛世茶亭"一号地块的一、二、三层店面，面积2378平方米，每平方米价格72798元，总价款17275.0198万元。乙方在签订本认购书后10日内支付给甲方订金6360万元，甲方应当在收到乙方订金后30日内领取《商品房预售许可证》并与乙方签订《商品房买卖合同》，同时在签订《商品房买卖合同》后的10日内在房地产交易管理部门备案登记。如甲方不能在上述约定的期限内领取《商品房预售许可证》，乙方即放弃认购，甲方必须于收到订金后的第31日起两个月内将订金全部返还给乙方，逾期返还，甲方应按月利率10%支付乙方本息。甲方收到订金后的第31日起两个月未全部返还订金的，视为逾期返还，逾期三个月未全部返还订金及其利息的，乙方可采取"以房抵欠款"的方式实现债权，店面售价按本认购书约定的出售价30%计价。乙方不同意"以房抵欠款"的方式实现债权的，则甲方应以现金返还和支付。丙方对甲方的债务承担连带责任，保证期间为两年，认购书还对乙方付款方式等作了约定。合同签订后，俞某某分期向华辰公司支付购房款5860万元，华辰公司对此没有异议。在付款期间，俞某某了解到华辰公司无法按期办理《商品房预售许可证》，暂缓交付订金余款500万元，符合《合同法》第68条的规定，经多次催告，华辰公司以各种理由拒不与俞某某签订《商品房买卖合同》，后将《商铺认购书》项下的商铺转卖他人，其已无履约的可能。综上，华辰公司的行为违反了《合同法》第60条、最高人民法院《关于审理商品房买卖合同纠纷案件适用法律若干问题的解释》第8条的规定，应当承担违约责任。魏某某的行为违反了最高人民法院《关于适用〈中华人民共和国担保法〉若干问题的解释》有关规定，其变更后的诉讼请求为：（一）解除双方签订的《商铺认购书》；（二）华辰公司返还购房订金5860万元；（三）华辰公司以俞某某已付购房订金每月10%的金额支付违约金，自2008年3月22日起计至还清款项之日止，暂计至2009年3月22日止为7032万元（5860万元×12个月×10%=7032万元）；（四）魏某某对华辰公司的上述（二）（三）项债务承担连带保证责任；（五）华辰公司、魏某某承担本案诉讼费用。

华辰公司一审答辩称：华辰公司与俞某某之间商铺认购一事并不存在，华辰公司向他人出售商铺与俞某某无关。双方实际为借贷关系，俞某某借出款项金额只是其通过银行转账的4900万元，其主张另行支付960万元现金并未实际支付，该960万元是借款4900万元的20%回报即利息，俞某某称向华辰公司支付5860万元不真实。双方签订的《商铺认购书》是以合法形式掩盖非法的高利贷目的，为无效合同。即便《商铺认购书》有效，俞某某未依据认购书约定在10日内支付6360万元，构成先行违约。华辰公司有权拒绝履行办理《商品房预售许可证》等相关义务，俞某某诉请华辰公司承担违约责任的理由不能成立。请求认定双方为借贷关系，且借款本金为4900万元。

魏某某一审答辩称：本案为借贷纠纷，当事人之间并未建立过商铺认购关系。2007年12月10日的《商铺认购书》是以合法形式掩盖高利贷的非法目的，应认定无效。担保合同是从合同，主合同无效，担保合同当然无效，魏某某依法不承担本案担保还款责任。请求驳回俞某某要求魏某某承担担保责任的诉讼请求。

2009年3月11日，一审法院根据俞某某的财产保全申请作出（2009）闽民初字第8号民事裁定，冻结华辰公司名下的"君临盛世茶亭"项目河东三、五、七、八地块（土地证号为榕国用32334400071、32334500073、32334600075、32434500076号四地块）土地使用权。后经两次变更为，依法冻结华辰公司名下的君临盛世茶亭地块七河东部分的二、三层商铺。

【一审判决】

一审法院认为，双方当事人对华辰公司出具的收款收据中所记载的5860万元款项，其性质及华辰公司实际收款数额存在争议。俞某某认为，该5860万元款项系其为履行双方签订的商铺认购书所支付的订金，其中4900万元是通过银行账户支付，另960万元是分三次以现金支付的，即其分别于2007年12月10日、2007年12月11日、2007年12月21日向华辰公司支付400万元、260万元、300万元，该960万元是俞某某向亲戚及南平市融鑫物资回收有限公司筹集的，有相关银行转账、960万元现金来源凭证以及华辰公司出具的收款收据加以证实。华辰公司及魏某某则认为：（1）华辰公司实际只收到俞某某通过银行账户支付的4900万元，俞某某主张另有960万元分三次以现金方式支付是不真实的。事实上，华辰公司向俞某某开具的收款收据不仅是960万元这三张，还有一张20万元的，俞某某不予提供，四张收款收据计980万元是借期三个月4900万元借款的20%回报即利息。（2）华辰公司与俞某某间借贷关系还可以通过以下事实加以印证：商铺认购书第3条约定华辰公司在"收到订金后的第31日起两个月内"未返还全部订金应按10%支付利息，第四条约定逾期三个月未全部返还订金及利息，以30%价以房抵债；俞某某在部分银行转账凭证上记载款项用途为借款；华辰公司在960万元的收款收据存根、登账联上注明"回报率"或"借款回报率"；俞某某在变更诉讼请求前的起诉状中，请求华辰公司按同期银行贷款基准利率四倍支付违约利息等事实，均可证明双方当事人讼争的法律关系为借贷，且借款本金为4900万元并非5860万元。一审法院认为，华辰公司向俞某某出具九张收款收据，确认依据商铺认购书收取俞某某5860万元，款项性质应认定履行商铺认购书的订金。根据商铺认购书第五条约定，俞某某支付订金部分为现金，部分为银行转账，故俞某某主张上述5860万元中的4900万元为银行转账、960万元为现金支付，符合常理，应予采信。俞某某的部分银行转账凭证上记载款项用途为借款，华辰公司在960万元收款收据存根、登账联上注明"回报率"或"借款回报率"，俞某某在起诉状中以利息计算违约金等事实，不足以证明俞某某实际支付款项为4900万元，以及相关款项为借贷的性质。由上，应当认定俞某某向华辰公司支付商铺认购书项下的订金为5860万元。

根据《商品房销售管理办法》第16条的规定，商品房销售时，房地产开发企业和买受人应当订立书面商品房买卖合同，明确交易的主要内容。本案中，双方当事人签订的《商铺认购书》对所出售商品房的坐落、面积、单价、总价款等商品房买卖核心条款作出约定，符合商品房买卖合同的基本特征。但因该《商铺认购书》同时又明确约定在华辰公司取得《商品房预售许可证》后，应另行签订商品房买卖合同，且约定内容与《商品房销售管理办法》第16条规定相比有不少欠缺，故应当认定《商铺认购书》系双方当事人为将来签订商铺买卖合同而事先达成的合意，本案为商品房买卖预约合同纠纷。华辰公司主张本案为借贷纠纷，证据不足，不予采信。

涉案《商铺认购书》系双方当事人真实意思表示，内容不违反国家法律、行政法规的禁止性规定，应认定有效。从该认购书第2条及第3条约定的内容看，俞某某应在签订本认购书后10日内支付给华辰公司订金6360万元；华辰公司则应当在收到俞某某订金后30日内领取《商品房预售许可证》，否则必须于收到订金后的第31日起两个月内将订金全部返还俞某某，逾期返还的，应按月利率10%支付俞某某本息。据此，华辰公司领取《商品房预售许可证》的履行期限为俞某某付清6360万元后的30日内，因俞某某只支付5860万元订金，即便在其支付订金过程中，存在因华辰公司不能如期办理《商品房预售许可证》而依法行使不安抗辩权导致未全额支付订金的情形，华辰公司也不构成违约。因为俞某某在知道华辰公司于2008年6月26日取得《商品房预售许可证》后，无证据证明此后其向华辰公司要求继续支付订金余额，实际上也未支付。因此，应当认定俞某某至今没有依约付清6360万元订金，华辰公司取得《商品房预售许可证》时并未超过《商铺认购书》约定的履行期限。俞某某以华辰公司逾期领取《商品房预售许可证》及未在收取订金后的第31日起两个月内返还全部订金为由，请求华辰公司按俞某某已付订金5860万元每月10%承担违约金，缺乏事实依据，一审法院不予支持。

俞某某以讼争商铺已由华辰公司售予他人为由，提出请求解除《商铺认购书》，华辰公司及魏某某对商铺售予他人的事实亦不持异议，《商铺认购书》继续履行已不可能，依法应予解除。华辰公司依《商铺认购书》收取俞某某订金5860万元及其法定孳息应予返还。俞某某请求解除《商铺认购书》及华辰公司返还收取的5860万元订金，应予支持。华辰公司应向俞某某返还认购商铺订金5860万元及支付自收取相关款项之日起的利息。魏某某作为签订《商铺认购书》的当事人之一，愿为华辰公司履行该认购书的相关债务提供两年的连带保证责任担保，根据《担保法》第18条关于连带责任保证的规定，魏某某应对华辰公司返还俞某某5860万元及其利息的款项承担连带责任。

一审法院判决：一、解除三方当事人签订的《商铺认购书》；二、华辰公司应于本判决生效之日起十日内向俞某某支付5860万元及其利息（其中2400万元自2007年12月10日、1560万元自2007年12月11日、1800万元自2007年12月21日、100万元自2008年1月7日起至本判决确定的还款之日止按中国人民银行同期贷款利率计算）；三、魏某某应对华辰公司的上述第二项债务承担连带偿还责任；四、驳回俞某某的其他诉讼请求。

俞某某、华辰公司不服一审判决，分别向最高人民法院提起上诉。

【二审判决】

俞某某上诉称：一审判决认定事实不清，适用法律不当，判决结果明显失衡，故请求：（一）撤销（2009）闽民初字第8号民事判决第二项、第四项；（二）判令华辰公司返还俞某某购房订金5860万元人民币，并以俞某某已付购房订金每月10%的金额支付违约金，自2008年3月22日起计至还清款项止（暂计至2009年3月22日止，计7032万元人民币）。主要事实和理由是：

（一）一审判决认定事实不清。1.一审判决认定合同约定的华辰公司取得《商品房预售许可证》的时间不符合客观事实。根据涉案《商铺认购书》约定，俞某某在10日内付给华辰公司订金6360万元；华辰公司应当在收到俞某某支付订金后的30日内领取《商品房预售许可证》并与俞某某签订规范的《商品房买卖合同》，同时保证在签订《商品房买卖合同》后的10日内在房地产交易管理部门备案登记。《商铺认购书》签订于2007年12月10日，华辰公司取得《商品房预售许可证》的期限应当是2008年1月21日前，该事实在一审庭审中双方当事人均无异议，并非一审判决认定的履行期限，即"俞某某付清6360万元后的30日内"。2.一审判决认定"俞某某明知华辰公司于2008年6月26日取得《商品房预售许可证》"与客观事实不符。俞某某在支付5860万元购房订金，履行了主要义务后，因华辰公司未能按合同于2008年1月21日前取得《商品房预售许可证》，加之由魏某某实际控制的福州华辰房地产有限公司（以下简称福州华辰公司）与俞某某在签订购买"君临天华B组团5#、7#连幢2层23号店面"时存在欺诈行为，因此，俞某某未继续支付余款500万元。而华辰公司在未按合同约定取得《商品房预售许可证》后，从未告知俞某某何时能取得《商品房预售许可证》，取得《商品房预售许可证》后也从未告知俞某某，在一审庭审中也未提供证据证明该事实。俞某某是在华辰公司已将《商铺认购书》中约定的商铺卖给他人后，在起诉前才在律师指导下于2009年1月7日从福州房地产信息网上查到华辰公司取得A区地块一商业综合楼预售许可的，批准日期为2008年6月26日。对于上述事实，俞某某在一审提供的证据能够证明。因此，一审判决认定"俞某某明知华辰公司于2008年6月26日取得《商品房预售许可证》"与客观事实不符，据此认定俞某某没有依约付清6360万元及华辰公司没有违约，违背客观事实。

（二）一审判决适用法律不当。1.俞某某有权行使不安抗辩权。因华辰公司未按合同约定的时间取得《商品房预售许可证》，俞某某据此暂缓支付尾款500万元，符合《合同法》第68条的规定。俞某某有证据证明华辰公司丧失了商业信誉，具有可能丧失履行债务能力的其他情形。俞某某与魏某某实际控制的福州华辰公司曾于2007年8月3日签订合同，约定购买其名下"君临天华B组团5#、7#连幢2层23号商铺"，在俞某某依照合同约定以现金方式一次性付款后，福州华辰公司却违反合同第24条约定，未在合同生效之日起30日内，向福州市房地产交易登记中心申请登记备案。后俞某某通过福州房地产信息网及向福州市房地产交易登记中心了解，上述合同约定的商品房用于抵押贷款。据此，俞某某未将剩余购房款500万元支付华辰公司的行为，符合相关法律规定。2.本案《商铺认购书》被解除的原因是华辰公司存在根本违约行为。俞某某已支付了购房款的92.14%，履行了合同约定的主要义务，华辰公司存在根本违约行为，一审判决显失公平。

华辰公司上诉称：一审判决认定事实不清，适用法律错误，故请求二审法院：（一）撤销本案一审判决第二项，改判华辰公司仅需返还俞某某购房订金4900万元；（二）判令俞某某承担本案的全部诉讼费用。主要事实和理由是：

（一）俞某某实际仅向华辰公司支付4900万元购房订金。根据涉案《商铺认购书》的约定，俞某某应在认购书签订后的10日内即2007年12月21日前向华辰公司支付购房订金6360万元。一审中俞某某提供了收款收据，以证明向华辰公司支付5860万元购房订金，但根据双方提供的银行转账回单，俞某某通过银行转账的形式向华辰公司共支付购房订金人民币4900万元。一审中俞某某称另以现金方式支付了960万元，但当华辰公司当庭多次要求俞某某讲清这960万元现金交付的时间、地点、接受人员时，俞某某及其代理人均无法正面回答。近千万元的巨额现金不通过转账，而又无法说明交付情节，显然不合常理，其实质是4900万元所生的利息。由此可见，俞某某自称以现金方式支付的960万元根本不存在。因其仅向华辰公司支付4900万元的购房订金，一审判决认定俞某某向华辰公司支付购房订金5860万元，并判令华辰公司返还购房订金5860万元是错误的，应当予以纠正。

（二）因俞某某的过错导致《商铺认购书》无法履行而解除，华辰公司仅需退还4900万元款项，无须支付利息。

二审争议焦点：一审法院将本案案由定为商品房买卖（预售）合同纠纷，并根据俞某某的诉讼请求，判决解除合同，三方当事人未就此提起上诉，二审法院予以确认。华辰公司、魏某某对华辰公司收到俞某某通过转账支付的4900万元订金不持异议，二审法院予以确认。二审中本案当事人争议的焦点问题是：（一）俞某某是否已向华辰公司支付现金960万元购房订金；（二）俞某某少支付500万元订金是否属于行使不安抗辩权；（三）华辰公司是否应当承担违约责任。

（一）关于俞某某是否已向华辰公司支付现金960万元购房订金的问题。二审法院认为，根据查明的事实，应认定俞某某已向华辰公司支付现金960万元购房订金。理由是：1.《商铺认购书》约定俞某某支付订金6360万元部分为现金，部分为汇款，故俞某某支付华辰公司现金960万元购房订金，符合合同约定。2.华辰公司在收到俞某某交付的960万元现金后，向俞某某出具了收款收据，其对收据本身的真实性没有异议，收据上载明的付款用途是购买涉案合同项下的房屋。俞某某向一、二审法院提交的收款收据上并无"回报率"的记载，而华辰公司出具的收款收据存根联上却载有"回报率"，说明这是华辰公司在收据存根联上后加的，应以俞某某提供的收款收据作为认定事实的依据。3.收款收据上添加的"回报率"相互矛盾，有的是2%，有的是20%，按上述两种比例计算，均不能得出借款4900万元产生960万元利息的结论。4.华辰公司虽否认俞某某向其支付960万元现金，但无充分证据推翻其向俞某某出具的收款收据，俞某某所述的付款地点虽然不常见，但不能排除这种可能性。综上，华辰公司关于俞某某未向其支付现金960万元的主张，证据不足，二审法院不予支持。

（二）关于俞某某少支付500万元订金是否属于行使不安抗辩权的问题。二审法院认为，俞某某主张不安抗辩权的理由是华辰公司丧失商业信誉，依据是其与福州华辰公司签订另一购房合同后，福州华辰公司将合同约定的房屋设定抵押。然而，福州华辰公司与华辰公司是两个不同的法人，以案外人违约为由在本案合同履行中行使不安抗辩权，不符合合同相对性原则。根据《合同法》第68条的规定，俞某某关于其行使不安抗辩权的主张，依据不足。《合同法》第69条规定了行使不安抗辩权的要件，即使俞某某有权行使不安抗辩权，也应当及时通知对方。但无证据证明俞某某履行过通知义务。因此，俞某某关于其行使不安抗辩权的主张，缺乏事实和法律依据，二审法院不予支持。

（三）关于华辰公司应否承担违约责任的问题。二审法院认为，俞某某虽主张其已向华辰公司支付了大部分订金，履行了支付订金的主要义务，并享有不安抗辩权，但按照《商铺认购书》的约定，华辰公司应在收到俞某某订金后30日内领取《商品房预售许可证》并与俞某某签订购房合同。据此，应认定俞某某负有先履行义务，其应在2007年12月20日之前付清6360万元订金，但俞某某至今仅支付了5860万元订金，其主张行使不安抗辩权的理由不能成立。因此，应认定俞某某违约，故其无权向华辰公司主张违约金。由于俞某某违约在先，即使后来华辰公司没有及时领取《商品房预售许可证》并与俞某某签订购房合同，也不应向俞某某支付违约金。本案《商铺认购书》解除后，双方当事人的权利义务终止。因房屋交易尚未完成，应当返还一方占有另一方的财产。华辰公司占有俞某某的 5860 万元购房订金及所生利息，理应一并返还，故对华辰公司关于只应向俞某某返还 4900 万元订金的主张，二审法院不予支持。

综上，二审法院判决如下：

一审判决认定事实清楚，适用法律正确。涉案《商铺认购书》解除后，华辰公司、魏某某应当向俞某某返还订金及利息。因俞某某违约在先，对其关于华辰公司应向其支付违约金的请求，二审法院不予支持。华辰公司关于其只应向俞某某返还 4900 万元订金的请求，于法无据，二审法院不予支持。依照《中华人民共和国民事诉讼法》第 153 条第一款第（一）项的规定，判决驳回上诉，维持原判。

三十九、买卖合同中不安抗辩权的行使
——张某某诉盐城市大海农牧发展有限公司、柏某某买卖合同纠纷案

【基本案情】

2013 年 1 月 24 日，柏某某以盐城市大海农牧发展有限公司（以下简称大海公司）为甲方，与乙方张某某，签订《销售合同》1 份，约定：乙方因生产需要向甲方订购品牌为中粮、中纺、中储 43% 蛋白期货豆粕 600 吨，到门价格为 3410 元 / 吨，质量标准：水分 ≤ 13%，粗蛋白 43%（±0.5%），粗灰粉 ≤ 7%，粗纤维 ≤ 6%，其他参照国家标准执行。为明确双方职责，特订协议如下：一、资金结算：乙方在签订合同后付货款的 30% 作为定金，此款最后一批提货时结清。乙方提货需先汇款后提货（农行卡号为 62××××78 柏某某），提货期限为 4 月 10 日前 80 吨，5 月 10 日前 120 吨，6 月 10 日前 120 吨，7 月 10 日前 120 吨，8 月 10 日前 120 吨，9 月底前全部提清。根据乙方的要求，如因乙方货款不能及时到账而引起的一切损失均由乙方承担（定金在一个工作日内须汇入甲方账户，此合同生效）。二、供货期限：甲方将豆粕品牌为中粮、中纺、中储等交给乙方仓库，如遇不可抗拒的因素，不能及时到货甲方需和乙方商讨解决，正常情况下如有违约造成后果，均由甲方承担。如乙方到货三天不提出异议，则确认为产品合格。三、供货方式：甲方将乙方所需货物按吨位，规定如期在中粮、中纺、中储提货向乙方交货，车（船）板交货，按合同时间乙方不得拒收，如拒收，由此造成的损失由乙方承担。四、如有未尽事宜，双方协商解决，协商不成，则向甲方所在地法院申诉裁决。五、定金在提最后一批货时算清给乙方，本协议经双方签字后生效。最后一批货到位后本合同自行作废。六、本协议一式两份，甲、乙双方各执一份。柏某某在该合同尾部甲方处签名；张某某在乙方处签名。

2013年1月24日，张某某向卡号为62××78的账号汇入613800元。

2013年6月27日，柏某某委托江苏朱友山律师事务所向张某某发律师函1份，载明："张某某：我律师事务所受大海公司董事长柏某某委托，向你发函如下：你于2013年1月24日与大海公司签订《销售合同》，根据该合同第1条的约定，你没有按期将货款汇入大海公司，你的行为表明不履行主要债务，向你催告后，你仍未履行。现根据《合同法》第94条的规定，向你提出解除该合同，并要你承担违约责任，赔偿大海公司的损失。特此函告。"

大海公司于2013年1月24日核准登记，注册资本为600万元，股东为李某某和柏某某二人。大海公司没有正式账户，其往来业务通过以柏某某名义开设的银联卡62××78账户进行运作。大海公司现金日记账上反映该卡支出的部分明细。

2013年7月8日，张某某诉至法院称：2013年1月24日，柏某某以大海公司的名义与其签订《销售合同》1份，约定大海公司向张某某供应中粮、中纺、中储品牌豆粕600吨，到门价格为每吨3410元，签订合同后张某某付总货款30%的定金到指定账户。嗣后，张某某依约汇定金613800元至指定账号，但张某某要求供货后大海公司却无货可供。故请求判令：1.解除双方签订的《销售合同》；2.由大海公司、柏某某连带双倍返还定金1023000元；3.诉讼费用由大海公司负担。张某某于2013年11月17日申请追加李某某为本案被告，其后又撤回。

二审期间法院另查明：1.大海公司法定代表人李某某陈述大海公司在与张某某签订合同后并没有订购豆粕，也没有豆粕供应给张某某。李某某在一审庭审中陈述："大海公司没有订购豆粕期货，张某某到我家中催促豆粕的事情，我说我不清楚，让他去找柏某某。"2.张某某与大海公司签订合同后，在合同履行期间豆粕的价格在上涨。

【裁判结论】

一审法院认为：柏某某系大海公司的股东，大海公司以其个人名义开设银行卡账户对外进行业务往来，且大海公司现金日记账上对该账户的资金往来有反映，因此，柏某某以大海公司的名义与张某某签订合同，系柏某某履行职务的行为，《销售合同》的主体应为张某某与大海公司。双方间的豆粕买卖合同系真实意思表示，不违反法律法规的规定，合法有效。张某某交付的定金数额超过法律规定的最高限额即主合同标的额20%，对超过部分大海公司应予返还。张某某未再付款提货，大海公司未违约，故张某某要求大海公司双倍返还定金的诉讼请求，不予支持。对于合同解除的问题，当事人意思表示一致，均要求解除合同。

一审法院判决：一、张某某与大海公司于2013年1月24日签订的《销售合同》

解除；二、大海公司返还张某某204600元，于判决生效后10日内履行完毕；三、驳回张某某的其余诉讼请求。

张某某不服该判决，提起上诉。

二审法院判决：一、维持一审判决第一项；二、撤销一审判决第二项、第三项；三、大海公司于判决生效后10日内返还张某某613800元。

申请再审人柏某某向二审法院申请再审，二审法院裁定驳回柏某某的再审申请。

【定性分析】

首先，虽然根据《民事诉讼法》第195条的规定，当事人对已经发生法律效力的判决、裁定，认为有错误的，可以向上一级人民法院申请再审，而张某某起诉时，确实将柏某某列为本案共同被告，但一、二审判决均采信了柏某某提出的其以大海公司名义和张某某签订《销售合同》系履行职务行为的抗辩意见，故仅判决大海公司向张某某返还已收取的定金，而未判决柏某某承担实体责任，据此，本案的判决结果与柏某某并无直接的利害关系，其对本案申请再审的依据不足。尽管柏某某提出大海公司承担责任将影响其身为大海公司股东的利益，但如果大海公司不服本案判决结果，也应由大海公司自身来申请再审，柏某某也无权以大海公司股东的身份申请再审本案。

其次，张某某在履行合同过程中未能按照合同约定的时间交付货款系张某某行使不安抗辩权。一方面，在合同约定的付款期限内，大海公司法定代表人李某某告知其没有订购合同约定的货物，同时也否认与张某某之间签订的买卖合同且明确大海公司在2013年4月时没有订购豆粕，即无货可供，据此，在张某某已支付定金613800元，却面临无货可提的风险的情况下，根据《合同法》第68条的规定，张某某享有不安抗辩权，中止合同的履行。另一方面，作为一个理性人，在合同签订后，标的物价格上涨，履行合同明显对其有利的情况下违约，不合常理。另外，关于张某某是否有权要求大海公司双倍返还定金问题。根据合同的约定，提货前支付货款是张某某的义务。虽然根据《合同法》第68条的规定，张某某享有不安抗辩权，但同样依据该法第69条的规定，在张某某中止合同时，应及时通知大海公司，以便大海公司采取合理措施进行救济。因张某某在行使不安抗辩权的过程中没有严格依照法律规定行使，导致双方在履行合同过程中互不信任，致使大海公司没有采取合理措施而造成无货可供。故双方在履行合同过程中均存有一定的过错，应承担相同的过错责任，张某某要求大海公司双倍返还定金的诉讼请求，不予支持，但因合同解除，大海公司所收取的定金应返还给张某某。

四十、买卖合同中后履行抗辩权的行使

——红光港机厂诉兴祥港埠公司买卖合同纠纷案

【基本案情】

2007年4月19日,红光港机厂（卖方）与兴祥港埠公司（买方）签订编号为红厂销字2007—18号的《工业品买卖合同》,约定兴祥港埠公司向红光港机厂购买FQ1030浮式起重机两台,总金额788万元。约定合同生效后10日内付30%预付款,2007年8月31日前付20%进度款,出厂发货前付20%货款,买方验收合格后付25%货款,5%质保金一年后付清。违约责任约定如下:1.买方逾期付款,必须承担逾期部分的利息,利息按银行同期贷款利息计算,卖方交货期相应延长。2.卖方拖延交货（除自然灾害等人力不可抗拒的原因外）,卖方应付给买方每星期按合同总价0.1%的罚款,不足一星期的按一星期计,此项罚款总金额不超过合同总价的5%。因买方原因造成卖方拖延交货,交货期相应顺延。3.其他事项按《合同法》有关条款执行。合同履行地为重庆市江津区,技术规格书为合同附件具有同等法律效力。

2008年3月2日,兴祥港埠公司在产品交付单上盖章,确认收到红光港机厂交付的FQ1030浮式起重机两台。红光港机厂顾客确认意见中载明:经我单位认真检查,各机构运转正常,整机性能符合技术规格书及合同要求。整机及随机工具、配件、文件资料已按交货清单验收。2009年2月13日,兴祥港埠公司向红光港机厂出具承诺书,载明:我司于2007年向贵司订购FQ1030浮式起重机贰台,合同总价788万元,已支付货款350万元,尚欠贵公司货款438万元（其中含5%的质保金39.4万元）我公司现向贵公司承诺:在2009年3月底前银行贷款落实后结清所欠贵司货款。2010年5月25日,兴祥港埠公司又向红光港机厂出具承诺书,载明:我公司欠贵单位FQ1030浮式起重机设备款叁佰柒拾捌万元整（￥3780000.00）,现我公司郑重承诺:此欠款于2010年11月30日前与贵厂全部结清。

2011年1月6日,红光港机厂向兴祥港埠公司发出应收账款询证函,2011年4月3日,兴祥港埠公司盖章确认尚欠红光港机厂货款378万元。红光港机厂称兴祥港埠公司分别于2008年1月1日付款220万元、2008年4月2日付款50万元、2008年7月9日付款80万元、2009年5月31日付款50万元、2010年2月9日付款10万元、2011年8月9日付款10万元,共计420万元,现欠368万元未付。

红光港机厂提起诉讼,请求判令:1.兴祥港埠公司向红光港机厂支付差欠的货款368万元;2.由兴祥港埠公司按同期银行贷款利率赔偿红光港机厂利息损失至货款付清时止;3.本案诉讼费用由兴祥港埠公司负担。

【裁判结论】

一审法院判决：一、兴祥港埠公司于本判决生效后十日内支付红光港机厂货款368万元；二、兴祥港埠公司于本判决生效后十日内支付红光港机厂利息损失（利率为人民银行同期贷款利率，利随本清，利息计算方式为：自2008年3月2日起以338.6万元为本金计算至2011年8月9日的利息+自2009年3月2日起以39.4万元为本金计算至2011年8月9日的利息+自2011年8月10日至付清时止以368万元为本金计算的利息）。

兴祥港埠公司不服一审判决，提起上诉。

二审法院判决：驳回上诉，维持原判。

【定性分析】

本案的争议焦点为：兴祥港埠公司是否应当支付红光港机厂货款368万元及利息损失。

2007年4月19日红光港机厂与兴祥港埠公司签订的红厂销字2007—18号《工业品买卖合同》是双方当事人的真实意思表示，内容不违反法律、行政法规的强制性规定，合法有效，双方均应当按照合同约定全面履行各自的义务。

兴祥港埠公司关于红光港机厂存在迟延交货的违约行为，故其可以拒付尾款的上诉理由不能成立。双方在合同中不但约定了交货时间为2007年10月31日，而且还在合同第12条约定"合同生效后10日内付30%预付款，2007年8月31日前付20%进度款，出厂发货前付20%货款，买方验收合格后付25%货款，5%质保金一年后付清"等付款时间及进度。另外还在合同第15条约定"1.买方逾期付款，必须承担逾期部分的利息……卖方交货期相应延长……"等相关的违约责任。按照上述约定，红光港机厂在产品出厂发货前，兴祥港埠公司应向红光港机厂支付70%的货款，即551.6万元，否则红光港机厂有权要求延长相应的交货期限。本案中，截至2008年3月2日红光港机厂向兴祥港埠公司实际交付货物之日，兴祥港埠公司实际支付的货款仅为220万元。根据《合同法》第67条"当事人互负债务，有先后履行顺序，先履行一方未履行的，后履行一方有权拒绝其履行要求。先履行一方履行债务不符合约定的，后履行一方有权拒绝其相应的履行要求"的规定，兴祥港埠公司属先履行一方而未按约履行义务，违约在先，红光港机厂享有后履行抗辩权。2008年3月2日红光港机厂向兴祥港埠公司交付货物的行为，既符合双方合同的约定，也符合《合同法》的规定。

兴祥港埠公司关于红光港机厂交付的产品不符合双方的合同约定，故可以拒付尾款的上诉理由不能成立。根据已查明的事实，2008年3月2日，红光港机厂将合同约定的两台浮式起重机交付兴祥港埠公司。兴祥港埠公司在产品交付单上签章确认了收货的事实，同时确认产品及配件均已验收合格。现兴祥港埠公司称交付的产品不符合合同约定，没有事实依据。

四十一、合同中定金超出部分应予以抵作价款或者收回
——浙江戈登时装有限公司诉杭州禾清丝绸有限公司买卖合同纠纷案

【基本案情】

2006年9月8日，戈登公司与禾清公司签订货物买卖合同一份，约定戈登公司向禾清公司订购：14394色丁，16mm，3万米胚布，每米单价41元；10101乔其，8mm，1.5万米胚布，每米单价20.5元，共计货款151.75万元。送货至戈登公司仓库或其指定仓库。合同还约定，禾清公司所供产品全是A级品，所有的胚布须经戈登公司委托的验胚员验收，验胚员认为不合格的胚布戈登公司有权拒收。自合同生效之日起预付100万元的三个月的银行承兑汇票定金，合同签订后，戈登公司向禾清公司支付了105.2955万元定金。戈登公司也将货物送到戈登公司指定的仓库，即浙江美艺丝绸印染制衣厂。禾清公司送交的货物经戈登公司委托的验胚员验收，合格产品为14394色丁面料16800米，支付货款688800元。其余产品验收不合格，已退回禾清公司。禾清公司分别于2006年10月12日、2006年11月28日向戈登公司退回货款20万元和13万元。2006年12月12日，戈登公司又向禾清公司支付往来款13万元。

戈登公司向原审法院提起诉讼，请求判令：禾清公司退还戈登公司多付的货款164155元，并支付逾期利息按每日万分之二点一计算，自2006年10月3日起至本案生效判决止(暂计算至起诉日为382天计13169元)；本案诉讼费用由禾清公司负担。

【裁判结论】

一审法院认为：戈登公司与禾清公司之间的买卖合同合法有效，应予保护。戈登公司的证据，能证明双方有买卖业务和资金往来情况及戈登公司已部分履行合同内容，但不能证明其主张。禾清公司的证据能证明其已履行合同，要求驳回戈登公司的诉讼请求，该院予以支持，但主张戈登公司支付违约金30万元，该院不能全部支持。一审法院判决：一、驳回戈登公司要求禾清公司退还多付的货款164155元和支付逾期利息的请求；二、驳回禾清公司要求戈登公司支付违约金30万元的请求。戈登公司不服原审法院判决，提起上诉。

二审中，戈登公司提交如下证据：一、证明一份，由浙江美艺丝绸印染制衣厂

出具，证明禾清公司在合同履行期间仅向印染厂提交了 14394 面料 16800 米，戈登公司在合同履行期间并无违约。二、证人笔录一份，来源于禾清公司在德清县人民法院诉戈登公司一案，该证人由禾清公司申请出庭，证明禾清公司送到印染厂的面料须经检验合格后才能印染，在戈登公司与禾清公司合同履行期间的加工印染费用已结清，不存在戈登公司违约行为。三、戈登公司给禾清公司的网上银行记账通知单，证明禾清公司尚欠戈登公司货款 16 余万元未退回。

禾清公司在二审中提交证明一份，由浙江美艺丝绸印染制衣厂出具，证明按约将货物送到了美艺制衣厂。

对于双方当事人提交的上述证据，本院审核认为：戈登公司提交的三份证据中，证据一形成于 2007 年 12 月 20 日，而本案一审的开庭时间是 2007 年 12 月 11 日，根据《最高人民法院关于民事诉讼证据的若干规定》第 41 条第二项之规定，属于二审程序中新的证据。禾清公司不予质证，视为放弃质证权。

二审法院判决：一、维持一审法院判决第二项；二、撤销一审法院判决第一项；三、杭州禾清丝绸有限公司于本判决生效之日起十日内向浙江戈登时装有限公司返还款项 164155 元，并支付逾期付款利息（按每日万分之二点一计算，自 2007 年 11 月 1 日起算至本判决生效之日止）；四、驳回浙江戈登时装有限公司的其余诉讼请求。

【定性分析】

二审法院认为：戈登公司与禾清公司签订的买卖合同合法有效，对双方当事人均有约束力。根据合同约定，戈登公司有权验收禾清公司所供胚布，对于不合格产品戈登公司有权拒收。戈登公司在二审中提交的证据一和证据二，可以证明禾清公司向戈登公司所供的胚布，经戈登公司的验胚员验收后，合格产品为 14394 面料 16800 米，计价 688800 元。事实上，经验收合格的所有产品，戈登公司均已接收，不合格产品目前也已退回禾清公司。戈登公司并无违约行为，亦无须承担违约责任。虽然戈登公司向禾清公司支付了定金 105.2955 万元，但根据《最高人民法院关于适用〈中华人民共和国担保法〉若干问题的解释》第 121 条关于"当事人约定的定金数额超过主合同标的额 20% 的，超过的部分人民法院不予支持"之规定，本案买卖合同的标的额为 151.75 万元，故法律保护的定金不得超过 30.35 万元，对于超出部分，应视为预付货款性质。又根据《担保法》第 89 条关于"当事人可以约定一方向对方给付定金作为债权的担保。债务人履行债务后，定金应当抵作价款或者收回"之规定，戈登公司向禾清公司以定金形式支付的 105.2955 万元款项，扣除货款 688800 元及已返还的 20 万元后，禾清公司理应将余款 164155 元返还给戈登公司。对于戈登公司所主张的利息，因合同并未约定定金的返还期限，故该利息应从戈登公司向禾清公司主张权利之日起算，即戈登公司就本案向原审法院起诉之日 2007 年 11 月 1 日起算。

对于禾清公司在原审中要求终止双方签订的买卖合同的反诉请求，一审法院未在判决主文中作出相应裁判不当，但鉴于双方当事人均未对此提出上诉，故不属二审审理范畴。原判认定事实不清，适用法律和实体处理欠当，法院依法予以纠正。

四十二、买卖合同的义务转移给第三人需经债权人同意
——贺丰公司诉十一冶公司买卖合同纠纷案

【基本案情】

2010 年 8 月 12 日，十一冶公司与案外人荣成好当家房地产开发公司（以下简称荣成公司）签订建设工程施工合同，由十一冶公司承建山东威海荣成好当家"天海湾"居住小区，并由十一冶于 2011 年 4 月 26 日向当地建筑管理部门备案。案外人娄某某对内以个人名义与十一冶公司建立施工合作关系，对外则以十一冶公司项目副经理（三部）的身份对外开展业务。2011 年 3 月 15 日，十一冶公司项目技术负责人瞿某某代表十一冶公司威海分公司，与贺丰公司签订购销合同一份，合同由瞿某某签字，并加盖"十一冶建设集团有限公司天海湾项目部"章。合同约定：贺丰公司向十一冶公司承建的工地送胶合板、木材；付款方式为自送货之日起，货到两个月内应付总货款 50%，到三个月应付 30%，余款于主体封顶时一次性付清，如一方违约的，按未付货款的 30% 作为违约金；每送一车货到工地，十一冶公司应付 2 万元作为运费，合同指定收货人为十一冶公司项目经理部单某某。2011 年 4 月 12 日至 7 月 7 日，贺丰公司按约向十一冶供应木材及胶合板，共产生 9 张送货单，均由单某某签字确认。2011 年 9 月 14 日，十一冶公司与荣成公司签订合同书，明确解除双方建设施工合同。同一天，十一冶公司与荣成公司、娄某某签订合同书，该三方协议明确十一冶公司终止与娄某某的施工合同，十一冶公司支付给娄某某的工程款由荣成公司直接支付给娄某某。2011 年 9 月 16 日，娄某某与周某某两人签订结算单一份，双方确定关于天海湾第三项目部的工程款中，木材板材货款 86 万元、新钢板房 35 万元等共 5 项费用全部由娄某某承担，另娄某某结欠周某某投资款 90 万元，上述所有债务均由娄某某承担，与周某某无关，在此项目范围之外的债务与娄某某无关。贺丰公司法定代表人在该结算单上签字确认。同一天，娄某某出具一份欠条欠贺丰公司 86 万元，于 2011 年春节前结清。

原审另查明，贺丰公司曾以票据纠纷向原法院提起诉讼，诉讼金额 40 万元，即本案所主张的 86 万元所涵盖。在贺丰公司提起本案诉讼后，对票据纠纷已经

撤回起诉。

【案件焦点】

本案的争议焦点有以下两点：

一、与贺丰公司发生木材买卖合同关系的合同相对方是谁？

二、十一冶公司是否已经将所有的权利义务转让给予娄某某？本案贺丰公司主张的货款86万元是否已转由娄某某承担付款责任而十一冶公司无需再付款？

【裁判结论】

对于第一焦点，一审法院认为：十一冶公司的项目技术负责人程某某代表十一冶公司威海分公司与贺丰公司签订木材买卖合同，贺丰公司依约将货物送至十一冶承建的天海湾工程工地，故应当视为贺丰公司与十一冶公司之间的买卖合同关系成立，至于十一冶公司辩称的项目章并非十一冶公司的印章，因对印章的真假无从查实，但瞿某某作为十一冶项目负责人的身份无法否认，不能苛求贺丰公司具有辨别项目章真假的能力，故对十一冶公司关于印章的辩称不予采纳。

对于第二个焦点，一审对此认为：根据十一冶公司提供的合同可以证明，十一冶公司与娄某某之间系现在建筑行业普遍的挂靠关系，即娄某某借用十一冶公司的建筑资质承建了天海湾工程，娄某某对内与十一冶公司签订了施工合作协议，对外则以十一冶公司第三项目部副经理的身份从事各项活动。2011年9月14日十一冶公司与娄某某、荣成公司所签订的三方协议虽然表明十一冶公司与娄某某解除挂靠关系，但双方关于对外债务由娄某某承担的约定并不能抗辩对外的债权人，故本案贺丰公司作为对外债权人有权向十一冶公司主张所欠货款。娄某某在与其投资合伙人周某某之间进行结算时，明确与贺丰公司的木材欠款86万元由娄某某承担，且娄某某也为此于同日出具欠条于贺丰公司，但娄某某愿意承担该笔货款与贺丰公司主张要求十一冶公司支付货款并无冲突，原审法院认为债务转移的意思表示必须明确，十一冶公司认为债务已经转移，但并未与贺丰公司、娄某某签订明确的债务转移协议，也未征得贺丰公司认可豁免十一冶公司的还款责任，十一冶公司仅凭贺丰公司在结算单上签字的行为来推定转移债务成立显然不能支持。正是由于本案十一冶公司这类出借资质牟利的大型建筑公司存在，才造成我国建筑市场挂靠乱象丛生，作为建筑材料供应商正是基于对大型建筑公司资质的信用才与之发生买卖合同关系，十一冶公司在与娄某某个人进行所谓的施工合作时，理应考虑到应当对娄某某的对外职务行为承担法律责任。至于贺丰公司主张按合同约定以未付款30%计算违约金的诉求，原审法院认为应结合合同约定和实际损失综合考虑，酌情减少20万元。

一审法院判决：十一冶公司应于本判决生效之日起十日内支付给贺丰公司货款

86万元及逾期付款违约金20万元。十一冶公司不服原审判决，提出上诉。二审判决：撤销一审判决；驳回上诉人贺丰公司的诉讼请求。

【定性分析】

二审法院认为，本案二审中争议焦点在于原十一冶公司对贺丰公司的债务是否已经转移给娄某某。根据法律规定，当事人经协商一致，可以变更合同。债务人将合同义务转移给第三人的，必须经债权人同意。本案由原债务人十一冶公司起草，并由贺丰公司法定代表人郑某某、娄某某等亲笔签名并按指印的结算清单明确约定由娄某某承担向贺丰公司支付货款的责任，该内容表明贺丰公司同意原十一冶公司的付款责任由娄某某承担。同时，娄某某以个人名义向贺丰公司出具欠条，则进一步证明了系争债务的承担则为娄某某个人。据此，相关各方当事人已确定将原十一冶公司的债务转移给娄某某，贺丰公司对此明确作出了同意的意思表示。故本案的债务转移成立。贺丰公司称娄某某仅是债的加入，缺乏相应证据佐证，且与结算的约定不符，故本院难以采信。鉴于本案债务已经发生转移，贺丰公司应向新的债务人娄某某行使债权，而不能再要求十一冶公司履行。十一冶公司的上述理由成立，本院予以支持。原审法院判决不当，应予纠正。

四十三、一方当事人未与对方协商一致单方面解除合同造成损失的，责任自负

—— 孟某诉中佳国际合作旅行社旅游合同纠纷案

【基本案情】

原告孟某因与被告中佳国际合作旅行社（以下简称旅行社）发生旅游合同纠纷，于2004年5月6日向北京玄武区人民法院提起诉讼。

原告诉称：2004年4月21日我与被告签订旅游协议，委托被告代订机票和酒店服务，并向被告交纳21480元。由于出现"非典"疫情，4月24日我向被告提出退团，返还费用，但遭对方拒绝。4月28日，我向被告发出书面退团通知，但始终没有得到满意的答复。我与被告签订的合同是委托性质合同，双方签订的是格式合同，被告未告知我机票和房款不能退还，因此协议显失公平请求撤销该协议，由被告退还21480元并承担诉讼费。

被告辩称：我社与原告签订旅游协议后即向有关航空公司和酒店支付了全款。原告在4月24日咨询退出旅游团时，我社明确表示可以解除合同但支付的费用已不能退还。考虑原告可能因此遭受损失，建议其授权代为转让，但被拒绝。由于原告

未能接受我社转让名额的建议，耽误了减少损失的时机。4 月 28 日 16 时，我社接到原告的书面退团申请后，当即用传真方式通知原告：4 月 30 日是出发日期，无法全额退款；如在 4 月 29 日 10 时前告知名单，我社继续安排原告等人的行程。此后再没有接到原告的电话。原告以"非典"为由提出退团要求时，我社已经开始履行协议，有关费用无法退还原告。原告没有办理正式退团手续，我团只能继续按协议执行，由此产生的经济损失，不应由我社承担。

在法庭调查中，被告对原告提供的证据无异议；原告认为，被告提供的酒店的房间报价表不是原件，缺乏效力；现有证据不能证明被告已代付了房款；被告与其他旅行社的协议书的效力有问题，并对没有提供其他人名字的情况下，被告能否买飞机票提出异议；否认曾接到被告答复传真。

北京市宣武区应原告申请，就本案争议的事实向中国南方航空公司进行了调查。调查结果为 Cz3112 航班有 198 个座位，实际登机者为 192 人。原、被告双方对此调查结果无异议。

北京市宣武区人民法院认定本案事实如下：

2004 年"五一"期间，被告旅行社组织了"三亚自由人旅行团"，旅行社为该旅行团提供的具体服务为：为游客提供往返机票和入住酒店，游客到达后自由活动。4 月 21 日，原告孟某为参加该旅行团，与旅行社签订《中佳国际合作旅行社三亚协议》。协议约定：旅行社为孟某及其余 5 人提供 4 月 30 日北京去海南三亚和 5 月 4 日返回北京的机票，并提供 6 人入住三亚椰林滩大酒店的 3 间花园房，为此支付费用是 3580 元。协议还约定：旅行社提供的机票为团队折扣票，不得签转、退换、更改。协议签订后，原告交付了 6 人的全部费用共计 21480 元，4 月 22 日，旅行社向三亚椰林滩大酒店交付旅游团全部订房费共计 43804 元，其中原告及其余 5 人的预订房费为 5460 元，人均 910 元；并向赛特国际旅行社交付了往返包机票费用 106680 元，预订 42 人包机的往返机位，每位往返机票为 2540 元，其中为原告及其余 5 人预订的往返机票交款 15240 元。

4 月 24 日，原告以北京出现"非典"疫情为由，口头提出退团，并要求旅行社退还全款。旅行社表示，可以代为转让机票和酒店，但不同意全部退款，双方未达成一致意见。4 月 26 日，原告到北京旅游局反映情况，该局调解未果。4 月 28 日，原告传真通知旅行社退团，旅行社以原告未正式办理退团手续为由，拒绝解除合同。

4 月 30 日，原告及其余 5 人未参加旅游，旅行社预订的 CZ3112 航班空余 6 个座位；原告及其余 5 人亦未入住被告预订的椰林滩大酒店客房。关于旅行社已预付的机票和住店费用，赛特国际旅行社表示，该机票费用属于包机票款，按约定不能退款，椰林大酒店表示"五一"黄金周期间订房有专门约定，客人未入住亦不能退款。

【争议焦点】

本案双方争议的焦点是：一、原告要求免责解除合同是否成立；二、合同未履行的责任如何确定。

【裁判结论】

关于原告要求免责解除合同是否成立问题。一审法院认为：原告孟某和被告旅行社签订的"三亚自由人旅行团"，是双方真实意思表示，合同内容不违背法律禁止性规定，应认定有效，双方都应遵守合同约定的权利义务。在合同签订后，孟某交付了6人全部旅游费用，旅行社为孟某预订了6人机票和酒店客房，并支付了费用。至此，双方已按合同的约定履行了各自义务。在旅行社履行义务后，孟某以出现"非典"疫情为由，要求与旅行社解除合同并全部退款，其免责解除合同请求权的行使，不符合《合同法》的规定。当时我国虽然出现"非典"病例，但疫情范围很小，不构成对普通公众的日常生活构成危害，即原告不能以当时"非典"疫情的出现作为免责解除合同的依据。且根据《合同法》第117条的规定，不可抗力因素亦不是当事人不承担全部责任的必然条件，故原告以此为由，单方面要求解除合同并由对方承担全部责任的主张，缺乏事实和法律依据。旅行社表示可以解除合同，但要求原告承担解除合同造成的经济损失理由正当。本案中，根据双方协议内容，旅行社的义务是负责为原告代购机票和代订酒店，确定委托性质。旅行社根据原告要求，为其代购机票和代购酒店后，有权利收取必要的费用。原告称与旅行社签订的旅游合同具有委托合同性质，委托人可以随时解除合同，旅行社作为委托人应无条件退款，没有法律依据。原告在距旅游出发日期50小时以传真形式发出的解除合同的通知，但未办理退团手续，应视为合同继续有效。

关于合同未履行的责任如何确定问题。一审法院认为：《合同法》第93条规定："当事人协商一致，可以解除合同。"本案中，原告虽然提出解除合同，但同时附加全部退款条件，原告与被告旅行社未就如何解除合同达成一致意见，应认定原告单方违约。原告称已通知旅行社中止合同，但原告通知中止合同时，旅行社的代购机票和代订酒店行为已经发生，其法律后果应由原告承担。原告称双方签订的协议是旅行社提供的格式合同，旅行社在签订合同时没有告知其机票和房款不能退还，双方合同显失公平，故合同无效，并由旅行社承担一切责任。经查，双方协议中已载明"机票为团队折扣票，不得签转、退换、更改"。这说明双方签订合同时，已就有关事宜作出了约定，该约定不属于《合同法》规定的格式合同禁止条件，原告根据协议享受的权利与旅行社提供的服务相当，主张显失公平没有法律依据。由于原告未向旅行社提供登机人员的名单，亦没有委托转让机票，造成旅行社既无法拿到其他5人已支付票款的机票，又无法对机票予以转让，应承担由此产生的经济损失。原告以未享受旅行社提供的服务为由，要求旅行社按协议退还21480元，依法不予支持。故判决如下：一、终止原、被告签订的《中佳国际合作旅行社三亚协议》；二、驳回原告要求撤销《中佳国际合作旅行社三亚协议》，退还21480元的诉讼请求。

判决后，孟某不服，向北京市第一中级人民法院提出上诉。孟某上诉理由是：与旅行社签订的旅游协议，没有其他参加旅行人员的具体姓名准确信息情况，应认定协议无效，旅行社没有受到实际损失。

二审法院审理后认为：

上诉人关于"合同上没有其他5人的姓名等情况不能生效"的主张，缺乏法律依据。通常情况下，由一人代表其他人签订国内旅游服务合同是完全正常的。合同签订时，参加旅游一方明确人数即可，旅游的具体姓名，可以在以后进一步明确，旅行社根据对方提供的人数即可以履行预订机票和酒店客房的义务。本案中，当事人已在合同上签字，并当场缴足六人的全部费用，应认定合同已生效。上诉人关于"旅行社的损失并没有实际存在"的主张，虽然旅行社向椰林大酒店、赛特国际旅行社付款订房、订机票时，没有具体游客的姓名，但考虑到旅行社是根据商业惯例在保证其经济效益的前提下履行预订机票和酒店客房义务的，旅行社关于4月22日为上诉人预订机票和客房的说明合乎常理，且有相应的证据，认定其主张成立，并无不当。上诉人关于"4月24日就提出终止合同，但对方没有及时采取措施，导致损失产生与扩大"的主张，旅行社在双方解除合同的具体后果上存在争议，对方又没有明确授权的情况下，没有向他人转让上诉人预订的机票和房间，并无不当。一方当事人提出解除合同时，有权要求对方当事人采取合理措施，尽可能减少因解除合同造成的损失，但无权在未与对方协商一致的情况下，即单方面强行解除合同，并要求对方承担解除合同的全部损失。本案中，上诉人提出解除合同和要求退款是可以理解的，但旅行社亦有权提出异议。在双方没有达成一致时，仍应继续履行合同规定的权利和义务，违反合同约定一方，应承担合同违约的责任。上诉人在双方未对是否解除达成一致意见时拒绝对方减少损失的建议，坚持要求对方承担解除合同全部损失，致使损害结果发生，故应承担全部责任。综上，合同生效后，双方当事人按照合同的约定认真履行义务。乙方提出解除合同的，应积极与对方协商，而不是强行解除合同，并要求对方承担全部损失。上诉人未与对方协商一致即单方中止合同，由此造成的经济损失，应自行负责。故判决如下：驳回上诉，维持原判。

四十四、网络经营者是否可以单方取消网购订单

——陈某诉世纪卓越信息技术有限公司买卖合同纠纷案

【基本案情】

被告世纪卓越信息技术有限公司（以下简称世纪公司）系亚马逊网站所有者和责任承担者。2013年11月26日，原告陈某控制并登录的电子邮箱收到亚马逊网站发来的邮件，确认其订购了"CHANGHONG 长虹 LED3253832 英寸 LED 电视"。送货地址为陈某地址，并注明该邮件仅确认收到了订单，不代表接受订单，只有亚马逊网站发出发货确认的电子邮件，订货合同才成立。当日，亚马逊网站再次给涉案邮箱发送邮件，确认邮箱用户已就涉案订单支付货款161.99元。2013年11月28日，亚马逊网站给上述邮箱发送邮件称商品缺货，相应款项将退回。世纪公司庭审中称2013年11月20日后台系统故障将错误的商品信息上传至前台。目前涉案商品货款已退还。

在亚马逊网站注册时，注册页面最下端以连接方式公布了"使用条件"，但若不点击，不妨碍注册程序进行。确认订单产品型号、订购数量等内容进行了加粗加黑处理，但"使用条件"以普通字体出现页面最下端，在购买时，消费者无需阅读"使用条件"，点击提交订单按钮即购买成功。"使用条件"载明：网站上展示的商品和价格等信息仅为要约邀请，消费者下订单为购买商品的申请或要约；收到订单后，只有当网站发出送货确认的电子邮件或短信，通知商品发出时，合同才成立。

陈某诉求：世纪公司继续履行原订单并交付货物；赔付公证保全金、律师费，承担本案诉讼费用。

【判决结论及定性分析】

北京朝阳区人民法院经审理认为：陈某掌握涉诉的电子邮箱和密码，涉案商品的签收人亦为陈某，故陈某是涉案商品的购买方，是适格主体。世纪公司将其待售商品名称、型号、价款等详细信息陈列于其网站之上，内容明确具体，与商品标价陈列出售具有同一意义，当符合要约的特征。消费者通过网站在其允许的状况下自由选购点击加入购物车，并在确定其他送货、付款信息之后确认订单，应视为进行了承诺，双方买卖合同已成立。因陈某订购的电视机属种类物，且世纪公司未能提交其不能继续采购到货的证据，故世纪公司应当向陈某交付其订购的电视机，陈某亦应在收到电视机同时向世纪公司支付剩余货款。对于网站"使用条件"，亚马逊网站并未尽到提请注意的义务，故该条款对消费者不发生法律效力。北京朝阳区人

民法院依据《合同法》相关规定判决如下：一、世纪公司于判决生效起十日内向陈某交付 CHANGHONG 长虹 LED3253832 英寸 LED 电视 1 台；陈某同时向世纪公司支付 161.99 元；二、世纪公司于判决生效之日起 10 日内给付陈某证据保全费 1000 元、律师费 4000 元。

世纪公司不服一审法院判决，上诉至北京市第三中级人民法院。

二审法院经审理认为：

一、陈某是否为本案买卖合同适格主体。涉诉电子邮箱收到亚马逊网站发来的确认收到订单以及取消的电子邮件，可以证明本案买卖合同的卖方系该电子邮箱的使用人，陈某掌握该电子邮箱的用户名和密码，并经过公证可以顺利登录上述电子邮箱，在无相反证据下可以判断陈某既为该电子邮箱的实际使用人，即陈某是本案买卖合同的主体。

二、网站"使用条件"是否对双方发生约束力。亚马逊网站"使用条件"约定，仅在亚马逊网站向消费者发出送货确认的电子邮件通知已将该商品发出时，双方的合同才成立，免除了世纪公司不予发货的违约责任，属于格式条款。从网站注册环节看，世纪公司并未要求注册用户必须阅读并同意"使用条件"；从页面展示看"使用条件"的相关链接位于网站最下端，且点击链接才能查看，不易识别；从检查订单环节看，世纪公司可以加粗的字体显示产品型号、定购数量、送货地址、付款方式等，却仅以页面下方以色度较暗的普通的字体提示"使用条件"，不易被消费者注意，因此，世纪公司未尽到对格式条款的提示和说明的义务，该条款对陈某无约束力。

三、世纪公司与陈某之间买卖合同是否已经成立。世纪公司将其待售的商品名称、型号、价款等详细信息陈列于其网站之上，且消费者可以直接点击购买并支付价款，其内容明确具体，符合要约的特征。陈某作为消费者通过网站在其允许的状态下自由选购点击购物车，并在确定其他送货、付款信息之后确认订单，支付了货款，应视为进行了承诺。在双方无其他特殊约定的情况下，世纪公司与陈某的合同已经成立。

四、世纪公司是否应当承担继续履行合同的责任。世纪公司在诉讼中主张其在网站发布涉案商品系由于系统错误，但世纪公司作为商家在网站上发布信息面对众多消费者，其应当尽到严格审慎的核查义务。此外，世纪公司在告之陈某无法发货时，其理由系"缺货"，而非系统错误。鉴于双方买卖合同关系成立并生效，世纪公司单方取消订单属于违约，影响陈某承担相应的违约责任，陈某要求世纪公司承担继续履行的违约责任，于法有据，应予支持。故判决如下：驳回上诉，维持原判。

四十五、瑕疵尚不构成根本违约，当事人无权解除合同
—— 快马印务有限公司诉旭恒精工机械制造有限公司买卖合同纠纷案

【基本案情】

快马印务有限公司（简称快马公司）与旭恒精工机械制造有限公司（简称旭恒公司）于2014年2月20日签订买卖合同，约定：由快马公司向旭恒公司购买一台价值人民币173万元的1050FHCA型全自动平压平全息烫金模切压痕机；快马公司应于签约时付定金346000元，发货前付519000元，余款于安装验收合格后分12个月支付，每3个月支付一次。合同还约定其他内容。签约后，快马公司于2月21日向旭恒公司汇付3万元，4月25日又付款835000元。5月8日，旭恒公司向快马公司交付了设备，快马公司在验收单上注明"机械外壳多处补漆、主要部件有油漏、在外边电源接头大部分是二手线"。因上述原因，设备并未进行实质性安装调试。快马公司与旭恒公司进行了多次协商，但均未达成一致，快马公司遂涉诉。

原审法院另查明：系争议设备零部件中的变频器的生产时间为2012年8月、配电柜的生产时间为2012年7月，电机的生产时间为2012年。快马公司另曾在2014年5月16日向旭恒公司汇款19000元。在快马公司经办人吴某与旭恒公司经办人王某通过微信和短信的交涉过程中，吴某曾表示："小王请你把模切机的定金19000元退回我公司账上"，"直接退机，你们公司太让我失望，不守诚信，欺诈客户，我会向同行业内的人说这件事，另外，切模机也退订"。

二审法院另查明：2014年6月期间，快马公司经办人吴某与旭恒公司的经办人王某之间的通话内容摘录："王：现在结果出来了，就是换台新机给你，然后再退5万元给你。""吴：5万元太少。""王：你要多少？""吴：至少30万，这是底线，你也不要拖来拖去，教人换零件，修理，延后一年售后服务。""王：我回去问问老板，现在没有任何商量余地吗？""吴：对，你把商量结果告诉我。""王：换新机不行吗？没有任何商量余地吗？""王：我最想的就是帮你换台新的，新的你又不用管什么事，而且为了这事你烦，你可以拿点附加值的东西，不也是蛮好的吗？"吴：我要那些东西有什么用？……""王：换一台全新的对你来说是件好事。换一台崭新的给你，你为什么非要现场修呢？换一台崭新的给你，把那台拉回来。""吴：中间的损失怎么办？""王：那你说直接要多少钱？""吴：那50万……"

2014年6月25日，旭恒公司向快马公司发送《通知》一份（随通知"补充协议"一份），内容明确"……同意将《买卖合同》项下的设备降价10万元，旭恒公司同

意在快马公司最后一期尾款中扣除 10 万元……"但因快马公司不同意该补充协议内容而致双方当事人未能达成一致意见。2014 年 6 月 30 日，旭恒公司又向快马公司发送《通知》一份（随通知附"协议书一份"），内容明确："……同意终止双方的《买卖合同》……快马公司向旭恒公司退货，旭恒公司在收到设备后 10 日内向快马公司退还已收取货款 865000 元……"但因快马公司不同意该协议内容而致使双方当事人又未达成一致解决意见。

【裁判结论】

一审法院判决：驳回快马公司全部诉讼请求。

上诉人快马公司不服原审判决，提起上诉。

二审法院判决：驳回上诉，维持原判。

【定性分析】

一审法院认为：（一）关于 19000 元性质的问题。虽然旭恒公司主张的 2014 年 5 月 8 日快马公司与旭恒公司签订买卖合同因无快马公司签字或盖章导致原审法院不能认定 19000 元是针对该份合同而付，但从快马公司与旭恒公司经办人交涉过程中形成的微信和短信可以看出该 19000 元也非是针对本案系争议设备而付，故原审法院认定快马公司系争议合同项下的付款总金额为 865000 元。（二）关于合同是否解除。快马公司是基于主张旭恒公司不适当履行即履行有瑕疵来要求解除合同的，而法律对此规定了较为严格的条件，如果瑕疵并不严重，致使合同目的不能实现才能解除合同。本案中已知的事实是个别零部件的生产时间早于快马公司与旭恒公司签订合同时间，虽然设备外表存在一定瑕疵，但由于设备并未能进行实质性的调试，争议的零部件是否会因为生产时间相对较早而影响设备运行质量上不得而知，即使有影响，快马公司亦是可以通过更换的方式来完善并达到其合同目的的；至于用于生产的设备外表有瑕疵，一般不涉及根本违约，完全可以通过修补或适当降价等方法予以补救。综上所述，旭恒公司履行上的一些瑕疵尚不构成根本违约，快马公司无权解除合同。基于以上理由，快马公司的诉求缺乏事实和法律依据，原审法院不予以支持。

二审法院认为：根据已经查明的事实，旭恒公司针对快马公司就买卖设备提出意见，数次提出调换新设备并补贴损失、降价、退货的处理方案，但快马公司均未予以接受。按照快马公司在本案诉讼中意见主张，其本意欲购买新的设备。那么，在旭恒公司明确提出同意调换设备或退货意见的情况下，其应当就此进行选择或调换新设备或退货。而事实上，快马公司且以该交付设备为样机以及外表存有瑕疵为由而均未同意。据此，法院认为，原审法院以"旭恒公司履行上的一些瑕疵尚不构成根本违约，快马公司无权解除合同"为由，作出对快马公司公司要求解除双方签订的买卖合同的诉求不予支持的处理是正确的，二审法院对此予以维持。在旭恒公司现在坚持要求继续履行合同的情况下，快马公司以上述理由要求解除合同的请求无事实和法律依据，法院对此部分上诉意见不予支持。关于快马提及其已经向旭恒公司支付19000元的性质问题，法院认为，根据快马公司已向旭恒公司支付货款与买卖合同约定金额（前二期）完全一致的情况，快马公司主张该19000元亦系本案项下货款的主张，法院对此部分上诉意见也不予支持。

四十六、因合同目的不能实现，当事人可以请求解除合同
—— 包某某诉圣通华汽车销售服务有限公司买卖合同纠纷案

【基本案情】

2005年5月5日，原告包某某从被告圣通华汽车销售服务有限公司（以下简称圣通华汽车）购买青岛产CA3261P2K15T1型自卸汽车，发动机号0203069135，车架号LFWJDSMJX2A048789，价款20万元。原告购买上述车辆后，实际使用了车辆。截至2005年8月26日，车辆行驶里程达3万公里。因该车不能办理上牌手续，原告将圣通华洗车和一汽解放青岛汽车厂为共同被告于2007年1月30日向原审法院提起诉讼，要求解除与被告签订的买卖合同，被告返还购车款20万元并承担利息损失。

原审法院查明：2005年3月25日，国家发展和改革委员会发布公告，将包括解放牌CA3261P2K151T1型自卸汽车在内的车辆产品目录撤销，自2005年4月1日起不再作为车辆产品注册登记的依据。原告购买涉案车辆之前，涉案车辆已经被国家有关部门撤销目录，车辆因此不能办理上牌手续，致原告购买车辆的合同目的难以实现。据此判令解除原告与被告签订的买卖合同。但因原告购买车辆后实际使用了车辆，车辆价值因此减少，被告返还原告购车款时应扣除上述损耗，而经法官释明后原告未提供车辆实物以供鉴定，致使车辆价值不能确定；被告一汽解放青岛汽车厂因与本案无关，故法院在判决中对于原告主张返还购车款20万元及利息的主张以及原告对于一汽解放青岛汽车厂的诉讼请求均未予支持。判决送达后，原、被告均未提起上诉，该判决已于2007年11月10日生效。

因本案原、被告就该案青岛产解放牌CA3261P2K151T1型自卸汽车的价值不能达成一致，2009年5月26日，原告申请对涉案车辆在2007年的实际价值进行评估。经原审法院委托，青岛中天华资产评估有限公司于2009年8月15日以无法进行现场勘查为由退回委托。2009年8月26日，原告重新申请对涉案车辆的现价值进行评估。

2009 年 12 月 31 日，该公司出具青中评报字（2009）第 061 号评估报告书，认定该车应不能挂牌上路行驶，所以以整车配件予以评估。评估基准日（2009 年 2 月 2 日）的市场价值为 53300 元。报告以净资产评机构法定代表人、项目负责人、复核人以及资产评估师李某、曾某某本人签字盖章，并附有该公司的资格证书的复印件，李某及曾某某的评估师资格证书，李某的评估师资格证所在机构名称；青岛中才有限责任会计师事务所一栏盖有"变更"章。原告为本次评估花费 1000 元，拖车费 9800 元。被告对该份评估报告提出异议称，涉案车辆的实际价值远低于评估价值，评估报告上无第一位评估师签字，第二位评估师不是本次评估机构人员，认为评估不符合程序，但被告并未申请重新鉴定。原告对该评估报告无异议。

　　一审法院另查明，根据国家经贸委发布的汽车报废标准，涉案车辆的报废年限为 10 年。原告主张，因涉案车辆无法正常上路行驶，自 2005 年 8 月 26 日之后，其即将车辆停放至 2009 年 10 月，为此花费停车费 6000 元，原告并提交车费收据予以证明。

　　【判决结论】

　　一审法院判决：一、被告圣通华汽车销售服务有限公司返还原告包某某车款 200000 元，于本判决生效之日起十日内一次性付清；二、被告圣通华汽车销售服务有限公司赔偿原告包某某利息损失（本金为 200000 元，自 2007 年 11 月 11 日起至本判决生效之日止，按中国人民银行同期同类贷款利率计算）于本判决生效后十日内付清；三、原告包某某返还被告圣通华汽车销售服务有限公司青岛产解放牌 CA3261P2K15T1 型自卸汽车一辆（发动机号 0203069135，车架号 LFWJDSMJX2A048789），于本判决生效之日起十日内返还；四、原告包某某补偿被告圣通华汽车销售服务有限公司青岛产解放牌 CA3261P2K15T1 型自卸汽车（发动机号 0203069135，车架号 LFWJDSMJX2A048789）的折旧费损失 30000 元，于本判决生效之日十日起内一次性付清；五、驳回原告包某某的其他诉讼请求。

　　一审判决后，被告圣通华汽车销售服务有限公司不服，提起上诉。

　　二审法院判决：一、维持一审民事判决第一项、第二项、第五项；二、撤销一审民事判决第三项、第四项；三、被上诉人包某某于本判决生效后十日内返还上诉人圣通华汽车销售服务有限公司青岛产解放牌 CA3261P2K15T1 型自卸汽车一辆（发动机号 0203069135，车架号 LFWJDSMJX2A048789）；若不返还，则按该车价值 53300 元予以赔偿；四、被上诉人包某某于本判决生效后十日内补偿上诉人圣通华汽车销售服务有限公司车辆减损价值 73350 元。

【定性分析】

一审法院认为：（2007）李民初字第669号民事判决原告签订的买卖合同因涉案车辆不能办理上牌手续，致使合同目的的难以实现，判令解除了原、被告签订的买卖合同。自合同解除之日，双方应对因履行合同产生的债权债务进行清算。具体本案，原告应当返还被告产解放牌CA3261P2K15T1型自卸汽车一辆，被告返还原告购车款20万元。合同相对人互相返还的财产应是原物，返还义务人应保证其返还财产品质不降低。如因返还义务人的原因致使因合同取得的财产受损，基于公平原则，应补偿或赔偿对方的损失。原告购买车辆后使用了3万公里，致使车辆实际价值降低，应补偿被告因使用车辆而使车辆价值降低的该部分损失；被告应赔偿原告延期返还车款给原告造成的利息损失。据此，原告应以10年的报废期为限，补偿被告在其2007年1月30日提起诉讼之前的车辆折旧损失3万元（20万元÷10年×1.5年），被告应赔偿原告自（2007）李民初字第669号民事判决生效之日（2007年11月10日）起至本判决生效之日止的利息损失。本案中，原告遂申请对车辆价值进行评估，但车辆在2007年的价值无法认定，因该车辆不能正常挂牌上路行驶，车辆现价值是以整车配件价格进行的价值认定。原告购买涉案车辆所支付的20万元显然是购买车辆的价格，而非整车配件的价格，以评估报告作为依据判定原告补偿被告的依据，对原告显失公平，故对青中评报字（2009）第061号评估报告不予认可，由此产生的评估费损失由原告自行承担。

被告抗辩称，曾为此车交纳了17%的增值税，一旦互相返还，原告应承担税款损失，被告该抗辩意见不属于本案审理范围，且被告作为涉案车辆的销售方，优先掌握国家发改委撤销车辆目录的公告内容，本案无证据显示其作为签订合同的强势方在掌握不利于原告的信息时尽到告知义务，在此情形下，导致涉案合同被解除的主要责任在被告，即使被告产生增值税损失，该部分损失亦应由被告承担。

被告主张本案一事不再理的情形，应裁定驳回原告的起诉，但在（2007）李民初字第669号民事案件中，原告主张返还购车款20万元及利息，因原告未能提供车辆实物以供价值评估认定，从而导致证据不足，该主张未获法院支持。原告本次起诉，提供了车辆实物以供评估，显然不属于被告抗辩的情形，对被告上述主张，不予支持。

二审法院认为：本案买卖合同的当事人系上诉人圣通华汽车销售服务有限公司与被上诉人包某某，上诉人作为销售者就应当承担买卖合同被解除的责任，且被上诉人也选择了上诉人承担责任，上诉人承担责任后可依法向生产者追偿，故上诉人认为缺少必要的上诉理由不成立，本院不予支持。在青岛市李沧区人民法院（2007）李民初字第669号案件中，判决解除上诉人与被上诉人的车辆买卖合同，至此双方的权利义务终止。双方签订买卖合同时，被上诉人并不知道所购车辆无法上牌，不能正常上路行驶，上诉人也无证据证实其告知了被上诉人车辆的真实情况，因此，造成买卖合同被解除的主要原因在上诉人，上诉人应承担主要责任。被上诉人接收涉案车辆后，在未挂牌的情况下就先行使用，造成车辆价值减损，涉案车辆不管是停放还是使用都造成价值减损，在青岛市李沧区人民法院（2007）李民初字第669号案件中，经法官释明后，被上诉人应未提交车辆进行价值鉴定，一直控制车辆到本案一审诉讼中，再次造成车辆价值的减损，对此，被上诉人应承担主要责任。因此，对于涉案车辆价值减损，上诉人与被上诉人均有责任，双方各承担一半为宜。

对青岛中天华资产评估有限公司对涉案车辆价值进行评估的青中评报字（2009）第061号评估报告书的采信问题，报告特别写明因为被评车辆不能挂牌，应以无牌车辆进行考虑，该考虑符合涉案车辆的实际情况，且被上诉人对该证据无异议，上诉人认为涉案车辆的实际价值远低于评估价值，评估程序不合法，但并未申请重新评估，该评估报告应予采信。涉案车辆在评估基准日时的市场价为53300元。涉案车辆的减损价值为146700元（20万元减去53300元），双方各自承担一半，应为73350元。

根据《合同法》的有关规定，合同解除后，根据履行情况和合同性质，当事人可以要求恢复原状、采取其他措施，并有权要求赔偿损失，从被上诉人的诉求来看，其选择的系恢复原状及赔偿损失。上诉人应返还被上诉人车款20万元及相应的利息，被上诉人应返还上诉人涉案车辆，减损的价值应按上述认定各自承担一半，若被上诉人不能返还车辆，则应按鉴定的价值赔偿上诉人。上诉人所缴纳的增值税费用，被上诉人的拖车费及停车费按原审法院的认定各自承担。综上所述，上诉人的上诉理由部分成立，本院予以部分支持。原审判决认定事实不清，适用法律错误，应予改判。

四十七、第三人持欠据向债务人催要货款是否构成债权转移
——李某某诉易某等买卖合同纠纷案

【基本案情】

原告李某某于2012年经人介绍认识了被告易某。2012年7月2日，被告易某向原告买了123吨煤炭，共计货款94700元。当日，煤炭运送到被告易某指定地点后，被告易某支付了货款10000元，剩余84700元货款未付。2012年7月7日，被告向原告出具了一份欠据，欠据内容"今收李某某煤炭123吨，即款九万四千七百元整。

已付一万元整，尚欠八万四千七佰元整（84700元）"。此后原告因催讨此笔款项未果，遂于2013年12月2日委托了第三人何甲及何乙帮忙催款，同时出具了委托书，并在欠条原件下面写了"李某某□□（此处缺损）何甲、何乙"的字样。但被告一直未支付该笔货款。故原告诉诸本院，请求判令俩被告共同还货款84700元。

【判决结论】

湖南省汨罗市人民法院经审理认为：原告李某某与被告易某口头订立煤炭买卖合同，系双方真实意思表示，合法有效，双方应严格履行。被告易某在收到原告的煤炭后，应当依法向原告支付货款。被告易某除已支付的10000元货款外，应当继续履行合同义务，支付剩余的货款84700元。被告易某在答辩时提出原告已将此笔剩余的货款转让给了第三人何甲及何乙，李某某已不具备本案原告的主体资格。根据本案原、被告提供的证据分析，原告提供的欠据虽有破损，但被告仅凭一张欠据的复印件，不足以认定欠据原件缺损处应为"已转让"这三个字。且第三人何甲及何乙在持欠据原件向被告易某催讨货款时，同时也向被告易某出具了原告的委托书，委托书已写明了"现李某某委托何甲、何乙帮我讨回煤款"，而该委托书被告易某也收到了一份。再者被告易某所提供的城关派出所民警彭某某的调查笔录中，也证实了当时原告与被告易某及第三人何甲因催讨此笔剩余货款发生纠纷在城关派出所处理的过程中，原告陈述委托了第三人何甲找易某催要货款。故原告并未将其对易某所享有的债权转让给第三人何甲等人。对于被告易某的上述答辩意见，本院不予采纳。本案中，被告张某某及第三人何甲并非买卖合同的相对方，依据合同相对性原则，被告张某某、第三人何甲在本案中不承担责任。故法院判决如下：一、被告易某支付原告李某某货款84700元。此款限在判决生效后五日内付清；二、驳回原告李某某的其他诉讼请求。

【定性分析】

本案处理的焦点在于债权转让成立的认定。我国《合同法》第79条规定："债权人可以将合同的权利全部或部分转让给第三人。"第80条规定："债权人转让权利的，应当通知债务人。未经通知，该转让对债务人不发生效力。"所谓合同权利转让，也称债权转让，是合同债权人通过协议将全部或部分转让给第三人的行为。而债权转让的有效条件，第一，债权转让有效的合同存在；第二，转让债权须有可让与性；第三，债权人与受让人须达成债权转让协议；第四，债权转让必须通知债务人，当然有的合同需要遵守一定程序。本案中，原、被告之间的买卖合同有效，也具有可让与性。但是，原告与第三人何甲之间没有达成转让协议，原告本身也没有将债权转让的意思表示。这一点原告出具的委托书及陈述中均可以证明。而且根据《合同法》第80条的规定，债权转让应当通知债务人。该条明文规定了负有通知义务的是债权人，而不是债权人之外的人。也并不能将第三人的行为视为债权转让的通知。如果由权利人之外的人去通知他人债权转让的事实，与最基本的法学原理是不符的。故何甲持欠条催款并不能认定为李某某将债权转让于他。本院于是作出以上判决。

四十八、违约金约定过高的界定以及举证责任的分配
——中环集团有限公司诉上海奎皓实业有限公司、唐某某等买卖合同纠纷案

【基本案情】

2007年7月17日，原告中环公司与被告奎皓公司签订了购销合同，约定原告向被告奎皓公司购买1500吨聚乙烯和800吨聚丙烯，总金额为19154000元，奎皓公司于2008年12月底交货，若交货迟延达15日以上的则按不能交货论，合同终止履行，并应按不能交货部分金额的25%向原告承担违约金。原告中环公司和被告奎皓公司均在合同上盖章，双方经办人龚某某、唐某某签字。

2007年7月30日，原告与苏州西诺泛斯橡胶制品有限公司（以下简称西诺公司）签订了合同书，内容为"原告于2007年7月至2008年12月向西诺公司提供聚乙烯1500吨，聚丙烯800吨和以上化工原料加工的汽车配件成型制品。如不能按期提供化工原料的，按不能供货总额的20%承担违约金，不能按期交付成型制品的，按加工费的20%承担违约金。如造成额外损失的，原告承担全部损失"。双方均在合同书上签字。

2009年2月10日，原告与西诺公司签订了协议书，内容为"由于原告上家未供货，造成原告未能按2007年7月30日合同书的约定供货，原告依照合同向西诺公司支付违约金414万元，其中折抵的租赁费、物业费、水电费300万元左右，原告另于2009年内现金支付100万元左右"。2010年2月26日，原告与西诺公司在双方制作的冲抵水电费、设备租赁费、房租费、物管费合计3013751.75元的核算表上盖章确认。2009年11月6日，原告向西诺公司汇入了42万元，用途标注为"补偿款"；2009年11月19日，原告向西诺公司汇入了42万元，用途标注为"补偿款"。

合同签订后，被告唐某某、孙某分别为被告奎皓公司作出了履约担保承诺。但经原告数次催促发货，被告奎皓公司仍不能在合同约定期限内交货，由于2009年1月15日前被告奎皓公司仍然不能交货，原告解除合同并要求三被告给付违约金。三被告未予支付，原告遂诉至法院，要求：1.被告奎皓公司按约定向其支付不能交货违约金4788500元，后当庭放弃部分诉讼请求，要求被告奎皓公司向其支付违约金

4750000 元；2. 被告唐某某、孙某对被告奎皓公司上述付款义务承担连带清偿；3. 三被告承担本案诉讼费。

【裁判结论】

一审法院判决：一、被告上海奎皓实业有限公司于本判决生效之日起十日内向原告中环集团有限公司支付违约金 4750000 元。二、被告唐某某、孙某对被告上海奎皓实业有限公司上述付款义务承担连带清偿责任。

宣判后，奎皓公司、唐某某、孙某不服一审判决，提起上诉。

二审法院确认了一审法院查明的事实，同时另查明：法国公司 SCTISA 持有西诺公司 70% 的股份，该法国公司同时持有中环公司 51% 的股份。该事实由双方当事人的一致陈述予以证实。

二审法院判决：一、维持一审法院民事判决第二项；二、撤销一审法院民事判决第一项；三、奎皓公司于本判决生效之日起十日内向中环公司支付违约金 2009800元。

送达后，中环公司又向江苏省高级人民法院申请再审，再审法院作出民事裁定：驳回中环公司的再审申请。

【定性分析】

对于违约金的数额，二审法院认为，由于合同成立并有效，奎皓公司未按约交货，对中环公司构成违约，应当承担违约责任。关于奎皓公司应当承担违约金数额的问题，中环公司称因奎皓公司未供货产生的损失包括应得销售利润 1546000 元、现金补偿西诺公司 102 万元以及折抵西诺公司的租赁费、物业费、水电费 3013751.75 元，所依据的有 2007 年 7 月签订的合同书、2009 年 2 月签订的协议书、发票和汇款凭证。首先，针对应得销售利润，中环公司在向奎皓公司购买聚乙烯、聚丙烯后，可以自用也可以转售，如果自用会产生生产利润，如果转售会产生销售利润，现中环公司与西诺公司约定将货物出售给西诺公司，中环公司对货物的处理应属合理，虽然中环公司与西诺公司系关联企业，但中环公司向西诺公司供应聚乙烯和聚丙烯的价格与中环公司和奎皓公司约定的价格相比，未超出合理范围，所以，应认定中环公司与西诺公司签订的合同真实有效，上诉人认为中环公司与西诺公司签订的合同不真实，未能提供证据予以反驳。二审中唐某某申请对 2007 年 7 月中环公司和西诺公司签订的合同书的签署时间和形成时间进行鉴定。该院认为，鉴定结论并不影响对中环公司和西诺公司合同关系的认定，故对鉴定申请不予准许。故中环公司认为奎皓公司应当对其预期利益即应得销售利润 1546000 元承担责任，具有合理性。其次，关于中环公司与西诺公司达成的补偿协议，该协议系两公司协商后自行达成，因奎皓公司对中环公司的该部分损失不予认可，中环公司应当提供补偿协议已经实际履行的证据，但中环公司仅提供了发票和汇款凭证，鉴于两公司之间的关联关系，发票和汇款凭证不足以证明中环公司因履行补偿协议而产生了损失。《最高人民法院关于适用〈中华人民共和国合同法〉若干问题的解释（二）》第29条关于"当事人主张约定的违约金过高请求予以适当减少的，人民法院应当以实际损失为基础，兼顾合同的履行情况、当事人的过错程度以及预期利益等综合因素，根据公平原则和诚实信用原则予以衡量，并作出裁决"。当事人约定的违约金超过造成损失的百分之三十的，一般可以认定为《合同法》第114条第二款规定的"过分高于造成的损失"之规定，中环公司对其主张的实际损失未能提供证据证明，但其主张的预期利益具有真实性和合理性，鉴于奎皓公司要求对违约金数额予以调低，结合奎皓公司的违约情形以及给中环公司造成的预期利益损失情况，该院将中环公司主张的违约金进行调整，酌定为中环公司预期利益损失的1.3倍，即2009800元。

四十九、在所有权保留的买卖合同中，若买受人违约，出卖人可取回标的物

——宁波海星塑料机械制造有限公司与霸州市盛华塑料制品厂买卖合同纠纷案

【基本案情】

2006年6月29日，原告宁波海星塑料机械制造有限公司（以下简称海星公司）与霸州市盛华塑料制品厂（以下简称盛华塑料厂）签订《工矿产品购销合同》一份，合同约定："一、产品名称型号、商标、数量、金额、供货时间：海星HXF468的注塑机一台，合同价款人民币350000元，10天内发货；九、结算方式及期限：合同签订，付首付款245000元，余款105000元在设备运到之日起三个月内无条件一次性付清；十二、解决合同纠纷的方式：按《合同法》向供方所在地人民法院提起诉讼；十三、其他约定事项：在需方货款没有付清之前，设备的所有权属于供方，需方无权转让或出售。"合同签订后，被告支付了首付款245000元，余款105000元未付，原告于2006年7月17日依约交付了货物。2007年8月11日、2008年1月8日、2010年10月14日原告三次发函催促被告支付余款105000元，被告均未支付。

原告海星公司起诉请求判令被告返还原告保留所有权的型号为HXF468的注塑机一台。

【裁判结论】

一审法院判决被告霸州市盛华塑料制品厂返还原告宁波海星塑料机械制造有限

公司型号为 HXF468 的注塑机一台。

判决后，被告霸州市盛华塑料制品厂未提出上诉，判决已发生法律效力。

【定性分析】

法院经审理认为，原、被告双方当事人签订的《工矿产品购销合同》合法有效，对双方当事人均具有法律约束力，双方均应严格依约履行。双方所签订的是动产买卖合同，原告作为出卖人已履行交付标的物的义务，被告作为买受人应及时履行支付价款的基本义务。根据《合同法》第134条"当事人可以在买卖合同中约定买受人未履行支付价款或者其他义务的，标的物的所有权属于出卖人"的规定，本案中，海星公司与被告盛华塑料厂签订《工矿产品购销合同》中"在需方货款没有付清之前，设备的所有权属于供方，需方无权转让或出售"的约定符合上述法律规定，说明本案中双方依据《合同法》第134条的规定约定买受人支付价款之前出卖人保留所有权，在买受人支付全部价款时，所有权才发生转移。现被告盛华塑料厂未按约付清价款，注塑机的所有权人仍属于原告，而所有权包括占有、使用、收益、处分四项权能，出卖人可以取回标的物，故对于原告要求返还注塑机的诉讼请求，符合法律规定，本院应予支持。对于被告所称注塑机存在严重质量问题，被告的损失应与原告的尾款相互抵销的辩解意见，因被告未能提供有效证据证明购买的注塑机存在严重质量问题，所造成的损失及双方已达成协议抵销等事实，故对其上述辩解意见不予采纳。原告作为出卖人行使取回权后，买受人即被告在出卖人指定的合理回赎期间内，履行价款清偿义务的，可以重新占有标的物；被告在指定的回赎期间内没有回赎标的物，出卖人可以依法拍卖标的物或者解除合同，出卖人拍卖标的物的，拍卖所得的价款扣除未清偿价金、取回费用以及拍卖费用后仍有剩余的，应将剩余的部分返还给被告。

五十、既约定违约损失金额又约定损失范围时，违约损失应如何认定

——恒孚公司诉巨力公司等买卖合同案

【基本案情】

巨力公司与恒孚公司曾长期发生业务往来，巨力公司拖欠恒孚公司部分变压器油款未付。为此，原告于 2013 年 8 月 12 日向靖江法院申请诉前财产保全，靖江法院依法裁定冻结了巨力公司的银行存款 812000 元，后恒孚公司于 2013 年 8 月 26 日就巨力公司所拖欠货款向靖江法院提起诉讼，要求巨力公司支付货款本金 773428.80 元以及逾期付款违约金 80000 元。案件审理过程中，恒孚公司与巨力公司于同月 30

日达成和解协议，协议约定巨力公司将上述货款本金分两期支付给恒孚公司（现均已支付），协议另约定双方今后继续保持生意往来，巨力公司在2013年9月至2014年8月期间向恒孚公司购买变压器油的进货量不得低于500吨、2014年9月至2015年8月期间的进货量不得低于500吨、2015年9月至2016年8月期间的进货量不得低于500吨，买卖单价随行就市再行商议；巨力公司无论因何种原因向恒孚公司的进货量只要未达到约定标准，同意赔偿恒孚公司因买卖合同纠纷案所指的诉讼费、保全费、律师费、逾期付款违约金合计170000元。同日，巨力公司法定代表人张某出具担保书一份，承诺愿为巨力公司欠恒孚公司货款和买卖合同纠纷案件中所指向的诉讼费、保全费、律师费、违约金承担连带保证责任。双方协议签订后，恒孚公司撤回了起诉。2014年9月28日，恒孚公司以巨力公司在2013年9月至2014年8月期间进货量仅有270.49吨，未能达到约定的500吨为由诉至靖江法院，要求巨力公司赔偿损失170000元，张某承担连带赔偿责任。

另经查，在诉前财产保全案件中靖江法院收取了恒孚公司诉前财产保全费4580元。在恒孚公司起诉巨力公司买卖合同纠纷案件中，恒孚公司委托了江苏法德永衡律师事务所律师奚某某为其诉讼代理人，案件受理费减半收取6165元由恒孚公司负担。恒孚公司与巨力公司双方买卖业务往来中订立的买卖合同中均约定的违约金计算标准为合同总金额的每日千分之二。

【案件焦点】

1. 双方2013年8月30日签订的协议是否有效，若协议有效，被告巨力公司有无违约；2. 本案中原告恒孚公司的损失如何认定。

【裁判结论】

江苏省靖江市人民法院审理后认为：双方签订的协议和担保书，是当事人真实意思表示，不违反法律、行政法规的强制性规定，合法有效，被告巨力公司和张某辩称系在乘人之危的情况下签订的，但未提供充分证据证实，本院不予采信。根据我国民事诉讼证据规则，证明合同是否履行应由负有履行义务的当事人承担举证责任，故本院确认被告巨力公司未按协议约定履行义务之事实，对此巨力公司应承担相应违约责任。

双方协议中约定的损失170000元应属于违约金的约定，双方虽约定的损失赔偿金额为170000元，但又明确约定赔偿的损失范围为买卖合同案件的诉讼费、保全费、律师费和逾期付款违约金，根据我国《合同法》中的损失填平原则，赔偿范围应以原告的实际损失为限。双方当事人对于保全费4580元、诉讼费6165元没有异议，予以确认；原告恒孚公司在案件中委托律师参与诉讼，势必会产生一定的律师费，此项费用参照该案件的具体情况结合江苏省物价局《关于调整律师服务收费标准的通知》的收费规定予以确定；关于逾期付款违约金，原告恒孚公司在案件中主张逾期付款违约金依据的是双方买卖合同中约定的每日千分之二的标准，该违约金约定过高，应予调整，具体应以违约造成的实际损失为基准，综合衡量合同的履行程度、当事人的过错、预期利益、当事人缔约地位强弱等因素确定。综上，本院确认被告巨力公司应赔偿原告的总损失为 48000 元，对上述损失被告张某依法应承担连带赔偿责任。故判决如下：被告巨力变压器有限公司于判决生效后十日内赔偿原告恒孚润滑油有限公司损失 48000 元；被告张某承担连带赔偿责任。

【定性分析】

本案处理的关键在于对违约损失的认定问题，双方既约定了赔偿损失的具体数额，又明确约定了损失范围的情况下，因违约造成的损失仍应以约定赔偿损失的范围为限。

本案中因被告违约给原告造成的违约损失应根据双方协议中约定的诉讼费、保全费、律师费、逾期付款违约金的范围来进行确定。

另本案又涉及逾期付款违约金是否过高。针对违约损害赔偿，我国《合同法》采取的是补偿性原则而非惩罚性赔偿，违约损失应遵循损失填平原则，赔偿范围应以实际损失为限，原则上不采用惩罚性损害赔偿。对此，最高人民法院《关于适用〈中华人民共和国合同法〉若干问题的解释（二）》第 29 条第一款"当事人主张约定的违约金过高请求予以适当减少的，人民法院应当以实际损失为基础，兼顾合同的履行情况、当事人的过错程度以及预期利益等综合因素，根据公平原则和诚实信用原则予以衡量，并作出裁决"进行了明确约定。

关于违约赔偿数额的调整，我国《合同法》第 114 条"当事人可以约定一方违约时应当根据违约情况向对方支付一定数额的违约金，也可以约定因违约产生的损失赔偿额的计算方法。约定的违约金低于造成的损失的，当事人可以请求人民法院或者仲裁机构予以增加；约定的违约金过分高于造成的损失的，当事人可以请求人民法院或者仲裁机构予以适当减少"已作出了明确规定。因此，即便合同双方预先约定了违约责任的承担，但违约损害赔偿责任时仍取决于给被违约方所造成的实际损失。本案中恒孚公司第一次诉讼中主张逾期付款违约金依据的是双方买卖合同中约定的每日千分之二的标准，但该违约金约定过高，应予调整，这亦符合民法中公平与诚实信用的基本原则。

因违约而引发的经济纠纷属于买卖合同纠纷中较为常见的类型。但本案原告通过诉讼的方式后双方仍继续发生交易往来，并因违约而引起的"连环"诉讼并不多见。

因此双方在签订协议前应充分地协商并考量自己履行的能力，以避免此类诉讼的发生，节约司法资源。本案宣判后，原、被告均未提起上诉。

五十一、违约金与损失赔偿是否可以同时适用
—— B公司诉A公司买卖合同纠纷案

【基本案情】

2010年8月16日，被上诉人B公司（供方）作为甲方与作为乙方（需方）的上诉人A公司签订一份"钢材购销合同"，约定：需方因G小区工程需要2010年8月16日至2010年12月30日期间总计二、三级螺纹钢用量1000吨。需方保证正常情况下向供方购满按合同约定的数量，如果没有达到约定数量，则需方应赔偿供方单价损失（按每吨100元乘以未满数量计算）。若超过一个月需方无通知供方供货，即视为违约。供方有权单方解除合同，需方应一次性付清全部货款。交货地点G小区工地；货到工地卸车由需方负责及承担卸车费用，并指定陆C、祝D两人其中任何一人核对产地、单价、数量、时间无误后签收，供方的销售清单签收单据作为本合同附件具有同等法律效力；需方应货到付款。因需方资金紧张，需方要求垫资欠款供方供到钢材数量200吨止，然后每送到一车货即付清货款。以上凡是欠款必须按需方签收供方的销售清单即日起，每吨每天再加5元计算补贴给供方。200吨钢材货款还款期限为2个月，在到期后未付清货款，须付欠款每日千分之二的违约金，发现还款任何一次违约付款，供方有权停止货款，并有权要求需方付清全部货款；本合同在履行过程中发生争议，由合同签订地闵行区法院管辖，所产生的诉讼费、律师费、差旅费等一切费用由违约方承担，担保人对需方承担担保责任。该合同供方一栏盖有F公司合同专用章；需方一栏盖有上诉人A公司G小区项目部章，并由陆C签名；需方担保人一栏盖有E公司印章。

2010年8月18日，被上诉人B公司向上诉人A公司的G小区工地供货货值199046.88元。同年9月6日被上诉人B公司供货货值171929.35元。同年10月7日被上诉人B公司供货货值372345.98元。2012年4月24日，由陆C以G小区项目部名义出具结算单证明，该证明载明：收到F公司（现改为B公司）钢材，钢材重量为162.817吨，金额743322元以上材料账已结清款未付。

原审法院另查明，F公司企业名称于2012年1月30日经工商登记部门核准变更为B公司。

【裁判结论】

一审法院判决：上诉人 A 公司向被上诉人 B 公司支付 743322 元，自 2010 年 12 月 8 日始至判决生效之日止，按每日万分之七计算逾期付款违约金；上诉人 A 公司向被上诉人 B 公司支付未履行合同的损失的补偿款 83718.30 元；上诉人 A 公司向被上诉人 B 公司支付律师费 10000 元；案件受理费减半收取 6035.20 元，由上诉人 A 公司负担。

一审判决后，A 公司不服提出上诉，认为：1. 原审法院无管辖权。闵行区并非双方当事人的经营地，也并非合同履行地。因此闵行区人民法院无管辖权。2. 原审法院错误认定上诉人 A 公司违约。743322 元货款属于被上诉人 B 公司依据合同约定应当承担的垫付款项，且没有约定还款期限，因此不存在违约。3. 原审确定的违约金过高。即使违约，违约金应当以补偿为基本功能，故原审确定的违约金过高。4. 原审错误认定上诉人 A 公司应当补足单价损失。上诉人 A 公司未能购买合同约定的 1000 吨钢材，原因在于被上诉人 B 公司未能足额提供 200 吨钢材，且上诉人 A 公司由于 G 小区工程发包方经营不善而处于停工的状态，不属于"正常状态"，因此不应当计算补偿价格。5. 原审错误认定上诉人 A 公司应当承担被上诉人 B 公司的律师费用。我国目前没有强制当事人聘请律师出庭应诉，因此上诉人 A 公司不应当支付律师费用。6. 原审法院错误判决上诉人 A 公司同时承担系争货款的违约金和合同损害赔偿金。

二审法院判决：驳回上诉，维持原判。

【定性分析】

一审认为，双方在经济往来中签订的书面买卖合同，系双方当事人的真实意思表示，未违反法律的禁止性规定中的效力性规定，应为有效。被上诉人 B 公司提供的合同、送货单、结算单证明能够相互印证，证明被上诉人 B 公司与上诉人 A 公司之间发生了货值 743322 元的交易，直至结算单证明出具日上诉人 A 公司未履行付款义务的事实。现被上诉人 B 公司陈述上诉人 A 公司未支付对应货款，本案中上诉人 A 公司也未举证支付上述货款的证据。因此，上诉人 A 公司理应按照合同约定期限支付被上诉人 B 公司所欠款项，逾期未付应按照约定承担逾期付款的违约责任。原审法院考虑到违约金的惩罚性与补偿性的特征以及双方当事人的真实意思表示、上诉人 A 公司的违约情况，将本案上诉人 A 公司所应承担的违约金比率调整为万分之七，该适用比率能够体现双方当事人缔约的真实意思表示以及违约金的惩罚性特征，维护商事交易诚实信用的原则。原审法院审查被上诉人 B 公司主张的违约金的起算时间，合同约定的违约金适用条件为垫资 200 吨钢材货款两个月后未付清。因此，应以最后一批次钢材送货两个月后开始起算。至于被上诉人 B 公司要求的未履行部分以每吨 100 元计的单价损失的主张以及支付律师费，符合双方的契约内容，且合法、合理，原审法院予以支持。

二审法院认为，上诉人 A 公司在原审中未提出管辖权异议，而在二审中提出管辖权异议违反了我国民事诉讼法的关于管辖权异议应当在一审提交答辩状期间提出的规定，故上诉人 A 公司的此上诉理由无法律依据，本院不予采纳。本案的争议焦点为：1. 上诉人 A 公司是否需要支付系争 743322 元货款及违约金；2. 原审法院同时适用违约金和损失赔偿是否合理；3. 关于上诉人 A 公司是否应当补偿单价损失。

一、关于上诉人 A 公司是否需要支付系争 743322 元货款及违约金。根据合同约定，双方并未约定垫付款即无须返还，且即使上诉人 A 公司先行提供的 200 吨钢材的货款属于被上诉人 B 公司为上诉人 A 公司垫付的部分，但相应的货款也应当在两个月内付清。现被上诉人 B 公司已经向上诉人 A 公司支付了 162.817 吨的钢材，而上诉人 A 公司在签收后未能在两个月内支付相应的货款 743322 元，故上诉人 A 公司存在违约行为，因而被上诉人 B 公司要求其支付货款以及承担违约责任符合合同的约定。同时，上诉人 A 公司在原审中无正当理由拒不到庭参加庭审，应当视为放弃要求调低违约金的诉讼权利，其在二审期间提出违约金计算过高，本院不予支持。因此，上诉人 A 公司的相应上诉理由缺乏事实和法律依据，本院不予采纳。

二、关于原审法院同时适用违约金和损失赔偿是否合理。本院经审查发现，根据合同第 6 条的约定，违约金计算针对的是 200 吨钢材的货款，而非针对合同整体总计 1000 吨钢材的货款，双方在二审庭审中亦对此加以明确。故该违约金的计算是针对 200 吨钢材货款逾期支付的特别约定。而根据合同第 1 条中的约定，在发生上诉人 A 公司未能购买达到约定数量的钢材的情况时，需以每吨 100 元的计算方式赔偿被上诉人 B 公司单价损失，该约定属于对于合同履行违约责任的一般约定。因此，原审就 200 吨钢材的违约情况根据其特别约定计算违约金，并根据合同一般约定计算单价损失，并不相互冲突。上诉人 A 公司该项上诉理由无法律依据，本院不予采纳。

三、关于上诉人 A 公司是否应当补偿单价损失。第一，本院通过对合同审查发现，被上诉人 B 公司是否足额提供 200 吨钢材并非构成解除整体合同的前提条件。第二，合同并未对 1000 吨钢材的总价款的支付时间进行约定。根据我国《合同法》第 61 条第（四）项的规定，履行期限不明确的，债务人可以随时履行，债权人也可以随时要求履行，但应当给对方必要的准备时间。现上诉人 A 公司在被上诉人 B 公司最后一次提供钢材之后长达两年的时间内未支付货款，也没有进行催收，因此被上诉人 B 公司要求上诉人 A 公司履行合同，支付 1000 吨钢材货款的要求并无不当。第三，合同具有相对性，是否存在不正常状况应当就上诉人 A 公司和被上诉人 B 公司之间的情况而言，而不涉及合同之外的第三方。而本案中上诉人 A 公司处于停工状态属于上诉人 A 公司同案外人之间的经营关系发生的结果，属于上诉人 A 公司的商业风险。因此，上诉人 A 公司应当就其未能达到合同约定的数量的钢材而补偿单价损失，故其相应上诉理由无法律依据，本院不予采纳。

同时，被上诉人 B 公司聘请律师的费用为其维护其合法权益的必要支出。上诉人 A 公司也无证据显示其费用过分高于正常水平。合同第 7 条约定了双方在争议中产生的诉讼费、律师费、差旅费等均由违约方承担。现在上诉人 A 公司违约的情况下，应当承担上诉人 B 公司的律师费用，故原审法院根据其对于双方当事人的责任认定的状况，判决上诉人 A 公司承担被上诉人 B 公司律师费用并无不妥。上诉人 A 公司该项上诉请求缺乏法律依据，本院不予采纳。

五十二、存在交易中介的情况下，定金是否实际交付出卖人的认定

——陈某某诉易某、上海顺驰市场营销策划有限公司买卖合同纠纷案

【基本案情】

2006 年 4 月 1 日，易某出具承诺书一份，承诺"杨浦区延吉中路 245 弄 16 号 1402 室房屋出售中，物业产权清晰，不存在任何产权纠纷，产权共有人刘某甲、刘某乙同意出售该物业，若在交易过程中出现任何产权纠纷，本人承担一切法律后果"。当日，陈某某与易某在上海顺驰市场营销策划有限公司（以下简称顺驰公司）中介下签订协议书一份，约定易某将预购的本市延吉中路 245 弄 16 号 1402 室房屋以 1475000 元的价格转让给陈某某，双方约定陈某某于 2006 年 4 月 1 日支付定金 15000 元，4 月 4 日支付定金 280000 元，上述两笔定金待支付首付款时抵作房款；4 月 4 日前陈某某应支付首付款共计 442500 元（含上述两笔定金 295000 元），其中 27500 元由顺驰公司代为保管，于买卖双方签订房地产买卖合同当日转付易某。协议书还约定了其余房款的支付方式及交房事项、违约责任等条款。协议书签订后，陈某某当即支付定金 15000 元，顺驰公司出具收据予以确认。

同日，易某与顺驰公司签订佣金确认书一份，确认佣金为 14750 元，该佣金的支付日期为 2006 年 4 月 4 日，从首付款中扣除。随即，易某又签署退款结算单，明确："从首付款中扣除佣金（从定金 1.5 万中扣除）。"

2006 年 4 月 4 日，陈某某依约至顺驰公司，要求向易某支付 427500 元，易某未到场接收。次日，顺驰公司致函易某，要求易某履行协议，至顺驰公司收取首付款，

否则视其违约。2006年4月10日，易某致函顺驰公司，称陈某某未按协议约定的付款方式履行，决定不再履行买卖协议。2006年5月24日，陈某某为此诉讼至房地产交易中心及工商行政部门，支付了档案查阅费共计50元。2006年5月26日，陈某某诉至原审法院，要求解除协议书，由易某双倍返还定金计30000元，赔偿陈某某因诉讼而产生的经济损失50元。又因顺驰公司居间收取了原告定金，故要求顺驰公司对定金15000元的返还承担连带责任。

【裁判结论】

一审法院据此判决如下：一、解除陈某某与易某于2006年4月1日签订的协议书；二、易某应自本判决生效之日起十日内双倍返还陈某某定金共计人民币30000元；三、陈某某要求易某赔偿经济损失人民币50元之诉请，不予支持；四、陈某某要求上海顺驰市场营销策划有限公司对返还定金人民币15000元承担连带责任之诉请，不予支持。

原审判决后，易某不服，提起上诉，诉称：购房协议签订之日，上诉人易某没有收到陈某某支付的定金15000元，所以购房协议未生效。退款结算单上"（从定金1.5万中扣除）"系事后添加，自己不予认可该添加部分。故请求驳回陈某某在原审中的诉讼请求。

陈某某辩称：购房协议签订之日，自己支付15000元定金给易某，只是因易某与顺驰公司间有中介服务费方面的结算，钱最终付给顺驰公司，当时易某亦在场。现易某不愿继续履行购房协议，应双倍返还定金，故请求驳回上诉，维持原判。

二审法院判决：驳回上诉，维持原判。

【定性分析】

陈某某与易某签订的协议书系双方当事人真实意思表示，应认定为合法有效，该协议对合同相对人具有法律约束力。现陈某某要求解除买卖协议，易某表示同意，故对陈某某要求解除双方签订的协议书之诉请予以支持。现陈某某支付定金15000元，三方争议的焦点在于易某是否实际收取。根据协议书的约定，陈某某交付的定金应充抵首付款，而首付款中的27500元应交顺驰公司保管，待陈某某和易某签订买卖合同时再交付易某，故顺驰公司收取陈某某定金15000元，未超过约定的保管数额，应视为顺驰公司履行替易某保管定金的义务，定金的所有权仍应属易某。且易某虽辩称未在约定的日期收到定金，但却未举证其进行过催讨，故易某主张未收到定金的主张，不予采纳。况且，根据顺驰公司提供的相关书证，易某已将15000元定金中的14750元抵作佣金支付给了顺驰公司，尽管易某称该书证系顺驰公司事后添加，但也无证据佐证，故本院难以采信。根据法律规定，当事人约定交付定金作为订立主合同担保的，给付定金的一方拒绝订立主合同的，无权要求返还定金，收受定金的一方拒绝订立合同的，应当双倍返还定金。现易某收取定金后拒绝与陈某某签订房地产买卖合同，陈某某要求适用定金罚则，主张双倍返还定金，于法有据，应予支持。易某提出协议书的部分条款涉嫌偷税，但即便部分条款的无效，也不影响当事人之间对定金条款的约定的有效性。陈某某以顺驰公司居间收取其定金为由，要求顺驰公司承担连带返还责任，无法律依据，难以支持。至于陈某某要求赔偿经济损失 50 元，现已依法支持了陈某某双倍返还定金的请求，陈某某实际损失也未超过 15000 元，故对此请求不再支持。

五十三、买卖合同迟延履行中的违约责任承担

——上海韩科电子科技有限公司诉科普柯（上海）贸易有限公司买卖合同纠纷案

【基本案情】

2010 年 6 月 2 日，原、被告签订《产品购销合同》一份，约定原告上海韩科电子科技有限公司（以下简称韩科公司）向被告科普柯（上海）贸易有限公司（以下简称科普柯公司）购买空压机设备一套，价值总计 565000 元。运输方式为由被告送货，货物运送地点为河南东磁施工工地。原告分三期向被告支付货款。交货时间为被告在收到预付款后 60 天内，如由于原告原因延误支付预付款，被告交货期将相应顺延。2010 年 6 月 2 日、9 月 7 日，原告向被告支付预付款及第二期款项。9 月 28 日，被告向东磁公司发出空压机一台，由收货人周某 9 月 30 日签收。10 月 23 日，东磁公司代表在验收单、开机报告、服务报告上签名，表示由被告调试的空气压缩机等设备运行数据正常，东磁公司全部认付接受。2010 年 10 月 15 日，被告向原告开具金额总计 565000 元的增值税专用发票一份。

另外，2010 年 8 月 9 日，被告曾向原告发送《交货期声明》一份，言明因被告产品销量增加，配件供应不足，交货期比预期有所顺延，被告正努力采取措施以尽快将空压机交付原告，并愿意按《合同法》规定支付延迟交货的罚金（每星期按货物总值的 0.5%，总额不超过合同货物总值的 5%），并继续催促工厂尽快交货。

2010 年 8 月 7 日，原告与案外人苏州工业园区柯普机械有限公司（以下简称柯普公司）签订《空压机租赁合同》，约定原告向柯普公司租赁空压机设备一套，预计租期 1 个月，租金为每套 58000 元/月。2010 年 9 月 9 日，原告致函柯普公司，要求延长租赁时间。原告共向柯普公司支付租金 144000 元。原告还提供了两案外人向原告开具的公路、内河货物运输业统一发票两份。

原告韩科公司诉称：原、被告订有《产品购销合同》，由原告向被告购买空压机，全部价款分三次付清。原告按约向被告支付预付款及提货款，根据合同约定被告应于 2010 年 8 月 5 日交货。但至交货时间被告迟迟未能发货。因原告所购空压机是原告与东磁公司工程项目中急需设备，为保证与案外人合同的顺利履行，原告向柯普公司租赁了该型号空压机。租期合计两个月零三周，花去租赁费用 144000 元、运费 13000 元，合计 157000 元，直至 2010 年 10 月 28 日空压机最终到货。被告的违约行为导致原告损失，故诉至法院，请求判令被告赔偿设备租赁损失 157000 元、支付违约金 28250 元、负担诉讼费。

【裁判结论】

法院判决：一、被告应于判决生效之日起十日内赔偿原告设备损失人民币 101500 元；二、反诉被告应于判决生效之日起十日内支付反诉原告科普柯（上海）贸易有限公司剩余货款人民币 56500 元；三、驳回原告的其余诉讼请求；四、驳回反诉原告的其余诉讼请求。判决后，双方当事人均未提出上诉。

【定性分析】

法院依法审理后认为：原、被告之间的买卖合同依法成立并生效，双方应按约履行。现双方对设备已经交付、被告交付设备构成迟延、货款尚余 56500 元未付均无异议，本案争议焦点在于：1. 被告迟延交付的时间；2. 原告主张的损失是否合理；3. 损失与违约金能否同时主张。

关于争议焦点 1，根据双方订立合同的本意及合同履行情况，认定被告应于 2010 年 8 月 5 日前交货，实际于 2010 年 9 月 30 日交货。关于争议焦点 2，原告主张的租赁设备的运输费用 13000 元，未能提供确实充分的证据予以证明，不予支持。对于设备租赁费用，原告租赁设备与被告迟延交货的因果关系足以认定。被告认为该损失超出了被告签订合同的可预见范围，但当事人因违约造成的损失分为直接损失和间接损失，《合同法》规定的可预见性规则主要是对间接损失（合同适当履行后可以获得的利益）的范围予以限制，而原告租赁设备的费用系因被告违约行为而导致的直接损失，被告对该抗辩缺乏法律依据。故原告主张的设备租赁费用，确系因被告违约所导致的原告直接损失，被告应予赔偿。但原告主张被告交付设备之后的租赁费用缺乏依据，不予支持。被告应当赔付的租赁费用共计为 101500 元。至于被告抗辩称原告租赁设备费用高于市场价格，并未提供充分的证据予以证实，不予采信。关于争议焦点 3，《合同法》虽规定"当事人就迟延履行约定违约金的，违约方支付违约金后，还应当履行债务"，但不能因此认为该违约金为惩罚性违约金，当事人就迟延履行所约定的违约金仍不过是对于迟延赔偿的赔偿额预订，在性质上仍属于赔偿性违约金。原告于庭审中明确其所主张的损失与违约金均系针对被告的迟延履行行为，在原告已主张因迟延所致实际损失情况下，再主张迟延违约金缺乏依据，对于原告主张的违约金法院不予支持。

就反诉部分而言，反诉被告同意支付剩余货款 56500 元，法院予以准许。对于反诉原告主张的利息损失，因其迟延交付设备行为导致反诉被告损失，在反诉原告赔偿迟延损失之前，双方对合同结算存在争议，故不予支持。

五十四、买卖合同中预期违约责任的认定和责任承担
——甲集团有限公司与上海乙混凝土制品有限公司买卖合同纠纷案

【基本案情】

2009 年 10 月 18 日，甲、乙公司签订混凝土购销合同 1 份，约定由乙公司供应甲所承接的某小区三期工程所需的混凝土，在工程主体封顶完工后，甲又要求乙公司继续供应道路所需的混凝土直至 2011 年 7 月。2011 年 9 月 10 日，双方签订了两份结算单。截至 2011 年 9 月 10 日，甲确认累计尚欠乙公司货款为 2242000 元（人民币，下同），并约定应于 2011 年 9 月底前支付 900000 元，于 2011 年 11 月底前支付 700000 元，剩余款项于 2012 年春节前付清。截至 2011 年 10 月 12 日，甲仅向乙公司支付货款 300000 元。因甲未按约定及时、完全地履行付款义务，乙公司于 2011 年 10 月 18 日起诉至原审法院，请求判令甲支付货款人民币 2242000 元；承担自工程封顶之日（2010 年 8 月 1 日）起至判决生效之日止的逾期付款利息 300000 元，并承担本案诉讼费。后因甲分别于 2011 年 10 月 12 日和 2011 年 10 月 31 日向乙公司支付 300000 元和 600000 元，乙公司变更其诉讼请求为请求判令：1. 甲支付货款人民币 1342000 元；2. 甲承担自工程封顶之日（2010 年 8 月 1 日）起至判决生效之日止的逾期付款利息 300000 元；3. 本案诉讼费由甲承担。

一审法庭辩论终结后，甲又于 2011 年 12 月 1 日向乙公司支付货款 700000 元，现实际尚欠乙公司货款为 642000 元。

【裁判结论】

一审法院认为，合法有效的买卖合同关系受法律保护。本案双方当事人在购销合同中约定主体封顶后，总余款应于 5 个月内付清。但本案中，在主体封顶之后，甲要求乙公司继续提供道路所需混凝土，实际买卖关系持续至 2011 年 7 月，且双方在 2011 年 9 月 10 日所签订的结算单中对工程主体及道路所需的两部分混凝土总计价款进行了确认，对付款计划进行了约定，这理应属于合同双方对原购销合同的变更，

此约定应认定为合法有效，甲理应按此约定履行相应付款义务。同时，购销合同及结算单均未对乙公司提供相关混凝土资料及开具发票作为付款的必要条件，因此，甲以此作为拒绝付款的抗辩理由，不予采纳。本案中，甲逾期支付了乙公司的第一笔应收款项，显属违约；乙公司在甲不能按期支付第一笔款项的情形下，有理由相信甲对剩余未付款项极可能会发生预期违约行为，据此，乙公司起诉要求甲支付全部未付款项，有法可依。关于逾期付款利息问题，因甲目前尚欠货款是由工程主体和道路两部分混凝土货款累积产生，乙公司主张自 2010 年 8 月 1 日起计算，缺乏事实和法律依据，故不能支持，甲依法应自 2011 年 10 月 1 日起支付乙公司相应的货款利息。

一审法院判决：一、甲应于判决生效之日起十日内支付乙公司货款人民币 642000 元；二、甲应于判决生效之日起十日内支付乙公司自 2011 年 10 月 1 日起至判决生效之日止，以货款人民币 642000 元为本金，按中国人民银行同期贷款利率计算的利息损失；三、驳回乙公司的其他诉讼请求。案件受理费人民币 24736 元，财产保全费 5000 元，合计 29736 元，由乙公司负担 7858 元，甲负担 21878 元。

原审法院判决后，甲不服提起上诉。

二审法院判决：驳回上诉，维持原判。

【定性分析】

法院认为，本案双方当事人对结欠的货款金额、付款计划以及合同已履行情况均无异议。本案的争议焦点为：1. 甲未按照付款计划支付第一笔应付款的行为，是否对履行期限尚未届满的其余债务构成预期违约；2. 在预期违约成立的情况下，甲应承担何种违约责任。

关于预期违约是否成立的问题。本院认为，合同经双方自愿缔结并依法生效后，双方均应秉承互相信赖、诚实信用的原则履行合同义务。综合考察双方业务往来、结算和付款的过程可以看出，乙公司早在 2011 年 6 月 20 日即向甲发出催款函，要求其全额支付货款，但甲并未及时全面地履行付款义务。在此背景下，双方于同年 9 月 10 日签订结算单，约定甲将分三次支付剩余货款。此种约定系乙公司对债务履行作出的让步，有利于作为债务人的甲履行义务。然而，甲仍未按照约定于同年 9 月底前支付 900000 元，该行为对甲商业信誉造成了损害，足以使乙公司对其履行付款计划的信用产生怀疑。因此，甲虽未必然确定地违反履行期限尚未届满的后两笔付款义务，但乙公司根据现有情势有理由相信毁约风险的客观存在，从而侵害其期待的债权。本院亦注意到，在二审期间，甲亦确实未按照原定的付款计划清偿已到期的全部债务。根据《合同法》第 108 条之规定："当事人一方明确表示或者以自己的行为表明不履行合同义务的，双方可以在履行期限届满前要求其承担违约责任。"故乙公司有权要求甲在履行期限届满前承担违约责任。甲主张的其未按时付款系因乙公司未及时开具发票和交付混凝土资料所致，但因双方并未约定将开具发票和交付资料作为付款的前提条件，故本院对该项主张不予支持。

关于预期违约的责任承担。《合同法》第108条明确规定债权人有权要求对方承担"违约责任"，因此预期违约者应承担的责任可以是合同法规定的包括实际履行、赔偿损失、支付违约金等在内的各种责任形式。本案中，甲逾期支付第一笔应付款的行为，可视为对后两笔债务可分期给付利益的放弃，乙公司有权在付款期限未至时，主张对所有债务加速到期，要求甲实际履行付款计划，并赔偿相应的利息损失。

关于利息损失的起算时间。因甲未明确表示不支付第二笔、第三笔应付款，预期违约系乙公司根据甲的默示行为和客观情况所作出的推断，具有一定的主观因素。在此种情况下，乙公司虽有权立即主张违约责任，但亦可能继续等待对方到期履约。故若乙公司未就预期违约向甲明确主张责任，求偿权的行使与否事实上处于未定状态，甲亦无法预见到因预期违约而可能发生的该部分利息损失。基于此，乙公司在要求甲实际承担违约责任之前，应通过适当的方式向对方提出主张或给予宽限期。甲对于履行期限未届满的第二笔、第三笔债务所承担的利息损失，应以尚未履行的所有债务为本金，自乙公司提起诉讼之日即2011年10月18日起开始计算。然而，本院还注意到，按照上述方法计算出的利息损失数额，已超出原审法院判令甲应偿付的该部分金额，故本院对原审法院判定的利息损失金额予以确认。

【法理分析】

预期违约，又称先期毁约，是指合同期限到来之前，一方当事人通过肯定明确地表示或根据客观事实被预见其将不履行债务的一种提前违约，分为明示毁约和默示毁约两种。我国《合同法》同时规定了不安抗辩权（第68条）和默示毁约（第108条）两种制度，这两种制度之间有许多不同之处，如法律救济的后果不同，不安抗辩权的救济后果是中止履行合同，当行使不安抗辩权的条件消失后，应当继续履行合同，即《合同法》第69条的规定；而对默示毁约的法律救济却没有明确具体的规定，只在第108条中简单地规定为"对方可以在履行期限届满之前要求其承担违约责任"。不安抗辩权的规定不能完全适用于默示毁约，只是在具体操作中，一般可以先适用不安抗辩权的规定，债权人可以请求债务人为履行提供担保或要求债务人恢复他的履行能力，如果债务人拒绝提供担保或在合理期限没有恢复履行能力，债权人则有权解除合同。另外，也可不理会债务人的预期违约，而等待履行期限到来后要求其承担违约责任。

五十五、送货单上的约定管辖是否有效

——佛山市顺德区顺威贸易有限公司诉深圳市凯峰精密机械有限公司买卖合同纠纷案

【基本案情】

深圳市凯峰精密机械有限公司（以下简称深圳凯峰公司）与佛山市顺德区顺威贸易有限公司（以下简称佛山顺威公司）签订书面合同约定由佛山顺威公司提供产品给深圳凯峰公司，货到后深圳凯峰公司支付货款。佛山顺威公司依合同把产品送货到深圳凯峰公司，深圳凯峰公司在佛山顺威公司的送货单上签名并盖公司章确认。后双方当事人因返还 2008 年的货款而引起纠纷，佛山顺威公司遂诉至佛山市顺德区人民法院。

被告深圳凯峰公司在提交答辩状期间对管辖权提出异议，认为佛山市顺德区人民法院对本案没有管辖权，应由深圳市宝安区人民法院管辖，其理由是：本案系佛山顺威公司送货到深圳凯峰公司，根据《民事诉讼法》第 24 条的规定，因合同纠纷提起的诉讼，由被告所在地或者合同履行地人民法院管辖。故本案无论是"被告所在地"还是"合同履行地"均应由深圳市宝安区人民法院管辖。

【裁判结论】

一审法院裁定如下：驳回被告深圳市凯峰精密机械有限公司对管辖权提出的异议。

深圳凯峰公司不服裁定，提起上诉。上诉称：本案的被告所在地在深圳市宝安区观澜街道大坪社区樟企路佳怡工业园 10 号 1 楼 101，而本案的合同履行地也是送货到申请人处。即本案的"被告所在地"和"合同履行地"均在深圳市宝安区。根据《民事诉讼法》第 24 条"因合同纠纷提起的诉讼，由被告住所地或者合同履行地人民法院管辖"之规定，本案无论是"被告所在地"还是"合同履行地"均应由深圳市宝安区人民法院管辖。而一审法院却以双方在送货单中约定管辖权为由裁定驳回上诉人的管辖权异议。上诉人认为，送货单只是双方送货的凭证，而不是双方的一种约定，故送货单无权约定管辖权，上诉人在送货单上的签字只表示对所送货物的认可，并不表示对管辖约定的同意，管辖应该在合同中约定而不能在送货单中约定，因此这种约定无效。综上，一审法院无权管辖上诉人与被上诉人之间的诉讼，一审裁定驳回上诉人提出的管辖权异议是没有法律和事实依据的。上诉人上诉请二审法院撤销一审裁定，将本案移送深圳市宝安区人民法院审理。

二审法院裁定：驳回上诉，维持原裁定。

【定性分析】

一审法院经审查认为,依原告佛山顺威公司提供的送货单上的约定,如发生争议,又不能达成协议的,由甲方所在地人民法院裁决(甲方为佛山顺威公司),双方在送货单上均签名并盖有双方的公章确认。该约定没有违反级别管辖和专属管辖的规定,本院应予以支持。

二审法院经审查认为,本案系因被上诉人要求上诉人返还 2008 年的货款而引起的纠纷,本案系买卖合同纠纷。因合同纠纷提起的诉讼由被告住所地或合同履行地人民法院管辖,合同的双方当事人也可协议选择管辖法院。对协议管辖,双方当事人必须自愿,并达成一致的书面协议。本案中,送货单是当事人之间交付货物的凭证,也是用于证明双方当事人之间存在合同关系的证据。该送货单的备注一栏详细注明:"如发生争议,又不能达成协议的,由甲方所在地人民法院裁决。"该送货单有双方当事人的盖章确认,表明双方当事人在协议管辖上达成了共识。根据《民事诉讼法》第 25 条规定,合同的双方当事人可以在书面合同中协议选择被告住所地、合同履行地、合同签订地、原告住所地、标的物所在地人民法院管辖,但不得违反本法对级别管辖和专属管辖的规定。本案中,上诉人与被上诉人在送货单上明确选择了甲方所在地人民法院管辖,并未违反我国民事诉讼法有关级别管辖和专属管辖的规定,故该协议管辖条款合法、有效。且送货单上注明了甲方为佛山市顺德区顺威贸易有限公司,即本案被上诉人。据此,佛山市顺德区人民法院作为被上诉人所在地人民法院对本案有管辖权。上诉人上诉理由不成立,应予驳回。

【法理分析】

协议选择管辖法院,双方当事人必须自愿,并达成一致的书面协议。这表明协议选择管辖法院合法、有效有两个前提:一是必须是合同当事人双方达成一致意见;二是这种一致意见还必须通过书面文字表达出来,二者缺一不可。

在实践中,对于买卖合同纠纷案件,送货单上的约定管辖是否具有法律效力,我们认为不能一概而论,要分情况对待:

1.如果送货单上面有双方当事人的签名或者盖章确认,那么它不仅仅是当事人之间交付货物的凭证,也是用于证明双方当事人之间存在合同关系的证据,可以视为书面合同的另一种形式,即具有合同的效力。此时送货单上的约定管辖对双方当事人具有约束力,即具有法律效力。

2.如果送货单上面仅仅只有收货员的签名,而没有双方当事人的签名或盖章,此时须考虑收、发货物人的身份情况。从司法实践来看,如果在送货单上签字、盖章的并非合同当事人,则要结合签字、盖章人与合同当事人主体资格加以考虑。(1)

对于法人而言，该员工是该法人的法定代表人或能代表法人机关为意思表示的人或有明确授权甚或可构成表见代理情形的人，则可以认定送货单具有合同的效力，送货单上的协议管辖对双方具有约束力。（2）如果该签字的员工不具有上述资格，则该员工在送货单上签名的效力仅仅及于其被授权范围（收、发货）内，除此以外，若无其他情形，则不能代表当事人的意思表示。此时送货单仅能作为证明双方之间存在事实合同关系的书面证据，它上面的协议管辖不具有法律效力。（3）对于不是自然人又不具有法人资格的其他主体作为合同当事人，其员工的签字、盖章等同样要考虑该员工的身份问题。也就是说，有资格达成协议管辖的主体必须是合同的当事人，非为合同当事人的主体不能代替合同当事人约定协议管辖。

五十六、分期付款买卖合同的诉讼时效应如何计算
——青岛国林臭氧装备有限公司诉舟山港明食品有限公司买卖合同纠纷案

【基本案情】

2007 年 9 月 2 日，青岛国林臭氧装备有限公司（以下简称青岛国林公司）与舟山港明食品有限公司（以下简称舟山港明公司）签订臭氧消毒设备购销合同一份，总标的额 45000 元人民币。合同签订后，青岛国林公司履行了全部供货义务。舟山港明公司共支付货款 36000 元，余款 9000 元至今未付。为此，青岛国林公司诉至法院，要求舟山港明公司支付所欠货款 9000 元并承担本案诉讼费。

【裁判结论】

一审法院判决舟山港明公司在判决生效之日起十日内向青岛国林公司支付货款 9000 元。

宣判后，上诉人舟山港明公司不服原审判决，提起上诉。

二审法院判决：驳回上诉，维持原判。

【定性分析】

一审法院认为，青岛国林公司与舟山港明公司间就购买臭氧消毒设备签订的合同，系双方的真实意思表示，应为合法有效，受法律保护。青岛国林公司已完成了向舟山港明公司交付货物的义务，舟山港明公司应支付相应的价款。现舟山港明公司尚欠青岛国林公司货款 9000 元未付，虽抗辩称购买的设备存在质量问题，但未提供证据证明曾向青岛国林公司提出过质量异议，故对该抗辩意见不予采纳。关于本案的诉讼时效，由于双方约定付款方式为分期付款，应以最后一笔款项的付款期限届满之日开始计算诉讼时效。合同载明："发货前付货款总额的 50%，供方收到该笔货款后发货余款 5%

安装调试完毕之日起一年内或货到现场十三个月内（时间先到为准）付清。"舟山港明公司于 2007 年 9 月 30 日向青岛国林公司支付了 50% 的货款，即使忽略货物在途及安装调试时间，以该日视为货到现场之日计算，舟山港明公司应在 2008 年 9 月 30 日前支付剩余货款。据此计算，本案未超过诉讼时效。因此，对青岛国林公司要求舟山港明公司支付剩余货款 9000 元的诉讼请求，应予以支持。

二审法院认为，舟山港明公司与青岛国林公司于 2007 年 9 月 2 日签订的臭氧消毒设备购销合同，系双方当事人真实意思表示，合法有效，双方当事人均应诚实履行。舟山港明公司对买卖合同已履行完毕、尚欠青岛国林公司货款 9000 元的事实无异议；其上诉称："因所购设备有生锈问题，致使设备一直闲置无法使用，造成损失。"但未提交设备存在质量问题或曾就设备质量问题向青岛国林公司提出异议的相应证据，该诉称无事实依据，本院依法不予支持。原判认定事实清楚，适用法律正确，实体判决并无不当，应予以维持。舟山港明公司上诉理由缺乏事实依据，其上诉请求本院依法驳回。

五十七、商场供货商货款的诉讼时效应从何时起算

——金达塑胶五金制品（深圳）有限公司诉沃尔玛（中国）投资有限公司买卖合同纠纷案

【基本案情】

沃尔玛（中国）投资有限公司（以下简称沃尔玛公司）是大型百货公司，金达塑胶五金制品（深圳）有限公司（以下简称金达公司）是供货商。从 1998 年 2 月起，金达公司向沃尔玛公司提供各式五金塑料制品。双方签订的购货合同之《沃尔玛供应商货款结算须知》约定，支付条件为所有根据"月底结算"方式记载的日期，应自买方在其所在地收货处收到货物之日起计算，任何月份 24 日以前收到的货物应视为在下一个月收到的货物，并作为下月货款予以支付。发票应在货物发运日寄出或以电讯方式传送出，并以买方接受日为开具发票日。支付期日数 60 天。以订单为最小结算单位开具增值税发票，在发票注明供应商号、订单号和索赔号。

金达公司主张沃尔玛公司拖欠货款，提供了从 1998 年 2 月至 2005 年 6 月期间的送货单，要求沃尔玛公司支付拖欠的货款人民币 1716764.43 元（以下币种均为人民币）。沃尔玛公司抗辩的理由主要有两个方面：1. 金达公司 2007 年 1 月 19 日起诉之前两年的诉讼请求，超过诉讼时效；2. 金达公司没有提交相应的资料，因金达公司的过错致使双方没有及时结算，责任在金达公司。针对双方的诉辩意见，深圳

市罗湖区人民法院（以下简称一审法院）要求沃尔玛公司对双方的货款结算情况进行核查。沃尔玛公司主张超出诉讼时效的货款为597364.44元（不含税），诉讼时效内的金额为600548.57元。另外，沃尔玛公司还要求扣除以下的部分，应扣除不合格商品退货款，2004年11月20日前135943.36元，2004年11月20日后118192.03元。应扣除协议款，2004年11月20日前45639.73元，2004年11月20日后11967.31元。

因双方不能达成一致，一审法院根据金达公司的申请，委托深圳广朋会计师事务所对双方往来的账目进行审计。2007年9月23日，深圳广朋会计师事务所出具了深广会审字〔2007〕041号司法会计鉴定书，认定从1998年2月至2005年6月，金达公司共供货15596520.80元，沃尔玛公司结算款14156460.03元，金达公司发生2033039.81元（含税金额）送货款尚未与沃尔玛公司进行结算，应扣除的不合格商品退货款及协议款354945元属实，以上两项相减额1678094.36元，即为金达公司应收沃尔玛公司的款项。该鉴定书向金达公司、沃尔玛公司双方送达后，金达公司认可鉴定结果。沃尔玛公司提出异议，认为：1.鉴定超出金达公司的诉讼请求金额；2.因涉及诉讼时效问题，鉴定应当以1010张送货单为依据，以诉讼时效为界限，对超出诉讼时效的送货单金额进行鉴定。根据合同的约定，金达公司应在货物发送日寄出或以电讯的方式传送增值税发票，沃尔玛公司付款条件为金达公司交货后60日，"货商结算须知"明确增值税发票的附件中应包含送货单原件，本案是金达公司未及时向沃尔玛公司提交增值税发票及送货单原件导致纠纷的案件，该送货单部分超过诉讼时效。深圳广朋会计师事务所针对沃尔玛公司提出的异议作出答复，认为鉴定机关按照法院的鉴定要求作出，没有考虑时效事项。

一审法院根据金达公司提交的送货单，送货单上的价格为含税金额，没有不含税金额的列项，核定从2004年11月20日—2005年6月6日，金达公司交付货物的货款共计为770054.57元。

双方发生争议，金达公司的诉讼请求是：1.判令沃尔玛公司支付金达公司买卖合同欠款1716764.43元及利息148844元，合计1865608.43元（按一年期年贷款利率6.12%自2005年8月6日计至沃尔玛公司全部付清为止，现暂计至2007年1月6日）；2.判令沃尔玛公司负担本案诉讼费用。

【裁判结论】

二审法院判决：一、变更一审判决第一项为：被上诉人沃尔玛公司应在本判决生效后十日内支付上诉人金达公司货款1678094.36元并支付逾期付款利息（利息从2007年1月19日起，按中国人民银行同期贷款利率计算至本判决确定的应付之日止）；二、撤销一审判决第二项；三、驳回上诉人金达公司的其他诉讼请求。

【定性分析】

法院生效裁判认为：金达公司与沃尔玛公司签订了购货合同，金达公司依据沃尔玛公司的订单送货，每一次订货送货的品种、数量、价格不同，每次交货形成的债权债务确因时间经过而逐渐产生，而非在合同签订时就已形成，每一单交易有一定的相对独立性，但鉴于购货合同对交易期间内基于同一原因而产生的继续行债权有统一约定，故每次订货送货所形成的债权债务实际上具有整体性和关联性，分次履行的独立性不足以否定其整体性和关联性。因此，金达公司的诉讼时效应从最后一笔交易履行期限届满之日起算。这样界定本案诉讼时效的起算点，从司法角度考虑，也有利于节约诉讼成本，提高诉讼效率。反之，若金达公司提请沃尔玛公司付款，沃尔玛公司不能及时付款，将每次订货交货视为一个独立的交易，金达公司则必须频繁起诉，显然对双方都是不利的。作为交易的一方当事人，基于在同一合同项下产生、分期履行的债务具有整体性和关联性的特点，往往不在对方不履行某一期债务之时主张权利，而是等到最后履行期限届满之后一并主张权利，以维护双方的信任关系和交易关系，这样理解，有利于保护权利人的合理信赖利益，促进双方友好交易关系。原审法院将每一次买卖关系作为一个独立的交易看待，以此确定诉讼时效的起算点不当，应予以纠正。

金达公司上诉主张沃尔玛公司所欠货款是逐年滚存下来的，不是独立结算的，缺乏事实依据。金达公司另行主张其于2006年8月17日就向沃尔玛公司发过特快专递主张权利，但未有沃尔玛公司签收的凭证，法院亦不予采信。金达公司还主张其曾发过电子邮件，经核查，邮件所涉及的债权与本案没有关联。

原审法院委托深圳广朋会计师事务所进行司法会计鉴定，依据深圳广朋会计师事务所出具的司法会计鉴定书，可以认定从1998年2月至2005年6月，金达公司共供货15596520.80元，沃尔玛公司结算款14156460.03元，金达公司发生2033039.81元（含税金额）送货款尚未与沃尔玛公司进行结算，应扣除的不合格商品退货款及协议款354945元属实，以上两项相减额为1678094.36元，即为金达公司应收沃尔玛公司的款项。沃尔玛公司主张会计鉴定超出了金达公司的诉讼请求，经查，深圳广朋会计师事务所依据双方提交的资料进行鉴定，在扣除不合格商品退货款及协议款354945元之后，金达公司应收沃尔玛公司的货款为1678094.36元，未超出金达公司的诉讼请求。2005年6月，金达公司仍在向沃尔玛公司交付货物，金达公司于2007年1月19日起诉，并未超过诉讼时效。沃尔玛公司应支付上述款项。金达公司未及时向沃尔玛公司提交送货单、发票进行结算，故其主张的利息损失应自起诉之日计算，即自2007年1月19日起按照中国人民银行同期贷款利率计至本判决确定的应付之日止。

综上，原审法院认定事实清楚，但认定的诉讼时效起算点有误，导致判决不当，该院予以纠正。金达公司的上诉请求成立，应予以支持。

五十八、原始证据被当事人撕毁、灭失，法院应如何裁判
——丁某、王某诉周某买卖合同纠纷案

【基本案情】

原告丁某、王某诉称，2014 年 11 月中旬，二原告出卖木料 1 车给被告周某，价款为 25300 元，由于被告当时现款不够，只支付了现金 10000 元，余下 15300 元未付，并向原告出具欠条 1 张。此后，原告多次催收，被告均未给付。2015 年 2 月 8 日，二原告从宜宾县到崇州市某镇找被告追讨欠款，当日上午 9 时许，在被告经营的加工厂外面找到被告商谈，开始被告同意给二原告欠款 15300 元，并拿出现金当着二原告进行清点，同时要求原告出示欠条原件，原告方当即把欠条给被告，被告拿过欠条后即将其撕毁，然后把正在清点的现金装回自己的包里跑离现场，拒绝支付原告欠款。原告通过报警等方式维权未果，故请求依法判令被告立即支付原告欠款 15300 元及为追讨欠款产生的交通费损失 2000 元，并由被告负担案件受理费。

经审理查明，原告丁某与原告王某合伙经营木料生意。2014 年 11 月中旬，二原告将 1 车木料卖给被告周某，木料价款为 25300 元，由于被告当时所带现金不足，只向原告支付了现金 10000 元，余下 15300 元未付，被告当即给原告出具欠条 1 张。2015 年 2 月 8 日上午 9 时许，在崇州市某镇某村三岔路口的红绿灯旁，二原告向被告催收欠款的过程中，原告方已把欠条交给被告周某，被告当即把欠条原件撕毁，双方发生纠纷，事后，原告于 2015 年 2 月 9 日到崇州市公安局某派出所报警，该派出所分别于 2015 年 2 月 9 日、2015 年 2 月 16 日对原告丁某、被告周某作了询问笔录。原、被告就是否已给付货款发生争议，诉讼由此产生。

【裁判结论】

法院判决：一、被告周某在本判决生效之日起十日内一次性给付原告丁某、王某木料款 15300 元。二、驳回原告丁某、王某的其他诉讼请求。

案件宣判后，原、被告双方在法定期限内均未提起上诉。

【定性分析】

法院认为，本案的争议焦点是被告是否已经给付原告所欠木料款 15300 元的问题，通常情况下欠条原件已经撕毁，应视为欠木料款已经付清。但原告提供了欠条

原件已经撕毁后，原告向相关部门寻求帮助的事实，说明本案不属于通常情况，故对被告辩称原件已经撕毁，应视为欠木料款已经付清的主张，法院不予支持。而本案中，撕毁原件时的在场人无法找到，故本案应按举证责任分配的法律规定依法裁判。根据法律规定，在合同纠纷案件中，主张合同关系成立并生效的事实的举证责任应当由原告承担，而被告对合同关系成立并生效的事实并无异议，视为原告完成了举证责任；主张法律关系变更、消灭的当事人，应当对法律关系的变更、消灭的基本事实承担举证责任，即是否履行了给付义务的举证责任应当由被告承担，而被告未向本院提供证据证明，应当由被告承担举证不能的法律后果。故对二原告主张被告应立即给付欠款 15300 元的诉讼请求本院予以支持。对被告周某提出王某与其无木料买卖关系，王某不具有原告主体资格的辩解，与本案查明事实不符，对该辩解主张本院不予支持；对二原告主张因追讨欠款产生的交通食宿费损失 2000 元，因未向本院提供证据，对二原告该项主张本院不予支持。

【法理分析】

关于举证责任的含义，主要体现在两条规定上，一是《民事诉讼法》第 64 条第一款的规定："当事人对自己提出的主张，有责任提供证据。"二是《最高人民法院关于民事诉讼证据的若干规定》第 2 条的规定："当事人对自己提出的诉讼请求所依据的事实或者反驳对方诉讼请求所依据的事实有责任提供证据加以证明。没有证据或者证据不足以证明当事人的事实主张的，由负有举证责任的当事人承担不利后果。"举证责任概念本身包含了两层含义。一层含义是指行为责任，即提供证据的责任，也就是当事人为了避免败诉，通过自己的行为对有争议的事实加以证明的责任；另一层含义是指证明责任，即能够引起法律关系发生、变更或消灭的构成要件的事实处于真伪不明时，当事人因法院不适用该事实存在为构成要件的法律而产生的不利于自己的法律后果的负担。提供证据的责任与证明责任的区别在于：1.适用条件不同。提供证据的责任在任何案件中都适用；而证明责任仅仅在事实处于真伪不明时适用。2.法律后果不同。在案件事实真伪不明时，负证明责任的一方败诉。3.主体不同。案件的当事人对自己的主张或反驳都有提供证据的责任；而证明责任只能由原、被告中的一方承担。4.可转移不同。在同一案件审理提供证据的责任可以在当事人之间转移，如原告提出主张并证明，被告反驳，提供证据的责任就由原告转移到了被告；证明责任往往是法律事先规定好的，在同一案件中不可转移。5.目的不同。提供证据的责任是为了查清事实；证明责任是为了在查不清事实的情况下，本着法律规定让一方承担败诉的后果。区分以上两个概念的意义在于：1.法官应当积极引导当事人举证以查清事实，在查不清案件事实的情况下，也就是事实真伪不明的情况下，应当依据法律规定来分配证明责任，并判决负有证明责任的一方败诉；2.证明责任是法律事先规定好的，可以有效避免法官分配举证责任的随意性。

在本案的办案过程中，承办法官对"谁主张、谁举证"的举证责任原则向原、被告双方进行了充分的释法明理。1.双方发生纠纷的时间在2015年2月8日临近春节时，如果原告收到了被告支付的欠款，作为外地人的原告，理应即刻离开收款地，及时返家与家人团聚，原告却不顾严寒在次日即2月9日，到事发地点的派出所、法律服务所等部门寻求法律帮助的种种表现，说明原告已经收到被告支付的欠款，显然有违常理。2.承办法官了解到派出所办案民警在接警后去现场，曾试图找到在场目击证人无果。鉴于现场证人，其中一人是被告一同前来，关系与被告密切，另外一名证人也是崇州本地人，作为本地人的被告显然提供证人线索进行举证比原告更具有优势，综合上述因素，法庭将已给付欠款的举证责任分配给被告，在本院多次向被告释明举证不能将承担举证不能的法律后果后，被告仍未向本院提供任何证据，故作出上述判决。

五十九、传真件能否作为有效证据的认定
——红阳粘胶制品有限公司诉玉龙胶业有限公司买卖合同纠纷案

【基本案情】

2007年6月，红阳公司与玉龙公司开始发生业务往来，经双方对账确认，玉龙公司尚欠红阳公司货款266000元，该款经红阳公司多次催讨，玉龙公司至今未付，双方成讼。

一审法院审理认为，红阳公司与玉龙公司之间的买卖关系合法有效。玉龙公司欠红阳公司货款266000元，事实清楚，证据充分。由于玉龙公司未及时归还红阳公司货款，应承担相应的民事责任。现红阳公司要求玉龙公司支付欠款266000元的诉讼请求，理由正当，予以支持。玉龙公司辩称，缺乏事实依据和法律依据，不予采纳。故判决：玉龙公司支付红阳公司欠款266000元。

上诉人玉龙公司不服原审法院上述民事判决，提起上诉，称：原审判决仅凭被上诉人提交的传真件，就认定"被告欠原告款266000元"，明显系证据不足。首先无法辨别被上诉人提交的传真件是否是上诉人所发，上诉人对其真实性有异议。众所周知，只要采用一些简单手段就可以变造传真件的内容；再者从事实上来说，上诉人已经全额付清被上诉人货款。综上，原判认定事实不清，证据不足，请求撤销原审判决，发回重审或依法改判，本案诉讼费用由被上诉人承担。

被上诉人红阳公司在二审中提供了如下证据：玉龙公司的委托书、驾驶证、订货合同、送货通知单共四组，以证明被上诉人在2007年6月25日（两次）、6月28日、7月7日共分四次将本案所涉货物通过汽运方式交付上诉人的事实。

【裁判结论】

一审法院判决：玉龙公司支付红阳公司欠款266000元。

二审法院判决：驳回上诉，维持原判。

【定性分析】

法院对于被上诉人提供的证据作如下认证：被上诉人提供的证据是针对上诉人在二审提出被上诉人提供的销售账款明细系伪造而提供的反驳证据，该证据能与被上诉人提供的销售账款明细相互印证，法院予以认定。

法院认为，双方当事人对于双方存在买卖合同关系的事实均无异议，本案的争议焦点在于上诉人是否结欠被上诉人货款，主要涉及被上诉人提供的销售账款明细是否应予认定的问题。《合同法》第11条规定合同订立的书面形式是指"合同书、信件和数据电文（包括电报、电传、传真、电子数据交换和电子邮件）等可以有形地表现所载内容的形式"。因此，传真件是法律规定的合同订立的书面形式之一，可以作为有效证据认定。对于被上诉人提供的购销合同及销售账款明细，上诉人在一审时对于证据本身系传真件并未提出异议，但认为传真件不应作为有效证据认定，该抗辩理由明显与法律规定相悖，原审法院对于被上诉人提供的证据均予认定并无不当。上诉人在二审虽又对被上诉人提供的销售账款明细提出异议，认为系伪造证据，但未提供有效证据证明，其申请对该证据的真实性等内容进行鉴定，也不符合《最高人民法院关于民事诉讼证据的若干规定》所规定的申请鉴定的条件，故本院不予准许。综上，上诉人的上诉理由，依据不足，本院不予采纳。

六十、买卖合同纠纷协议管辖的处理

——阿拉山口公司诉宁夏秦毅公司买卖合同纠纷案

【基本案情】

上诉人宁夏秦毅实业集团有限公司（以下简称宁夏秦毅公司）与被上诉人阿拉山口欣克有限责任公司（以下简称阿拉山口公司）买卖合同纠纷一案，原审法院查明：阿拉山口公司据以提起本案诉讼的两份协议书分别载明：合同在执行中如发生纠纷，双方应友好协商解决，若协商不成，双方可向各自住所地人民法院起诉。原审期间，宁夏秦毅公司提出管辖权异议，认为上述有关协议管辖的约定违反了最高人民法院

《关于适用〈中华人民共和国民事诉讼法〉若干问题的意见》第24条的规定，应当认定无效，请求将本案移送到作为合同履行地和被告所在地的宁夏回族自治区高级人民法院处理。

【一审裁定】

新疆维吾尔自治区高级人民法院经审查认为，根据最高人民法院《关于合同双方当事人协议约定发生纠纷各自可向所在地人民法院起诉如何确定管辖权的复函》的规定，双方合同中有关协议管辖的约定有效，应以此确定本案管辖。该院遂依照《民事诉讼法》第38条的规定，裁定驳回宁夏秦毅公司的管辖权异议。

宁夏秦毅公司不服新疆维吾尔自治区高级人民法院的上述民事裁定，向最高人民法院提起上诉，称：原审将最高人民法院的复函作为确定本案管辖权的依据属适用法律不当；根据最高人民法院《关于适用〈中华人民共和国民事诉讼法〉若干问题的意见》第24条的规定，应当认定本案合同中关于"双方可向各自所在地人民法院起诉"的约定无效。请求将本案移送宁夏回族自治区高级人民法院管辖。

【二审裁定】

二审法院经审查认为：按照本案合同中有关"合同在执行中如发生纠纷，双方可向各自住所地人民法院起诉"的约定，虽然双方均有权提起诉讼，其住所地的人民法院亦分别享有管辖权，但根据最高人民法院《关于适用〈中华人民共和国民事诉讼法〉若干问题的意见》第33条的规定，任何一方提起诉讼且为其住所地法院立案受理后，另一方住所地的人民法院便不得再重复立案，从而排斥了另一方住所地人民法院的管辖。故该项约定的实质是选择原告住所地人民法院管辖。该项约定不但不属于"选择民事诉讼法第25条规定的人民法院中的两个以上人民法院管辖"的情况，而且完全符合《民事诉讼法》有关协议管辖的规定，应当认定有效并据以确定本案的管辖。原审裁定驳回宁夏秦毅公司的管辖权异议根据充分，适用法律正确，应予维持；宁夏秦毅公司的上诉理由均不成立，对其关于将本案移送宁夏回族自治区高级人民法院管辖的请求应予驳回。二审法院依照《民事诉讼法》第25条、第154条的规定，裁定驳回上诉，维持原裁定。

六十一、汽车自燃案件的举证责任如何分配
——陈某某诉广西弘嘉汽车销售服务有限公司等买卖合同纠纷案

【基本案情】

原告（上诉人）：陈某某；被告（被上诉人）：广西弘嘉汽车销售服务有限公司（以

下简称弘嘉公司）、长安福特汽车有限公司（以下简称福特公司）。

2010年7月15日，原告陈某某向被告广西弘嘉汽车销售服务有限公司（以下简称弘嘉公司）购买了长安福特汽车有限公司（以下简称福特公司）生产的福克斯牌CAF7180N38轿车一辆，登记的车牌号为桂Ａ×××××。原告购车后，自行为桂Ａ×××××车加装了非原厂的前雾灯。2012年11月26日，桂Ａ×××××车发生交通事故定损后由福特汽车的4S店广西广福汽车销售服务有限公司进行了维修，维修更换的项目中包括：更换前雾灯（左）、修复线束。2013年2月13日20时左右，停放在广西林木种苗基地内职工宿舍楼前的桂Ａ×××××车发生自燃，南宁市兴宁消防中队接到报警后，于20时21分到达事故现场，当时火势已被单位职工基本控制，中队出水灭火，于20时30分将火势扑灭。桂Ａ×××××车辆自燃造成的损失为车辆本身烧毁的损失。南宁市兴宁公安消防大队兴公消火认字〔2013〕第11号《火灾事故认定书》认定：排除外来火源、人为纵火、用户操作失误及在车内使用明火的起火原因，不能排除车辆自燃引起火灾的起火原因；经分析，灾害成因为：不排除由于车头内电器配件或电气线路故障引起火灾。2013年4月19日早10时30分至11时45分左右，经车主同意，在工商部门同志、车主方及车主邀请的汽车技师在场的情况下，厂家及4S店联合对事故车辆进行了现场拆检，车主方拍摄下了拆检的全过程。被告福特公司于拆检当日作出的《重大车辆问题技术鉴定报告——广西广福C307积热案例调查报告》调查结论是：可以基本排除外来物质、原厂线束、油液燃烧导致该部位积热，不排除由于加装雾灯线路过载引起积热的可能性。原告方不认同生产厂家的调查结论，遂提起本案诉讼。

案件审理过程中，原告申请法院对桂Ａ×××××车的修复价值进行评估，被告弘嘉公司申请对案件讼争车辆的起火原因进行司法鉴定。本院认为确定讼争车辆的起火原因是决定有无必要对桂Ａ×××××车的修复价值进行评估的前提，因此，本院根据原、被告方的选择，首先委托公安部消防局天津火灾物证鉴定中心对讼争车辆的起火原因进行司法鉴定。2014年2月10日，公安部消防局天津火灾物证鉴定中心出具的《关于福特福克斯汽车（桂Ａ×××××）起火原因的鉴定意见》对起火原因的认定结论为：排除人为放火、遗留火种、车辆漏油和车辆原车电气线路故障起火，不排除加装雾灯电气线路故障起火。法院没有批准原告关于对桂Ａ×××××车的修复价值进行评估的申请。

【案件焦点】

涉案汽车自燃是否是因汽车的质量原因造成的；汽车自燃造成的损失数额是多少。

【裁判结论及定性分析】

广西壮族自治区南宁市江南区人民法院经审理认为：桂Ａ×××××车自燃造成的损失为车辆本身烧毁的损失，没有造成人身或该产品以外的其他财产损失，因此本案应定性为买卖合同纠纷。原告和被告弘嘉公司系桂Ａ×××××车买卖合同的相对人，被告弘嘉公司负有该车的质量瑕疵担保责任。根据公安部消防局天津火灾物证鉴定中心出具的《关于福特福克斯汽车（桂Ａ×××××）起火原因的鉴定意见》，关于桂Ａ×××××车起火的原因，排除了该车漏油和车辆原车电气线路故障起火，即该车的起火原因并非原车产品质量存在问题。因此，原告要求被告弘嘉公司赔偿原告损失的诉讼请求，缺乏事实依据和法律依据，本院不予支持。被告福特公司并非桂Ａ×××××车买卖合同的相对人，无需对该买卖合同承担违约责任，因此，原告要求被告福特公司赔偿原告损失的诉讼请求，于法无据，本院不予支持。据此，法院判决如下：驳回原告陈某某提出的诉讼请求。

陈某某对案件定性问题及司法鉴定结论不服提起上诉。广西壮族自治区南宁市中级人民法院经审理认为：陈某某上诉称本案不应定性为买卖合同纠纷，应为产品质量纠纷。根据陈某某诉请的事实及一审判决查明的事实，涉案车辆的自燃并未造成他人人身伤害及缺陷产品以外的财产损失，据此一审判决认为本案不属于产品责任纠纷并无不当。

陈某某主张公安部消防局天津火灾物证鉴定中心作出的司法鉴定报告不能作为本案的定案依据。该主张的主要理由是认为鉴定机构所鉴定的检材与原物不符，且没有对全车进行检查鉴定。经庭审询问本案三方当事人均确认鉴定系由一审法院组织各方当事人及鉴定机构到现场提取检材，鉴定机构所提取的检材在前一次现场拆检时已经拆卸，是在各方在场的情况下由鉴定机构从车内提取。陈某某主张鉴定机构所提取的检材不是厂家所拆取的检材，其应对其主张的这一事实向法院提供证据。陈某某并无充分证据证明鉴定机构所提取的检材与陈某某照片中不符，故陈某某以此为由主张鉴定结论不能作为定案依据的上诉理由不成立，法院不予支持。鉴定机构依据汽车过火及烧损程度、受热变色程度及现场监控录像，确定起火部位和起火点，并根据确定的起火点在该处提取了残留的车辆自身电气线路和前期调查工作中拆解并保存在车上的电气线路。鉴定机构相关鉴定程序及提取物证的范围合理，并无明显瑕疵和缺陷。故对陈某某认为仅提取起火附近的线路进行鉴定，而未对全车鉴定，鉴定结论不能作为定案依据的上诉主张，本院不予支持。

陈某某主张涉案车辆已经在福特公司委托的4S店进行维修，对陈某某改装部分的雾灯重新检修、修复，并更换为原厂雾灯，应视为厂家认可陈某某的加装行为，所造成的损失应由福特公司承担。陈某某在广西广福汽车销售服务有限公司进行维修，双方之间属另一法律关系范畴，不能因此视为福特公司认可加装行为并由此要求福特公司承担赔偿责任。且本案为买卖合同纠纷，福特公司并非买卖合同的相对方，不应承担合同责任。故法院对该上诉主张不予支持。

关于涉案车辆是否存在质量问题的举证责任分配问题。陈某某认为弘嘉公司、福特公司应对其销售的车辆不存在质量问题承担举证责任。基于以上论述，福特公司不是买卖合同纠纷的适格主体，无需为车辆不存在质量问题承担举证责任。陈某某于2010年7月15日购买涉案车辆后一直正常使用，并未就车辆质量问题提出异议，现陈某某主张弘嘉公司销售的车辆存在质量问题而导致自燃，应由陈某某就其主张的事实进行举证。而陈某某对车辆存在质量问题以及因质量问题而导致车辆自燃，均未向法院提供相关证据。故法院对陈某某这一上诉主张，不予支持。

综上所述，陈某某的上诉请求无事实及法律依据，法院不予支持。一审判决认定事实清楚，适用法律正确，处理并无不当，法院予以维持。广西壮族自治区南宁市中级人民法院依照《中华人民共和国民事诉讼法》第170条第一款第（一）项、第175条之规定，判决如下：

驳回上诉，维持原判。

第四章　借款合同风险防控

党的十九大报告要求，要坚决打好防范化解重大风险、精准脱贫、污染防治三大攻坚战。中央经济工作会议再次强调，打好防范化解重大风险攻坚战，重点是防控金融风险。防范和化解各类金融风险，除了努力促进形成金融和实体经济、金融和房地产、金融体系内部三个方面的良性循环外，重点应管住货币信贷"总闸门"。规范借款合同，加强风险源头管控。同时，深入整治各种违规金融行为，坚决打击各种非法集资活动。

第一节　借款合同概述

借款合同又称借贷合同，它是指借款人向贷款人借款，到期返还借款并支付利息的合同。其中，提供货币的一方称贷款人，受领货币的一方称借款人。

一、借款合同的法律特征

（一）贷款方必须是国家批准的专门金融机构，包括中国人民银行和专业银行。专业银行是指中国工商银行、中国人民建设银行、中国农业银行、中国交通银行。全国的信贷业务只能由国家金融机构办理，其他任何单位和个人无权与借款方发生借贷关系。

（二）借款方一般是指实行独立核算、自负盈亏的全民和集体所有制企业及各类公司等经济实体。国家机关、社会团体、学校、研究单位等实行财政预算拨款的单位则无权向金融机构申请贷款。在特殊情况下，城乡个体工商业户、农业合作社、实行生产责任制的农民也可以成为借款合同的主体，同银行、信用社签订借款合同。

（三）借款合同必须符合国家信贷计划的要求。信贷计划是签订借款合同的前提和条件。借款方必须根据国家批准的信贷计划向贷款方申请贷款；贷款方必须在符合国家信贷计划的信贷政策的条件下，由贷款方与借款方签订借款合同。超计划贷款必须严格控制。

（四）借款合同的标的为人民币和外币。人民币是我国的法定货币，是借款合同的主要标的。外币主要是供中外合资经营企业和其他需要使用外汇贷款的单位借贷使用的。在外币的借款合同中，应明确规定借什么货币还什么货币（包括计收利息同）。

（五）订立借款合同必须提供保证或担保。借款方向银行申请贷款时，必须有足够的物资作保证或者由第三者提供担保，否则，银行有权拒绝提供贷款。这种保证或担保是使贷款能够得到按期偿还的一种保证措施。

（六）借款合同的贷款利率由国家统一规定，由中国人民银行统一管理。借款方在归还贷款时，一般要偿还贷款利息，而利率必须按照国家统一规定计付，当事人双方无权商定，对国家规定的利率，任何人无权变更或修改。

二、贷款人的权利义务

（一）贷款人的权利

1. 有权请求返还本金和利息；

2. 对借款使用情况的监督检查权。贷款人可以按照约定监督检查贷款的使用情况；

3. 停止发放借款、提前收回借款和解除合同权。借款人未按照约定的借款用途使用借款的，贷款人可以停止发放借款、提前收回借款或者解除合同。

（二）贷款人的义务

1. 在借款合同中，贷款人不得利用优势地位预先在本金中扣除利息；

2. 利息预先在本金中扣除的，按实际借款数额返还借款并计算利息；

3. 贷款人不得将借款人的营业秘密泄露于第三方，否则，应承担相应的法律责任。

三、借款人的权利义务

（一）提供真实情况。订立借款合同，借款人应当按照贷款人的要求提供与借款有关的业务活动和财务状况的真实情况。

（二）按照约定用途使用借款。合同对借款有约定用途的，借款人须按照约定用途使用借款，接受贷款人对贷款使用情况实施的监督检查。借款人未按照约定的借款用途使用借款的，贷款人可以停止发放借款、提前收回借款或者解除合同。

（三）按期归还借款本金和利息。当借款为无偿时，借款人须按期归还借款本金；当借款为有偿时，借款人除须归还借款本金外，还必须按约定支付利息。

四、借款合同的内容

（一）借款的种类

借款种类主要是按借款方的行业属性、借款用途以及资金来源和运用方式进行划分的。针对不同种类的借款，国家信贷政策在贷款的限额、利率等方面有不同规定，以体现区别对待、择优扶持的信贷原则。因此，借款合同一定要订明借款种类，它是借款合同必不可少的主要条款。

（二）借款币种

借款币种即借款合同标的的种类。借款合同的标的除人民币外，还包括一些外币，如美元、日元、欧元等。不同的货币种类借款利率有所不同，借款合同应对货币种类明确规定。

（三）借款用途

借款用途是指借款使用的范围和内容，即贷款在生产和再生产过程中与哪种生产要素相结合，它决定了贷款的使用方向。借款用途是由借款种类和条件所决定的，银行严格规定各种借款用途并监督贷款的使用情况，有利于保证国家产业政策的实施和国民经济的协调发展，同时也有利于保证贷款的安全性。

（四）借款数额

借款数额是指借贷货币数量的多少。任何合同都必须有数量条款，只有标的而没有数量的合同是无法履行的。没有数量，当事人权利义务的大小就无法确定，借款合同没有借款数额，就无法确定借贷货币的多少，也失去了计算借贷利息的依据。因此，没有借款数额条款，借款合同便不能成立。

（五）借款利率

利率是指一定时期借款利息与借款本金的比率。利率的高低对确定借贷双方当事人权利义务多少至关重要，借款合同不能没有利率条款。

（六）借款期限

借款款期限是指借贷双方依照有关规定，在合同中约定的借款使用期限。借款期限应按借款种类、借款性质、借款用途分别确定。在借款合同中，当事人订立借款期限必须具体、明确、全面，以确保借款合同的顺利履行。

（七）还款方式

还款方式，是指借款人采取何种结算方式将借款返还给贷款人。借款人一般可以采用一次结清和分期分批偿还，如果是分期的情况，应明确具体时间以及具体金额等。

（八）违约责任

违约责任，是指当事人不履行合同义务时所应承担的法律责任。如果借款合同中缺少了违约责任条款，当事人的违约行为就失去了法律约束依据，当事人的权利就失去了保障，合同履行将受到严重的影响。

（九）担保方式

贷款担保方式主要有保证、抵押、质押、留置与定金等。

第二节　借款合同风险防控技能

一、合同订立前的风险防控

（一）审查借款人主体资格

合同是具有法律效力的法律文件，要求签订合同的双方当事人必须具有签约资格。否则，合同无效。为了防范欺诈行为，减少交易风险，在订立合同前一定要审查借款人的主体资格。

1. 借款人为个人

借款人如果是个人的，必须是完全民事行为能力人，既签约方精神正常且年满18周岁或者16至18周岁但以自己的收入为主要生活来源。在此情况下可以要求其提供身份证、详细的家庭地址、联系方法及个人的其他情况，方便于在必要时对其进行实地的考察和确认。必要时，可以要求借款人配偶签字、提供身份证复印件、身份关系证明。

2. 借款人为企业

（1）企业下属部门，如企业各部、科、处、室等是不具备主体资格，不能签订借款合同。如果签订了借款合同，也可能会因为主体不适格而被认定无效。

（2）企业的分支机构，如分厂、分公司、办事处等，则应看其是否有授权，是否具有对外开展业务资格，是否有非企业法人营业执照。如果有授权或非企业法人营业执照才有签订合同的资格。对分公司、分厂、办事处的审查，除审查分支机构的履约能力外，还应审查公司的履约能力的情况，因为分公司、分厂、办事处不具有法人资格，其民事责任由公司承担。

（3）企业主体资格的审查。一般是对企业营业执照进行审查，查看企业名称是否与拟签合同当事人的名称一致；查看注册资本是否与拟签合同标的额相称；查看企业经营范围是否在拟签合同业务的经营范围内；查看企业的工商年报是否正常。除以上的方式以外，还应依据营业执照中记载的情况，对公司的办公地点、人员、固定资产等进行实地考察和确认。

（二）审查借款人履约能力

在合同订立前，应对借款人的履约能力进行了解，重点要从借款人的资产和信用程度等方面进行考查。要尽可能地对借款人进行实地考察，或者委托专业律师对其资信情况进行调查。调查内容包括借款人的财产状况、生产能力，经营状况是否正常，是否能满足履行合同项目的条件，避免签约后出现对方不能履约的情况。同时，借款人应当按照贷款人的要求提供与借款有关的业务活动和财务状况的真实情况，包括但不限于企业简介、营业执照、效益情况、税务证明、银行信用等级证明以及单位的基本情况等。

（三）审查借款人借款用途

在合同订立前，应了解借款用途，确保借款用途合法。对于非法的借贷关系法律不仅不予保护，还收缴其非法活动的财物，并对其违法行为处以罚款、拘留等民事制裁。实践中，下列几种借款合同无效：

1.违反金融法规而无效，如以借贷方式进行的非法集资；以借贷之名向公众发放贷款；企业之间的借贷等。

2.损害公共利益而无效，如因欠赌债而订立借贷合同。

3.以合法形式掩盖非法目的而无效，如为赌博提供赌资而"放爪子"；通过借贷洗钱等。当一份借贷合同被认定无效后，即为当然无效、自始无效，有损失则按过错处理。

二、合同订立时的风险防控

（一）订立书面合同

人民法院审查借贷案件时，要求原告提供书面证据；无书面证据的，应提供必要的事实证据。对于不具备上述条件的起诉，法院不予受理。由此可见，借贷双方订立书面合同是大有必要的。此外，为了保护出借人的合法权益，出借人必须注意妥善保存书面协议等证据，以便日后发生纠纷时有所依据。

一般而言，书面借款合同的内容应包含借款人、出借人、借款金额、约定还款日期、约定借款利息、约定出借方式、借款日期、双方签字等必备条款。特别是注意借款合同的书写应规范，尽量不要使用歧异词语。在填写借贷合同时，还应该注意空格的地方，尽量把合同空格填满，以免被不法分子利用。当然，借款合同可以由借贷双方的任何一方书写，但双方一定要看清合同内容，凡涉及借款时间、用途、数额、期限等重要条款一定要认真查看，最后由合同双方亲笔签名，并写清全称和身份证号。如果有担保人的，还需要担保人签名，最好由几名当事人同时按下清晰的指印。当事人的签名和指印将具备同等的法律效力。

（二）约定借款用途

尽管有些借款人在借款时存在着诸多原因或不愿示人的个人隐私，但出借人在签署借款合同时仍要了解对方借款的真实用途，并且将借款用途写进合同中去。若借款人将款项用于非法用途，出借人的债权将存在巨大风险，因为按照法律规定此借贷关系不仅不受到法律保护，借贷双方的违法借贷行为还将受到法律制裁。因此，借款用途的合法性，保证了将来还款的合法性。

（三）利息约定要明确

中国人民银行发布的有关利率的管理规定中有许多涉及借款（贷款）利率限制的规定，如1993年8月21日中国人民银行发布的《中国人民银行关于不准擅自提高和变相提高存、贷款利率的十项规定》中规定，各银行的流动资金贷款利率，按照中国人民银行总行规定的可上浮20%、下浮10%的浮动幅度内，依据产业政策、产品结构、信用评估后效益等级确定实行有差别的浮动利率。1996年2月8日中国人民银行发布的《关于严肃金融纪律严禁非法提高利率的公告》中规定，各金融机构（不含城乡信用社、城市合作银行）可在现行流动资金贷款利率的基础上，按上浮20%、下浮10%的浮动幅度，实行浮动利率。城市信用社、城市合作银行流动资金贷款利率上浮幅度最高为30%，农村信用社上浮最高为60%。超过以上幅度，需报中国人民银行省级分行批准。

对于逾期利息，现行的中国人民银行规定逾期贷款利率为原利率上浮30%—50%。

（四）设定担保

对于大额借款最好让借款人找有一定经济实力的个人或单位对其担保，必要时可以让借款人以存单、有价债券、机动车、房产等个人财产作抵押，并完善担保或抵押手续。这样，万一借款人出现赖账或无法偿还债务的情况，便可行使担保物权或抵押权，对自己的损失进行挽救。

进行担保时，应当与担保人订立书面的担保合同，并注意如下事项：

1.抵押财产的合法性。不得抵押违反法律禁止性规定的财产。

2.抵押财产的真实性。抵押财产为抵押人所占有，在法律上没有缺陷，也没有其他的法律负担。也就是说，该抵押财产在此之前没有设置过抵押，或者设置过抵押，但该抵押也低于抵押财产的自身价值。

3.抵押财产的变现能力。即便有真实合法的财产，也会因各种原因导致其变现能力降低，从而使债权人的利益受到损失。对一些价值虽高，但特殊的专业设备等财产，也很难变现。因此，在抵押担保时，一定要注意抵押财产的变现能力。

4.对保证人进行考察。注意对担保人的主体资格、资信能力和信誉状况等进行认真的考察，以免出现担保无效或无担保能力的情况。

5.及时办理抵押手续。无论法律是否强制规定办理抵押手续，均应办理相应的手续。

（五）明确约定借款本息的还款顺序

对债权人有利的还款顺序为：先利息后本金。如果约定不明确，在司法实践中法院常常会按照先本金后利息来处理。

（六）约定诉讼管辖条款

如果借款人到期不还款，执行"原告就被告"的民事诉讼管辖原则对出借人是相当不利的，因此，可考虑在借款合同中写明"若发生纠纷，向出借人住所地人民法院起诉"的诉讼管辖条款。

三、合同履行中的风险防控

（一）监督检查

对于借款人的财务状况要进行定期检查和不定期的抽查。对于借款人的资金使用情况进行跟踪，了解其在使用中的问题，便于及时监控和采取相应措施。对于大额的借款，出借方可以直接派驻财务和会计，以监督贷款的支取情况。

（二）及时催要

在民间借贷合同中，借款人的违约行为主要体现在借款人是否按照约定的期限返还借款本金。有期限的民间借款合同期限届满，借款人未能履行还款义务，属违约行为。如果当事人未约定借款期限，贷款人可以随时要求返还，但应当给借款人以必要的准备时间。无期限的民间借款合同，经贷款人催告并在合理期限届满时，借款人仍未履行还债义务，构成违约行为。值得注意的是：《民法总则》已将债权的诉讼时效修改为三年。如果借款人在三年诉讼时效期届满前仍未还款的，出借人应在时效届满前让借款人写出还款计划或催要证明，这样可以造成诉讼时效的中断，诉讼时效就可以从新的协议订立之日起重新计算。

（三）及时行使不安抗辩权

借贷合同生效后，贷款人已履行向借款人的出借义务，所有的履约风险就转移到贷款人。在借款合同履行过程中，贷款人若有确切证据证明借款人丧失履行偿还借款本金能力时，要及时行使不安抗辩权，中止借款合同的履行，对分期贷款或最高额贷款的，后期的贷款尚未发出的，要立即中止发出。

（四）及时行使代位权

我国《合同法》第73条规定："因债务人怠于行使其到期债权，对债权人造成损害的，债权人可以向人民法院请求以自己的名义代位行使债务人的债权，但该债权专属于债务人自身的除外。代位权的行使范围以债权人的债权为限。债权人行使代位权的必要费用，由债务人负担。"对于已到期借款的合同，而借款人怠于行使其到期债权，导致财产未增加从而损害贷款人利益的，贷款人应及时行使代位权。

（五）及时提起诉讼

借款到期，贷款人要及时催要；若借款人逾期不还，从借款到期之日的次日起3年内，贷款人可以向人民法院提起诉讼。进行借款合同诉讼时，应注意：

1.时效问题。根据1986年全国人大制定的《民法通则》规定，向人民法院请求保护民事权利的诉讼时效期间为2年，但2017年全国人大制定《民法总则》已将诉讼时效期间修改为3年，诉讼时效期间从知道或应当知道权利被侵害起计算。也就是说，借款到期后的3年内，债权人不向债务人要求归还的，超过3年则不受法律保护。因此，提醒借贷关系中的款项出借人不要碍于面子一再拖延催款时间，从而导致超过诉讼时效，丧失了自己的合法权益。为了防止超过诉讼时效，出借人可以在时效届满前，让借款人写出还款计划或催要证明，这样可以造成诉讼时效的中断，诉讼时效就可以从新的协议订立之日重新计算。

2. 诉讼保全问题。诉前采取财产诉讼保全是实现债权必不可少的手段。在提起诉讼或者申请仲裁前向被保全财产所在地、被申请人住所地，或者对案件有管辖权的人民法院申请采取财产保全措施。财产保全可以采取查封、扣押、冻结或者法律规定的其他方法。需要注意的是，在立案时务必向法官说明，先保全再立案，以防止对方在接到传票后立即转移财产，使保全失败。一旦通过法官保全了对方的某些财产，申请人就可以"高枕无忧"地进行诉讼。一则可以尽快促成调解，顺利结案；二则如果案子胜诉也无需担心对方无财产执行。

第三节 民间借款风险防控

一、民间借款合同概述

民间借款合同，是指自然人之间，自然人与非金融机构法人之间、其他组织之间，非金融机构法人与其他组织之间，约定一方向另一方借用一定数量的款项所产生的权利义务关系的合同。民间借款合同与金融机构借款合同的根本区别是贷款人的身份不同。后者的贷款人是经依法批准经营贷款业务的金融机构，前者的贷款人是自然人、非金融机构的法人、其他组织。

（一）民间借款合同的法律特征

民间借款合同与金融机构借款合同相比，民间借款合同的法律特征体现了当事人享有较多的合同自由：

1. 民间借款合同是不要式合同

民间借款合同的形式可由当事人自行确定，可以采用书面形式，也可以采用口头形式。

2. 民间借款合同可以有偿也可以无偿

与金融机构借款合同关系中发放贷款是贷款人的经营业务不同，民间借款合同的贷款人不是以经营贷款为其业务，借给他人款项是否收取利息由当事人自主协商确定。如未约定或约定不明的，《合同法》作了规定，"自然人之间的借款合同对支付利息没有约定或者约定不明确的，视为不支付利息"。公民之间的无息借款，有约定偿还期限而借款人不按期偿还，或者未约定偿还期限但经出借人催告后，借款人仍不偿还的，出借人要求借款人偿付逾期利息，应当予以准许。

3. 民间借款合同是实践合同

《合同法》规定，自然人之间的借款合同，自贷款人提供借款时生效。该条规定表明，自然人之间就借款达成口头协议或者签订书面合同，双方的借款合同关系并未生效。只有贷款人实际向借款人提供了借款时，借款合同才生效。

（二）民间借款合同的法律效力

合法有效的民间借款合同，应当遵循必须严格遵守国家法律、行政法规的有关规定，遵循自愿互助、诚实信用、公平原则。出借人的资金必须是属于其合法收入的自有资金，禁止吸收他人资金转手放贷。民间个人借贷利率由借贷双方协商确定，但双方协商的利率不得超过国家规定。公民与企业之间的借贷，只要双方当事人意思表示真实即可认定有效。

实践中，对于下列情形之一的，应当认定借贷合同无效：

1. 企业以借贷名义向职工非法集资；

2. 企业以借贷名义非法向社会集资；

3. 企业以借贷名义向社会公众发放贷款；

4. 其他违反法律、行政法规的借贷行为。

有偿民间借款的利息应在借款使用后约定的支付期限内支付，不得提前扣除。如果利息预先在本金中扣除的，应当按照实际借款数额返还借款并计算利息。

（三）民间借款合同的利息规制

我国《合同法》第 211 条规定，自然人之间的借款合同约定支付利息的，借款的利率不得违反国家有关限制借款利率的规定。在民间借贷关系中，借贷双方最容易发生矛盾的是利息。最高人民法院《关于人民法院审理借贷案件的若干意见》第 6 条规定："民间借贷的利率可以适当高于银行的利率，各地人民法院可根据本地区的实际情况具体掌握，但最高不得超过银行同类贷款利率的 36%（年利率，对应的月利率为 3%，即三分利，包含利率本数）。超出此限度的，超出部分的利息不予保护。借贷合同中规定的利率，24% 以下为有效，24%—36% 之间的为自然债务（债务人已支付的无权请求返还），36% 以上为不当得利，必须予以返还。"也就是说，借贷双方约定的利率未超过年利率 24%，出借人请求借款人按照约定的利率支付利息的会得到法院应予支持；超过年利率 36% 的，超过部分的利息约定无效。

有关法律还规定公民之间的借款，出借人将利息计入本金计复利的，不予保护。另外，根据《合同法》第 211 条第一款规定，自然人之间的借款合同对利息没有约定或约定不明确的，视为不支付利息。所以，在民间借贷中，对利息的约定一定要符合法律规定，并且要约定明确。

二、民间借款合同中的法律风险

银行借款合同一般是由商业银行提供格式合同文本签订，形式规范，内容详尽。但民间借款合同形式多样，内容随意，存在较大风险。特别是在信贷紧缩、楼市调控的背景下，民间借贷高额的利息回报，大大吸引了民间投资人的眼球，其蕴含着的法律风险更是深不可测。民间借款合同的法律风险主要有：

（一）借款合同的主体失格

在现实生活中，民间借贷大多数发生在亲戚朋友之间，由于这些人平时关系比较密切。正因为如此，有的出于盲目信任，有的出于碍于情面，有的出于听信花言巧语或者贪图高息等原因，贷款人忽略了对借款人主体资格和信用状况，以及其实际履行能力等方面情况的了解，盲目出借贷款，从而造成借款成了"肉包子打狗"——有来无回。

（二）借款合同的形式存在瑕疵

民间借贷的借款凭证一般分为口头、借条、借款合同三种类型。在现实生活中，民间借贷大多数发生在熟人之间，其借贷关系大多以口头协议的形式订立，无任何书面证据。在这种情况下，一旦一方予以否认，对方就会因为拿不出证据而陷入"空口无凭"的境地，即使诉至法院，出借人也会因举证不能而败诉。即使有书面形式的借条、借款合同，但这些书面形式的东西往往过于简单或者不规范，随意性比较强，一旦发生纠纷，难以理清，问题多多。

（三）借款的用途非法

一些借款人利用人们贪图高利的心理，抛出高息诱饵，在同地域或熟人间进行非法集资。这种集资经营者不是挥霍过度无力偿还就是卷款潜逃，使债权人血本无归，这种借贷风险最大，应高度重视。还有一些借款人借款不是为了生产或者生活所需，而是为了赌博、走私等非法活动，这种借贷关系是不受法律保护的，结果也让自己借出去的钱化为泡影。

（四）借款的利息过高

因为民间借贷的宽松规定，与合法借贷关系相伴而行的高利贷现象也并不鲜见。这种借贷通常是对利率的过高约定而变相地进行高利贷行为，其中约定的利率或超过银行同类贷款利率的4倍，或将利息计入本金计算复利，这些超出部分的利息和复利不受法律保护的。同时，利息不得计入本金计算复利，也就是通常所说的"利滚利""驴打滚",超出部分的利息和复利不受法律保护。

（五）利息在本金中扣除

利息从本金中预扣现象存在。由于放贷者知悉高于银行同期贷款利率4倍以上的高额利息不受法律保护，因此在签订合同时便将高出部分的利息提前扣除。但在形成的书面合同文本中对此并不注明。有的虽然不预扣不受法律保护的高额利息，但在借款合同中将高出部分利息计入本金。比如甲向乙借款20万元，时间3个月，实际月利率6%。其中合同约定的月利率为2%，另外4%的月利率按3个月计息为2.4万元。于是在合同上标注的借款总额22.4万元，但甲实际收到的借款为20万元。这种利息在本金中扣除也是不受法律保护的。

（六）盲目设保

主要是贷款人对保证人的人品、财产、抵押物的真伪和实际履行能力缺乏了解，盲目设立担保，一旦借款人违约时，担保人也无力代为清偿其担保债务，造成贷款人本不该有的损失。

（七）还款期限模糊

1. 没有约定还款期限。贷款人有时出于情感考虑，没有约定还款的期限，而事后却因借款人以没有约定期限或以无力偿还为借口长期拖欠不还而产生纠纷。

2. 借贷期限约定不明。有的当事人基于对亲朋好友之间的亲情和信任，有时对借贷的期限不是很明确，这种"富有弹性"的期限条款很容易造成理解上的"瑕疵"，继而发生争议；也有的当事人故意将还款期限写得模糊，如"月底前归还""年底前还清"等，并没有明确约定是"哪年的年底？"或者"哪年哪月的月底？"，造成借款久拖不还，产生纠纷。

（八）违法犯罪活动突出

近年来，民间借贷发展迅速，以暴力催收为主要表现特征的非法活动愈演愈烈，严重扰乱了经济金融秩序和社会秩序。这些非法活动主要表现为利用非法吸收公众存款、变相吸收公众存款等非法集资资金发放民间贷款；以故意伤害、非法拘禁、侮辱、恐吓、威胁、骚扰等非法手段催收贷款；套取金融机构信贷资金，再高利转贷；以提供服务、销售商品为名，实际收取高额利息（费用）变相发放贷款行为。特别是最近一个时期，"套路贷""校园贷"犯罪活动猖獗，不仅直接侵害被害人的合法财产权益，而且其中掺杂的暴力、威胁、虚假诉讼等索款手段又容易诱发其他犯罪，甚至造成被害人辍学、自杀、卖房抵债等严重后果，带来一系列社会问题。

（九）变相"现金贷"重出江湖

据中国互联网金融协会介绍，根据近期监测发现，有部分机构或平台"换穿马甲"，以手机回租、虚假购物再转卖等形式变相继续发放贷款，有的还在贷款过程中通过强行搭售会员服务和商品方式变相抬高利率。特别恶劣的是，发现有少数平台故意致使借款人形成逾期以收取高额逾期费用，严重地侵害了金融消费者的权益。

三、民间借款合同风险防控

随着经济交往的日益增多，民间借贷纠纷也越来越多，尤其生活中常见的借条、欠条虽然貌似简单几个字，却隐藏着诸多玄机，若借贷当事人一不小心，就会轻易掉入这些借条或者欠条收据的陷阱之中。为了防止这个陷阱，借贷双方当事人，不论是向他人借款也罢抑或借款给别人也好，在出具借条时，对于借款种类、数额、利率、用途和还款期限等关键条款，一定要严格审查，做到详尽、明确、规范，以防止和减少不必要的纠纷。具体来说，要注意以下几个方面：

（一）要了解借款人的还款能力及信用度

对于出借人而言，最大的风险是无法收回借款。有时，借款人为了得到足够的资金，甚至可能会提供虚假信息，这就更增加了出借人的风险。因此，出借人在借款之前，需对借款人的还款能力、诚信状况、借款用途，甚至还要对借款人借款投资的前景作些考察，以保证日后出借资金的安全回笼。

（二）确保借款用途合法

民间借贷是常有之事，但是民间借贷必须建立在合法基础上，否则，债权人的债权将得不到法律的保护。最高人民法院《关于人民法院审理借贷案件的若干意见》规定，出借人明知借款是为了赌博、走私等非法活动而借款的，其借贷关系不予保护。我国《民法通则》第134条第三款规定，对进行非法活动的财物应当收缴，对违法行为应当予以民事制裁，可处以罚款、拘留。但在实践中，常有一些人在借款时碍于情面或者其他原因，结果让自己借出去的钱化为泡影。

（三）订立书面借款协议

最高人民法院《关于人民法院审理借贷案件的若干意见》第4条规定，法院审查借贷案件时，应要求原告提供书面借据，无书面借据的，应提供必要的事实根据，没有证据的请求，人民法院不予受理。因此，在借贷时，借款人应主动出具书面借据，出借人也应提醒对方出具借据，如果有特殊情况当场确实无法出具借据的，应有第三人作证，并且在事后补上证据。特别是在书写借条时，应注意以下几点：

1. 书写借条宜写清借贷双方当事人的全名及身份证号码

实践中，出借人与借款人往往关系密切，也不乏亲戚朋友关系，借款人将日常称呼写入借条，如将出借条写成"王叔叔""刘哥"等；另外，在现实中还有一些借款人故意将自己的名字写错，如将"王清平"写成"王庆平"之类，等等。这些写法会让出借陷入极大风险，如果借款人逾期还款，出借人想到法院起诉借款人，往往会因债务人不明确而被法院判决驳回诉讼请求。

2. 尽量不要使用歧义词语

我国的许多汉字存在一字多音，一字多解的现象，在借条或者欠条中一旦使用这些文字就可能造成纠纷，使自己的权益遭受损失。

3. 借条中有利息约定应写明具体借款利息

借条中有利息约定应写明具体借款利息，但是该约定不得违背法律规定。在现实生活中，有些借贷当事人是出于相互之间善意帮助而发生的，这样的民间借贷一般是无息的；也有很多借款是有利息的，对于此类利息的借款，当事人之间往往进行口头约定，借款人在书写借条时常常书写借款的数额，故意省略借款利息。但根据《合同法》第211条第1款规定，即自然人之间的借款合同对利息没有约定或约定不明确的，视为不支付利息。同时，有关法律规定民间借贷的利率可以适当高于银行利率，但最高不得超过银行同期贷款利率的4倍，超出部分的利息不予保护。同时还规定，公民之间的借款，出借人将利息计入本金计复利的，不予保护。因此，在民间借贷中，对利息的约定一定要符合法律规定，并且要约定明确。

4. 借款人还款时需要让收款人出具收据或者收回借条

实践中，常有一些债务人（欠款人）过于相信对方，或者是由于一时的疏忽，在自己还款后未让收款人出具收据，也没有收回借条，从而引发不必要的纠纷，债务人也因此给自己造成了一些不必要的损失。

（四）要设立担保物权

出借人要注意了解借款人的偿还能力。对于数额较大或有风险的借贷，可要求借款人提供相应的财产作为抵押，或寻找一个有经济实力的第三人作为担保人。并且，该抵押或担保都应签订书面协议并办理相应的手续。此外，如果借贷双方对还款期限或利率重新进行约定，且没有征得担保人同意的，则担保人不再承担相应的保证责任。

（五）及时催收借款

《民法总则》第188条："向人民法院请求保护民事权利的诉讼时效期间为三年。法律另有规定的，依照其规定。诉讼时效期间自权利人知道或者应当知道权利受到损害以及义务人之日起计算。"因此，当发生借贷纠纷请求法院保护时，一定要注意时效的问题，在法定时间内向有管辖权的法院提起诉讼。一旦错过诉讼时效则可能无法得到法律保护。因此，为了防止该借款超过诉讼时效，出借人可在时效届满前，向借款人催收，并保存相关证据，或者让借款人提出还款计划，如此，则诉讼时效中断，可从新的协议订立之日重新计算。而对于没有约定还款期限的借款，出借人可以随时要求借款人归还，但是应给予一定的期限。

（六）行使不安抗辩权

对于借款人的资金使用情况进行跟踪，了解其在使用中的问题，便于及时监控和采取相应措施。对于大额的借款，出借方可以直接派驻财务和会计，以监督贷款的支取情况。如符合不安抗辩理由，应当及时行使不安抗辩权中止借贷合同的履行，方式为分期贷款或最高额贷款，后期的贷款尚未发出的，中止发出。对于已到期借款的合同，而借款人怠于行使其到期债权，导致财产未增加从而损害贷款人利益的，贷款人应及时行使代位权。

（七）严防"套路贷"

"套路贷"不属于民间借贷，它是以追讨虚增债务非法敛财，其本质是违法犯罪。其作案套路为："制造民间借贷假象——制造银行流水痕迹——单方面肆意认定被害人违约——恶意垒高借款金额——软硬兼施索债。"一般说来，"套路贷"具有五个特征：

1.制造民间借贷假象。犯罪嫌疑人对外以"小额贷款公司"名义招揽生意，并以个人名义与被害人签订借款合同，骗被害人签订显然不利于被害人的合同，有的还要求借款人办理上述合同的公证手续。

2.制造银行流水痕迹，形成"银行流水与借款合同一致"的证据。有的犯罪嫌疑人刻意让被害人抱着提取出的现金照相，制造被害人已取得虚增款额的假象。

3.单方面肆意认定被害人违约，并要求全额偿还"虚增债务"，"虚增债务"往往大于本金数倍甚至数十倍。

4.恶意垒高借款金额。在借款人无力偿还情况下，犯罪嫌疑人介绍其他假冒的"小额贷款公司"（或其他公司）与借款人签订新的更高数额的"虚高借款合同"予以"平账"，进一步垒高借款金额。

5.软硬兼施索债，滋扰借款人及其近亲属的正常生活秩序。

预防"套路贷"风险发生的关键是进一步增强借款人法律意识，到各类银行等正规金融机构贷款，不要轻信无金融从业资质的个人、公司发布的各类无抵押免息贷款广告信息。

（八）预防变相"现金贷"

2017 年以来，监管部门先后出台多个文件，明确了规范"现金贷"等网络借贷行为的管理要求，加强对"现金贷"业务的监管并逐步化解其形成的风险。但监测发现，近期有部分机构或平台"换穿马甲"重出江湖。这些机构或平台以手机回租、虚假购物再转卖等形式变相发放"现金贷"，甚至故意致使借款人形成逾期。变相"现金贷"衍生出的新的手法具有以下特点：

1. 手机"回租贷"猖獗

据了解，手机回租贷款指的是用户将手机"抵押"给平台（非法律意义上的抵押）。通过电子合同的签订，暂时把手机的所有权和处分权移交给平台，手机不用邮寄给平台，此时平台会估测出手机的价款并支付给用户相应金额。换句话说，就是平台"回收"了手机，但手机还在用户手里。之后，用户选择租期，租用自己的手机。此时平台把"回收"的手机又出租给用户。到期后，用户可以选择继续租用（续租）或者赎回自己的手机。续租需支付给平台相应的租金，赎回手机需支付给平台回租手机时等同的金额和租期产生的租金，然后结束订单，手机的所有权和处分权归还给用户。

有数据显示，"回租贷"相关平台已逾 100 个，注册客户数百万人，大多数目标客户锁定为大学生。利率畸高，一般年化利率在 300% 以上，个别甚至超过1000%。在分析人士看来，此类手机回租模式，实际上是打着手机回租幌子的现金贷业务，不仅暗藏合规风险，用户隐私安全也难以保障。

2. 贷款过程中搭售其他商品，变相抬高利率

有些平台强行要求贷款客户办理会员卡、高价购买商品等，变相抬高利率，其中名义年化利率 36%；如算上购卡成本，实际年化利率可高达 291.9%。针对某些平台通过出售会员卡、会员服务的形式，由借款人的借款本金中一次性扣取费用的情况，2018 年 6 月 1 日，北京市互联网金融行业协会已经对通过出售会员卡、会员服务的形式收费的行为作出风险提示，要求各机构审慎对待在借款本金中一次性扣去费用的收费方式。因为此种做法会增加借款人综合融资成本，并可能涉及收取"砍头息"等问题。

3. 故意导致借款人逾期

有些平台存在故意导致借款人逾期问题，公益性互联网消费投诉服务平台"21聚投诉"梳理发现，2018 年 5 月 1 日—15 日，该机构接到类似投诉 21 笔，涉及 13家网络借贷平合。相关平台未自动扣划借款，借款人主动将钱打给平台还款失败。贷款逾期后，平台恢复正常，电话通知客户逾期，并收取很高的逾期费用。在这种情况下，一方面借款人承担了高昂的借款成本，另一方面容易滋生借款人"以贷养贷"。

4. 通过虚假购物再转卖发放贷款

部分平台的套路是：用户下单购买商品，但无需支付货款，直接申请退款或转卖变现，转卖成功后即可获得资金；平台赚取延迟付款费和转卖撮合费用。

基于此类情况，这就需要消费者提高警惕，审慎选择平台，理性办理借贷。

第四节　企业间借款风险防控

企业间借款又叫企业之间的资金拆借，它是指在市场经济活动中，某一企业将自己暂时闲置的资金按照一定的价格让渡给其他企业使用的行为。目前，很多企业由于资金严重短缺，通过金融机构融资手续比较复杂、审批时间长，尤其是一些小微企业等很难从金融机构获取急需的贷款。在巨大市场需求的刺激下，它们往往通过拆借资金的方式进行融资，企业之间往往会采取各种变通的手段，但这种融资方式存在着极大的风险。

一、企业间借款合同中的法律风险

（一）企业之间的借款合同，有可能被认定为无效

《中国人民银行贷款通则》第61条规定："各级行政部门和企事业单位、供销合作社等合作经济组织、农村合作基金会和其他基金会，不得经营存贷款等金融业务。企业之间不得违反国家规定办理借贷或者变相借贷融资业务。"据此，最高人民法院《关于对企业借贷合同借款方逾期不归还借款的应如何处理问题的批复》："企业借贷合同违反有关金融法规，属无效合同。"由此可知，企业之间不得办理借贷或变相借贷融资业务，企业之间签订的这种合同为无效合同。

（二）企业获得金融机构贷款以后转贷的借款合同，有可能被认定无效

企业从金融机构获得借款初衷就是为了满足自身的资金需求。如果企业在获得借款以后，高额转贷牟利，扰乱金融秩序，危害国家金融安全，违背企业借贷的初衷，不但借贷行为本身无效，而且将有可能触犯刑法，承担相应的刑事责任。

（三）非法集资或发放贷款的借款合同无效。

最高人民法院《关于人民法院审理借贷案件的若干意见》第1条规定："公民之间的借贷纠纷、公司与法人之间的借贷纠纷以及公民与其他组织之间的借贷纠纷，

应作为借贷案件受理。"由此可知，企业与公民之间的借贷行为原则上是有效的。此后，最高人民法院《关于如何确认公民与企业之间借贷行为效力问题的批复》对企业与公民之间的借贷效力进一步做了明确和细化："公民与非金融企业（以下简称企业）之间的借贷属于民间借贷。只要双方当事人意思表示真实即可认定有效。但是，具有下列情形之一的，应当认定无效：（一）企业以借贷名义向职工非法集资；（二）企业以借贷名义非法向社会集资；（三）企业以借贷名义向社会公众发放贷款；（四）其他违反法律、行政法规的行为。"因此，如果企业与公民之间以借贷为名，进行非法集资或发放贷款，也将被依法认定为无效。

（四）假联营借款的合同无效

在商务实践中，经常会出现一种名为联营实为借贷的情况，即公司、企业作为联营一方，向与其他公司、企业共同建立的联营体投资，但不参加共同经营，也不承担联营的风险责任，不论盈亏均按期收回本息，或者按期收取固定利润的。这种名为联营实为借贷的方式，因违反了有关金融法规的强制性规定，法律效力已被司法解释（最高院《关于审理联营合同纠纷案件若干问题的解答》）否定，相关的联营合同也因此无效。

二、区分企业间借款合同的效力

一般来说，企业资金拆借会因违反法律法规的强制性规定而无效，但是由于企业资金拆借现象极其复杂，在一些特殊行业中企业的资金拆借可能有效，这就要视具体情况区别对待：

（一）企业间资金拆借合同无效的情形

从现行法律规制来看，目前限制或禁止企业资金拆借的法律法规主要有两个：一是最高人民法院1996年出台的关于企业资金拆借的司法解释，该解释规定，企业借贷合同违反有关金融法规，属无效合同；二是1998年中国人民银行出台的就企业借贷为题的答复，该答复规定，禁止非金融机构经营金融业务，借贷属于金融业务，因此非金融机构的企业之间不得相互借贷。如果企业违反了上述两个限制或者禁止性规定而拆借资金的，这种企业间资金拆借合同就属于无效合同情形。

（二）企业资金拆借合同有效的情形

1. 房地产开发企业之间的借款合同有效。2004年，在新《公司法》修订之前最高人民法院出台的司法解释中规定，合作开发房地产合同约定提供资金的当事人不承担经营风险，只收取固定数额货币的，应当认定为借款合同，这就确定了在房地产开发领域企业之间拆借的合法性，并认可了借款可以不承担经营风险，并收取固定回报的房地产开发模式。

2.企业与自然人之间的借款合同有效。从《公司法》来看，通篇条文并没有直接规定企业拆借行为的合法性，但是从董事、监事、高管的忠实义务可以看出，董事、高级管理人员符合章程规定，经过股东会、股东大会或者董事会同意，可以将公司资金借贷给他人，他人应当包括自然人和法人。在这种情况下，企业与自然人之间的借款合同应当是合法有效的，应当受到法律保护。

三、企业间借款合同无效的法律后果

（一）借贷方应当返还出借方借款本金

根据《合同法》规定，合同无效，因该合同取得的财产应当予以返还。有过错的一方应当赔偿对方因此所受到的损失；双方都有过错的，应当各自承担相应的责任。在合同无效的情形下，借贷方应当依不当得利返还出借方借款本金。

（二）拆借合同约定的利息和违约金条款无效

由于借款合同无效，因此该合同中除了合同中独立存在的有关解决争议方法的条款有效以外，其他条款均属无效。双方借款合同中有关利息及违约金的条款不是独立存在的有关解决争议方法的条款，因此是无效的。对自双方当事人约定的还款期满之日起，至法院判决确定借款人返还本金期满期间内的利息，应当由法院收缴，该利息按借贷双方原约定的利率计算，如果双方当事人对借款利息未约定，按同期银行贷款利率计算。

（三）由中国人民银行对出借方进行行政处罚

央行的《贷款通则》规定，企业之间擅自办理借贷或者变相借贷的，由中国人民银行对出借方按违规收入处以1倍以上5倍以下罚款，并由中国人民银行予以取缔。所以一旦公司违法参与违法借贷，其处罚不仅来自于不能收取资金占用利息，而且可能会被中国人民银行处以罚款。

四、企业间借款合同的风险化解方法

尽管企业间借贷存在着极大的法律风险，但通过一定的技术处理还是可以变通地使企业之间的借贷合法化的。

（一）委托贷款

根据中国人民银行《关于商业银行开办委托贷款业务有关问题的通知》的规定，委托贷款是指由政府部门、企事业单位及个人等委托人提供资金，由商业银行（即受托人）根据委托人确定的贷款对象、用途、金额、期限、利率等代为发放、监督使用并协助收回的贷款。商业银行开办委托贷款业务，只收取手续费，不得承担任何形式的贷款风险，允许企业或个人提供资金，由商业银行代为发放贷款。贷款对象由委托人自行确定。这种贷款方式解决了企业间直接融通资金的难题。它是企业间借贷受到限制的产物，是一种变相的直接企业借贷。虽然商业银行将会收取一定的手续费，会增加交易成本，但由于企业有权决定借款人和利率，所以对企业来说拥有较大的利润空间，在企业间借贷受到限制的情况下，不失为一种理想的选择。

（二）信托贷款

按照《信托法》《信托投资公司管理办法》的规定，信托贷款是指受托人接受委托人的委托，将委托人存入的资金，按其（或信托计划中）指定的对象、用途、期限、利率与金额等发放贷款，并负责到期收回贷款本息的一项金融业务。委托人在发放贷款的对象、用途等方面有充分的自主权，同时又可利用信托公司在企业资信与资金管理方面的优势，增加资金的安全性，提高资金的使用效率。企业可以作为委托人以信托贷款的方式实现借贷给另一企业的目的。

（三）其他途径

除上述两种法律明确规定的方式以外，还可以采取以下变通方式：

1. 改变法律上的借贷主体

最高人民法院《关于如何确认公民与企业之间借贷行为效力问题的批复》中规定，公民与非金融企业（以下简称企业）之间的借贷属于民间借贷。只要双方当事人意思表示真实即可认定有效。但是，具有下列情形之一的，应当认定无效：（1）企业以借贷名义向职工非法集资；（2）企业以借贷名义非法向社会集资；（3）企业以借贷名义向社会公众发放贷款；（4）其他违反法律、行政法规的行为。根据上述规定，除法律限制的几种情形外，企业和公民之间的借贷属于民间借贷，依法受法律保护。因此，可以以个人为中介，将拟进行借贷的企业连接起来，从而实现企业之间资金融通的目的。具体操作方式为，出借方先将资金借给个人，该个人再将资金借给实际使用资金的企业。同时要求实际借款方为个人的该笔借款，向出借人提供连带担保。如果个人不能还款，则出借方追索个人借款人，并同时要求实际借款人承担连带担保责任。此种方式在适用时要注意不要违反上述禁止性规定，一旦违反上述规定，有可能被法院认定为非法集资或非法向公众发放贷款，情节严重的，有可能会承担刑事责任。

2. 先存后贷，存贷结合

企业可以将资金存入银行，然后用存单为特定借款人作质押担保，实现为特定借款人融资的目的。同时，出资人可以收取有偿担保费，这是符合《合同法》和《担保法》规定的。在这种情况下，金融机构在法律上被认定为是出借人，拟出借资金方在法律上被认为是担保人，并不违背相关法律的规定。但这种借贷安排对银行和出资人有利，但不利于借款人，因为这会增加借款的借贷成本。

3. 通过买卖合同中的回购实现企业之间融资

企业可在买卖合同中安排回购条款，买方向卖方预付货款后，到了一定的期限或回购条款成就时，又向卖方收回货物、货款及利息或违约金。通过形式上的买卖合同，实现企业之间借贷的目的。

基于企业之间融资的实际需求，在不危害整体金融秩序的前提下，企业不妨尝试一下上述几种方法。但上述方法在使用过程、法律关系上比较复杂，存在极大的法律风险，建议在使用过程中征求专业人士的意见。

第五节 金融犯罪风险防控

防范和化解经济金融风险的一个重要举措，就是整治互联网金融风险，严厉打击破坏金融管理秩序、金融诈骗犯罪，突出惩治非法吸收公众存款、集资诈骗、传销等涉众型经济犯罪。为了防止群众以"借款合同"的名义陷入非法存储、集资诈骗、传销等陷阱中，本节重点介绍非法吸收公众存款、集资诈骗、传销等涉众型经济犯罪构成及特征，供大家掌握、识别并预防。

一、非法吸收公众存款犯罪风险防控

《刑法》第176条所规定的非法吸收公众存款罪，是指违反国家金融管理法规非法吸收公众存款或变相吸收公众存款，扰乱金融秩序的行为。准确理解非法吸收公众存款罪的关键在于首先要坚持该罪的行为主体的不特定性和危害金融秩序的具体性的统一。

（一）立案标准

对于非法吸收或者变相吸收公众存款的行为是否立案侦查，取决于有没有涉嫌以下三种情形中的一种：

1. 从非法吸收或者变相吸收公众存款的数额上来看，个人非法吸收或者变相吸收公众存款，数额在 20 万元以上的，单位非法吸收或者变相吸收公众存款，数额在 100 万元以上的。

2. 从非法吸收或者变相吸收公众存款的户数上来看，个人非法吸收或者变相吸收公众存款 30 户以上的，单位非法吸收或者变相吸收公众存款 150 户以上的。

3. 从造成的经济损失上来看，个人非法吸收或者变相吸收公众存款给存款人造成直接经济损失数额在 10 万元以上的，单位非法吸收或者变相吸收公众存款给存款人造成直接经济损失数额在 50 万元以上的。

（二）犯罪认定

1. 非法吸收公众存款罪客体是国家的金融信贷秩序。

在市场经济条件下的社会经济生活中，金融交易主体之间形成复杂的金融关系，金融关系的有机整体就是金融秩序。金融关系包括：金融交易关系，金融管理关系，金融机构的内部关系。金融管理关系是指国家金融主管机关对金融业进行监管和宏观调控过程中所发生的社会关系，它是一种非平等主体之间的经济管理关系，即纵向金融关系。金融秩序由金融管理秩序、金融交易秩序和金融机构内部秩序三个有机统一的方面结合而成，其目的在于实现国家的宏观调控，保证社会资金的合理流向，保护广大公众的利益。非法吸收公众存款行为不仅侵犯了金融储蓄的管理秩序，而且由于因为金融储蓄是信贷资金的主要来源，对储蓄管理秩序的侵犯必将侵犯整个金融信贷秩序。所以本罪的客体是国家的金融信贷秩序。

2. 本罪客观方面表现为，未经中国人民银行批准，向社会不特定对象吸收资金，出具凭证，承诺在一定期限内还本付息的活动；或者未经中国人民银行批准，不以吸收公众存款的名义，向社会不特定对象吸收资金，但承诺履行的义务与吸收公众存款性质相同的活动。

目前存在的非法吸收公众存款的形式很多，如利用非法成立的类似于金融机构的组织吸收存款，典型的包括抬会、地下钱庄、地下投资公司等。一些合法的组织也从事或者变相从事非法吸收公众存款的活动，如各类基金会、互助会、储金会、资金服务部、股金服务部、结算中心、投资公司等。对这些组织上从事的非法吸收公众存款或者变相吸收公众存款的行为，构成犯罪的，应以本罪论处。

3. 本罪的主体为一般主体，即年满 16 周岁具有刑事责任能力的自然人，单位也可以构成本罪。

单位指各类非法金融机构以及各类基金会、互助会、储金会、资金服务部、股金服务部、结算中心、投资公司。企业集团财务公司，其业务范围仅限于成员单位的本、外币存款，不具有对外吸收公众存款的资质，其从事的非法吸收公众存款或者变相吸收公众存款行为，达到定罪标准，就构成犯罪。

4.本罪的主观方面表现为故意，并且只能是直接故意。但行为人不能有非法占有的目的。

（三）刑事责任

《刑法》第176条规定："非法吸收公众存款或者变相吸收公众存款，扰乱金融秩序的，处三年以下有期徒刑或者拘役，并处或者单处二万元以上二十万元以下罚金；数额巨大或者有其他严重情节的，处三年以上十年以下有期徒刑，并处五万元以上五十万元以下罚金。

单位犯前款罪的，对单位判处罚金，并对其直接负责的主管人员和其他直接责任人员，依照前款的规定处罚。"

二、集资诈骗犯罪风险防控

集资诈骗罪是指以非法占有为目的，违反有关金融法律、法规的规定，使用诈骗方法进行非法集资，扰乱国家正常金融秩序，侵犯公私财产所有权，且数额较大的行为。

集资诈骗犯罪行为是以集资的面目挤入合法资金市场的，侵犯的是国家正常的金融管理秩序和公私财物的所有权。因而，集资诈骗罪的对象具有一定的广泛性。被骗人数的广泛性，也是集资诈骗罪的重要特点之一。而普通诈骗罪的行为人也可能一次行为诈骗多个被害人。如果行为人以借款为名多次诈骗众多受害人，但每次诈骗的却是特定个人或单位的钱款，即使受骗人数众多，也不能认定为集资诈骗罪。因此，要认定行为人的行为属于集资诈骗，必须能够证实行为人实施了向社会公众非法募集资金的行为；对未实施此行为的诈骗行为，应认定为普通诈骗行为。

（一）立案标准

根据最高人民检察院、公安部《关于经济犯罪案件追诉标准的规定》的规定，以非法占有为目的，使用诈骗方法非法集资，涉嫌下列情形之一的，应予追诉：

1.个人集资诈骗，数额在10万元以上的；

2.单位集资诈骗，数额在50万元以上的。

（二）犯罪认定

1. 客体要件

本罪侵犯的客体是复杂客体，既侵犯了公私财产所有权，又侵犯了国家金融管理制度。在现代社会，资金是企业进行生产经营不可缺少的资源和生产要素。而生产者、经营者自有资金极为有限，因此，社会筹集资金成为一种越来越重要的金融活动。与此同时，一些名为集资、实为诈骗的犯罪行为也开始滋生、蔓延。这种集资诈骗行为采取欺骗手段蒙骗社会公众，不仅造成投资者的经济损失，同时更干扰了金融机构储蓄、贷款等业务的正常进行，破坏国家的金融管理秩序。广大投资者对集资活动的过分谨慎，甚至对金融机构进行集资也可能产生不信任感，影响了经济的发展。

2. 客观要件

本罪在客观方面表现为行为人必须实施了使用诈骗方法非法集资，数额较大的行为。构成本罪行为人在客观方面应当符合以下条件：

（1）必须有非法集资的行为。所谓集资，是指自然人或者法人为实现某种目的而募集资金或者集中资金的行为。依法进行的集资主要是指，公司、企业或者其他个人、团体依照法律、法规规定的条件和程序通过向社会、公众发行有价证券或者利用融资租赁、联营、合资、企业集资等方式在资金市场上筹集所需的资金。如股份有限公司、有限责任公司为了设立或者生产、经营的需要，而发行股票和债券。从当前资金市场的情况看，从事集资活动的主要是企业。一般来说，企业的集资行为必须符合以下四个条件：

①集资的主体应当是符合公司法规定的有限责任公司或者股份有限公司条件的公司或者其他依法设立的具有法人资格的企业。

②公司、企业聚集资金的目的，是为了用于公司、企业的设立或者公司、企业的生产和经营，不得用于弥补公司、企业的亏损和其他非经营性开支。

③公司、企业募集资金主要通过发行股票、债券或者融资租赁、联营、合资等方式进行，其中发行股票和债券是一种主要的集资方式。

④公司、企业在资金市场上募集资金的行为必须符合法律的规定。就是说公司、企业在资金市场上募集资金的行为必须按照公司法及其他有关募集资金的法律、法规的规定，严格按照法定的方式、程序、条件、期限、募集的对象等行，违反法律规定募集资金的行为是不允许的。

所谓非法集资，是指公司、企业、个人或其他组织未经批准，违反法律、法规，通过不正当的渠道，向社会公众或者集体募集资金的行为，是构成本罪的行为实质所在。司法实践中，行为人具有下列情形之一的，应认定其行为属于使用诈骗方法非法集资：

①集资后携带集资款潜逃的；

②未将集资款按约定用途使用，而是擅自挥霍、滥用，致使集资款无法返还的；

③使用集资款进行违法犯罪活动，致使集资款无法返还的；

④向集资者允诺到期支付超过银行同期最高浮动利率50%以上的高回报率的。

（2）集资是通过使用诈骗方法实施的。所谓使用诈骗方法，是指行为人以非法占有为目的，编造谎言，捏造或者隐瞒事实真相，骗取他人的资金的行为。在实践中，犯罪分子使用诈骗方法非法集资行为主要是利用公众缺乏投资知识、盲目进行投资的心理，钻市场经济条件下经济活动纷繁复杂、投资法制不健全的空子进行的。如，有的行为人谎称其集资得到政府领导和有关主管部门同意，有时甚至伪造有关批件，以骗取社会公众信任；有的大肆登载虚假广告，引起社会公众投资盈利心理；有的打着举办集体企业或发展高科技的幌子，以良好的经济效益和优厚的红利为诱饵；有的虚构实际上并不存在的企业或企业计划。只要行为人采用了隐瞒真相或虚构事实的方法进行集资的，均属于使用欺骗方法非法集资行为。

（3）使用诈骗方法非法集资必须达到数额较大，才构成犯罪。否则，不构成犯罪。

3. 主体要件

本罪的主体是一般主体，任何达到刑事责任年龄、具有刑事责任能力的自然人均可构成本罪。依《刑法》第200条的规定，单位也可以成为本罪主体。

4. 主观要件

本罪在主观上由故意构成，且以非法占有为目的。即犯罪行为人在主观上具有将非法聚集的资金据为己有的目的。所谓据为己有，既包括将非法募集的资金置于非法集资的个人控制之下，也包括将非法募集的资金置于本单位的控制之下。在通常情况下，这种目的具体表现为将非法募集的资金的所有权转归自己所有，或任意挥霍，或占有资金后携款潜逃等。

（三）刑事责任

《刑法》第192条规定："以非法占有为目的，使用诈骗方法非法集资，数额较大的，处五年以下有期徒刑或者拘役，并处二万元以上二十万元以下罚金；数额巨大或者有其他严重情节的，处五年以上十年以下有期徒刑，并处五万元以上五十万元以下罚金；数额特别巨大或者有其他特别严重情节的，处十年以上有期徒刑或者无期徒刑，并处五万元以上五十万元以下罚金或者没收财产。"

三、组织领导传销犯罪风险防控

组织领导传销罪是指以推销商品、提供服务或纯资本运作等经营活动为名，要求参加者以缴纳费用或者购买商品、服务等方式获得加入资格，并按照一定顺序组成层级，直接或者间接以发展人员的数量作为计酬或者返利依据，引诱、胁迫参加者继续发展他人参加，骗取财物，扰乱经济社会秩序的传销活动行为。

（一）立案标准

根据《最高人民检察院、公安部关于公安机关管辖的刑事案件立案追诉标准的规定（二）》第78条规定，组织、领导以推销商品、提供服务等经营活动为名，要求参加者以缴纳费用或者购买商品、服务等方式获得加入资格，并按照一定顺序组成层级，直接或者间接以发展人员的数量作为计酬或者返利依据，引诱、胁迫参加者继续发展他人参加，骗取财物，扰乱经济社会秩序的传销活动，涉嫌组织、领导的传销活动人员在三十人以上且层级在三级以上，对组织者、领导者，应予立案追诉。

（二）犯罪认定

1. 客体要件

本罪侵犯的客体为复杂客体，既侵犯了公民的财产所有权，又侵犯了市场经济秩序和社会管理秩序。本罪的犯罪对象是公民个人财产，通常是货币。传销常伴随偷税漏税、哄抬物价等现象，侵犯多个社会关系和法律客体。

2. 客观要件

本罪在客观方面表现为违反国家规定，组织、从事传销活动，扰乱市场秩序，情节严重的行为。但不是所有的传销行为都构成犯罪，情节一般的，属于一般违法行为，由工商行政管理部门予以行政处罚；只有行为人实施传销行为情节严重才构成犯罪，依法追究刑事责任。另外，要区分传销罪与直销活动中的违规行为。若在直销行为中出现夸大直销员收入、产品功效等欺骗、误导行为，应由直销监管部门处以行政处罚，而不应视为传销罪。

情节严重的认定应结合传销涉案金额、传销发展人员数量、传销中使用的手段、传销造成的影响等多方面因素综合衡量。

3. 主体要件

本罪主体是一般主体，凡达到法定刑事责任年龄、具有刑事责任能力的自然人均能构成本罪。本罪追究的主要是传销的组织策划者，多次介绍、诱骗、胁迫他人加入传销组织的积极参与者。对一般参加者，则不予追究。

根据最高人民法院于 1999 年 6 月 18 日《关于审理单位犯罪案件具体应用法律有关问题的解释》第 2 条规定："个人为进行违法犯罪活动而设立的公司、企业、事业单位实施犯罪的，或者公司、企业、事业单位设立后，以实施犯罪为主要活动的，不以单位犯罪论处。"故对专门从事传销行为的公司，依照司法解释的规定，不以单位犯罪论处，而对其组织者和主要参与人以自然人犯罪定罪处罚。

4. 主观要件

本罪在主观方面表现为直接故意，具有非法牟利的目的。即行为人明知自己实施传销行为，为国家法规所禁止，但为达到非法牟利的目的，仍然实施这种行为，且对危害结果的发生持希望和积极追求的态度。

（三）认定标准

1. 关于组织、领导传销行为主体的界定

传销组织是一种"金字塔"形的销售模式，因而对犯罪嫌疑人的组织、领导行为的确定较困难。通常意义上，在传销组织中除了最底层的销售人员，其他层级的传销人员都存在组织领导行为，但是刑法的立法本意并不是要打击所有的传销人员，因此正确理解传销组织中的组织、领导行为尤其重要。根据最新的司法解释，所谓传销活动的组织者、领导者，是指在传销活动中起组织、领导作用的发起人、决策人、操纵人，以及在传销活动中担负策划、指挥、布置、协调等重要职责，或者在传销活动中起到关键作用的人员。实践中，应结合司法解释规定，对于组织领导行为可作如下理解：

（1）在传销启动时，实施了确定传销形式、采购商品、制定规则、发展下线和组织分工等宣传行为的；在传销实施中，积极参与传销各方面的管理工作，例如讲课、鼓动、威逼利诱、胁迫他人加入等，均属于组织、领导者。

（2）"组织"行为应当作限制解释，即指该组织具有自己的产品或服务，有独立的组织体系，有独立的成本核算。因此，在一个传销组织中，所谓组织者只包括合伙人或公司股东，除此之外的人不应当作为组织者加以处理。

（3）领导者是指在组织中实施策划、指挥、布置、协调传销组织行为的人。不仅限定于最初的发起人，在传销组织中起骨干作用的高级管理人员也应当认定为领导者，对领导者身份的认定，应从负责管理的范围、在营销网络中的层级、涉案金额三个方面进行考虑，具体问题具体分析。

（四）关于组织、领导传销活动行为人的刑事责任区分

1. 罪与非罪。应区分拉人头传销与直销活动中的多层次计酬。虽然二者都采用多层次计酬的方式，但是仍有很大的不同：一是从是否缴纳入门费看。多层次计酬

的销售人员在获取从业资格证时没有被要求交纳高额入门费。而拉人头传销需要缴纳高额入门费，或者购买与高额入门费等价的"道具商品"，否则不能得到入门资格；二是从经营对象看。多层次计酬是以销售产品为导向，商品定价基本合理，而且还有退货保障。而拉人头传销根本没有销售，或者只是以价格与价值严重背离的"道具商品"为幌子，且不许退货，主要是以发展"下线"人数为主要目的；三是从人员的收入来源看。多层次计酬主要根据从业人员的销售业绩和奖金。而拉人头传销主要取决于发展的"下线"人数多少和新成员的高额入门费；四是从组织存在和维系的条件看。多层次计酬直销公司的生存与发展取决于产品销售业绩和利润。而拉人头传销组织则直接取决于是否有新会员以一定倍率不断加入。

2.此罪与彼罪。根据有关司法解释，组织、领导以推销商品、提供服务等经营活动为名，要求参加者以缴纳费用或者购买商品、服务等方式获得加入资格，并按照一定顺序组成层级，直接或者间接以发展人员的数量作为计酬或者返利依据，引诱、胁迫参加者继续发展他人参加，骗取财物，扰乱经济社会秩序的传销活动，组织、领导的传销活动人员在30人以上且层级在三级以上的，对组织者、领导者，应予立案追诉。

根据《刑法》第224条之一的规定，对传销活动的组织者、领导者，应当依法追究其刑事责任。对一般违法人员，本着教育、挽救大多数的原则，可以由工商行政管理部门根据禁止传销条例的规定予以行政处罚。当组织、领导传销活动中的参与人员未达到人数、级别的标准但又侵犯市场秩序，或者违反了许可证制度时，则应根据其在传销活动中的地位、作用区别对待，作出不同的处理。

（五）刑事责任

组织、领导以推销商品、提供服务等经营活动为名，要求参加者以缴纳费用或者购买商品、服务等方式获得加入资格，并按照一定顺序组成层级，直接或者间接以发展人员的数量作为计酬或者返利依据，引诱、胁迫参加者继续发展他人参加，骗取财物，扰乱经济社会秩序的传销活动的，处5年以下有期徒刑或者拘役，并处罚金；情节严重的，处5年以上有期徒刑，并处罚金。

四、《关于审理非法集资刑事案件具体应用法律若干问题的解释》

为依法惩治非法吸收公众存款、集资诈骗等非法集资犯罪活动，根据刑法有关规定，现就审理此类刑事案件具体应用法律的若干问题解释如下：

第一条　违反国家金融管理法律规定，向社会公众（包括单位和个人）吸收资金的行为，同时具备下列四个条件的，除刑法另有规定的以外，应当认定为刑法第一百七十六条规定的"非法吸收公众存款或者变相吸收公众存款"：

（一）未经有关部门依法批准或者借用合法经营的形式吸收资金；

（二）通过媒体、推介会、传单、手机短信等途径向社会公开宣传；

（三）承诺在一定期限内以货币、实物、股权等方式还本付息或者给付回报；

（四）向社会公众即社会不特定对象吸收资金。

未向社会公开宣传，在亲友或者单位内部针对特定对象吸收资金的，不属于非法吸收或者变相吸收公众存款。

第二条　实施下列行为之一，符合本解释第一条第一款规定的条件的，应当依照刑法第一百七十六条的规定，以非法吸收公众存款罪定罪处罚：

（一）不具有房产销售的真实内容或者不以房产销售为主要目的，以返本销售、售后包租、约定回购、销售房产份额等方式非法吸收资金的；

（二）以转让林权并代为管护等方式非法吸收资金的；

（三）以代种植（养殖）、租种植（养殖）、联合种植（养殖）等方式非法吸收资金的；

（四）不具有销售商品、提供服务的真实内容或者不以销售商品、提供服务为主要目的，以商品回购、寄存代售等方式非法吸收资金的；

（五）不具有发行股票、债券的真实内容，以虚假转让股权、发售虚构债券等方式非法吸收资金的；

（六）不具有募集基金的真实内容，以假借境外基金、发售虚构基金等方式非法吸收资金的；

（七）不具有销售保险的真实内容，以假冒保险公司、伪造保险单据等方式非法吸收资金的；

（八）以投资入股的方式非法吸收资金的；

（九）以委托理财的方式非法吸收资金的；

（十）利用民间"会""社"等组织非法吸收资金的；

（十一）其他非法吸收资金的行为。

第三条　非法吸收或者变相吸收公众存款，具有下列情形之一的，应当依法追究刑事责任：

（一）个人非法吸收或者变相吸收公众存款，数额在20万元以上的，单位非法吸收或者变相吸收公众存款，数额在100万元以上的；

（二）个人非法吸收或者变相吸收公众存款对象30人以上的，单位非法吸收或者变相吸收公众存款对象 150 人以上的；

（三）个人非法吸收或者变相吸收公众存款，给存款人造成直接经济损失数额在 10 万元以上的，单位非法吸收或者变相吸收公众存款，给存款人造成直接经济损失数额在 50 万元以上的；

（四）造成恶劣社会影响或者其他严重后果的。

具有下列情形之一的，属于刑法第一百七十六条规定的"数额巨大或者有其他严重情节"：

（一）个人非法吸收或者变相吸收公众存款，数额在 100 万元以上的，单位非法吸收或者变相吸收公众存款，数额在 500 万元以上的；

（二）个人非法吸收或者变相吸收公众存款对象 100 人以上的，单位非法吸收或者变相吸收公众存款对象 500 人以上的；

（三）个人非法吸收或者变相吸收公众存款，给存款人造成直接经济损失数额在 50 万元以上的，单位非法吸收或者变相吸收公众存款，给存款人造成直接经济损失数额在 250 万元以上的；

（四）造成特别恶劣社会影响或者其他特别严重后果的。

非法吸收或者变相吸收公众存款的数额，以行为人所吸收的资金全额计算。案发前后已归还的数额，可以作为量刑情节酌情考虑。

非法吸收或者变相吸收公众存款，主要用于正常的生产经营活动，能够及时清退所吸收资金，可以免予刑事处罚；情节显著轻微的，不作为犯罪处理。

第四条 以非法占有为目的，使用诈骗方法实施本解释第二条规定所列行为的，应当依照刑法第一百九十二条的规定，以集资诈骗罪定罪处罚。

使用诈骗方法非法集资，具有下列情形之一的，可以认定为"以非法占有为目的"：

（一）集资后不用于生产经营活动或者用于生产经营活动与筹集资金规模明显不成比例，致使集资款不能返还的；

（二）肆意挥霍集资款，致使集资款不能返还的；

（三）携带集资款逃匿的；

（四）将集资款用于违法犯罪活动的；

（五）抽逃、转移资金、隐匿财产，逃避返还资金的；

（六）隐匿、销毁账目，或者搞假破产、假倒闭，逃避返还资金的；

（七）拒不交代资金去向，逃避返还资金的；

（八）其他可以认定非法占有目的的情形。

集资诈骗罪中的非法占有目的，应当区分情形进行具体认定。行为人部分非法集资行为具有非法占有目的的,对该部分非法集资行为所涉集资款以集资诈骗罪定罪处罚;非法集资共同犯罪中部分行为人具有非法占有目的,其他行为人没有非法占有集资款的共同故意和行为的,对具有非法占有目的的行为人以集资诈骗罪定罪处罚。

第五条 个人进行集资诈骗,数额在10万元以上的,应当认定为"数额较大";数额在30万元以上的,应当认定为"数额巨大";数额在100万元以上的,应当认定为"数额特别巨大"。

单位进行集资诈骗,数额在50万元以上的,应当认定为"数额较大";数额在150万元以上的,应当认定为"数额巨大";数额在500万元以上的,应当认定为"数额特别巨大"。

集资诈骗的数额以行为人实际骗取的数额计算,案发前已归还的数额应予扣除。行为人为实施集资诈骗活动而支付的广告费、中介费、手续费、回扣,或者用于行贿、赠与等费用,不予扣除。行为人为实施集资诈骗活动而支付的利息,除本金未归还可予折抵本金以外,应当计入诈骗数额。

第六条 未经国家有关主管部门批准,向社会不特定对象发行、以转让股权等方式变相发行股票或者公司、企业债券,或者向特定对象发行、变相发行股票或者公司、企业债券累计超过200人的,应当认定为刑法第一百七十九条规定的"擅自发行股票、公司、企业债券"。构成犯罪的,以擅自发行股票、公司、企业债券罪定罪处罚。

第七条 违反国家规定,未经依法核准擅自发行基金份额募集基金,情节严重的,依照刑法第二百二十五条的规定,以非法经营罪定罪处罚。

第八条 广告经营者、广告发布者违反国家规定,利用广告为非法集资活动相关的商品或者服务作虚假宣传,具有下列情形之一的,依照刑法第二百二十二条的规定,以虚假广告罪定罪处罚:

(一)违法所得数额在10万元以上的;

(二)造成严重危害后果或者恶劣社会影响的;

(三)二年内利用广告作虚假宣传,受过行政处罚二次以上的;

(四)其他情节严重的情形。

明知他人从事欺诈发行股票、债券,非法吸收公众存款,擅自发行股票、债券,集资诈骗或者组织、领导传销活动等集资犯罪活动,为其提供广告等宣传的,以相关犯罪的共犯论处。

第九条 此前发布的司法解释与本解释不一致的,以本解释为准。

五、《关于非法集资刑事案件性质认定问题的通知》

各省、自治区、直辖市高级人民法院，解放军军事法院，新疆维吾尔自治区高级人民法院生产建设兵团分院：

为依法、准确、及时审理非法集资刑事案件，现就非法集资性质认定的有关问题通知如下：

（一）行政部门对于非法集资的性质认定，不是非法集资案件进入刑事程序的必经程序。行政部门未对非法集资作出性质认定的，不影响非法集资刑事案件的审判。

（二）人民法院应当依照刑法和《最高人民法院关于审理非法集资刑事案件具体应用法律若干问题的解释》等有关规定认定案件事实的性质，并认定相关行为是否构成犯罪。

（三）对于案情复杂、性质认定疑难的案件，人民法院可以在有关部门关于是否符合行业技术标准的行政认定意见的基础上，根据案件事实和法律规定作出性质认定。

（四）非法集资刑事案件的审判工作涉及领域广、专业性强，人民法院在审理此类案件当中要注意加强与有关行政主（监）管部门以及公安机关、人民检察院的配合。审判工作中遇到重大问题难以解决的，请及时报告最高人民法院。

六、《关于办理组织领导传销活动刑事案件适用法律若干问题的意见》

为解决近年来公安机关、人民检察院、人民法院在办理组织、领导传销活动刑事案件中遇到的问题，依法惩治组织、领导传销活动犯罪，根据刑法、刑事诉讼法的规定，结合司法实践，现就办理组织、领导传销活动刑事案件适用法律问题提出以下意见：

（一）关于传销组织层级及人数的认定问题。以推销商品、提供服务等经营活动为名，要求参加者以缴纳费用或者购买商品、服务等方式获得加入资格，并按照一定顺序组成层级，直接或者间接以发展人员的数量作为计酬或者返利依据，引诱、胁迫参加者继续发展他人参加，骗取财物，扰乱经济社会秩序的传销组织，其组织内部参与传销活动人员在三十人以上且层级在三级以上的，应当对组织者、领导者追究刑事责任。组织、领导多个传销组织，单个或者多个组织中的层级已达三级以上的，可将在各个组织中发展的人数合并计算。组织者、领导者形式上脱离原传销组织后，继续从原传销组织获取报酬或者返利的，原传销组织在其脱离后发展人员的层级数和人数，应当计算为其发展的层级数和人数。办理组织、领导传销活动刑事案件中，确因客观条件的限制无法逐一收集参与传销活动人员的言辞证据的，可以结合依法收集并查证属实的缴纳、支付费用及计酬、返利记录，视听资料，传销人员关系图，银行账户交易记录，互联网电子数据，鉴定意见等证据，综合认定参与传销的人数、层级数等犯罪事实。

（二）关于传销活动有关人员的认定和处理问题。下列人员可以认定为传销活动的组织者、领导者：（1）在传销活动中起发起、策划、操纵作用的人员；（2）在传销活动中承担管理、协调等职责的人员；（3）在传销活动中承担宣传、培训等职责的人员；（4）曾因组织、领导传销活动受过刑事处罚，或者一年以内因组织、领导传销活动受过行政处罚，又直接或者间接发展参与传销活动人员在十五人以上且层级在三级以上的人员；（5）其他对传销活动的实施、传销组织的建立、扩大等起关键作用的人员。以单位名义实施组织、领导传销活动犯罪的，对于受单位指派，仅从事劳务性工作的人员，一般不予追究刑事责任。

（三）关于"骗取财物"的认定问题。传销活动的组织者、领导者采取编造、歪曲国家政策，虚构、夸大经营、投资、服务项目及盈利前景，掩饰计酬、返利真实来源或者其他欺诈手段，实施刑法第二百二十四条之一规定的行为，从参与传销活动人员缴纳的费用或者购买商品、服务的费用中非法获利的，应当认定为骗取财物。参与传销活动人员是否认为被骗，不影响骗取财物的认定。

（四）关于"情节严重"的认定问题。对符合本意见第一条第一款规定的传销组织的组织者、领导者，具有下列情形之一的，应当认定为刑法第二百二十四条之一规定的"情节严重"：（1）组织、领导的参与传销活动人员累计达一百二十人以上的；（2）直接或者间接收取参与传销活动人员缴纳的传销资金数额累计达二百五十万元以上的；（3）曾因组织、领导传销活动受过刑事处罚，或者一年以内因组织、领导传销活动受过行政处罚，又直接或者间接发展参与传销活动人员累计达六十人以上的；（4）造成参与传销活动人员精神失常、自杀等严重后果的；（5）造成其他严重后果或者恶劣社会影响的。

（五）关于"团队计酬"行为的处理问题。传销活动的组织者或者领导者通过发展人员，要求传销活动的被发展人员发展其他人员加入，形成上下线关系，并以下线的销售业绩为依据计算和给付上线报酬，牟取非法利益的，是"团队计酬"式传销活动。以销售商品为目的、以销售业绩为计酬依据的单纯的"团队计酬"式传销活动，不作为犯罪处理。形式上采取"团队计酬"方式，但实质上属于"以发展人员的数量作为计酬或者返利依据"的传销活动，应当依照刑法第二百二十四条之一的规定，以组织、领导传销活动罪定罪处罚。

（六）关于罪名的适用问题。以非法占有为目的，组织、领导传销活动，同时构成组织、领导传销活动罪和集资诈骗罪的，依照处罚较重的规定定罪处罚。犯组织、领导传销活动罪，并实施故意伤害、非法拘禁、敲诈勒索、妨害公务、聚众扰乱社会秩序、聚众冲击国家机关，聚众扰乱公共场所秩序、交通秩序等行为，构成犯罪的，依照数罪并罚的规定处罚。

（七）其他问题。本意见所称"以上""以内"，包括本数。本意见所称"层级"和"级"，系指组织者、领导者与参与传销活动人员之间的上下线关系层次，而非组织者、领导者在传销组织中的身份等级。对传销组织内部人数和层级数的计算，以及对组织者、领导者直接或者间接发展参与传销活动人员人数和层级数的计算，包括组织者、领导者本人及其本层级在内。

第六节　借款合同典型案例警示

一、民间借贷的借条怎么写才避免吃亏
——洪某诉李某民间借款纠纷案

【基本案情】

李某在 2016 年 12 月曾向洪某租车，他俩有共同的朋友。12 月 24 日，李某驾驶从洪某公司租赁的汽车行驶至海口长堤路时发生交通事故。

因害怕受到处罚和承担责任，李某遂离开现场，同时通过电话和微信告知洪某去处理交通事故。第二天，李某通过微信，向洪某公司转账支付了 2000 元。2017 年 1 月 6 日，因为交通事故的后续处理，含修车费、赔偿款等，李某在洪某手写的一份借条的借款人处签名。2017 年 1 月 7 日凌晨，洪某通过微信向李某转款 1500 元。后来因还款问题，洪某在 2017 年 8 月将李某起诉到了海口美兰区法院。

洪某呈上法庭的借条正文内容为：本人李某现资金紧张，急需生意周转，今向洪某借款 22000.00 元整。如逾期未还发生的一切后果及法律纠纷由本人承担一切责任。承诺于 2017 年 1 月 30 日归还，特立此条为证。如借款人无法还款，由担保人承担还款给出借人。该借条除有借款人李某的签字外，同时还有两人共同的朋友作

为担保人签字。李某未按约定向洪某偿还款项。他辩称，自己确实在2017年1月6日与原告签了一张借条，但是借条的金额是2000元人民币，并非原告所提出的22000元人民币。而且当时只收到原告1600元人民币的微信转账，并没有收到原告提出的其余金额，他表示不清楚22000元借款从何而来。庭审中，作为担保人签字的宋某不愿意出庭作证。

【法院裁判】

美兰区法院经审理认为，原告关于该借条中所载明的欠款系被告使用租赁车辆发生交通事故后，原告代被告处理交通事故的相关费用（包括修车费、赔偿费等）和原告通过微信转账借与被告的款项之和的意见较为客观和真实，故对原告所称，法院予以采信。被告辩称借条正文中的"借款22000.00元整"在其签名时是"借款2000.00元整"，不是"22000.00元整"，但被告对其所称却未提供证据证明。根据举证责任规则，其应承担举证不能的责任，法院难以采信。被告称其在交通事故发生的次日通过微信向原告支付的2000元是用于偿还案涉借条中的款项。经审查，案涉借条的形成时间为2017年1月6日，因此，被告所称不符合常理，法院不予采纳。李某空口无凭，最终承担举证不能的后果。美兰区法院判决李某偿还洪某22000元并支付利息。

【案例警示】

上述案例告诉我们：民间借贷中的借条应怎么写才避免吃亏。借条是在借贷关系中债务人向出借人出具的表明债务人有到期"还款（付息）赎条"义务的借款（债权）凭证，反映的是借贷关系，是日常生活中经常使用的凭证之一。债权人凭借条向法院起诉后，一般只需向法官简要陈述借款的事实经过即可，债务人要抗辩或抵赖就要负举证责任，一般较为困难。因此，为了以后不吃亏，借条一定要写规范。下面以实例说明应如何写借条：

借　条①

为购买房产②，今通过银行转账③向张三④借到人民币壹万元整（￥10000.00元）⑤，月利率1%⑥，于××××年××月××日到期时⑦还本付息。逾期未还，则按月利率2%⑧计付逾期利息。

借款人：李四⑨

身份证号：×××××××

××××年××月××日

①凭证名称：借条。借条是在借贷关系中债务人向出借人出具的表明债务人有到期"还款（付息）赎条"义务的借款（债权）凭证，反映的是借贷关系，是日常生活中经常使用的凭证之一。债权人凭借条向法院起诉后，一般只需向法官简要陈述借款的事实经过即可，债务人要抗辩或抵赖就要负举证责任，一般较为困难。

最好不要写成"欠条"欠条也是民间借贷中常用的一种凭证。欠条是交易过后产生的应付账款的一方（债务人）向债权人开具的证明其欠款事实，同时表明开具人有到期"还款赎条"义务的凭证，反映的是欠款关系。欠条形成的原因有很多，既可以是借贷，也可以是买卖、承揽、劳资纠纷等其他法律关系，因此仅凭欠条尚不足以证明争讼钱款的性质。换句话说，借款肯定是欠款，但欠款不一定是借款。当欠条持有人凭欠条向法院起诉后，欠条持有人必须向法官陈述欠条形成的事实，如果对方对此事实进行否认、抗辩，欠条持有人必须进一步举证证明存在欠条形成事实。

绝对不能写成"收条"。收条是指债权人在收到钱款时向债务人出具证明还款事实的凭证，并不对债务人产生"还款（付息）赎条"的义务。因此收条反映的是给付关系，不反映债权债务关系，相反是用来消灭债权的。以收条作为证据向法院起诉，一般不会得到法院支持。

②借款事由。注明借款用途能够防止借款人用其他事由抗辩。而对于借款人已婚的情况，2018年1月17日最高人民法院发布了《关于审理涉及夫妻债务纠纷案件适用法律有关问题的解释》，该解释规定："夫妻一方在婚姻关系存续期间以个人名义为家庭日常生活需要所负的债务，债权人以属于夫妻共同债务为由主张权利的，人民法院应予支持。""夫妻一方在婚姻关系存续期间以个人名义超出家庭日常生活需要所负的债务，债权人以属于夫妻共同债务为由主张权利的，人民法院不予支持，但债权人能够证明该债务用于夫妻共同生活、共同生产经营或者基于夫妻双方共同意思表示的除外。"因此，特别是借款数额较大时，借条上注明借款用途也能够用于证明"该债务用于夫妻共同生活、共同生产经营"（当然，还需要其他证据加以证明）。

如果数额不大，或不写借款事由的，可直接写"兹向张三借款"。

③交付方式。由于借贷多发生在熟人之间，如果借款金额小使用现金支付的，很少有人会打借条。当然，你还是可以在借条上选择现金交付。

不过既然打了借条，最好就是通过银行转账的方式交付钱款，必要时可以在借条中注明借款人的银行账号。发生纠纷时，有借条＋银行汇款凭证作为证据基本上就不会输。

由于借条属于实践性合同，即款项实际交付才生效。司法实践中，涉及大额借款或被告抗辩借贷行为尚未实际发生并能作出合理说明时，债权人还要承担实际交付的举证责任，如果是现金交付就很难举证。

④出借人。司法实践中，未载明出借人的借条推定借条持有人即为权利人，借款人抗辩持有人并非真正债权人的，由借款人负举证责任。借款人以"借条上所载出借人姓名另有其人（主体不适格）"为由抗辩的，由借款人负举证责任。所以借条中写不写出借人身份证号无所谓。同时，出借人是否在借条上签字不影响借条的效力。

⑤借款金额。借款金额应当写明币种。参照《中国人民银行票据填写规范》中文大写金额数字到"元"为止的，在"元"之后应写"整"（或"正"），"角""分"之后不写"整"（或"正"）。中文大写金额数字书写中将"元"写成"圆"也是可以的。

司法实践中，如果借条上的借款金额出现大小写不一致的，根据日常生活经验和逻辑推理，一般以大写金额认定，除非有证据证明是所借钱款是小写金额。

⑥利息。最高人民法院《关于审理民间借贷案件适用法律若干问题的规定》对借贷利率划定了"两线三区"。第一根线就是年利率未超 24% 的（月利率未超过 2% 的），属于司法保护区。第二根线是年利率 36% 以上的（月利率未超过 3% 的）超过部分的利息约定无效，属于无效区。年利率 24%—36%（月利率 2%—3%）之间是自然债务区，出借人请求借款人支付超过年利率 24% 的利息的，法院不予支持；借款人已经支付的，法院也不保护。

借贷双方没有约定利息或对利息约定不明，出借人主张支付借期内利息的，人民法院不予支持。

⑦借款期限。根据《民法总则》第188条规定，注明了还款期限的借条，诉讼时效是还款期限届满之日起3年，而没有注明还款期限的借条，诉讼时效为20年。

相较之下，注明了还款期限的欠条诉讼时效是3年。而没有注明还款期限的欠条，债权人在收到欠条时就视为知道或应当知道自己的权利受到损害（即享有向债务人主张还款的权利），因此没有注明还款期限的借条自出具之日起就开始计算诉讼时效。

⑧同⑥。

⑨借款人。借条上出借人签不签字不重要，但借款人必须签名捺印。借款签名须在"借款人："后写全名，并与身份证所载姓名一致，且需附身份证号。同时，还要让借款人在名字上捺手印。

根据最高人民法院《关于审理涉及夫妻债务纠纷案件适用法律有关问题的解释》，

如果借款人已婚，必要时（借款数额较大）应当由夫妻双方共同签字。同时，最好让借款人将签名捺印的身份证复印件作为借条的附件，或将身份证复印到借条背面或其他空白位置。

二、借款合同未约定利息的应视为无息借款

——沈某诉詹某民间借款纠纷案

【基本案情】

2006年12月11日，被告詹某向原告沈某借款6万元，双方签订了借款合同，合同约定借款期为半年，从2006年12月11日到2007年5月11日，但合同中并未约定利息。2007年5月12日，詹某还给沈某6万元钱，沈某向詹某索要利息。詹某认为，合同中没有约定利息，应当视为不支付利息，本人只有偿还本金的义务。沈某认为，没有约定利息是因为自己在签合同时的疏忽，詹某应按签订合同时中国人民银行同期贷款的利率计算来支付利息。为此，原告诉至山西省太原市迎泽区人民法院，请求判令被告支付利息。

【法院裁判】

法院认为，原、被告双方在平等自愿的基础上签订借款合同，该合同的条款合法、明确，合同有效成立，双方在签订合同时未约定利息，事后经双方协商达不成一致意见，依据《合同法》第211条的规定，视为不支付利息，故对原告的诉讼请求不予支持。

【争议焦点】

本案中，公民之间签订的借款合同没有约定利息应如何处理是本案争议的焦点。

【定性分析】

一、有息借款和无息借款。利息在对外发放贷款的商业银行和其他经营金融业务机构来说，除法律特别规定外，都必须收取。因而，银行借款属于有息借款。民间借款与银行借款不同，不一定都必须有息。

民间借款是否支付利息，完全由双方当事人自由约定。在协商借款过程中，民间借款是否支付利息，取决于贷款人的意思表示。实践中经常遇到贷款人出于善意而不要利息，而借款人坚持要支付利息的情况。在这种情况下，只要贷款人实际上接受利息为有息借款。

民间借款合同成立生效后，利息可能会发生变更。无息借款合同在借款使用期间，贷款人提出支付利息要求，如果借款人接受的，该无息借款变更为有息借款。

借款人不接受的，仍为无息借款，贷款人不能单方要求将无息借款变更为有息借款。如果贷款人表示放弃全部利息，有息合同也可以变成无息合同。

另外，无息借款的借款人逾期还款支付逾期利息，但在借款期间内的借款仍然是无息借款。有息借款，是指双方当事人约定由借款人支付利息的借款。当民间借款为无息借款时，在借款期限内，或者借款期限没有约定或者约定不明确的，在贷款人催告的期限届满前，借款人不支付利息。但是，超过了逾期期限或者催告的期限届满后，贷款人要求支付逾期利息的，借款人应当按照银行同期同类借款利息计付利息。这种情况下支付的是逾期利息，不是约定利息，而有息借款的利息是指约定利息。

二、《合同法》第211条的适用。《合同法》第211条第一款规定："自然人之间的借款合同对支付利息没有约定或者约定不明确的，视为不支付利息。"这里的视为不支付利息即视为无息借款。该规定适用于以下两种情况：

（一）民间借款合同对支付利息没有约定或约定不明确，且未约定还款期限的，在贷款人催告还款前，或者虽已催告但未要求借款人支付逾期利息的，借款人可以不支付利息。如果经催告后，且贷款人要求支付逾期利息的，应按最高人民法院《关于贯彻执行〈民法通则〉若干问题的意见（试行）》第123条规定支付逾期利息。

（二）民间借款合同对支付利息没有约定或约定不明确的，但约定还款期限的，在约定还款期限内，借款人不负支付利息的义务。但是，借款人不按还款期限还款的，贷款人要求借款人偿付逾期利息的，仍应当按照最高人民法院《关于贯彻执行〈民法通则〉若干问题的意见（试行）》第123条的规定支付逾期利息。

【案件警示】

本案中，沈某和詹某在借款合同中未约定利息，依据法律规定应视为不支付利息。故沈某无权要求詹某支付利息。同时，本案提醒当事人，在签订借款合同时，应注意明确利息条款，以免自己利益受损。

三、一张借条能否证明借款关系成立
——张某某诉顾某某借款纠纷案

【基本案情】

原告张某某、被告顾某某原系夫妻关系，2002年12月登记结婚，2003年8月7日协议离婚。2003年10月21日，原告张某某向沧浪区法院提起诉讼，要求被告顾某某归还借款40万元。张某某提交了以下证据：1.欠条一张，内容如下："今欠张某某人民币贰拾万整，在房屋拆迁归还。欠款人顾某某。2002.9.17"；2.借条一份，内容如下："今借张某某人民币贰拾万元整，待房屋拆迁后支付，特此条。借款人顾某某。2003.8.18。"在该案审理过程中，被告否认向原告借款，并提供原告本人否定欠款的便条一份，内容如下："2002.9.17顾某某欠张某某的贰拾万元正的欠条作废。张某某。2003.6.30。"沧浪区法院认为被告借条上承诺的履行还款义务的条件尚未成就，原告的证据不足，不予支持，故驳回了原告张某某的诉讼请求。张某某不服上述判决，向苏州市中级人民法院提起上诉，后于2004年3月9日撤回上诉，原审判决生效。2008年10月17日，友联村红联某号房屋拆迁。2009年2月17日，原告张某某认为上述借条的债务到期偿还的条件已成就，再次向苏州市沧浪区区人民法院提起诉讼，要求被告归还借款20万元。因被告顾某某的经常居住地发生变更，沧浪区法院将该案移送至吴中区人民法院审理。

原、被告协议离婚前夕，顾、张二人于2003年2月11日向马某某借款30000元，于2003年3月5日向苏某借款30000元，于2003年4月13日向李某某借款65000元。上述三起借款纠纷已由沧浪区法院认定属于顾某某与张某某离婚前的夫妻共同债务，判决顾某某与张某某共同偿还。判决生效后，张某某未主动履行债务，沧浪区法院依法强制执行。

关于本案讼争20万元借条的形成经过。被告顾某某到庭称：被逼的没有办法，就写了借条，有"110"报警记录为证。

原告张某某第一次向沧浪区法院起诉时，法官就借款经过询问原告，问："借款用途？"答："被告开舞厅欠债，借钱还债。"问："何时借的款？"答："离婚时拿的钱，8月18日补写的。"问："款项来源？"答："一部分是我自己的，一部分是我借来的。我以购买房屋为名向银行借款一共要40多万元。"

本案审理过程中，原告张某某向本院提交书面说明，其中就20万元借款经过作如下陈述：2000年我向我的朋友借钱给顾某某开舞厅，共投资20万元左右，后经营亏本将舞厅转给他人。2003年8月7日，我们协议离婚。顾某某2003年8月18日下午4点多打电话说，有急事求我，恳求我带20万元回来，当时他给我打了张20万元的借条，我就将20万元现金给他。

【法院裁判】

吴中区人民法院经审理认为：本案系民间借贷纠纷，自然人之间的借贷为实践性合同，借款合同自出借人提供借款时才生效，虽有借条但未实际出借款项的，借款合同不生效。借条虽然可作为确定借贷关系、认定借款事实的初步证据，但并不必然证明有借款事实存在。

本案争议焦点为：双方是否存在真实的借款关系，2003年8月18日借条所载借款事实是否真实存在。

本案从借款的用途及借条的形成时间上分析。原告张某某的先后陈述，存在以下疑点：第一，原告称其帮助顾某某争取宅基地并盖了房子与本院查明红联某号系顾某某父亲赠与顾某某（而非建造）的事实不符。第二，张某某称，舞厅投资在20万元左右，是其向朋友借款的，但顾某某经营不善亏本，所以出具20万欠条给她；而张某某在2003年在沧浪区法院庭审中陈述被告向其借款用于归还开舞厅欠债。第三，关于本案20万元借款的借条形成与借款的交付时间，张某某向法院的陈述先后矛盾。

由于原告就借款用途、借条形成时间、借款交付过程等借款细节，先后陈述存在明显矛盾之处，为查明事实真相，本院曾多次明确告知原告代理人通知张某某本人到庭进一步核实借款经过、开庭时本人必须到庭，否则承担相应的诉讼风险；法院与原告本人也多次电话联系，要求原告在指定时间至法院核实借款细节。但原告张某某均以种种理由拒绝到庭。另，2003年8月期间，原告正因不能归还到期债务而引发多起诉讼，经法院判决后，原告本人也未能履行上述债务。在此期间原告是否具备提供20万元借款的融资能力，亦值得质疑。

对于本案案情进行综合分析与判断，原告张某某对本案借条形成及借款事实的陈述存在诸多矛盾和不合常理之处。原告虽持有借条，但是原告本人就20万元借款交付的具体时间、借款经过等基础事实陈述先后矛盾，本院难以采信借款事实存在，而被告顾某某对借条形成当天情况的陈述前后基本一致，且与公安部门"110"报警记录、证人证词、沧浪区法院生效的民事判决、执行裁定等证据可以相互佐证，故被告的抗辩成立。借条所载明的20万元款项并无借款事实发生具有高度可能性和盖然性，即本案借款事实不成立，借款合同未生效。原告依据该借条诉请被告归还借款的诉讼请求，本院不予支持。驳回原告张某某的诉讼请求。判决后，双方当事人均未提出上诉。

【定性分析】

本案的争议焦点是原、被告双方是否存在真实的借款关系。

（一）民间借贷法律关系的成立应当符合形式要件和实质要件

借款合同是借款人向贷款人借款，到期返还借款并支付利息的合同。对自然人借款，既可以采取书面形式，也可以采取口头约定形式。而民间借贷是指自然人之间、自然人与法人（包括其他组织）之间，一方将一定数量的金钱转移给另一方，另一方到期返还借款并按约定支付利息的民事法律行为。民间借贷法律关系的成立需符合形式要件和实质要件。形式要件即达成合意的外在形式，如借条、借款合同、口头约定以及其他可以表明双方借款合意的形式；实质要件即款项的实际交付。民间借贷案件具有实践性特征，借贷合同的成立，不仅要有当事人的合意，还要有交付钱款的事实。因此，在民间借贷纠纷案件的审理中，首先要看当事人之间的合意，在借据是否真实有效的前提下，还应审查履行情况。对于小额借款，出借人具有支付借款能力的，如果当事人主张是现金交付的，除了借条未能提供其他证据，按照交易习惯，出借人提供借据的，一般可视为其已完成了举证责任，可以认定交付借款事实存在。而对于大额借款，涉及几十万甚至几百万的金额，当事人也主张是现金交付，除了借条没有其他相关证据的，则还要通过审查债权人自身的经济实力、债权债务人之间的关系、交易习惯及相关凭证、证人证言等来判断当事人的主张是否能够成立，仅凭借条并不足以证明交付钱款的事实。

（二）经验规则与自由心证在借贷事实认定中的运用

法官对认定借贷事实是否成立问题，可根据证据法中的日常经验规则，运用自由心证从高度盖然性的角度出发，综合考量借条形成及借款事实，以此来判断当事人所提供的证据是否能够证实民间借贷事实的存在。

1.经验规则的适用。最高人民法院《证据规则》第64条规定："审判人员应当依据法定程序，全面、客观地审核证据，依据法律规定，遵循法官职业道德，运用逻辑推理和日常生活经验，对证据有无证明力和证明力大小独立进行判断，并公开判断的理由和结果。"这里所说的法官在审核认定证据中所运用的日常生活经验，被归纳为证据认定中的"日常经验规则"。所谓"日常经验规则"，是指在审核认定证据的过程中，法官要运用为社会中的普通人所普遍接受或者体察的社会生活经验对证据进行审查、判断，以决定其是否具有证明力和证明力的大小。"日常经验规则"指向的是一种客观意义上的普遍知识，作为基本常识而为公众普遍认同，无需借助任何证据予以证明，也无需法律予以规定；法官对"日常经验规则"的运用是以其职业素养为前提，对一般生活经验加以提炼，以作为认定待证事实的根据。在本案中，从表面上看，原告张某某所提供的证据数量充足，与案件事实具有关联性与其主张相互印证，似乎能够证明其主张的事实。但是，从日常生活经验出发对其提供的证据进行审查判断，不难看出其中存在的漏洞。

第一，借款用途的陈述自相矛盾。张某某在吴中区法院诉称张某某借他人款给予被告经营舞厅，后经营不善亏本，故出具欠条给她；而原告张某某在2003年沧浪区法院庭审时陈述为被告借款用于归还开舞厅欠债。

第二，借款交付时间与借条形成时间陈述自相矛盾。原告张某某在沧浪区法院庭审时陈述为原、被告离婚时交付的借款，于8月18日补写借条；而在吴中法院提交的书面意见为8月18日晚上被告出具借条后当场交付借款。

第三，原告融资能力值得质疑。从本案案情来看，原告在2003年8月期间，原告正因不能归还到期债务而引发多起诉讼并未能履行法院民事判决履行义务，原告在期间的融资能力值得质疑，与常理不符。

第四，被告顾某某的陈述能得到印证。本案中被告顾某某对借条的形成的陈述前后一致，且与报警记录、证人证词、生效的民事判决、执行裁定等证据可以相互佐证。

因此，原告张某某对本案借条形成及借款事实的陈述与人们的日常生活经验相悖，不足以证明其主张的事实。

2.法官的心证过程分析。原告张某某所持的借条成因不明且原告就借款诸多细节事实陈述前后矛盾，原告之诉讼请求所依据的事实处于不明状态，根据证据规则，原告就应为其新的事实陈述或主张提供证据，以尽到其行为意义上的举证责任。在原告未提供证据证明其前后陈述矛盾的情况下，作为民间大额借贷事实亲身经历的当事人不能确定或保证自己关于借款事实相关细节的说法，这是难以让法官继续去采信其说法的，法官无法再从高度盖然性的角度出发确信并采纳原告的哪一次陈述，此时只能导致原告陈述的可信度自然下降的结果，因此原告此时必须补强证据。也就是说，举证责任开始转移由原告承担。

原告前后陈述自相矛盾，又因没有证据而不能自圆其说。按照日常的生活经验和常理分析，出借20万元的民间个人借贷应属"大事"，向法院起诉追款也是"大事"，在庭审中陈述事实更是"大事"。但原告对何时借出款、借款用处等借贷的基本事实都不能确定，在法庭上竟不能详述借款的确定时间和经过，两次庭审陈述的出借时间和经过情况迥然不同。这无疑导致法官对原告诉称的内心确信度的自然下降，同时提高法官对被告辩称的确信度。被告庭审辩论中认为，仅凭借条，没有事实依据，且借条是在原告胁迫下出具的，并提供了相应证据。基于这样的辩论意见分析，如果原告不能就新的事实陈述加以举证说明，将不能获得法官对其陈述的内心确信。本案借条仅仅具备一种欠款的形式条件，而不具备借款的实质条件。原告既然以特定的"借款"作为事实的基础，原告就借款事实陈述前后矛盾，尤其是在被告辩称下作了详细陈述，且解释得前后一致，此时，原告自然应当负担进一步的举证义务。为查明事实真相，法院曾多次明确通知张某某本人到庭进一步核实借款经过，法院与原告本人也多次电话联系，要求原告在指定时间至法院核实借款细节，但原告张某某均以种种理由拒绝到庭。因此，本案在原告无法完成行为意义上的举证责任的情况下，法院以"本案借款事实不成立，借款合同未生效。原告依据该借条诉请被告归还借款的诉讼请求，本院不予支持"为由驳回原告的诉讼请求。

【案件警示】

民间借贷法律关系的成立需符合形式要件和实质要件。形式要件即达成合意的外在形式，如借条、借款合同、口头约定以及其他可以表明双方借款合意的形式；实质要件即款项的实际交付。民间借贷案件具有实践性特征，借贷合同的成立，不仅要有当事人的合意，还要有交付钱款的事实。尤其是对于大额借款，涉及几十万甚至几百万的金额，当事人主张是现金交付，除了借条没有其他相关证据的，则还要通过审查债权人自身的经济实力、债权债务人之间的关系、交易习惯及相关凭证、证人证言等来判断当事人的主张是否能够成立，仅凭借条并不足以证明交付钱款的事实。

四、民间借贷约定利息过高法律不保护

——余某某诉张某某、林某某民间借款纠纷案

【基本案情】

被告张某某、林某某系夫妻关系，与原告余某某的丈夫是朋友，平时关系相处较好。2011 年 12 月 22 日，两被告因经营欧波管的业务，缺乏资金周转，向原告余某某借款 17 万元。当时，原告余某某要求被告用房屋作抵押才同意借款，两被告同意并将其所有的位于江海西苑的住房作抵押。后原告余某某将 15 万元从中国工商银行汇到被告提供的账户上，另给被告现金 2 万元，共计 17 万元，由两被告出具了一张 17 万元的借条给原告收执，并约定按月利率 8 分计付，同时在借条上注明，如 5 个月内不还款，以江海西苑房屋抵押。因原告余某某做生意资金不足，多次找两被告索要借款，但两被告至今分文未付。原告余某某提起诉讼，并主张借款利息按月利率 3% 计算，其他利息自愿放弃。诉讼中，根据原告余某某的申请，法院裁定对被告张某某、林某某所有的位于江海西苑的房屋一套依法予以查封。

【争论焦点】

原告余某某诉被告张某某、林某某民间借贷纠纷一案，安徽省全椒县人民法院立案受理后，依法适用简易程序公开开庭进行了审理。

原告余某某诉称：被告张某某、林某某因经营欧波管的业务，需要资金周转，向原告借现金 17 万元。原告将钱借给两被告后，两被告出具了一张借条给原告收执，并约定利息按月利率 8 分计付，5 个月归还，如 5 个月内不还款以两被告位于江海西苑的住房作抵押。现原告因做生意，需要资金，多次找两被告索要欠款，但两被告

一直拖欠不还。故提起诉讼，要求被告偿还借款170000.00元，利率原告主张按月利率3%计算，自2011年12月23日至还款时止。诉讼费由被告承担。

被告辩称：确实借了原告17万元，欠钱的事实是存在的，不过当时条子打的是17万元，拿到手的现金是15万元，当时扣2万元是作为利息支付。现没有钱还，欠原告的钱可以分期偿还。

【法院裁判及定性分析】

民间借贷是指公民之间、公民与法人之间，以及公民与其他组织之间借款，相互产生债权债务关系的行为。按照法律规定，民间借贷的利息约定并非随心所欲，而是也有讲究。随着社会经济水平的提高，人们观念的改变，以及人们参与市场经济行为的增多，亲属之间、朋友同事之间、个人与企业之间在借款时，约定借款利息，已不再扭扭捏捏，羞于启齿，而是"先小人后君子"，相互约定借款利息，以实现保本升值的目的。应当说这种现象，对于出借人利益的实现，方便借款人的生活、生产经营等方面起着积极的作用。但同时，由于人们对法律关于民间借款利息的规定不了解，而出现出借人利益不能最终实现的现象，有的甚至引发诉讼，耗时费力，得不偿失。

《合同法》第206条规定，借款人应该按照约定的期限返还借款，对借款期限没有约定或者约定不明确，贷款人可以催告借款人在合理期限内返还。《中华人民共和国合同法》第211条规定，自然人之间的借款合同约定支付利息的，借款利息不得违反国家有关限制借款利率的规定。最高人民法院《关于人民法院审理借贷案件的若干意见》第6条规定，民间借贷的利率可以适当高于银行的利率，各地人民法院可根据本地区的实际情况具体掌握，但最高不得超过银行同类贷款利率的四倍（包含利率本数）。超出此限度的，超出部分的利息不予保护。最高人民法院《关于贯彻执行〈民法通则〉若干问题的意见（试行）》第122条规定："公民之间的生产经营性借贷的利率，可以适当高于生活性借贷利率。如因利率发生纠纷，应当本着保护合法借贷关系，考虑当地实际情况，有利于生产和稳定经济秩序的原则处理。"第124条规定："借款双方因利率发生争议，如果约定不明又不能证明的，可以比照银行同类贷款利率计算。"本案中，两被告向原告借款，有被告亲自书写的条据佐证，故原、被告之间的借贷关系合法有效，被告应当讲信用，履行约定的义务，及时偿还债务。对于原告放弃借款约定的8分利息，主张按月利率3%计付利息的请求，仍然过高，根据本案实际情况，法院酌定按月利率2%支付利息。

另外，如果两被告未在判决书规定的期间内履行还款义务，原告还可以获得加倍支付迟延履行的债务利息。《民事诉讼法》第232条规定："被执行人未按判决、裁定和其他法律文书指定的期间履行给付金钱义务的，应当加倍支付迟延履行期间的债务利息。被执行人未按判决、裁定和其他法律文书指定的期间履行其他义务的，应当支付迟延履行金。"这条规定在一定程度上，给那些拒不履行义务者以威慑，对维护司法权威、缓解执行难无疑具有积极的意义。

我国《合同法》规定，借款的利息不得预先在本金中扣除，利息在本金中扣除的，应按照实际借款数额返还借款并计算利息。最高人民法院《关于人民法院审理借贷案件的若干意见》第7条规定：出借人不得将利息计入本金谋取高利。人民法院在审判实践中发现出借人将利息计入本金计算复利的，其利率超出银行同期贷款利率四倍的，超出部分不予保护。本案中两被告提出，当时从原告处拿走的现金是15万元，打的是17万元的欠条，其中2万元作为利息支付。《民事诉讼法》第64条规定："当事人对自己提出的主张，有责任提供证据。"两被告未向法庭提供举证加以证明，故法院对被告的抗辩理由不予采纳。

据此，依据《民法通则》第84条、第108条，《民事诉讼法》第130条的规定，安徽省全椒县人民法院一审判决如下：被告张某某、林某某给付原告人民币170000元，于判决生效后十五日内付清；并从2011年12月23日起按月利率2%计付利息至还款时止。案件受理费4071元，适用简易程序减半收取2036元，保全费1295元，合计3331元，由被告张某某、林某某负担。

五、有借条却打输了官司
——陈某某诉黄某某、金某某民间借贷案

【基本案情】

2003年12月26日，被告黄某某、金某某（黄某某之夫）与原告陈某某达成借款20000元的协议，并由被告金某某以黄某某名义立借条一张，注明"给黄某某还酒款"，约定还款期限为2004年2月底。后原告向二被告要求还款，但两被告认为，借条虽然是被告写的，但原告从未借钱给二被告，双方即起纷争。原告于2005年11月14日起诉至法院要求处理。

原告陈某某诉称，因被告黄某某欠原告儿子陈某甲酒款久拖不还，2003年12月26日原告到二被告家向被告黄某某索要酒款，被告当时没钱，提出向原告借款20000元还陈某甲酒款。原告同意借款后即由被告金某某以黄某某名义立一张借据给原告。三天后被告黄某某到原告家中借走现金20000元。借据上约定2004年12月底付清，还款期至后，被告未按约还款，后原告多次向被告催要，被告均以种种理由，拖欠未还。故起诉来院要求二被告偿还借款 20000 元。

被告黄某某辩称，借据虽系被告金某某所写，但二被告并未拿到现金，三天后也未到原告家中，原告所述不是事实。当时只约定由原告托人办事所需的好处费，事成之后，被告承诺给付原告 20000 元，由于原告没有按约定完成被告所托之事，因此也未付此款，后被告向原告索要该借条遭原告拒绝。现不同意原告的诉讼请求。

被告金某某辩称，被告黄某某所述是事实。

【一审裁判】

泗洪县人民法院经审理认为，当事人对自己的主张有责任提供证据加以证明，没有证据或证据不足以证明当事人的事实主张的，由负有举证责任的当事人承担不利后果。本案中原告所持有的该张借条的形式虽然是真实的，但二被告否认原告支付了现金，原告亦没有证据证实其在拿到借条三天后履行了给付借款义务。另外，庭审中原告多次陈述被告黄某某欠其儿子的酒款久拖不还，其于 2003 年 12 月 26 日来被告处是为了替其儿子索要酒款，因被告黄某某无钱偿还，则答应借给黄某某 20000 元还其儿子陈某甲酒款，二被告则打给原告一张借条，被告黄某某三天后即到原告处取走了现金 20000 元。原告这种陈述显然违背常理，不能让人置信。因为被告黄某某欠原告儿子的酒款已经久拖不还，原告本来是来索要酒款的，不可能还会借给被告黄某某现金 20000 元，让其还给儿子陈某甲。其次，在第一次庭审时，原告陈述被告黄某某和其姐姐一起去到原告处拿到现金后，还给了原告的儿子；第二次庭审时，原告却陈述黄某某和一个不认识的人一同去拿钱的，拿了钱之后，可能还给了其儿子，还称并不知道被告黄某某与其儿子之间关于销售酒的事情，其陈述前后矛盾。因此对原告的诉讼请求，本院不予支持。根据《中华人民共和国民法通则》第 90 条规定，判决如下：驳回原告陈某某的诉讼请求；案件受理费及其他诉讼费用 1310 元，由原告陈某某承担。

【二审裁判】

一审判决后，原告陈某某不服向宿迁市中级人民法院提起上诉。上诉称：被上诉人借其 2 万元有借条为证，一审法院以其陈述矛盾，判决驳回诉讼请求，与事实不符。请求撤销原审判决，二审给予改判。

被上诉人黄某某、金某某答辩称：虽然写了借条，但上诉人并没有给付现金，被上诉人也没有到上诉人家中拿钱。原审判决正确，请求维持。

宿迁市中级人民法院经审理认为，根据法律的规定，当事人对自己提出的诉讼请求所依据的事实或者反驳对方诉讼请求所依据的事实有责任提供证据加以证明。没有证据或者证据不足以证明当事人的事实主张的，由负有举证责任的当事人承担不利后果。本案中，上诉人陈某某陈述被上诉人黄某某欠其儿子的酒款久拖不还，因黄某某无钱偿还，则答应借给黄某某2万元还其儿子陈某甲酒款。双方协商后，由金某某出具借条一份，但立据的同时，上诉人并没有付给被上诉人2万元。上诉人陈述在三天后将2万元交给了黄某某，但没有相关证据佐证。同时，上诉人之所以借款给二被上诉人，是因为二被上诉人欠其子陈某甲酒款未还，由上诉人出借2万元款给二被上诉人用于偿还陈某甲酒款。在此情况下，按常理，可由三方协商进行债务转移，上诉人直接将2万元款付给陈某甲，由二被上诉人立欠据即可达到目的。上诉人在明知二被上诉人欠陈某甲酒款久拖不还的情况下，仍向二被上诉人支付借款2万元有悖常理。因此，上诉人对其出借借款的事实举证不足，其上诉请求不应予以支持。原审法院所作出的事实认定清楚，实体判决并无不当，应予维持。遂判决：驳回上诉，维持原判。

【定性分析】

本案看似简单的民间借款纠纷案件，但案件的客观事实和法律后果却差距很大。法律规定当事人对自己提出的诉讼请求所依据的事实或者反驳对方诉讼请求所依据的事实有责任提供证据加以证明。没有证据或者证据不足以证明当事人的事实主张的，由负有举证责任的当事人承担不利后果。本案争议的焦点是：原告是否借给了二被告2万元现金。解决借款合同是否实际履行的问题成为解决本案的关键。

一、该民间借贷合同是否成立并生效。根据原、被告双方的陈述，应当明确本案的借款合同已成立，但是法律规定民间借贷系实践性合同，除借据外，还必须有实际交付借款的行为，合同才能生效。本案中原告所持有的该张借条的形式虽然是真实的，但二被告否认原告支付了现金，原告亦没有证据证实其在拿到借条三天后履行了给付借款义务。因此，双方的民间借贷关系虽然成立但并未生效。

二、在证据有瑕疵的情形下对法律事实的认定。在证据形式有瑕疵的情形下如何对法律事实的确认，则体现了法官在证据的审查和认定上行使自由裁量权裁判案件的综合能力。本案中原告陈某某陈述被告黄某某欠其儿子的酒款久拖不还，因黄某某无钱偿还，则答应借给黄某某2万元还其儿子陈某甲酒款。双方协商后，由金某某出具借条一份，但立据的同时，原告并没有付给二被告2万元。原告陈述在三天后将2万元交给了黄某某，但没有提供相关证据佐证。同时，原告之所以借款给二被告，是因为二被告欠其子陈某甲酒款未还，由原告出借2万元款给二被告用于偿还陈某甲酒款。在此情况下，按常理，可由三方协商进行债务转移，原告直接将2万元款付给陈某甲，由二被告立欠据即可达到目的。原告在明知二被告欠陈某甲酒款久拖不还的情况下，仍向二被告支付借款2万元有悖常理。因此，原告对其出借借款的事实举证不足，法官据此推定，原告所请求法律事实不存在，因此原告只能承担诉讼请求被驳回的法律后果。

六、24000 元是借款还是投资款

——石某诉汪某民间借款纠纷案

【基本案情】

原告石某通过王某介绍与被告汪某相识。被告以搞养殖为名多次向原告借款共计 24000 元，均未出具欠条。原告多次向被告索要该笔款项未果，双方由此形成纠纷。庭审中，原告提供的证据是 2006 年 7 月 21 日原、被告及王某的录音资料及 2006 年 6 月 5 日王某与被告的录音资料各一份用以证明其主张。被告辩称其与原告及王某系合伙办养鹅厂，原告主张的款实际系投资款，具体数额其不清楚，账目由其中一个合伙人王某管理，并提供 2002 年 10 月 4 日王某、牛某与济源某村七组签订的协议复印件（无原件）证明以上事实。

【争议焦点】

庭审中，石某坚持要求被告汪某偿还借款 24000 元。而汪某坚决认为其未借石某钱，不同意归还。本案中，当事人双方争执的 24000 元究竟是民间借款还是合伙投资款？

【法院裁判】

济源市人民法院审理认为，原告起诉要求被告偿还其借款 24000 元，被告对借款事实予以否认。本案的关键是被告借原告 24000 元的事实是否存在。根据原告提供的录音资料内容，就原告的 24000 元，被告多次表示同意归还。对此录音被告虽持有异议，认为录音有剪辑，但被告认可录音中的女声系其本人声音，又不申请鉴定，对此录音内容，予以确认。另外根据录音内容，被告认可原告有 24000 元的事实存在，故本院认定被告借原告 24000 元的事实成立。被告辩称该款系原告与其和王某三人合伙办养鹅厂的投资款，原告否认其系合伙人之一，王某也不予认可原告系合伙人，被告提供的证据不能证明原告系合伙人之一的主张，其辩称理由，不予采纳。关于王某是否系合伙人，本案不予涉及。现原告要求被告给付借款 24000 元，理由正当，予以支持。根据《合同法》第 206 条之规定，判决被告汪某给付原告石某 24000 元。

被告汪某不服一审判决提出上诉，二审查明的事实与一审相同。双方均未提出新的证据。二审法院认为原审事实清楚，适用法律正确，程序合法，维持原判。

【定性分析】

本案争议的焦点是：原告的 24000 元究竟是借款还是投资款。实质上，本案的关键是举证责任分配的问题。

第一种观点认为：原告对被告欠款数额及性质负举证责任。原告以其提供的录音资料起诉要求被告给付其借款 24000 元，被告否认该款的性质。原告提供的录音资料中显示被告多次提及投资一事，结合原、被告关系一般，原告主张借被告 24000 元，被告未出具借据，且原告对借款次数及数额均记不清，在庭审中对双方约定利息表述不一致的情况，不符合生活常理。故原告提供的证据不能充分证明被告借其现金 24000 元，原告的诉讼请求，缺乏事实依据，不应支持。即原告所提供的证据存在一定的瑕疵，应由原告承担不利后果。

第二种观点认为：根据原告提供的录音资料内容，就原告的 24000 元，被告多次表示同意归还。对此录音被告虽持有异议，认为录音有剪辑，但被告认可录音中的女声系其本人声音，又不申请鉴定，对此录音内容，应予确认。另外根据录音内容，被告认可拥有原告 24000 元的事实，故本院认定被告借原告 24000 元的事实成立。被告辩称该款系原告与其和王某三人合伙办养鹅厂的投资款，原告否认其系合伙人之一，王某也不予认可原告系合伙人，被告提供的证据不能证明原告系合伙人之一的主张，对其辩称理由，应予不予采纳。原告的诉讼请求，理由正当，应予以支持。

笔者同意第二种观点，理由是：按通常说，举证责任包括三个层次的含义。其一，"当事人对自己提出的主张，有责任提供证据"。（《民诉法》第 64 条第一款）即提出证据的责任；其二，当事人所提供的证据能够证明其主张真实，即提出有效证据的责任；其三，当事人若不能提供证据以证实其主张或其提供的证据不能证明其主张的真实性，则其要承担因此而产生败诉的不利后果。在案件审理过程中，有两种情况：其一，若依照基本的"谁主张、谁举证"原则双方当事人举出的证据已经足够，案件待证事实已经清晰，则依据该查证的事实作出判决；其二，案件事实无法查清，或根据现有证据无法形成强有力的证据链条，则根据举证责任分配制度在双方当事人之间进行举证责任分配，若应承担举证责任的当事人无法对相关事实进行举证，则其要承担对其不利的判决结果。从中我们可以看出，一方面要明确在举证责任中包含了当事人要承担因不履行或不能履行举证责任所产生的后果的内容，另一方面又不能简单地说凡无法对自己主张举证的当事人均要被判败诉，必须通过举证责任分配在当事人之间明确举证责任，再根据当事人举证情况依照法律作出判决。

在司法实践中，法官在审理案件过程中，在决定哪些案件事实由哪方当事人负责举证时，除"谁主张、谁举证"的基本原则外，还应当考虑到下列因素：1. 将举证责任置于有能力、有条件举证的一方。由于社会专业化分工的细化和科技的发展，当事人在举证能力方面的差别越来越大，涉及需要对一些技术性问题进行举证的时候，有时原告方根本不具备对事实与损害结果的因果关系以及被告方过错的举证能力，这时，就应考虑将举证责任转交给被告方承担。此外，若双方当事人分别是自然人和法人或其他组织，在审理过程中也应特别注意举证责任的分配。2.持有证据一方当事人不提供证据，同时对方当事人主张该证据不利于证据持有人，可以推定该主张成立。3.在双方当事人与证据等距离的情形下，法官可以考虑举证的难易或事实发生的概率，事实存在的举证通常较事实不存在为容易，主观意思的举证通常较客观表示为容易。事实发生的概率也是重要的裁量因素。

该案适用民事诉讼的盖然性标准，即负有举证责任的一方当事人为了支持自己的诉讼主张，必须向法官承担说服责任，只要当事人通过庭审活动中的举证、质证和辩论活动使得法官在心证上形成对该方当事人事实主张更趋采信方面的较大倾斜，那么，该方当事人的举证负担即告卸除。原告对被告欠款数额及性质负举证责任。原告提供的录音资料可以证明被告从原告处取走 24000 元的事实，作为原告已完成举证责任。被告辩称原告主张的借款系投资款，应由被告负举证责任对其反驳理由予以证明。其提供的证据不能证明其主张，应承担不利后果。

七、本案是合伙炒股还是民间借贷纠纷
——魏某诉王某民间借贷纠纷案

【基本案情】

2010 年初，某券商老总李某声称可利用内幕消息帮助王某股票翻番，并撮合王某与富商魏某签订协议，约定王某以 500 万元作为保证金筹得魏某的 2000 万元，共同汇入魏某提供的其亲戚的股票账户内，专用于王某买卖股票，期限为三个月，自魏某将 2000 万元汇入该股票账户时，即视为实际交付；魏某收取 6% 即 120 万元作为收益；王某应确保股票账户市值不低于 2120 万元，否则魏某可以强行平仓；王某收取高于账户 2120 万元以上的部分并独自买卖股票，魏某对股票账户享有监督知情权。

协议签订后，王某和魏某均依约向指定股票账户汇款，账户密码由双方共同掌握，王某根据李某提供的内幕信息买卖股票。2010 年 2 月 5 日，该股票账户内资金额跌至 1858.896 万元，在王某未予补充保证金时魏某将账户密码修改，并自行操作股票。魏某主张截至 2010 年 6 月 8 日，股票账户剩余金额 1583.12565 万元，故起诉要求王

某归还借款 416.87435 万元并支付相应利息。

【法院裁判】

2013 年 7 月 28 日，一审法院认定魏某与王某之间实为民间借贷关系，判决王某偿还魏某借款本金 141.104 万元及相应利息。一审宣判后，王某以双方借款关系不生效为由向北京市第三中级人民法院提出上诉。2013 年 11 月 19 日，北京三中院判决驳回上诉，维持原判。

【争论焦点】

本案争议焦点为：1. 双方之间法律关系的定性：是委托理财？个人合伙炒股？还是民间借贷关系？ 2. 若借贷关系成立，双方借贷合同是否生效。围绕上述两个争议焦点，分别存在以下三种不同意见：

第一种意见认为：魏某将其资金连同提供的股票账户委托给王某管理并由王某从事股票交易以获取收益，双方成立金融类委托理财合同关系。但因王某不具备理财资质，双方所签协议属于超出国家特许经营而订立的合同，故应归于无效；协议中保证本息固定回报的内容属于保底条款，也不应予以保护。本案应按双方的过错程度和公平原则分别承担责任。

第二种意见认为：王某与魏某共同投入资金炒股，魏某提供股票账户，王某负责操作股票，账户密码双方均知晓。魏某享有强行平仓的权利，但在平仓条件成就时其没有平仓而是修改密码后自行买卖，即魏某也参与了股票操作及对资金的管理和风险控制。因此双方存在共同投入、共同经营、分取收益、分担风险的情况，可以认定为个人合伙炒股。另外，自然人之间的借贷系实践性合同，借款交付才能生效；而且该合同目的也决定着借款人要取得借款的所有权。假设双方借贷关系成立，由于魏某将 2000 万元直接汇入他人股票账户内，并未交付至王某账户下，王某不能行使对借款完全的使用权和处分权，因此该借款合同并未生效。

第三种意见认为：依据协议，王某筹得魏某的 2000 万元，不论股票盈亏魏某仅向王某收取 6% 的固定利息，因此，应认定双方为民间借贷关系。另外，由于本案借款用途特定为买卖股票，为实现魏某对出借款的监督知情权，接收借款的股票账户由魏某提供，并持有该股票账户密码，王某对此也认可，因此，魏某按照协议约定将 2000 万元汇入股票账户应视为其已完成借款交付行为，双方借款合同生效。

【定性评析】

把握特征正确认定民间借贷合同的成立与生效。

1. 王某与魏某之间协议所确定的权利义务关系符合民间借贷法律特征。《民法通则》第 30 条规定："个人合伙是指两个以上公民按照协议，各自提供资金、实物、技术等，合伙经营、共同劳动。"第31条规定："合伙人应当对出资数额、盈余分配、债务承担、入伙、退伙、合伙终止等事项，订立书面协议。"由此可见，在具体判定是否构成个人合伙时，应注意掌握以下条件：（1）个人合伙一般应基于合伙合同产生，合伙人之间应就合伙的成立及合伙的有关事项、合伙人退伙、合伙组织的解散、债务的承担等，依法订立协议；（2）合伙人一般应共同出资、共同经营、共同劳动；（3）合伙人应共担风险、共负盈亏。其中最关键的在于是否存在共同出资、盈余共享、风险共担的情况。根据《合同法》第196条的规定，借款合同是借款人向贷款人借款，贷款人到期向借款人返还借款并支付利息的合同。因此，借款合同中贷款人与借款人的权利义务关系为：贷款人按照约定将货币借给借款人支配，借款人到期偿还借款并支付利息作为使用借款的对价，贷款人只收取固定收益并不直接参与借款人的经营与管理，对其经营损失亦不承担任何责任。本案中，王某向魏某筹款2000万元汇入指定股票账户，由王某独自操作账户买卖股票，虽然魏某也知晓账户密码并在特定条件下享有强制平仓的权利，但其在约定的借款期限内及强制平仓条件未成就时并不参与选股、买卖操作及股票盈利分配，而是仅仅收取6%的固定利息作为其收益，因此不符合个人合伙的基本特征。另外，由于委托理财合同中，受托人是按照委托人的委托从事理财事务，管理委托人的资金，受托人从事理财事务产生的法律后果应归属于委托人，受托人仅收取理财报酬而对于约定范围内产生的亏损并不承担责任。本案中，王某利用魏某提供的资金独自操作股票，在约定期限内发生的亏损由王某自己承担，王某独自享有股票的盈利，双方也不符合委托理财法律关系。魏某根据协议约定，将2000万元汇入指定的股票账户内并由王某操作股票，同时约定了该款项的使用期限和利息，到期由王某向魏某还本付息，魏某不分享股票盈利也不承担亏损，故双方属于对借款用途有特殊约定的民间借贷关系。

2.魏某依约将借款汇入指定的股票账户应视为借款已经交付，借款合同生效。根据《合同法》第210条的规定，自然人之间的借款合同，自贷款人提供借款时生效。由此可见，不同于金融性借款合同的诺成性，自然人之间的借款合同为实践性合同，仅仅有双方当事人的借款合同不能生效，必须要有实际交付借款的行为，因此款项的实际交付系此类借款合同的生效要件。实践中因借款用途等因素的不同，一般存在以下两种借款交付形式：一是出借人将款项通过现金或汇款等方式直接交由借款人占有使用；二是出借人或受托付款人按照指示将款项实际交付借款人指定或认可的接收人。但无论哪一种交付形式，只要符合缔约各方的真实意思表示，一旦交付均能达到借款合同生效的法律后果。本案中，魏某与王某约定借款用途为买卖股票，双方在协议中明确约定了借款的接收账户，即魏某提供的他人股票账户，故魏某将

2000 万元借款汇入王某认可的特定账户时，应视为魏某已完成了借款的交付行为，双方的借款合同生效。

3. 基于双方对借款用途的特殊约定，王某对该借款的使用权、处分权也应作特别解释。从法律上来看，作为借款合同的标的物是金钱（货币），而货币是一种特殊的动产，其特殊性表现在：货币是一种特殊的种类物，货币的占有与所有是同一的，简称为"所有和占有一致原则"。这一规则具体体现为：第一，货币占有的取得就被视为货币所有权的取得，货币占有的丧失即视为货币所有权的丧失。第二，货币一旦交付，将会发生所有权的转移。因此，以货币作为借贷合同的标的，出借人向借款人交付货币，则发生货币所有权的转移。货币所有权转移以后，一般不能再在该货币上设定其他权利如质押等。第三，货币在发生占有转移后，货币的所有人只能请求对方返还一定数额的钱款，而不能根据物权请求权要求占有人返还原物或返还对原物的占有，也不能要求恢复原状。通常而言，借款人的目的在于获得借款（货币）的所有权以供自己支配，在出借人向借款人交付借款后，借款人即应获得该借款的所有权，可以对该借款行使完全的占有使用权及处分权而不受限制。本案中，魏某将借款 2000 万元汇入其提供的他人股票账户内，按照约定，魏某完成了将借款交付王某的行为，虽然王某认可此种交付方式，但王某在借款交付后不是通过自己拥有完全支配权的账户，而是需要通过他人的股票账户来行使对借款的占有使用，由于这种占有并非一种完全的占有，并不能实现对借款（货币）占有即所有的状态，有违货币的"所有与占有一致"原则。因此，能否由此反推出，魏某这种交付借款的方式因不能实现王某对借款的完全支配权，双方的借款合同并未生效。对此笔者认为，货币的"所有和占有一致"原则只是一般规则，不完全适用于各种复杂的交易关系，尤其是一些特殊的商事关系。通常而言，借款关系中，借款人可以行使对借款完全的所有权即占有、使用、收益、处分权，但在特定的借款用途条件下，也要受到一定的限制，此时借款人对借款的占有使用权、处分权应做特别解释。本案中，王某与魏某之间为特定用途条件的借贷关系，魏某将借款汇入指定股票账户内，避免了该资金被挪作他用并由王某专用于股票买卖，符合双方对借款用途的特殊约定，保障了资金的安全；由于双方约定该借款专用于股票买卖，因此王某对该借款的使用、处分权在借款期限内体现在利用该借款实现股票的买进与卖出的自主性，而并非一般意义上对使用权、处分权的理解；另外，双方共同持有账户密码也符合有关魏某对账户的监督知情权的约定，并未影响到王某在借款期限内对借款的使用权。

综上，王某与魏某之间借贷关系成立并生效，对魏某更改股票账户密码自行操作股票前减少的本金及相应利息，王某应予偿还。

八、非法拆借资金导致主合同无效，担保人有过错应承担民事责任

——某农工商总公司诉某生物科技公司质权纠纷案

【基本案情】

某农工商总公司与某药业公司经协商签订了资金借款合同。合同约定，农工商总公司向药业公司提供流动资金借款 263 万元，借款期限 3 个月。同时，为担保药业公司能如期还款，某生物科技公司对药业公司的上述借款以自己在某有限责任公司内 55% 的股份向农工商总公司提供了质押担保，但没有按照《担保法》的规定将股份出质记载于股东名册。合同签订后，农工商总公司按约向药业公司提供了借款。借款期限届满后，药业公司没能如约还款。在多次催要未果的情况下，农工商总公司向法院起诉生物科技公司，要求实现对生物科技公司的质权。

【争论焦点】

农工商总公司与药业公司之间的借款合同违反了国家关于非金融机构不得从事贷款业务的强制性规定，因此合同无效。生物科技公司与农工商总公司之间的质押担保合同是借款合同的从合同，也因主合同的无效而无效。所以，对农工商总公司要求实现质权的请求，依法不能予以支持。对此，合议庭没有异议。生物科技公司不应承担担保责任，但对其是否应承担民事赔偿责任，合议庭产生了两种意见。

第一种意见认为，作为担保人的生物科技公司明知农工商总公司与药业公司属非法借贷，仍提供担保，其行为与债权人的损失之间具有一定的因果关系，应根据其过错程度承担相应的赔偿责任。

第二种意见认为，生物科技公司虽然向农工商总公司作出了质押担保的意思表示，但双方并没有将质押的股份出质情况记载于股东名册，所以双方的质押合同无效，质押合同无效应视为生物科技公司没有提供担保，所以，其对农工商总公司的损失不应承担任何责任。

【定性分析】

笔者同意第一种观点。

最高人民法院《关于适用〈中华人民共和国担保法〉若干问题的解释》第 8 条规定，主合同无效而导致担保合同无效，担保人无过错的，担保人不承担民事责任；担保人有过错的，担保人承担民事责任的部分，不应超过债务人不能清偿部分的 1/3。由此可以看出，在主合同无效导致担保合同无效的情况下，担保人承担的是缔约过失

责任。也就是说，如果担保人在缔约过程中不知道存在主合同无效的事实情况，就不承担民事责任。这里所说的不知道只针对不知道主合同当事人在订立合同过程中的真实意图和做法的事实因素，而不包括不知道国家法律和行政法规的禁止性规定，因为国家的法律和行政法规是公开颁布的，不论当事人是否知道，都应视为应当知道。同时，对当事人是否明知主合同存在无效的事实因素，应根据具体情况进行分析，不能仅凭一方的陈述就加以认定。

担保人在明知主合同内容违反了国家法律或行政法规的禁止性规定，而仍予以担保的，就应承担相应的民事责任。在此种情况下，主合同当事人和担保人虽都有过错，但担保人过错较轻，因此，法律规定，其承担民事责任的部分，不超过债务人不能清偿部分的1/3。这并不是说每个担保人就应绝对承担不能清偿部分的1/3，而是说要根据担保人过错程度的大小以1/3为限予以确定。本案中，生物科技公司明知企业之间不得拆借资金，还为药业公司提供担保，存在过错，应按上述规定承担赔偿责任。关于生物科技公司和农工商总公司没有将质押的股份出质情况记载于股东名册的问题，笔者认为，双方所订立的质押合同虽然没有履行法定的生效手续，但并不能否认双方的担保关系已经成立，如果主合同有效，此担保合同应属效力待定，可以采取补救措施使其生效。但就是因为主合同本身存在无效的法定条件，即使担保合同取得了法定的生效条件也属无效合同。因此，生物科技公司对自己已做出的担保行为应承担缔约过失责任。作为债权人，农工商总公司可先行向药业公司主张权利，在药业公司不能全部清偿债务的情况下，再向生物科技公司主张赔偿。农工商总公司也可向药业公司和生物科技公司同时主张权利，要求药业公司返还借款，生物科技公司在药业公司不能返还的情况下承担赔偿责任。但农工商总公司绝不能直接向生物科技公司主张赔偿，因为依法，生物科技公司赔偿的范围是以药业公司不能清偿的部分为限确定的，在药业公司没有履行义务前，此范围无法确定。

综上，农工商总公司不能直接起诉生物科技公司，要求实现质权，也不能直接要求生物科技公司承担民事赔偿责任，所以，法院最终判决驳回了农工商总公司的诉讼请求。

第五章　融资租赁合同风险防控

第一节　融资租赁合同概述

融资租赁合同，是承租人选定出卖人和租赁物，出租人买得该物并交付承租人，承租人支付价金并根据约定享有返还租赁物或取得租赁物所有权之选择权的合同。融资租赁合同的主体为三方当事人，即出租人（买受人）、承租人和出卖人（供货商）。承租人要求出租人为其融资购买承租人所需的设备，然后由供货商直接将设备交给承租人。

一、融资租赁合同的法律特征

（一）与买卖合同不同，融资合同的出卖人是向承租人履行交付标的物和瑕疵担保义务，而不是向买受人（出租人）履行义务，即承租人享有买受人的权利但不承担买受人的义务。

（二）与租赁合同不同，融资租赁合同的出租人不负担租赁物的维修与瑕疵担保义务，但承租人须向出租人履行交付租金义务。

（三）根据约定以及支付的价金数额，融资租赁合同的承租人有取得租赁物之所有权或返还租赁物的选择权，即如果承租人支付的是租赁物的对价，就可以取得租赁物之所有权，如果支付的仅是租金，则须于合同期间届满时将租赁物返还出租人。

二、融资租赁合同的基本类型

融资租赁合同因交易形式的差异而有所不同，根据交易过程中当事人之间的权利义务关系，主要可分为如下几种基本类型：

（一）典型的融资租赁合同

此类合同适用于与融资租赁合同相关的买卖合同的买受人和出租人是同一人的情况。这是融资租赁合同中最主要的形式。出租人根据承租人对出卖人和租赁物的选择，直接向出卖人购回选定的租赁物品，交给承租人使用，并由承租人交付租金。由于其省事省时、手续简便的特点，这种形式的合同大受当事人的青睐，我国融资租赁业务中大多采取此种形式的合同。

（二）转租式融资租赁合同

此类合同中以特别条款约定，承租人同时以出租人的身份与第三人即最终承租人订立另一个融资租赁合同，该另一个合同的租赁物和租赁期限与本合同完全相同。根据该合同，承租人向出租人办理租赁手续，租入设备，然后再转租给最终承租人使用，其中承租人和出租人均为租赁公司。转租赁交易中作为第三人的最终承租人往往要支付比典型租赁承租人高的租金。因此，此种合同形式一般只在企业迫切需要国外只租不卖的先进技术时才采用。

（三）回租式融资租赁合同

即合同的承租人和相关买卖合同的出卖人是同一人的合同。这种合同形式一般在以下两种情形下被采用：

1.企业资金不足而又急需某种设备，此时，企业先出资从制造商那里购置所需的租赁物，转售给租赁公司，然后再从租赁公司租回租赁物使用；

2.企业资金不足，但拥有大型设备或生产线，此时，可将本企业原有的大型设备或生产线先卖给租赁公司，收取现款，以解燃眉之急，在售出设备的同时向租赁公司办理租赁手续，由企业继续使用原有设备。

（四）回转租式融资租赁合同

在此类合同中，相关买卖合同的出卖人同时是相关的另一融资租赁合同的承租人，即最终承租人。这种合同形式汇集了回租式融资租赁合同的特点和转租式融资租赁合同的特点，即当转租式融资租赁合同中的最终承租人是租赁物的出卖人时，这一合同就成了回转租式融资租赁合同。

三、融资租赁合同的当事人

融资租赁合同是两个或两个以上合同的结合，一般至少涉及三个当事人，即出租人、承租人和出卖人。而出租人根据承租人和出卖人、租赁物的选择订立的买卖合同，出卖人应当按照约定向承租人交付标的物；承租人享有与受领标的物有关的买受人的权利。

四、融资租赁合同的义务

（一）出卖人的义务

1. 向承租人交付租赁物；

2. 承租标的物之瑕疵担保义务和损害赔偿义务。

（二）出租人的义务

相对于出卖人，出租人就是买受人，其主要义务有：

1. 向出卖人支付标的物的价金。

2. 在承租人向出卖人行使索赔权时，负有协助义务。

3. 不变更买卖合同中与承租人有关条款的不作为义务。

4. 取回权。"出租人享有租赁物的所有权。承租人破产的，租赁物不属于破产财产"（《合同法》第242条）。当承租人破产时，出租人可以取回；当租赁期间届满时，可以取回；当承租人重大违约出租人解除合同时，当然也可以取回。

5. 租赁物不符合租赁合同目的时的责任。"租赁物不符合约定或者不符合使用目的的，出租人不承担责任，但承租人依赖出租人的技能确定租赁物或者出租人干预选择租赁物的除外"（《合同法》第244条）。

6. 权利瑕疵担保责任。"出租人应当保证承租人对租赁物的占有和使用"（《合同法》第245条）。这是关于权利瑕疵担保责任的规定，即出租人担保标的物不被第三人（出卖人等）所追夺，不被第三人所主张任何权利（包括不被第三人主张知识产权）。

7. 对第三人造成侵害的免责。"承租人占有租赁物期间，租赁物造成第三人的人身伤害或者财产损害的，出租人不承担责任"（《合同法》第246条）。

（三）承租人的义务

1. 根据约定，向出租人支付租金；

2. 妥善保管和使用租赁物并担负租赁物的维修义务；

3. 依约定支付租金，并于租赁期间届满时返还租赁物。

五、租赁物的所有权

融资租赁期间，出租人享有租赁物的所有权。因此，承租人破产时，租赁物不属于破产财产。但与一般所有人不同的是，出租人并不承担租赁物的瑕疵担保责任，对承租人占有租赁承租物期间租赁物造成第三人的人身或财产损害也不承担责任。

出租人与承租人可以约定租赁期间届满后租赁物的归属。对租赁物的归属没有约定或者约定不明确，按照《合同法》第61条的规定仍不能确定的，租赁物的所有权归出租人。

第二节 融资租赁合同中的法律风险

融资租赁是集融资与融物、贸易与技术服务于一体的新型金融产业，出出租人根据承租人对出卖人、租赁物的选择，向出卖人购买租赁物，提供给承租人使用，承租人支付租金。融资租赁各方往往以融资租赁合同为基础开展经营活动，并以此确定权利义务。这种融资与融物相结合的融资方式，同银行信贷、股票债券等方式相比更适合当前我国中小企业的融资需求，特别是在"大众创业、万众创新"的今天，其融资作用越发凸显。但随着融资租赁业务的高速发展，融资租赁合同纠纷的数量也呈高速增长态势，融资租赁合同的当事人的合法权益也不同程度地受到了侵害。对此，必须引起业内人士的高度重视，加强融资租赁合同风险防控。

一、融资租赁合同案件纠纷的特点

在上海建设经济、金融、贸易、航运中心的进程中，融资租赁是沟通金融、贸易、航运三大产业的重要桥梁，是上海实现产业转型升级、创新驱动发展这一改革目标的有力助推器。截至2016年底，上海融资租赁企业共1606家，居全国第二（第一为深圳，共1637家）；上海融资租赁企业注册资本金5652亿元，总资产8091.7亿元，分别占全国比重的31.6%和37.6%，均位于全国首位。与此相对应，从已公开的融资租赁合同纠纷案件判决书数量上看，上海案件数量亦稳居全国第一，上海所发生案件基本上代表了此类案件的特点。

（一）案件数量急剧增长

随着经济下行压力增大，国内产业政策调整，建筑业、制造业等领域波动明显，不少中小企业出现经营困难，大量融资租赁合同的承租人正常经营和债务偿付能力受到较大影响，进入诉讼程序的融资租赁纠纷呈激增态势。据统计，上海两个中级人民法院2011年受案20件，2012年32件，2013年43件，到了2016年增至120件。经对相关案件事实分析，大部分融资租赁合同纠纷系行业不景气、作为承租人的企业利润空间减少、逐步丧失租金支付能力而引发。这些被告通过融资租赁方式获取生产设备后，因行业竞争激烈、自身经营不善、资金不能及时回笼等原因，难以及时、足额支付租金，引发诉讼。随着国家经济结构的调整和落后产能的逐步淘汰，相关实体经济部门所受影响将会进一步加剧。受此影响，预计未来一段时期内，融资租赁合同纠纷诉讼案件量总体上仍可能呈上升趋势。

（二）涉诉主体范围扩大

融资租赁交易的当事人主体呈复杂化趋势。除传统的出卖人、出租人和承租人三方交易架构外，出租人出于减少风险的考虑，在与承租人交易时以增加保证人、担保人、回购人等方式，将更多利害关系人、利益相关方纳入到融资租赁体系中，最大限度保护其权益。一旦涉诉，承租人、回购人、保证人均成为出租人主张其租金债权的对象，一笔融资租赁交易往往涉及数个回购人和保证人。预计今后融资租赁公司为加强融资风险的控制，在融资租赁交易过程中，不断扩展债务履行义务人、保证人的范围和数量将成为一种趋势，同时担保的方式也将更加多样复杂。

（三）出租人的强势缔约地位明显

从融资租赁的交易模式和合同签订过程来看，出租人作为融资融物的提供方，处于较为强势的缔约地位，体现在三个方面：一是合同文本均系出租人事先拟定印制的格式化合同文本；二是承租人多为资金短缺的自然人和小微型企业，为及时使用设备投入生产经营，借助向融资租赁公司融资的方式转买为租，在涉及租金数额、支付周期、违约责任等重要合同条款的谈判磋商中，话语权受到较大限制；三是回购人为租赁设备的制造商和经销商，出于销售利益驱动，在回购合同的签订过程中对回购条件、回购价款、回购租赁物交付等重要约定上鲜有异议。在小微企业融资难的现状没有根本改观之前，预计今后在融资租赁交易中，小微企业、自然人等承租人的缔约相对弱势地位难以得到明显改观，融资租赁公司仍将处于缔约优势地位，融资租赁合同的框架和条款设计，仍将有利于融资租赁公司的利益保障。

（四）案件处理难度较大

此类案件中，作为承租人的被告分布于不同地域，工作地点遍布全国各地，从合同签订到作为出租人的原告起诉的时间跨度往往较长，被告联系方式多有更改，其出庭应诉率不足 10%，大大增加了法官对租金欠付情况、租赁物现状等事实的查明难度。同时，融资租赁作为一种金融创新产业，法律规制尚不完善。例如，对承租人以产品质量问题为由拒付租金，租赁物残值确定、残价的评估时点，租期届满时欠付少量租金的合同解除等问题，目前均无明确法律规定，增加了案件的审理难度。

二、融资租赁合同的主要法律风险

（一）出租人的管理机制存在疏漏，导致风险隐患

出租人在缔约过程中没有建立完善缜密的资信审查和风险管理机制，导致承租人的资信状况良莠不齐，增大了出现坏账的潜在风险。出租人的个别业务人员出于销售业绩驱动，重项目数量轻资质审查，加大了出现坏账等融资风险的概率。在合同履行过程中，出租人疏于对租赁物交付行为的监督，甚至出现承租人与出卖人串通，虚构租赁物及虚假交付，套取出租人资金的行为。在租赁物使用过程中，出租人忽视融资后跟踪服务，对承租人的经营恶化趋势未能及时察觉和采取措施，导致出现承租人下落不明、丧失偿付能力、擅自处分租赁物等情况。上述情形的出现，与出租人的规范经营意识不强、业务机制存在疏漏具有密切关系。

（二）融资租赁合同约定不明，导致纠纷频发

融资租赁合同一般是由出租人事先制定并提供的格式合同，但对一些业务术语和容易引发争议的问题未作清晰明确的约定，例如首付款的性质、租赁物残值计算方式等约定不明，易引发争议。例如，合同约定承租人须在合同签订时向出租人支付首付款、保证金，但对该款项的性质、用途并未作明确界定；又例如，合同中对租赁物残值使用何种评估方法和估算方式无明确约定。在创新业务模式的过程中，存在放大风险的问题，为纠纷的产生埋下隐患。例如售后回租业务中出租人对承租人提供的标的物资产，疏于查验和办理过户、登记等必要手续，存在标的物实际价值与融资额差距较大的情况；又例如在出租人同意承租人委托经销商转付租金的租金支付模式下，看似方便承租人支付租金的举措，却容易出现经销商不及时向出租人转付租金甚至擅自截留租金的情况，导致合同风险人为扩大。

（三）混淆法律关系，导致认识误区

现实中，大量存在名为"融资租赁合同"实为借贷或者买卖关系现象。从融资租赁的法律特征来看，融资租赁是融通资金与融通物资相结合的特殊类型的筹集资本设备的方式，即出租人根据承租人对租赁物件的特定要求及指定的供货方，出资

为承租人购买租赁物件，取得租赁物件的所有权，承租人直接接受供货方交付的租赁物件，支付租金并取得租赁物件的使用权。融资租赁合同与借贷合同的区别在于当事人双方不存在单纯的资金借贷关系，出租人对承租人的资金融通表现形式为出租设备，承租人直接获得的是设备使用权而不是贷款。但在实践中常常出现利用融资租赁合同与借贷合同极为相似的特征，而订立形式上为融资租赁合同，但实际上租赁物并不存在的借款合同。对这种名为融资租赁合同，但实际不构成融资租赁法律关系的情形，人民法院按其实际构成的法律关系处理，并依据法律关系相对应的法律规定来处理。

但由于承租人、回购人等对上述法律关系认识存在误区，导致产生履约瑕疵或争议。租赁物的质量存在重大瑕疵，是案件审理中常见的承租人抗辩理由之一。而承租人之所以坚持以质量瑕疵对抗出租人的租金请求权，缘于对融资租赁法律关系存在性质上的认识误区。一些承租人将融资租赁与普通租赁相混淆，或将融资租赁的出卖人、出租人、承租人三方交易关系误认成单纯的借贷关系或买卖关系。

（四）融资租赁合同无效的情形屡见不鲜

1.因出租人不具有主体资格，签订的合同无效

法律对融资租赁合同的主体有特别的规定，即融资租赁合同的出租人应是经中国人民银行批准的非银行金融机构，即金融租赁公司。如融资合同中的出租人未经批准而从事金融租赁经营的，其签订的融资租赁合同无效。承租人明知或者应当知道出租人不具有从事金融租赁经营范围的，而与之签订的融资租赁合同，亦应确认无效。

2.承租人与供货人恶意串通，骗取出租人资金的，合同无效

融资租赁合同主要是承租人以租赁物为目的的合同，承租人的意思表示是否真实，直接关系到融资租赁合同的效力。而在订立融资租赁合同时，承租人意思表示不真实，其与供货人串通搞欺诈，骗取出租人资金。例如，承租人某公司为融资与供货商签订了一份购买空调合同，标底金额为85万元人民币，并持提货单、购物发票到融资租赁公司签订融资租赁合同，骗取资金85万元。合同期届满承租人未付租金，经查发现承租人根本未购空调，供货人也没有经营空调业务，其所持提货单及发票全是假的。此案承租人与供货人主观意愿明显，他们串通一气，骗取出租人资金，其利用合同作欺诈工具，该合同应确认无效。

3.以融资租赁合同形式，规避国家有关法律、法规的合同无效

当事人利用融资租赁合同与借贷合同相似特征，订立假融资租赁合同规避国家有关法律、法规的情形可归纳为：

（1）订立融资租赁合同时，没有订立买卖合同，甚至没有购买标的物的打算，有的虽订有买卖合同，但仅仅是写在纸上的，如前述购买空调名称、规格、型号、生产厂家等均无。双方签订融资租赁合同，约定由出租人与供货人订立买卖合同，由承租人确认，但只是格式合同，出租人根本没有按约定与供货人订立买卖合同，承租人也不要求有租赁物，而是通过签订融资租赁合同的形式把资金得到手。

（2）当事人虽然签订了既有融资租赁合同，又有货物买卖合同，但出租人根本没有履行买卖合同，只按融资租赁合同约定将融资租赁款交给承租人，承租人也不要租赁物件，只按融资租赁合同约定支付租金。实际出租人与承租人签订融资租赁合同只是形式，承租人的目的是借款。

（3）名为出售回租，实为借款。按出售回租的要求，承租人应将其所购机器，或设备出售给融资租赁公司，双方通过交易，使机器，或设备的所有权发生了转移，此时两者之间是买卖关系，然后融资租赁公司又将所购机器，或设备回租给承租人。承租人与出租人签订出售回租合同的目的，是解决资金困难，同时为了返回原有的机器，或设备。这样，双方出售回租租赁关系成立。承租人按融资租赁回售租赁合同约定支付融资租金。但实践中，有的承租人为了获取融资租金，竟采取欺骗手法，用虚假的购物发票，虽该票据记载购买某种设备，融资租赁公司疏于了解仅凭发票就支付了购货价款，实际上是明为回租，实为借贷。

4. 融资租赁标的物违法，导致合同无效

融资租赁的标的物若属国家法律明文限制从事交易的财产（如军火装备），则导致融资租赁合同无效。其他各类动产和不动产均可采取融资租赁方式进行交易。

5. 依照有关法律、法规规定应认定为无效的其他融资租赁合同。

（五）租赁物的保护缺乏有效措施

在通常的融资租赁交易中，设备的所有权归出租人，占有和使用权归承租人。这就意味着，出租人作为所有权人却失去了对设备的"控制权"。尽管法律规定，承租人除非征得出租人的同意，不得有转租、转让、抵押租赁物或将其投资给第三者或有其他任何侵犯租赁物件所有权的行为。但是由于我国物权法没有对一般动产所有权设立登记制度，这也就意味着，第三方并不知道双方的租赁关系和租赁物真正的所有权人。如此一来，占有设备的承租人便有了对设备擅自处分的"实权"。一些不诚信的承租人便利用这一漏洞，恶意擅自将本属于出租人所有的租赁物转让或抵押给不知情的第三人，从中获利，这一行为便损害了出租人的合法利益，制约了市场主体尤其是中小企业融资渠道的拓宽，也给市场诚信和经济发展造成了负面影响。

第三节　融资租赁合同风险防控技能

针对融资租赁合同中存在的风险，当事人在签订、履行合同过程中除提高自己的法律意识和风险预判外，更应注意对融资租赁合同当事人的主体资格、融资租赁合同当事人的意思表示、融资租赁物的状况和融资租赁合同的主要条款，以及融资租赁合同形式等方面的审查。

一、提高当事人的法律意识和风险预判

寻求融资租赁方式开展经营活动的企业和个人，应当增强融资租赁交易的法律与合同意识。在接洽融资租赁业务之初，应主动索取和认真研读融资租赁合同文本。如有疑问可要求出租人予以解答，必要时还可向法律专业人士寻求指导。对于同一租赁物，拒签"阴阳合同"（承租人与两名不同的出租人就同一租赁物签订融资租赁合同），应以特定出租人为合同相对方所提供的融资租赁合同为准。承租人应认真核对交付租赁物的型号与融资租赁合同约定是否相符，加强交付租赁物的质量检验。

融资租赁交易中的回购人、保证人等应充分评估销售利润、可得利益与回购责任、保证责任之间的利害关系。特别在回购合同的签订过程中，重视涉及标的物取回可行性控制的条款约定，对回购标的物的灭失毁损风险责任承担作出明确约定，在融资租赁合同履行过程中，加强对承租人经营状况、履约情况、租赁物现状的信息掌握。

二、审查融资租赁合同当事人的主体资格

（一）要核实出租人有无合法的资格，写进融资租赁合同条款的出租人一定要写其全称，并签字盖章，同时审查盖章单位与出租人是否一致。

（二）要注意审查出租人的经营范围。并不是任何单位都可以进行融资租赁。最高人民法院于1996年5月发布的《关于审理融资租赁合同纠纷案件若干问题的规定》第6条规定："出租人不具有从事融资租赁经营范围却签订融资租赁合同，该合同无效。"所以，承租人一定要认真审查出租人的融资租赁行为是否超越其经营范围。

（三）必须注意了解承租人的资信状况。在融资租赁合同中，对出租人来说，承租人的资信状况、签约和履约能力即能否按期支付租金，直接关系到出租人能否收回本金、利息及获得相应的利润。因此，出租人在承租人提出租赁申请时，应要求承租人提交资产负债表、利润收入等财务报表和其他有关资料，来判断承租人的资信情况。对那些为人不正、违法乱纪的人和单位，最好不要同其签订合同。对于出租物为价值高、技术复杂、仪器精密的，不仅要了解承租人之资信，更要了解其操作出租物的技术熟练程度，然后才决定是否出租该物，并签订合同。同样，承租人也必须对出租人进行资信调查，选择合适的出租人，以免以后出现不必要的麻烦。

（四）签订融资租赁合同时有代理人的，应注意审查其代理资格，以防止发生无权代理和滥用代理权的情况。审查方法主要是看对方代理人是否具有授权委托书，其代理行为是否超越代理权限、是否过期等。代理人超越代理权限签订的合同或以代理人的名义同自己或自己所代理的其他人签订的合同，都是无效合同。

三、审查融资租赁合同当事人的意思表示

融资租赁合同是双务合同，是建立在双方当事人协商一致的基础之上，因此当事人的意思表示要真实、自愿。但在实践中，有些当事人以胁迫、欺诈或乘人之危等方式使对方作出不符合内心意思的表示而签订合同，这都是无效的。最高人民法院《关于审理融资租赁合同纠纷案件若干问题的规定》第6条规定："承租人与供货人恶意串通，骗取出租人资金的融资租赁合同无效。"一旦一方当事人发现自己在签合同时由于上述原因而导致意思表示并不真实，从而使自己在合同中的利益受到伤害时，都应及时提请法院或仲裁机构宣告合同无效或予以撤销，来维护自己的正当权益。当然，合同是否无效，是否应予以撤销，其确认权并非任何人都可以行使，它只能由人民法院或仲裁机构独享。

四、审查融资租赁物的状况

融资租赁合同中租赁物直接影响融资租赁合同的效力，租赁物还关联到与融资租赁合同相对应的买卖合同，因此对租赁物要有全面、详细的描述，这对融资租赁公司的利益非常重要。在现实交易中，往往承租人与出卖人前期已经多次沟通，而租赁公司对此了解相对较少，如果不明确租赁物的具体条件，不排除有串通损害融

资租赁公司利益的可能。

（一）租赁物应当真实存在

合同审查人员应对租赁物进行实质审查。根据最高人民法院《关于审理融资租赁合同纠纷案件适用法律问题的解释》（法释〔2014〕3 号）第 1 条规定："人民法院应当根据《合同法》第 237 条的规定，结合标的物的性质、价值、租金的构成以及当事人的合同权利和义务，对是否构成融资租赁法律关系作出认定。对名为融资租赁合同，但实际不构成融资租赁法律关系的，人民法院应按照其实际构成的法律关系处理。"可见，法院在审理时不会仅审查合同条款本身，还会根据合同实际履行情况来判断法律关系。因此，融资租赁合同的租赁物必须真实存在，否则不能构成融资租赁合同。现实中，有些融资租赁公司可能以融资租赁为名，实则为借贷法律关系，法院在审理时直接将否认双方所签订的融资租赁合同。

（二）租赁物应当可以租赁，不能是消费物

在融资租赁合同的履行期间，承租人享有对租赁物的使用以及收益的权利，但由于不具备所有权，则不能对租赁物进行处分。如果租赁物可以被承租人处分则不具有了融资租赁的性质。据此，对租赁物审查时还要注意该租赁物是否为消耗物、消费物，确保租赁物符合融资租赁合同的特征。

（三）租赁物应当符合相关规定的要求

目前，在审查租赁物标的时，租赁物应当符合相关规定。特别是在金融租赁公司的售后回租业务中，根据《金融租赁公司管理办法》第 34 条规定："售后回租业务的租赁物必须由承租人真实拥有并有权处分。金融租赁公司不得接受已设置任何抵押、权属存在争议或已被司法机关查封、扣押的财产或所有权存在瑕疵的财产作为售后回租业务的租赁物。"因此，金融租赁公司在审查租赁物标的时还需要确保租赁物没有瑕疵。此外，租赁物不能为海关监管的免税物品。

（四）对租赁物所有权进行实质审查

融资租赁合同中的租赁物所有权的确认关系到融资租赁合同的效力，也关系到融资租赁公司权益的保证。因此，对租赁物的审查不仅仅局限于对合同条款的形式审查，还要进行实质性审查。租赁物自身具有其担保功能，根据《合同法》第 242 条规定："出租人享有租赁物的所有权。承租人破产的，租赁物不属于破产财产。"因为融资租赁公司是租赁物的买受人，支付了合同规定的价款后，即取得了租赁物的所有权，这一权利并非来自融资租赁合同，而是来自买卖合同，因此该项权利可以对抗包括承租人在内的一切人，当然也包括对抗承租人的其他债权人和承租人破产时的破产清算人。但是，若融资租赁公司购买的租赁物存在瑕疵，则承租人在破

产时将可能无法顺利通过处分租赁物而获得其剩余收益的最大化，所以租赁物的权属至关重要。通常，确认租赁物所有权归属的方式主要有在买卖合同里约定所有权转移、办理所有权登记、办理租赁物抵押登记等方法。

同时，在租赁物的买卖合同中，作为融资租赁公司审查人员应当审查买卖合同中是否存在所有权保留条款，以防止融资租赁公司在没有获得租赁物所有权的情况下就出租给承租人。

五、审查融资租赁合同的主要条款

（一）在租赁物的名称、品质、规格、数量和金额方面

在这方面，实践中经常会有不填或漏填的陷阱出现。为此，应按规定严格填写租赁财产名称、国别、规格型号、质量标准、数量、总金额。每一项都要填写具体。要特别注意财产能否作为融资租赁财产的标的物，否则，标的物不合格造成合同无效，易出现纠纷。租赁财产的名称要写得具体、清楚、详细。如是机械设备、运输车辆的租赁，一定要写清楚商标，品种、型号、规格、号码，当发生纠纷或者出租物被偷换、遗失时，能有解决纠纷的依据。对于租赁物的数量和质量，一定要规定或注明清楚，不能含混不清或者模棱两可。条款中要求出租的数量要准确，质量必须具体，如对财产租赁前的实际质量，返还租赁物时必须达到的质量等都有明确的规定。对某些易变旧或者易磨损的设备，要在合同中约定其磨损的标准。

（二）在租赁财产的交货、验收、交货地点和使用地点方面

应在合同中写清交货地点、时间，分期交货的，还要写清每期交货数和具体日期。应写清验收时间、方法和验收不合格的处理方法。

（三）在租金的币种、金额、利率、支付日期和方式方面

租金金额一般由购买租赁物的全部或部分成本、租赁利息及出租人和承租人约定的其他费用构成。合同中要明确手续费、保险费、运费等费用是否包括在租金中。租金一般应以人民币计算和支付，如果购买租赁物使用外币的，可按双方当事人约定的币种支付。租金币种的选择可以与购买合同中的币种相同，也可以不同，但要注意汇率风险的防范。利率也是影响租金总额的重要因素之一。融资租赁合同中租金的利率可以分为固定利率和浮动利率两种。固定利率是在全部租赁期间租赁费率固定不变；浮动利率就是每隔一定时期租赁费率根据市场利率或贷款利率的变化作相应的调整。租金的支付方式，包括支付租金的次数和每次支付的金额，都要明确是在每次付租期开始日交付租金，还是在每次付租期末日交付租金等。

（四）在融资租赁合同的担保事项方面

对保证条款，一定要写清保证种类，是一般保证还是连带责任保证。出租人可要求承租人支付保证金，保证金的数额一般不能超过购买租赁物成本20%。除此之外，出租人可要求承租人提供担保人。当承租人不能向出租人交纳租金或履行其他义务时，由担保人代为履行。对担保人的资格以及担保能力等，出租人应认真审查。

（五）在租赁物的保险方面

租赁期间，租赁物应当保险，这是融资租赁合同的特殊之处。保险费用由承租人承担，可列入租金总额，也可单独列出而不列入租金总额。有关保险事宜的具体办理可由双方当事人在合同中规定。保险赔偿金由承租人享有。

（六）在税收的承担方面

租赁物如是进口货物，应交纳海关关税、增值税和其他税款。即使是国内货物，如按税法的有关规定应纳税的，也应交纳相应税款。关于税收的承担，出租人和承租人应在融资租赁合同中约定。

（七）在租赁物迟延交货或发生质量瑕疵的索赔事项方面

在融资租赁合同中，出租人不承担供货人迟延交货或供货产品质量瑕疵的责任，由供货人对此负责。

（八）在租赁起止日期方面

租赁起止日期对于出租人和承租人的权利义务关系有重要影响。起租日是租赁开始日期。实践中，出租人和承租人可根据下列日期约定起租日：

1. 出租人支付购买租赁物的价金之日；

2. 货物运抵货港之日；

3. 承租人交付验收证或接收证之日；

4. 双方当事人约定的其他日期。

出租人、承租人各自履行了自己的全部义务，实现了自己的全部权利，租赁关系即告终止。

（九）在租赁物的用途方面

在租赁物的用途方面要详细、具体规定租赁财产的用途，对某些财产的使用范围的限制要注明。

（十）在租赁物的维修、保养方面

要把好租赁财产的维修和保养约定关，因为这关系到租赁物能否保持长久使用，不至于因缺乏修理和保养而受到严重损害的问题。在融资租赁合同中明确租赁物的保养、维修由出租人承担是正确的。但是，合同中必须明确：这种责任的承担对于出租人来说，只能是在正常使用、操作租赁物的过程对租赁物保养、维修的承担，而不是一切承担。因为租赁物由于承租人的非正常使用或者有意破坏所导致的毁损和经济损失，理应属于承租人违约责任的承担范围。在实践中，有时为了方便起见，经双方商定，租赁物的保养、维修也可由承租人承担，这时只要明确其费用负担就行了。一般地说，日常的维修、保养应由承租人承担，而大的机器故障或租赁物的大修，却是出租人的承担范围。这样规定，便于承租人对租赁物的使用，也可增强其保养的责任感。

（十一）在租赁合同的变更、解除和转让方面

1.必须在租赁合同中约定出租人需要变更出租物所有权时，须事先征得承租人同意，提前终止合同；如果承租人不同意或者不征求承租人意见，则原承租合同继续对新的所有权者有效，直至合同期满为止。

2.对于租赁合同的解除，必须约定其解除的条件。如承租人未经出租人同意擅自将租赁物转租，或利用租赁物参与或进行非法活动，以及逾期不交纳租金或者由于承租人的原因需要解除合同等，都要约定清楚。

3.对承租人将合同转让的情况，要明确约定其征求出租人意见的义务，并且对转租后第二承租人的行为负责。

（十二）在双方的义务及其违约责任方面

1.租赁合同中，出租人的义务主要表现在：按合同约定的租赁物的数量、质量、时间、地点提供给承租方使用；对租赁物的正常保养、维修等。

2.承租人的义务主要是：按合同约定及时交纳租金；合理、正确地在约定的用途范围内使用租赁物；保管、保养、维修租赁物，不得随意转租、拆租等。在合同中要明确双方当事人不履行应尽义务的违约行为及其所承担的法律责任。如约定由于承租方保管、使用不当造成租赁物的损坏、丢失应负责修复达到正常使用标准或赔偿等。

（十三）在合同期满时租赁财产的处理方面

在融资租赁合同中，当事人常不写本项，或只简单地写退租、续租、留购。应注意正确填写本项，退租要确定具体日期和退租交接手续，续租要确定续租确定日及续租手续、程序，留购要确定留购价格、支付币种、方式、时间、交接手续。

（十四）在违约责任方面

此条款中，常有少填违约责任或填写违约责任的附加条件中有隐性陷阱等情况。因此，应详尽填写违约责任，剔除附加条件，同时注意遵循以下四项原则：一是防止承租人义务责任的增多；二是防止对方义务责任的减少；三是保证权利、义务、

责任的一致性；四是义务的履行确保权利的实现。

（十五）在争议的解决方面

建议选择便利、公正的纠纷解决机关、方式和地域管辖。

（十六）在各种具体财产租赁合同的条款方面

因为租赁关系不同，合同要求千差万别，这就要求当事人根据具体情况，在合同的内容上有所增减、变化。如机械设备租赁合同中由于机械设备的配套性决定了合同必须注明其具体的名称、规格、质量、数量等，如果合同中不便列示，应当单独列出清单，作为附件；还有设备的运输、拆卸、安装问题，技术培训、服务问题，保险问题，等等，都应给予明确规定。要注意防止合同拘泥于一种固定模式或者拘泥于法律规定的主要条款，而使自己的手脚受到束缚。

六、审查融资租赁合同内容的合法性

要使融资租赁合同成立并生效，合同的内容必须合法，即不得违反国家现行的法律、法规和政策，不得违反社会公共利益。实践中，内容违法的融资租赁合同屡见不鲜，例如，合同的标的违法，支付的币种违法，等等。另外，有些当事人为规避国家有关法律、法规，以融资租赁合同的形式掩盖非法融资租赁的目的，或以其他合法形式掩盖融资租赁的目的，这都是无效的。

七、审查融资租赁合同形式的合法性

融资租赁合同双方当事人就合同条款达成一致并签字，融资租赁合同即告成立，若双方通过信件、电报、电传达成协议，一方要求签订确认书的，合同自确认书签订时成立；一方要求合同须经公证的，经公证机关公证后方告成立。根据最高人民法院《关于审理融资租赁合同纠纷案件若干问题的规定》第5条的规定："融资租赁合同所涉及的项目应当报经有关部门批准而未经批准的，应认定融资租赁合同不生效。"融资租赁合同，包括其附件供货合同，都必须采用书面形式，口头合同不受法律保护。实践中，当事人一定要注意这个问题，以免发生纠纷时得不到法律保护而给自己带来损失。

第四节 融资租赁合同典型案例警示

一、承租人破产对合同解除权之影响
——甲租赁公司诉乙公司融资租赁合同纠纷案

【基本案情】

2010年5月15日，甲租赁公司与乙公司签订《融资租赁合同》，约定乙公司以融资租赁形式租赁甲租赁公司所有的钻孔机5台，乙公司须每月向甲租赁公司支付租金。后因乙公司多次拖欠租金，甲租赁公司遂于2012年9月14日诉至法院，主张依据合同约定的违约条款，要求判令乙公司支付全部未付租金及逾期利息。2012年9月19日，乙公司向浙江省某市中级人民法院申请破产并获受理。甲租赁公司遂变更诉讼请求，要求判令合同于2012年11月19日（破产申请受理后两个月）解除，要求乙公司返还系争租赁物，并确认甲租赁公司对乙公司享有截至合同解除之日止逾期未付租金及逾期利息的债权。

乙公司辩称，依据《企业破产法》第46条的规定，系争《融资租赁合同》应于2012年9月19日（即破产申请受理之日）解除，因此甲租赁公司主张的逾期未付租金和逾期利息都应当计算至该日止。

【法院裁判】

上海市黄浦区人民法院经审理认为，关于《融资租赁合同》的解除日期，虽然乙公司在甲租赁公司起诉之前已欠付租金，符合合同约定解除权的行使条件；但根据《企业破产法》第18条第一款的规定，管理人对破产申请受理前成立而双方当事人均未履行完毕的合同有权决定解除或者继续履行，但管理人自破产申请受理之日起两个月内未通知对方当事人，视为解除合同。而乙公司破产申请受理后，其与甲租赁公司均未通知对方解除或履行合同，因此系争《融资租赁合同》的解除日期应为破产申请受理日后的两个月，即2012年11月19日，相应的，法院确认甲租赁公司对乙公司享有计算至该日的逾期未付租金和逾期利息的债权。但在计算逾期利息具体数额的问题上，依据《企业破产法》第46条第二款"附利息的债权自破产申请受理时起停止计息"的规定，法院确定逾期利息应计算至破产申请受理之时（2012年9月19日）止。

【案件警示】

在融资租赁合同纠纷案件中，承租人逾期未付租金导致出租人依据法律规定要求承租人支付剩余全部租金时，若在案件审理过程中承租人的破产申请被法院受理，则融资租赁合同在何时解除、出租人是否享有合同解除权、租金及相关利息应如何计算成为此类案件的审理难点。又因为案件牵涉到破产受理法院和融资租赁纠纷案件受理法院之间适用法律的统一性协调，对于此类问题的研究就显得尤为重要。本案判决认为，当出租人未选择解除融资租赁合同的情形下，依据《企业破产法》第18条规定，承租人的破产管理人被法律赋予了对所有未履行完毕的双务合同选择是否继续履行的权利，同时规定了两个月的除斥期间。当承租人的破产管理人未通知出租人是否继续履行合同，则法律视作承租人解除合同。对于出租人是否享有解除权问题，理论争议较大，法院认为若承租人存在违约事由，出租人依然可以依据合同约定解除合同。相应的，融资租赁的租金应计算至推定的合同解除之日，但租金的利息计算，依据《企业破产法》第46条规定，利息应自破产申请受理之日起停止计算。

二、第三人代付约定之法律性质的认定

——甲租赁公司与乙公司融资租赁合同纠纷案

【基本案情】

2012年9月13日，甲租赁公司与乙公司签订《融资回租合同》，约定：甲租赁公司根据乙公司的要求，购买乙公司所有的一系列设备并回租给乙公司，转让价款为231万余元，乙公司则须按期向原告支付首付款和36期租金共计267万余元。丙公司向甲租赁公司出具《款项代付说明》，表示其代乙公司向原告支付系争《融资回租合同》项下的应付款项。嗣后，甲租赁公司按约向乙公司支付了租赁设备的货款，并由其签收了《租赁物件接收证书》。后因乙公司欠付租金，甲租赁公司诉至法院，要求判令解除《融资回租合同》，乙公司返还租赁设备、支付到期未付租金及逾期利息，并要求丙公司承担连带保证责任。

被告丙公司辩称，对原告要求其承担连带保证责任的诉请不予认可，因其向原告出具的《款项代付说明》仅表示委托付款关系，并不代表其愿意承担连带清偿责任，故请求驳回原告的该项诉请。

【法院裁判】

上海市黄浦区人民法院经审理认为，本案争议的主要焦点在于丙公司向甲租赁

公司出具的《款项代付说明》的法律性质应当如何认定。甲租赁公司依据丙公司向其出具的《款项代付说明》，要求丙公司对乙公司的债务承担连带清偿责任，而丙公司认为该《款项代付说明》的文字表述"代乙公司向原告支付系争《融资回租合同》项下的应付款项"，仅表明存在委托付款关系，不能证明其有承担连带清偿责任的意思表示。从丙公司向原告出具的《款项代付说明》的性质和内容来看，丙公司作为系争《融资回租合同》的第三人，有代为履行的意思表示，但并无加入系争债务关系、与乙公司共同承担责任的意思表示，且没有证据证明该意思表示已经转化为债务转移。故债务承担的主体仍是乙公司，而丙公司仅仅是履行人，不是合同的当事人，无需向甲租赁公司承担连带清偿责任。据此判决丙公司无须承担连带清偿责任，驳回了原告的该项诉请。

【案件警示】

在金融类案件中经常出现合同关系外第三人向债权人出具愿意就债务人的款项代为支付的承诺书，但对于第三人此类表述的法律性质如何认定，在理论和实务界均有不同看法。本案在处理该问题上树立了一个较好的审判思路。首先在法院主动释明的基础上，要求甲租赁公司明确要求第三人承担责任的请求权基础，是第三人代为履行、债务转让、并存的债务承担，抑或是保证。其次，待请求权基础明确之后再对该主张是否成立进行判定，法院应从当事人书面文件的文义分析出发，结合合同履行具体情况准确界定第三人的意思表示，结合债务承担相应的法律特征，对每个案件中第三人的表述作出准确厘清和界定：债务转让中第三人作为新债务人在法律地位上具有替代性，若原债务人依然处在合同关系中履行合同义务，则不宜认定为债务转让；保证的意思应当明确而不应推定；并存的债务承担与保证高度类似，也应当有当事人明确意思表示。本案中，甲租赁公司主张第三人丙公司承担责任的请求权基础是保证，而丙公司出具的《款项代付说明》中并无保证的明确意思表示，故无需向甲租赁公司承担连带清偿责任。

三、出租人要求加速支付全部租金的法律要件
——甲租赁公司与乙公司融资租赁合同纠纷案

【基本案情】

2006年1月12日，甲租赁公司与乙公司签订《融资租赁合同》，约定乙公司租赁甲租赁公司 DC1255 + X15 机器设备一台，首付款为8万元，租期分为12个月，每月支付租金6000余元，乙公司如有任何延迟支付的租金，就任何到期未付租金

及延迟付款利息，乙公司须每月支付该到期应付金额的百分之二作为延迟利息；如果乙公司未按期向甲租赁公司支付租金及其他应付款项，甲租赁公司可以向乙公司收取合同项下的所有到期和未到期租金及其他应收款项。同年 6 月 28 日，供应商交付了设备，乙公司验收后向甲租赁公司出具设备接收确认书，但乙公司除支付 8 万元首付款和三个月租金 2 万元之外，并未按照合同约定向甲租赁公司支付其他到期租金，故甲租赁公司请求判令乙公司支付到期及未到期租金 5 万余元，支付暂计至 2007 年 10 月 31 日延迟付款利息 8000 余元，以及自 2007 年 11 月 1 日起至实际付清日止的延迟付款利息（以未支付的到期租金为基数，按每月百分之二计付）。

【法院裁判】

上海市黄浦区人民法院经审理认为，甲租赁公司与乙公司签订的《融资租赁合同》，系双方当事人真实意思表示，依法有效，双方应恪守约定，乙公司承租设备后，未按约支付租金，违反了合同约定的租金支付义务，甲租赁公司主张按照合同约定要求乙公司支付合同到期及未到期租金和延迟付款利息，符合法律规定，予以支持。据此判决乙公司支付甲租赁公司租金 5 万余元、支付至 2007 年 10 月 31 日延迟付款利息 8000 余元、支付逾期付款利息（自 2007 年 11 月 1 日起至实际付清日止以未支付的到期租金为基数，按照每月百分之二计算）。

【案件警示】

融资租赁集贸易和金融两个领域的功能于一身，承租人以分期归还租金的形式换取大额资金的期限利益，因此租金成为出租人的利益关注点，当承租人出现未按期支付租金的违约形态时，作为以租金收益和合同目的的出租方来说，未按期收到承租方支付的租金即意味着合同目的的落空，要求提前支付全部剩余租金通常成为出租人最乐意采用的救济方式。与一般合同违约救济一样，出租人要采取提前收取未到期租金这一救济方式应具备一定的条件：承租人构成实质违约，并且该违约对出租人造成重大损害；承租人未支付到期租金的行为呈一种连续状态，或者是承租人声明将不会支付今后所有的租金；法律有相关规定或者当事人双方在合同中对此有约定。

本案中，首先，乙公司除支付合同约定的首付款以及前三个月的租金外，并未按合同约定支付每月的利息，构成违约事实；其次，乙公司的违约处于持续的状态；再次，《融资租赁合同》对于提前收取全部到期和未到期的全部租金有明确约定，且《合同法》第 248 条也有明确规定，故提前支付租金有法律和合同基础。综上，法院判决甲租赁公司有权要求乙公司加速支付到期和未到期的所有租金。

四、融资租赁出租人对诉讼请求的选择权
——甲租赁公司与乙公司融资租赁合同纠纷案

【基本案情】

2005年10月18日，原告甲融资租赁公司与被告乙公司签订《融资租赁协议》，约定甲融资租赁公司根据乙公司的指示购买相应设备，租赁给乙公司使用。在租赁期限结束后，除非承租人在履行了全部合同义务后，租期届满时以100元的价格留购设备，否则所有设备所有权仍属于甲融资租赁公司。如发生承租人违约，出租人可以采取以下部分或全部补救措施：终止协议；宣布任何租赁协议项下所有到期款额立即应付并偿付约定迟延利息；在承租人违约日宣布自违约日之日起至适用期限届满之日的任何租赁项下全部未到期租金为到期应付；无须通知承租人即可进入设备所在地取回设备。合同履行过程中，乙公司发生拖欠租金的违约情形，甲融资租赁公司据此诉至法院，要求解除与乙公司签订的《融资租赁协议》，并要求乙公司支付截至2007年2月8日的到期租金206万余元，未到期租金188万余元（包括100元的留购款）及计算至2006年9月20日违约金6万余元。

被告乙公司辩称，甲公司要求解除合同，乙公司作为承租人应将租赁物返还给甲公司，并对2006年9月20日后的剩余未到期租金不再支付。

【法院裁判】

上海市黄浦区人民法院经审理认为，本案的争议焦点在于原告主张解除租赁合同后是否可向被告乙公司要求支付剩余未到期的租金。本案中，承租人在接受原告租赁设备后，未依约支付租金，构成违约。根据《合同法》规定，承租人应当按照约定支付租金。承租人经催告后在合理期限内仍不支付租金的，出租人可以要求支付全部租金；也可以解除合同，收回租赁物。就本案融资租赁性质而言，出租人目的并非获得租赁物的所有权，在承租人违约不履行租赁合同的情况下，出租人依合同赋予承租人优先购买租赁物的权利，按合同租赁期届满要求承租人以支付留购款较小代价方式取得租赁物所有权的主张于法不悖。据此，法院判决乙公司应于判决生效后十日内支付甲融资租赁公司到期租金206万余元和违约金6万余元、未到期租金188万余元；并支付租赁设备留购款100元，同时取得上述租赁设备的所有权。

【案件警示】

根据《合同法》第248条的规定，承租人未按约支付租金时，出租人有权要求承租人支付全部租金或者要求承租人支付到期租金并收回租赁物两种处理方式。要

求出租人对于收回全部租金和收回租赁物作出选择，虽有效避免了双重获利情形，却使出租人在追索利益时因选择的或然性，而导致最终获偿效果不同。因此，2014年3月1日开始实施的《最高人民法院关于审理融资租赁合同纠纷案件适用法律问题的解释》第21条第二款明确规定"出租人请求承租人支付合同约定的全部未付租金，人民法院判决后承租人未予履行，出租人再行起诉请求解除融资租赁合同、收回租赁物的，人民法院应予受理"，言下之意在于，出租人在诉讼时可以根据个案情形不同，首先选择一种诉讼策略，若不能获偿，待前案法律程序彻底终结后，可再行选择另一种诉讼策略。这种制度安排，其一避免了出租人在一案中双重获利的可能性，其二避免了出租人因为选择的或然性致使债权落空风险加大的问题。

由此又产生了关于要求支付全部租金或取回租赁物的选择权归属何方的问题。一般来说，除去售后回租的融资租赁形式，出租人向承租人提供的本质上是一种融资服务，其目的也是为了获得资金所带来的收益，而非获取租赁设备所有权。在承租人发生违约情形时，赋予出租人设备收回权，仅是为保障出租人的租金债权安全性。因此，承租人违约后，支付全部租金或取回租赁物两种处理方式的选择权应该归属出租人更合理。

五、名义留购价制度下融资租赁物残值的司法判定
——甲租赁公司诉乙公司融资租赁合同纠纷案

【法律要旨】

融资租赁业务中，对租赁期届满后，若承租人不存在承租人违约或违约行为得以救济的，承租方可以象征性的名义留购价取得租赁物的所有权的约定，并不等同于《合同法》第249条中"约定租赁期间届满租赁物归承租人所有"的约定情形。

【基本案情】

2009年8月26日，原告甲租赁公司与被告乙公司签订《融资租赁合同》，约定乙公司以融资租赁形式租赁甲租赁公司所有的某型号太阳能电池生产线二条，租赁期限3年，乙公司须每季度向甲融资租赁公司支付租金。其中，合同附件《租赁交易明细表》载明："承租人未发生违约行为或违约行为已经得以救济的，承租人可以100元的名义货价留购租赁物件。"后由于乙公司拖欠最后一期租金未支付，甲融资租赁公司遂诉至法院，主张依据合同约定的违约条款，要求判令乙公司返还系争租赁物并支付逾期未付租金等。

乙公司辩称，乙公司已支付大部分租金，仅余最后一期未支付，且《融资租赁合同》虽名义上约定了承租期满后租赁物的100元留购价，但该约定实质的意思是租赁

期满后租赁物所有权归乙公司所有，故根据《中华人民共和国合同法》第249条规定，若乙公司主张返还租赁物，则法院判决乙公司应支付的金额应扣除租赁物目前的价值。

【法院裁判】

上海市黄浦区人民法院经审理认为，《融资租赁合同》中明确约定租赁期满时，乙公司可以以支付留购款的方式取得货物所有权，并不等同于《合同法》第249条中规定"租赁期间届满租赁物归承租人所有"的情形，并不适用于本案。同时，承租人乙公司未按期支付租金已构成违约，且该违约行为至今未得到救济，同时其亦未向甲融资租赁公司支付过100元留购款，因此本案系争租赁物的所有权仍属于甲融资租赁公司。法院遂支持了甲融资租赁公司主张返还设备及支付剩余租金的诉请。

【案件警示】

传统的融资租赁业务操作中，对于租赁期满后租赁物的归属一般直接约定归出租方或承租方所有，在租金配置上即已将期满后租赁物的残值计入。近年有部分融资租赁公司对租赁期满后租赁物归属约定中引入了"名义留购价"的概念——约定在租赁期满时，若承租方不存在违约或违约行为已得以救济的，承租方可以以象征性的名义留购价取得租赁物的所有权（通常仅为100元或更少）。

由于名义留购价具有鲜明的象征性特点，价值计算上相当于约定期满后租赁物归承租方所有，租金因此相对较高。同时，名义留购价制度的设计从程序上对融资租赁物在期满时的归属产生了深远影响，它在赋予承租方选择权利的同时也冲击了《合同法》第249条规定在此种情形下的适用——依据第249条，只要"约定租赁期间届满租赁物归承租人所有"，则出租人在期满前收回租赁物时应考虑租赁物残值与所欠租金的差异。但本案中名义留购价适用的条件与《合同法》第249条适用的条件是完全不同："到期后租赁物直接归承租人所有的约定"属于附期限条款；名义留购价制度中留购的启动需要具备"没有违约且承租人支付对价选择留购"两个前提，该约定属于附条件条款。因此在本案承租人出现违约、出租人要求收回租赁物的情形下，哪怕只有最后一期租金未付，也无须考虑冲抵租赁物的残值。

六、回购型融资租赁中保证金性质甄别及回购价格的确定
——甲租赁公司诉乙公司融资租赁合同纠纷案

【法律要旨】

回购型融资租赁业务中回购价格的计算，应考量承租人缴纳的租赁保证金、回购人缴纳的回购保证金及融资租赁合作保证金三种保证金的抵扣方式问题。

【基本案情】

2008 年 4 月 11 日，甲租赁公司与乙公司签订《租赁合作协议》，约定甲租赁公司为乙公司推荐的客户提供融资租赁服务，乙公司为其提供融资租赁业务所需的机械设备。后甲租赁公司与乙公司推荐的客户闫某签订了《融资租赁合同》，约定甲租赁公司根据闫某的选择和决定向乙公司购买旋挖钻机一台以融资租赁形式出租给闫某使用，闫某并支付 50 万元租赁保证金。2008 年 4 月 11 日，甲租赁公司与乙公司、丙公司三方签订了《回购担保合同》，约定了乙公司、丙公司承诺向甲租赁公司为闫某的债务承担设备回购担保义务。回购价格为租赁合同全部未付租金总额减去甲租赁公司已经收取的保证金数额。乙公司向甲租赁公司支付 50 万元作为回购保证金，并向甲租赁公司支付 273 万元合作保证金，为其与甲租赁公司所有合作项目的逾期租金作相应垫付，垫付租金不影响双方对逾期租金的催收。合同履行过程中，闫某拖欠租金，甲租赁公司因此诉至法院，要求承租人闫某支付租金 451 万余元及罚息 50 万余元；乙公司、丙公司支付回购价款 351 万余元（即闫某所欠租金 451 万余元 – 租赁保证金 50 万元—回购保证金 50 万元）。

被告丙公司辩称，即便承担回购责任，也应扣除乙公司 273 万元合作保证金中为承租人闫某垫付的 9 万余元。被告乙公司辩称，乙公司支付 50 万元回购保证金，只是暂时垫付承租人拖欠租金，不应在回购价款中扣除；273 万元合作保证金的性质也是代承租人暂时垫付租金，而非支付，不同意丙公司提出将 273 万元用于冲抵租金或者回购款的意见。

【法院裁判】

上海市黄浦区人民法院经审理认为，对于丙公司认为回购款项中应扣除乙公司以合作保证金 273 万元为承租人闫某垫付的 9 万余元的意见，因《租赁合作协议》中明确约定合作保证金是乙公司为所有融资租赁合作项目的逾期租金支付的垫付款，且该《租赁合作协议》系乙公司与甲租赁公司在三方《回购担保合同》之后签订，合作保证金不在回购价中结算亦不加重丙公司原有的回购责任。故对《租赁合作保证金协议》所涉垫付款项不予处理，可由当事人另行结算。对于乙公司认为其向甲租赁公司支付的回购保证金亦不应在回购价款中扣除的意见，因《回购担保合同》约定回购金额为"租赁合同全部未付租金总额减去甲租赁公司已经收取的保证金数额"，保证金应包括租赁保证金及回购保证金，故原告扣除租赁保证金和回购保证金后，向乙公司及丙公司主张回购价款并无不当，应予支持。

【案件警示】

租赁保证金系承租人为确保融资租赁合同履行而支付的保证金。出租人与回购人签订的回购合同中约定，"回购价格等于承租人未支付的剩余租金总额减去承租人缴纳的保证金"。虽然融资租赁合同约定，承租人违约时，租赁保证金应先抵扣罚息，再抵扣租金，但对回购人而言，其并非融资租赁合同当事人，对回购价格的计算，依照回购合同的约定将租赁保证金全部用于抵扣回购价款更为合理。本案中，原告主动要求按照回购合同约定抵扣保证金，符合相关法律规定。

回购保证金系回购人为确保某项具体的回购义务履行而支付的保证金，回购条件成就时，原告依约扣除回购人缴纳的回购保证金并无不当。至于该保证金的扣付是否可同时惠及丙公司的问题，原告以上述回购价格向丙公司主张回购价款，仅是原告自身对权利的让步，未损及乙公司的权利，应予支持。

合作保证金系回购人为确保其与出租人一系列融资租赁业务的按约履行而支付的保证金，合作保证金只是为了保证合作继续进行，而用于垫付租金，并非用于代为履行支付租金义务。且乙公司缴付保证金的目的是担保自身履约能力，与丙公司无涉，若丙公司的回购价格也直接扣除乙公司的合作保证金，无异于乙公司代丙公司支付了部分回购价款，于情于法均不恰当。因此，法院认定合作保证金不应在回购价款中进行抵扣，亦是合理的。

七、租赁期内租赁物完成物权登记不能对抗所有权约定
——甲租赁公司诉乙公司融资租赁合同纠纷案

【法律要旨】

出租人在租赁物出租期间享有所有权，即使出租人和承租人约定将租赁车辆登记于承租人名下，并完成相关登记，亦不发生物权变动效力。

【基本案情】

2002年8月6日，甲租赁公司与乙公司签订《融资租赁合同》，约定由甲租赁公司向乙公司指定的供应商支付货款购买乙公司选定的两辆轿车租赁给乙公司使用，并约定在租赁期内租赁物的所有权属于甲租赁公司，乙公司对租赁物只有使用权，没有所有权。乙公司不得于租赁期内对租赁物进行销售、抵债、转让、转租、分租、抵押、投资或采取其他任何侵犯租赁物所有权的行为。甲租赁公司按约委托乙公司与供应商签订《车辆订购合同》，购买奥迪A6和别克GS轿车各一辆，为便于车辆的日常使用、维修、保养及验车等事项，同时考虑到租赁车辆在租赁期满后，乙公司将认购租赁车辆的所有权，故双方约定将租赁车辆的名义车主登记为乙公司。后因乙公司经营发生重大问题，导致上述租赁车辆被冻结办理过户手续。甲租赁公司

为保障其所有权，提起诉讼，请求确认奥迪 A6 和别克 GS 轿车所有权在租赁期内归其所有。

乙公司辩称，甲租赁公司诉称属实，认可其诉请，认为公安机关对车辆的登记并非民法意义上的物权登记，不影响甲租赁公司作为车辆所有权人的事实。

【法院裁判】

上海市黄浦区人民法院经审理认为，甲租赁公司根据乙公司对出卖人、租赁物的选择，向出卖人购买租赁物，提供给承租人乙公司使用，并由乙公司支付租金。甲租赁公司与乙公司之间建立了融资租赁关系。依照《融资租赁合同》的约定，作为出租人的甲租赁公司享有租赁物的所有权。当事人对租赁物所有权的约定符合融资租赁相关法律的规定。在融资租赁交易中，租赁物所有权的占有、使用、收益和处分四项权能存在着分离。本案租赁物两辆租赁轿车虽然登记在乙公司名下，但出租人作为《车辆订购合同》的买受人，在支付合同规定的价款后，即取得了两辆租赁车辆的所有权。甲租赁公司对租赁物享有的物权可以对抗包括承租人在内的所有人。在《融资租赁合同》存续期间，在乙公司认购租赁物之前，两辆租赁车辆的所有权始终属于出租人。据此，法院判决确认登记在乙公司名下的别克 GS 轿车和奥迪 A6 轿车所有权在融资租赁期内属甲租赁公司所有。

【案件警示】

当租赁物为根据法律规定需登记物权的情况下，《融资租赁合同》约定租赁物为出租人所有，但登记于承租人名下，该登记行为不能对抗双方约定的物权归属效力。因车辆登记本身并不具有设权效力，仅发生对抗第三人的公示公信效力，即车辆登记其本质是私法自治意义上的公示方法，而并非确定物权归属的依据。本案中车辆的权属争议发生于出租人和承租人之间，并不涉及第三人，双方对于租赁期内车辆的归属以及对于车辆登记的归属都是达成合意的，车辆属于出租人甲租赁公司合法所有。

第六章　建设工程合同风险防控

第一节　建设工程合同概述

一、建设工程合同的概念

建设工程合同，也称建设工程承发包合同，是指由承包人进行工程建设，发包人支付价款的合同。通俗的说，该合同是指一方约定完成建设工程，另一方按约定验收工程并支付一定报酬的合同。前者称承包人，后者称发包人。建设工程合同包括工程勘察、设计、施工合同，属于承揽合同的特殊类型，因此，法律对建设工程合同没有特别规定的，适用法律对承揽合同的相关规定。

二、建设工程合同的种类

（一）建设工程勘察合同
建设工程勘察合同，是指承包方进行工程勘察，发包人支付价款的合同。建设工程勘察单位称为承包方（也称为被委托方），建设单位或者有关单位称为发包方（也称为委托方）。

建设工程勘察合同的标的是为建设工程需要而作的勘察成果。工程勘察是工程建设的第一个环节，也是保证建设工程质量的基础环节。为了确保工程勘察的质量，勘察合同的承包方必须是经国家或省级主管机关批准，持有《勘察许可证》，具有法人资格的勘察单位。

建设工程勘察合同必须符合国家规定的基本建设程序，勘察合同由建设单位或有关单位提出委托，经与勘察部门协商，双方取得一致意见，即可签订，任何违反国家规定的建设程序的勘察合同均是无效的。

（二）建设工程设计合同

建设工程设计合同，是指承包方进行工程设计，委托方支付价款的合同。建设单位或有关单位为委托方，建设工程设计单位为承包方。

建设工程设计合同的标的是为建设工程需要而作的设计成果。工程设计是工程建设的第二个环节，是保证建设工程质量的重要环节。工程设计合同的承包方必须是经国家或省级主要机关批准，持有《设计许可证》，具有法人资格的设计单位。只有具备了上级批准的设计任务书，建设工程设计合同才能订立；小型单项工程必须具有上级机关批准的文件方能订立。如果单独委托施工图设计任务，应当同时具有经有关部门批准的初步设计文件方能订立。

（三）建设工程施工合同

建设工程施工合同，是指工程建设单位与施工单位，也就是发包方与承包方以完成商定的建设工程为目的，明确双方相互权利义务的协议。建设工程施工合同的发包方可以是法人，也可以是依法成立的其他组织或公民，而承包方必须是法人。

此外，监理合同在广义上也是建设工程合同之一种。监理合同是指由建设单位（发包人）委托具有监理资质的监理单位对其发包工程的施工质量、工期、资金使用等方面进行监督的合同，在性质上属委托合同而非承揽合同。因此，严格说来，监理合同并不属建设工程合同范围，合同法也未将其列入建设工程合同部分进行规定。

三、建设工程合同的法律特征

（一）以完成特定不动产的工程建设为主要内容的合同

建设工程合同与承揽合同一样，在性质上属以完成特定工作任务为目的的合同，但其工作任务是工程建设，不是一般的动产承揽，当事人权利义务所指向的标的物是建设工程项目，包括工程项目的勘察、设计和施工成果。这也是我国建设工程合同不同于承揽合同的主要特征。从这方面而言，也可以说建设工程合同就是以建设工程的勘察、设计或施工为内容的承揽合同。从双方权利义务的内容来看，承包人主要提供的是专业的建设工程勘察、设计及施工等劳务，而不同于买卖合同出卖人的转移特定标的物的所有权，这也是承揽合同与买卖合同的主要区别。

（二）国家对建设工程合同具有较强的干预性

在建设工程合同的订立和履行各环节，均体现了国家较强的干预。在中国，大量的建设工程的投资主体是国家或国有资本，而且建设工程项目一经投入使用，通常会对公共利益产生重大影响，因此国家对建设工程合同实施了较为严格的干预。体现在立法上，就是除合同法外还有大量的单行法律和法规，如《建筑法》《城市规划法》《招标投标法》及大量的行政法规和规章，对建设工程合同的订立和履行诸环节进行规制。具体来说，国家对建设工程合同的干预体现在以下诸方面：

1. 对缔约主体的限制

在中国，自然人基本上被排除在建设工程合同承包人的主体之外，只有具备法定资质的单位才能成为建设工程合同的承包主体。如《建筑法》第12条明确规定了从事建筑活动的建筑施工企业、勘察单位、设计单位和工程监理单位应具备的条件，并将其划分为不同的资质等级，只有取得相应等级的资质证书后，才可在其资质等级许可的范围内从事建筑活动。此外，对建筑从业人员也有相应的条件限制。这是法律的强制性规定，违反此规定的建设工程合同无效。一般说来，在对合同主体经营范围的限制方面，中国立法的态度日趋宽松，但对工程建设单位的主体要求却与这一趋势相反，相当严格。

2. 对合同的履行有一系列的强制性标准

建设工程的质量动辄涉及民众生命财产安全，因此对其质量进行监控显得非常重要。为确保建设工程质量监控的可操作性，在建设工程质量的监控过程中需要适用大量的标准。如《建筑法》第3条规定，建筑活动应当确保建筑工程质量和安全，符合国家的建筑工程安全标准。建筑活动从勘测、设计到施工、验收和各个环节，均存在大量的国家强制性标准的适用。可以说，对主体资格的限制和强制性标准的大量适用，使得建筑业的行业准入标准得到提高，为建设工程的质量提供了制度上的保障。

3. 合同责任的法定性

与通常的合同立法多任意性规范不同，关于建设工程合同的立法中强制性规范占了相当的比例，相当部分的合同责任因此成为法定责任，使得建设工程合同的主体责任呈现较强的法定性。如关于施工开工前应取得施工许可证的要求，合同订立程序中的招标发包规定，对承包人转包的禁止性规定与分包的限制性规定，以及对承包人质量保修责任的规定等，均带有不同程度的强制性，从而部分或全部排除了当事人的缔约自由。

四、建设工程合同的发包人与承包人

（一）发包人

建设工程合同的发包人，是指工程的建设单位，又称业主，是合法拥有建设项目的土地使用权并经法定程序批准进行工程项目建设的合法权利人。对非房地产开发项目而言，并不存在发包人的房地产开发资质问题，但对房地产开发项目而言，其发包人专指房地产开发企业，或其他具备相应开发资质的主体。

《城市房地产管理法》第29条规定："房地产开发企业是以营利为目的，从事房地产开发和经营的企业。设立房地产开发企业，应当具备下列条件：（一）有自己的名称和组织机构；（二）有固定的经营场所；（三）有符合国务院规定的注册资本；（四）有足够的专业技术人员；（五）法律、行政法规规定的其他条件。"

《城市房地产开发经营管理条例》对房地产开发企业的条件也作出了专门规定，具体包括注册资本不得少于100万元，有4名以上持有资格证书的房地产专业、建筑工程专业的专职技术人员，2名以上持有资格证书的专职会计人员等。同时，还授权行业主管部门对房地产开发企业的资质等级进行核定，房地产开发企业应按照核定的资质等级承担相应的房地产开发项目。国家建设部《房地产开发企业资质管理规定》，按自有流动资金与注册资本数量、专业技术人员数量与资质、开发经历、已开发竣工房屋面积等条件将房地产开发企业划分为四级，一级资质的房地产开发企业承担房地产项目的建设规模不受限制，可以在全国范围承揽房地产开发项目；二级资质及二级资质以下的房地产开发企业可以承担建筑面积25万平方米以下的开发建设项目，承担业务的具体范围由省、自治区、直辖市人民政府建设行政主管部门确定。

（二）承包人

建设工程合同的承包人包括工程勘察单位、设计单位及施工单位，立法上对这类主体的资质要求较之发包人更为严格。

《建筑法》第12条规定："从事建筑活动的建筑施工企业、勘察单位、设计单位和工程监理单位，应当具备下列条件：（一）有符合国家规定的注册资本；（二）有与其从事的建筑活动相适应的具有法定执业资格的专业技术人员；（三）有从事相关建筑活动所应有的技术装备；（四）法律、行政法规规定的其他条件。"第13条规定应按建筑企业的注册资本、专业技术人员、技术装备和已完成的工程业绩划分为不同的资质等级，在取得相应资质证书后，方可在资质等级许可的范围内从事建筑活动。

国家建设部《建筑业企业资质管理规定》《建设工程勘察设计企业资质管理规定》等行政规章对施工单位、设计单位、勘察单位及监理单位的资质管理进行详细规定，其中工程勘察资质分为工程勘察综合资质、工程勘察专业资质、工程勘察劳务资质；工程设计资质分为工程设计综合资质、工程设计行业资质、工程设计专项资质；施工企业资质分为施工总承包、专业承包和劳务分包三个序列，各自评定不同等级，相应资质的企业只能在其资质许可的业务范围内承揽工程业务。

五、建设工程合同的承包方式

（一）总承包合同

总承包，又称为"交钥匙承包"，亦即发包人将建设工程的勘察、设计、施工等工程建设的全部任务一并发包给一个具备相应的总承包资质条件的承包人。总承包合同是发包人与总承包人签订的由承包人负责工程的全部建设工作的合同，这种承包方式适用于发包人将建设工程任务总体承包给一个总承包人的场合。在这种承包方式中，发包人仅直接与总承包人订立建设工程合同，发生债权债务关系。发包人应当依合同的约定向总承包人提供必要的技术文件、资料和其他工作条件，总承包人应当按照合同的约定按期保质、保量地完成工程建设工作。

（二）分承包合同

分承包合同，又称单任务承包合同，是指发包人将建设工程中的勘察、设计、施工等不同的工作任务分别发包给某一勘察人、设计人、施工人，并与其签订相应的承包合同。承包人就其承包的工程建设中的勘察、设计、建筑、安装工作的完成向发包人负责。发包人与承包人订立单项任务承包合同时，不得将应由一个承包人完成的建设工程肢解成若干部分发包给几个承包人。

总承包人也可以就工程的勘察、设计、建筑安装任务分别与勘察人、设计人、施工人订立勘察、设计、施工承包合同，即分包合同。总承包人就工程建设全过程向发包人负责，须对勘察人、设计人、施工人完成的工作成果向发包人承担责任。总承包人与勘察人、设计人、施工人签订合同时应征得发包人的同意。分承包合同的勘察人、设计人、施工人就其完成的工作成果向总承包人负责，并与总承包人一同向发包人负连带责任。

在这种承包方式中，各个承包勘察、设计、施工工作任务的承包合同完全是独立的，各个承包人之间不发生联系。

（三）总承包与分承包的关系

尽管总承包合同与分承包合同是两个合同，合同的当事人不一致，但两个合同的承包标的有联系，即分包合同的承包标的是总承包合同承包标的的一部分，所以总承包人订立分包合同时，也应经发包人同意。发包人与总承包人、分包人之间形成一个复杂的联系体系。第三人就其完成的工作不仅应向勘察、设计、施工总承包人负责，而且与总承包人一同向发包人负连带责任。

（四）签订总承包与分承包合同的条件

按照法律规定，无论是总承包人还是单项任务的承包人，在与第三人订立分包合同，将其承包的工程建设任务的部分交由第三人完成时，应符合以下三个条件：

1. 只能将部分工程分包给具有相应资质条件的分包人，不具有相应资质条件的，不能成为分包人；

2. 未经发包人同意，分承包合同无效；

3. 分包的标的不是建设工程主体结构的施工，对于建设工程主体结构的施工，不得由分承包人完成。

此外，《合同法》还明确规定，承包人不得将其承包的全部建设工程转包给第三人或者将其承包的全部建设工程肢解后以分包的名义分别转包给第三人；禁止分包单位将其承包的工程再分包。

六、建设工程合同的招标投标

建设工程招投标，是指以建筑产品作为商品进行交换的一种交易形式，它由唯一的卖主设定标，招请若干个买主通过秘密报价进行竞争，卖主从中选择优胜者并与之达成交易协议，随后按照协议实现招标。

（一）招标

建设工程招标，是指建筑单位（业主）就拟建的工程发布通告，用法定方式吸引建筑项目的承包单位参加竞争，进而通过法定程序从中选择条件优越者来完成工程建筑任务的一种法律行为。

1. 招标的范围

根据《招标投标法》规定，在中华人民共和国境内进行下列工程建设项目包括项目的勘察、设计、施工、监理以及与工程建设有关的重要设备、材料等的采购，必须进行招标：

（1）大型基础设施、公用事业等关系社会公共利益、公众安全的项目；

（2）全部或者部分使用国有资金投资或者国家融资的项目；

（3）使用国际组织或者外国政府贷款、援助资金的项目。

具体地说，按照《工程建设项目招标范围和规模标准规定》，必须招标范围内的各类工程建设项目，达到下列标准之一的，必须进行招标：

（1）施工单项合同估算价在人民币 200 万元以上的；

（2）重要设备、材料等货物的采购，单项合同估算价在人民币 100 万元以上的；

（3）勘察、设计、监理等服务的采购一单项合同估算价在人民币 50 万元以上的；

（4）单项合同估算价低于第（1）、（2）、（3）项规定的标准，但项目总投资额在人民币 3000 万元以上的。

2. 招标的方式

建设工程招标方式分为公开招标和邀请招标。

3. 招标的程序

建设工程招标的基本程序包括：落实招标条件、委托招标代理机构、编制招标文件、发布招标公告或投标邀请书、资格审查、开标、评标、中标和签订合同等。

（二）投标

建设工程投标，是指经过特定审查而获得投标资格的建筑项目承包单位，按照招标文件的要求，在规定的时间内向招标单位填报投标书，争取中标的法律行为。

投标人应当按照招标文件的规定编制投标文件，并将投标文件在规定的截止日期前密封送达到投标地点。投标人也可以撤回、补充或者修改已提交的投标文件；但是应当在提交投标文件截止日之前，书面通知招标人或者招标投标中介机构。

七、建设工程优先受偿权

建设工程优先受偿权，是指承包人对于建设工程的价款就该工程折价或者拍卖的价款享有优先受偿的权利，优先于一般的债权。按照《合同法》第286条的规定，发包人未按照约定支付价款的，承包人可以催告发包人在合理期限内支付价款。发包人逾期不支付的，除按照建设工程的性质不宜折价、拍卖的以外，承包人可以与发包人协议将该工程折价，也可以申请人民法院将该工程依法拍卖。建设工程的价款就该工程折价或者拍卖的价款优先受偿。最高人民法院《关于建设工程价款优先受偿权问题的批复》，对《合同法》第286条的适用作出司法解释，该司法解释对优先受偿权的效力、范围及行使期限作出了规定，即：

（一）该优先受偿权的效力优于抵押权和其他债权，但不能对抗已交付购买商品房的全部或者大部分款项的消费者；

（二）优先受偿权的受偿债权范围即建筑工程价款仅包括承包人的实际支出费用，不包括因发包人违约所致损失；

（三）行使优先权的期限为六个月，自建设工程竣工之日或者建设工程合同约定的竣工之日起计算。

八、建设工程施工合同构成要素

建设工程施工合同是建设工程的主要合同，也是工程建设质量控制、进度控制、投资控制的主要依据，它的构成要素主要有：

（一）施工合同的当事人

施工合同的当事人是发包方和承包方，双方是平等的民事主体。

（二）施工合同的内容

1. 工程范围

就建筑工程而言，工程范围内的项目一般包括：

（1）地基与基础；

（2）主体结构；

（3）建筑装饰、装修；

（4）建筑屋面；

（5）建筑给水、排水及采暖；

（6）建筑电气；

（7）智能建筑；

（8）通风与空调；

（9）电梯等。

2. 建设工期

建设工期，是指建设一个项目或一个单项工程从正式开工到全部建成投产时所经历的时间。建设工期的计算，一般以建设项目或者单项工程的建设投产年月减去开工年月的时间差。这也就是工作的期限，或者建设项目时间的长短。

3. 中间交工工程的开工和竣工时间

一项整体的建设工程，往往由许多的中间工程组成，中间工程的完工时间，影响着后续工程的开工，制约着整个工程的顺利完成，在施工合同中需对中间工程的开工和竣工时间作明确约定。

4. 工程质量

建筑工程质量,是指在国家现行的有关法律、法规、技术标准、设计文件和合同中,对工程的安全、适用、经济、环保、美观等特性的综合要求。

5. 工程造价

工程造价因采用不同的定额计算方法,会产生巨大的价款差额。在以招标、投标方式签订的合同中,应以中标时确定的金额为准;如按初步设计总概算投资包干时,应以经审批的概算投资中与承包内容相应部分的投资(包括相应的不可预见费)为工程价款;如按施工图预算包干,则应以审查后的施工图总预算或综合预算为准。在建筑、安装合同中,能准确确定工程价款的,需予明确规定。如在合同签订时尚不能准确计算出工程价款的,尤其是按施工图预算加现场签证和按时结算的工程,在合同中需明确规定工程价款的计算原则,具体约定执行的定额、计算标准,以及工程价款的审定方式等。

6. 技术资料交付时间

工程的技术资料,如勘察、设计资料等,是进行建筑施工的依据和基础,发包方必须将工程的有关技术资料全面、客观、及时地交付给施工人,才能保证工程的顺利进行。

7. 材料和设备的供应责任

8. 拨款和结算

施工合同中,工程价款的结算方式和付款方式因采用不同的合同形式而有所不同。在一项建筑安装合同中,采用何种方式进行结算,需双方根据具体情况进行协商,并在合同中明确约定。对于工程款的拨付,需根据付款内容由当事人双方确定,具体包括预付款、工程进度款、竣工结算款和保修扣留金等。

9. 竣工验收

对建设工程的验收方法、程序和标准,国家制定了相应的行政法规予以规范。

10. 质量保修范围和质量保证期

施工工程在办理移交验收手续后,在规定的期限内,因施工、材料等原因造成的工程质量缺陷,要由施工单位负责维修、更换。国家对建筑工程的质量保证期限一般都有明确要求。

11. 相互协作条款

施工合同与勘察、设计合同一样,不仅需要当事人各自积极履行义务,还需要当事人相互协作,协助对方履行义务,如在施工过程中及时提交相关技术资料、通报工程情况，在完工时，及时检查验收等。

（三）施工人的责任

因施工人的原因致使建设工程质量不符合约定的，施工人应承担以下责任：

1. 无偿修理或者返工、改建

这是违约责任中的实际履行责任。承包人根据不合格工程的具体情况，予以或修理或返工或改建，使之达到合同约定的质量要求。承包人修理、返工、改建所支出的费用，均由其自行承担。

2. 逾期违约责任

即因承包人的原因使工程质量不合格的，虽经承包人修理、返工、改建后，达到了合同约定的质量标准，但因修理、返工、改建导致工程逾期交付的，与一般的履行迟延相同，承包人应当承担迟延履行的违约责任，赔偿发包人因此而遭受的损失。

九、采用新版《建设工程施工合同（示范文本）》（GF-2017-0201）

为规范建筑市场秩序，维护建设工程施工合同当事人的合法权益，住房城乡建设部、工商总局对《建设工程施工合同（示范文本）》（GF-2013-0201）进行了修订，制定了《建设工程施工合同（示范文本）》（GF-2017-0201）。本合同示范文本自2017 年 10 月 1 日起执行，原《建设工程施工合同（示范文本）》（GF-2013-0201）同时废止。若需要最新的工程施工合同范本，最佳的方式就是到政府相关部门的网站进行查询，或者同辽宁省企业信用协会联系，确保能找到最新的信息。

第二节　建设工程合同中的法律风险

建设工程一般规模大、周期长、投资多，而且其质量的好坏往往直接关系到人民群众生命财产安全之大事。这些建设工程的特点，决定了施工合同的风险无处不在。概括起来，建设工程合同主要存在以下风险：

一、无效建设工程合同数量多

随着建筑市场的扩大，无效建设工程合同的数量也在扩张，就其数量而言甚至超过有效合同。由于建设工程合同标的额大，一旦效力出现了瑕疵，后果将会很严重。下列情形的建设施工合同属于无效合同：

（一）合同因承包人资质不达标而无效

建筑施工领域实行严格的资质准入制度，《建筑法》规定对施工企业实行资质强制管理。建设工程质量就是生命，施工企业的施工能力是保证质量的前提，对施工企业的资质管理与审查，是施工建设的基础。根据最高人民法院《关于审理建设工程施工合同纠纷案件适用法律问题的解释》规定，承包人未取得建筑施工企业资质或者超越资质等级的，签订的建设工程施工合同应认定无效。但是，承包人在工程竣工前取得相应资质等级的，不能作为无效合同处理。

（二）合同主体以其他建筑企业名义签订的合同无效

没有资质或没有相应资质的实际施工人借用有资质的建筑施工单位名义的，即通常所说的"挂靠"。工程承包中若存在着下列三种情况之一或同时存在的，可以认定为挂靠：

1.转让、出借企业资质证书的；

2.以其他方式允许他人以本企业名义承揽工程的；

3.项目负责人、技术负责人、项目质量管理人员、安全管理人员等均非承包人本单位人员。

根据最高人民法院《关于审理建设工程施工合同纠纷案件适用法律问题的解释》规定，没有资质的实际施工人借用有资质的建筑施工企业名义的，建设工程施工合同应认定无效。

（三）建设工程合同因违反招投标法规而无效

根据《招标投标法》规定，在中华人民共和国境内进行下列工程建设项目包括项目的勘察、设计、施工、监理以及与工程建设有关的重要设备、材料等的采购，必须进行招标：

1.大型基础设施、公用事业等关系社会公共利益、公众安全的项目；

2.全部或者部分使用国有资金投资或者国家融资的项目；

3.使用国际组织或者外国政府贷款、援助资金的项目。

最高人民法院《关于审理建设工程施工合同纠纷案件适用法律问题的解释》规定，

建设工程必须进行招标而未招标或者中标无效的，签订的建设工程施工合同应认定无效。

在实践中，下列两种情况的合同也属于无效：一是对于必须招标的项目，虽然总包土建与安装工程以招标方式进行，而附属工程如装饰工程则由建设单位直接发包，那么，该直接发包的合同也属无效合同；二是对于必须招标的项目，总包中标后，建设单位基于各种情况将总包工程中的部分工程直接指定给第三方施工，建设单位与第三方签订的施工合同也属无效。

（四）违法分包的建筑工程合同无效

《建设工程质量管理条例》第78条规定的下列情形属于违法分包，所签订的建设工程合同均属无效合同：

1.总包单位将工程分包给不具备相应资质的单位或个人的；

2.总包合同中未约定，又未经建设单位认可，总包单位将部分工程交其他单位完成的；

3.总包单位将工程主体结构的施工分包的；

4.分包单位进行再分包的。

（五）非法转包的建筑工程合同无效

转包是指承包单位承包建设工程后，不履行合同约定的责任和义务，将其承包的全部建设工程转给他人或将其承包的全部建设工程肢解以后以分包的名义分别转给其他单位承包的行为。对于转包行为，法律是明确禁止的，如《合同法》第272条、《建筑法》第28条、《建设工程质量管理条例》第25条都明确规定禁止转包工程项目，因此非法转包的建设工程合同无效。

（六）建设工程合同低于成本价（中标）而签订的合同无效

根据《招标投标法》第33条规定，投标人不得以低于成本的报价竞标。因此低于成本价中标的合同也无效。

（七）贻害无穷的"阴阳合同"无效

在建设工程领域，存在大量的"阴阳合同"，又称"黑白合同"，是指当事人就同一标的工程签订二份或二份以上实质性内容相异的合同。"阳合同"，通常是指发包方与承包方按照《招标投标法》的规定，依据招投标文件签订的在建设工程管理部门备案的建设工程施工合同；"阴合同"则是指承包方与发包方为规避政府管理，私下签订的建设工程施工合同，未履行规定的招投标程序，且该合同未在建设工程行政管理部门备案。因此，无论标前合同（阴合同）还是备案的中标合同（阳合同），因其违反法律、行政法规的强制性规定被认定为无效时，均应按照当事人实际履行的建设工程合同结算工程价款。

二、建设工程招标投标问题多

（一）中标无效的风险

经招投标过程且中标有效是我国建设工程施工合同的法定前置条件，但实践中往往存在中标无效的情形，主要体现在《招标投标法》的规定的下列情形：

1. 招标代理机构泄密或恶意串通；

2. 招标人泄露招标情况或标底；

3. 投标人串标或行贿；

4. 投标人弄虚作假骗取中标；

5. 招标人在确定中标前与投标人进行实质性谈判；

6. 招标人违法确定中标人。

（二）中标通知书发出后承包方拒绝签订合同的风险

我国《招标投标法》第45条规定："中标通知书对招标人和中标人具有法律效力。中标通知书发出后，招标人改变中标结果的，或者中标人放弃中标项目的，应当依法承担法律责任。"第46条规定："招标人和中标人应当自中标通知书发出之日起30日内，按照招标文件和中标人的投标文件订立书面合同。招标人和中标人不得再行订立背离合同实质性内容的其他协议。"

由于承包人在投标过程中可能以低价投标的方式争取中标，但在中标后签订合同之前极有可能再讨价还价，要求降低成本。为防止双方在不能如期签约或者不能达成一致后，出现承包人滞留施工现场，要求一系列误工索赔等情形的出现，在未签订合同前，发包人应尽量避免让承包人进入施工现场，增加不必要的损失。

（三）招标过程产生废标的风险

1. 由于投标方导致建设工程废标的风险因素

（1）虚拟内容，包括虚拟企业资质等级、承包实力、施工业绩等；

（2）形式上或程序上不合法，主要是指不符合我国《招标投标法》以及招标文件所规定的有关投递标书的行为要求；

（3）不正当竞争行为等。

2. 由于招标方的行为产生废标的风险因素

由于招标方的行为产生废标的风险因素主要体现为招标方滥用权利，突出表现为违反建设主体资格的规定和以行政指令代替市场竞争。

现实操作中，很多发包人先选定承包人后，与其签订一份合同，由承包人一手单方操作招标、投标、合同备案等过程，这样存在很多不利于发包人的因素，如合同备案后，一旦在合同履行中产生纠纷，极易造成备案合同的适用。因此，发包人应在承包人操作上述招标、投标、合同备案过程中，加强对文件中实质条件的审查工作，防止出现对其极为不利的条件和后果发生。

（四）建设工程招标的决策风险

在招标中，存在很多决策风险问题，如从事建设工程招标的人员业务素质不高，工作经验不足，责任心不强，缺乏足够合格的建设工程招标人员，缺乏对员工的表现予以恰当评估和考核，发包人缺乏招标策略的具体应对举措等。

三、建设工程合同签订漏洞多

（一）合同条款不平等

工程承包本来应以合同为约束依据，而合同的重要原则之一就是平等性。但在工程承包实践中，业主与承包商很少有平等可言。鉴于当前的工程承包买方市场的特点，个别业主常常倚仗着"僧多粥少"这一有利的优势，对承包商蛮不讲理，特别是政府投资工程项目的业主部门尤其为甚。在签订承包合同时，业主常常强加种种不平等条款，赋予业主种种不应有的权力，而对承包商则只强调应履行的义务，不提其应享有的权利。比如索赔条款本应是合同的主要内容，但在许多合同中却闭口不提；又如误期罚款条款，几乎所有合同中都有详细规定，而且罚则极严。如果承包商在拟定合同条款时不坚持合理要求，则会给自己留下很大隐患。

（二）合同文字不严谨

文字不严谨就是不准确，容易产生歧义和误解，进而导致合同难以履行或引发争议。依法订立的有效合同，应当反映合同双方的真实意思。而这种反映只有靠准确、明晰的文字来体现。可以说，合同讲究咬文嚼字。但有些合同由于一些人为的或客观的原因，对一些合同条款拿捏不准或措辞含混不清；还有些合同对承包商的义务规定得非常具体，而对其应享有的权利则笼统地一笔带过，甚至对有些关键事项含糊其辞。比如有些工程承包合同中在有关追加款额的条款中写到"发生重大设计变更可增加款额"这类字句。那么，何为"重大设计变更"则并无细则说明。一旦出现类似情况，业主或监理工程师往往便会视情况随意曲解。

（三）合同内容不完备

合同内没有风险转移的担保、索赔、保险等相应条款，以及合同内缺少因第三方影响造成工期延误或经济损失的条款。有的合同虽然有上述条款,但内容极不完善,存在风险漏洞。

四、建设工程合同履行风险多

(一)合同管理不到位

部分合同管理人员业务素质不高,防范工程承包合同风险意识不强,致使在合同履约过程中遭受到一些本可避免的损失。有的使本应发出的诸如双方有关工程洽商、变更的书面协议或文件没有及时发出,给以后索赔造成困难;有的对合同签证确认不重视,对应签证确认的没有办理签证确认,当发生纠纷时,因无法举证而败诉;有的对拖欠工程款应当追究责任的没有及时追究,当诉诸法律时才发现已超过了诉讼时效,致使损失无法挽回;有的对发包方不按合同约定支付工程进度款,一味地怕单方面停工会承担违约责任而不敢行使抗辩权,结果客观上造成了垫资施工,使发包方的欠款数额越来越大,问题更加难以解决;有的施工企业的项目管理人员对项目的管理制度执行不力,管理不到位,或工作安排指挥错误和过失,导致不能全面履行合同,发生工程质量安全事故或其他事故,等等。

(二)选择分包商不当

由于选择分包商不当,分包合同有漏洞,合同条款出现差错、矛盾等原因,导致分包商不能按质按量按时完成分包工程,致使影响整个工程进度或发生经济损失。这种现象在发包人指定的分包商中尤为突出。

(三)履约过程中的变更风险

由于业主的原因,引起设计和施工图的更改,以及施工的自然条件和作业条件的意外变化等,导致施工工程量的增加,加之业主不按时签证或回复联系单,极有可能给施工方带来利益损失的风险。主要表现为:

1.双方现场管理人员的签证权限没有明确,导致权限过大或不明确。特别是对具有变更、签证、价格确认等签认权的人员、签认范围、程序、生效条件等规定不清楚,造成其他人员随意签字,给各方造成损失。

2.业主方现场管理人员不属于专业人员,对专业的建筑知识不熟,完全有效审核工程实际情况有一定的难度,导致出现签证不符合事实的现象。特别是监理合同不规范,导致监理工作流于形式,例如监理没有认真审核把关的义务或审核把关不严,导致签证失实或业主方损失等。

第三节　建设工程合同风险防控技能

任何事物的运动或发展都是有规律可循的，只要抓住其内在规律就可以对其潜在的危险进行有效防控，建筑施工活动也是如此。虽然施工合同的风险具有不确定性，但并非不可预知。一般说来，如工期延误、工程设计变更等事件的风险概率在一段时间、一定范围内是相对稳定的，这些风险事件概率几乎在每一个施工阶段都会发生。风险虽然可以预测，但这种预测并非易事，它需要当事人依靠丰富的经验知识，细致的调查观察，参考有关资料，熟悉法律法规，并向有经验的同行请教后，才能对风险进行分析和研判，并及时提出控制风险的预案。

一、合同签订前的风险防控

（一）掌握市场价格动态

在签订合同前，特别是在投标报价前，要及时掌握市场价格，使报价准确、合理，尽量避免为了争取中标，不顾实际情况和客观条件一味地压低标价，造成亏损风险。目前，建筑市场"僧多粥少"，各施工企业间竞争无序。明明知道干一项工程连本儿都不保，却还要硬着头皮干。由于项目低于成本价，不仅会导致工期延误，安全质量也难以保证。承包商只有及时掌握市场价格，坚持不低于成本的合理报价，才能彻底扭转的尴尬局面。

（二）研判招标人的状况

在签订合同前，施工企业一定要深入调查了解业主的资金信用度、经营作风、履行能力和是否具备签订合同资格等相关情况。调查了解的内容主要包括：

1. 工程建设"四证一书"（即指《国有土地使用证》《建设用地规划许可证》《建设工程规划许可证》《建设工程施工许可证》和《建设项目选址意见书》）是否完备，是否有设计施工图，应拆迁是否到位，"三通一平"（即指通水、通电、通路、平整土地）工作是否已做好，项目周边是否存在矛盾和纠纷，房产开发商的开发条件和资质是否具备等。

2. 从侧面调查了解业主对项目工程的资金到位率情况，后续资金来源能否保证等。

3. 了解业主的主体身份，如对方是独资企业，还是合资、合作企业，是否有债务等。

如果是房地产开发单位，还应充分了解其以往工程招标签约情况，并对其过去所签订的合同条款进行对比分析，综合研判。

（三）吃透业主的招投标文件

应对招投标文件深入研究和全面分析，正确理解招标文件，具体、逐条地确定合同责任，吃透业主意图和要求，细心分析投标人须知，详细勘察施工现场工地，仔细研究审查图纸，认真复核工程量，分析合同条款，并与项目经理部认真确定各个子项的单价和各项技术措施费用并制定投标策略，以减少合同签订后的风险。

（四）审查承包人的履约情况

对承包方主要了解的内容有：资质情况；施工能力；社会信誉；财务情况等。上述内容是体现承包方履约能力的指标，应认真分析和判断。承包方的二级公司和工程处不能对外签订合同，这一点一定要注意。

（五）适度掌握谈判策略

在合同实质性谈判阶段，应选择有合同谈判能力和有经验的人参与合同谈判，谈判人员要相互配合，协同作战，明确分工，对"谁是主角，谁当配色，谁唱红脸，谁唱白脸"都要预先制订方案。在谈判中，本着合同双方责、权、利关系平衡的原则，尽量避免业主单方面提出的苛刻条件，必要时还要提出对业主的约束条件。如有可能应尽量争取合同文本的拟稿权；对业主提出的合同文本，应对每个条款都作具体商讨，切不可把自己放在被动的地位。

实践中，大中型建设工程合同一般都由业主负责起草，业主为了防止施工企业在合同履行中的索赔，特意聘请有工程技术经验的人员和专家起草合同。这种合同文本，一般情况下质量较高，但其中不乏既隐含许多不利于承包人的风险责任条款，还有业主的反索赔条款。如有的业主往往会在未发中标通知书之前，提供条件苛刻的非示范文本合同草案，要求施工企业无条件全部接受，如存在把相当一部分风险转嫁给施工单位条款，缺乏对业主的权利限制性条款和对承包商保护性条款，使施工企业处于十分被动的境地。因此，施工企业要尽可能地了解各方面的可靠信息，坚持原则，运用策略，运用法律和政策，尽可能修改完善合同，规避风险，切忌盲目迁就或者急于求成，否则后患无穷。

另外，合同谈判人员在谈判策略上，应善于在合同中限制风险和转换风险，对可以免除责任的条款应研究透彻，做到心中有数，切忌盲目接受业主的某种免责条款，达到风险在双方中合理分配。同时，对业主的风险责任条款一定要规定得具体明确。

（六）切记未签合同先进场

有的业主为了使项目提前竣工，在未签订正式施工合同前要求施工企业进场施工，这样提前进场施工对施工企业存在很大风险。因此，在未中标和正式订合同前，最好不要提前进场，如果双方有诚意，业主诚信度好，确需施工企业提前施工，在进场前最好写一个书面协议，写明是应业主方要求施工企业提前进场施工，同时还要写明若业主方不能保证施工企业承接工程应承担经济损失的补偿或赔偿责任，并约定对已做工程的结算方法、计算标准及违约责任，便于发生纠纷时解决。

二、合同签订中的风险防控

（一）使用标准合同示范文本

住房城乡建设部、工商总局制定的《建设工程施工合同（示范文本）》（GF-—2017—0201）内容完整，条款齐全，双方责权利明确、平衡，对一些不可避免的风险，分担也比较公正合理。建议双方应按照该示范文本并结合工程项目的具体情况，将合同条款认真研究，逐条推敲。除执行通用条款外，对工程的一些具体要求也要在专用条款内约定。要特别注意合同用词的严密性，不能使用"争取"等不规范用语，前后条款不能互相矛盾或相互否定。各项约定都必须非常具体，特别是在具体开工条件方面的约定更要具体、明确。若由发包人完成的施工场地的"三通一平"，应明确水、电等管线接至的地点，接通的时间和要求；道路的起止地点，开通的时间，路面的要求；施工场地的面积和应达到的平整程度等要求以及影响开工的责任等，如果由于发包方的原因导致承包方不能如期开工，则工期顺延。

（二）审查拟签合同文本

建筑工程施工合同条款繁多，如何针对自己的工程项目来审查签订符合自己特点的合同是企业合同管理人员必备的业务能力。实践中，很多施工企业往往照抄别人的合同，实则埋下了对自己极为不利的隐患，因此在签约前，一定要对拟签合同文本进行认真审查。简便的审查施工合同方法主要有：

1. 注意审查合同招投标要求和承包方主体资格

（1）对于国家大型基础设施建设、公用事业、国有资金投资、政府投资项目、国际组织如世行贷款项目，要审查其是否已经通过招投标。

（2）对于承包方主体，要审查其是否存在下列签约无效的情形：

①承包人未取得建设施工企业资质或超越资质等级的；

②没有资质的实际施工人借用有资质的建筑施工企业名义的；

③建设工程必须进行招标而未进行招标或者中标无效的；

④承包人非法转包建设工程的；

⑤承包人违法分包建设工程的。

尽管合同双方在前期大多经过了相互摸底阶段，但仍需要从具体合同特点角度予以分析，防止合同的最终效力出现瑕疵问题。

2.注意审查工程承包的范围

主要审查合同内容与招投标文件、发包图纸、工程量清单内容是否一致，包括土建工程、给排水工程、电气工程、消火栓工程、消防喷淋工程、暖通工程、弱电工程（包括智能化系统预埋管、盒、箱壳部分）等。

3.注意审查标明开工日期的成立标志

项目开工日期明确对工期的认定具有重要意义。在合同中一定要标明：开工日期以发包方和监理方，或监理出具的开工通知日期为准；若实际开工日期与约定日期不一致，应注明以实际开工日期为准（开工令等证实）；若施工许可证日期和实际施工日期不一致，应以施工许可证日期为准。

4.注意审查组成合同文件的顺序

首先，应在合同中明确标注：在前者优先；其次，对于有补充协议的，要注明与合同正文效力一致。

5.注意审查监理工程师、发包人派驻工程师权限的设置

要在合同中明确工程师的授权范围；对于超越工程师授权范围的，应由发包方确认。对于可能引起工期顺延、工程质量、合同效力等重大变更的工程师指令，可以约定需要经过发包人或承包人认可后生效等。

6.注意审查安全文明施工的约定

一般约定由承包方承担，但当为了保护承包方利益时，也可以约定一个兜底条款，如因发包方的原因造成的安全文明施工问题，由发包方承担一切损失。

7.注意审查有关工期顺延的约定

（1）对于工期顺延的原因，可以约定：除不可抗力外，因工程内容变更、工期增加、设计变更、工程款支付、政府指令（停水停电）、地下物等因素造成的工期顺延的，均可构成工期顺延成立的依据。

（2）对于工期顺延的认定程序，可以约定：承包方在一定时间内，书面报告发包方或监理予以认可，发包方或监理在约定期限内不予答复的，视为认可。

8.注意审查有关隐蔽工程和中间验收条件和程序的约定

（1）在合同中应注明："按照国家、省、市、县有关规定执行。承包人自检并在隐蔽或中间验收前×小时，以书面形式通知监理工程师和发包人代表。防水及室外装修等重要部位的施工先做样板，经发包人和现场监理验收后方可进行施工。"

（2）尽管在通用条款内有具体约定的，也要在合同中明确"正负零、封顶"等主要节点的验收要求。

9. 注意审查合同价款的确定方式

对于合同价款的约定，如果采用固定价格的，应把风险范围约定清楚。如因建筑规模扩大、装饰水平提高、主要材料价格变动等原因，造成实际价格超过合同价款内相应价格一定幅度的，这些因素是否包括在风险范围内，应在合同中明确约定。同时，应当把风险费用的计算方法约定清楚。约定方法可采用系数法，即以合同价款为基础，确定一个百分比率，作为计算风险费用的方法。也可采用绝对值法，如将风险费用定为若干万元。对于风险范围以外的风险费用，应约定调整办法。总之，通过合同谈判，使发包方和承包方清楚地认识到各自在施工合同中承担的义务和享有的权利，并对工程风险通过合同条款在合同双方之间进行合理分配。

10. 注意审查关于工程变更的约定

对于未经过规划、设计部门批准的规划设计变更的，承包方原则不作变更。对于确需变更的，应按以下流程确认：因工程变更使得工程量或工作内容增减的，变更发生后 × 日内，承包人须向监理工程师提交书面报告，工程师审批书面报告后报发包人核准，该书面报告经发包人确认并加盖公章后，方可作为调整合同价款的有效签证，在工程结算时支付。承包人逾期不报，视为不涉及工程造价增加。设计变更必须提供由发包人发出的或发包人委托设计单位经发包人审批后发出的工程变更通知书，否则不视为设计变更。施工期间变更调整单项 × 元以内不予计取，× 元以上单项的变更于竣工决算时调整。

11. 注意审查关于竣工验收和结算的约定

重点审查关于验收的主体资格和质量不合格情况下的整改措施和责任承担，及结算资料的提交时间和补充要求。作为承包方切记要增加：结算文件提交后，在约定时间内发包方不予以审计的，视为认可结算资料。

12. 注意审查关于施工合同违约责任的约定

（1）对于履约保证金（或保函）的具体内涵应明确约定：在何种情况下扣除、保函生效失效时间、保证金退还的时间及利息等。

（2）对于工期拖延的罚则，应明确约定扣保证金、违约金及抵工程款、总价款的违约金。

（3）对于逾期支付工程款的罚则，应明确约定发包人不能按时支付工程款的，自逾期之日起按照中国人民银行规定的同期贷款利率承担迟延履行期间的利息。

（4）对于优先受偿权的约定要明确具体。

（5）对于工程及资料的交付应明确约定：发包人与承包人对工程结算发生的任何异议，都应通过仲裁或者诉讼解决，但是无论是否发生或者争议的责任如何，均不能成为承包人行使工程移交、工程验收、配合工程备案以及移交工程资料的抗辩理由。上述争议被确认属于发包人过错的，发包人承担相应责任。

（6）对于质量的争议应明确约定：质量问题由当地质量部门或者中间机构认定；证明责任的承担和程序。

（7）对于质保金应明确约定：质保期的长短、质保金返还的方式和利息支付等问题。

（8）对于安全文明施工过程中的责任承担和处罚方式的约定。

（9）关于工程违法转分包、挂靠应明确约定主要是罚则。工程不允许转包或者违法分包，发包人发现承包人违反本条规定转包或者违法分包的，有权立即解除合同。承包人除比照本协议质量、工期相应处罚条款承担全部责任外，应当承担工程总标价10%的违约金。造成发包人损失的，承包人还应承担由于解除合同迫使发包人重新招标引起的房屋销售信誉受损带来的直接、间接经济、名誉赔偿责任。但本协议约定发包人分包的除外。

（10）对于工程保修责任的认定应约定：承包方不保修情况下的处理和费用承担。

13. 注意审查合同生效时间、地点效力的约定

如签字盖章时、履约保证金交纳时（附生效条件）生效等；合同签订地、项目所在地。

14. 注意审查争议解决途径、地点的约定

关于诉讼和仲裁的选择，如约定工程所在地、合同签订地、原告所在地、承包方或发包方所在地、第三方等作为诉讼或者仲裁管辖地。

三、合同履行中的风险防控

（一）掌握工期和施工进度

1. 实际开工日期的认定

（1）承包人有证据证明实际开工日期的，则应认定该日期为实际开工日期。承包人的证据可以是发包人向承包人发出的通知、工程监理的记录、当事人的会议纪要、施工许可证等；

（2）承包人虽无证据证明实际开工日期，但有开工报告，则应认定开工报告中记载的开工日期为实际开工日期；

（3）若承包人无任何证据证明实际开工日期，亦无开工报告，则应以合同约定的开工日期为准。

2. 竣工日期的认定

最高人民法院《关于审理建设工程施工合同纠纷案件适用法律问题的解释》第14条规定认定方法：

（1）双方确认的日期为竣工日期；

（2）建设工程经竣工验收合格的，以竣工验收合格之日为竣工日期（注意是经盖章的验收报告的时间，不是竣工验收备案日期，因为竣工验收备案是由建设单位来报送）；

（3）承包人提交竣工验收报告，发包人拖延验收的，以承包人提交验收报告之日为竣工日期；

（4）未经过竣工验收，发包人擅自使用的，以转移占有建设工程之日为竣工日期。

3. 几种影响工期的因素

（1）施工许可证

①若未取得且未施工的，以取得施工许可证之日作为开工日期；

②若未取得且已经施工的，则一般以施工开始日为开工日期。

（2）拖欠工程款

拖欠工程款且导致停工或缓慢施工，则工期可以顺延，但需要证明延误的天数及拖欠工程款与延误天数之因果关系。

（3）设计变更

①设计变更在关键线路上，则工期可以顺延，但需要证明延误的天数及设计变更与延误天数之因果关系；

②设计变更不在关键线路上，则不应以此为由顺延工期。

（4）图纸延误

①设计变更在关键线路上，则工期可以顺延，但需要证明延误的天数及设计变更与延误天数之因果关系；

②设计变更不在关键线路上，则不应以此为由顺延工期。

（5）增加工程量

①设计变更在关键线路上，则工期可以顺延，但需要证明延误的天数及设计变更与延误天数之因果关系；

②设计变更不在关键线路上，则不应以此为由顺延工期。

（6）质量鉴定

最高人民法院《关于审理建设工程施工合同纠纷案件适用法律问题的解释》第15条规定，建设工程竣工前，当事人对工程质量发生争议，工程质量经鉴定合格的，鉴定期间为顺延工期期间。

①鉴定合格，顺延工期；

②鉴定不合格，视情况而定。

（7）建设单位的其他原因

如指定的代表未按照约定提供指令、批准，致使施工不能正常进行；建设单位未按照约定时间和要求提供原材料、设备、场地等；隐蔽工程在隐蔽前，施工企业发出检查通知，建设单位未及时检查等。

①设计变更在关键线路上，则工期可以顺延，但需要证明延误的天数及设计变更与延误天数之因果关系；

②设计变更不在关键线路上，则不应以此为由顺延工期。

（8）一周内，非施工单位原因停水、停电、停气造成停工累计超过8小时的情况处理

（9）发生不可抗力事件

无法预见、不可避免并不能克服，一旦发生，要积极采取措施，阻止和预防扩大损失，要及时按照合同约定的程序和时限报告。

（二）把握工程签证

建设工程承发包合同履行过程中，由于履约事项繁多复杂，履约周期较长，即使在签约时考虑得再全面，在履约过程中也难免会发生变更。工程签证是承、发包双方对工程变更部分的确认，也是工程款的合法组成部分。建设方在履约过程中未能按约定支付款项，承包方就需通过工程索赔来实现自己取得工程款的权利。因此，加强对工程签证的管理是十分有必要的。

1. 工程签证管理中的常见问题

（1）缺乏及时性

①有的现场签证人员责任心不强，口头答应而不当时办理。

②施工方不按时申报签证，致使双方无法及时对工程现场实际发生的情况进行准确测量、描述与办理签证手续，而事后靠追记补办，甚至在结算审核过程中还在补办签证手续。这样就极有可能导致现场发生的具体情况回忆不清、数据不准，补写的签证单与实际发生的不符，引起不必要的纠纷。

（2）工程签证内容不规范

①部分建设单位管理人员在审批工程签证时不调查、不核实，只管签字盖章，

导致工程签证内容不准确，不真实。

②有些施工单位在办理工程签证时，为了取得更高利润在已审批签证上更改或添加数据、事项，事后以复印件作为结算资料；或是在办理签证时巧立名目、弄虚作假。

③现场签证人员不熟悉招投标文件和施工合同，缺乏对定额费用组成的了解。有的内容已经包括在定额工作内容中，现场却再次给予签证认可，如水泵台班中已经包含了水泵的操作人工，签证时再次签证操作人工及配合人工；有的工作内容及材料消耗定额子目中均已包含，施工单位递上签证单时，签证人员已发现该工作量现场确实发生了，便挥笔签上"属实"字样，如滑模施工倒锥壳水塔支撑杆的消耗量，在定额中是按照消耗量给出的，实际使用量的大小不予调整按定额执行，在签证时却再次给予签证认可。

④签证中措辞不严谨，表述模棱两可，操作性差。操作性差是指签证单中的资料记载不详，含糊不清，计算费用的依据不足，无法计算应发生的费用。

2. 工程签证管理的控制措施

（1）减少设计变更

切实加强和完善工程设计阶段各项指标和过程的完善，提高施工图纸的设计质量，可以从源头上减少工程施工中的工程签证问题。另外，为了进一步完善施工质量，在施工中，针对一些必须进行临时修改的重要项目，在签证时必须征求相关设计人员的意见，对其具有的可行性的项目政策进行分析。

（2）规范现场签证

现场签证的内容、数量、项目、原因、部位、时间等要明确；签证单必须要电脑打印，不允许手工填写，避免自行修改，为结算时提供真实可靠的依据；签证应由建设单位统一编号归档，统一由建设单位送审，以避免在送审过程中，各方根据自己的需要自行更改签证单。同时，对于一些隐蔽工程或最大的现场变化，还应附影像资料，使结算人员充分了解签证内容的现场情况。

（3）严把工程签证手续关

如确实存在合同以外的零星工作或非承包人责任事件，由承包人技术人员准备好现场签证表及相关资料，及时通知发包人或监理人，深入施工现场了解情况，认真核实现场签证内容，然后逐级上报。先经监理工程师审核签字盖章，再由造价咨询人的造价工程师审核现场签证的内容是否清楚完整、手续是否齐全，最后由发包人代表复核后签字盖章。如手续不齐全，应当及时督促承包人重新补办手续。

（4）加强合同管理

①按合同条款支付时，要实事求是，防止过早过量签证；对合同变更补充协议签订要严谨，对工程技术单签证要依合同相关条款来衡量，要相互制约，预防无限扩大。

②合同约定设计变更或施工图有错误时，要注意在施工单位已经开工、下料或购料情况下的签证处理方式。此类签证只需签变更项目或修正项目，原图纸不变的不要重复签证。已下料或购料的，要签写清楚材料名称、半成品或成品、规格、型号、数量、变更日期、运输情况、到场情况或代用情况等。

（5）提高现场签证人员的责任心和业务水平

签证工作是一项政策性、技术性、经济性很强的工作，各方应委派具有相应专业知识的人员进行管理。要想把工程签证工作做好，工程签证管理人员必须加强职业道德教育，建立自律惩戒措施，具有良好的思想品质和高尚的职业道德，并不断提高自身的业务素质。既熟悉现场情况又熟悉合同及工程建设的相关法律、法规的内容，并具备预算定额的基本知识。

签证管理是控制工程造价、保证工程质量的重要环节，对于提高投资方的工程效益具有重要意义。只要我们依据合同，规范自身管理，实事求是做好签证，建立完善的工程签证管理制度，就能使工程签证得到控制，从而有效地控制施工阶段的工程造价。

（三）及时实施索赔

建设工程索赔，通常是指在建设工程合同履行过程中，合同当事人一方因对方不履行或未能正确履行合同或者由于其他非自身因素而受到经济损失或权利损害，通过合同规定的程序向对方提出经济或时间补偿要求的行为。索赔是工程承包中经常发生的正常现象。由于施工现场条件、气候条件的变化，施工进度、物价的变化，以及合同条款、规范、标准文件和施工图纸的变更、差异、延误等因素的影响，使得工程承包中不可避免地出现索赔。索赔是合同履行阶段一种避免风险的方法，同时也是避免风险的最后手段。

1. 索赔事件的范围

（1）工期延期索赔

因为发包人未按合同要求提供施工条件，或者发包人指令工程暂停或不可抗力事件等原因造成的工期拖延，承包人向发包人提出索赔；如果由于承包人原因导致工期拖延，发包人可以向承包人提出索赔；由于非分包人的原因导致工期拖延，分包人可以向承包人提出索赔。

（2）工期加速索赔

通常由于发包人或工程师指令承包人加快施工进度，缩短工期引起承包人的人力、物力、财力的额外开支，承包人提出索赔；承包人指令分包人加快进度，分包人可以向承包人提出索赔。

（3）工程变更索赔

由于发包人或工程师指令增加或减少工程量或附加工程，修改设计，变更施工顺序等，造成工期延误和费用增加，承包人由此向发包人提出索赔，分包人也可以向承包人提出索赔。

（4）不可预见的外部故障或条件索赔

施工期间，在现场遇到了一个有经验的承包商通常不能预见的外界障碍或条件，例如地质条件与业主提供的资料不同，出现未预见的岩石淤泥或地下水等，导致承包人损失，这类风险通常由发包人承担，承包商可以据此提出索赔。

（5）不可抗力引起的索赔

（6）工程终止索赔

由于发包人违约或者发生了不可抗力事件等造成工程非正常终止，承包人和分包人蒙受经济损失而提出的索赔；由于是承包人或分包人的原因导致工程非正常终止或者合同无法履行的，发包人可以提出索赔。

（7）其他索赔

如汇率贬值，汇率变化，物价变化，政策法令变化等原因引起的索赔。

2. 索赔费用的组成

索赔费用的组成与建筑安装工程造价的组成类似，一般包括以下几个方面：

（1）人工费

即指列入概算定额的直接从事建筑安装工程施工的工人和附属辅助生产单位的工人开支的各项费用。在索赔费用中，当然还包括增加工作内容的人工费、停工损失费和工作效率降低等的损失费的累计，其中增加工作内容的人工费应按照计日工费计算，而停工损失费和工作效率降低的损失费按窝工费计算，窝工费的标准双方应在合同中设定。

（2）设备费

可采用机械台班费、机械折旧费、设备租赁费等几种形式。当工作内容增加引起的设备费索赔时，设备费的标准按照机械台班费计算。因窝工引起的设备费索赔，若施工机械属于施工企业自己的，按照机械折旧费计算索赔费用；若施工机械是企业从外部租赁的，索赔费用的标准按照设备租赁费计算。

（3）材料费

材料费的索赔包括：由于索赔事项材料实际用量超过计划用量而增加的材料费；由于客观原因材料价格大幅度上涨的费用；由于非承包人责任工程延期导致的材料价格上涨和超期储存的费用。材料费中应包括运输费、仓储费，以及合理的损耗费用。如果由于承包人管理不善，造成材料损坏失效，则不能列入索赔计价。承包人应该建立健全物资管理制度，记录建筑材料的进货日期和价格，以便索赔时能准确地分离出索赔事项所引起的材料额外耗用量。

（4）管理费

管理费包括现场管理费和企业管理费。现场管理费是指承包人完成额外工程、索赔事项工作以及工期延长期间的现场管理费，包括管理人员工资、办公、通信、交通费等。企业管理费主要指的是工程延期期间所增加的管理费，包括总部职工工资、办公大楼、办公用品、财务管理、通信设施以及企业领导人员赴工地检查指导工作等开支。

（5）利润

一般来说，由于工程范围的变更、文件有缺陷或技术性错误等引起的索赔，承包商可列入利润。但对于工程暂停的索赔，由于利润通常包括在每项实事工程内容的价格之内，而延长工期并未影响削减某些项目的实施，也未导致利润减少，一般监理工程师很难同意在工程暂停的费用索赔中加进利润损失。索赔利润的款额计算通常是与原报价单中的利润百分率保持一致。

（6）延迟付款利息

发包人未按约定时间付款的，应按银行同期贷款利率支付延迟付款的利息。

3. 索赔的程序

（1）索赔事件发生后28天内，向监理工程师发出索赔意向通知。

（2）发出索赔意向通知后的28天内，向监理工程师提交补偿经济损失和延长工期的索赔报告及有关资料。

（3）监理工程师在收到承包人送交的索赔报告和有关资料后，于28天内给予答复。

（4）监理工程师在收到承包人送交的索赔报告和有关资料后，28天内未予答复或未对承包人作进一步要求，视为该项索赔已经认可。

（5）当该索赔事件持续进行时，承包人应当阶段性地向监理工程师发出索赔意向通知。在索赔事件终了后28天内，向监理工程师提供索赔的有关资料和最终索赔报告。

4. 索赔的技巧

"有理"才能走四方，"有据"才能行得端，"按时"才能不失效。索赔直接牵涉到当事人双方的切身经济利益，靠花言巧语不行，靠胡搅蛮缠不行，靠不正当手段更不行。所以，在施工全过程中必须及时做好索赔资料的收集、整理、签证工作。

（1）索赔成功的基础在于充分的事实、确凿的证据。这些事实和证据只能来源于工程承包全过程的各个环节之中。关键在于用心收集、整理好，并辅之以相应的法律、法规及合同条款，使之真正成为成功索赔的依据。

（2）学习招标文件、合同条款及相关的法律、法规尤为重要。项目部每个专业、每个部门都应认真学习。在工程开工前应搜集有关资料，包括工程地点的交通条件；"三通一平"情况；供水、供电是否满足施工需要；水、电价格是否过预算价；地下水位的高度、土质状况、是否有障碍物等。组织各专业技术人员仔细研究施工图纸，互相交流，找出图纸中疏漏、错误、不明、不详、不符合实际、各专业之间相互冲突等问题。

（3）在图纸会审中应认真做好施工图会审纪要，因为施工图会审纪要是施工合同的重要组成部分，也是索赔的重要依据。

（4）施工中应及时进行预测性分析，发现可能发生索赔事项的分部、分项工程，如遇到灾害性气候，发现地下障碍物、软基础或文物，以及征地拆迁、施工条件等外部环境影响等。

（5）业主要求变更施工项目的局部尺寸及数量或调整施工材料、更改施工工艺等。

（6）停水、停电超过原合同规定时限；因建设单位或监理单位要求延缓施工或造成工程返工、窝工、增加工程量，等等。以上这些事项均是提出索赔的充分理由，都不能轻易放过。

（7）施工组织设计及专项施工方案，施工进度、劳动力及工机具计划，也是工程索赔的依据。

5. 处理好相互关系

索赔必须取得监理的认可，索赔的成功与否，监理起着关键性作用。索赔直接关系到业主的切身利益，承包商索赔的成败在很大程度上取决于业主的态度。因此，要正确处理好业主、监理关系，在实际工作中树立良好的信誉。

古人云："人无信不立，事无信不成，业无信不兴。"诚信是整个社会发展成长的基石。因此，按诚信为本、操守为重的理念，健全企业内部管理体系和质量保证体系，诚信服务，确保工程质量，树立品牌意识，加大管理力度，在业主与监理的心目中赢得良好的信誉。比如，施工现场秩序井然，场容整洁；项目经理做到有令即行，有令即止。总之，要搞好相互关系，保持友好合作的气氛，互相信任。对业主或监理的过失，承包商应表示理解和同情，用真诚换取对方的信任和理解，要创造索赔的平和气氛，避免感情上的障碍。

（四）建设工程价款优先受偿权

在施工合同履行过程中，业主拖欠工程款的现象司空见惯，施工企业的权益难以保障，甚至出现了农民工群体发生了本不应该发生的极端事件，社会影响极坏。对于施工企业如何运用法律手段解决拖欠工程款问题，《合同法》及相关司法解释已有了明确规定，即发包人未按照约定支付价款的，承包人可以催告发包人在合理期限内支付价款；发包人逾期不支付的，除按照建设工程的性质不宜折价、拍卖的以外，承包人可以与发包人协议将该工程折价，也可以申请人民法院将该工程依法拍卖，建设工程的价款就该工程折价或者拍卖的价款优先受偿。这就是建设工程价款优先受偿权问题，

1. 权利行使主体

根据最高人民法院《关于建设工程价款优先受偿权问题的批复》（法释〔2002〕16号以下简称《批复》），权利行使主体为：

（1）建设工程价款优先受偿权的权利主体仅指建设工程施工合同的承包人，不包括建设工程勘察、设计合同的承包人；

（2）根据合同相对性原理，只有总承包人享有建设工程价款优先受偿权，分包人不能主张该优先权；

（3）装饰装修合同的承包人是否具有工程优先受偿权？只能在建筑物因装饰装修而增加价值的范围内优先受偿，同时发包人必须是该建筑物的所有人。

2. 受偿范围

根据《批复》，建设工程价款包括承包人为建设工程应当支付的工作人员报酬、材料款等实际支出的费用，不包括承包人因发包人违约所造成的损失。也就是说，除了承包人工作人员报酬、材料款等在工程建设中实际支出的费用外，其他的费用包括发包人违约对承包人所造成的损失、违约金等不能享受优先权。《合同法》第286条规定享有优先受偿权的是"建设工程价款"，而按照一般人的通常理解，损害赔偿金并不属于"价款"之列。

3. 行使权利的期限

根据《批复》，建设工程承包人行使优先权的期限为六个月，自建设工程竣工

之日或者建设工程合同约定的竣工之日起计算。也就是说承包人一旦超过了上述六个月的期限就等于主动放弃了此项优先权。为确保自身权益，充分行使建设工程款优先受偿权，承包人在承接建设工程时，应就主张建设工程优先受偿权的期限与发包人作出特别约定，以延长权利主张的期限。一般说来，在建设工程正常竣工情况下，计算日期应是建设工程竣工之日。但在建设工程无法正常竣工情况下，计算日期应为建设工程合同约定的竣工之日。在此种情况下，承包人可以与发包人协商以"烂尾"工程折价，或者达成延期付款和竣工的合意，以便继续履行变更后的施工合同。若承、发包双方不愿协商或协商不成，承包人可以在工程约定的竣工之日起六个月内行使优先受偿权，但承包人优先受偿权的实现，有待于建设项目的接盘、转让或重新启动。当出现"烂尾"楼整体拍卖时，承包人应从拍卖所得财产中优先受偿，当有新的开发商接盘"烂尾"工程时，接盘人在向承包人支付原发包人拖欠的工程价款后方可受让项目。

在建设工程无法正常竣工情况下，承包人应特别注意以下两点：

（1）如果承、发包双方在合同中约定，除按进度支付部分工程款外，余款于工程竣工六个月后支付，这种约定就有可能造成承包人难以及时行使优先受偿权。因此，在合同签约时，就应注意这个付款时间问题。

（2）如果在结算过程中延误优先权的行使，就会导致因优先权的丧失而无法获得清偿或全部清偿。这就需要注意，如果一旦出现六个月的时间即到期，而工程价款尚未确定的情况，应该怎么办？这时首先考虑的是发包人是否具有承担责任的能力，若没有就要及时提起诉讼，要求行使工程优先受偿权。

4. 权利行使方式

根据《合同法》第286条规定，建设工程价款优先受偿权的行使方式有二种：一是与发包人协议将该工程折价；二是申请人民法院将该工程依法拍卖。具体的行使程序：

（1）催告：有约定的应从其约定，没有约定的，一般将催告的"合理期限"确定为两个月以上。

（2）协议折价：与发包人协议将该工程折价，但这并非必经程序。

（3）申请拍卖：一般都经司法程序申请拍卖，即承包人向人民法院起诉，获得生效判决或者调解书后，向人民法院申请执行。当然承包人也可以仲裁书为依据申请人民法院强制执行。

5. 不予支持工程优先受偿权的情形

（1）建设工程的所有权已经转移或已被法院生效法律文书确定转移的。

（2）建设工程已经出售给交纳了全部或者大部分购房款的消费者的。工程优先受偿权是优先于所涉工程上的抵押权和其他一般债权，却不能优先于物权和具有物权期待权的购房人的权利行使。对于已经支付了全部或大部分购房款的买房人所购买的房屋，虽然该房屋尚未办理过户手续，但是为满足人民基本生活的需要，为维护交易安全和社会的稳定性，法律规定施工人的工程优先受偿权并不涉及该已出售的房屋。当然只有以生活消费为目的购买住宅的购房人才是消费者，对于以投资为目的的购房人，并不是消费者，他所购买的商铺、写字楼是不能对抗施工人的工程优先受偿权的。

（3）标的物为不宜折价、拍卖的学校、医院、政府机关办公楼、道路、桥梁等公益建筑工程的。

（4）承包人放弃优先权承诺有效。

综上，在施工过程中，现场项目经理部需要就工期、质量标准、付款方式、结算方式、违约条款、工程签证等重要条款与发包人达成补充协议、会议纪要或者应发包人要求出具书面承诺函时，应严格按照承包人内部的合同评审程序进行合同审核，及时将有关函件在签字盖章前送交承包人总部各部门进行审查，并报承包人高层领导同意，从而最大限度规避公司经营风险。

（五）管好分包商

分包商是建筑市场比较混乱的一环，特别是发包人指定的分包商更是混乱中的焦点。因此，加强对分包商的管理，是保证施工合同顺利履行的重要环节。如何管好分包商，关键把握以下几点：

1. 要求分包商提供履约担保，并对分包工程实施总体控制

现实操作中，承包人通常将分包商以土方一队、二队等名义编入承包人项目经理部名下施工，但由于其并非承包人内部编制，且该项目经理部也属未注册的临时结构，其本质上还是分包，不是内部承包关系。因此，对于分包人管理应特别注意，应要求分包人提供履约担保，并对其分包的工程进度、技术、质量、安全、资金实施管理，减少连带风险。此外，要注意主体工程不得分包；如果不属于主体工程，进行工程分包还必须得到业主认可；分包来的工程不能再分包。

2. 审核分包商的资质

对于必须分包的工程，也必须分包给具有相应资质的企业。对于承揽分包任务的分包商应该审核其资质证书、营业执照的真实性、有效性，是否与承接的任务等级要求相符。分包人提供的有关证书复印件应与原件核对并加盖对方套红印章留存。

3. 严格约定分包价格

《最高人民法院关于审理建设工程施工合同纠纷案件适用法律问题的解释》第2条规定，建设工程施工合同无效，但建设工程经竣工验收合格，承包人请求参照合同约定支付工程价款的，应予以支持。但实践中，分包人较少依据合同的单价提起诉请，而要按照工程当时当地的定额计算工程造价，而该价格往往高于合同中约定的工程造价。因此，承包人在与发包人签订分包合同时，严格约定分包价格，严防上述情况的发生。

4. 策略应对业主的指定分包

现实中，有些施工企业害怕得罪业主方，业主指定什么都认，这样做隐患很大。对于业主的指定分包，策略的做法是：若总承包人必须与指定分包人签订指定分包合同的，争取签订三方协议，即发包人、指定分包人三方来签，约定总承包人仅履行总包管理之责，付款义务在发包人一方，并且总承包人向分包人支付款项的前提条件是其已获得业主的支付。

5. 严防表见代理的发生

现实中，在施工合同履行过程中表见代理时常发生，它给施工合同各方当事人带来了很大麻烦和损失，必须严防此类事情的发生。防范措施主要有：

（1）必须要求分包人委派的经办人（代理人）向项目部提交一份委托书原件并留存。同时，要严格审查代理期限、权限及委托书的真实性。实践中，一些项目部制作的很多材料，包括验工计价单、材料领用单、拨款单等上的签字人根本没有得到合同主体的合法授权。此外，需警惕其他人模仿分包单位代理人的签名代签。

（2）尽量不要为分包人包括其工地负责人开具介绍信。若因特殊需要需开具时，在文字表述上必须仔细斟酌，因为介绍信在很多情况下具有委托授权的意义。

（3）妥善保管印章。做好项目部自身的印章和分包人印章的管理。要严格印章使用制度，防止项目部人员擅自在分包人提供的材料上加盖项目部印章，或分包人盗盖项目部印章，更不能为分包人刻制带有企业番号的印章。

（六）及时应对打官司

在合同履行过程中，一些施工企业由于诉讼证据收集意识不强，不注意收集和保存相关材料，等到出现了争议、诉讼时，才发现很多材料没有保存，引起举证不能的不利后果。因此，施工企业一定要按照"先小人后君子"的理念，强化诉讼意识，从项目建设开始就注重痕迹材料的收集，并强化保密意识，对自己单位的一些内部审批意见、领导意见等尽可能不要复印给对方。在合同履行中，要注意收集对方擅自分包、转包的相关证据。注意收集对方材料采购合同、大型机械设备租赁合同、劳务承包合同、大型机械设备进场和退场记录、现场施工人员名单等。如对方已经存在违约的，虽暂时不需要向法院起诉，也要注意收集对方违约的证据，特别注重材料收集的原件。从证据角度来说，只有原件才具有较强的证据效力，复印件除非对方认可及有其他有效旁证，否则很难被法院认定。要做到送达给对方的材料，注意让对方签收。对方送达的材料，要求对方提供原件，或从对方复印的资料要加盖对方单位公章。

四、垫资施工合同风险应重点防控

"垫资施工"，是建筑市场的老常态，也是中小型建筑施工企业的"梦魇"，对此，各方都"讳莫如深"。垫资施工，是指投资者在不给付预付款的情况下，要求施工企业带资施工到工程一定部位，或要求施工企业在工程开工前预缴一定数额的工程抵押金（保证金）后方能施工。垫资的方式包括：带资施工、形象节点付款、低比例形象进度付款和工程竣工后付款等。在目前的建筑市场上，无论是政府投资的项目、房地产项目、民营投资项目，还是基础设施项目几乎都涉及这种法律、行政规定和市场交易习惯并不明确的行为。因此，施工企业承接这类工程要承担更大的风险。在目前还不能简单地拒绝"垫资施工"的情况下，如何防控它的风险就显得格外重要了。

（一）充分研究招标文件

招标文件是一种"要约邀请"，其中很多条款都是将来的合同条款，涉及承包人与发包人的权利义务。投标人应对工程范围、有关付款条件等直接与承包人经济利益密切相关的条款要仔细推敲，必要时应会同相关部门在报价、工程质量、项目成本、资金回收等相关方面作可行性分析。如果对招标文件分析不透，盲目投标，很可能就会给垫资施工带来巨大风险。

（二）摸清业主情况

在谈判前或谈判中，要调查、了解、摸清业主方的情况，并应在研判的基础上决定是否"接盘"。对于大额垫资的项目，施工企业首先要对合同对方的资信情况进行严格的审查，包括项目的真实性、项目资金的来源及到位情况，既往的业绩、履约能力以及社会信誉等各方面情况。在项目运作过程中，最好聘请专业律师担任项目法律顾问，以便对以上情况进行了解。垫资项目的调查范围包括项目的合法性、项目的用途、项目的用地性质、项目用地是否抵押、项目的开发前景等方面。

（三）把好签约质量关

要从程序和实体两个方面把好签约质量关。从程序上，就是要求对签约权的行使要有规范化的操作流程；从实体上，就是要求对合同条款作综合评审，防止人人跑经营、个个都签约，难以保证签约质量，给企业带来很大的风险。因此，签约权的行使必须集中到法人层面，对施工企业授权代理人要有严格的资格要求，在程序上保证签约的规范，在实体上要做好合同条款的评审工作。根据合同标的和项目风险大小，由施工企业内部相关部门对合同条款进行逐条评审，重大项目应由施工企业组成合同评审委员会，针对合同中存在的问题提出修改意见，提出解决问题的办法。

（四）争取建设单位工程款支付保证

在目前条件下，一般是难以争取得到建设单位的工程款支付保证的，但是只要能够争取到，对施工单位的垫资款回收是很有保障的。例如建设单位以土地使用权提供担保，或者以其他房产作为担保等。若财产抵押担保，必须了解抵押财产是否属于抵押人，有否重复抵押情况，抵押物价值是否与投入金额相等，同时要有书面抵押、保证协议，做好抵押合法登记手续。

（五）谨慎把握垫资额度

施工企业应仔细核算垫资额，量力而行。若合同没有约定垫资额度，而只约定为垫资至第几层或者约定垫资标段的百分比等，这时施工企业更应仔细核算垫资额，充分预测市场风险，预防材料涨价带来垫资额的大幅增加。

（六）实行项目合同经理委派制

实行项目合同经理委派制，将项目合同经理定位在项目副经理的地位，赋予他特定的职责权限，由公司直接领导，不受项目经理的行政干预，以便让他能够在职责范围内开展风险防范和预警工作。同时，还应实行项目部资金经理委派制，由其及时收取工程款，严格分包（劳务）商和材料商应付款项的审查与支付，监控现金流向。

（七）按照国际惯例深化中间结算，不放松竣工结算

建筑产品的结算周期很长，造价的争议时常导致拖欠款债权不落实，使施工企业诉讼无据。因此，按照国际惯例，加强工程进度款的中间结算就显得尤为重要。强调工程进度款的中间结算，并不意味着可以放松竣工结算。竣工工程的拖欠款其风险性也是很大的，必须在竣工后按照合同约定及时办理竣工结算。作为施工企业，首先要收集并整理好原始凭据，抓紧建设方实物供料的结算和已付工程款的核对，为竣工结算创造条件；竣工拖欠一旦发生，清理催讨要落实责任制，并辅以对责任人考核的奖罚激励措施。

（八）善于行使工程价款优先受偿权

工程款优先受偿权是施工企业的法定权利，但施工企业实施此项权利时应该为其真正适用创造充分的条件。即工程竣工后 28 天内向业主递交工程竣工报告及竣工验收资料；发包人确认后的 28 天内，承包人向发包人递交结算报告；发包人逾期不结算的承包人应当向其发出催款函。与发包人协商就其承建的工程折价或申请法院拍卖，其价款优先受偿。

（九）签订成本价回购合同

房地产预售项目业主若不能按照合同约定支付工程款，或预测到其未来付款可能有困难的，施工单位应当与其先签订成本价回购房合同，后针对回购房合同签订补充协议，明确购房不是目的，待建设单位工程款还清后释放回购房。也可采取其他担保措施，防止业主在施工过程中完全销售建筑物，使得施工企业无法行使优先受偿权。

第四节　建设工程合同典型案例警示

一、承包人能否以合同约定的工程价款低于"成本价"为由要求变更合同价款

——石某某诉浙江某建筑有限公司山东新泰分公司等建设工程合同纠纷案

【基本案情】

2011 年 5 月 18 日及 10 月 16 日，原告石某某与被告浙江某建筑有限公司山东新泰分公司（以下简称新泰分公司）签订了协议书及补充合同各一份，约定由原告承建被告华胥山社区 5 号楼、10 号楼的土建，协议书中明确约定了双方的承包方式、工程执行条款和结算条款等。工程施工完毕后，原告交付被告使用，双方按照合同约定进行了结算，被告支付原告工程款 4230000 元。原告主张协议书中约定的承包方式显失公平，合同价与实际成本价差额为 1778945.28 元，诉至法院要求判令被告支付上述差额。

【裁判结果】

法院经审理认为，石某某与新泰分公司签订协议书和补充合同，约定由石某某对涉案工程进行承包建设。根据《最高人民法院关于审理建设工程施工合同纠纷案件适用法律问题的解释》规定，石某某未取得建筑施工资质，其与新泰分公司签订

的合同无效，但涉案工程已经交付使用，石某某可参照合同约定请求支付工程价款。石某某主张涉案合同约定的工程价款远低于成本价，结算条款显失公平，但其与新泰分公司签订的合同对承包方式、工程执行、结算等条款进行了详尽约定，石某某作为完全民事行为能力人，具有对合同内容审慎审查的义务，其也未提交新泰分公司在合同订立中主观上存在故意利用其优势或者石某某轻率、没有经验的证据，且原告未举证证实其所建设工程的实际价值，以用于与合同价进行比较以确定系显失公平……石某某的该主张不能成立，不应支持。判决驳回原告石某某的诉讼请求。

【定性分析】

根据法律规定，合同无效后，因合同取得的财产应当返还；不能返还或者没有必要返还的，应当折价赔偿。由于建设工程的特殊性，无法适用返还原则，只能折价补偿。但建筑市场中，关于工程价款的计算标准较多，计算方法复杂多样，以何种标准折价补偿承包人工程价款，一直是审判实践中的难点问题。最高人民法院根据立法的主要出发点和目的，综合平衡发包人与承包人双方之间的利益关系后，依法确定施工合同无效后建设工程经竣工验收合格的，参照合同约定支付承包人工程价款。如果按照工程定额或者建设行政主管部门发布的市场价格信息作为计价标准给予折价补偿，就可能诱使承包人恶意主张合同无效，以达到获取高于合同约定工程款的目的，这与无效合同处理原则及制定司法解释以期达到规范建筑市场、为促进建筑业的发展提供法律保障的初衷相悖。另外，关于建设工程成本价问题，按照工程定额或者建设行政主管部门发布的市场价格信息作为计价标准认定的工程价款至多属于建筑市场的社会平均成本，而法律并不禁止建筑施工企业通过提高管理等方式降低其个体成本，故其以低于工程定额或者建设行政主管部门发布的市场价格信息作为计价标准确定的合同价，并不当然显失公平，其承揽工程后又以低于"成本价"为由要求变更合同的，不应予以支持，这也警示施工企业以及部分实际施工人，承揽工程应量力而行。

二、建设工程质量不合格，施工方无权要求支付工程价款

——东平某建筑项目部诉穆某某建设工程施工合同纠纷案

【基本案情】

2012 年 5 月 31 日，原、被告签订建筑安装工程承包合同一份，工程名称为鱼龙大酒店，承包工程每平方米 850 元，如果合同期内发生劳务、材料价格调整，取费标准变动，按文件规定执行，按国家规定据实结算平方。合同签订后，原告进行施工，

被告共支付工程款 225 万元。现该工程处于停滞状态，原告未全部完工，亦未要求对工程进行竣工验收结算。原告以被告未按照约定向其支付工程款，并因被告违约导致工程造价成本上涨为由诉至法院，要求判令被告支付拖欠的工程款、误工损失、设备租赁费，并将每平方米承包价格调整至合理水平。诉讼中，被告提出鉴定申请，要求对未竣工的鱼龙大酒店现状工程是否达到合同及施工图设计要求、质量是否合格等进行鉴定。2014 年 2 月 10 日，山东泰诚建筑工程司法鉴定所出具书面鉴定报告，认定鱼龙大酒店已施工工程砼构件强度达不到合同约定设计要求的 C30 等级，即对应质量达不到合格标准。

【裁判结果】

法院经审理认为，原告的企业性质为个人独资企业，法定代表人系蒋某某，但其并未提供相应的建筑施工资质证书，法院向其询问是否具有施工资质证书时其表示不清楚，故应认定原告不具备相应的建筑施工企业资质，原、被告签订的合同应当系无效合同。合同无效后，因该合同取得财产应予返还，不能返还或者没有必要返还的，应当折价补偿。原告承揽的工程经鉴定为不合格工程，故原告依据该无效合同提出的各项的诉讼请求既无事实根据，亦无法律依据，依法不予支持，判决驳回原告的诉讼请求。

【定性分析】

建设工程的质量安全直接关系着人民群众的重大生命与财产安全，我国法律对各类建设工程的质量都作了强制规定，建筑工程只有竣工经验收合格后，方可交付使用；未经验收或者验收不合格的，不得交付使用。因此，确保建筑工程质量合格，是建筑企业最基本的法定责任。在建设工程尚未竣工验收，工程已经停滞的情况下，施工方主张支付工程价款，亦应以所施工工程质量合格为前提条件，若施工的工程质量不合格，则无权要求发包方支付工程价款。

三、项目部不具有独立法人资格，相应责任应由设立该项目部的公司承担

——陈某某诉山东某工程集团有限公司等建设工程施工合同纠纷案

【基本案情】

山东某工程集团有限公司第六项目部（以下简称集团公司第六项目部）因施工需要建设一批彩钢板房，于 2011 年 6 月 1 日，与陈某某签订《彩钢板房施工合同》，将彩钢板房工程承包给陈某某。合同约定承包形式为包工包料，合同总造价 62000 元。

合同盖有集团公司第六项目部公章。合同完工后山东某工程集团有限公司（以下简称集团公司）未按时支付工程款，于 2011 年 6 月 26 日出具盖有集团公司第六项目部公章的证明一份，证实集团公司第六项目部欠付工程款 62000 元。

【裁判结果】

法院经审理认为，原告提交的其与集团公司第六项目部签订的《彩钢板房施工合同》，证明原告陈某某承建了集团公司第六项部的彩钢板房工程。虽然被告集团公司提出异议，认为这是集团公司第六项目部的行为，与集团公司无关，但集团公司第六项目部作为集团公司的内设机构不具备独立的法人资格，其行为所产生的民事责任应由集团公司承担。原告提交的集团公司第六项目部出具的证明证实了原告承包的彩钢工程总造价 62000 元，被告集团公司虽然有异议，但无相关证据证实。故原告请求被告集团公司支付工程款的请求于法有据，依法予以支持。判决被告山东某工程集团有限公司支付原告陈某某工程款 62000 元。

【定性分析】

建筑公司项目部、项目经理是建筑公司针对某一工程的施工管理而设立的临时组织机构、负责人。项目部不具有法人资格，以公司或公司项目部名义对外发生的法律关系（如购买建筑材料、支付工程款项、订立劳务分包合同、借贷，等等），应由公司承担相应责任。项目经理作为公司在该建设项目管理、施工的授权委托人，以公司或公司项目部名义对外发生的法律关系，且相对人善意无过失的，相应法律后果亦应由公司负担。

四、施工方应提高证据意识，对实际施工的工程量及时进行证据固定

——张某某诉青岛运通诚金投资有限公司等建设工程合同纠纷案

【基本案情】

被告青岛运通诚金投资有限公司（以下简称青岛运通公司）系一人有限责任公司，法定代表人是被告姜某。原告张某某与被告青岛运通公司签订《施工协议书》，约定原告以包工、包辅料的方式承包新泰钻石名厦商场 2—4 层室内安装施工等。合同约定："自签订施工协议日起，原告在当日内将现场前施工队所生产的产值及剩余材料费给予验收后将工费、材料费一次性付给被告青岛运通公司十万元人民币，剩余二十万四千元人民币从原告工程款中扣除。"后原告进驻工地施工，因被告青岛运通公司未按约支付工程款，原告停止施工，涉案工程未施工完毕，未进行验收。

原告张某某未取得建筑装修施工资质。涉案新泰钻石名厦工程系由被告江苏广通建设工程有限公司（以下简称江苏广通公司）从山东新泰某置业投资有限公司处承包，2015年1月29日被告江苏广通公司又将该工程1至5层商场内装饰装修工程分包给被告青岛运通公司，截至2016年7月3日被告江苏广通公司已按约支付被告青岛运通公司工程进度款。

【裁判结果】

法院经审理认为，原告未取得建筑装修施工资质，与被告青岛运通公司签订的《施工协议书》无效。原告仅施工部分涉案工程，未按约定施工完毕，原告主张的工程量无法确定，且施工工程亦未进行验收，其要求的工程款不予支持。待原告施工的工程量确定并经验收合格后，可另行主张权利原告要求被告赔偿经济损失20000元，未提交证据证明，不予支持。被告姜某系被告青岛运通公司法定代表人，其行为系职务行为，行为产生的后果应由被告青岛运通公司承担，但被告姜某不能证明青岛运通公司财产独立于自己的财产，应当对公司债务承担连带责任。被告江苏广通公司并非涉案工程的发包方，原告诉求其承担责任，于法无据，不予支持。

【定性分析】

本案原告未将约定的工程施工完毕，且双方也未就已施工工程进行结算，因原告停止施工后，被告青岛运通公司又让案外施工队进驻施工，故本案也无法通过现场勘验确定工程量，且原告施工工程也未进行验收，故原告诉求的工程款无法计算，其因举证不能而无法主张工程款。建设工程的施工方在进行建筑施工时，应与合同相对方通过签证、函件等方式明确固定工程量，尤其是工程未完工情况下停止施工并撤场，应注意对施工现状、已完成工程量的证据进行固定，避免因证据不足，导致应得利益无法得到保障。

五、施工企业应对地基基础工程和主体结构工程的质量"终身负责"

——山东某纺织有限公司诉新泰市某建筑工程有限公司等建设工程施工合同纠纷案

【基本案情】

2002年4月15日，原告山东某纺织有限公司（以下简称纺织公司）与被告新泰市某建筑工程有限公司（以下简称某建筑公司）签订《建筑安装工程承包合同》一份，纺织公司作为发包方，将其位于新泰市开发区内的纺部车间工程发包给某建筑公司具体施工，工期自 2002 年 4 月 15 日开工至 2002 年 9 月 15 日竣工。2002 年 11 月，某建筑公司将涉案工程交付纺织公司使用。在使用过程中，纺织公司发现其车间的水磨石地面出现了沉陷、裂缝的现象，便委托新泰市建筑工程质量监督站进行房屋安全鉴定。2003 年 10 月 8 日，新泰市建筑工程质量监督站出具《房屋安全鉴定报告》，认定涉案工程不能满足使用要求，建议将安放设备的地面进行加固。审理过程中，法院依法委托山东国泰建筑工程设计咨询有限公司就涉案工程是否存在地面下沉等质量问题、质量问题的成因以及该质量问题是否属于地基基础或主体结构进行质量鉴定。2014 年 4 月 22 日，山东国泰建筑工程设计咨询有限公司出具司法鉴定意见书，认定：1.该建筑物 8—16—A—H 区间内存在不同程度的地面沉降现象；2.依据现场勘验，该建筑物由于已使用十多年，回填土深度较深，地面变形主要是由于回填土变形所致；3.该质量问题属于地基基础的地基部分。

【裁判结果】

法院经审理认为，《中华人民共和国建筑法》第 60 条规定，建筑物在合理使用寿命内，必须确保地基基础工程和主体结构的质量。《房屋建筑工程质量保修办法》第 7 条规定，在正常使用条件下，房屋建筑工程的最低保修期限为：地基基础工程和主体结构工程，为设计文件规定的该工程的合理使用年限；因涉案工程在 2002 年 11 月即已经完工且交付纺织公司使用，且于 2006 年 3 月办理了工程竣工验收备案，至纺织公司起诉又过了七年之久，则确定本案建筑工程是否存在地基基础工程或主体结构工程的质量问题即成为关键。山东国泰建筑工程设计咨询有限公司出具的司法鉴定意见书，认定涉案建筑物 8—16—A—H 区间内存在不同程度的地面沉降现象、地面变形主要是由于回填土变形所致，并明确该质量问题属于地基基础的地基部分。对该司法鉴定意见书，各方当事人均未提交书面异议。鉴于涉案发生沉降的地面工程属于地基基础工程，在其合理使用年限范围内被告某建筑公司均应承担保修责任，故对其认为本案已经超出诉讼时效的主张不予支持，判决某建筑公司赔偿山东某纺织有限公司纺部车间地面沉降修复费用 1410336.99 元、鉴定费 133000 元，共计 1543336.99 元。

【定性分析】

建设工程的质量安全直接关系着人民群众的重大生命与财产安全，法律对各类建设工程的质量标准都作了强制规定，并设定了明确的质量保修期。其中，对于最为核心的地基基础工程和主体结构工程在合理使用寿命内，必须确保工程质量，也就是说施工企业对该部分工程质量要"终身负责"，如果建筑物在合理使用年限内出现质量缺陷，施工企业就必须承担相应责任，不能因为竣工验收时合格就免责，也不会因为诉讼时效的问题免责。所以，施工企业必须牢固树立质量第一的意识，严格按照法律的工程质量安全标准要求，加强质量监控，依法规范施工，不得擅自修改工程设计和施工标准，不得偷工减料，确保交付的建设工程经得起时间的检验。这同时也对一些企业转包与违法分包的行为提出了重大警示，如果将来建设工程质量出现重大问题，这些当初沾沾自喜于收取"管理费"的企业，很可能因小失大、得不偿失。

六、实际施工人以发包人为被告主张权利的，发包人在欠付工程款的范围内承担直接付款责任

——胡某某诉泰安某房地产开发有限责任公司等建设工程施工合同纠纷案

【基本案情】

2011年9月30日，被告泰安某房地产开发有限责任公司（以下简称房地产公司）与被告泰安某建筑安装工程公司（以下简称建筑公司）签订建设工程施工合同，将泰安岳秀阳光城二期工程发包给建筑公司，工程内容为南北地下车库及8栋六层框架住宅楼等。2011年10月9日，被告建筑公司又与王某某签订建设工程施工承包合同，将上述工程承包给王某某，后王某某将岳秀阳光城二期南车库及116#—120#楼住宅楼施工工程分包给原告胡某某施工。现涉案工程已经交付使用，涉案工程审计的造价为4200万元左右。后原告与王某某结算，但结算时有90多万元错账，原告要求与王某某继续对账，但王某某置之不理。请求法院判令被告支付原告工程款460万元。

【裁判结果】

法院经审理认为，被告房地产公司与被告建筑公司签订的《建设工程施工合同》系有效合同，被告建筑公司与被告王某某签订的《建筑工程施工承包合同》及被告王某某与原告达成的口头分包协议均无效，但因原告施工的工程已竣工且交付使用，根据法律规定，原告可依据其与被告王某某的协议要求支付工程价款。原告作为实际施工人，要求作为工程发包人的被告房地产公司承担付款责任，符合法律规定，依法予以支持。原告是与被告王某某达成的口头协议，因合同具有相对性，原告依据该约定要求被告建筑公司承担责任，于法无据，依法不予支持。判令王某某支付胡某某工程款1390852.46元。如王某某不按上述第一条的规定将所欠的工程款支付给原告，则房地产公司应在3096648.8元的范围内，直接向胡某某支付上述工程款。

【定性分析】

实践中，建设工程转包与违法分包的现象大量存在，实际施工人因索要工程款

发生纠纷的案件也很多，这就涉及各方主体的责任承担问题。《最高人民法院关于审理建设工程施工合同纠纷案件适用法律问题的解释》第 26 条规定，实际施工人以转包人、违法分包人为被告起诉的，人民法院应当依法受理。实际施工人以发包人为被告主张权利的，人民法院可以追加转包人或者违法分包人为案件当事人。发包人只在欠付工程价款范围内对实际施工人承担责任。这就要求发包人在工程发包、施工期间，加强工程管理，坚决制止建筑施工企业将工程承包后又转包、违法分包的行为，避免将自身拖入诉讼。

七、阴阳合同均无效，按实际履行的合同进行工程结算

——B 建筑工程公司诉 A 房地产开发公司建设工程施工合同纠纷案

【基本案情】

A 房地产开发公司将其开发的某小区住宅楼工程进行公开招标，招投标前 A 房地产开发公司与 B 建筑工程公司先行就合同的实质性内容进行了谈判，2014 年 3 月，双方就谈判内容订立了《某小区住宅楼建设工程施工合同》。后 B 建筑工程公司在公开招标中中标，并于 2014 年 8 月与 A 房地产开发公司订立了中标合同，该中标合同对工程项目性质、工程工期、工程质量、工程价款、支付方式及违约责任均作了详细的约定，并将中标合同向相关建设行政主管部门进行了备案。2015 年底，该工程竣工并验收合格。但双方对于用哪一份合同作为工程款结算的依据存在争议，2016 年 3 月，B 建筑工程公司诉至法院。

【裁判结果】

本案审理过程中，A 房地产开发公司认为，应按标前合同支付工程款，理由是标前合同是双方真实意思表示，且已经实际履行，而中标合同只是作为备案用途，不能用于工程结算。而 B 建筑工程公司认为，应按中标合同支付工程款，理由是中标合同是按照招投标文件的规定签订的，且已向有关部门备案，应作为结算依据。法院认定，因 A 房地产开发公司与 B 建筑工程公司违反招投标法的强制性规定，涉嫌串标，故标前合同和中标合同均认定无效，双方当事人应按实际履行的合同结算工程款。

【定性分析】

在建设工程领域，存在大量的"阴阳合同"，又称"黑白合同"，是指当事人就同一标的工程签订二份或二份以上实质性内容相异的合同。通常，"阳合同"是指发包方与承包方按照《招标投标法》的规定，依据招投标文件签订的在建设工程

管理部门备案的建设工程施工合同。"阴合同"则是承包方与发包方为规避政府管理，私下签订的建设工程施工合同；未履行规定的招投标程序，且该合同未在建设工程行政管理部门备案。

本案中，B建筑工程公司认为，中标合同已向有关部门备案，应作为结算依据。根据最高人民法院《关于审理建设工程施工合同纠纷案件适用法律问题的解释》第21条规定："当事人就同一建设工程另行订立的建设工程施工合同与经过备案的中标合同实质性内容不一致的，应当以备案的中标合同作为结算工程价款的根据。"但适用本条规定的前提是备案的中标合同为有效合同。而本案中，A房地产开发公司与B建筑工程公司在招投标前已经对招投标项目的实质性内容达成一致，构成恶意串标，并且签订了标前合同（阴合同），后又违法进行招投标并另行订立中标合同（阳合同），这一行为违反了《中华人民共和国招投标法》第43条、第55条的强制性规定，因此中标无效，从而必然导致因此签订的标前合同和中标合同均无效。故本案并不适用《关于审理建设工程施工合同纠纷案件适用法律问题的解释》第21条规定。因此，标前合同（阴合同）与备案的中标合同（阳合同）均因违反法律、行政法规的强制性规定被认定为无效时，应按照当事人实际履行的建设工程合同结算工程价款。

八、《建设工程施工合同》被确认无效后的过错赔偿责任
——大华公司诉美兰公司建设工程施工合同纠纷案

【基本案情】

2004年8月10日，发包人美兰公司与承包人大华公司签订《建设工程施工合同》，约定由大华公司承建美兰商厦的土建、水、电、暖及外墙装修工程。工期为2004年9月1日—2005年10月30日，合同工期总日历天数240天（扣除冬歇期），合同价款暂约定6000万元。合同约定，承包人必须按照协议书约定的竣工日期或工程师同意顺延的工期竣工。因承包人原因不能按照协议书约定的竣工日期或工程师同意顺延的工期竣工的，承包人承担违约责任。

美兰公司如期交付施工图纸，大华公司2004年9月1日进场施工。美兰公司在取得《预售许可证》后，于2005年5月与购房者签订《房屋买卖合同》，约定2005年12月31日交付房屋，逾期须按日支付违约金。

大华公司在施工过程中存在劳力投入不足，窝工，有时因自身的原因出现返工、工程被整改，曾经因使用无合格证的钢筋被暂停施工。2005年7月26日，大华公司

出具《承诺书》，承诺在美兰公司拨付 80 万元后，保证如期完工。7 月 27 日，美兰公司给付大华公司 80 万元。

2006 年 5 月 30 日，大华公司以美兰公司未足额支付工程进度款为由向美兰公司送达《终止合同通知书》。美兰商厦只完成主体框架。美兰公司已向购房者支付逾期交房违约金 465 万元。

大华公司起诉至法院，请求：判令美兰公司支付工程款 1377 万元，并终止施工合同；承担迟延支付工程款利息及违约金 60 万元；美兰公司辩称已按施工进度足额支付工程款。

【一审裁判】

法院认为，根据《招标投标法》第 3 条、《工程建设项目招标范围和规模标准规定》第 7 条第（一）项的规定，涉案工程应进行招投标而没有进行，《建设工程施工合同》无效。关于大华公司主张工程款，因美兰公司自认还有 595 万元未支付，法院予以采信。美兰公司辩称工程未经验收合格，大华公司无权要求支付剩余工程款。一审法院认为，大华公司施工未完工程已经交付给美兰公司，且美兰公司并未提出异议，现没有证据证明美兰公司申请竣工验收，故其关于大华公司施工工程未经竣工验收拒付剩余工程款主张属于恶意抗辩，不予支持。一审法院判决：一、确认建设工程施工合同无效；二、美兰公司给付大华公司工程款 595 万元及利息；三、驳回大华公司其他诉讼请求。

美兰公司与大华公司均未提起上诉，一审判决生效。

2006 年 10 月 1 日，美兰公司另行向法院提起诉讼，主张大华公司因延误工期过错，赔偿其已向购房者支付的逾期交房违约金损失 465 万元。一审法院认为，美兰公司与第三方签订的《房屋买卖合同》违约损失，不属于无效合同赔偿范围，判决驳回美兰公司诉讼请求。

美兰公司不服一审判决，提起上诉。

【二审裁判】

美兰公司上诉称：大华公司提出解除合同时尚未完工，单方停止施工后，为避免损失扩大，又委托其他施工队伍进行施工，直到 2006 年 8 月才竣工。另外，在施工过程中大华公司从未递交工程延期报告，且存在现场作业面劳力投入不足，窝工返工、工程被整改，大华公司曾经因使用无合格证的钢筋被暂停施工等情况。大华公司应对其过错行为承担相应的赔偿责任，故请求判令大华公司赔偿实际损失 465 万元。

二审法院认为，双方签订的建设工程施工合同已被生效判决认定无效（根据当时相关司法解释认定案涉合同无效，并无不妥，但在《合同法》司法解释二颁布施行后，此类合同的效力认定问题似应认真考量——笔者注），《合同法》第 58 条规定，合同无效或者被撤销后，有过错的一方应当赔偿对方因此受到的损失，双方都有过错的，应当各自承担相应的责任。本案中，双方对于合同无效均有过错。大华公司如依诚实信用原则施工，工程按期交付，美兰公司向实际购房户支付的 465 万元逾期交房违约金可以避免。大华公司施工过程中存在现场作业面劳力投入不足，窝工，返工、工程被整改，曾经因使用无合格证的钢筋被暂停施工等情况；出具承诺书后，未按承诺完成约定工程量，大华公司应承担过错责任。对于因无效合同美兰公司实际赔偿购房户违约金 465 万元应纳入无效合同过错赔偿范围，由于本案不易计算过错与损失之间数额，综合衡量，根据《合同法》第 58 条规定，酌情裁量大华公司赔偿美兰公司实际损失 465 万元的 30%。

【定性分析】

本案是关于建设工程施工合同被确认无效后的处理问题。最高人民法院《关于审理建设工程施工合同纠纷案件适用法律问题的解释》（以下简称《解释》）第 2 条和第 3 条，对于建设工程本身主张工程款确立两个原则：一是工程经竣工验收合格的，承包人可请求参照合同约定支付工程价款；二是对于验收不合格工程能否修复作为分界点作出不同规定。该条司法解释的法律依据是《合同法》第 58 条。建设工程施工合同的履行过程，就是承包人将劳动及建筑材料物化到建设工程的过程。在合同被确认无效后，发包人取得的财产形式上是承包人建设的工程，实际上是承包人对工程建设投入的劳务及建筑材料，无法适用返还财产的方式使合同恢复到签约前的状态，只能按照折价补偿的方式对无效合同予以处理。

但理论和实务中，对于建设工程施工合同被确认无效后，发包方与第三方签订合同导致的违约责任损失能否作为建设工程施工合同无效的过错赔偿范围争议很大。

观点一：发包方与第三方签订的合同导致的违约责任损失不能作为建设工程施工合同无效的过错赔偿范围。理由是，第一，合同无效，当事人承担的是缔约过失责任，对此，《合同法》第 42 条规定了三种情形，即假借订立合同，恶意进行磋商，故意隐瞒与订立合同有关的重要事实或者提供虚假情况，有其他违背诚实信用原则的行为。即其过错应是"订立合同过程中"违背诚实信用原则的行为，对于发包方与第三方签订合同的违约责任损失，不属于建设工程施工合同无效的过错赔偿范围；第二，发包方与第三方签订合同的违约责任损失，与建设工程施工合同无效之间没有法律上的因果关系；第三，缔约过失责任保护的是信赖利益的损失。信赖利益也称消极利益，是指无过错合同一方当事人因合同不成立等原因遭受的实际损失。该损失范围应该仅针对订立合同本身，比如为订立合同对市场的前期考察费用、订立合同的支出等。

观点二：发包方与第三方签订的合同导致的违约责任损失应该作为建设工程施工合同无效的过错赔偿范围。其法律依据是《合同法》第58条。《合同法》第58条的表述方式不同于第42条，第42条明确缔约过失责任是指在"订立合同过程中"，而58条表述为"有过错的一方应当赔偿对方因此受到的损失"，按照文意解释，"因此受到的损失"范围不仅仅指"订立合同过程中"，即从立法本意而言，并不排斥将发包方与第三方违约责任损失纳入过错赔偿范围。另外，按照"有损失有救济"的法理原则，在发包方无法寻求依据有效合同追究承包方违约责任的情况下，应该给予其损害赔偿救济机会。

观点三：发包方与第三方签订的合同导致的违约责任损失能否作为建设工程施工合同无效过错责任赔偿范围，应区别情况看待。在符合一定条件下可以纳入。

我们倾向于第三种观点。其理由是：第一，从解释论，《合同法》第58条规定的过错赔偿责任，并不仅限于"订立合同过程中"，合同无效并不完全排除相关内容对当事人的拘束力，特别是在合同仅违反法律、行政法规有关程序性规定而当事人意思表示真实且不损害国家、集体和他人利益之情形。第二，合同尽管事后被确认为无效，在合同无效责任规定并不明确情况下，仍应适用诚实信用原则确定当事人的过错。第三，从平衡当事人利益角度也应将符合一定条件的发包人与第三方的违约责任损失纳入合同无效过错责任赔偿范围，即根据具体案情，根据无效合同当事人订立合同的过错、履行符合真实意思表示的合同过程中诚实信用原则违反程度、无效合同当事人的过错与损失之间的因果关系等角度综合分析。具体情形详述如下：

第一，衡量导致无效合同的原因和过错。根据过错程度承担相应的责任，双方对订立无效合同都有过错的，应当各自承担相应的责任，即应根据各方主观恶意和违背诚实信用原则的程度来分清各自责任大小，按照各自的责任，分担损失。

第二，建设工程施工合同无效是否导致合同完全不能参照适用？或者对当事人毫无拘束力？我们认为此问题尚可商榷。在区分无效合同过错中，合同中的有关条款仍可作为当事人是否违反诚实信用原则的参照。本案中，大华公司存在现场作业面劳力投入不足，窝工返工、工程被整改，曾经因使用无合格证的钢筋被暂停施工等情况；特别是出具承诺书后，未按承诺完成约定工程量，存在一定的过错。

第三，《合同法》第58条规定，合同无效的，有过错的一方要赔偿对方因此所受到的损失，这种损失赔偿应当包括订立合同过程中的损失和履行合同过程中的损失。目前学界在反思缔约过失责任的赔偿范围，认为，将缔约过失责任限于直接损失（主要是指因缔约而支持的费用）的做法错误。我们认为，从鼓励交易原则、维护诚实信用原则出发，对于缔约过失责任的赔偿范围不应仅限于缔约发生的费用。缔约过失赔偿的范围，应以对方的缔约过失造成的实际损失为准，包括缔约合同的支出，由于对于违反前契约义务而受有的损失，以及由于对方的过失而造成的订约机会丧失而受有的损失。就本案而言，发包方出于对承包方能按期完工的信赖，与第三方签订《房屋买卖合同》并确定违约责任。在合同无效情况下，发包方难以向承包方主张合同违约责任，在合同被确认无效且承包方在履行合同过程中的确存在过错情况之下，不将该损失纳入合同无效过错赔偿范围，无疑与"有损失有救济"的原则相悖。

第四，纳入无效合同过错责任赔偿的损失应当是赔偿损失一方订立合同时或合同履行过程中已经知道或应当预见的损失，且该损失应当是当事人有证据证明的已实际发生的损失。对于尚未发生的损失，亦不应纳入无效合同过错责任赔偿范围。该案中，大华公司在履行合同过程中，已经明知美兰公司与第三人签订《房屋买卖合同》，逾期完工将导致美兰公司逾期交房并承担违约责任，该损失的发生与大华公司订约过错及履约过错均有关系，其应对过错承担相应责任。

第五，发包方的损失与承包方的过错之间有因果关系。本案中，大华公司如果不存在延误工期情形，工程按期竣工，美兰公司如期交房，可以不必承担逾期交房违约损失。该损失的发生与大华公司违反诚实信用原则存在过错延误工期有因果关系。

实践中，确定损失与无效合同之间的因果关系，既包括无效合同的订立，也包括在履行合同过程中当事人诚实信用原则的违反。与合同订立、履行无关的损失不能列入赔偿范围。即应根据各方当事人违背诚实信用原则的程度来分清各自责任大小，按照各自的过错，分担损失。

建设工程施工合同被确认无效后，发包方与第三人签订的《房屋买卖合同》因逾期交房发生的违约损失，如果承包人在签订合同时或履行合同中已经知道或应当知道该损失发生，且该损失与承包人的过错有因果关系，可以纳入无效合同过错责任赔偿范围。根据承包方订立合同、履行合同中的过错责任程度及违反诚实信用原则的程度，依据《合同法》第58条规定判令其承担相应的责任。

九、装饰装修工程的施工人亦须具有相应施工资质
——王某诉青岛某酒店装修工程承包合同纠纷案

【基本案情】

2015年3月10日，王某与青岛某酒店签订《装修工程承包合同》一份，约定

由王某对青岛某酒店进行装饰装修，承包方式为包工包料，合同价款暂定100万元，工期自2015年3月10日至2015年6月10日，逾期完工则应根据逾期天数按每日1000元至实际交付之日止，承担逾期完工损失。工程款支付方式为签订合同当日支付30%，施工中期支付40%，竣工验收合格付25%，余5%作为质保金，保修期两年无质量问题后返还。并约定，若青岛某酒店未按期付款超过10日，应向王某支付逾期付款违约金5万元。合同签订后，王某按约进行施工，并提交录音证据证明其已于2015年5月28日完工交付，青岛某酒店于2015年6月1日投入经营使用。青岛某酒店共支付王某工程款70万元。现王某起诉请求青岛某酒店支付扣除质保金之外的工程余款25万元及相应利息并承担逾期付款违约金5万元。青岛某酒店抗辩称王某逾期完工，实际交付时间是6月30日，不应支付工程余款并应承担逾期完工违约金2万元。王某主张录音证据显示双方已进行完工交付，青岛某酒店主张的交付时间是其经营使用后又要求王某进行维修的时间，且已修理完毕，青岛某酒店在诉讼前也再未提出质量异议。

【裁判结果】

一审认为，根据合同约定，王某按约完成施工，青岛某酒店应承担支付工程欠款的义务。青岛某酒店虽抗辩称王某存在逾期完工，但青岛某酒店已于2015年6月1日进行经营使用，录音证据也显示双方也已于2015年5月28日进行完工交付，故青岛某酒店主张王某承担逾期完工违约金，证据不足，不予支持。因此，青岛某酒店应向王某支付剩余工程款25万元。关于违约金，一审认为，根据合同约定，青岛某酒店存在延期付款行为，应按照工程款总额的5%给予赔偿，遂判令青岛某酒店支付违约金5万元。青岛某酒店不服，上诉至本院。二审经审理认为，因王某作为个人不具有相应建筑施工企业资质，故其与青岛某酒店签订的装饰装修合同应依法认定无效。关于王某主张的工程款应否支持问题，本院认为，涉案合同虽被认定为无效，但鉴于涉案工程已经如期交付使用，不存在逾期完工的事实，青岛某酒店亦未提出质量异议，青岛某酒店应按约支付工程余款25万元。关于逾期付款违约金，二审认为，合同无效，违约金条款亦无效，故王某主张青岛某酒店支付逾期付款违约金，于法无据，应不予支持。但鉴于青岛某酒店未按期付款，其应承担相应利息损失。因涉案工程已于2015年5月28日完工交付，青岛某酒店应依法支付工程余款25万元，其未按期支付，故应自2015年5月29日起至本判决生效之日止以25万元为基数向王某支付按中国人民银行同期银行贷款利率支付的相应利息。

【定性分析】

本案主要涉及建设工程施工合同的效力认定问题。建设工程施工合同不同于一般民事合同，涉及建筑工程质量，事关国家利益和社会公共利益，因此国家对建设工程施工合同的成立生效给予更多的干预和监管。根据《中华人民共和国建筑法》第12条、第13条、第26条的相关规定，从事建筑活动的建筑施工企业，按照其拥有的注册资本、专业技术人员、技术装备和已完成的建筑工程业绩等资质条件，划分为不同的资质等级，经资质审查合格，取得相应的资质等级证书后，方可在其资质等级许可的范围内从事建筑活动。承包建筑工程的单位应当持有依法取得的资质证书，并在其资质等级许可的业务范围内成立工程。根据《最高人民法院〈关于审理建设工程施工合同纠纷案件适用法律问题的解释〉》第1条的相关规定，承包人未取得建筑施工企业直至或者超越资质等级的，应依法认定无效。由此可知，我国对建筑业企业实行资质管理，不允许无资质的建筑业企业或者超越资质等级许可的范围承接建设工程，否则所签订的合同无效。本案虽系装饰装修工程，但根据国务院《建设工程质量管理条例》第2条规定，本条例所称建设工程，是指土木工程、建筑工程、线路管道和设备安装工程及装修工程。因此，施工装饰装修工程亦应具有法定的施工资质，无施工资质的个人所签订的装饰装修合同应依法被认定为无效。但在司法实践中，从事装饰装修工程的承包人无施工资质的情况大量存在，也由此引发诸多纠纷。虽然根据《最高人民法院〈关于审理建设工程施工合同纠纷案件适用法律问题的解释〉》第2条之规定，建设工程施工合同无效，但建设工程经竣工验收合格，承包人请求参照合同约定支付工程价款的，应予支持。但施工人可依合同约定主张工程款，并不代表其可依据合同实现其他相关权益。因为根据《中华人民共和国合同法》第56条之规定，无效的合同或者被撤销的合同自始没有法律约束力。即在合同有效的情形下，当事人可依据合同约定主张相应的违约责任。而合同无效，违约金条款亦无效，比如逾期付款、延误工期的违约责任条款虽有合同约定，但因合同无效则对当事人不具有拘束力，依法不能适用。本案中，因合同无效，故王某依据合同约定主张的逾期付款违约金缺乏依据，应不予支持。但公平起见，虽违约金条款不能适用，基于利息是法定孳息，可从应付款之日对王某主张的逾期付款利息予以支持。另外，本案系因青岛某酒店主张王某逾期完工证据不足而不予支持逾期完工违约金。而实践中即使存在逾期完工事实，则逾期完工违约金也将因合同无效而不能适用。因此，在装饰装修工程中，无论是发包人还是承包人，均应根据我国法律规定，依法签订、履行合同，避免因违反法律强制性规定导致合同无效、不能实现合同目的，既不利于维护建筑行业的健康发展，也不利于建筑施工方合法权益的维护。当然，在实践中，对工程量少、造价低的家庭居室装饰装修，也可以依据有关承揽合同的规定进行处理，不因承包人无资质而认定合同无效。

十、证明工程量的证据应保存完整并记载清晰
——乙公司诉甲公司建设工程施工合同纠纷案

【基本案情】

甲公司（发包方）与乙公司（承包方）签订建设工程施工合同，约定甲公司将某项目的基坑支护工程发包给乙公司进行施工，工程竣工进行结算时，双方对部分工程——"预应力锚索"工程量产生争议，乙公司诉至法院。一审中，甲公司主张，2014年7月22日由涉案工程施工单位、监理单位、建设单位三方签字盖章确认的《××工程已完工程量表》（以下简称"《7月22日工程量表》"）中记载，预应力锚索工程量为10150m³，故乙公司完成的预应力锚索工程量应以此为准。乙公司认可该工程量完成表的真实性，但又另提交了一份2014年7月15日由涉案工程施工单位、监理单位、建设单位签字盖章确认的《××工程已完工程量表》（以下简称"《7月15日工程量表》"），该表中也记载了部分工程量，乙公司完成的工程量应为二张工程量表中记载的工程量之和。甲公司则辩称，认可《7月15日工程量表》的真实性，但该表系分表，《7月22日工程量表》系总表，后者系三方对最终工程量的确认。

【裁判结果】

原审采信甲公司的辩解，以《7月22日工程量表》完成时间在后，系总表为由，以该表为依据最终确认乙公司完成工程量为10150m³，据此判令甲公司向乙公司支付该部分工程款200余万元。乙公司对一审判决不服，以实际工程量应为二张工程量表记载的工程量之和为由提起上诉。

二审中经审理查明，《7月15日工程量表》中关于预应力锚索的记载是"1.南侧第二道锚索完成工程量2016m³。2.西侧第二道锚索完成数280m³。3.东侧第三道（-9.40m）锚索完成数2016m³"。而《7月22日工程量表》中关于预应力锚索的记载是"西、北、南侧第一道，东侧第一道、第二道锚索工程量10150m³"，二者记载的工程范围名称并不重合。二审庭审中，主审法官要求甲公司当庭确认两份工程量表中记载的工程量哪些部分存在重合，甲公司对此不能确认。据此，二审认定两份工程量表中确认的工程量不存在重合。因此，乙公司主张的关于涉案工程预应力锚索的已完工程量应是两份工程量表记载的完成工程量之和的上诉理由成立，涉案工程预应力锚索工程量应确定为2016+280+2016+10150=14462m³。该部分工程价款应为300余万元，据此对原审进行了改判。

【定性分析】

最高人民法院《关于审理建设工程施工合同纠纷案件适用法律问题的解释》第19条规定："当事人对工程量有争议的，按照施工过程中形成的签证等书面文件确认。承包人能够证明发包人同意其施工，但未能提供签证文件证明工程量发生的，可以按照当事人提供的其他证据确认实际发生的工程量。"本条规定从实际出发，从证据的角度来平衡双方的利益关系，对维护施工单位合法权益有利。实践中，根据工程惯例，确认工程量的证据除工程签证单外，"其他证据"一般还包括：双方往来函件、会议纪要、变更通知、设计变更图纸、施工日志、工程费用定额等。本案中，两份工程量表从形式上来看，更接近于工程签证单，但因记载内容纷繁庞杂，不易辨别，且形成在先的签证单记载预应力锚索工程量为 4000 余 m^3，形成在后的签证单记载预应力锚索工程量为 10000 余 m^3，这就使甲公司所主张的后者与前者是总与分关系的辩解具有一定的可信性，导致原审认定错误。二审详细审查了两份签证单中关于预应力锚索部位的描述的差异，结合甲公司不能确认二者关于预应力锚索工程量的记载哪些部分存在重合的事实，认定二者并非总与分的关系，对原审予以了改判。这也提醒广大建筑工程施工单位，在履行建设工程施工合同中，要保存好关于证明自己实际完成工程量的证据，一要保存完整，二要记载清晰，以防发生诉讼时举证不能或提交的证据被误读。

第七章　承揽合同风险防控

第一节　承揽合同概述

一、承揽合同的概念

承揽合同是日常生活中除买卖合同外常见和普遍的合同。根据《合同法》第251条第1款的规定，承揽合同是指承揽人按照定作人的要求完成工作，交付工作成果，定作人给付报酬的合同。在承揽合同中，完成工作并交付工作成果的一方为承揽人；接受工作成果并支付报酬的一方称为定作人。在日常生活中，如果合同中没有以承揽人、定作人指称双方当事人，也不影响对其法律性质的认定。承揽合同的承揽人可以是一人，也可以是数人。在承揽人为数人时，数个承揽人即为共同承揽人，如无相反约定，共同承揽人对定作人负连带清偿责任。

二、承揽合同的法律特征

承揽合同是诺成、有偿、双务、非要式合同，具有以下特征：

（一）承揽合同以完成一定的工作并交付工作成果为标的

在承揽合同中，承揽人必须按照定作人的要求完成一定的工作，但定作人的目的不是工作过程，而是工作成果，这与单纯的提供劳务的合同有不同之处。承揽合同所要完成的工作成果，既可以是体力劳动成果，也可以是脑力劳动成果，如承揽合同案例评析等；既可以是物，也可以是其他财产。

（二）承揽合同的标的物具有特定性

承揽合同是为了满足定作人的特殊要求而订立的,因而定作人对工作质量、数量、规格、形状等的要求使承揽标的物特定化,使它同市场上的物品有所区别,以满足定作人的特殊需要。

（三）承揽人工作具有独立性

承揽人以自己的设备、技术、劳力等完成工作任务,不受定作人的指挥管理,独立承担完成合同约定的质量、数量、期限等责任。在交付工作成果之前,对标的物意外灭失或工作条件意外恶化风险所造成的损失承担责任。故承揽人对完成工作有独立性,这种独立性受到限制时,其承受意外风险的责任亦可相应减免。

（四）承揽合同具有一定人身性质

承揽人一般必须以自己的设备、技术、劳力等完成工作并对工作成果的完成承担风险。承揽人不得擅自将承揽的工作交给第三人完成,且对完成工作过程中遭受的意外风险负责。但是如果经过定作人的同意,承揽人可以将承揽的主要工作交由第三人,但承揽人对第三人完成的工作成果还是要负责的。

三、承揽合同的种类

因承揽合同的包容性极强,法律对承揽合同的规定实际上是对一大类合同的规定,这是承揽合同与其他典型合同的一大区别。日常生活中,常见的承揽合同主要有:

（一）加工合同

这是承揽合同中很常见的一种。它是指定作人向承揽人提供原材料,承揽人以自己的技能、设备和工作,为定作人加工该材料,将其加工成符合定作人要求的成品并交付给定作人,定作人接受该成品并向承揽人支付报酬的合同。这里的材料必须由定作人提供,而不能由承揽人自备。由承揽人提供材料的称为定作合同,而非加工合同,这是定作合同与加工合同的根本区别之点。承揽人给定作人提供的家具涂刷油漆、把定作人提供的布料加工成服装等是加工合同中常见的加工类型。

（二）定作合同

定作合同是指依合同约定,由承揽人自己准备原料,并以自己的技术、设备和工作对该原料进行加工,并按定作人的要求制成特定产品,将该产品交付给定作人,定作人接受该产品并向承揽人支付报酬的合同。定作合同与加工合同的区别在于材料提供人的不同,已如前述。定作合同所要求的原材料由承揽人提供,但并不以该材料也由承揽人加工得来为必要，承揽人自其他人处取得该材料而为加工的，同样也可以。因为材料本身的归属已经超出了定作人的权利范围，只要工作成果不存在权利瑕疵或物的瑕疵，定作人对此无权过问。定作合同也是生活中极为常见的合同，如定做服装、家具，等等，则属此类，不胜枚举。

（三）修理合同

修理合同是指定作人将损坏的物品交给承揽人，由承揽人负责将损坏物品以自己的技术、工作负责修理好后归还给定作人，定作人接受其返还并向承揽人支付报酬的合同。按照修理合同标的物的不同，分为动产修理和不动产修理。动产修理一般涉及利益较小，也十分普遍广泛，凡是动产的损坏，一般都可以交付承揽人修理，如修理汽车、修理手表、修理自行车等，它要求修理人在修理好标的物后还应当交付该物。不动产修理，如房屋的修理，它不要求承揽人必须将修理好的房屋再为交付等。

（四）复制合同

复制合同是指承揽人依定作人的要求，将定作人提供的样品重新依样制作成若干份，定作人接受该复制品并向承揽人支付报酬的合同。承揽人依照定作人的不同要求可以采取不同的方式，如对文稿等可以复印，也可以约定对画稿的临摹，或将雕像重新模仿塑造，等等。

（五）测试合同

测试合同是指承揽人根据定作人的要求，利用自己的技术和设备为定作人完成某一项目的性能进行检测试验，定作人接受测试成果并支付报酬。

（六）检验、鉴定合同

检验、鉴定合同是指承揽人按照定作人的要求，对定作人提出需要检验、鉴定的内容，以自己的设备、仪器、技术等进行检验、鉴定，并向定作人提出关于该检验、鉴定内容的性质、相关的问题的结论，定作人接受这一结论并为此向承揽人支付报酬的合同。这类合同技术性强，因此尤其强调承揽人必须自己完成。

此外，承揽合同还有许多种，在此不一一详列。

四、承揽合同当事人权利义务

（一）承揽人的权利义务

1. 按约定完成工作

承揽人应按合同约定的时间、方式、数量、质量完成交付的工作。这是承揽人的首要义务，也是其获得酬金应付出的对价。承揽人应以自己的设备、技术和劳力亲自完成约定的工作，未经定作人同意，承揽人不得将承揽的主要工作交由第三人完成。承揽人将承揽的辅助工作交由第三人完成，或依约定将承揽的主要工作交由第三人完成的，承揽人就第三人的完成的工作对定作人负责。

2. 提供或接受原材料

完成定作所需的原材料，可以约定由承揽人提供或由定作人提供。承揽人提供原材料的，应按约定选购并接受定作人检查；定作人提供的，承揽人应及时检查，妥善保管，并不得更换材料。

3. 及时通知和保密的义务

对于定作人提供的原材料不符合约定的，或定作人提供的图纸、技术要求不合理的，应及时通知定作人。对于完成的工作，定作人要求保密的，承揽人应保守秘密，不得留存复制品或技术资料。

4. 接受监督检查

承揽人在完成工作时，应接受定作人必要的监督和检验，以保证工作符合定作人的要求。

5. 交付工作成果

承揽人完成的工作成果，应及时交付给定作人，并提交与工作成果相关的技术资料、质量证明等文件。但在定作人未按约定给付报酬或材料价款时，承揽人得留置工作成果。

6. 对工作成果的瑕疵担保

承揽人交付的工作成果应符合约定的质量，承揽人对已交付工作成果的隐蔽瑕疵及该瑕疵所造成的损害承担责任。交付的工作成果有隐蔽瑕疵，验收时用通常方法或约定的方法不能发现，验收后在使用过程中暴露或致定作人或第三人受损害的，承揽人应根据合同约定或法律的规定，承担损害赔偿责任。

（二）定作人的权利义务

1. 按照约定提供材料

合同约定，由定作人提供材料的，定作人应按照约定提供材料。

2. 支付报酬

定作人需支付的报酬和材料等费用的标准，合同中有约定的，按照约定的数额支付；如合同中没有约定或者约定不明确，则依通常标准支付。所谓通常标准，应为工作成果交付的当地当时的同种类工作成果的一般报酬标准。

按照《合同法》第 264 条的规定，定作人未向承揽人支付报酬或者材料费等价款的，承揽人对完成的工作成果享有留置权。应向承揽人支付报酬及材料费等费用，而因承揽人一方的原因无法支付时，定作人可以将报酬或者材料费等价款提存。

3. 协助义务

为了使承揽人及时完成工作成果，定作人应依约定及按诚实信用原则，积极协助承揽人工作。定作人不履行协助义务的，承揽人有权顺延履行期限，并在定作人对承揽合同所提供的不符合要求的原材料及图纸等拒绝补正时有合同解除权。

4. 验收并受领工作成果

对承揽人完成并交付的工作成果，定作人应及时检验，对符合约定要求的，应接受该工作成果。超过约定期限领取定作物的，定作人负受领迟延责任。

五、承揽合同的主要条款

按照《合同法》第 252 条规定，承揽合同的主要条款有：

（一）承揽的品名或项目

（二）数量和质量

承揽合同标的物的数量和质量应明确、具体地加以规定。

（三）报酬或酬金

承揽合同中应对报酬或酬金作出明确规定，包括报酬的数量、支付方式、支付期限等。

（四）承揽方式

承揽人必须以自己的设备、技术和劳动力完成主要工作，但可以将辅助工作交由第三人完成。

（五）材料的提供

在承揽合同中，用于完成承揽工作的材料是很重要的。承揽人提供材料的，承揽人应当按照约定选用材料，并接受定作人检验。而定作人提供材料的，定作人应当按照约定提供材料。

（六）履行期限

承揽合同要就承揽工作的履行期限作出具体规定。履行期限包括：完成工作的期限，交付定作物的时间、移交工作成果的时间，交付报酬的时间等。这些期限都应在合同中明确、具体地加以规定。

（七）验收标准和方法

验收由定作人进行，主要就承揽人完成工作在数量、质量等方面是否符合承揽合同的约定加以检验。除上述条款外，承揽合同还应就结算方式、违约责任等进行规定。

第二节　承揽合同中的法律风险

一、主体没有订立合同的资格或者没有实际履行能力

在现实经济生活中，经常出现的合同欺诈行为就是订立合同的主体没有订立合同的资格，或者根本没有履行能力。这种情况主要出现在以法人及其他组织为一方当事人之间订立的合同中，主要表现形式为：

（一）订立合同的一方根本没有提供法人资格证明；

（二）合同一方虽提供了《企业法人营业执照》，但不是原件而是副本或复印件，其实是伪造的证明；

（三）合同一方提供了正式的《企业法人营业执照》，但其实际虚报注册资本，无实有资金，并没有实际履行能力；

（四）合同一方在订立合同时虽提供了正式的《企业法人营业执照》，但因故已被吊销营业执照等。

二、代理人超越代理权限，以被代理人名义签订承揽合同

在承揽合同的签订中，经常有代理人以被代理人名义签订合同的情况，在被代理人授权范围内，代理人所签订合同的权利义务应由被代理人承受。但代理人超越代理权或代理权授权期限已届满后所订立的合同，未经被代理人追认，由行为人承担。在这种情况下，很可能会给合同另一方当事人造成损失。

三、定作方虚构或夸大加工任务及来源，使承揽人落入合同陷阱

在承揽合同欺诈中，通常定作方都会虚构加工任务，或夸大加工任务，使承揽人盲目相信该任务能产生多大经济效益，从而放松警惕，对定作方的苛刻要求不敢拒绝，在谈判中处于完全被动的局面，从而为落入合同陷阱埋下伏笔。

四、定作方提出的定作要求过于苛刻，使承揽人落入合同陷阱

定作方提出的定作要求在实际上是不可能实现的，或实现的成本明显高于承揽方所能达到的效益。根据承揽合同本身的要求，承揽人一定要按照定作人的要求来进行加工，并同样以此为标准进行验收。在承揽合同欺诈中，定作人经常采用的借口就是承揽人加工的产品不符合质量标准。而事实上，定作人所给的标准实际是不可能实现的。在合同中，定作人往往对定作物的质量标准定得非常复杂，或者模棱两可，使承揽人不可能按标准完成。还有的是，定作物按标准完成的成本过高，使承揽人最后不得不放弃履行。造成这种现象发生的原因，是承揽人往往由于急于签订合同，对合同没有进行认真审查，从而落入对方的陷阱。

五、在承揽合同中设立所谓"质保金""承诺金"进行欺诈

所谓"质保金""承诺金"，一般都是承揽合同中定作人要求承揽人预先支付的对质量或完成时间的保证金。但在合同中，定作人一般制定的质量标准是承揽人无法达到的。有的合同中对质量约定不明确或质量很难把握，这样定作人可以借口质量不合标准而解除合同，从而达到骗取"质保金"或"承诺金"的目的。

六、利用承揽合同中"押料款"进行欺诈

在承揽合同中经常有来料加工的情况，定作方提供原材料，承揽方进行加工，承揽方必须事前支付原材料款给定作方作为抵押。欺诈行为人往往利用这点进行欺诈。例如，利用承揽合同，收取押料款后借口质量问题，解除合同，并且不退押料款，从而达到变相销售积压货物的目的。

七、利用所谓的"提供散件，组装回收"对承揽方进行欺诈

一般是定作方将产品散装元器件交给承揽方进行加工组装，然后由定作方将成品进行回收，并向承揽方支付一定的费用。欺诈行为人一般采用骗取承揽人交付散

装元器件押金的形式进行欺诈，承揽人完成合同后定作人以质量、时间等种种借口解除合同，并拒付押金等。

第三节　承揽合同风险防控技能

一、订立合同前对双方能力要有充分了解

这是一个双方互相了解的过程。双方的名称、注册地址、法人代表的姓名、联系方式都要确认。对定作方的主体资格、代理权限、经营范围、企业信用、财务状况、任务来源、技术要求的合理性等要有基本的了解。对承揽方能否完成委托加工项目，其生产能力、设备条件、技术力量、工艺水平如何，以及其曾完成过何类水平的项目等，都要了解清楚。即使技术、工艺、设备及加工经历都符合自己的要求，也要尽量了解清楚其已承揽过多少此类业务，避免与没有签订合同资格的主体或者根本没有合同履行能力的主体，或委托代理人超越代理权限以被代理人名义签订承揽合同。防止承揽方盲目相信定作方夸大之词或者忽略定作方苛刻要求，使自己在纠纷中陷于被动的局面。

同时，要注意不能急于求成。承揽合同签订中，许多承揽人往往急于订立合同，争取到加工任务，而定作人恰恰抓住这一心理，强加一些不合理条款，甚至设下合同陷阱，承揽人这种为揽任务而盲目接受，无异于饮鸩止渴，最后可能蒙受更大的损失。因此，在承揽合同中承揽人应当保持冷静，不要为表面利益所迷惑，为避免风险宁肯放弃，也不能接受不合理条款或者费用。

二、选择适当的合同形式

承揽合同是诺成、不要式合同，当事人可任意选择口头形式、书面形式和其他形式。因为书面式合同形式有较强的证据力，在发生纠纷时，便于取证；而口头合同的证据力较差，在发生纠纷时不易证明合同的存在及相关内容，双方一旦发生纠纷，难以得到确切的证据，常常因无据可查而不易分清责任。因此，当事人应尽量采取书面形式。书面形式虽然比较复杂，但通过书面文字可以使双方权利、义务更加明确、

详尽、具体、肯定地表示出来，这不仅仅大大加强了签约双方的责任心，敦促各方恪守合同，而且一旦发生纠纷，书面承揽合同也可以成为可信的书证，成为人民法院和仲裁机构正确裁决案件的重要根据，因此，当事人应尽量采取书面形式签订合同。虽说书面形式有可能会减少缔约的机会，但与可能引发违约而造成损失，甚至不得不提起诉讼的后果相比，仍然是微不足道的。当然，对那些能够即时清结的承揽合同，比如少量的复印、修理、快速扩充等，自无订立书面合同的必要。

三、标的物必须具体、合法

确定标的物是订立承揽合同的目的和前提，对标的物未约定或约定不明确，合同无法履行。因此在承揽合同中，应准确写明标的物品名或项目，不得含混或者模棱两可，不可使用代号，必须具体、准确并注明全称，以免产生误解，发生纠纷。

标的物必须是合法物（不能是制造枪支、弹药、毒品等），标的物不能侵犯他人合法权益（知识产权、商业秘密等）。

四、技术标准、质量要求必须明确、详尽

承揽合同的定作物或者完成工作项目的技术标准和质量要求应清楚、准确。标的物或者项目执行某一标准的，合同中应写明执行标准的名称、代号、编号。属于非标准的定作物，必须有明确的技术要求或者图纸资料；没有统一标准而有样品的，双方当事人应共同封存样品，妥善保管，作为验收的标准。避免签订无质量标准和技术标准的承揽合同。

承揽方应依约定按照定作方要求的技术条件完成工作，未经定作方同意不得擅自变更。承揽方在依合同要求进行工作期间，发现定作方提供的图纸或技术要求不合理应当及时通知定作方，定作方应当在规定的时间内及时答复，提出修改意见；承揽方在规定的时间内未收到答复的，有权停止工作并通知定作方，因此而造成的损失由定作方负责。为确保质量，定作方有权在工作期间随时检查或委托双方认可的第三方检验产品的质量。

在实践中，要注意防范不平等技术要求所带来的风险。如定作方提出的定作要求在实际上是不可能实现的，或者实现的成本明显高于承揽方所能达到的效益，这样可能给承揽方带来亏损的风险等。

五、原材料的提供及规格、数量、质量等要求应具体、明确

（一）承揽方提供原材料

承揽方使用自己的原材料进行加工生产或者完成工作，承揽方必须按照合同要求选用原材料，对产品质量或者工作成果负责，并接受定作方的检查验收。若隐瞒原材料的质量缺陷或者使用不符合合同要求的原材料，因而影响定作物质量的，定作方有权要求重作、修理、减少价款或者退货等处理。

（二）定作方提供原材料

1.定作方提供原材料的，要明确原材料的消耗定额，对超额部分的费用分担要作出约定；

2.定作方提供原材料的，应按合同规定的时间、数量、品种规格、质量保证供应，否则，对因原材料因素造成的定作物的质量瑕疵，承揽方不承担责任；

3.承揽方对每批次都应及时检验，发现原材料不符合要求的，应及时通知定作方调还或者补齐，不要认为这是定作方的事情而不加注意，以致发生纠纷造成双方损失；

4.承揽方对定作方提供的原材料不得擅自更换，对修理的物品不得偷换不需要修理的零部件。

（三）合同条款要明确规定原材料加工过程中的废品率、计算误差、边角余料的要求和处理方法等。

六、价款或者酬金条款要合理

报酬条款是承揽合同非常重要的条款，报酬支付的方式、时间对合同各方在合同履行过程中的影响甚巨。对定作人而言，付款时间越晚越符合其利益，他可以借此约束钳制承揽人，进而保证工作成果的质量，甚至要求获得后续服务。相对而言，承揽人却希望尽早获取报酬，最好的支付方式是在合同订立后即付款，至少也要分阶段或分期付款，这样不至于在合同履行过程中陷于非常被动的境况。因此，在签订承揽合同时，无论定作人还是承揽人，都十分关注报酬条款的签订。当然，报酬条款的最终确定不仅仅取决于各方的谈判能力，更取决于双方的实力对比及市场因素，在当今的市场经济中，相对而言，定作人的优势是较为明显的。

（一）价款或酬金的确定

价款是用来补付承揽方完成产品或者项目的价金，它包括原辅材料、技术、燃料动力、劳务及设备损耗等开支。酬金是不包括原辅材料和支付对方劳务或者智力成果的价金。对于加工定作物的价款或者酬金，国家或者主管部门有规定的，按规定执行；没有规定的，可由双方当事人商定。它应当包括以下主要内容：单价（是否含税）、总价、付款方式、付款日期、价格构成、货币种类等。

（二）违约金的确定

由于价款和酬金的计算方法不同，违约金的核定比例也不相同。以价款来计算违约金的比率，一般都低于酬金计算违约金的比率，这是因为价款中包括原材料、产成品，或购进品的价值部分，其价值远远大于酬金数量。因此，在实际工作中，企业要注意准确选定违约金计算的基数。

七、定金和预付款（订金）的约定要慎重

在加工承揽合同中，使用定金和订金（预付款）情况比较多，但由于定金和订金（预付款）法律性质不同，其承担的法律后果也截然不同。因此，企业在签订加工承揽合同时要慎用定金或者订金（预付款），防止对方利用"质保金""承诺金"或者"押料款"等名义进行欺诈。

八、合同履行的期限、地点和方式要清晰

没有履行期限和地点的合同是没法履行的，因此在承揽合同中双方当事人应当在合同中明确规定交（提）定作物的期限、地点和方式，并按照合同的规定履行。交（提）货日期的计算。根据规定，承揽人自备运输工具送交定作物的，以定作人接收的戳记日期为准；委托运输部门运输的，以发运定作物时承运部门签发的戳记日期为准；定作人自提定作物的，以承揽人通知的提取日期为准，但承揽人在发出提取定作物的通知中，必须留给定作人以必要的途中时间；双方也可以自行约定期限的计算方法。原材料等物品的交（提）日期计算，参照上述办法执行。定作物交（提）的地点和方式一经约定，除双方当事人协商同意外不得变更，如果一方擅自变更，要承担违约责任。

九、验收标准和验收方法条款要详细

验收标准和验收方法，是指对承揽人所完成的工作成果的验收标准和方法。验收标准用以确定其是否达到定作人所规定的质量要求或技术标准。因此，验收标准和方法事关合同的顺利履行，合同应明确规定。

（一）合同中要明确约定加工制作过程中验收的期限、次数、标准。承揽方在加工期间应接受定作方必要的监督检查，但定作方不能因此妨碍承揽方的正常工作。

（二）双方要约定验收的时间、地点和交付的期限。

（三）逾期验收或者受领定作物的，定作人应承担其风险，支付相关保管费用和其他费用。

（四）验收时有存封样品的，双方共同启封样品，以样品为验收依据；没有样品的，依技术资料图纸和规定的技术标准及要求进行验收。

（五）有些产品经检验难以立即发现其质量缺陷，须规定一定的产品保修期。在保修期内发现有质量问题的，除定作方使用或者保管不当造成的外，应由承揽方负责修复或者退换。保修期的设置必须合理。

十、违约责任要明确

合同条款的每一项责任都应明确，并保证其得到履行。违反合同约定的当事人，必须承担相应的法律责任，如向对方支付违约金、赔偿损失、不能收回定金或者双倍返还定金等。

承揽方和定作方都有可能成为违约责任的承担者，在合同中必须划分清楚。承揽方的违约责任主要有：未按合同规定的时间、质量、数量完成工作；未按合同规定包装定作物；擅自调还定作方提供的原材料、零部件；因保管不善致使定作物毁损、灭失等。定作方的违约责任主要有：中途废止合同；中途变更合同规定的定作物的数量、质量和完成的时间；未按合同规定提供期限提供定作物的原材料；超过合同规定的期限领取定作物或者不按期付款等。

十一、要求对方设定担保

签订合同时，对那些没有足够的履约能力或者履约能力不易查清的企业、单位，可要求对方设置担保，以督促其履行合同。设置的担保应符合《担保法》的相关规定。对方违约或者没有按约履行合同时，要注意在有效期限内向保证人主张权利。

第四节　承揽合同典型案例警示

一、承揽合同的风险责任如何认定
——浙江某保温材料厂与吉安某建筑工程公司承揽合同纠纷案

【基本案情】

2004年12月，浙江某保温材料厂（以下简称材料厂）与吉安某建筑工程公司（以下简称建筑公司）签订了一份合同书，约定"由材料厂为建筑公司承建的 A 楼房进行室内聚氨酯喷涂发泡工程，工程交付期为2005年8月31日，工程按国家标准验收，底部刷防火漆，建筑公司应交预付款10万元，工程总造价30万元，实行由材料厂包工包料"。之后，建筑公司如约交付了预付款10万元，材料厂即进入工地现场开始施工。2005年8月16日，突然发生火灾，将材料厂部分尚未刷防火漆的发泡工程烧毁，此时，双方对已完成工程造价28万元均无异议。火灾发生后，经公安消防部门认定，失火原因为：N公司进入 A 工程地域内进行电焊，未采取防护措施所致。一个月后，建筑公司向法院起诉，称材料厂未能如约交付工程，现工程烧毁，请求材料厂返还其预付款10万元。材料厂拒绝给付，并反诉称，工程最终未能交付，是因建筑公司整个工程安排不利，造成火灾，与己无关，建筑公司还应支付其已完工的工程款18万元。

【争议焦点】

审理本案，首先应确定本案的法律关系，本案属承揽合同纠纷，本案起诉及反诉的内容均为合同之诉，因此审理案件时应仅就该合同内容进行审查，看当事人双方的履约情况，对于这点是无可置疑的。本案审理中产生争议的焦点是：承揽的工程到底是否交付，发生火灾导致部分工程被毁的风险责任应由谁来承担？

对于此问题，有四种意见：

1. **工程没有交付，风险责任由材料厂承担。**

理由是：双方签订合同约定底部刷防火漆，之后才能交付。现工程显然没有完工，也就无从交付，且材料厂在规定时间内未能交付工程，属违约行为，按照我国合同法关于承揽合同的规定，工作成果未能交付的，其风险责任由承揽人即材料厂承担。因此，应支持建筑公司的诉讼请求，由材料厂将预付的 10 万元工程款返还建筑公司。

2. **工程已部分交付，建筑公司承担风险责任。**

笔者同意该种意见。理由是：该合同虽为承揽合同，但该案涉及的标的物本身及最终未能交付的原因均有其特殊性，因此，不能完全用承揽合同原则处理本案。该案标的物的完整交付，应在防火漆刷完之后，但除此工序之外的喷涂等大部分工程，确已附着于建筑公司的建筑物之上，应认定是一种事实上的交付；部分工程发生火灾被毁，材料厂与建筑公司双方都没有过错；材料厂未能如期完工，并不是工程最终不能交付的根本原因，在我国法律对意外事故发生毁损、灭失的风险责任尚无明确规定的情况下，应以标的物的实际转移来认定风险责任的承担，而不能单纯按其他一般标的物的交付形式来约束，因此，应视为标的物已部分交付，依照《合同法》第263条的规定，承揽人交付部分工作成果的，定作人应当相应支付报酬，故应由建筑公司就已完工的工程支付工程款。

3. **同意第二种意见，但又要求材料厂承担一定的违约责任。**

该种意见认为，材料厂未能交付工程，与其工程逾期有一定的关系，应承担一定的过错责任，可以从建筑公司应给予的工程款中适当扣除。

4. **处理合同纠纷时还应同时处理侵权纠纷，追加 N 公司为本案第三人。**

该种意见认为，导致本案发生的根本原因是第三人电焊保护不力，N 公司的行为无论对材料厂还是建筑公司，均是一种侵权行为，其应对本案造成的损失承担赔偿责任。

【定性分析】

本案标的物是否交付问题是关键，其决定了最终由谁来承担风险责任。标的物风险负担，是指合同成立后，因不可归责于双方当事人的事由，致使标的物毁损、灭失时，其损失的归属。标的物风险，必须是因不可抗力或者意外事故所造成，而并非当事人双方或当事人一方所造成。

对标的物风险由谁负担，主要有两种不同的主张：一是依"物主承担风险"的原则，即以所有权的转移时间作为标的物风险转移的时间。换而言之，就是标的物所有权归谁，由谁承担风险责任。二是依"交付转移风险"的原则，即无论标的物的所有权何时转移，都以标的物的实际交付作为标的物风险责任转移的标志。我国《民法通则》第72条规定，按照合同或者其他合法方式取得财产的，财产所有权一般自交付时起转移，法律另有规定或者当事人另有约定的除外。我国《合同法》第133条、第142条对买卖合同标的物风险责任的承担又作了具体规定，买卖合同标的物的所有权自标的物交付时起转移，但法律另有规定或者当事人另有约定的除外；买卖合同标的物毁损灭失的风险，在标的物交付之前由出卖人承担，交付之后由买受人承担，但法律另有规定或者当事人另有约定的除外。由此可见，标的物的风险，在法律无特别规定或当事人没有约定的情况下，应自标的物交付时起转移。

笔者认为，本案亦应运用第二个原则即依"交付转移风险"的原则。但本案标的物又与买卖合同、租赁合同的标的物有所不同。其特殊性在于标的物的完整交付不能一次性即时完成，而是须经过一定期限和程序逐渐完成。因此，不能笼统地说标的物没有交付。对于实际附着于不动产之上的部分，应认定为已经交付于不动产所有人，其风险责任亦发生转移。故对于这类案件，应作为一种特殊标的物，规定出其交付的特殊标准，而不应套用一般性标的物的交付来决定风险责任的承担。综上所述，本案的风险责任应由定作人建筑公司承担。

二、本案是劳动关系还是加工承揽关系
——某服装加工厂诉张某劳动纠纷案

【基本案情】

2002年11月，某服装加工厂在当地招工，条件是：劳动地点在工厂车间，劳动者自带生产工具，由厂方分配生产任务，按加工合格的产品计件付给报酬。张某应聘后被工厂录用。双方没有签订劳动合同。在劳动过程中，该厂管理比较松散，没有规定上下班的时间，劳动者只要完成工厂交给的生产任务即可以离厂回家。劳动报酬的领取也是随机的，工厂资金比较充裕的时候，就按劳动者前一阶段加工的产品的数量付给报酬。2005年1月，张某在劳动过程中被切伤左手，住院期间共花销医疗费3000元，事后经鉴定被评定为7级伤残。张某认为自己是在工作中受伤，应当按照工伤对待。某服装加工厂认为其与张某之间没有形成劳动关系而是一种加工承揽关系，张某不是该厂职工，不能享受工伤待遇。双方经多次协商未果，张某向当地劳动争议仲裁委员会提请仲裁，要求确认其与该厂之间形成的是劳动关系，仲裁委员会作出裁决，认定双方之间形成事实劳动关系，某服装加工厂不服该裁决，诉至法院。

【争议焦点】

本案的焦点是如何正确区分劳动合同关系和加工承揽关系。对此产生两种不同的意见：

一种意见认为，张某与某服装加工厂之间存在加工承揽关系。因为张某与该厂未签订劳动合同，也没有办理其他招工手续。工厂没有固定的上下班时间，也没有其他规章制度约束劳动者。在张某与某服装加工厂之间没有隶属关系，双方的地位是平等的。在一般的劳动关系中，用人单位要为劳动者提供符合国家规定的劳动条件和劳动保护用品。而张某在为该厂劳动的过程中，工厂没有为其提供劳动工具和劳动保护用品，这说明张某是用自己的生产工具、以自己的劳动技能为工厂加工产品。在张某与该厂之间存在的是一种口头上的加工承揽合同。虽然张某是在工厂内劳动，但仅仅依据劳动地点来判断当事人之间的关系是片面的。张某与某服装加工厂之间没有劳动关系，所以张某所受的人身伤害不能认定为工伤，不能享受工伤保险待遇。但张某是为某服装加工厂加工产品、完成承揽任务时受伤的，按照《民法通则》和有关司法解释的规定，当事人对造成损害均无过错，但一方是在为对方的利益或者共同利益进行活动过程中受到伤害的，可以责令对方或者受益人给予一定的补偿。某服装加工厂作为受益人应当给予张某一定的补偿。

另一种意见认为，张某与某服装加工厂虽然没有签订正式的劳动合同，但两者之间存在事实上的劳动关系。首先，张某是在某服装加工厂在当地招工时被聘用的。张某被聘用后，就是该厂的工人，虽然双方没有签订劳动合同，但存在事实上的劳动关系。工厂为张某分配生产任务，张某在工厂里按工厂的要求完成生产任务，符合劳动关系的特征。其次，张某自带生产工具，这是由工厂的生产条件简陋、生产设备和工具不充裕决定的，并不能以此来否认劳动关系的存在；张某没有按固定的时间上下班，是由于工厂自身的管理松散造成的，不是劳动者的过错，更与劳动关系的有无无关；张某按加工合格的产品的数量，不定期地领取劳动报酬，只是说明工厂与劳动者之间实行的是计件工资制，劳动者领取的是计件工资，而不是加工承揽的劳动报酬。张某与某服装加工厂之间存在事实上的劳动关系，张某在工作时间和工作场所内，因工作原因而受到事故伤害，应当认定为工伤，由某服装加工厂承担工伤保险责任。

【法院裁判】

法院经审理认为，张某与某服装加工厂之间存在事实上的劳动关系。宣判后，某服装加工厂表示服判，判决发生法律效力。

【定性分析】

正确审理本案的前提是如何区分劳动合同关系与加工承揽关系。

《工伤保险条例》在有关工伤认定的条款中使用的是"职工"一词而不是劳动者。职工一词的含义是与用人单位存在劳动关系的劳动者。与企业没有劳动关系的劳动者，如从事加工承揽业务的劳动者，不认为是职工，其在劳动过程中受伤也不能认定为工伤。所谓加工承揽合同是指承揽人按照定作人的要求完成一定的工作并交付工作成果，定作人接受承揽人工作成果并给付报酬的合同。承揽合同与劳动合同的共同点在于：两者都是具有一定的人身性质的合同，都是建立在劳动者提供一定劳动的基础上的。两者的区别是：承揽合同以完成一定的工作为目的，合同的标的是承揽人完成的工作成果，而不是劳动过程本身，而劳动合同的标的则是劳动者和用人单位在劳动合同中的权利和义务；承揽合同中，承揽人以自己的设备、技术和劳力独立完成工作，与定作人之间没有隶属关系，两者的地位是平等的。而在劳动合同中，劳动者与用人单位之间存在隶属关系，用人单位是管理者，劳动者是被管理者。用人单位要为劳动者安排生产任务，指定工作时间、工作地点和工作要求，并以各种规章制度来约束劳动者。

本案在某服装加工厂招聘张某的过程中，未与其签订劳动合同，其目的是为了逃避自己应当对劳动者承担的劳动保护和工伤保险责任。同时，其管理较为松散，既没有为劳动者提供必要的生产条件，也没有规定劳动者的劳动时间和其他劳动要求，但这只是企业在管理上存在的问题，不能以此来否认两者之间存在劳动关系，否则就会为企业侵犯劳动者的权益大开方便之门。某服装加工厂在录用张某的时候，采取的是招工的形式，而不是将自己的生产任务以定作的方式交给张某，自己作为定作人，张某作为加工承揽人。所以当事人双方从一开始就不具备建立加工承揽关系的意思，而是希望建立劳动关系。在劳动过程中，工厂向张某安排生产任务，并明确指定生产任务要在工厂中完成。按照工厂的要求，张某自带生产工具，这是由于工厂的生产条件不完善造成的，不能以此来认定两者的关系是加工承揽关系。

本案究其原因，是由于一些企业管理混乱，用工制度不规范，加之企业的经营者有意逃避自己的责任和义务造成的。只有确认企业与劳动者之间业已存在的劳动关系，落实其应当对劳动者承担的责任，才能有效地维护劳动者的合法权益，同时也督促企业完善用工制度，遵守劳动法律、法规建立良好的劳动管理秩序，促进企业和社会主义市场经济健康、有序地发展。

三、本案是买卖合同还是加工承揽合同
——胡某诉刘某产品质量损害赔偿纠纷案

【基本案情】

2007年8月下旬，原告胡某与被告刘某约定在被告处定作一台轻型升降机（俗称吊砖机），用于农村建房时提升建筑用材料。由原告胡某提供电动机、电源闸刀、电源线，由被告刘某代为购买成型吊砖机的减速箱及相应辅件。原告提供的材料不计价，材料款和焊接工资共1800元。定作时原告胡某要求按案外人邹某的吊砖机样式制作。被告按约定到邹某处购买了吊砖机的减速箱及相应配件，由其雇请的电焊工付某（有焊工资质）进行焊接，焊接过程中，原告胡某曾经到作业现场查看作业进程。2007年9月4日，原告胡某经验收后，对吊砖机进行了交付。原告胡某分三次向被告支付现金1800元。其后，原告胡某使用该吊砖机，先后为本地居民高某、谭某二家建房。2008年6月4日，原告胡某又为李某家建房，在提升水泥砖时吊砖机的卷线轴轴承发生爆裂，金属碎片击伤原告胡某并致其自二楼坠下地面而受伤。当即送至当地卫生院，因伤势较重，随即送至县协和医院救治，胡某于2008年8月15日出院，花去医疗费35634.34元。

经鉴定其伤残等级为九级伤残，住院手术医疗费用为人民币15000.00元左右，住院时间为9周左右。

原告胡某于2008年10月16以产品质量不合格为由诉至法院，要求被告刘某赔偿其医疗费、误工费、护理费、住院期间伙食补助费、交通费、鉴定费、后续手术治疗费、残疾赔偿金、被供养人生活补助费、吊砖机、在建房屋楼板、阳台重置价等共计216591.35元。

本案在审理过程中，原告胡某申请对该事故的成因进行鉴定，后又撤回申请。

刘某的个体工商户营业执照，核准经营范围及方式为五金零售，电焊，农用机具维修服务。

【争议焦点】

本案是买卖合同还是加工承揽合同纠纷，而原告起诉的是产品质量损害赔偿纠纷。

第一种意见认为，如本案定为产品质量纠纷，其举证责任应在被告方，但从本案事实来看，原告实际主张的是买卖关系，从双方的陈述及双方均认可的事实是，吊砖机的飞轮裂开后飞出伤害了原告，该吊砖机的减速器，系被告代原告购买，而

被告认可的是原告委托其购买，双方约定的价格是 1800.00 元，其就包含有材料费，如果仅仅是加工，其加工的费用只在 500.00 元左右。本案的关键是谁负有举证责任，其减速器是个买卖关系，所以该案的举证责任应在被告方。

第二种意见认为：原告胡某与被告刘某之间的法律关系应认定为加工承揽合同关系，其举证责任应在原告，本案原告胡某应认定为定作人，被告刘某为承揽人。虽然原、被告双方认可吊砖机的底座、转盘断裂后卷线轴脱落致原告胡某受伤这一事实，但原告胡某没有举证证明造成吊砖机底座、转盘断裂的原因。原告胡某仅从主观上推断底座、转盘断裂是产品质量的瑕疵所致，没有科学依据。原告胡某申请成因鉴定后又撤回申请，没有完成举证责任。所以原告胡某主张被告刘某赔偿其各项费用的请求，应不予支持。

【定性评析】

笔者同意第二种意见。其理由如下：

买卖合同是指出卖人转移标的物的所有权于买受人，买受人支付价款的合同。而承揽合同是指承揽人按照定作人的要求完成工作，交付工作成果，定作人给付报酬的合同。两个合同的共同点在于合同内容都是由一方交付标的物，由另一方支付相应价款。

两者的区别则是：（一）买卖合同的标的物既可以是种类物亦可以是特定物，交付的标的物一般是可替代物，是一种实实在在的物；而在承揽合同中交付的则是工作成果，交付的标的物一般是不可替代物。买卖合同是出让标的物的合同，凡法律、行政法规不禁止或限制转让的财产权（物、其他财产权），均可作为买卖合同的标的物，亦即买卖合同标的物并非仅局限于一种物品。同时，作为买卖合同的标的物，一般为买卖合同成立时已经存在之物，但也不限于此，将来可以获得之物，亦可以作为买卖合同的标的物，如期货买卖即是如此。而承揽合同是完成工作的合同，合同设立的目的是为完成一定的工作，工作完成的标志是工作成果的产生，可见承揽合同的标的是一定的工作成果，这个工作成果在合同订立时并不存在，需要通过承揽人的承揽行为来完成。定作人提出的要求，就是承揽工作成果特定化的依据，承揽人完成的工作成果须符合定作人的特定要求或者设计。

（二）买卖合同出让的标的物一般来说并不附着出卖方的劳务，只是单纯的物品或者其他财产权。承揽合同要交付的工作成果中则凝聚的是承揽人一定程度上的劳务，承揽人是用自己的技术、设备和劳力独立完成承揽工作，生产出工作成果，这是承揽合同特定的表现。定作人之所以选定承揽人来完成一定的工作，往往是在对承揽人进行了了解之后充分信任承揽人可以通过自己的承揽行为完成承揽工作，制作出符合要求的工作成果。因此，承揽人必须以自己的技术、设备、劳力为定作方完成工作，并承担工作不能完成的风险责任。

（三）买卖合同中的价款只针对标的物所有权的转移对价，即使有其他内容，也只是履行交付义务过程必要产生的费用，并不是出卖人履约的工作报酬；而加工承揽合同中定作人给付的报酬中包含了工作报酬和原材料成本两项基本内容。本案中，原、被告约定的价款为1800.00元，这1800.00元包含有原材料成本和工作报酬两项。

（四）买卖合同中没有原材料的特别约定，质量要求只针对生产出来产品而言。而承揽合同中定作人可以在产品质量要求之外，明确对原材料选用要求。

综上所述，本案应属于加工承揽合同纠纷，一审判决驳回原告的诉讼请求后，双方均未提起上诉。

四、交货地点未约定，加工承揽应提货
——海安某服饰公司诉无锡某丝绸公司承揽合同纠纷案

【基本案情】

2005年7月，无锡某丝绸公司要求海安某服饰公司为其扎染加工服装共计2973件，双方确定每件加工费为12元。服饰公司按约履行了加工义务后，通知丝绸公司提货。丝绸公司于同年7月16日提走加工完毕的服装1046件，同时要求服饰公司对余下有质量问题服装予以返修。同年7月18日，服饰公司整理好返修服装后通知丝绸公司带款提货，丝绸公司于同年7月20日再次提走加工完毕的服装857件，至此，丝绸公司在未给付加工费的情况下两次共提走服装1903件。余下1070件服装服饰公司于同年7月23日通知丝绸公司提货，丝绸公司于同日回函要求服饰公司将货送到其公司验收合格后再付加工费。同年8月30日，服饰公司又向丝绸公司发出律师函，再次通知丝绸公司带款提货。丝绸公司既不付款，也不提走成衣。

2005年10月13日，服饰公司将丝绸公司告上了海安县法院，并诉称：丝绸公司在未给付加工费的情况下提走加工完毕的服装1046件和857件，承诺第三次提货时一并带款结算。此后，丝绸公司对我公司的提货通知置之不理，致使我公司加工费无着落。现要求丝绸公司给付加工费35676元。

丝绸公司答辩并反诉称：我公司以每件加工费12元的价格委托服饰公司扎染加工服装共计2973件，并分两次提走加工合格的服装计1903件，尚有1070件服装服饰公司未按约交付，这个事实无异议。但是，没有支付加工费的原因，是因为服饰

公司拟交付的服装不符合约定的质量标准，给我公司造成经济损失 56134.88 元。我公司不同意向服饰公司支付加工费，且要求其赔偿经济损失 56134.88 元。

服饰公司对丝绸公司反诉答辩称：反诉所指的损失，是丝绸公司与外商在交易过程中所形成的损失，不是丝绸公司履行合同中形成的损失。请求驳回反诉人的反诉请求。

【法院判决】

海安县法院审理后认为：服饰公司与丝绸公司间的口头约定的加工承揽关系合法有效，应受法律保护。由于双方没有签订明确的书面合同，导致双方对加工服装的质量要求、检验标准和方式、报酬给付时间、交货方式等主要条款上约定不明确。按《合同法》规定，本案合同的履行应当在服饰公司住所地。丝绸公司将交货方式改变为要求服饰公司送货，但该改变没有得到服饰公司的同意，丝绸公司因此拒绝提货，责任在丝绸公司。据此，判决丝绸公司给付服饰公司加工物价款 35676 元；驳回丝绸公司对服饰公司的反诉请求。

【定性分析】

根据我国《合同法》的规定，当事人订立合同，可以采用书面形式、口头形式和其他形式。合同生效后，当事人就质量、价款或者报酬、履行地点等内容没有约定或者约定不明确的，可以协议补充；不能达成补充协议的，按照合同有关条款或者交易习惯确定。《合同法》第 62 条第（三）项规定，当事人就合同履行地点约定不明确，给付货币的，在接受货币一方所在地履行；交付不动产的，在不动产所在地履行；其他标的的，在履行义务一方所在地履行。本案中履行交货义务的为服饰公司，因此，合同的履行应当在服饰公司住所地，根据实际履行情况，丝绸公司也已两次到服饰公司提货。由于双方对支付报酬的期限也约定不明，所以，丝绸公司应当在提货时给付报酬。《合同法》第 259 条规定，承揽工作需要定作人协助的，定作人有协助的义务，定作人不履行协助义务的，承揽人可以催告定作人在合理期限内履行义务。因此，服饰公司通知丝绸公司将余下的服装提走，丝绸公司要求改变交货方式，未得到服饰公司的同意，丝绸公司因此拒绝提货，责任在丝绸公司。服饰公司可以要求丝绸公司支付报酬或者行使留置权。因此，服饰公司的诉讼请求依法应予支持。丝绸公司要求赔偿经济损失 56134.88 元的反诉请求，因其所提供的证据不足以证明其事实主张，应自行承担不利后果，故依法应予驳回。

五、因定作物瑕疵造成的返工费应由谁承担

——某县信用油脂厂诉某县粮油贸易公司承揽合同纠纷案

【基本案情】

原告：某县信用油脂厂。

被告：某县粮油贸易公司。

1992年1月，被告某县粮油贸易公司（甲方）与原告某县信用油脂厂签订一份加工承揽合同。合同规定甲方提供毛糖油20吨，乙方负责加工成精糖油。乙方以甲方提供的毛糖酸价为基数，降低8个酸价，并脱色去杂，加工后的精糖油应达到信用标准。每吨加工费为300元，由甲方提货时付清。合同签订后，甲方如期提交毛糖油20吨，乙方按常规以降低8个酸价的要求加工。同年4月，甲方在提取精糖油时，经化验，发现酸价高于信用食用标准2个，不符合食用标准，当即要求乙方返工，乙方返工后，双方就返工费由谁承担发生争议。甲方认为乙方有义务保证加工后的成品油达到食用标准，否则就构成违约，乙方加工后的精糖油高于食用标准2个，返工费理应自负。乙方认为，乙方按照合同要求，将毛糖油降低8个酸价，并脱色去杂，已完全履行了合同规定的义务。精糖油之所以高出食用标准2个酸价，是由于甲方提供的毛糖油不止高于食用标准的8个酸价，因此，精糖油酸价过高是甲方的过错造成，返工费应由甲方承担。双方争执不下，甲方拒付返工费，为此，乙方遂诉至法院。

【法院判决】

受理人民法院审理查明：甲方曾购进多批毛糖油，其酸价一般不高于食用标准8个。双方当事人合同中约定："由乙方负责对毛糖油降低8个酸价，脱色去杂以达到食用标准。"为了进一步查明事实，法院请有关部门对甲方提供加工的同类毛糖油进行化验，结果是高于食用标准10个酸价。据此，法院认为，本案是由于定作物原料瑕疵引起，乙方在接受定作物原料时疏于注意，不进行化验，以致造成精糖油达不到食用标准。根据《中华人民共和国民法通则》第111条的规定："当事人一方不履行合同义务或者合同义务不符合约定条件的，另一方有权要求履行或采取补救措施，并有权要求赔偿提供。"法院判决返工费由粮油贸易公司负担。

【定性评析】

本案是在加工承揽合同中因标的物问题而发生的纠纷。

本案是加工承揽合同中的加工合同。所谓加工合同，即承揽人用定作人提供的

原材料为定作人完成加工任务，为定作人制成成品，定作人给付报酬的合同。这种合同涉及的范围很广，如用定作人的材料加工成设备，用定作人提供的布料制成衣服等。

加工承揽合同的标的物是特定物。承揽合同的标的物是具有特定性质的物，这种特定性质因承揽合同的不同种类而异。加工合同的标的物是作为加工成果的物，它的特定性不仅来自定作人提供的原材料，而且来自加工人特殊的具体劳动。定作合同的标的物是作为定作成果的物。具体说来有两类：一类属于定作制品，如衣服、鞋、帽等。这类制品，表面上和市场上销售的同类物差不多，似乎也可称作种类物，其实不然。不仅因为衣料材质不同，即使材质相同，定作制品依据名人的具体尺寸和缝纫店成批统一制作也是不同的。因此，不能称定作制品为种类物，而只能称它们为特定物；另一类是经过修理的家具和生活用品，如经过修理的桌、椅、箱、柜、钟表，等等。这类物品的特殊性极为明显。就其原物来说，可能多是在商店里可以找到的种类物，但经过使用和修理之后，它们所具有的种类物的性质就消失了。这不仅是因为使用者使它增加了陈旧色彩，更重要的是增加了修理痕迹，或者对某个部分进行了改进，或者某个零件进行了更换。这些，都使经过修理过的物品具备了特定物的特征。修理合同和修缮合同的标的物是特定物更不用说了。

加工承揽合同标的物的上述特征，给承揽人履行合同提出了严格的要求。由于承揽合同标的的特定性和不可更换性，要求承揽人在完成工作中必须具有高度的责任心，认真细致地进行工作。否则，不履行合同，或定作物的损害、灭失，都会给定作人造成难以挽回的损失，即使承揽人承担赔偿责任，有时也不可能在实际上使定作人的损失得以弥补。当然，承揽合同标的物的这一特征也赋予承揽人以某些权利，如承揽人可以对定作人提供的材料和待修物品进行严格的检查，并在合同或单据上记录其质量特征。有的承揽合同则还要预先向定作人收取报酬，避免因定作人不如期领取定作物而出现不必要的纠纷。

在加工合同中，承揽方的首要义务是按照定作方的要求，将其所提供的原料加工成成品。结合本案的实际情况来看，处理本案的关键在于确认承揽方的加工行为是否完全符合定作方的要求。

该案的合同明确规定：承揽方将定作方提供的毛糖油"降低8个酸价，脱色去杂以达到食用标准"。从语言的逻辑关系看，"达到食用标准"是"降低8个酸价"并"脱色去杂"的必然结果。因此，油脂厂的主要义务是将毛糖油降低8个酸价，并进行脱色去杂处理。从本案的事实来看，油脂厂是履行了自己的义务的。而粮油贸易公司之所以提出"降低8个酸价"的要求，是基于以往购进的毛糖油酸价均不高于食用标准8个酸价。这种基于主观上认识错误而订立的合同条款，是当事人意思表示有瑕疵的表现，属于合同中的误解。因重大误解而签订的合同条款，可以导致该条款的撤销。但该条款的撤销，并不影响其他条款的有效。因该条款被撤销而造成的后果，根据过错责任原则，应由意思表示有瑕疵的当事人承担，即应该由粮油贸易公司承担。

但是，本案中的承揽方油脂厂也有一定过错。《中华人民共和国合同法》第19条第二款规定："承揽方对定作方提供的原材料，应及时检验，发现不符合合同规定的，应立即通知定作方调换或补充。"可见，对定作方提供的原料进行检验，是承揽方的法定义务，而油脂厂未能尽此义务，从而未能有效地防止定作物瑕疵。同时，承揽方如果发现原材料不符合合同规定，有立即通知定作方调换或补充的义务，以便防止定作物瑕疵，减少当事人的损失。由于完成工作并交付定作物是承揽人的法定义务，承揽人就有义务对定作物的品质负责，担保定作物无瑕疵，即使是在定作人提供的原材料有不符合要求的情况下，由于承揽方未及时检验并立即通知对方，故承揽人也应承担一定义务。

基于以上分析，该案中的返工费，应由粮油贸易公司支付大部分，其余部分则应由油脂厂自负，完全由粮油贸易公司承担返工费是有失偏颇的。

六、承揽合同中质量异议期限之认定
——某广告公司诉某大酒店承揽合同纠纷案

【基本案情】

某大酒店与某广告公司于2000年5月就部分印刷品签订加工承揽合同，合同中对承揽的标的、数量、质量、承揽方式、材料提供、履行期限等进行了约定，但对验收标准、方法及质量异议期限双方未有约定。在合同履行过程中，广告公司完成了90%的合同，酒店方支付了60%的加工费，双方对此没有争议。但在使用过程中，酒店方发现部分印刷品存在错字、漏字及译文错误等质量问题。2001年10月，广告公司向人民法院提起诉讼，要求酒店支付尚欠的加工费，酒店方同时提起反诉，以印刷品存在质量问题要求拒付剩余款并退回广告公司制作的印刷品。

【争议焦点】

本案在审理过程中，争议的焦点主要集中在酒店方提出的质量异议是否已过异议期限的问题，对此有两种观点。

一种观点认为，本案属于承揽合同纠纷而非买卖合同纠纷，因此确定酒店方对合同标的验收义务的法律依据应当是《合同法》第261条，而该条规定："承揽人完成工作的，应当向定作人交付工作成果，并提交必要的技术资料和有关质量证明。定作人应当验收该工作成果。"从本条可以看出，《合同法》并没有规定必须"及时"验收工作成果；同时该条也没有限定，定作人在发现工作成果质量瑕疵之后的合理期限内未对承揽人提出异议的，就视为该工作成果符合合同约定的要求，即没有规定特殊的时效期间，故应按普通时效的规定将承揽合同中定作人提出质量异议的期限确定为两年。

而且，从立法的本意来说，法律之所以没有为承揽合同中定作人提出质量异议规定特殊的时效，是因为承揽合同标的物一般是特定人为满足其特殊目的或特殊用途而定作的特殊物，而非种类物，一旦合同标的物不符合质量要求，承揽人一般不能将合同标的物移作他用或转让他人。换言之，即使定作人在较长时间内未就质量瑕疵通知承揽人，通常情况下不会对承揽人造成额外的损失，其承担的修理、重作、减少报酬、赔偿损失等违约责任与时效并没有太大的关联。

因此，《合同法》没有在分则中为承揽合同定作人的质量异议限定特殊的时效。法律如此规定，显然是为平衡定作人与承揽人之间的利益冲突，并充分考虑了承揽合同与买卖合同的不同性质。所以从立法的本意上去分析，在两年内对定作物提出质量异议，仍然符合法律的规定，应当获得支持。

另一种观点认为，在承揽合同中，虽然我国《合同法》第261条没有对定作人的质量异议期限及不在规定的期限内提出异议的法律后果作出明确的规定，但在市场经济条件下，为促进经济的发展、保护当事人的合法权益，要求当事人之间的法律关系不应当过长时间地处于不确定状态。

《合同法》第261条规定的是定作人应当验收，我们知道，验收的目的主要是为了检验工作成果是否按时交付、工作成果的质量数量是否符合合同的约定或者定作人的要求等，同时验收往往是双方当事人进行结算、定作人支付报酬等费用的前提条件。因此，根据公平和诚实信用原则，定作人接到工作成果时应当及时进行验收，验收的内容其中就包括查验工作成果的质量以及有关技术资料和质量证明。经检验，工作成果质量方面存有严重缺陷的，定作人可以拒收并通知承揽人。对质量异议的期限有约定的从其约定，合同没有约定或约定不明确的，应当在发现定作物不符合约定之日起的合理期限内通知，在李国光主编的《中国合同法条文释解》中阐明的是以30日为限。

根据现实情况看，承揽合同相对买卖合同而言其异议的期限应限定得更短，因为相对于承揽方来讲，为完成这些非种类物的定作物，通常情况下要制订特殊的方案、准备特定的物质条件，如规定定作方质量异议的期限过长，承揽方则要较长的时间去保留这些特殊的装备，以预期承担《合同法》第262条规定的修理、重作的违约责任，其后果是造成社会资源的大量闲置，以及当事人之间法律关系的长期不确定，不利于市场经济条件下资源的合理利用及债权债务关系的及时清结。因此，定作人在接收工作成果时应及时进行检验，检验后应及时通知。定作人未及时检验或者在检验发现问题后怠于通知，或者在收到工作成果之日起两年内未通知承揽人的，视为工作成果的质量符合要求。这里说的两年是最长的异议通知时间，即在两年内无论定作人是否发现定作物不符合质量约定，只要未向承揽人提出异议，就都视为对质量的认可。

在本案中，酒店方对定作物已使用了一年多的时间，在没有证据证明就质量问题曾向承揽人及时提出过异议的情况下，就视为其对质量异议怠于通知，应承担怠于通知的后果，即法庭应驳回其要求拒付余款及退货的反诉请求。

笔者同意第二种观点。

第八章　租赁合同风险防控

第一节　租赁合同概述

租赁合同，是指出租人将租赁物交付给承租人使用、收益，承租人支付租金的合同。在当事人中，提供租赁物的一方为出租人，对租赁物有使用或收益权的一方为承租人。

一、租赁合同的法律特征

（一）租赁合同是转移租赁物使用收益权的合同

在租赁合同中，承租人的目的是取得租赁物的使用收益权，出租人也只转让租赁物的使用收益权，而不转让其所有权；租赁合同终止时，承租人须返还租赁物。这是租赁合同区别于买卖合同的根本特征。

（二）租赁合同是双务、有偿合同

在租赁合同中，交付租金和转移租赁物的使用收益权之间存在着对价关系，交付租金是获取租赁物使用收益权的对价，而获取租金是出租人出租财产的目的。

（三）租赁合同是诺成合同

租赁合同的成立不以租赁物的交付为要件，当事人只要依法达成协议合同即告成立。

二、租赁合同的种类

（一）根据租赁物的不同，租赁可分为动产租赁和不动产租赁。不动产租赁包括房屋租赁和土地使用权租赁等。

（二）根据法律对租赁是否具有特殊的规定，可以将租赁划分为一般租赁和特殊租赁。特殊租赁是相对于一般租赁而言的，是指法律有特别要求的租赁，例如房地产管理法律对房地产的租赁、海商法对船舶的租赁以及航空法对航空器的租赁等都有特殊的规定。

（三）根据租赁合同是否确定期限，可以划分为定期租赁和不定期租赁。当事人可以在租赁合同中约定租赁期间，没有约定租赁期间的则为不定期租赁。对于不定期租赁，任何一方当事人都有权依自己的意愿随时解除合同，但在解除合同之前，应预先通知对方。但是，无论是否约定租赁期间，租赁期间都受20年法定期间的限制，即《合同法》第214条规定，租赁期限不得超过20年，超过20年的，超过部分无效。

三、租赁合同的内容

租赁合同的内容包括租赁物的名称、数量、用途、租赁期限、租金以及其支付期限和方式、租赁物维修等条款。

四、出租人的义务

（一）交付出租物

出租人应依照合同的约定的时间和方式交付租赁物。物的使用以交付占有为必要的，出租人应按照约定交付给承租人实际占有使用；物的使用不以交付占有为必要的，出租人应使之处于承租人得以使用的状态。如果合同成立时租赁物已经为承租人直接占有，从合同约定的交付时间时起承租人即对租赁物享有使用收益权。

（二）在租赁期间保持租赁物符合约定用途

租赁合同是继续性合同，在其存续期间，出租人有继续保持租赁物的法定或者约定品质的义务，使租赁物符合约定的使用收益状态。若发生品质降低而害及承租人使用收益或其他权利时，则应维护修缮，恢复原状。因修理租赁物而影响承租人使用、收益的，出租人应相应减少租金或延长租期，但按约定或习惯应由承租人修理，或租赁物的损坏因承租人过错所致的除外。

（三）物的瑕疵担保

出租人应担保所交付的租赁物能够为承租人依约正常使用、收益的状态，即交付的标的物须合于约定的用途。

（四）权利的瑕疵担保义务

出租人应担保不因第三人对承租人主张租赁物上的权利而使承租人无法依约对租赁物进行使用收益。

五、承租人的义务

（一）支付租金

《合同法》第 226 条规定："承租人应当按照约定的期限支付租金。对支付期限没有约定或者约定不明确，依照本法第 61 条的规定仍不能确定，租赁期间不满一年的，应当在租赁期间届满时支付；租赁期间一年以上的，应当在每届满一年时支付，剩余期间不满一年的，应当在租赁期间届满时支付。"租金虽为租赁物使用收益的代价，但在因承租人自己的事由而致不能对租赁物的全部或者一部分为使用收益时，承租人不能免除或者部分免除交付租金的义务，仍应按约定的数额交付租金。

（二）按照约定的方法使用租赁物

承租人应按照约定的方法使用租赁物；无约定的或约定不明确的，可以由当事人事后达成补充协议来确定；不能达成协议的，按合同的有关条款或交易习惯确定；仍不能确定的，应根据租赁物的性质使用。承租人按照约定的方法或者按租赁物的性质使用致使租赁物受到损耗的，因属于正常损耗，不承担损害赔偿责任。承租人不按照约定的方法或者按租赁物的性质使用致使租赁物受到损耗的，实为承租人违约，出租人可以解除合同并要求赔偿损失。

（三）妥善保管租赁物

承租人应以善良管理人的注意妥善保管租赁物，未尽妥善保管义务，造成租赁物毁损灭失的，应当承担损害赔偿责任。

（四）不得擅自改善和增设他物

承租人经出租人同意，可以对租赁物进行改善和增设他物。承租人未经出租人同意对租赁物进行改善和增设他物的，出租人可以请求承租人恢复原状或赔偿损失。

（五）通知义务

在租赁关系存续期间，出现以下情形之一的，承租人应当及时通知出租人：

1.租赁物有修理、防止危害的必要；

2.其他依诚实信用原则应该通知的事由。承租人怠于通知，致出租人不能及时救济而受到损害的，承租人应负赔偿责任。

（六）返还租赁物

租赁合同终止时，承租人应将租赁物返还出租人。逾期不返还，即构成违约，须给付违约金或逾期租金，并须负担逾期中的风险。经出租人同意对租赁物进行改善和增设他物的，承租人可以请求出租人偿还租赁物增值部分的费用。

六、承租人的转租权

承租人转租租赁物须经出租人同意。转租与债的转移不同。转租期间，承租人与出租人的租赁合同继续有效，第三人不履行对租赁物妥善保管义务造成损失的，由承租人向出租人负赔偿责任。承租人未经同意而转租的，出租人可终止合同。

七、买卖不破租赁

《合同法》第 229 条规定："租赁物在租赁期间发生所有权变动的，不影响租赁合同的效力。"据此，在租赁合同有效期间，租赁物因买卖、继承等使租赁物的所有权发生变更的，租赁合同对新所有权人仍然有效，新所有权人不履行租赁义务时，承租人得以租赁权对抗新所有权人，学理上称之为"买卖不破租赁"。

第二节　租赁合同中的法律风险

鉴于租赁合同以特定的动产或不动产为标的物，在订立和履行中也存在一定的风险，特别是长期的租赁，风险更大，应注意防范。

一、对合同主体资格审查不够

在租赁合同中，易被对方利用合同漏洞进行欺诈的多为出租人。主要因为在订立合同前未对承租人的主体资格及资信能力进行审查，致使租赁物无法收回或无法按期收回租金。

二、代理人超越代理权限签订租赁合同

在租赁合同的签订中，经常有代理人以被代理人名义签订合同的情况，在被代理人授权范围内，代理人所签订合同的权利义务应由被代理人承受。但代理人超越代理权或代理权授权期限已届满后所订立的合同，未经被代理人追认，由行为人承担。这种越权代理签订的租赁合同有可能会给对方当事人造成损失。

三、租赁合同内容中易出现的风险

具体包括对标的物约定不明确，尤其是对租赁物的数量和质量约定不明确导致纠纷；对标的物的使用约定不明确，承租人对标的物进行超负荷、掠夺性使用，致使租期届满后租赁物已无法继续使用；租赁物的维修和保养约定不明确，根据《合同法》的有关规定，一般应由出租人负责维修和保养，但当事人另有约定的除外。

四、租赁合同履行中出现的风险

具体包括出租人不按合同规定交付租赁物，实践中主要是迟延履行；出租人不履行合同规定的维修和保养义务；承租人不按合同支付租金，主要是迟延交付；承租人擅自改变租赁物的现状；承租人擅自将租赁物转租他人；承租人逾期不返还租赁物。

五、承租人被出租人利用租赁物套取押金的风险

在租赁合同欺诈中经常出现出租人利用租赁合同，要求承租人交纳与租赁物价值相当的押金，而当租赁期届满时，承租人却找不到出租人，出租人实际已经席卷大笔押金潜逃。承租人实际可能花费了较高金额"购买"了并不想购买的物品。

第三节 租赁合同风险防控技能

一、当事人主体资格方面的风险防控

（一）租赁合同当事人的主体资格及确认

合同一方当事人在签约前一定要认真审查对方当事人的主体资格。如果合同的对方当事人是企业，可以审查其营业执照或到当地市场监管部门去寻求帮助。

（二）租赁合同当事人的履约能力、资信状况及确认

只有确信对方具有履约能力，商业信誉良好，合同履行较有保障，才能与之签约。在实践中，要搞清对方的资信情况，主要是看其营业执照，了解注册资金、经营范围、企业经济性质、法定代表人或企业负责人等。另外，也可通过对方的老客户，从侧面了解对方的资信状况。

（三）代订租赁合同的代理人资格及确认

代订租赁合同应具备以下条件：

1.代理人必须事先取得委托单位的委托证明。书面委托的授权委托书是否已载明代理人的姓名或者名称、代理事项、权限和期间，并由委托人签名或者盖章。

2.代理人必须在委托人授权的范围内签订租赁合同，如超出此范围，需经委托人追认，否则，将由代理人自行承担责任。

3.代理人必须以被代理人的名义签订合同，否则，就不可能对委托人产生法律效力。

二、租赁合同形式方面的风险防控

租赁期限未超过六个月的，尽量采用书面形式，若当事人不同意采用书面形式的，当事人应当保留收集证明其间租赁期限的证据，比如证人、视听资料、缴纳租金的凭证等；租赁期限超过六个月的，应当采用书面形式，若当事人不确定租赁期限的，也可以不采用书面形式，这样租赁期限视为不定期的租赁，当事人可以随时解除租赁合同。

三、租赁合同主要条款方面的风险防控

在签订租赁合同时，当事人应特别注意以下主要条款是否存在瑕疵：

（一）租赁期限

租赁合同约定的租赁期限不得超过 20 年，若想超过 20 年后继续租赁租赁物的，可以在租赁期间届满时，续订租赁合同，但约定的租赁期限自续订之日起不得超过 20 年。租赁期满后，当事人需要续租的，应当续签租赁合同，重新约定租赁期限。

（二）租赁物的质量

出租人尽量不要出租质量不合格的租赁物，若租赁物在出租期间出现质量不合格，应及时进行维修，经过维修仍然达不到合格标准的，应当解除租赁合同。

（三）租赁物的使用

当事人应当在合同中明确约定租赁物的使用方法，出租人应当按照约定的方法使用租赁物，承租人按照约定的方法使用租赁物，即使致使租赁物受到损耗的，也不承担损害赔偿责任。出租人应当确保在租赁期间没有第三人主张权利，但若第三人主张权利的，承租人应当及时通知出租人。

（四）租赁物的维修

当事人应当约定谁承担租赁物的维修义务，若没有约定，只能由出租人履行租赁物的维修义务。当事人约定由出租人履行租赁物维修义务的，承租人在租赁物需要维修时可以要求出租人在合理期限内维修。出租人未履行维修义务的，承租人可以自行维修，注意保留维修费用凭证，维修费用由出租人负担。因维修租赁物影响承租人使用的，承租人可以要求相应减少租金或者延长租期。

（五）租赁物的保管

承租人应当根据租赁物的性质和特点采取合理措施妥善保管租赁物。

（六）租赁物的改善或者增设他物

当事人可以在合同中约定承租人对租赁物进行改善或者增设他物，若没有约定的，需要经出租人同意，注意保留出租人同意的证据，比如书面同意书、通话记录等。

（七）租赁物的转租

承租人将租赁物转租给第三人需经出租人同意，可以在租赁合同中明确约定，也可以在租赁过程中补充约定，要注意保留出租人同意的证明。转租时，承租人应当告知第三人租赁物的性质特点以及如何使用等，在转租期间监督第三人使用租赁物的情况。

（八）租赁物的租金

当事人应当在租赁合同中明确约定租金支付期限，承租人也应当按照约定期限内支付租金，承租人支付租金注意保留支付租金的证据，比如让出租人出具收据、转账凭证等。

（九）租赁物的所有权

租赁物的所有权在租赁期间可以变动的，不影响租赁合同的效力。但出租人出卖租赁房屋的，不在出卖前合理期限内通知承租人的，事后承租人知道后可以主张房屋买卖合同无效，并有权要求将该房屋出卖给自己。出租人出卖租赁房屋的，应当在出卖前合理期限内通知承租人，注意保留通知证据，承租人同意购买的，可以签订房屋买卖合同，并办理过户手续；若承租人不购买的，注意保留承租人不购买的证据，出租人可以将该房屋出卖给其他人。

（十）租赁物的毁损、灭失

在租赁期间，承租人应当妥善保管租赁物。出现租赁物毁损、灭失的，承租人应当保留造成毁损、灭失的原因的证据，及时采取合理措施防止扩大毁损灭失并告知出租人。

（十一）租赁物的返还

当事人在租赁合同中应当约定使用后的租赁物的状态，承租人在租赁期间按照约定的使用用途或者租赁物的性质使用。

（十二）违约条款及赔偿数额

在租赁合同中，要明确违约责任的形式及赔偿数额。同时，为避免合同欺诈，当事人可以附加一些条款，如担保条款、附期限条款、附条件条款等，以保证合同顺利履行。

四、租赁合同履行中的风险防控

租赁合同一经签订，就具有法律约束力，双方当事人必须严格遵照执行，认真、切实、全面地履行合同义务，也就是说，双方都应该做到"重合同、守信用"。这样，才能从根本上避免合同在履行中产生纠纷。如果一方违约，另一方则及时主张权利，并采取下列补救的措施来减少或挽回损失：

（一）对出租人不按期交付租赁物致使承租人无法实现合同预期的目的，承租人可以要求解除合同、支付违约金或赔偿损失。

（二）对技术要求较高的出租物，出租人应交付有关使用说明、装配图纸、操作规程等，这些在制订租赁合同时就应加以明确约定。

（三）租赁物上存在权利瑕疵，第三人对租赁物主张权利致使承租人不能使用收益的，承租人可以要求减少租金或免交租金。

（四）承租人无正当理由不支付或迟延支付租金的，出租人可以要求承租人在合理期限内交付，逾期不交付的出租人可以解除合同。

（五）承租人擅自改变租赁物现状，出租人可以要求承租人恢复原状或赔偿损失。如征得出租人同意并因此增加了租赁物的价值，返还租赁物时承租人可以要求出租人支付一定开支。

（六）承租人未经出租人同意将租赁物转租他人的，出租人有权解除合同。

（七）若双方纠纷经协商或者调解不能得到解决，则及时通过仲裁或者诉讼途径解决，力争将损失降到最低水平。

第四节　租赁合同典型案例警示

一、出租人怠于行使解除权，承租人私自转租仍有效
——刘某诉李某店面租赁合同纠纷案

【基本案情】

2010年5月，出租人刘某与承租人李某签订了一份《店面租赁协议书》，约定刘某将其所有的店面租赁给李某从事商业经营，租期为10年，李某未经刘某同意不得私自转租、转借、转让或以其他变相方法由他人使用店面，如有违约，应由违约方承担全部损失。

一年后，李某因经营不善，将该店转租给第三人王某。王某在重新装修该店面时，征询了刘某的意见，刘某同意王某装修。此后，店面由第三人王某经营。2013年6月，刘某欲将店面转租他人，遂以承租人李某未经其同意擅自转租为由请求法院解除双方租赁合同。法院认为，承租人李某的转租行为有效，出租人刘某不能行使单方解除权。

【定性评析】

合同单方解除权有两种，一种是法定解除权，一种是约定解除权。关于法定解除权，《合同法》第224条第二款规定："承租人未经出租人同意转租的，出租人可以解除合同。"转租合同在承租人与次承租人的合意达成之时已经成立，但是否

生效取决于出租人行使追认权还是行使合同解除权。如果出租人行使追认权表示同意，那么转租合同从达成合意之时生效；如果出租人明确表示不同意，则可以请求解除双方的租赁合同，转租合同归于无效。关于约定解除权，按照合同法的精神，当事人之间的约定明确且不违背法律法规的强制性规定即合法有效。如果当事人之间约定了擅自转租可以解除合同的违约责任形式，则视为有明确约定，应按双方约定处理。

需注意的是，出租人行使单方解除权是有时间限制的。最高人民法院《关于审理城镇房屋租赁合同纠纷案件具体应用法律若干问题的解释》第16条规定："出租人知道或者应当知道承租人转租，但在六个月内未提出异议，其以承租人未经同意为由请求解除合同或者认定转租合同无效的，人民法院不予支持。"该解释规定的出租人行使权利的6个月为除斥期间，即在法律规定某种民事实体权利存在的期间内，权利人不行使相应的民事权利，该民事权利在法定期间届满时消灭。除斥期间不得延长和中断中止，权利的发生从出租人知道或者应当知道之时起算。如果出租人知道或者应该知道其转租的事由，而怠于行使权利，那么该单方解除权即归于消灭。

本案双方当事人虽然在合同中约定了未经出租人同意不得私自转租的条款，出租人刘某也依法享有合同单方解除权，但根据第三人王某在重新装修时征得刘某同意的事实，出租人刘某应当知道承租人李某转租的事由，却未在6个月内行使单方解除合同权，其于两年后再来主张该解除权，法院不予支持。

二、变更承租莫忘登记
——王某诉刘某夫妇房屋租赁合同纠纷案

【基本案情】

争议的一间北房是某国管局所有的公有房产，原由张某承租。1993年，张某从其配偶所在单位分得二居室一套。其分房单位将该房分配给原告王某居住，原告王某与房屋所有单位签订了房屋租赁合同，承租该国管局位于西城区某胡同的北房一间，但原告王某未按规定到房修公司办理变更登记手续。转眼八年过去，1999年5月，一个自称是前承租人张某的来到国管局，手持其所在单位某农机修配厂证明，向国管局声称他是该房的承租人，不慎将租赁合同遗失，要求补办一份合同。国管局经查阅房修公司管理底档，记载的承租人的确叫张某，遂给张某补办了租赁合同。同月，张某手持农机修配厂介绍信，偕同被告刘某再次来到国管局，张某称其从单位分到二居室住房，单位把张某交出的某胡同北房一间分给了本单位的刘某（即被告），要求与某国管局办理租赁变更手续，故国管局与被告刘某签订了新的租赁合同。

同年8月，原告发现房屋被刘某占用即向国管局反映情况，国管局调查发现，办手续的此张某非彼张某，真正的原承租人张某在北京市电子元件厂工作，被告刘某与国管局租赁合同是假张某持假介绍信骗取的。遂通知被告刘某双方租赁合同无效，要求其将房屋腾空交原告使用，并收回留存于某房修公司的租赁合同副本。但被告刘某夫妇以自己是经中介公司介绍买来的承租权为由，拒绝腾退房屋。原告遂以刘某夫妇为被告，国管局、房修公司为第三人向人民法院起诉。

【法院裁决】

经人民法院审理判决：一、确认被告刘某与国管局、房修公司签订的房屋租赁合同无效；二、被告刘某夫妇于判决生效九十日内，将房屋腾空交给原告租住，案件受理费由被告刘某夫妇负担。

【定性分析】

原告与国管局于1993年签订房屋租赁合同以后，已成为该房屋合法的承租人。但原告取得房屋租赁合同以后，没有按有关规定及时到房屋管理部门办理变更登记手续，致使房管底档上仍然记载原承租人张某的名字，给后来的恶意欺诈者留下了可乘之机。被告明知假张某不是某农机修配厂的职工，却向国管局隐瞒事实真相，与其一起利用假介绍信骗取房屋租赁合同，属于民法通则禁止的欺诈行为，因此，人民法院认定其合同无效。在损害他人利益的同时，自己也受到了一定的损失。

【案件警示】

1.房屋变更租赁登记手续必不可少。国家实行登记制度包括房屋转让（包括买卖、继承、赠予等）、析产以及房屋租赁等内容，俗称过户。变更登记是要式法律行为，即不登记者不生效。本案原告王某虽然是合法承租人，但没有按照规定到房管单位办理变更手续，自身权益保护出现了很大的漏洞，被人钻了空子以后，虽然依法讨回了公道，但费时、费力，已经受到不小的损失。

2.欺诈的民事行为无效。我国《民法通则》《合同法》及其他法律法规都贯穿着一个诚实信用和公平原则，都规定了欺诈行为是无效民事行为。本案被告刘某虽然也取得了房屋承租合同，但该合同是以欺诈方式取得，并且损害了原告王某的权益，因此刘某不但得不到法律的保护，还应当对侵权行为承担民事责任。

3.目前北京市房屋租赁权交易（即三级市场）尚未放开，买卖房屋租赁权不受保护。本案被告刘某通过房屋中介以换房形式，购买公房承租权是违法的，败诉是必然结果。即使将来开放了三级市场，也必须依法进行交易，各项手续完备才行。

4.房屋中介机构鱼龙混杂，慎重选择之后，要注意完善委托代理手续，交费想着索要发票。以便主张自己的合法权益时能够提出有力的证据。

5.房屋产权单位在办理房屋变更租赁手续，特别是在补办租赁合同时，一定要查阅本单位的底档。本案中原告王某虽然没有到房屋管理单位办理登记，但在产权单位保存有租赁合同。假如国管局在为假张某补办合同时查阅一下本单位底档，假张某当时就会露馅，本案纠纷也就根本不可能发生。

三、房屋租赁未登记不影响合同效力
——刘某、马某诉闫某房屋租赁合同纠纷案

【基本案情】

2003年5月26日，韩某与案外人谷某将其共同所有的房屋出租给闫某，并签订了房屋租赁协议。协议中对转租、转包事项进行了约定，闫某在租赁期间，经出租人同意，可以进行转租、转包。2006年10月28日，经出租人韩某同意，闫某又将原租赁合同中的部分房屋转租给刘某、马某。后因对转租合同的效力问题发生纠纷，2008年4月15日，刘某、马某以闫某为被告，韩某为第三人向河南省商丘市梁园区人民法院提起诉讼，请求法院依法判令该房屋租赁合同合法有效。第三人韩某述称，原租赁合同以及转租合同均没进行登记备案，按照城市房屋租赁管理办法应当到房地产管理部门办理登记手续，两份合同应均为无效合同。另查明：原出租合同中所含有谷某部分房产，已于2005年8月26日被虞城县人民法院执行拍卖。

【法院裁判】

梁园法院认为，2003年5月26日，被告闫某与第三人韩某签订的房屋租赁合同，是双方当事人真实意思的表示，合同内容符合法律规定，应为有效合同。根据合同法的有关规定，承租人经出租人同意可以将租赁物转租给第三人。基于原租赁合同，被告闫某又将租赁房屋转租给原告刘某、马某，且已征得出租人韩某同意。转租合同的签订是双方当事人真实意思的表示，且不违反法律规定，应认定为有效合同。第三人韩某述称，原租赁合同以及转租合同均没进行登记备案。按照城市房屋租赁管理办法应当到房地产管理部门办理登记手续，两份合同应均为无效合同的观点，法院认为，根据《中华人民共和国合同法》第44条规定："依法成立的合同，自成立时生效。法律、行政法规规定应当办理批准、登记手续生效的，依照其规定。"对合同的效力认定应当依法律规定和行政法规为准。《中华人民共和国城市房地产管理法》第53条规定："房屋租赁，出租人和承租人应当签订书面租赁合同，约定租赁期限、租赁用途、租赁价格、修缮责任等条款，以及双方的其他权利和义务，并向房产管理部门登记备案。"该条款并未将登记备案作为合同生效的条件，条文中的"并"只是倡导性条款而不是强制性条款。因此，该条款并不是合同生效的条件。我国合同法以充分尊重意思自治为原则，在合同无效的认定标准上采取严格原则，其目的是鼓励交易、繁荣经济。故对第三人认为合同无效的观点，法院依法不予支持。依照《中华人民共和国合同法》第44条、最高人民法院《关于适用〈中华人民共和国合同法〉若干问题的解释（一）》（以下简称司法解释）第9条第一款，判决如下：2006年10月28日原告刘某、马某与被告闫某签订的房屋转租合同为有效合同。

【定性分析】

尽管建设部出台的《城市房屋租赁管理办法》规定，出租房屋应当进行备案登记，但是根据《合同法》及其司法解释的规定，不违反法律和行政法规的强制性规定的合同是具有法律效力的，而《城市房屋租赁管理办法》只是部门规章，不是法律和行政法规，对其的违反，只构成行政违规，而不能据此认定合同无效。

《城市房地产管理法》第53条规定，房屋租赁，出租人和承租人应当签订书面租赁合同，约定租赁期限、租赁用途、租赁价格、修缮责任等条款，以及双方的其他权利和义务，并向房产管理部门登记备案。建设部颁布的《城市房屋租赁管理办法》第13条规定，房屋租赁实行登记备案制度。签订、变更、终止租赁合同的，当事人应当向房屋所在地市、县人民政府房地产管理部门登记备案。

根据上述规定可知，我国实行房屋租赁登记备案制度，是否登记不影响租赁合同的生效。租赁合同的登记备案制度，主要是防止国家税费流失和防止当事人非法出租房屋，另一个目的则是因为房屋等不动产的交易（包括出租）或设定物权应向社会公示，以维护第三人的合法权益。

根据司法解释第九条规定，法律、行政法规规定合同应当办理登记手续，但未规定登记后生效的，当事人未办理登记手续不影响合同的效力。

关于转租问题，笔者认为在以下几种情况下，转租合同应当认定为有效：

1. 房屋承租人将房屋转租给次承租人，已经取得房屋出租人的书面或者口头同意，这种行为完全符合《合同法》第224条的规定，依此订立的合同应认定为有效。房屋承租人将房屋转租给次承租人，未取得房屋出租人的同意，但房屋出租人知道或者应当知道该房屋承租人将房屋转租给次承租人未作反对表示的，应视为已经取得了房屋出租人的同意，该房屋转租合同有效。

2. 房屋承租人将房屋转租给次承租人，未取得房屋出租人的同意，房屋出租人在不知情的情况下，房屋转租合同应认定为效力待定。我国《合同法》第224条规定："承租人经出租人同意合同继续有效，承租人未经出租人同意转租的，出租人可以解除合同。"房屋出租人知道承租人转租后可能会产生两种态度，一种是同意，一种是不同意。如果出租人同意转租，那么转租合同有效；如果出租人不同意转租，那么就意味着出租人有权解除其与承租人之间的房屋租赁合同，如果出租人解除该合同，转租合同也就无效。因此，在房屋出租人不知情情况下的转租合同属于效力待定的合同。

3. 房屋承租人将房屋转租给次承租人，未经房屋出租人同意，房屋出租人在知道该事实后，虽反对房屋转租，但未与承租人解除原租赁合同，该房屋转租合同也应有效。合同法规定，承租人未经出租人同意转租的，出租人可以解除合同，并没有规定合同无效。因此在出租人提出解除原房屋租赁合同的情况下，转租合同应予以解除。

四、房屋租赁合同无效，如何确定责任承担及损失
——张某诉万里公司房屋租赁合同纠纷案

【基本案情】

2005年1月20日，原告张某（乙方）与被告万里公司（甲方）签订《房屋租赁合同书》，双方约定：甲方同意将坐落于文山路98号楼的第壹、贰、伍楼及伙房，院内除配电室、暖气房以外的五间房屋租给乙方使用，租期为5年，从2005年4月28日起至2010年4月28日止，年租金为5万元，由乙方按年计付，每年4月28日前首付50%，余下年底结清；合同期满，甲方提供给乙方的水、电、暖、桌、椅、凳、空调应完好无损地交给甲方，如有损坏按原价赔偿（具体数量按附表）；期内，水、电费由乙方负担；乙方在承租期间，由于使用不当或自行改建房屋造成损坏，要负责修复或赔偿损失；乙方要按规定时间足额缴付租金，无正当理由超过规定三个月不交纳租金，甲方有权收回所租的房屋。合同签订后，被告万里公司将涉案房屋的钥匙交付给原告。此后，原告张某开始以"金桥大酒店"的名义根据经营餐饮业的需要对房屋进行装修、购置相关设备、招收员工并进行了一定时期的广告宣传。但"金桥大酒店"并未经工商注册。

2005年3月20日，被告海丰公司书面通知原告：你们协议所指向的租赁物的所有权不属万里公司，我单位也从未委托万里公司对外签订房屋租赁合同，故你与万里公司签订的房屋租赁合同无效，望你接函后务必于十日内与万里公司协商解除合同，逾期我单位将依法行使权利。并附有房屋权属的证明。原告庭审中承认于2005年3月25日收到海丰公司的函件特快专递。2005年4月7日，被告万里公司以电报

形式通知原告解除合同：你与我单位 2005 年 1 月 20 日签订房屋租赁合同后，威海公司得知，立即通知我单位要求与你解除合同，理由是该房产权不属于我单位，为此，我单位进行了查证后，得知该房产权不属我公司，故希望你与我单位及时协商解除合同，以避免给你造成不应的损失。现原告要求二被告连带赔偿包括装修装潢、购买办公及酒店用品、员工工资、广告宣传等各项损失共计 219087.08 元。

【裁判结论】

法院经审理认为：根据有关法律规定，无处分权的人处分他人财产，经权利人追认或者无处分权的人订立合同后取得处分权的，该合同有效；依法成立的合同，自成立时生效；法律、行政法规规定应当办理批准、登记等手续生效的，依照其规定。据此，被告万里公司以其无产权的房屋与原告张某签订租赁合同，在权利人追认或者原告张某取得处分权前，该合同属效力待定的合同。而作为权利人的被告海丰公司在得知后即以书面形式拒绝追认，故被告万里公司与原告张某于 2005 年 1 月 20 日签订的租赁合同成立，但属于无效。虽双方约定的租赁期限为 2005 年 4 月 28 日至 2010 年 4 月 28 日，但该合同成立的时间为 2005 年 1 月 20 日。

原告张某租赁房屋的目的是经营酒店，其在合同订立后为履行合同进行房屋的装修、广告宣传、购置设备、招收员工等准备工作是正当的。被告万里公司称原告张某的租期自 2005 年 4 月 28 日开始，被告万里公司承担自 2005 年 4 月 28 日的租期开始后的法律责任以及原告张某进行装修未征得被告万里公司同意的理由不当，不予支持。被告万里公司在明知自己无产权的情况下仍与原告张某签订租赁合同，违背了诚实信用的原则，由此致使合同无效，应当赔偿原告张某为准备履行合同所支出的合理费用。原告张某对房屋的装修，作为房屋添附物已与房屋形成整体，拆除将影响使用价值，可根据装修的现价值由被告万里公司对原告予以补偿。同时，原告张某为酒店的开业招收员工并包吃包住、发放工资，符合行业习惯，该费用亦属合理。而原告所主张的广告宣传费 45200 元，有文登电视台提供的广告发布业务合同证明可证实，且该广告宣传行为在原告张某于 2005 年 3 月 25 日接到被告海丰公司主张租赁物的所有权、要求原告张某与被告万里公司解除合同通知以前已实际履行，该损失的数额已经确定，至于该广告发布费原告张某是否支付，系另一法律关系，与被告万里公司无关。

综上，对于原告要求被告赔偿各项损失的可确定数额的合理部分，予以支持，对不合理部分，不予支持，对损失数额未确定部分，原告可另行主张权利。据此判决：一、被告万里公司于判决生效后十日内赔偿原告各项经济损失共计 102641.98 元的 90% 即 92377.78 元。二、驳回原告对被告海丰公司的诉讼请求。案件受理费 5800 元，其他诉讼费 400 元，共计 6200 元，由原告承担 3585 元，被告万里公司承担 2615 元。

一审宣判后，被告万里公司不服提起上诉，威海市中级人民法院依法驳回上诉，维持原判。

【定性评析】

本案主要涉及房屋租赁合同的效力、合同无效后的责任承担、如何确定原告的损失以及被告海丰公司是否承担责任等法律问题。

（一）关于本案租赁合同的效力问题

根据《合同法》第 51 条"无处分权的人处分他人财产，经权利人追认或者无处分权的人订立合同后取得处分权的，该合同有效"的相关法律规定，无处分权的人处分他人财产，未经权利人追认的，合同无效，因此在权利人对无处分权人的处分行为所形成的合同是否追认前，该合同属效力待定的合同。本案中，被告万里公司将其无产权的房屋在未争得权利人同意的情况下出租给原告，被告海丰公司作为权利人在得知后以书面形式拒绝追认这一行为，因此万里公司与原告签订的合同未有效成立，该合同无效。

（二）关于原告是否有权在起租时间前进行房屋装修、广告宣传、购置设备、招收员工等准备工作问题

在当事人对合同的效力没有特殊约定的情况下，根据《合同法》第 44 条的规定，依法成立的合同，自成立时生效。可见，在本案房屋产权人对原告与被告万里公司签订的租赁合同是否追认以前，该合同成立并生效的时间应为 2005 年 1 月 20 日，而不是被告所主张的 2005 年 4 月 28 日。因此被告万里公司辩解"合同生效前即 2005 年 4 月 28 日前原告对租赁物无使用权，即无权基于租赁物本身做任何变动，包括装修门头等，故其对原告对租赁物本身支付的任何费用不承担责任"，理由不当。另外，由于被告万里公司的办公地点在涉案房屋的上层即同一幢楼房的三、四楼，原告对涉案房屋进行了一定持续期间的装修工程，被告万里公司不可能不知道原告的装修行为，其未表示异议或制止，应视为其对原告装修行为的认可，因此被告"钥匙到现在也没有交付给原告"、"我们不清楚他们是否已经进行了装修，我们也不同意"的辩解，无法采信。根据《合同法》第 61 条、第 62 条规定，当事人就有关合同的履行方式等内容约定不明确的，应当按照有利于实现合同目的的方式履行。本案中，被告万里公司在与原告签订合同时即知道原告租赁房屋是为了经营酒店，虽然合同中有"合同期满，甲方提供给乙方的水、电、暖、桌、椅、凳、空调应完好无损地交给甲方"的约定，但这不能说明原告不能就其经营餐饮的需要继续购置相关设施。因此，原告在缔约阶段和合同订立时，基于信赖关系而相信租赁合同能够成立生效，从而着手为履行合同进行诸如广告宣传、购置设备、招收员工等的准备工作是符合合同目的的。

（三）关于租赁合同无效后的责任承担和损失确定问题

被告万里公司在订立合同时就知道自己不是产权人，其在明知自己无产权的情况下与原告签订租赁合同，违背了依据诚实信用原则所应尽的义务，致使合同无效，因此被告万里公司应承担缔约过失责任，理应赔偿原告基于此所造成的信赖利益损失，即为准备履行合同所支出的合理费用。

但原告在签订合同时亦未尽到必要的审慎审查的注意义务，故也应承担一定的缔约过失责任。原告于2005年3月25日接到被告海丰公司的通知后，本应尽快就发生的纠纷与二被告进行协商，及时确定责任及损失的大小，积极采取相应的挽救和减少损失的措施，避免扩大损失，尤其原告在2005年4月7日接到被告万里公司明确解除合同的通知后，在明知被告万里公司无权出租房屋时，又继续投入资金，属扩大损失。就本案而言，考虑到原告为开设酒店所进行的一系列资金投入比较大的准备活动，原告在3月25日接到被告海丰公司的通知后，应给其一定合理期限的协调、挽救时间，因此原告的合理损失时间确定为2005年1月20日始至4月7日止（总计78天）为宜，对2005年4月8日以后，除原告为防止损失扩大而花销的合理费用外，其继续投入资金所造成的经济损失应由原告自行承担。

因此，对原告要求赔偿各项损失的诉讼请求，应分别对待：

1. 房屋添附的装修物损失。鉴于原告对涉案房屋进行的装修，作为房屋添附物已与房屋形成整体，拆除将影响使用价值，合同无效后被告万里公司作为该房屋及内部装修的承受者，应当根据装修的现价值对原告予以补偿。原告对涉案房屋的装修及门头制作的费用经鉴定为40282.08元，应予支持。

2. 广告发布费。原告所主张的广告宣传费虽未支付，但属于可确定具体数额的损失范围。从原告与文登电视台签订的《广告发布业务合同》来看，广告发布费的具体数额已实际确定，从文登电视台出具的广告播出证明来看，该广告宣传行为在原告接到3月25日的通知以前已实际履行，因此，原告请求赔偿广告费45200元的请求，应予支持。

3. 招聘员工所花销的吃住、工资等费用。原告为酒店开业的准备期间，招收员工并包吃包住、发放工资，符合同行业市场的交易习惯，因此对原告为招收员工所花费的吃住、工资等合理费用，应予认定。从原告提交"金桥大酒店工资表"来看，原告所雇佣员工最长工作时日为42日，在原告的合理损失时间限度内，因此对原告已发放的大部分工资数额，在被告没有充分证据予以反驳的情况下，法院应予认定。

但对于工资表中原告张某本人的工资 4500 元，由于原告张某系开办酒店的业主，其收入损失可参照山东省统计局 2004 年度住宿和餐饮业职工年平均工资为 11021 元的标准进行计算，因此其合理的收入损失应为 2355 元（11021 元 /365 天 *78 天）。对原告所主张的为员工所购迷彩服、垫子和电热毯共计 1006 元，因这些物品尚有使用价值，且被员工带走，对该部分请求，无法予以支持。确定原告为员工所花费的吃住、工资等合理费用为 17159.90 元。

4.可拆除、可移动的办公及酒店用品的费用。对原告所购置的办公用品及酒店用品等（包括沙发、桌椅、厨具等），原告所提供的单据只能证明其购买这些用品时所花销的费用，但不能证明由这些物品所形成的具体损失数额。庭审中，原告主张由被告万里公司按价值接收这些物品，被告予以反对，对原告的这一主张，因缺乏事实与法律依据，法院不予支持。由于这些用品尚有使用价值，与承租房屋亦可分离，因此原告在无充分证据证明这些用品的折旧损失或自行处理完后造成价值损失的情况下，对该部分损失，原告可待损失数额具体确定后另行主张权利。

5.除上述费用以外的费用。从原告提交法庭的大量单据来看，除证明上述1、2、3、4项费用的单据外，有山东移动通信有限责任公司的专用发票两张，客户名称为：张某，有中国联通有限公司威海分公司的专用发票三张，客户名称为：邢某某，对这 5 项通信费用，在原告无充分证据证明此消费是为开办酒店所花销的情形下，不予认定；同时，对其他无正规发票或收据的剩余单据，因不具备有效证据的要件，亦不予认定。因此对该部分费用，法院不予支持。

（四）关于被告海丰公司是否应承担连带责任问题

从本案来看，对于原告与被告万里公司签订的租赁合同，被告海丰公司已经有明确的拒绝追认的书面通知送达给原告，其已正确行使和履行了自己作为产权人的权利和义务。对于被告海丰公司是否存在早就知道或应当知道该合同的订立、却"在原告已做了两个多月准备工作后主张权利"的故意或过失，被告海丰公司在合同磋商和订立过程中是否存在过错，原告未提供充分证据加以证明，因此对原告主张的被告海丰公司"未及时主张自己的权利，应当承担连带赔偿责任"的理由，应不予采信。故法院依法驳回原告对被告海丰公司的诉讼请求是正确的。

五、未经登记房屋租赁合同是否有效

——某酒楼与某商城诉某实业发展公司房屋租赁合同纠纷案

【基本案情】

上诉人（原审被告）：某商城

被上诉人（原审原告）：某实业发展公司

案外人 A 公司租赁使用一事业单位所有的位于铜仁路的一处房屋。1998 年 12 月 6 日，A 公司在征得产权人同意后将房屋转租给某实业发展公司使用。2000 年 4 月 1 日，某实业发展公司在征得产权人同意后将房屋再转租给某酒楼并签订《租房合同》一份，约定某实业发展公司将铜仁路的房屋出租给某酒楼用于经营，租期从酒楼取得酒楼营业执照之日起至 2003 年 12 月 31 日止，月租金人民币 40 万元，自 2000 年 12 月 1 日起每年租金递增人民币 4 万元，酒楼应于每月的 2 日前支付租金。如酒楼不履行付款义务，累计达到一个月应付款项总额时，实业发展公司有权终止合同。合同于酒楼的营业执照签发之日起生效。该合同由 A 公司盖章同意，某商城及案外人 B 公司为酒楼提供担保，担保责任为连带、代偿责任（后实业发展公司表示对后一担保人不主张民事权利）。合同签订后，酒楼于 2000 年 4 月 6 日取得了企业法人营业执照。在履约过程中，由于酒楼对 2001 年 4 月 1 日以后的租金分文未付，实业发展公司遂诉至法院。

【法院裁判】

法院作出一审判决：

一、酒楼应于判决生效之日起 10 日内支付实业发展公司租金人民币 688 万元，违约金人民币 864 万元，合计人民币 1552 万元。

二、商城对酒楼应支付实业发展公司的租金及违约金人民币 1552 万元承担连带清偿责任。案件受理费由商城和酒楼负担。

商城和酒楼不服一审判决，向上级人民法院提出上诉。

商城和酒楼上诉称：双方的房屋租赁行为违反国家政策法规，未办理登记手续，应认定无效。

被上诉人辩称：系争租赁合同是双方真实意思表示，无论主体、内容、形容均符合法律规定，是合法有效的，原审法院认定事实清楚，适用法律正确，请求维持原判。

二审人民法院审理后作出了驳回上诉，维持原判终审判决。

【定性评析】

本案的焦点在于，租赁合同未经登记，是否有效。

《房地产管理法》第53条规定："房屋租赁，出租人和承租人应当签订书面租赁合同，约定租赁期限、租赁用途、租赁价格、修缮责任等条款，以及双方的其他权利和义务，并向房产管理部门登记备案。"国务院1983年发布的《城市私有房屋管理条例》第15条规定："租赁城市私有房屋，须由出租人和承租人签订租赁合同，明确双方的权利和义务，并报房屋所在地房管机关备案。"建设部《城市房屋租赁管理办法》第9条规定："房屋租赁，当事人应当签订书面租赁合同。"第13条规定："房屋租赁实行登记备案制度。签订、变更、终止租赁合同的，当事人应当向房屋所在地市、县人民政府房地产管理部门登记备案。"第14条规定："房屋租赁当事人应当在租赁合同签订后30日内，持本办法第十五条规定的文件到市、县人民政府房地产管理部门办理登记备案手续。"第16条规定："房屋租赁申请经市、县人民政府房地产管理部门审查合格后，颁发《房屋租赁证》。"

首先，对于房屋租赁合同，出租人和承租人应当以书面形式签订房屋租赁合同。《合同法》第10条规定："当事人订立合同，有书面形式、口头形式和其他形式。法律、行政法规规定采用书面形式的，应当采用书面形式。当事人约定采用书面形式的，应当采用书面形式。"第36条规定："法律、行政法规规定或者当事人约定采用书面形式订立合同，当事人未采用书面形式但一方已经履行主要义务，对方接受的，该合同成立。"因此，对于房屋租赁合同，如果未以书面形式订立，但出租人和承租人已经开始履行合同的，如出租人交付租赁房屋而承租人接受的，或者承租人交付租金而出租人接受的，租赁合同仍然成立；但是如果双方当事人并未开始履行合同，按照合同法的一般原理，此时双方的租赁协议尚不具备合同的必要形式，租赁合同不成立，更谈不上有效与生效。

其次，双方当事人在签订房屋租赁合同后的30日内，应当持有关文件和证件，到所在市县的房地产管理部门办理房屋租赁登记手续。经房地产管理部门审查合格后，发给房屋租赁证。《合同法》第44条规定："依法成立的合同，自成立时生效。法律、行政法规规定应当办理批准、登记等手续生效的，依照其规定。"对此，最高人民法院《关于适用〈中华人民共和国合同法〉若干问题的解释（一）》第9条规定："依照合同法第44条第二款的规定，法律、行政法规规定合同应当办理批准手续，或者办理批准登记等手续才生效的，在一审法庭辩论终结前当事人仍未办理批准手续的，或者仍未办理批准、登记等手续的，人民法院应当认定合同未生效；法律、行政法规规定合同应当办理登记手续，但未规定登记后生效的，当事人未办理登记手续不影响合同的效力，合同标的物所有权及其他物权不能转移。"因此，对于房屋租赁合同，由于有关的法律和行政法规都仅规定房屋租赁合同应当办理登记，而未规定房屋租赁合同办理登记才生效，未办理登记不影响房屋租赁合同的效力，房屋租赁合同自成立时起生效。未办理登记只是使租赁合同不能对抗第三人。

在本案中，房屋租赁合同虽然未经登记，但它仍然有效，上诉人（原审原告）关于房屋租赁合同无效的诉讼请求是没有法律依据的，法院的认定是正确的。

六、本案能否适用买卖不破租赁原则
——建材公司与建筑公司经济纠纷案

【基本案情】

建材公司与建筑公司有多年的经济往来关系。2005 年 6 月经双方结算后，建筑公司仍下欠建材公司货款 32 万元。同年 12 月，双方为偿还欠款发生纠纷，某建材公司将建筑公司诉至法院，要求偿还欠款 32 万元及利息。此案经法院主持调解，双方同意由某建筑公司于 2006 年 2 月 10 日前偿还建材公司欠款 32 万元，建材公司放弃利息部分，法院并制作了调解书送达双方，调解书生效并逾期后，建筑公司未履行付款义务。建材公司遂申请人民法院强制执行。执行中，法院于 2006 年 3 月将建筑公司的 5 间临街房地产进行了查封，并在房地产登记部门办理了查封手续。2006 年 5 月，建筑公司在未经法院同意的情况下，将已查封的房地产租赁给某甲经营，并签订了为期 5 年的租赁合同。因建筑公司无现款偿还欠款，2007 年 8 月，执行法院委托拍卖机构对该房产进行公开拍卖，最后，被某乙竞得该房产，并在交清拍卖价款后，法院裁定该房产所有权转移给某乙所有。某乙遂要求某甲腾出房屋。某甲则以所租房屋未到期，且根据《合同法》中"买卖不破租赁"的原则，该租赁关系应当继续有效为由拒绝了某乙的要求。

【焦点分歧】

在对某甲应否腾出该房并将房产交于某乙存在两种不同意见。一种意见认为，我国《合同法》第 229 条规定：租赁物在租赁期间发生所有权变动的，不影响租赁合同的效力。这就是所谓"买卖不破租赁"原则的体现。因此，新的买受人某乙应承受租赁合同；另一种意见认为，本案不适用"买卖不破租赁"原则，人民法院应强制某甲腾出该房。

【案件评析】

笔者同意第二种意见，其理由为：我国《民事诉讼法》第 223 条规定，人民法院执行民事案件时，可以采取查封、扣押、冻结、变卖、拍卖被执行人应当履行义务部分的财产等执行措施。由此可见，拍卖是一种强制执行措施，是一种以国家公权力介入当事人之间的民商事纷争，解决当事人的民商事纠纷的具体措施。从这个意义上来说，人民法院依法委托拍卖机构对被执行人的财产进行拍卖，是一种不同于一般意义上的拍卖行为，更不是普通意义上的买卖行为。而《合同法》第229条规定的"买卖不破租赁"，则是当事人之间的一种基于意思自治的民事行为，与强制拍卖不同，强制拍卖中，被拍卖的标的物已被法院查封或冻结，被执行人丧失了处分权利，法院基于法律赋予的职权强行对该标的物予以处置变现，在强制拍卖中并不能体现拍卖标的物原所有权人的意思表示。最高人民法院《关于人民法院民事执行中拍卖、变卖财产的规定》第31条虽然规定了"拍卖财产上原有的租赁权及其他用益物权，不因拍卖而消灭"，即采用了承受原则，也就是说，一般而言，拍卖引起所有权发生变动，也不影响原租赁权及其他用益物权的效力。但是，这不是绝对的，最高法院在该《规定》中又规定了例外情形，即如果上述权利继续存在于拍卖的财产上，对在先设定的担保物权或其他优先受偿权的实现有影响的，应当依法将其除去后进行拍卖。该条规定的意思即，如果在拍卖财产上设定的租赁权在先，设定的抵押权在后，依物权优先的原则，租赁权应当优先予以保护，拍卖后，租赁权应由买受人继续承受；相反，如果抵押权设定在先，租赁权设定在后，同样依据物权优先原则，设定在后的租赁权不能影响设定在先的抵押权的实现。如果租赁权继续存在于拍卖财产上，会导致拍卖的价款过低，影响抵押权实现，执行法院应当将该租赁权取消，然后再进行拍卖。

最高人民法院《关于人民法院民事执行中查封、扣押、冻结财产的规定》第26条第一款规定："被执行人就已经查封、扣押、冻结的财产所作的移转、设定权利负担或者其他有碍执行的行为，不得对抗申请执行人。"据此，被执行人的财产被查封、扣押、冻结后，其处分权已经受到了禁止或限制，如果仍然在该财产上进行移转、设定权利负担等行为，则妨碍了人民法院对该财产进行强制执行，因此，人民法院可依申请执行人的请求，直接对该财产进行执行。如果要进行拍卖，则被执行人在查封财产上设定的租赁权，将不受法律保护。

本案中，人民法院查封某公司的房产在先，某公司在法院已经查封的财产上设定租赁权与某甲的行为在后，故该租赁权不应受到法律的保护。尽管人民法院未在拍卖之前将该租赁权除去，但在拍卖成交后，新的买受人基于购买的特殊用途，需要除去设定在拍卖物上的租赁权时，其请求应当获得法律的支持，即人民法院应该强制某甲腾出该房并将房屋交给某乙。

第九章　担保合同风险防控

第一节　担保合同概述

对于担保合同，前面已有论述。在这里只对担保合同的基本知识、主要风险点及防控措施等作以介绍。

一、担保合同的概念

担保合同，是指为了促使债务人履行其债务，保障债权人的债权得以实现，而在债权人（同时也是担保权人）和债务人之间，或在债权人、债务人和第三人（即担保人）之间协商形成的，当债务人不履行或无法履行债务时，以一定方式保证债权人债权得以实现的协议。担保合同旨在明确担保权人和担保人之间的权利、义务关系，保障债权人的债权得以实现。担保合同是一种重要的民事合同，尽管我国合同法并未单列一章进行规定，但这绝不意味着它不重要，而是因为担保合同是一种从合同，其规定和其他主合同放到了一起。

二、担保合同的法律特征

（一）从属性
担保合同从属于所担保的债务所依存的主合同，即主债依存的合同。担保合同以主合同的存在为前提，并随主合同的变更而变更，随主合同的消灭而消灭，随主合同的无效而无效。

（二）补充性

担保合同的补充性，是指合同债权人所享有的担保权或者担保利益。担保合同的补充性主要体现在以下两个方面：

1.责任财产的补充，即担保合同一经有效成立，就在主合同关系的基础上补充了某种权利义务关系，从而使保障债权实现的责任财产得以扩张，或使债权人就特定财产享有了优先权，增强了债权人的债权得以实现的可能性。

2.效力的补充，即在主合同关系因适当履行而正常终止时，担保合同中担保人的义务并不实际履行。只有在主债务不履行时，担保合同中担保人的义务才履行，使主债权得以实现。

（三）相对独立性

担保合同的相对独立性，是指担保合同尽管属于从合同，但也具有相对独立的地位，即担保合同能够相对独立于被担保的合同债权而发生或者存在。担保合同的相对独立性主要表现在以下两个方面：

1.发生或存在的相对独立性，即担保合同也是一种独立的法律关系。担保合同的成立，和其他合同的成立一样，须有当事人的合意，或者依照法律的规定而发生，与被担保的合同债权的成立或者发生分属于两个不同的法律关系，受不同的法律调整。

2.效力的相对独立性，即依照法律的规定或者当事人的约定，担保合同可以不依附于被担保的合同债权而单独发生效力。在此种情况下，被担保的合同债权不成立、无效或者失效，对已经成立的担保合同的效力不发生影响。此外，担保合同有自己的成立、生效要件和消灭的原因，而且，担保合同不成立、无效或者消灭，对其所担保的合同债权不发生影响。

三、担保合同的法定方式

根据《担保法》第2条规定，合同担保方式为：保证、抵押、质押、留置和定金。

（一）保证

保证，是指保证人和债权人约定，当债务人不履行债务时，保证人按照约定履行债务或者承担责任的行为。

1.共同保证

共同保证，是指数人共同担保同一债务人的同一债务履行而为的保证。共同保证的特点在于保证人不是一人而是二人以上。共同保证包括按份共同保证和连带共同保证。

（1）按份共同保证

按份共同保证，是指保证人与债权人约定按份额对主债务承担保证义务。这里的按份共同保证中的"按份"是指"保证人与债权人"在保证合同中约定的份额，该约定对债权人有约束力。

（2）连带共同保证

连带共同保证，是指各保证人约定均对全部主债务承担担保义务或者保证人与债权人之间没有约定所承担保证份额的共同保证。连带共同保证的主债务人在主合同规定的债务履行期限届满没有履行债务的，债权人可以要求主债务人履行债务，也可以要求任何一个保证人承担全部保证责任。已经承担保证责任的保证人，有权向主债务人追偿，或者要求承担连带责任的其他保证人清偿其应当承担的份额。

2. 最高额保证

最高额保证，就是指保证人和债权人签订一个总的保证合同，为一定期限内连续发生的借款合同和某项商品交易行为提供保证，只要债权人和债务人在保证合同约定的债权额限度内进行交易，保证人则依法承担保证责任。

最高额保证通常适用于债权人与债务人之间具有经常性的、同类性质业务往来，多次订立合同而产生的债务，如经常性的借款合同或者某项商品交易合同关系等。对一段时期内订立的若干合同，以订立一份最高额保证合同为其担保，可以减少每一份主合同订立一个保证合同所带来的不便，同时仍能起到债务担保的作用。

3. 一般保证

一般保证，是指当事人在保证合同中约定，债务人不能履行债务时，由保证人承担保证责任。一般保证的保证人在主合同纠纷未经审判或者仲裁，并就债务人财产依法强制执行仍不能履行债务前，对债权人可以拒绝承担保证责任。但有下列情形之一的，保证人不得行使上述权利：

（1）债务人住所变更，致使债权人要求其履行债务发生重大困难的；

（2）人民法院受理债务人破产案件，中止执行程序的；

（3）保证人以书面形式放弃前款规定的权利的。

4. 连带责任保证

连带责任保证是一种责任较重的保证方式。当事人在保证合同中约定保证人与债务人承担连带责任保证的，为连带责任保证。在主合同规定的债务履行期届满债务人没有履行债务时，债权人既可以要求债务人履行债务，也可以要求保证人在其保证范围内履行债务。比如，甲向乙借10万元，由丙作保证人，并明确承担连带责任。

到了还款期后，甲由于种种原因未能还款，在这种情况下，作为债权人乙既可以直接要求甲还款，也可以直接要求丙承担还款的责任，丙对于乙的要求不能拒绝。

当然，当事人对保证方式没有约定或者约定不明确的，按照连带责任保证承担保证责任。

（二）抵押

抵押，是指债务人或者第三人不转移对《担保法》第 34 条所列财产的占有，将该财产作为债权的担保。债务人不履行债务时，债权人有权依法以该财产折价或者以拍卖、变卖该财产的价款优先受偿。

1. 不动产抵押

不动产抵押，是指以不动产为抵押物而设置的抵押。所谓不动产是指不能移动或移动后会丧失其原有价值或失去其使用价值的财产，如土地、房屋、各种地上定着物等。

2. 动产抵押

动产抵押，是指以动产作为抵押物而设置的抵押。动产是指可以移动并且移动后不影响其使用价值，降低其价值的财产。

3. 共同抵押

共同抵押，又称总括抵押，是指为了同一债权的担保，而在数个不同的财产上设定的抵押共同抵押。例如，甲公司向乙银行借款 500 万元，甲公司以自己的汽车设立抵押，又以丙的房产设立抵押，甲和丙的抵押构成了共同抵押。

4. 最高额抵押

根据《物权法》第 203 条以及《担保法》第 59 条的规定，最高额抵押，是指为担保债务的履行，债务人或者第三人对一定期间内将要连续发生的债权提供担保财产的，债务人不履行到期债务或者发生当事人约定的实现抵押权的情形的，抵押权人有权在最高债权额限度内就该担保财产优先受偿。

（三）质押

质押，是指债务人或者第三人将其动产移交债权人占有，将该动产作为债权的担保。债务人不履行债务时，债权人有权依照《担保法》规定以该动产折价或者以拍卖、变卖该动产的价款优先受偿。这里的债务人或者第三人为出质人，债权人为质权人，移交的动产为质物。

1. 动产质押

动产质押，是指债务人或者第三人将其动产移交债权人占有，将该动产作为债权的担保。债务人不履行债务时，债权人有权依法以该动产折价或者以拍卖、变卖该动产的价款优先受偿。这里的债务人或者第三人为出质人，债权人为质权人，移交的动产为质物。

2. 权利质押

权利质押，即指债务人或者第三人将其拥有的权利凭证移交债权人占有，并以凭证上的财产权利作为债权的担保。债务人不履行债务时，债权人有权将该财产权利折价或者以拍卖、变卖所得的价款优先受偿。根据《担保法》第75条规定，下列权利可以质押：

（1）汇票、支票、本票、债券、存款单、仓单、提单；

（2）依法可以转让的股份、股票；

（3）依法可以转让的商标专用权，专利权、著作权中的财产权；

（4）依法可以质押的其他权利。

（四）留置

留置，是指债权人按照合同约定占有债务人的动产，债务人不按照合同约定的期限履行债务的，债权人有权依照《担保法》规定留置该财产，以该财产折价或者以拍卖、变卖该财产的价款优先受偿。留置担保的范围包括主债权及利息、违约金、损害赔偿金，留置物保管费用和实现留置权的费用。

（五）定金

定金，当事人可以约定一方向对方给付定金作为债权的担保。债务人履行债务后，定金应当抵作价款或者收回。

四、担保合同的种类

（一）保证合同

保证合同，是指保证人与债权人订立的在主债务人不履行其债务时由保证人承担保证债务的协议。保证合同的当事人称为保证人和被保证人。根据担保法的规定，保证合同应当包括以下内容：

1. 被保证的主债权种类、数额

主债务的种类是指债权人和债务人订立的主合同是何种类型的债务，是给付金钱债务、交付货物债务还是付出劳务的债务。主合同的数额是指主合同的标的额。

2. 债务人履行债务的期限

债务人履行债务的期限和保证人有着直接的关系。因此，债务人在合同规定的履行期限内不能履行债务时，保证人就要开始承担保证责任。

3. 保证的方式

担保法规定保证方式分为一般保证和连带责任保证，连带责任保证要比一般保证的责任大，因此，保证的方式是保证人如何承担保证责任的重要问题，在订立保证合同时，应当对保证的方式作出明确规定。

4. 保证担保的范围

保证担保的范围是指保证人对哪些债务承担保证责任。保证人可以在保证合同中约定保证的范围，明确是对主债务、主债务的利息、损害赔偿金、违约金以及实现债权的费用等内容的全部还是部分承担保证责任。

（二）抵押合同

抵押合同是指第三人签订的担保性质的合同。抵押人以一定的财物（既可以是不动产，也可以是动产）向抵押权人设定抵押担保，当债务人不能履行债务时，抵押权人可以依法以处分抵押物所得价款优先受偿。

1. 抵押合同的内容

抵押合同应当包括以下内容：

（1）被担保的主债权种类、数额；

（2）债务人履行债务的期限；

（3）抵押物的名称、数量、质量、状况、所在地、所有权权属或者使用权权属；

（4）抵押担保的范围；

（5）当事人认为需要约定的其他事项。

抵押合同不完全具备前款规定内容的，可以补正。

2. 抵押合同的形式

抵押事项可在主债权合同中设立抵押条款，也可以单独签订抵押合同，但是都必须采取书面形式。抵押合同是要式合同。

3. 抵押合同的效力

抵押权是对债权的保障，当债权无法实现时其才出现。抵押合同具有从属性，当主合同即债权合同无效时，抵押合同也无效。因此，签订抵押合同时需要明确主合同的效力。

4. 抵押物的登记

依照法律规定，有些抵押物必须办理抵押登记手续，抵押权方可生效。签订抵押合同时要注意办理抵押登记的约定，不同的抵押物登记部门是不同的。

（1）土地使用权抵押的，登记部门为签发土地使用权证书的土地管理部门；

（2）建筑物抵押的，县级以上地方人民政府规定的部门为登记部门；

（3）林木抵押的，登记部门是县级以上林木主管部门；

（4）以车辆、船舶抵押的，运输工具的登记部门是抵押登记手续办理机关；

（5）以动产抵押的，工商行政管理部门为登记部门。

5. 最高额抵押

根据《物权法》第203条以及《担保法》第59条的规定，最高额抵押，是指为担保债务的履行，债务人或者第三人对一定期间内将要连续发生的债权提供担保财产的，债务人不履行到期债务或者发生当事人约定的实现抵押权的情形的，抵押权人有权在最高债权额限度内就该担保财产优先受偿。

（三）质押合同

质押合同，是指出质人与质权人双方基于主债务合同就质物担保事项达成的书面担保合同。质押合同与抵押合同有相似之处，关键是担保期限内担保物谁占有。质押合同是质权人（通常是债权人）与出质人（既可以是债务人，也可以是第三人）签订的担保性质的合同。出质人将一定的财物（通常是动产、有价证券等）交质权人占有，向质权人设定质押担保，当债务人不能履行债务时，质权人可以依法以处分质物所得价款优先受偿。

1. 质押合同的内容

质押合同一般应包括以下内容：

（1）被担保的主债权种类与数额。主要是指被担保的是金钱债权、特定物给付债权还是种类物给付债权等。被担保主债权的数额，是指主债权以金钱来衡量的数量，不属于金钱债权的，应当明确债权标的额的数量、价款，以明确实行质权时，就质物优先受偿主债权的数额。

（2）债务人履行债务的期限。主要是指债务人清偿债务的时间。

（3）质物的状况。主要是指质物的名称、数量、质量与现状。

（4）质押担保的范围。主要是指质押担保的范围包括主债权及利息、违约金、损害赔偿金、质物保管费用和实现质权的费用等。

（5）质押移交的时间。主要是指只有当出质人将质物移交于质权人占有时，质押合同才算生效。

（6）当事人约定的其他事项。

出质人和质权人在合同中不得约定在债务履行届满质权未受清偿时，质物的所有权转移为质权人所有。

2. 动产质押

动产质押，是指债务人或者第三人将其动产移交债权人占有，将该动产作为债权的担保。债务人不履行债务时，债权人有权依法以该动产折价或者以拍卖、变卖该动产的价款优先受偿。这里的债务人或者第三人为出质人，债权人为质权人，移交的动产为质物。

3. 权利质押

权利质押，即指债务人或者第三人将其拥有的权利凭证移交债权人占有，并以凭证上的财产权利作为债权的担保。债务人不履行债务时，债权人有权将该财产权利折价或者以拍卖、变卖所得的价款优先受偿。根据《担保法》第75条规定，下列权利可以质押：

（1）汇票、支票、本票、债券、存款单、仓单、提单；

（2）依法可以转让的股份、股票；

（3.）依法可以转让的商标专用权，专利权、著作权中的财产权；

（4）依法可以质押的其他权利。

（四）留置合同

留置合同，是指债权人与债务人签订的债务人因保管合同、运输合同、加工承揽合同依法占有债务人的动产，债务人不按照合同约定的期限履行债务的，债权人有权依照法律规定留置该财产，以留置财产折价或者以拍卖、变卖该留置物的所得价款中优先得到清偿的协议。

1. 留置担保的范围

根据《担保法》第83条规定，留置担保的范围主要包括：

（1）主债权及利息；

（2）违约金；

（3）损害赔偿金；

（4）留置物保管费用；

（5）实现留置权的费用。

对于这些事项，留置担保合同当事人需要依照实际情况将数额罗列详尽，避免使用"大概、左右"等约数。

2. 留置担保适用的合同范围

留置担保只限于法律有明文规定的保管合同、运输合同、加工承揽合同的范围内行使。法律未作规定的，不适用留置这种担保方式。

保管合同是指保管人有偿地保管寄托人交付的寄托物，并在期限届满或依寄托人请求时将原物返还寄托人的合同。运输合同是指承运人按照约定的时间和运输方式在规定期限内将承运的货物运送到指定的地点，货物托运人为此支付运价的一种协议。加工承揽合同是指一方用自己的设备、技术和劳力，依照他方的要求完成一定的工作，他方应接受所完成的工作并给付约定报酬的协议。加工承揽合同的标的是劳动成果，不论体力劳动和脑力劳动成果，也不论成果在客观上有无财产上的价值，均可成为加工承揽合同的标的。法律之所以限制留置担保只适用于这三类合同，是与我国的市场经济尚在过渡之中相适应的。

（五）定金合同

定金合同，是指债权人与债务人签订的以一定的金钱来保证债的履行的担保协议，定金担保实际上是物的担保的一种特殊形态。

1.定金担保的特征

定金担保作为一种债权担保方式，具有其自身的一些特点：

（1）定金担保是金钱质的一种，为金钱担保

所谓金钱质即将金钱作为质物并向他人转移金钱的占有，以此担保某种行为的一种担保方式。典型的金钱质有定金、开户保证金、信用证开证保证金、订金、封金、账户质押等。

（2）定金担保限于合同债务的履行担保

双务合同的当事人互负对待给付义务，任何一方当事人为担保自己的债务的履行，均可以向对方给付定金。单务合同的债务人，为担保自己债务的履行，也可以向债权人给付定金。合同债务以外的债务的履行，例如，因为不当得利、无因管理、侵权行为而发生的债的履行，不适用定金担保。所以，定金担保为一种纯粹的担保合同债务履行的方式。

（3）定金担保的设定人限于被担保的主合同的当事人

以保证担保债务的履行时，保证人为债务人以外的第三人；以抵押、质押担保债务的履行时，抵押人、出质人可以为债务人，也可以为债务人以外的第三人。但是，定金担保不得由合同债务人以外的第三人设定，定金担保的设定人仅限于被担保的合同的当事人；债务人以外的第三人为担保合同债务的履行，而向定金担保的主合同债权人给付定金的，不发生定金担保的效力。所以，定金担保是合同债务人的自己担保。

（4）定金对主合同当事人双方均有担保效果

定金担保是由主合同债务人提供的担保，但定金担保成立后，其担保效力不限于担保定金给付人履行债务，而且包括担保定金接受人履行对待给付义务。一旦定金接受人不能履行对待给付义务，应当向定金给付人双倍返还定金。在这个意义上，定金给付人以向定金接受人移转定金权利为代价，相应取得定金接受人"双倍返还

定金"以担保自己债务履行的允诺。实际上，定金的设定客观上对被担保的合同的当事人双方均有担保效果。其他担保方式与其相比不同，如抵押、质押，都是对债权人的担保，担保债务人或第三人向债权人履约。

2. 定金担保的作用

（1）定金是合同成立的一种证明

定金是双方当事人为了保证合同履行而约定的，其比例不得超过合同目标总额的 20%。当事人在合同中约定交付定金期限的，合同从实际交付定金之时起生效。

（2）定金是合同的一种担保形式

按照法律规定，给付定金的一方不履行合同的，无权请求返还定金；接受定金的一方不履行合同的，应当双倍返还定金。双方当事人为了避免定金罚则的制裁，必须认真履行合同的义务，这就体现了定金的担保作用。当然，采取定金担保，违约一方仍然要按具体情况向另一方支付违约金和赔偿金，不能以定金代替。

（3）定金具有预先支付的作用

当合同履行后，支付定金的一方有权收回定金，或者折抵价款。在后一种情况下，定金又起到了预先支付的作用。但是，这与预付款是不同的。预付款不起担保作用，不存在不返还或双倍返还的问题，它只是一种结算办法，在合同履行后进行结算时多退少补。因此，在订立合同时，预先支付的钱款是定金还是预付款必须明确，以免引起纠纷。

（六）反担保

所谓反担保，是指当第三人为债务人向债权人提供担保时，第三人为了分散和化解风险，并保证自己追偿权的实现，可以反过来要求债务人对自己提供担保的行为。反担保实质上也是一种担保，是对担保的担保，即对担保人履行担保义务后所取得求偿权的担保。如银行对借款人发放保证贷款时，保证人因要承担风险，故要求借款人为自己再提供担保，借款人为保证人所提供的担保即属反担保。签订的合同即为反担保合同。反担保人可以是债务人，也可以是债务人之外的其他人。反担保方式可以是债务人提供的抵押或者质押，也可以是其他人提供的保证、抵押或者质押。

担保是保障债权实现的一种方法，是对债权人利益的保护，而反担保则是对担保人利益的保护，所以担保人在对债务人进行担保时，正确地使用反担保，可以有效地保护自己不担风险，不受损失，在经济交往中更好地正确运用它来保护自己的合法权益。只要担保人履行了担保义务，即可向反担保人求偿，而不问担保人履行的对与不对，反担保在性质上属于间接担保，因为它并非直接担保主债务，而是对担保人所负的债务担保进行担保，这可以最大限度地降低担保人的风险和损失，反担保之债除因一般担保消灭原因而消灭外，当债务和担保债务同时消灭或其中之一消灭，反担保也随之消灭。

反担保是担保活动中常见的使用方法，在债务清偿期届满时，债务人未清偿债务，第三人承担担保责任后，第三人就成为债务人的债权人，第三人对其代债务人向原债权人偿还的债务，有权向债务人追偿。为了保证追偿权的实现，可以要求债务人提供反担保。由于反担保也是担保，所以《物权法》第171条第2款规定，反担保适用本法和其他法律规定的规定，亦即担保适用的原则、方法、标的物、担保物种类均适用于反担保。

第二节　担保合同中的法律风险

由于担保法律关系几乎涉及民事法律体系的各个方面，其专业性很强，内容庞杂，操作复杂。从实践看，很多企业对担保合同重视不够，这一现象极易导致纠纷的发生，给企业经营带来了很多不确定的法律风险。

一、担保方式选择不当

设置担保的目的，就是为了规范交易行为，保证交易安全。不同的担保方式，有着不同的特点，对债权人实现债权的保障效能也不同，如保证主要是基于保证人的信任，质押一般要转移物的占有等。因此，企业要根据不同的需要选择合适的担保方式，一旦选择不当，不仅不能起到担保作用，还可能导致更大的损失。

二、担保人主体资格不适合

在担保实践中，有些债权人不注意审查保证人的主体资格，致使有些不能担保或者没有条件担保的单位或个人进行了担保，结果导致保证合同无效。根据《担保法》等法律、法规的规定，担保主体必须是符合法律规定，并且具有代为清偿能力的法人、其他组织或个人。但是，并非所有具有清偿债务能力的法人、其他组织或公民，都可以担任保证人。这主要包括：

（一）无民事行为能力或限制民事行为能力的自然人。

（二）公司不得为个人债务提供保证。按照《公司法》第60条的规定，董事、经理不得以公司资产为本公司的股东或其他个人债务为保证人。

（三）国家机关。包括国家权力机关、行政机关、司法机关、军事机关、党的各级机关以及其他代表国家行使权力的机关不得担任担保人。但为接受外国政府或者国际组织的贷款而进行转贷时，需要保证人提供保证的，国家机关可以提供担保，但必须经国务院批准。

（四）学校、幼儿园、医院等以公益为目的的事业单位、社会团体不得为保证人。

（五）企业法人的分支机构、职能部门不得担任担保人。

（六）银行等金融机构不得担任担保人。

三、超出抵押财产自身价值的多重抵押

我国《物权法》规定，对于超额抵押未作任何限制或禁止性规定。但《担保法》司法解释第51条规定，抵押人所担保的债权超出其抵押物价值的，超出的部分不具有优先受偿的效力。实践中，很多欺诈人正是利用价值较大的财产可以多次进行抵押，在财产上先后设立多个抵押权，并对有关情况进行隐瞒，使抵押财产的价值远远大于被担保的财产价值，致使债权人的资产流失，抵押优先受偿权落空。

四、用以担保的财产存在权利瑕疵

这些权利瑕疵主要包括：

（一）提供财产抵押的人并不是财产的所有权人，或是对该财产不具有处分权，财产进行抵押后，当财产的真正所有人提出权利要求，虚假抵押将不具有法律效力。

（二）抵押的标的物不符合我国法律的有关规定，为禁止用于抵押的财产或标的物本身就是法律所禁止流通物。

（三）担保财产已经被抵押、质押或已经被查封、冻结。

（四）相关财产正处在权利争议诉讼或仲裁程序中。

（五）享有权利的期限届满等。

五、名担保实抵债的"偷梁换柱"行为

有些欺诈行为人利用担保达到"偷梁换柱"的目的。这种欺诈中的主合同的内容是真实的，担保合同提供的财产也是真实的，只是合同义务人欲通过抵押担保合同，将抵押的财产真正转让给债权人以折抵主合同中的债务。欺诈人虽没有无偿获得或不平等地获得他人的财产，但其目的实际是促成抵押财产的流通，事实上形成了对另一方的欺诈。

六、设定担保权的履行手续存在瑕疵

有些担保的设定必须履行相应的手续，未履行手续或者手续不完整，往往导致担保合同无效或者不能有效对抗第三者。需要履行手续的情形主要包括：

（一）《担保法》规定的情形

1. 以地上定着物的土地使用权抵押的，由核发土地使用权证书的土地管理部门进行登记；

2. 以城市房地产或者乡（镇）、村企业的厂房等建筑物抵押的，由县级以上地方人民政府规定的部门进行登记；

3. 以林木抵押的，由县级以上林木主管部门进行登记；

4. 以航空器、船舶、车辆抵押的，由运输工具的登记部门进行登记；

5. 以企业的设备和其他动产抵押的，由工商行政管理部门进行登记。

（二）公司做出担保决定的，须经股东会或董事会审议通过。

（三）对共有财产设定担保的，须经所有共有人同意。

（四）担保法规定了其他抵押物登记可以自愿在公证部门办理，登记后具有对抗第三人的效力。

七、脱"保"现象时有发生

导致脱"保"现象发生的情况主要有：

（一）主合同内容变更，或者主合同债务转让，没有通知担保人并重签担保协议，导致脱保。

（二）担保期限没有约定或约定不明，导致过期脱保；或者对担保人履行担保义务，催告不及时。

没有约定保证期限，一般保证和连带保证的保证期间都是主债务履行期满六个月。六个月内，一般保证要提起诉讼仲裁，连带保证则须向保证人提出承担保证责任的要求，否则都脱保。假如约定保证期间截至债务履行完毕止，这种约定视作约定不明，保证期间自主债务履行期满之日二年。

第三节　担保合同风险防控技能

一、保证担保合同风险防控

保证，即人的担保，它是指保证人和债权人约定，当债务人不履行债务时，保证人按照约定履行债务或者承担责任的行为。在实践中，由于保证是基于保证人的信用而设立的担保制度，加之企业经常会疏忽签订保证合同的法律风险的防范，往往会出现"担而不保"履约风险。对于保证合同应从以下几个方面进行风险防控：

（一）审查保证人的主体资格

根据《担保法》第 7 条规定："具有代为清偿债务能力的法人、其他组织或者公民，可以作保证人。"对于什么人可以作为保证人，一个基本的资格要求即"具有代为清偿能力"。如果担保主体不具有相应的担保资格，直接导致担保合同无效，无疑增加了债权人的风险。下列主体不得作为保证人提供担保：

1. 无民事行为能力人和限制民事行为能力人；

2. 国家机关不得作为保证人，但经国务院批准为使用外国政府或者国际经济组织贷款进行转贷的除外；

3. 学校、幼儿园、医院等以公益为目的的事业单位、社会团体不得作为保证人；

4. 企业法人的分支机构、内部职能部门不得作为保证人。企业法人的分支机构有法人书面授权的，可以在授权范围内提供保证。企业法人的分支机构未经法人授权或者超出授权范围与债权人订立保证合同的，该合同无效或者超出授权范围的部分无效；

5. 我国《公司法》第 16 条规定："公司向其他企业投资或者为他人提供担保，依照公司章程的规定，由董事会或者股东会、股东大会决议；公司章程对投资或者担保的总额及单项投资或者担保的数额有限额规定的，不得超过规定的限额。公司为公司股东或者实际控制人提供担保的，必须经股东会或者股东大会决议。"第149条规定："董事、高级管理人员不得有下列行为：（三）违反公司章程的规定，将公司资金借贷给他人或者以公司财产为他人提供担保。"因此，公司为他人提供担保必须符合《公司法》规定的条件，即董事、高级管理人员必须经股东会、股东大会或者董事会同意方可以公司财产为他人提供担保。

（二）审查保证人的保证能力

保证人以自己的名义担保当事人一方履行合同的，在被担保的当事人不履行合同时，另一方有向保证人请求履行或赔偿损失的权利。这就要求保证人必须具有相应的经济赔偿能力，这是履行保证义务的必备条件。无相应的经济赔偿能力，即无保证能力，其提供的担保只能是"担而不保"。对此，当事人在签订保证合同时必须谨慎审核。

1.通过了解被担保企业提供的付款记录，判断其是否具有按期足额偿还债务的良好信誉。

2.通过审查被担保企业的资产数量、质量以及负债比例来判断其偿债能力。也就是说，用"资产负债率""流动比率"和"速动比率"等指标来衡量，对被担保企业的变现能力、支付能力和财务实力有所了解，然后再以被担保企业目前的经营状况做补充，判断出被担保企业的偿债能力，严防其提供的财产小于被保证的范围。

3.审查保证人对其提供的保证财产是否有独立的处分权限，以降低债权实现的风险。

（三）明确保证人的权利义务

1.保证人的权利

保证合同中应写明保证人基于主合同产生的抗辩权利，以防止债务人恶意躲债，保障债权人债权的实现。明确债务转让必须通知保证人，以减低未知风险。

2.保证人的义务

保证人对保证合同的责任承担方式有两种，即一般保证责任和连带保证责任。如果保证合同上未写明保证责任的承担方式，那么即认定为连带保证责任。不同的责任承担方式，对合同当事人所承担的风险大小不一。同时，在保证合同中需要明确保证人所提供的保证财产的数额、违约金的比例及支付方式，这些数据必须具体明确，且符合法律规定。

（四）保证合同应采取书面形式

我国《担保法》规定，保证人与债权人订立保证合同应当以书面形式。当事人仅有订立保证合同的意思表示，没有订立书面的保证合同的，不能认定当事人之间设立了保证法律关系。保证合同的具体形式有以下几种：

1. 保证人和债权人单独签订一份保证合同；

2. 在主合同中写明保证人的保证范围和保证期限，并由保证人签字盖章；

3. 保证人在主合同保证栏内表明担保意思，并签字盖章；

4. 保证人向债权人递交保证书。

（五）明确保证期限

保证期限是由保证合同当事人约定或是依据法律推定在主债务履行期届满后，保证人能够容许债权人主张权利的最长期限。没有约定保证期限或者保证期限约定不明的，很容易造成保证人免除保证责任。因此，保证人在签写保证期限时应当谨慎。

（六）注意多人联保情形的责任

保证人如果有多人，应该在保证合同的其他事项中明确各自该承担的保证责任大小，避免纠纷的发生。一般说来，同一债务中有两个以上保证人的，保证人按以下方式承担保证责任：

1. 在同一债务中有两个以上保证人的，保证人应当按照保证合同约定的保证份额承担保证责任；

2. 若在保证合同中没有约定保证份额，保证人应承担连带责任，债权人可以要求任何一个保证人承担全部保证责任，保证人都负有担保全部债权实现的义务；

3. 已经承担保证责任的保证人，有权向债务人追偿，或者要求承担连带责任的其他保证人清偿其应当承担份额。

（七）掌握保证合同不成立及无效的情形

1. 按照我国现行法的规定，保证合同可因下述原因而归于无效

（1）法人的分支机构、内部职能部门未经法人书面授权或者超出授权范围与债权人订立保证合同的；

（2）主债权人一方或者债权人与债务人双方采取欺诈、胁迫等手段，或者恶意串通，使保证人在违背真实意思情况下，提供保证的；

（3）国家机关未经国务院批准而与债权人订立保证合同的；

（4）学校、幼儿园、医院等以公益为目的的事业单位与债权人订立保证合同的；

（5）董事、高级管理人员违反公司章程的规定，未经股东会、股东大会或者董事会同意，以公司财产为他人债务提供担保的。

2. 对外担保合同无效的情形

（1）未经国家有关主管部门批准或者登记对外担保的；

（2）未经国家有关主管部门批准或者登记为境外机构向境内债权人提供担保的；

（3）为外商投资企业注册资本、外商投资企业中的外方投资部分的对外债务提供担保的；

（4）无权经营外汇担保业务的金融机构、无外汇收入的非金融性质的企业法人提供外汇担保的；

（5）主合同变更或者债权人将对外担保合同项下的权利转让，未经担保人同意和国家有关主管部门批准的，担保人不再承担担保责任。但法律、法规另有规定的除外。

3. 保证责任免除的情形

（1）保证期间，债权人许可债务人转让债务的，应当取得保证人书面同意，保证人对未经其同意转让的债务，不再承担保证责任。

（2）债权人与债务人协议变更主合同的，应当取得保证人书面同意，未经保证人书面同意的，保证人不再承担保证责任。保证合同另有约定的，按照约定。

（3）一般保证的保证人与债权人未约定保证期间的，保证期间为主债务履行期届满之日起六个月。在上述保证期间，债权人未对债务人提起诉讼或者申请仲裁的，保证人免除保证责任。

（4）连带责任保证的保证人与债权人未约定保证期间的，债权人有权自主债务履行期届满之日起六个月内要求保证人承担保证责任。在上述保证期间，债权人未要求保证人承担保证责任的，保证人免除保证责任。

（5）同一债权既有保证又有物的担保的，保证人对物的担保以外的债权承担保证责任。债权人放弃物的担保的，保证人在债权人放弃权利的范围内免除保证责任。

（6）保证期间，债权人依法将主债权转让给第三人的，保证债权同时转让，保证人在原保证担保的范围内对受让人承担保证责任。但是保证人与债权人事先约定仅对特定的债权人承担保证责任或者禁止债权转让的，保证人不再承担保证责任。

（7）保证期间，债权人许可债务人转让部分债务未经保证人书面同意的，保证人对未经其同意转让部分的债务，不再承担保证责任。

（8）保证期间，债权人与债务人对主合同数量、价款、币种、利率等内容作了变动，未经保证人同意的，如果减轻债务人的债务的，保证人仍应当对变更后的合同承担保证责任；如果加重债务人的债务的，保证人对加重的部分不承担保证责任。

二、定金担保合同风险防控

定金，即金钱担保，它是指合同当事人约定一方向对方给付一定数额的货币作为债权的担保。鉴于前面已对定金内容作了阐述，这里只重点强调以下几点：

（一）债务人履行债务后，定金抵作价款或者收回；

（二）给付定金的一方不履行约定的债务的，无权要求返还定金；

（三）收受定金的一方不履行约定的债务的，应当双倍返还定金；

（四）定金应当以书面形式约定。当事人在定金合同中应当约定交付定金的期限。定金合同从实际交付定金之日起生效。

（五）当事人交付留置金、担保金、保证金、订约金、押金或者订金等，但没有约定定金性质的，当事人主张定金权利的，人民法院不予支持。

（六）实际交付的定金数额多于或者少于约定数额，视为变更定金合同；收受定金一方提出异议并拒绝接受定金的，定金合同不生效。

（七）定金的数额由当事人约定，但不得超过主合同标的额的 20%。

三、抵押合同风险防控

抵押，即物的担保，它是指为担保债务的履行，债务人或者第三人不转移财产的占有，将该财产抵押给债权人的，债务人不履行到期债务或者发生当事人约定的实现抵押权的情形，债权人有权就该财产优先受偿。企业在签订抵押合同时，一定要注意以下风险防控：

（一）审查用于担保的财产是否存在瑕疵

用作担保物的财产必须符合法律规定。如果用作担保的财产不符合有关法律的规定，无疑使得该担保合同处于无效状态，无法实现对债权人债权的保障功能。

1. 法律禁止用于担保的财产种类

（1）土地所有权；

（2）耕地、宅基地、自留地、自留山等集体所有的土地使用权，但法律规定可以抵押的除外；

（3）学校、幼儿园、医院等以公益为目的的事业单位、社会团体的教育设施、医疗卫生设施和其他社会公益设施；

（4）所有权、使用权不明或者有争议的财产；

（5）依法被查封、扣押、监管的财产；

（6）法律、行政法规规定不得抵押的其他财产。

2. 可以用于担保的财产种类

（1）建筑物和其他土地附着物；

（2）建设用地使用权；

（3）以招标、拍卖、公开协商等方式取得的荒地等土地承包经营权；

（4）生产设备、原材料、半成品、产品；

（5）正在建造的建筑物、船舶、航空器；

（6）交通运输工具；

（7）法律、行政法规未禁止抵押的其他财产。

对于可以抵押的财产中的（1）（2）（3）及（5）中正在建造的建筑物应当办理抵押登记，抵押权自登记时设立；未经办理抵押登记，抵押权人不享有抵押权（即抵押权人不得要求直接处分抵押物，并要求优先受偿）。（4）（5）及（6）中正在建造的船舶、航空器抵押权自抵押合同生效时设立；未经登记，该抵押权不得对抗善意第三人。

3. 审查抵押财产的真实性、合法性的方法

实践中，对于抵押物合法性、真实性主要通过以下方式进行审查：

（1）要求担保人就担保财产没有权利瑕疵作出声明和承诺；

（2）要求担保人出示担保财产的购买合同、发票或相关证书；

（3）必须事先调查、了解担保财产有无其他法律负担，如被抵押、质押或被查封、冻结等情况；调查、了解在此之前没有设置过抵押或者多重抵押等。

（二）审查用以抵押的财产的变现能力

考量抵押财产变现能力的重要因素是抵押的价值是否超过其自身的价值。一般说来，用于担保财产的价值一定要大于被担保的债权，且越大越好，债权的金额不得高于担保财产价值的70%。由于债权实现时间越长，债务越大，故担保财产必须留出足够的余地。对于用于担保的财产，必须充分考虑其在短期内的变现能力，考虑变现能力比考虑其账面价值更重要。另外，对一些价值虽然很高、但专业性很强的设备等财产应特别注意，由于专业性很强，这类财产一般很难进行变现，一般不要接受这类财产的抵押。

（三）审查用以担保的财产的抵押权状况

固然一项价值较大的财产可以按次序分别设立不同的债务担保，但法律规定抵

押人所担保的债权超出其抵押物价值的,超出的部分不具有优先受偿的效力。实践中,部分债务人将价值较大的财产多次进行抵押,在财产上先后设立多个抵押权,并对有关情况进行隐瞒,致使债权人抵押优先受偿权落空。对此,必须引起足够的重视。若某项用以担保的财产有多个抵押权的, 按下列顺序清偿:

1. 抵押权已登记的,按照登记的先后顺序清偿;顺序相同的,按照债权比例清偿;

2. 抵押权已登记的先于未登记的受偿;

3. 抵押权未登记的,按照债权比例清偿。

(四)审查抵押担保的程序是否存在瑕疵

担保程序的瑕疵主要是未履行法定的手续。按法律规定应办理抵押登记的,应到不同的登记部门去办理抵押登记手续,抵押合同自登记之日起生效。对法律没有规定办理抵押登记的,也可以到当地的公证机关去办理公证手续。办理了抵押登记,抵押物不仅可以对抗第三人的要求,也能及时对可能出现的欺诈进行防范。我国《担保法》对以特定物进行担保的形式要件进行了规定,要求必须履行向法定部门登记的手续,合同自登记之日起生效。

1. 以地上定着物的土地使用权抵押的,由核发土地使用权证书的土地管理部门进行登记;

2. 以城市房地产或者乡(镇)、村企业的厂房等建筑物抵押的,由县级以上地方人民政府规定的部门进行登记;

3. 以林木抵押的,由县级以上林木主管部门进行登记;

4. 以航空器、船舶、车辆抵押的,由运输工具的登记部门进行登记;

5. 以企业的设备和其他动产抵押的,由市场监督管理部门进行登记。

(五)审查抵押担保合同的效力

1. 以法定程序确认为违法、违章的建筑物抵押的,抵押无效。

2. 以尚未办理权属证书的财产抵押的,在第一审法庭辩论终结前能够提供权利证书或者补办登记手续的,可以认定抵押有效。当事人未办理抵押物登记手续的,不得对抗第三人。

3. 抵押人所担保的债权超出其抵押物价值的,超出的部分不具有优先受偿的效力。

4. 当事人以农作物和与其尚未分离的土地使用权同时抵押的,土地使用权部分的抵押无效。

5. 按份共有人以其共有财产中享有的份额设定抵押的,抵押有效。共同共有人以其共有财产设定抵押,未经其他共有人的同意,抵押无效。但是,其他共有人知道或者应当知道而未提出异议的视为同意，抵押有效。

6.抵押合同对被担保的主债权种类、抵押财产没有约定或者约定不明，根据主合同和抵押合同不能补正或者无法推定的，抵押不成立。法律规定登记生效的抵押合同签订后，抵押人违背诚实信用原则拒绝办理抵押登记致使债权人受到损失的，抵押人应当承担赔偿责任

7.当事人在抵押合同中约定，债务履行期届满抵押权人未受清偿时，抵押物的所有权转移为债权人所有的内容无效。该内容的无效不影响抵押合同其他部分内容的效力。

8.第三人提供抵押的，债权人许可债务人转让债务未经抵押人书面同意的，抵押人对未经其同意转让的债务，不再承担担保责任。

（六）防控最高额抵押风险发生

与普通抵押相比，最高额抵押只需办理一次抵押登记，免去了合同当事人重复办理抵押物评估、登记等手续，在银行信贷业务中得到了广泛应用。但也正因为如此，若实际操作不当，极易发生债权"脱保"的情况，影响债权的优先受偿。因此，在办理最高额过程中应注意以下几个问题：

1.规范最高额抵押合同，防范债权金额因超限额"脱保"

（1）最高限额是指抵押人以该抵押物承担保证责任的最大金额。为确保银行债权的足额优先受偿，银行客户经理在填写最高额抵押合同担保的"最高限额"时应将借款本金、利息、逾期利息、罚息、违约金及实现债权的费用等全部计算在最高额抵押合同约定的最高余额内，不应将约定的担保金额全部用做贷款发放，应留有余地，以保障债权的全面优先受偿。

（2）针对在原最高额抵押合同项下贷款尚未结清又需要办理新的最高额抵押担保，一定要在注销原最高额抵押合同、办理新的最高额抵押合同登记同时，在新的最高额抵押合同"其他事项"中注明原最高额抵押合同担保的主合同项下的尚未结清的债务，也由本合同提供担保。

（3）如果已发生债权金额超过担保限额的情形，银行需在双方发生纠纷前，尽快与抵押人重新约定该抵押物的抵押金额（或将债权压缩到担保限额内），杜绝实际发生的债权余额超过其担保的"最高余额"，从而造成除借款本金外的其他债权脱保。

2.密切关注抵押物状况，防范因抵押物查封、扣押丧失优先受偿权

根据《物权法》第206条第四款的规定，最高额抵押权所担保的债权范围，不包括抵押财产因财产保全或者执行程序被查封后发生的债权。为避免债权"脱保"，

在最高额抵押放款前，银行客户经理应于贷款发放前了解抵押物状况，并到登记机关查询是否有保全、查封、异议登记等情况，并核实债务人、抵押人是否有被宣告破产或者被撤销的情形，以防抵押物发生上述事项后银行仍发放贷款，致使银行抵押权落空。

3. 变更最高额抵押合同应避免无法对抗顺序在后的抵押权人

最高人民法院《关于适用〈中华人民共和国担保法〉若干问题的解释》第82条规定："当事人对最高额抵押合同的最高限额、最高额抵押期间进行变更，以其变更对抗顺序在后的抵押权人的，人民法院不予支持。"由此可知，如果变更最高额抵押合同前，抵押物已被设定为其他债权担保物，那么增大的担保额及延长的担保债务发生期间所产生的债权将不能对抗已设定担保的其他债权。

4. 确保他项权证的真实有效

在实际操作过程中，银行应通过以下措施进行关键环节控制：

1. 办理初始抵押手续时，由客户经理与信贷经理同时进行抵押手续办理，办理过程中客户不允许接触他项权利证书。他项权利证书由信贷经理交给抵质押岗人员进行系统录入以及权证入库保管，保证初始抵押无瑕疵；

2. 在最高额期间办理单笔信贷业务前，客户经理必须到相关部门查询抵、质押物是否存在冻结、查封情况，并由相关部门出具相关意见；

3. 要求客户经理每月走访企业时留意抵、质押物状态，是否存在损毁抵、质押物的情况。

（七）注意抵押标的的保险

抵押标的如果是房产、船舶等不动产，抵押合同当事人可以约定对该标的投保。在抵押期间，抵押权人为保险赔偿的第一受益人。这样在最大程度上，保证了抵押权人债权得以实现。

还可约定抵押人保证所提供的抵押财产不存在未披露的共有及存在争议情况，如果因前述情况而给抵押权人造成损失，抵押人要承担相应的赔偿责任。

四、质押担保合同风险防控

质押合同，是出质人与质权人双方基于主债务合同就质物担保事项达成的书面担保合同。质押合同与抵押合同有相似之处，关键是担保期限内担保物由谁占有。质押合同是质权人（通常是债权人）与出质人（既可以是债务人，也可以是第三人）签订的担保性质的合同。出质人将一定的财物（通常是动产、有价证券等）交质权人占有，向质权人设定质押担保，当债务人不能履行债务时，质权人可以依法以处分质物所得价款优先受偿。实践中，质押合同和抵押合同常常容易出现混淆，因此，规范签订质押合同的注意事项十分必要。

（一）明确质押合同的效力

1.出质人代质权人占有质物的，质押合同不生效；质权人将质物返还于出质人后，以其质权对抗第三人的，人民法院不予支持。

2.动产质权的效力及于质物的从物。但是，从物未随同质物移交质权人占有的，质权的效力不及于从物。

3.质权人在质权存续期间，为担保自己的债务，经出质人同意，以其所占有的质物为第三人设定质权的，应当在原质权所担保的债权范围之内，超过的部分不具有优先受偿的效力。转质权的效力优于原质权。质权人在质权存续期间，未经出质人同意，为担保自己的债务，在其所占有的质物上为第三人设定质权的无效。

4.以汇票、支票、本票出质，出质人与质权人没有背书记载"质押"字样，以票据出质对抗善意第三人的，人民法院不予支持。

以公司债券出质的，出质人与质权人没有背书记载"质押"字样，以债券出质对抗公司和第三人的，人民法院不予支持。

5.以票据、债券、存款单、仓单、提单出质的，质权人再转让或者质押的无效。

6.以股份有限公司的股份出质的，适用《中华人民共和国公司法》有关股份转让的规定。以上市公司的股份出质的，质押合同自股份出质向证券登记机构办理出质登记之日起生效。以非上市公司的股份出质的，质押合同自股份出质记载于股东名册之日起生效。

7.以依法可以转让的商标专用权，专利权、著作权中的财产权出质的，出质人未经质权人同意而转让或者许可他人使用已出质权利的，应当认定为无效。因此给质权人或者第三人造成损失的，由出质人承担民事责任。

（二）明晰质押担保债权

质押合同是从合同，其效力附属于主合同即债权合同。因此，债权合同中主债权的具体内容直接关系到质押合同所担保的范围，乃至质押权实现的可操作性。质押合同必须明确其所担保的债权，其内容包括：

1.债权人和债务人（即质押权人和出质人）；

2.被担保的主债权种类；

3.被担保的主债权数额；

4.债务人履行债务的期限等。

上述信息越详尽越有利于保障当事人的权益，避免纠纷。

（三）明确质押标的的相关信息

1. 质押财产的名称、数量、质量、状况

质押包括动产质押和权利质押。权利质押主要包括：汇票、本票、支票、债券、存款单、仓单、提单；依法可以转让的股份、股票；依法可以转让的商标专用权、专利权、著作权中的财产权等。

2. 当事人在签订质押合同时应注意的问题

（1）区分无记名有价证券与记名有价证券的不同。以无记名有价证券设质时，权利凭证交付给质权人，质押合同随之生效；而以记名有价证券设质时，则应以背书方式为之，即把将该证券设定质押的情形注明在该证券上，然后再将证券交付给质权人。

（2）权利出质时，质押合同当事人必须清楚了解该权利权属，是否为出质人单独所有或是与他人共有。如以股权出质时，出质人是否有权以该股权出质，是否征得公司股东会议同意。最好在增加出质人的权属声明保证，并办理出质登记手续。

3. 担保的债权范围及清偿顺序

质押担保的范围一般应包括主债权及利息、违约金、损害赔偿金、质物保管费用和实现质权的费用。

质押合同当事人可在合同中注明债务人未如期偿还借款本息、利息及费用，质权人有权依法定方式处分就该质押物及其派生权益，并将所得款项及权益优先清偿借款本息。

4. 质押财产交付的时间

质物的移转是质权成立的条件，并不作为质押合同生效的要件，质押合同生效与质权成立是两回事。因此，签订质押合同时需注意明确质物交付的具体日期，防止歧义。

5. 其他事项

（1）不得约定事项

当事人不得在质押合同中约定当债务履行期届满债权人未获清偿时，质物的所有权即转归债权人所有，这样的约定违反法律规定。

（2）意外事件的处理办法

质押合同当事人可在合同中约定，如因不可抗力原因致使合同需作一定删节、修改、补充时，不应免除或减少合同当事人的相关权利或义务。最大程度地减少因偶发事件所产生的风险和纠纷。

总之，签订质押合同时应明确具体内容，采用书面形式，依照法律规定来办理，以免引起法律纠纷，损害双方利益。

五、留置担保合同风险防控

留置是我国经济生活中较普遍存在的一种合同担保形式，其设定的目的，是督促债务人及时履行义务，在债务人清偿债务之前，债权人有占有留置物的权利。留置权是基于法律规定而产生的，那么在签订留置担保合同时一定要在法律规定的基础上，对可由合同当事人自主约定事项加以具体、详细化，避免合同风险发生。

（一）明确留置担保的适用范围

留置担保只限于法律有明文规定的保管合同、运输合同、加工承揽合同的范围内行使。法律未作规定的，不适用留置这种担保方式。

（二）清楚主合同的债务情况

主合同中的主债务具体情况如何，关乎留置权能否实现大局。因此，在签订留置担保合同时应详尽地罗列出该债务的各种情况。一般而言，主合同债务主要包括主债务的种类、数量、质量规格、履约期限，等等。

（三）明确留置财产的价值

留置担保合同中的留置物的价值应当相当于债务的金额。留置物的状态通常存在两种情形，即可分物和不可分物。对于不可分物，通常的做法是对该不可分物整体留置。需要注意的是：留置该财产所产生的其他费用，如在承运合同中，若留置物是承运人承运的货物，那么留置财产的价值应当包括未支付的运费、保管费用、其他运输费用等。当留置财产的价值多于全部债务时，留置权人应当将剩余款项退还给债务人。

（四）清晰留置担保的范围

根据《担保法》第87条规定，留置担保的范围包括：（1）主债权及利息；（2）违约金；（3）损害赔偿金；（4）留置物保管费用；（5）实现留置权的费用。对于上述事项，留置担保合同当事人需要依照实际情况将数额罗列详尽，避免使用"大概、左右"等模糊约数。需要注意的是：留置担保的范围是法定的，不能由双方当事人自由约定扩大或者缩小留置担保范围。

第四节　担保合同典型案例警示

一、该借款合同担保是否有效

——工商银行诉深南公司某市对外经济贸易委员会借款担保合同纠纷案

【基本案情】

1992年2月26日，深南公司与市工行签订了1份《借款合同》。合同约定，市工行借给深南公司美金180万元，借款期限自第一笔用款日1992年2月28日至同年8月28日止。6个月还清全部贷款本息；深南公司须于同年6月28日归还美金100万元，同年8月28日归还美金80万元，借款利率按固定年利率4.9375%；借款用途，进口ABS塑料；若发生挪用贷款，对贷款挪用部分在原贷款利率的基础上加付50%的罚息；借方未按期归还贷款，贷方有权从借方的其他账户中扣收，并对逾期部分从逾期之日起加收20%的利息。某市外经委为此《借款合同》提供担保。合同订立后，市工行按约借给深南公司美金180万元。贷款到期后，深南公司没有偿还。市工行于1992年7月2日和同年9月21日，扣深南公司账户上美金48436.89万元，充作深南公司支付的部分利息。同年5月13日，深南公司又向市工行借款人民币220万元，期限6个月，年利率7.74%，至同年11月12日归还。市外经委为此《借款合同》提供担保。合同订立后，市工行按约借给深南公司人民币220万元。深南公司在合同约定期限内未能归还贷款，市工行同意其延期6个月还贷，至1993年5月12日止。期满后，深南公司偿还人民币60万元及1994年三季度的同期贷款银行利息，尚有人民币160万元未偿还。市工行为追索贷款，于1994年8月28日向法院提起起诉。诉请判令深南公司和市外经委立即偿还贷款180万美元及160万元人民币，并承担支付利息和逾期还款的责任。深南公司向市工行所借美金180万元的实际用款人是香港永利宁国际发展有限公司（以下简称永利宁公司）。在借款过程中，永利宁公司曾向深南公司出具过委托书，委托深南公司代其向市工行借款美金180万元。但深南公司未向市工行出示委托书，市工行也未接到永利宁公司的任何手续。

【法院裁判】

法院认为：深南公司、市工行于1992年2月26日和同年5月13签订的《借款合同》没有违反金融法规，两份合同均为有效合同。深南公司未按约归还贷款是产生纠纷的主要原因，应承担归还欠款及逾期还款的违约责任。该案借款关系发生在深南公司与市工行之间，深南公司系以自己的名义向市工行借款，永利宁公司没有向市工行出具借款委托。深南公司提出借款事项由永利宁公司与市工行事先谈妥，深南公司属委托借款，应由永利宁公司承担还款义务的主张没有事实和法律依据，其要求将永利宁公司列为该案第三人参加诉讼的请求不予采纳。市工行向深南公司主张权利的请求应予支持。市外经委属国家机关，不应对外提供担保，担保合同应确认无效。市外经委应承担无效担保相应的赔偿责任。

【定性分析】

本案事实清楚，市工行与深南公司签订的《借款合同》合法有效，但市外经委为借款提供的担保却是无效的，这是律师办理此案需予关注的。最高人民法院《关于贯彻执行〈民法通则〉若干问题的意见》第114条规定："保证人应当是具有代偿能力的公民、企业法人以及其他经济组织"，"国家机关不能担任保证人"。《担保法》第7条规定："具有代为清偿债务能力的法人、其他组织或者公民，可以作保证人。"第8条规定："国家机关不得为保证人，但经国务院批准为使用外国政府 或者国际经济组织贷款进行转贷的除外。"由于国家机关的民事行为能力限定于为履行其职责所必须的范围之内，不是从事工商活动的经济实体，所以其不能作为合同的保证人，由国家机关作为担保的保证合同是无效的。这里的国家机关包括立法机关、行政机关、司法机关以及各级军事机关等。

由于保证人的过错，造成保证合同无效的，保证人当然不应承担保证责任，否则，就等于维持了无效保证合同的法律效力。因无效保证合同产生之债已不再从属于主债，它是由缔约过错而不是保证责任产生之债，从而成为保证人与主债权人之间的一种独立之债。最高人民法院司法解释中指出保证合同无效后，保证人承担相应的责任，这种相应的责任即为民事赔偿责任，保证人应通过对债权人赔偿损失这种方式承担责任。由于无效保证合同的保证人承担赔偿损失责任是根据其缔约过错，而不是依保证合同，不享有法律对保证人规定的权利，因此，无效保证合同的保证人不可能享有代位权，即不能就其向债权人赔偿的财产向被保证人进行追偿。

本案市外经委系国家机关，其对外提供的担保无效，法院遂判决市外经委应承担相应的赔偿责任。不过，由于国家机关是从事管理活动的组织，没有独立经营的财产，只有供其履行职责需要由财政拨款的行政经费，这些经费不能用于对外经营活动。因而国家机关的民事赔偿责任实际上是不可能承担的。这就要求当事人在签订贷款抵押合同时必须 严格审查保证人的主体资格。

二、应收账款质押不具有优先于保证的受偿权

—— 亨通公司诉炀明公司等担保追偿权纠纷案

【裁判要旨】

应收账款不是物权法中的物，应收账款质押也不是物的担保，因此，应收账款质押并不具有优先于保证的优先受偿权。

【基本案情】

2008 年 4 月 21 日，江苏省吴江市松陵镇天晟酒店与吴江市农商行开发区支行签订《借款合同》一份，借款金额为人民币 100 万元，借款期限自 2008 年 4 月 21 日至 2009 年 4 月 20 日。同年 4 月 21 日，农商行开发区支行与亨通公司签订《保证合同》一份，约定由亨通公司为天晟酒店的主债务 100 万元提供保证。同日，炀明公司、王某某作为反担保保证人与亨通公司签订了最高额反担保质押合同，为亨通公司的上述保证提供反担保，张某某亦书面表示同意对上述反担保承担个人连带保证责任。天晟酒店实际经营人徐某与亨通公司另行签订了应收账款最高额反担保质押合同，约定天晟酒店以现在所有和将来所有的全部应收账款出质给原告，并到中国银行吴江支行进行了应收账款质押登记。2009 年 2 月 8 日，由于天晟酒店处于关门停业状态，不能履行还款义务，亨通公司代偿借款本息合计 1015106 元。亨通公司代偿后，要求炀明公司、王某某、张某某三被告返还原告代偿的人民币 1015106 元，并向原告支付违约金 52265.90 元，支付律师费用 26305 元，三被告对上述款项承担连带清偿责任。

【法院裁判】

吴江市人民法院经审理认为，原告与被告间的反担保合同依法成立并生效，因债务人天晟酒店未向贷款人农商行开发区支行履行还本付息义务，致原告作为担保人履行了代偿义务，故原告有权按反担保质押合同的约定向三被告追偿代偿款并要求其支付相关费用。应收账款系债务人的债权，以应收账款出质的情形，属于权利质权，只有债务人自己提供物的担保的，债权人才应当先就该物的担保实现债权，应收账款质押不属于物的担保的范畴，应收款质押并不优先于保证。三被告应当按照约定承担反担保责任，即返还原告代偿的人民币 1015106 元。依照《中华人民共和国担保法》及其司法解释的规定，判决：一、被告炀明公司、王某某、张某某连带清偿原告亨通公司借款本息 1015106 元、律师费 26305 元，合计 1041411 元，于判决生效之日起七日内履行。二、驳回原告亨通公司其他诉讼请求。

一审判决后，炀明公司不服，提起上诉。苏州市中级人民法院判决驳回上诉，维持原判。

【定性评析】

本案的争议焦点：应收账款质押与保证是否存在顺序优先问题？

我国《担保法》第28条规定："同一债权既有保证又有物的担保的，保证人对物的担保以外的债权承担保证责任。"《物权法》第176条规定："被担保的债权既有物的担保又有人的担保的，债务人不履行到期债务或者发生当事人约定的实现担保物权的情形，债权人应当按照约定实现债权；没有约定或者约定不明确，债务人自己提供物的担保的，债权人应当先就该物的担保实现债权。"可以看出，对于同一债权既有保证又有物的担保的，在债权实现方式上担保法和物权法有明显冲突，物权法强调的是首先尊重当事人的约定，在没有约定的情况下，对提供物的担保是否为债务人本人进行了区分，明确了只有债务人自己提供物的担保的，才应当先就该物的担保实现债权；而担保法并未区分是否为债务人本人提供的担保物。根据新法优先于旧法的适用原则，《物权法》第176条实际已取代了《担保法》第28条。

具体到本案，首先要厘清的是应收账款质押是否属于物的担保。

《物权法》第223条将应收账款与票据、债券、存款单等权利类型一并列举式地规定为权利质押的标的。被告认为，应收账款属于物的担保，理由主要是物权法将其列入权利出质范围，而《物权法》第2条规定："法律规定权利作为物权客体的，依照其规定。"被告认为应收账款质权作为物权客体，自然应收账款质押属于物的担保。这就涉及如何准确理解应收账款的性质问题。所谓应收账款，是指因销售商品或提供劳务而向购货单位或顾客收取的款项。应收账款的实现，依赖于债务人的履行行为，债权人享有的是请求权，而不是支配权。应收账款与仓单、提单等有着本质的区别，仓单、提单本身为物权凭证，在买卖合同中，出卖人向买受人交付仓单、提单，就视为标的物的所有权已转移给了买受人，但是应收账款不是物权凭证，不具备这样的法律效果。

显然，如果将应收账款理解为物权法中的物，在理论上缺乏法理依据，在实践中也是行不通的。由于应收账款是通过合同形式体现的，在质押过程中，基础合同的债务人并没有参与其中，很容易产生伪造合同的可能性，即使存在真实的应收账款，也可能由于种种原因导致债权人不能按约收回应收账款，即使债权人收回应收账款，债权人拒绝以该款履行债务，质权人的所谓优先受偿权亦无法体现。一般而言，应收账款质押仅仅适用于银行作为质权人的情形，银行可以通过控制债权人的某一特定账户从而实现对付至该账户的应收账款的控制。当然，债权人也有可能背着银行变更付款账户，从而使质权落空，对于非银行的普通质权人而言，应收款质权落空的风险更是难以控制的。

综上，笔者认为应收账款不是物权法中的物，应收账款质押也不是物的担保，如果上述观点成立，应收账款质押与保证自然不存在顺序先后的问题，债权人可以选择对实现债权有利的方式，可以不对债务人主张应收账款质押，而直接要求保证人承担保证责任。在本案中，原告就是采用了这样的诉讼方式，未主张应收账款质押，直接主张保证人承担保证责任。

上述案例中，原告在诉讼过程中发现原来在人民银行经过登记的应收账款质押并不能有效地帮助其实现债权，徐某在诉讼前已下落不明，原告无法取得应收账款原始凭证；即使取得了应收账款原始凭证，由于应收账款在性质上属于出质人所有，作为债务人的第三人有理由拒绝直接向质权人清偿，在这种情形下，原告无法实现其应收账款质押的权利。

另外，由于应收账款质押在操作层面存在较大的风险，而一般人对于这种风险却没有足够的认识，以致自身的权益受损。笔者认为，可以通过立法解释或司法解释对于应收账款质押的适用范围作出限定，将质权人限定为银行等金融机构，既能保证中小企业融资需求，又可以防范不必要的风险产生。

三、买卖合同不成，房产中介是否有权收取定金
——赵某诉嘉定某房地产中介公司房屋买卖纠纷案

【基本案情】

2013 年 3 月 28 日，原告赵某到被告嘉定某房地产中介公司查看房源，对在该店登记的嘉定某小区 27 号楼 2 单元 202 室房源产生购买意向。2013 年 4 月 3 日，被告收取原告 15000 元定金，并出具收款收据一份，内容为："今收赵某购嘉定某小区 27 号楼 2 单元 202 室购房定金 15000 元整。"后原告未就房款、过户费及税费承担问题与房屋卖主达成一致意见，双方未签订购房合同。

2013 年 5 月 7 日，原告以合同未订立为由，要求被告返还以定金名义收取的 15000 元，并自 2013 年 4 月 3 日起按中国人民银行同期贷款利率支付利息。被告辩称，原告看房后，被告工作人员曾与原告达成房屋买卖口头协议，原告交纳定金后又以不满税费承担为由，反悔双方交易，过错责任在原告，因此不同意返还定金。

另法院查明，原、被告双方未签订居间合同，且被告不能证明收取定金系经卖方授权，也未提供证据证明其因本次居间服务支出的费用。

【定性评析】

《合同法》第 424 条规定："居间合同是指居间人向委托人报告订立合同的机会或者提供订立合同的媒介服务，并由委托人支付报酬的合同。"向他方报告订立合同的机会或者提供订立合同媒介服务的一方为居间人，接受他方所提供的订约机会并支付报酬的一方为委托人。本案中，被告某房地产中介公司为原告赵某提供订立房屋买卖合同的媒介服务，双方之间为典型的居间合同关系。

定金是在合同订立或履行之前支付的以一定数额的金钱作为担保的一种债权担保方式。债务人履行债务后，定金应当抵作价款或者收回。给付定金的一方不履行约定债务的，无权要求返还定金；收受定金的一方不履行约定的债务的，应当双倍返还定金，该规则被称为"定金罚则"。"定金罚则"旨在督促债务人履行债务，适用于合同订立的双方或债权人与债务人双方，且应以书面形式约定。嘉定区购房合同而言，定金双方指向的是房屋买卖的双方，其目的是为了保证买卖双方能够按时签订正式的商品房购买合同，如果一方违约导致无法签订购房合同，定金是对守约方的保护和救济。本案中，房地产中介作为居间人，并非房屋买卖合同的当事人，其无权与买卖合同双方签订定金合同或向任何一方收取定金，在并未取得卖主授权的情况下，其向原告收取定金是一种越位行为。

另外，《最高人民法院关于审理商品房买卖合同纠纷案件适用法律若干问题的解释》第 4 条规定："出卖人通过认购、订购、预订等方式向买受人收受定金作为订立商品房买卖合同担保的，如果因当事人一方原因未能订立商品房买卖合同，应当按照法律关于定金的规定处理；因不可归责于当事人双方的事由，导致商品房买卖合同未能订立的，出卖人应当将定金返还买受人。"对赵某而言，其义务是按照预先约定与房地产中介或卖主洽谈购房事宜，该义务已经履行，即使最终因房款、税费等问题未能协商一致签订正式购房合同，也并不是赵某过错，而属于"不可归责于双方当事人的事由"，因此，无论如何，房产中介都应将收取的定金返还。本案中被告也未向法院举证因本次居间服务实际支出的费用，故被告对所收取的定金 15000 元，应全额予以返还。

2013 年 5 月，嘉定区法院一审判决某房地产中介公司全额返还所收定金，并自 2013 年 4 月 3 日起支付利息。后某房地产中介公司上诉，二审中双方达成调解协议，赵某自愿放弃 1000 元及利息，仅要求对方返还 14000 元，调解协议现已生效。

四、5000 万元担保之债一判了之
—— 甲银行诉乙公司、丙公司、丁公司抵押借款合同纠纷案

【基本案情】

1994 年 10 月 8 日,甲银行与乙公司、丙公司签订(94)085 号《抵押借款合同》一份,乙公司向甲银行贷款 3500 万元,借款期限 9 个月,借款利率为 10.98‰,丙公司以其房产为乙公司的借款提供抵押担保,三方对该合同进行了公证并到房产主管部门办理了它项权利登记。借款期限届满后,甲银行与乙公司、丙公司于 1995 年 7 月 7 日签订《借款展期协议书》,甲银行同意将乙公司的还款期限展期 6 个月,同时,将利率上浮。1998 年 8 月 3 日,甲银行与乙公司、丁公司分别签订(98)018 别号《人民币资金借款合同》和《借款抵押合同》,两合同分别约定:乙公司向甲银行借款 3500 万元,借款期限为 7 个月,利率为 6.3523‰。丁公司以其房产为乙公司向甲银行的该项借款提供抵押担保。1999 年 2 月 11 日,甲银行与乙公司、丁公司签订了《人民币资金借款延期还款合同》,甲银行同意将乙公司的还款期限展期 6 个月,至 1999 年 8 月 11 日。根据丁公司 1997、1998 年度年检报告的工商档案记载,该公司为股份有限公司,乙公司为该司的六家股东之一。丁公司向甲银行提供抵押的房产是从丙公司过户而得的,在过户的同时变更了抵押登记的抵押物名称和抵押人。借款期限届满后,乙公司未全部履行债务,甲银行扣划了乙公司利息 1059.408 万元。甲银行遂把乙公司与丁公司诉至法院,要求乙公司偿还 3500 万元借款及全部欠息合计 5200 余万元,同时要求丁公司承担担保责任。

【法院裁判】

甲银行认为其分别与乙公司、丁公司签订的借款合同和抵押合同均系当事人真实意思表示,没有违反法律禁止性规定,应认定有效。乙公司在合同到期后没有完全履行还款义务,属违约行为。丁公司以其房产为乙公司的借款提供抵押担保,在乙公司未完全履行还款义务时,不承担担保责任,也属违约行为。因此请求法院依法判令:乙公司偿还甲银行借款 3500 万元及利息 1780 万元;甲银行抵押权合法有效,甲银行对抵押物享有优先受偿权。

乙公司认为甲银行在扣划利息时违反国家金融法规规定,多扣划乙公司利息约 400 万元,该款应冲抵借款本金。

丁公司认为其与甲银行签订的担保合同是无效的。首先因主合同为借新还旧合同,新的借款合同对旧的借款合同的借款期限的延期已超过原贷款期限,因此该合

同违背法律规定，应认定无效。其次，担保合同因违反我国《公司法》的有关规定而无效。我国《公司法》第 60 条第三款规定："董事、经理不得以公司资产为本公司的股东或其他个人债务提供担保。"乙公司是丁公司的股东，而且当时丁公司与乙公司的法定代表人均为卫某一人，丁公司为其股东乙公司的债务提供抵押担保，违背法律规定，应认定无效。导致借款合同及担保合同的无效，均为甲银行违法操作和未尽严格审查义务等过错造成。因此，无论担保合同因主合同无效而导致其无效，还是其本身的无效，丁公司均不应承担任何担保责任。甲银行 1780 万元的利息请求，在其诉讼中未能讲明事实和理由，不符合民诉法规定的起诉条件。应依法驳回甲银行对抵押权享有优先权以及 1780 万元的诉讼请求。

　　海口市中级人民法院经审理认为，甲银行与乙公司自 1994 年 10 月 8 日签订借款合同，甲银行依约向乙公司发放贷款 3500 万元后，双方的债权债务关系即已成立。双方于 1998 年 8 月 3 日签订的借款合同，该合同视为对双方原债权债务关系的重新确认和对乙公司最后还款期限的重新约定。甲银行与乙公司所签订的借款合同、借款延期还款合同和所有补充合同，除违背法律规定部分和约定利率超出法定利率部分应认定无效外，其余约定均应认定有效，乙公司应向甲银行依法履行债务。甲银行与丁公司签订的《借款抵押合同》，丁公司为乙公司向甲银行贷款所提供抵押担保的财产属于丁公司的财产，而被担保人乙公司系丁公司的股东，丁公司以公司财产为其股东的贷款提供抵押担保，并未召集公司股东大会讨论决定，显属丁公司董事、经理个人所为，违背我国《公司法》第 60 条第三款关于"董事、经理不得以公司财产为本公司的股东或其他个人债务提供担保"的规定，因此，该合同应认定为无效。甲银行在抵押人以及抵押物名称的更名过程中，没有善尽必要的注意和审查义务，负有过错责任以此造成的经济损失应由其自行承担。甲银行关于本案涉案抵押物享有优先受偿权等主张，缺乏法律依据，法院不予支持。据此，海口市中级人民法院判决：一、乙公司于判决生效之日起十日内向甲银行偿付借款本金 3500 万元及利息（利息按中国人民银行规定的同期流动资金贷款利率分段计算，自 1994 年 10 月 17 日计至 1999 年 8 月 11 日），并支付逾期还款的逾期利息（逾期利息按中国人民银行规定的逾期利率计算，自 1999 年 8 月 11 日计至本判决确定的还款之日）。乙公司的已付利息应从以上应付利息中扣除，如其已付利息多出应付利息，多出部分应冲抵其借款本金。二、驳回甲银行的其他诉讼请求。

【定性分析】

　　本案涉及两种法律关系，一种是借款合同关系，另一种是抵押合同关系。

　　一、1998 年 018 号《借款合同》为主合同，针对该《借款合同》的《担保合同》

是从合同，主合同无效，针对该《借款合同》的《担保合同》也因主合同无效而无效，丁公司对合同无效没有任何过错，不承担担保责任。

1998年018号借款合同是借新还旧合同，这从丁公司所举证据中可以看出。该合同第11条约定："本笔借款为（94）085号合同的周转贷款。"这一条表明了该合同是借新还旧合同。1998年8月17日由甲银行出具的《放款记录》上没有乙公司在借款人处签名、盖章，而只有甲银行负责人、主管、信贷员签字并加盖银行三角章。此款完全是由甲银行单方操作自借自还的借新还旧的行为。甲银行出具的《银行对账单》表明：在1998年8月18日同一天，"贷方"增加3500万元；"借方"减少了3500万元。这证明3500万元同一天进账后又被转出了，这是何人所为呢？证据表明这完全是甲银行单方一手操作的。甲银行为了逃避借新还旧贷款对其产生的不利法律后果，在其诉状中将1998年签订的018号《借款合同》辩称是1994年签订的085号《借款合同》的延期合同，其辩解主张不能成立。1998年8月3日借贷双方明明签订的是《资金借款合同》，不是办理展期，展期应签订的《借款展期协议》或《借款延期还款合同》。借新还旧合同违反中国人民银行《关于严禁以任何向虚假或违规手段消化不良贷款的通知》《不良贷款认定暂行办法》。

1998年018号借款合同不仅因为是借新还旧合同违法而无效，而且因为其违反《贷款通则》而无效。《贷款通则》第15条第二款规定："短期贷款延期不得超过原贷款期限。"根据该《通则》第10条规定，贷款期限在一年以内的贷款为短期贷款。本案贷款为短期贷款，历经几次延期，早已超过原贷款期限。

主合同无效，导致担保合同无效。主合同无效完全是甲银行及乙公司的过错，丁公司没有任何过错，丁公司依法不承担担保责任。

《担保法》第5条规定："担保合同是主合同的从合同，主合同无效，担保合同无效。担保合同被确认无效后，债务人、担保人、债权人有过错的，应当根据其过错各自承担相应的民事责任。"《担保法》司法解释第8条规定："主合同无效而导致担保合同无效，担保人无过错的，担保人不承担民事责任。"

1998年借新还旧合同及违法延期完全是由甲银行及乙公司双方所为，与丁公司没有任何关系，丁公司更没有任何过错。因此，丁公司因主合同无效导致担保合同无效后，丁公司因无过错不承担任何担保责任。

二、担保合同除因1998年018号借款合同这一主合同无效而无效外，也因担保合同本身违法而无效，担保人也因无过错而不承担担保责任。

《贷款通则》第23条"贷款人的权利"第一项规定："要求借款人提供与借款相关的资料。"第24条"贷款人的义务"第二项规定："应当公开贷款要审查的资信内容和发放贷款的条件。"根据甲银行贷款规定即《交通银行担保贷款办法》第20条规定："股份制企业以其财产作抵押的，须有经该企业董事会或联合管理机构同意并签字的书面授权证明。"

从以上规定可以看出，要求借款人提供与借款相关的资料以及发放贷款的条件是作为贷款人的甲银行的权利，也是其义务。为本案3500万元贷款提供担保的丁公司是股份制企业，其名称就表明了这一点。甲银行依照《贷款通则》及《交通银行担保贷款办法》的规定，负有要求借款人及担保人提供担保人"董事会或联合管理机构同意并签字的书面授权证明"的义务。甲银行知悉自己的贷款规定，应该做到却未能按贷款规定去做，导致违规操作，从而导致担保合同无效，甲银行对担保合同无效负完全过错责任。作为担保人的丁公司根本不知道甲银行的规定，甲银行也没有按照《贷款通则》的规定要求丁公司提供"与借款人相关的资料"，丁公司没有任何过错。既然担保合同无效是因甲银行的过错而非丁公司的过错所致，以前述《担保法》第5条第二款及其司法解释第8条规定，丁公司不承担担保责任。

三、针对1998年018号《借款合同》还因违反公司董事、经理不得以公司资产为本公司股东做担保的禁止性规定而无效，担保人不承担担保责任。

《公司法》第60条第三款规定："董事、经理不得以公司资产为本公司的股东或其他个人债务提供担保。"

《担保法》司法解释第4条规定："董事、经理违反《中华人民共和国公司法》第60条的规定，以公司资产为本公司股东或者其他个人债务提供担保的，担保合同无效。除债权人知道或应当知道的外，债务人、担保人应当对债权人的损失承担连带赔偿责任。"

问题是甲银行是否知道乙公司为丁公司的股东？股份公司如为其股东担保，如果贷款银行知晓这一事实，由银行担责；如果贷款银行不知晓，就由贷款企业担责。经调查取证，应当认定甲银行知道乙公司为丁公司的股东。首先，省高院交换证据笔录和丁公司的《承诺书》，这两份证据证实甲银行在签订1998年018号《借款合同》之前，就知道乙公司与丁公司是股东关系；其次，乙公司所做的《说明》和律师调查笔录，这两份证据证明甲银行在1997年第一次起诉乙公司因双方和解撤诉时，甲银行知道乙公司、丁公司之间是股东关系；再次，向乙公司法人代表当庭发问，乙公司法人代表当庭回答他当时告知了甲银行，乙公司与丁公司是股东关系。以上证据一举，意味着丁公司在本案中不承担任何责任，不但不承担连带之责，担保合同无效无过错，还不承担过错赔偿之责。

《公司法》及《担保法》司法解释明确规定了董事、经理以公司资产为公司股东及其他个人债务提供担保，担保合同无效。但具体如何适用，理论和实践及不同人之间理解不同，存在着分歧。有观点认为这是规范公司内部董事、经理的个人行为，防范其个人道德风险，公司正常地为其股东债务提供担保应认为有效，《担保法》的司法解释第 4 条，仅是对《公司法》第 60 条的落实。也有的认为公司为股东或个人提供担保应经过董事会决议，履行正常程序，可认为有效。还有的甚至认为仅董事会决议还不够，还应当经股东大会的股东表决同意。可以说，解决这个问题，要从《公司法》立法本意进行探讨。表面上看《公司法》第 60 条是禁止董事、经理的个人行为为目的，是限制公司董事、经理滥用权利，保护公司的利益。但是，就《公司法》第 60 条及《担保法》司法解释的本意来看，法律的本意在于维护资本确定原则和保护股东及债权人的利益，当是禁止公司本身为股东或其他个人债务提供担保。资本确定原则要求股东对公司的投资不能以任何形式撤回，包括以接受公司担保的形式。而且，公司为股东或个人担保可能损害其他股东和债权人的利益。实践中，禁止公司为公司股东担保有助于排除关联交易的不良后果。

中国证监会 2000 年 6 月 6 日颁布的《关于上市公司为他人提供担保有关问题的通知》，也做了禁止上市公司为他方的债务，特别是母公司或股东提供担保的行为，并将担保的对象扩展到股东的控股公司和附属企业。那么，公司如何作为担保人？法律未做明确规定，但从法律的规定来看是允许担保的。只要公司提供担保的对象不属于"公司股东或者其他个人债务"的限制范围，其行为就具有法律效力。另一点需要明确的是"其他个人债务"所指的"个人"，应当包括所有的自然人，而不只是与董事、经理有亲属和其他利益关系的个人。从《公司法》及《担保法》司法解释的方面来看，董事经理以个人身份提供担保的，则与公司没有关系，其产生的法律责任应由签章的董事经理个人承担。

上述三种担保合同无效不承担担保责任的理由，并不要求同时具备，只要具备其中的一条即可。本案的一审判决就认定乙公司系丁公司的股东，丁公司为乙公司提供担保，属于公司的董事、经理的个人行为，这种做法违反了《公司法》的规定，担保合同是无效合同。同时，甲银行明知乙公司与丁公司之间的关系，甲银行自身存在过错，因此造成的经济损失应由其自行承担。

丁公司作为担保人，其用于抵押的一栋楼房也办理了抵押登记，在此种情况下，打赢一场抵押借款官司是困难的，5200 余万元债务岂能一判了之？但作为代理律师，善于、精于研究法律和案件事实，这是其本分和天职，这是当事人花重金聘请律师的原因。本案因担保合同无效丁公司不承担担保责任，更因造成担保无效的原因在甲银行而丁公司无任何过错，从而也不承担过错责任，5200 余万元债务经过代理律师的努力真的一判了之了！为什么？就是因为代理律师紧紧抓住了担保合同无效且担保人无过错这两个本案焦点事实和与此有关的法律、司法解释，这是本案给我们的有益启示。

五、信用卡担保未经持卡人同意进行"无密扣款"是否有效

——谢某与工行一支行、携程公司财产损害赔偿纠纷案

【裁判要旨】

银行与特约商户联合进行信用卡业务创新的同时，亦应当重视金融消费者权益的保护。在目前国内信用卡普遍凭密码或签字消费的情形下，信用卡担保作为新型支付方式，在未事先告知持卡人的情况下进行"无密扣款"侵害了持卡人的财产权益，应赔偿其损失。同时，在损失的认定上，基于损益相抵原则、信用卡支付法律关系与基础关系的关联性及诉讼经济原则，将权益受侵害者客观受益的部分在全部损失中予以扣减。

【基本案情】

上诉人（原审原告）：谢某

被上诉人（原审被告）：中国工商银行股份有限公司上海市第一支行（以下简称"工行一支行"）

被上诉人（原审被告）：携程计算机技术（上海）有限公司（以下简称"携程公司"）

谢某与工行一支行签订《信用卡领用合约（个人卡）》，申领了卡号为4270300044114550牡丹贷记卡一张。在申请表申请要求中的"消费密码选择"一栏中，谢某选择"消费使用密码，输密限额0元（含）以上使用密码"。2010年8月14日16时35分许，谢某通过携程公司客服电话预订了上海外滩茂悦大酒店三间江景房，入住时间为2010年8月17日至8月18日，入住天数为一天，房费为人民币2013元（以下币种同）一间（含早餐），合计6039元，支付方式为前台现付，付款方式为现金支付，信用卡使用类型为：担保，订单号为：75491278。携程公司客服人员明确告知谢某："此订单一经确认预订成功之后您不能取消，也不能更改。如果没按照约定入住，我们将会扣除您一天的房费，一共是6039元；如果3间房您有部分没有住，我们将扣除您没有住的每间房费2013元。"同时，谢某同意以卡号为42703000××××4550的牡丹贷记卡进行担保，并向携程公司客服人员提供了卡号、发卡行、信用卡有效期、信用卡CVV最后三位校验码、持卡人姓名以及持卡人身份证号码等信息。

2010年8月17日中午约12时，谢某致电携程公司客服人员，要求取消系争订单，携程公司客服人员告知其经和上海外滩茂悦大酒店协调后不同意谢某要求，当天如果不入住将会按照预订房间时的约定，扣除3间江景房房费合计6039元。谢某遂致电工行客服热线，要求拒付，工行客服人员明确表示由于卡未作冻结，建议做挂失处理并与商户协调。2011年8月24日，谢某系争信用卡被扣划6039元。根据牡丹贷记个人卡对账单，该笔款项的交易类型为"预授权确认"，金额为6039元。嗣后，由于谢某为该笔款项进行交涉，延期支付该笔款项，产生了利息和滞纳金，各方当事人确认该笔款项产生利息为101.19元，滞纳金29.78元，谢某已经向工行一支行归还上述款项合计6169.97元。

工行一支行与上海华程西南旅行社有限公司曾经签订《邮购结算业务合作协议书》，其中第一条甲方（工行一支行）责任中第四项列明"对于乙方（上海华程西南旅行社有限公司）受理的本市牡丹卡每笔业务，甲方依照乙方提供的牡丹信用卡卡号、姓名、身份证件号码、有效期等要素操作并给出授权号码。甲方不对要素来源的可靠性负责"。携程公司曾于2004年1月1日向其关联公司上海华程西南旅行社有限公司出具委托书，委托其为客户提供机票、酒店相关服务费用的结算服务。

2010年9月9日，携程公司汇划订单号为75491278、金额为6039元的款项至"外滩茂悦大酒店"账户。上海外滩茂悦大酒店认可房费已按双方协议扣除6039元，同时载明"根据携程公司与我司的合作协议，凡携程公司提供担保的订单，在世博会期间，客人没有实际入住仍按协议收取房费"。

谢某认为：工行一支行在接到他明确要求不付款的情况下，擅自从其信用卡扣款的行为严重侵犯了其合法权利；工行一支行是应携程公司的要求扣划了其信用卡中的相应款项，故携程公司与工行一支行构成共同侵权；工行一支行和携程公司的行为造成了他在银行规定的还款时间内逾期还款，导致其信誉上受到影响。故诉至法院，请求：一、判令工行一支行和携程公司连带赔偿原告损失6169.97元；二、判令工行一支行和携程公司在《新民晚报》或其他市级媒体上公开赔礼道歉。

【法院裁判】

关于工行一支行及携程公司是否构成侵权，原审法院认为：信用卡担保本身不违反法律规定，由于谢某与携程公司缔约中同意以信用卡进行担保，且提供了信用卡卡号、有效期限、校验码、持卡人本人姓名、身份证号码等具体信息，特别是持卡人本人身份证号码并非信用卡卡面信息，应当认为谢某对信用卡用于担保进行了授权。况且，根据谢某与携程公司之间的约定，该笔款项本身就应该支付，故一审认为，尽管本案中对谢某信用卡之扣款在扣款方式上存在瑕疵，但工行一支行与携程公司不存在过错，故不构成侵权，据此判决驳回谢某诉讼请求。

原审判决后，谢某不服，提起上诉。二审法院认为：上诉人谢某在申领系争信用卡时，在申请表上明确选择"消费使用密码，输密金额0元（含）以上使用密码"。两被上诉人进行信用卡扣款，应当遵循该约定。两被上诉人在未事先告知持卡人的情况下进行"无密扣款"侵害了持卡人的财产权益，应赔偿其损失。

在损失的认定上，基于损益相抵原则、信用卡支付法律关系与基础关系的关联性及诉讼经济原则，将权益受侵害者客观受益的部分在全部损失中予以扣减。据此判决如下：一、撤销（2011）黄民五（商）初字第808号民事判决；二、被上诉人工行一支行于判决生效之日起十日内赔偿上诉人谢某损失人民币130.97元；三、被上诉人携程公司对本判决第二项确定的款项承担连带责任；四、驳回上诉人谢某原审其他诉讼请求。

【定性分析】

本案是一起涉及维护金融业务创新的同时如何兼顾保护金融消费者利益的典型案例。工行一支行与携程公司联合推出"信用卡担保"业务，并采取了"无密扣款"方式，在未事先告知持卡人扣款系采用"无密扣款"方式的情形下，工行一支行与携程公司是否存在过错，损失如何认定，是本案两大焦点。

（一）工行一支行与携程公司对"无密扣款"是否存在过错

在谢某与工行一支行明确约定凭密码消费的情形下，工行一支行与携程公司联合推出的信用卡担保进行"无密扣款"，存在过错，主要鉴于下述理由：1.违反当事人之间的约定。即与谢某与工行一支行申领信用卡时"消费使用密码，输密金额0元（含）以上使用密码"之约定冲突。2.同意信用卡担保不代表同意"无密扣款"。预订酒店过程中，上诉人谢某向携程公司表示同意将信用卡作为担保，并将信用卡卡号、身份证号码、校验码等告知携程公司。对持卡人谢某而言，其同意以信用卡担保的意思是明确的，但并不能得出告知上述事项就意味着授权银行和携程公司进行"无密扣款"。3.工行一支行与携程公司关联公司之间的协议不能约束谢某。携程公司关联公司上海华程西南旅行社有限公司与工行一支行之间签订的《邮购结算业务合作协议书》，基于合同的相对性原则，只能约束合同的当事人，而不能约束本案上诉人谢某。况且，该协议也未事先告知谢某。故两被上诉人认为该协议可作为其进行"无密扣款"的依据之主张，亦不能成立。4.银行在联合特约商户进行信用卡支付结算方式创新的同时，应充分尊重包括知情权、财产权在内的广大持卡人权利保护。若新类型业务下信用卡扣划方式根本改变了银行与持卡人之间的事先约定，应得到持卡人的明确同意。

本案最终认定携程公司与工行一支行构成共同侵权，在于充分注意到，就邮购服务中的信用卡担保及"无密扣款"，是携程公司与银行共同推出的一项新类型业务。携程公司并不能超脱于个人与银行之间的信用卡划付法律关系。具体如下：携程公司在信用卡担保及资金"无密扣款"的过程中，在该项支付业务的推出、信息披露等方面扮演重要的角色。换言之，信用卡担保是这一新类型信用卡使用方式，是特约商户携程公司在开展业务过程中，要求客户提供的，且并未向其告知将进行"无密扣款"。就此，本案系争侵权行为也不仅仅就在于工行一支行进行款项扣划之时，事实上，在携程公司根据其与工行一支行之间达成的协议，要求谢某进行信用卡担保，且在国内信用卡支付普遍凭密码或签字的情况下，未告知信用卡担保将进行"无密扣款"之时，携程公司就开始参与了"无密扣款"的侵权行为，其行为是整个侵权行为中不可分割的组成部分。故本案"无密扣款"非工行一支行单方所为，而是工行一支行与携程公司根据双方之间的协议，共同开展的一项业务，具有共同的意思联络，侵害了广大金融消费者的知情权及财产权益。要求携程公司承担连带责任，从金融商事审判的价值取向来看，有利于进一步规范金融创新业务和市场秩序、加强金融消费者权益保护。

（二）本案"无密扣款"造成的损失如何认定

就本案损失如何认定，二审裁判从以下角度予以认定：一是，侵权损害赔偿之债的损益相抵。即赔偿权利人基于发生损害的同一原因受有利益者，应由损害额内扣除利益，而由赔偿义务人就差额赔偿。有损害赔偿之债的成立，有受害人受有利益者，有构成损害赔偿之债的损害事实与所得利益间的因果关系，即构成损益相抵。本案中，当上诉人谢某取消预订而未得到携程公司及案外人上海外滩茂悦大酒店的同意之情形下，谢某应当按照合同约定即使不入住也应支付全额房费。这时，基于谢某的违约行为，其与携程公司之间的法律关系转化为信用卡担保法律关系，谢某对携程公司负担了一笔信用卡担保债务。该笔信用卡担保债务是确定的，并因为工行一支行与携程公司的"无密扣款"行为得到清偿。谢某因该侵权行为的客观受益部分即该笔信用卡担保债务金额人民币 6039 元，与"无密扣款"这一损害行为具有同源性，并具有相当因果关系，应当在全部损失金额人民币 6169.97 元中予以扣除。二是，信用卡支付行为与其基础行为的关联性。本案侵权行为有其特殊性，特殊性在于支付一笔本应支付的信用卡担保债务。在特约商户携程公司与工行一支行均作为本案当事人的情况下，将信用卡支付法律关系与其基础法律关系相关联，运用损益相抵原则进行一并处理，亦符合信用卡法律关系的特殊机理。三是，符合诉讼经济原则。假若判决谢某在本案中应获得 6169.97 元全额赔偿，并假定由工行一支行实际赔付，则工行一支行可向携程公司追偿，携程公司亦可嗣后向谢某追偿。由此，将加大当事人的讼累，未能实现案结事了。而在法律的框架内，运用司法智慧，援用损益相抵的法理、兼顾信用卡结算与基础法律关系之间的关联性，可以圆满地解决当事人之间的争议。从本案的裁判结果来看，经法庭的释明，调解阶段向当事人充分说理释法，从二审宣判后当事人的反应来看，各方当事人均对本案二审裁判结果表示认可。

（三）从裁判的价值取向来看，在保护与支持金融创新与加强金融消费者权益保护之间取得了适当的平衡

案件审理期间，当事人原先的诉、辩意见将信用卡担保的合法性与"无密扣款"的依据糅杂在一起，二审期间，经法庭释明和引导，当事人之间更多围绕信用卡担保中"无密扣款"是否构成侵权展开诉辩。本案裁判结果，一方面，肯定了信用卡担保本身的合法性，支持该项在远程酒店、机票预订中日益广泛使用的金融创新业务；另一方面，基于银行与特约商户联合推出信用卡担保业务时，在目前信用卡扣款普遍凭密码或签字之情形下，未就"无密扣款"进行事先告知，认定工行一支行与携程公司就"无密扣款"造成的损失，应当承担连带赔偿责任，强调了金融创新过程中不可忽视保护金融消费者合法权益。

六、以贷还贷未告知，担保合同被撤销
——张某诉某金融部门担保合同纠纷案

【本案导语】

以贷还贷是金融运作过程中一种常见现象，但如果运作不当，就可能引发新的法律问题。2006年2月21日，江苏省海安县法院审结的一起借款担保合同纠纷案中，由于担保人对债务人以贷还贷的事实不知情，其反诉撤销担保借款合同的请求得到了支持。

【基本案情】

2004年4月1日，张某的朋友王某和某金融部门一位工作人员来到张某家中，声称因装潢需要向金融部门借款20万元，请张某帮忙完善借款手续，张某碍于情面，便在金融部门工作人员带来的格式借款合同担保人栏内签了字。该借款合同约定：借款本金20万元，月利率为6.96‰，用途为购原材料，还款期限为同年9月30日，张某承担连带保证责任。后因王某未能还款，金融部门索款无着诉至法院，要求借款人王某承担还款付息义务，保证人承担连带责任。被告张某接到诉状后，王某才将真实情况告知张某，王某在 2004 年 4 月 1 日前，已经向金融部门借款 20 万元，本次借款形式上是以新贷偿还旧贷，其实当日并未借出 20 万元。

庭审中张某提出反诉称，金融部门与王某之间签订的保证担保借款合同，是主合同当事人事先设计、串通、欺诈的结果，本人签字是基于主合同当事人隐瞒事实而作出的错误表示。借款合同约定的借款用途是购原材料，而事实上本次借款是以新贷偿还旧贷，请求法院依法撤销保证合同。

针对张某的反诉，金融部门辩称，本次借款是以现金方式将 20 万元交给王某，至于王某将该 20 万元用于何处非金融部门所能控制，法院应支持原告的本诉，驳回被告张某的反诉。

海安县法院经查阅金融部门的有关记账凭证，结合当事人的举证后确认：发生借款的当日，该 20 万元实际用于王某以他人名义原先向金融部门借款本息 19.9 万余元。

【法院裁判】

海安县人民法院审理认为，意思自治是我国民法的基本原则。借款保证合同应当合法签订，并体现当事人的真实意思。主合同当事人采取欺诈手段，使保证人在违背真实意思的情况下提供保证的，债权人知道或应当知道该事实的，保证人不承担保证责任。本案的王某假借购买装潢原材料向金融部门借款，邀请张某为其提供担保，在取得所贷款的当日，偿还了以他人名义所借款实为其本人使用的贷款，该行为明显增加了反诉人张某的风险责任，违背了意思自治原则，构成了对反诉人张某的欺诈，显属骗取担保人担保，故反诉人要求撤销担保合同的请求应予支持。

【定性分析】

所谓保证，是指保证人和债权人约定，当债务人不履行债务时，保证人按照约定履行债务或者承担责任的担保。法律设定担保制度是为了维护正常的交易安全，使债权人的利益得到最大的满足。实践中，债权人通过向保证人行使请求权，从而维护自己的合法权益的案例是最为常见的。

作为调整社会关系法律制度同样也要保护担保人的合法权益，我国《担保法》和《合同法》就有明确的规定。《担保法》第 30 条规定："有下列情形之一的，保证人不承担民事责任：（一）主合同当事人双方串通，骗取保证人提供保证的；（二）主合同债权人采取欺诈、胁迫等手段，使保证人在违背真实意思的情况下提供保证的。"《合同法》第 54 条规定："一方以欺诈、胁迫的手段或乘人之危，使对方在违背真实意思的情况下订立的合同，受害方有权请求人民法院或仲裁机构变更或撤销。"根据以上规定，在债权人直接参与下，以欺诈、胁迫手段致使保证人在违背真实意思的情况下提供保证时，保证人不承担保证责任。

　　本案的特殊性在于，金融部门否认参与欺诈张某的事实，反诉的原告也仅有言词证据，法院又为何支持张某的诉讼请求呢？最高人民法院《关于适用〈中华人民共和国担保法〉若干问题的解释》第40条规定："主合同债务人采取欺诈、胁迫等手段，使保证人在违背真实意思的情况下提供保证的，债权人知道或应当知道欺诈、胁迫事实的，按照《担保法》第30条规定处理。"实践中，债权人为了保证自己的债权，往往要求债务人采取不正当的手段取得担保，或者对债务人骗取保证人提供担保的事实佯装不知情。根据《合同法》原理和民法的诚信原则，第一种情形，债权人明显构成对保证人的欺诈；第二种情形，相对于保证人而言，债权人并非善意，其故意隐瞒事实真相的不作为行为，同样也构成对保证人的欺诈。事实上，担保人所掌握的信息与金融部门相比处于不对称状态，如果金融部门否认以贷还贷的事实或主张担保人明知以贷还贷的事实，金融部门应承担举证责任。最高人民法院作出的上述司法解释，很好地解决了这一问题。因此，海安县人民法院作出了上述判决。

第十章 委托合同风险防控

第一节 委托合同概述

委托合同又称委任合同，是指委托人与受托人约定，由受托人处理委托人事务的合同。其中，委托他人为自己处理事务的人称委托人，接受他人委托的人称受托人。

一、委托合同的法律特征

（一）委托合同的受托人以委托人的名义为委托人处理事务。受托人是代表委托人处理事务，所以受托人处理委托事务时应以委托人的名义进行，费用由委托人承担。

（二）委托合同是在相互信任的特定主体之间发生的。委托人选定某个受托人为其处理委托事务，是以他对受托人的能力和信誉的了解为基础的。受托人愿意为委托人服务，也是完全自愿的。

（三）委托合同可以是有偿的，也可以是无偿的。

（四）委托合同是双务诺成合同。委托合同于双方达成一致协议时成立，不论是否有偿，双方都负有一定的义务。

二、委托合同的种类

（一）特别委托和概括委托

根据受托人的权限范围，委托合同可以分为特别委托和概括委托。特别委托是指委托人特别委托受托人处理一项或数项事务的委托；概括委托是指委托人委托受托人处理一切事务的委托。

（二）单独委托和共同委托

根据受托人的人数，委托合同可以分为单独委托和共同委托。单独委托是指受托人为一人的委托；共同委托是指受托人为两人以上的委托。关于共同委托，《合同法》第409条规定："两个以上的受托人共同处理委托事务的，对委托人承担连带责任。"

（三）直接委托和转委托

根据受托人产生的不同，委托合同可以分为直接委托和转委托。直接委托是指由委托人直接选任受托人的委托；转委托是指受托人为委托人再选任受托人的委托。受托人为委托人进行转委托，除紧急情况下受托人为维护委托人的利益而需要转委托的以外，应当征得委托人的同意。关于转委托，《合同法》第400条规定："经委托人同意，受托人可以转委托。转委托经同意的，委托人可以就委托事务直接指示转委托的第三人，受托人仅就第三人选任及其对第三人的指示承担责任。转委托未经同意的，受托人应当对转委托的第三人的行为承担责任，但在紧急情况下受托人为维护委托人的利益需要转委托的除外。"

三、委托合同当事人的权利义务

（一）委托人的责任与义务

1. 支付费用的义务。无论委托合同是否有偿，委托人都有义务提供或补偿委托事务的必要费用；

2. 付酬义务。对于有偿委托合同，委托人应向受托人支付约定的报酬；

3. 赔偿责任。

（二）受托人的责任与义务

1. 办理委托事务的义务。受托人对委托事务原则上应亲自办理，只有在事先取得委托人的同意，或因情况紧急的情况下，为了委托人的利益可以转托他人；

2. 遵守委托指示的义务；

3. 报告的义务。受托人应将委托事务情况向委托人报告；

4. 转移利益的义务。受托人应将办理委托事务取得的各种利益及时转移给委托人；

5. 转移权利的义务。受托人以自己的名义为委托人办理事务取得的权利，应将权利转移给委托人。

四、受托人以委托人的名义和费用处理委托事务

委托人之所以选定受托人为自己处理事务，是以他对受托人的办事能力和信誉的了解、信任为基础的；而受托人之所以接受委托，也是出于愿意为委托人服务，能够完成委托事务的自信，这也是其基于对委托人的了解和信任。因此，委托合同只能发生在双方相互信任的特定人之间。没有当事人双方相互的信任和自愿，委托合同关系就不能建立，即使建立了合同关系也难以巩固。因此，在委托合同中，受托人应当亲自处理受托的事务，不经委托人的同意，不能转托他人处理受托的事务。同时，在委托合同建立后，如果任何一方对他方产生了不信任，都可以随时终止委托合同。

受托人处理事务，除法律另有规定外，不是以自己的名义和费用，而是以委托人的名义和费用进行的。因此，委托合同的受托人处理受托事务的后果，直接归委托人承受。这是委托合同与行纪合同、承揽合同、居间合同等类似合同的重要区别。

在有些情况下，受托人也可以以自己的名义与第三人为民事法律行为。《合同法》第402条规定："受托人以自己的名义，在委托人的授权范围内与第三人订立的合同，第三人在订立合同时知道受托人与委托人之间的代理关系的，该合同直接约束委托人和第三人，但有确切证据证明该合同只约束受托人和第三人的除外。"《合同法》第403条规定："受托人以自己的名义与第三人订立合同时，第三人不知道受托人与委托人之间的代理关系的，受托人因第三人的原因对委托人不履行义务，受托人应当向委托人披露第三人，委托人因此可以行使受托人对第三人的权利，但第三人与受托人订立合同时如果知道该委托人就不会订立合同的除外。""受托人因委托人的原因对第三人不履行义务，受托人应当向第三人披露委托人，第三人因此可以选择受托人或者委托人作为相对人主张其权利，但第三人不得变更选定的相对人。""委托人行使受托人对第三人的权利的，第三人可以向委托人主张其对受托人的抗辩。第三人选定委托人作为相对人的，委托人可以向第三人主张其对受托人的抗辩以及受托人对第三人的抗辩。"

五、委托合同的主要条款

委托合同是委托人委托受托人依照委托人的意志处置事务的合同，应具备以下

主要条款：

（一）当事人条款

受委托人一旦对委托人作出承诺，就必须按委托人的要求处置好委托人委托的事项，反映出其严格的人身隶属关系，因此，在签订委托合同时，应具体、准确地载明其基本情形的条款，不可简称或代称。

（二）委托处置事务条款

委托合同是委托人委托受委托人完成某一事项的处置。因此，委托的事项必须具体，处置的程度要清晰、明确，不可含糊不清晰。

（三）双方当事人的权利、义务条款

合同中应明确双方当事人的权利、义务，以利于受委托人在权利范围内完全履行义务，顺利完成委托事项，如果在合同履行期间内发生争议，双方当事人也有清楚的尺度衡量自己行为得失，便于争议的解决。

（四）报酬条款

委托合同如果是有偿的，委托人在受委托人完成委托事项后，应当支付约定的报酬，报酬支付的方法也可以在合同中约定。

（五）完成委托事项的质量要求条款

即受托人处置委托事项应达到委托人的要求，制定该条款是衡量和计算报酬的依据。

（六）完成委托事项的期限条款

委托人委托受托人完成的事项的时间规定，委托人应按时间约定要求受委托人保质保量完成委托事项，受委托人也应在约定的时间内达到委托人的要求，如不能按时完成，则构成违约，不仅不能如数获得约定的报酬，还要承担违约责任。

（七）违约责任条款

这是双方依合同约定的权利、义务履行的结果，是认定赔偿的依据。

（八）争议解决方式条款

（九）其他条款

六、委托合同的解除

委托人或者受托人可以随时解除委托合同。因解除合同给对方造成损失的，除不可归责于该当事人的事由以外，应当赔偿损失。

七、委托合同的终止

委托人或者受托人死亡、丧失民事行为能力或者破产的，委托合同终止，但当事人另有约定或者根据委托事务的性质不宜终止的除外。因委托人死亡、丧失民事行为能力或者破产，致使委托合同终止将损害委托人利益的，在委托人的继承人、法定代理人或者清算组织承受委托事务之前，受托人应当继续处理委托事务。因受托人死亡、丧失民事行为能力或者破产，致使委托合同终止的，受托人的继承人、法定代理人或者清算组织应当及时通知委托人。因委托合同终止将损害委托人利益的，在委托人作出善后处理之前，受托人的继承人、法定代理人或者清算组织应当采取必要措施。

八、行纪合同与委托合同的区别

根据《合同法》规定，行纪合同与委托合同的主要区别在于：

（一）行纪合同的选用范围仅为贸易活动，而委托合同的受托人为委托人提供服务的适用范围广泛，包括各种可以委托的事项。

（二）行纪人应以自己的名义与第三人订立合同，而委托合同的受托人以委托人名义或者自己的名义订立合同，如以自己的名义订立合同，则负有披露义务。

（三）行纪合同为有偿合同，委托合同可以有偿也可以无偿。

（四）行纪人处理委托事务支出的费用，除当事人另有约定，应自行承担，而委托合同的受托人的费用由委托人承担。

第二节　委托合同中的法律风险

一、委托事项模糊

委托合同中对委托事项没有约定或者约定不明确，导致受托人完成的委托事项可能不符合委托人的意愿，甚至造成委托人利益损失。

二、处理委托事务的费用含糊

当事人在委托合同中没有约定处理委托事务的费用，委托人也没有预付处理委托事务的费用，受托人只能垫付该费用，增加受托人的经济负担。对于受托人垫付的必要费用，若没有充分证据，委托人可能不承认或者不支付该费用及利息，甚至存在因委托人认为受托人处理的委托事项不符合委托人的意愿而不偿还该费用的风险。

三、委托指示存在的风险

受托人不按照委托人的指示处理委托事务，处理委托事务的结果可能不符合委托的意愿，甚至造成委托人的损失。对于需要变更委托指示的，不经委托人同意擅自处理委托事务的，可能损害委托人的利益。情况紧急，难以和委托人取得联系的，受托人处理的委托事项也可能不符合委托人的意愿，甚至造成委托人的损失，等等。

四、转委托存在的风险

除了在紧急情况下受托人为维护委托人的利益需要转委托外，不经委托人的同意，受托人擅自转委托的，可能损害委托人的利益，受托人应当对转委托的第三人的行为承担责任；经委托人的同意，受托人选用第三人失当或者对第三人的指示不明确甚至错误，委托人应当承担责任。

五、受托人给委托人造成损失

有偿的委托合同，因受托人的过错给委托人造成损失的，委托人可以要求赔偿损失。无偿的委托合同，因受托人的故意或者重大过失给委托人造成损失的，委托人可以要求赔偿损失。受托人超越权限给委托人造成损失的，应当赔偿损失。

六、受托人处理委托事务自己受到损失

受托人处理委托事务时，因不可归责于自己的事由受到损失的，委托人应当赔偿受托人的损失。委托人经受托人同意，可以在受托人之外委托第三人处理委托事务，因此给受托人造成损失的，受托人可以向委托人要求赔偿损失。

七、两个以上受托人共同处理委托事务中的风险

两个以上受托人共同处理委托事务的，可能损害委托人的利益，委托人可以要求受托人承担连带责任；两个以上受托人共同处理委托事务，损害了委托人的利益的，可能存在一个或者一个以上受托人没有过错，但基于承担连带责任的规定，而要承担责任。

八、解除委托合同的风险

委托人或者受托人可以随时解除委托合同。因解除委托合同给对方造成损失的，除不可归责于该当事人的事由以外，应当赔偿损失。

九、委托人或者受托人死亡、丧失民事行为能力或者破产的风险

因委托人死亡、丧失民事行为能力或者破产，致使委托合同终止可能损害委托人利益；因受托人死亡、丧失民事行为能力或者破产，致使委托合同终止的可能损害委托人利益，等等。

第三节　委托合同风险防控技能

一、委托事项应具体、明确

在委托合同中，应对委托事务的基本信息进行准确、详细约定，尤其是委托事务的具体要求，以确保受托人能够很好地完成委托事务；同时，受托人必须在委托人授权范围内进行活动，如果受托人超越权限给委托人造成损失的，应当赔偿损失或委托人减少其相应的报酬。没有经委托人指示，受托人不得擅自改变委托事务，更不能将办理委托事务所产生的利益据为己有。

此外，在委托合同中，应对期限进行明确的约定，受托人应按约定时间保质保量完成委托事务。如果受托人因自己的过失不能按时完成，则构成违约，因此给委托人造成损失的，要承担赔偿损失。

二、委托合同的报酬应明确约定

若委托合同是有偿的，应在合同中对于报酬的支付时间、支付方式等进行明确的约定。对委托人应当预付处理委托事务的费用，受托人应当出具收据。在处理委托事务过程中发生各项费用支出，受托人应当保留这些费用支出的凭证，最终确定预付费用是否满足实际需要，若预付费用超过实际费用，多余的费用应当返还委托人；若预付费用少于实际费用，受托人应当垫付必要费用，最后由委托人偿还该费用及其利息。此外，合同还应明确约定委托事务因受托人的过失而未能完成，委托人可以不支付报酬或是就已经完成的部分支付相应的报酬。

三、委托指示的约定一定要明确

在委托合同中明确约定委托人的指示；需要变更委托指示的，应当经委托人同意，注意保留证明委托人同意的证据；因情况紧急，难以和委托人取得联系的，受托人应当妥善处理委托事务，但事后应当将该情况及时报告委托人，注意保留证明情况紧急难以和委托人取得联系的证据和论证处理委托事务的合理性，事后及时报告委托人等。

四、转委托需慎重

转委托需要委托人同意，保留证明委托人同意的证据；紧急情况不经委托人同意转委托的，注意保留情况紧急的证据；经委托人同意或者紧急情况下转委托时，一定注意选择合适的第三人并且明确委托事务的指示。

五、及时报告处理委托事务

在委托合同中约定受托人定期或者不定期向委托人报告处理委托事务的处理情况，委托人也有权利定期或者不定期向受托人查询委托事务处理情况。

六、受托人以自己的名义与第三人订立合同的情况要有区别

1.受托人以自己的名义，在委托人的授权范围内与第三人订立的合同，第三人在订立合同时知道受托人与委托人之间的代理关系的，该合同直接约束委托人和第三人，但有确切证据证明该合同只约束受托人和第三人的除外。

2.受托人以自己的名义与第三人订立合同时，第三人不知道受托人与委托人之间的代理关系的，受托人因第三人的原因对委托人不履行义务，受托人应当向委托人披露第三人，委托人因此可以行使受托人对第三人的权利，但第三人与受托人订立合同时如果知道该委托人就不会订立合同的除外。受托人因委托人的原因对第三人不履行义务，受托人应当向第三人披露委托人，第三人因此可以选择受托人或者委托人作为相对人主张其权利，但第三人不得变更选定的相对人。委托人行使受托人对第三人的权利的，第三人可以向委托人主张其对受托人的抗辩。第三人选定委托人作为其相对人的，委托人可以向第三人主张其对受托人的抗辩以及受托人对第三人的抗辩。

七、受托人应认真履约

有偿的委托合同，受托人要认真处理委托事项，不得因过错给委托人造成损失，如果有过错，应当及时采取有效措施避免给委托人造成损失。对于无偿的委托合同，受托人同样应当认真对待，不得故意或者重大过失给委托人造成损失，如果有故意或者重大过失的，应当及时采取措施避免给委托人造成损失。受托人应当在授权范围内处理委托事项，不得超越权限为委托人处理事务，更不能因超越权限给委托人带来损失。

八、委托人应避免给受托人带来损害

委托人委托受托人处理委托事务时，应当透彻了解处理委托事务可能给受托人带来的损害的情况，明确防范这些风险的措施，并将风险及防范措施告知受托方，确保处理委托事务不会给受托人带来损害。

九、尽量避免解除委托合同

委托人和受托人事前预知影响处理委托事务的各种因素，并预测各种因素影响程度，建立这样的基础之上决定是否处理委托事务，尽量避免解除委托合同，如果发生事前不能预知的情况，必须解除委托合同的，应当尽量避免、减少因解除委托合同给对方造成的损失。

十、共同受托人应明确分工和责任

两个以上的委托人可以在处理委托事务前约定共同处理委托事务的方式，并约定责任。

十一、约定特殊事件发生情况的处理

因委托人死亡、丧失民事行为能力或者破产，致使委托合同终止可能损害委托人利益的，在委托人的继承人、法定代理人或者清算组织承受委托事务之前，受托人应当继续处理委托事务；受托人的继承人、法定代理人或者清算组织应当及时通知委托人。因委托合同终止将损害委托人利益的，在委托人作出善后处理之前，受托人的继承人、法定代理人或者清算组织应当采取必要措施。

十二、其他事项

在订立合同时，建议根据实际具体委托事项对违约责任、争议解决的方式、诉讼管辖地等约定清楚，以降低合同履行风险和保证合同顺利履行，并尽可能保障作为承租方的合法、合理利益。

第四节　委托合同典型案例警示

一、委托理财合同的法律效力应如何认定
——杨某（甲方）诉杨某某（乙方）委托理财合同纠纷案

【要点提示】

委托理财合同纠纷是近年来民商事审判中出现的一种新类型合同纠纷，系属委托合同纠纷中的一种。委托理财作为一种新的投资方式，其本身对于参与各方甚至整个社会均有益处，但应在不违反法律、行政法规强制性规定的前提下进行。

【基本案情】

福建省厦门市思明区人民法院经公开审理查明：2008年8月4日，原告杨某（甲方）与被告杨某某（乙方）就甲方委托乙方进行投资管理有关事项签订一份《委托协议》，约定现有资金1万美元，乙方本着以最高盈利为目的，在账户最大亏损在现有资金35%范围内给甲方进行交易；当账户亏损达到现有资金35%时，必须通知甲方，须经甲方同意方可进行交易，否则，多余亏损由乙方负责；委托时间自2008年8月4

日至2008年10月1日止；乙方为甲方投资提供资金安全保证，保证甲方出金的安全，也保证甲方出金时间在1至3个工作日，最迟不超过7个工作日，否则乙方必须垫付甲方的出金款给甲方。案外人何某某、邹某某作为证明人在《委托协议》上签字。上述合同签订后，原、被告和证明人何某某、邹某某于合同签订当日一起前往中国建设银行厦门梧村支行办理转账事宜，原告杨某向收款方户名为曾某某的账户汇入人民币68800元。之后，原告因其账户一直处于亏损状态，遂诉至法院。

原告杨某诉称：2008年8月4日，被告在得知原告欲与厦门融汇通投资咨询有限公司签订委托理财合同后，极力游说原告与其本人签订委托理财协议，并要求原告在其代理的香港亨达公司开户理财。原告即按被告要求向香港亨达公司温州分公司的法人代表曾某某建行账户汇入人民币68800元。之后，被告利用其所谓的香港亨达公司大陆工作人员身份，为原告开通外汇买卖账户，并在亨达公司开设的网站交易平台直接进行外汇买卖，且在资金亏损达35%时没有依约通知原告，致使原告68800元本金在半个月内亏损殆尽。现诉请判令：（1）原、被告签订的委托理财协议无效；（2）被告赔偿原告68800元，并支付相应利息（按中国人民银行同期同类贷款利率，从起诉之日计算至实际还款之日）。

被告杨某某辩称：其与原告签订的委托合同是无偿合同，内容并无违法，应为合法有效；即使合同无效，原告也应当向接受其汇款的单位或个人主张返还其汇入款项；原告损失是因为市场风险及其自身错误投资行为所致，其要求被告承担风险损失没有事实和法律依据。

【法院裁判】

福建省厦门市思明区人民法院经审理认为，被告杨某某未经有关部门批准，擅自从事代客境外买卖外汇的非法金融业务活动，该行为违反了《非法金融机构和非法金融业务活动取缔办法》的规定，其与原告签订的《委托协议》，应依法认定无效。根据我国《合同法》规定，合同无效后，因该合同取得的财产，应当予以返还；有过错的一方应当赔偿对方因此所受到的损失，双方都有过错的，应当各自承担相应的责任。本案中，被告应当返还原告所交付的68800元，但原告作为成年人，在与被告签订合同时，未尽谨慎注意义务，未确定被告是否具有经营外汇理财的资质，对造成合同无效亦有过错，故其应在现有资金68800元的35%范围内承担责任；其余损失44720元则应由被告予以赔偿。因《委托协议》无效，原告要求被告赔偿相应利息损失缺乏法律依据，法院不予支持。

法院依照《合同法》第52条、第58条规定，判决如下：一、原告杨某与被告杨某某于2008年8月4日签订的《委托协议》无效；二、被告杨某某应于本判决生效之日起十日内支付原告杨某人民币 44720 元；三、驳回原告杨某的其他诉讼请求。

【定性评析】

委托理财合同是委托人与代理人约定，委托人将其资金、证券等资产委托给受托人，由受托人在证券、期货等金融市场上从事股票、债券等金融工具组合投资、管理活动所签订的合同。委托理财合同纠纷是近年来民商事审判中出现的一种新类型合同纠纷，系属委托合同纠纷的其中一种。委托理财作为一种新的投资方式，其本身对于参与各方甚至整个社会均有益处，但应在不违反法律、行政法规强制性规定的前提下进行。根据在证券或期货市场出现的投资人名义的不同，委托理财可以分为委托代理的投资理财和信托投资理财。委托人与受托人在投资理财合同中约定，委托人以自己的名义开设资金账户或者同时开设股票或期货交易账户，委托受托人使用委托人的账户从事投资经营活动的，为委托代理型投资理财行为，委托人与受托人之间形成的是委托代理合同关系。委托人与受托人在投资理财合同中约定，委托人直接将资金、证券交付给受托人，由受托人以自己的名义或者受托人借用他人名义从事投资经营活动的，委托人与受托人之间形成的是信托合同关系。本案中，原告根据被告要求，将钱款汇入被告指定人员账户，再由被告开通外汇买卖账户、进行外汇买卖。因此，原、被告之间形成的是信托合同关系。

本案主要争议焦点是：讼争《委托协议》效力如何认定以及认定后的法律后果问题。

根据我国国务院发布的《非法金融机构和非法金融业务活动取缔办法》第4条规定："本办法所称非法金融业务活动，是指未经中国人民银行批准，擅自从事的下列活动：（一）非法吸收公众存款或者变相吸收公众存款；（二）未经依法批准，以任何名义向社会不特定对象进行的非法集资；（三）非法发放贷款、办理结算、票据贴现、资金拆借、信托投资、金融租赁、融资担保、外汇买卖；（四）中国人民银行认定的其他非法金融业务活动。"本案中，被告杨某某未经有关部门批准，擅自从事代客境外买卖外汇的非法金融业务活动，该行为违反了上述《非法金融机构和非法金融业务活动取缔办法》的规定，故其与原告所签订的《委托协议》应依法认定无效。根据我国《合同法》规定，合同无效后，因该合同取得的财产，应当予以返还；有过错的一方应当赔偿对方因此所受到的损失，双方都有过错的，应当各自承担相应的责任。本案中，被告应当返还原告所交付的 68800 元，但原告作为成年人，其在与被告签订合同时，未尽谨慎注意义务，未核实被告是否具有经营外汇理财的资质，对造成合同无效亦有过错，故其应在现有资金 68800 元的 35% 范围内承担责任；其余损失 44720 元，则应由被告予以赔偿。一审判决后，双方当事人均未提出上诉。

二、一方当事人主体不合格，委托代理合同无效
——B 公司诉保险公司委托保险合同纠纷案

【基本案情】

某年 10 月 20 日，B 公司与保险公司签订《自行车保险代理协议》，约定：自协议签订之日起，B 公司销售的所有自行车都由 B 公司出资参加自行车第三者责任保险及附加自行车盗窃保险；保险公司负责向 B 公司提供各种必要的单证及宣传资料，并提供有关保险业务知识的指导；B 公司在向保险公司领取单证时，应一次性付清需保单的保险费，并在保单销后，及时将副本归还保险公司；手续费为保费的 10%；自行车条款按照保险公司有关条款执行；在 B 公司销售自行车的过程中，B 公司应维护保险公司的声誉及利益，如造成不良后果，B 公司应负责挽回影响和损失。保单期限为一年。

协议签订后，B 公司分几次向保险公司付款并领取保险单，并在销完保单后将副本交还保险公司。其间，B 公司在报刊上推出"买车送保险"广告。消费者购车之后，由 B 公司在保险公司保单上填写车牌号、钢印号、保险期限等。

次年 3 月，中国保险监督委员会发出清理整顿保险中介市场的通知，要求未取得许可证的兼业代理人须申请领取新的《经营保险代理业务许可证（兼业）》。4 月 19 日，中国保险监督委员会又发文规定了兼业保险代理人应具备的条件。

由于 B 公司没有《经营保险代理业务许可证（兼业）》，保险公司书面通知 B 公司终止《自行车保险代理协议》，而 B 公司因消费者要求履行"买车送保险"的承诺而与保险公司发生争议，双方协商不成，遂发生诉讼案件。

【法院裁判】

法院对于本案的审理有三种意见：

第一种意见认为：B 公司购买保险公司的保险，然后将保单赠送给购自行车的消费者，根据《保险法》第 10 条第二款的规定，"投保人是指与保险人订立保险合同，并按照保险合同负有支付保险费义务的人"，以及根据《保险法》第 22 条第二款的规定，"被保险人是指其财产或者人身受保险合同保障，享有保险金请求权的人，投保人可以为被保险人"，B 公司实际上是投保人，消费者为被保险人，《自行车保险代理协议》实际上是财产保险合同；保险公司不履行财产保险合同，其行为已构成违约，应承担相应的责任。

第二种意见认为，无论是从名称，还是从对内容的分析来看，《自行车保险代理协议》均应认为是一份委托代理合同，根据《民法通则》第69条的规定，委托代理得由被保险人取消委托而终止，因此，本案中保险公司终止《自行车保险代理协议》的做法是合法的。

第三种意见认为，同意《自行车保险代理协议》是一份委托代理合同，但是根据《保险法》第132条的规定，"保险代理人、保险经纪人应当具备保险监督管理机构颁发的经营保险代理业务许可证或者经纪业务许可证，向工商行政管理机关登记，领取营业执照，并缴纳保证金或者投保职业责任保险"，以及B公司不具备兼业保险代理人资格的事实，认为《自行车保险代理协议》因一方当事人主体不合格而属于无效合同。

法院经审理后认为，B公司与保险公司的关系是保险代理关系，由于B公司不具备兼业保险代理人的资格，《自行车保险代理协议》无效，即不具有法律约束力，应恢复原状，由于已履行部分已不能恢复，故判决《自行车保险代理协议》未履行部分予以解除，对B公司的诉讼请求不予支持。

【定性评析】

关于第一种意见，认为B公司是投保人而《自行车保险代理协议》是财产保险合同的看法实际上是对《保险法》有关规定的片面理解。

1.B公司向保险公司付款实际上是为真正的投保人——购车的消费者垫付保险费，而非作为投保人支付保险费。从本案事实可以看出，B公司承诺"买车送保险"是以垫付保险费的形式让利于消费者，以达到促销的目的。

2.B公司对保险标的不具有可保利益。本案中自行车保险的保险标的为已售出的自行车，而不是B公司库存的或待售的自行车；对于已售出的自行车，B公司既无所有权，又无使用权、经营管理权，也无其他债权，即没有任何法律上承认的利益；根据《保险法》第12条第一款的规定，"投保人对保险标的应当具有保险利益"；而本案中购车的消费者却具备了这一条件。

3.无论从名称还是从内容的分析来看，《自行车保险代理协议》均应认为是委托代理合同而非财产保险合同。从名称上看，该协议明确称为"代理协议"；从内容上看，该协议不具备《保险法》第19条对保险合同内容要求的规定，相反该协议规定了手续费的支付标准，而且规定了保险公司对B公司应提供保险业务知识指导，以及B公司应维护保险公司的"声誉及利益"等，根据《保险法》第125条的规定，"保险代理人是根据保险人的委托，向保险人收取代理手续费，并在保险授权的范围内代为办理保险业务的单位和个人"，上述内容均表明B公司符合《保险法》对保险代理人的定义。

关于第二种意见，认定《自行车保险代理协议》属于委托代理合同而非财产保险合同的意见是正确的。然而，仅看到被代理人有权解除委托代理合同，而忽略了对委托代理合同本身合法性的审查，不能不认为是一种片面意见。

第三种意见不但正确地认识到《自行车保险代理协议》的性质，而且正确地指出了其违法之处及其法律后果，是一种正确的意见。法院的判决也基本支持了这一意见。另外，法院判决协议未履行部分应予解除，似与无效合同的认定有不协调之处，应改为中止履行较好。

三、委托炒股约定保底条款应为无效
——严某某诉范某某委托合同纠纷案

[裁判要旨]

随着人们经济收入的提高，现实生活中出现了大量有钱没经验的投资者委托有经验的人帮助其理财的情况，且在协议中双方往往约定了保底条款，而所谓"保底条款"主要是指在委托理财合同中，受托人向委托人作出的保证本金不受损失，保证本息最低回报，保证本息固定回报，超额归受托人等约定的统称。对于委托炒股保底条款的效力在审判实践中存在争议，一种观点认为，从私法领域的意思自治原则出发，保底条款系双方真实意思表示，除违反法律和行政法规的相关规定的情形以外，应认定其有效；另一种观点认为，保底条款违背了公平、等价有偿的原则，应为无效，双方根据过错分担因履行委托理财合同而产生的损失。本案中，严某某基于范某某有炒股的经验，委托范某某为其炒股就属于这种情况。严某某与范某某理财合同中"如发生亏损，由范某某将亏损金额补足严某某本金（委托金额）数额"的约定，实质就是保底条款。本案判决鲜明地表明委托炒股保底条款违反公平原则，以及投资必然存在一定风险的本质特征，应为无效。

【基本案情】

2004年5月27日，原告严某某与被告范某某签订了一份《委托理财协议》，该协议约定：严某某全权委托范某某炒股（严某某账面资金为5.38万元）；范某某利用严某某委托管理的资金自主选股，买卖股票；对委托范某某炒股的收益，严某某、范某某按6：4的比例分成；每季度结算一次，如发生亏损，由范某某将亏损金额补足严某某本金（委托金额）数额，合同期为一年。2004年8月27日，严某某与范某某又签订一份协议，范某某承认其"操作失误"，造成严某某资金缩水，并表示："今后经有效操盘，负责恢复严某某5月27日5.38万元委托金额，今后超出5.38万元20%的赢利，也不再按原协议提成。"双方约定2005年5月之前全盘清算结账。2005年4月29日，严某某、范某某经结算，确认范某某在为严某某炒股期间共亏损33708元。2005年5月30日，严某某诉至法院，请求判决范某某赔偿其亏损资金33708元。

范某某承认上述事实，但认为其与严某某签订的《委托理财协议》无效。理由为协议中约定委托人严某某只享受盈利，不承担亏损，所有风险均转嫁给受托人范某某一人承受的约定属于联营合同中的"保底条款"，违背了联营活动中应遵循的共负盈亏、共担风险的原则，违反了法律、法规的强制性规定，损害了他人的合法权益，应当确认无效。范某某只是受委托代为炒股，未牟取任何利益，炒股的风险应当由委托人严某某承担。请求确认双方签订的委托理财协议中的"保底条款"无效，炒股风险由严某某承担。

【一审判决】

成都市锦江区人民法院经审理认为，范某某与严某某签订的《委托理财协议》属于委托理财合同关系，合法有效。但《委托理财协议》中关于严某某（委托方）资金发生亏损由范某某（受托方）负全责的约定，系保底条款，规避和转嫁了理财风险，违背了基本经济规律和公平交易原则，不利于维护证券市场稳定以及促进证券市场健康发展，应属无效约定。《民法通则》第4条规定，民事活动应当遵循自愿、公平、等价有偿、诚实信用的原则；《合同法》第5条规定，当事人应当遵循公平原则确定各方的权利和义务。范某某既然在《委托理财协议》中享有利益分配的权利，也应当对委托炒股造成的亏损承担责任。根据《委托理财协议》中关于对委托炒股所取得的纯利润由严某某与范某某按6：4的比例进行利益分配的约定，结合双方认可的"由于股市低迷和受托方操作失误，造成资金缩水"的基本事实，双方对亏损金额的承担比例可酌情确定为5：5，即双方各承担50%。据此，依照《民法通则》第4条、《合同法》第5条规定，判决：一、范某某于判决发生法律效力之日起10日内赔偿严某某16854元；二、驳回严某某的其他诉讼请求。

【二审判决】

宣判后，严某某不服原审判决，向成都市中级人民法院提起上诉，请求撤销原审判决，改判范某某支付严某某33708元亏损资金。理由为：一、严某某与范某某签订的《委托理财协议》是当事人意思自治的体现，原审在《委托理财协议》有效的前提下，认定协议中关于委托方资金发生亏损由受托方负全责的约定无效缺乏法律依据。二、原审忽略了2004年8月27日双方第二份协议的约定，在该份协议中范某某承认其"操作失误"，造成严某某资金缩水，并表示"今后经有效操盘，负责恢复严某某 5 月 27 日 538 万元委托金额"。故范某某仍应依本条规定赔偿严某某 33708 元。

范某某二审答辩称，原审认定事实清楚，请求维持原判。

成都市中级人民法院认为，范某某、严某某签订的《委托理财协议》系合伙型的委托理财合同关系，合法有效。该委托理财实质是一种委托投资行为，而投资的本质特征必然存在一定风险，作为实际的投资者，如因保底条款而不承担风险，则与投资的本质相悖。由于《委托理财协议》中约定的委托方资金发生亏损由受托方将亏损金额补足原委托金额的约定，规避和转嫁了理财风险，违背了基本经济规律和公平交易的原则；违背了合同法基本的等价有偿和公平的原则，权利义务明显失衡；违背了合伙中"共负盈亏、共担风险"的原则。故《委托理财协议》中的保底条款应为无效。当然该条款的无效并不影响合同中其他条款的效力。对于 2004 年 8 月 27 日严某某与范某某签订的《协议》，该协议可以视作受托方对履行《委托理财协议》所作的承诺，但该承诺的内容与《委托理财协议》中约定的保底条款系同一性质，由于双方约定的保底条款无效，故该承诺的内容亦是无效的。严某某以此为据要求范某某赔偿其全部损失的请求不应得到支持，双方应分担因履行委托理财协议而产生的损失。根据《委托理财协议》中关于对委托炒股所取得的纯利润由严某某与范某某按 6：4 的比例进行利益分配的约定，结合双方认可的"由于股市低迷和受托方操作失误，造成资金缩水"的基本事实，原审法院根据公平原则，判决亏损部分的损失由双方各承担 50% 并无不当。据此，依照《中华人民共和国民事诉讼法》第 153 条第一款第（一）项之规定，判决驳回上诉，维持原判。

【定性分析】

委托理财，是指委托人将自己拥有的财产或财产权利委托他人管理、处分以获取收益，受托人以委托人名义代行理财，所获收益按双方约定进行分配的经营行为。而在委托理财合同中，双方往往就收益的分配，以及亏损如何承担等进行约定。在实践中约定保底条款的委托理财协议亦比比皆是。本案中，严某某基于范某某有炒股经验，委托范某某为其炒股就属于这种情况。所谓保底条款是指在委托理财合同中，受托人向委托人作出的保证本金不受损失，保证本息最低回报，保证本息固定回报，超额归受托人等约定的统称。严某某与范某某理财合同中"如发生亏损，由范某某将亏损金额补足严某某本金（委托金额）数额"的约定，其实质就是一种保底条款。我国目前没有明确而系统的规范委托理财行为的法律法规，这导致了投资者进行委托理财过程中面临着大量的法律风险，尤其是委托理财合同中的保底收益条款，尽管当前法学理论界和实务界普遍认为保底收益条款无效，但一旦为此诉诸法院，在具体的处理方式上却并没有一个统一而权威的标准，投资者将面临不确定的法律风险。比如，有些法院经强调"当事人意思自治"原则认定保底条款有效，有的法院则以此类案件的社会危害性与风险性而认定无效；有的法院认定无效时，要求受托方返还委托方的本金，有些法院认为不仅要返还本金，还需要支付本金被占用的利息；甚至在裁定利息是活期利息还是定期利息或者贷款利息的问题上，各法院均有颇多争议。因此，实际上委托理财中的保底收益往往都依赖于受托方与委托方自身的诚信来保证履行。

本案关于严某某与范某某的委托理财合同有效成立，但其中的保底条款无效，并根据公平原则，判决亏损部分的损失由双方各承担50%是正确的。

现结合相关法律、法规和法学理论对此问题分析如下：

一、委托理财合同的性质不同于一般委托合同，也不同于借贷合同。根据《民法通则》中的代理制度和《合同法》中委托合同制度的相关规定，被代理人（委托人）对代理人（受托人）的代理行为承担民事责任。也就是说，代理人不对自己的代理行为承担民事责任。代理人对被代理人只承担因自己的过错造成的被代理人损失的责任。因此，代理人并非其代理行为的真正主体，他在代理行为中没有自己的独立意志和权利。根据权责相当的原则，他就不需要对被代理人承担任何保底责任。如果要求代理人对被代理人承担保底责任，并且与被代理人共享利益，则与代理的性质不相吻合。尽管《委托理财协议》中规定了委托投资的保底收益条款，但是并不是所有规定了保底收益条款的委托理财合同都被视作借贷合同。借贷合同具有几个特点：第一，资金的所有权必须转移，即贷方应该拥有资金的所有权，而本案中受托方获得授权的方式是运用此笔资金，并不享有资金的所有权。第二，合同中约定的收益率不应被看作资金借贷的利率，而应看作委托方对受托方运用资金投资理财的收益期望。因此，范某某、严某某之间建立的是一种"合伙型"的委托理财合同。所谓合伙型的理财合同通常发生在两个自然人或两个机构之间，没有第三方的监管人，双方共同指定一方的账户进行共同管理（通常都是委托人账户），委托人将资金放入该账户中，由受托人进行投资运作，另一方不参与具体的投资运作。尽管双方采取的是一种合伙式的资金投资模式，但实质上就是一种委托投资行为。委托理财的实质是委托人投资，投资的本质特征是必然存在一定的风险，否则就不是投资而是借款。由于投资的本质特征必然存在一定风险，而作为实际的投资者，如因保底条款而不承担风险，则与投资的本质相悖。从社会效果层面上看，保底条款使受托方接受全部风险的同时，将增大其在证券市场上交易行为的投机性，牺牲投资的长远性，而大面积的投机行为必然对资本市场造成冲击，不利于资本市场的完善。

二、保底条款形式上虽为当事人的意思自治，没有违反法律法规的强制性规定，故按一般的认定应该有效。但是，由于它明显违背了公平原则的规则，因而注定不能得到实际履行，不仅不能给当事人带来双赢，反而会在当事人之间产生讼事。证券投资是一项高风险的经营活动，即使投资高手在规定的期限内都不可能只盈不亏；保底条款违反最基本的经济规律和市场规则，将投资风险全部转移给受托方显失公平。我国现行经济金融政策都是明确反对经营中的保底条款和变相非法借贷的。如《证券法》《信托法》都明文禁止证券商、信托人在证券交易代理和信托活动中作出保底承诺；最高法院先后通过司法解释，将联营合同中的保底条款和企业之间的非法借贷行为认定为无效。同样地，在国外成熟、发达的证券投资市场中，虽然普遍存在委托理财行为，但是却很少有保底条款之类的承诺。范某某、严某某建立的是一种合伙型的委托投资关系，由于双方约定的委托方资金发生亏损由受托方将亏损金额补足原委托金额的约定系"保底条款"，规避和转嫁了理财风险，违背了基本经济规律和公平交易的原则；违背了合伙中"共负盈亏、共担风险"的原则。因此，从法律意义上看，"保底条款"虽是委托方和受托方当事人之间形成的意思自治行为，但是在经济意义上，它却是严重违背市场经济规律和资本市场规则。委托理财合同中的保底条款违背了合同法基本的等价有偿和公平的原则，是典型的权利义务失衡的合同条款，此类条款在法律上应该被认定无效，委托人不能据此要求对方给付约定的利益。根据我国《合同法》的规定，合同部分无效，不影响其他部分效力的，其他部分仍然有效的规定，按照《委托理财协议》中关于对委托炒股所取得的纯利润由严某某与范某某按6∶4的比例进行利益分配的约定，结合双方认可的"由于投市低迷和受托方操作失误，造成资金缩水"的基本事实，根据公平原则，判决亏损部分的损失由双方各承担50%是正确的。

四、含有"保底"条款的委托理财合同是否有效

——蓝天集团股份有限公司诉安信信托投资股份有限公司委托理财合同纠纷案

【裁判要旨】

在委托理财合同中，当事人双方约定的保底条款虽然是以意思自治的合法形式对受托行为所设定的一种激励和制约机制，但因其有悖民法之公平原则、违反法律禁止性规定和市场基本规律，应认定无效，但委托理财合同不因保底条款的无效而随之全部无效。

【基本案情】

原告诉称：原、被告于 2004 年 5 月 22 日签订了一份《委托资产管理协议书》及《资产委托管理补充协议》，约定被告为原告提供资产管理服务，托管资金为 1000 万元；期限自 2004 年 5 月 22 日起至 2004 年 6 月 21 日止；并对利息的支付及违约责任进行了约定。同日，双方又签订另一份《委托资产管理协议书》及《资产委托管理补充协议》，托管资金同样为 1000 万元；期限自 2004 年 5 月 22 日起至 2004 年 7 月 22 日止。2004 年 6 月 21 日，第一份协议到期，双方又签订《委托资产管理协议书》及《资产委托管理补充协议》，将第一份协议期限顺延至 2005 年 5 月 22 日止。2004 年 7 月 22 日，第二份协议到期，双方也签订《委托资产管理协议书》及《资产委托管理补充协议》，将第二份协议期限也顺延至 2005 年 5 月 22 日止。按照上述协议约定，被告托管原告 2000 万元资金在 2005 年 5 月 22 日到期，但被告未按协议约定按期还款。之后，被告陆续支付了 2000 万元托管本金及 50 万元利息，尚拖欠利息 90 万元。依照协议约定，被告违约还应支付违约金 100 万元，逾期付款滞纳金已累计为 549950 元。原告多次催要未果，故请求法院判令被告向原告支付托管资金产生的利息 90 万元、违约金 100 万元、截止到 2006 年 7 月 4 日止的逾期付款滞纳金 549950 元及至实际给付之日止的滞纳金。

被告辩称：原告的陈述有不确切的地方，不同意原告的诉讼请求。一、原、被告于 2004 年 5 月 22 日签订的《委托资产管理协议书》及《资产委托管理补充协议》约定了年回报率为 7% 的还本付息条款以及保底承诺条款，违反了中国人民银行《信托投资公司管理办法》第三十一条的规定，应为无效条款。原告诉讼中有关保底条款利息的请求，因所依据的条款无效丧失请求权基础，不应支持。二、原、被告签订的《委托资产管理协议书》及《资产委托管理补充协议》是名为资产管理，实为借贷。根据《民法通则》及有关司法解释的规定，上述协议应为无效，故请求法院依法驳回原告的诉讼请求。

【一审判决】

天津市第一中级人民法院经审理查明：2004 年 5 月 22 日，原告与被告签订协议编号为 20040521—01 号《委托资产管理协议书》（以下简称 01 号协议）及《资产委托管理补充协议》（以下简称 01 号补充协议），01 号协议约定被告为原告提供资产管理服务，原告委托管理的资金为 1000 万元；委托期限自 2004 年 5 月 22 日起至 2004 年 6 月 21 日止。该协议第 7 条约定："在本协议终止后，资产委托人持该协议书与资产管理人办理资金划转手续。资产管理人应自本协议终止后一周内，以货币的方式一次性向资产委托人返还本息全额资金。如逾期在 30 天以内的，以违约对待，违约金的比例按第 8 条执行；如逾期超过 30 天的，每逾期一日，还应支付滞纳金，滞纳金按日万分之五计算。"第 8 条约定："如资产委托人与资产管理人双方任何一方违反上述协议内容，则违约方须承担委托管理资金额 5% 的违约金予对方。"01 号补充协议第 1 条约定："资产管理人承诺给资产委托人到期使用资金的年回报率为 7%，即到期本息合计为 1005.80 万元。如投资期满不足该回报时，不足部分由资产管理人补足。此回报款在协议到期一周内以货币方式划入资产委托方账户内，如不能及时给付，按委托资产管理协议第 7 条和第 8 条执行。"同日，双方还签订协议编号为 20040522—02 号《委托资产管理协议书》（以下简称 02 号协议）及《资产委托管理补充协议》（以下简称 02 号补充协议），02 号协议约定的托管资金为 1000 万元；委托期限自 2004 年 5 月 22 日起至 2004 年 7 月 22 日止。补充协议约定到期本息合计为 1011.67 万元。其他条款及内容同 01 号协议及 01 号补充协议。2004 年 6 月 21 日，01 号协议及补充协议到期，双方又签订《委托资产管理协议书》及《委托资产管理补充协议》，约定委托管理资金为 1000 万元；委托期限自 2004 年 6 月 21 日起至 2005 年 5 月 22 日。补充协议第 1 条约定：资产管理人承诺给资产委托人到期本息合计为 1064.20 万元。其他条款及内容同 01 号协议及 01 号补充协议。2004 年 7 月 22 日，02 号协议及补充协议到期，双方又签订《委托资产管理协议书》及《委托资产管理补充协议》，约定委托管理资金 1000 万元；委托期限自 2004 年 7 月 22 日起至 2005 年 5 月 22 日止。补充协议第 1 条约定：资产管理人承诺给资产委托人到期本息合计为 1058.33 万元。其他条款及内容同 02 号协议及 02 号补充协议。2005 年 5 月 22 日，上述两份协议及补充协议到期后，被告于 2005 年 5 月 24 日向原告还款 700 万元；2005 年 7 月 8 日还款 1000 万元；2005 年 8 月 18 日还款 200 万元；2005 年 9 月 30 日还款 150 万元（其中包括 50 万元利息）。

上述事实，有 2004 年 5 月 22 日、2004 年 6 月 21 日、2004 年 7 月 22 日的《委托资产管理协议书》及《委托资产管理补充协议》、《资金划转授权书》、银行电汇凭证、开庭笔录为证。

天津市第一中级人民法院认为：被告作为信托投资公司，具备资产管理的资质，其与原告签订的《委托资产管理协议书》及《资产委托管理补充协议》真实反映了双方关于委托管理资产的意思表示，且不违反法律禁止性规定，上述协议应属合法有效，双方均应严格按约履行。对于被告认为双方在补充协议中约定的年回报率为 7% 的条款，违反了中国人民银行颁布的《信托投资公司管理办法》中的有关规定，该条款属于保底条款，应为无效的主张，因《信托投资公司管理办法》属于银行的部门规章，被告以违反该管理办法的规定，请求确认年回报率为 7% 的条款无效，法律依据不足，对此不予支持。另外，有关被告认为关于双方签订的上述资产管理协议是名为资产管理，实为借贷，应属无效的主张，亦依据不足，不予支持。

按照双方在《委托资产管理协议书》中的约定，在协议终止时，被告应在协议终止后一周内，向原告返还托管资金本息全额。而被告未能按协议约定的期限返还原告全部本息，属违约行为，应承担违约责任，即应按协议约定向原告支付违约金及滞纳金。据此，天津市第一中级人民法院判决：一、被告安信信托投资股份有限公司向原告蓝天集团股份有限公司支付利息90万元；二、被告安信信托投资股份有限公司向原告蓝天集团股份有限公司支付违约金100万元，并按日万分之五的标准支付逾期付款滞纳金（自2005年6月22日起至2005年7月8日止，以人民币1440万元为基数；自2005年7月9日起至2005年8月18日止，以440万元为基数；自2005年8月19日起至2005年9月30日止，以人民币240万元为基数；自2005年10月1日起至本判决确定给付之日止，以人民币90万元为基数计付）；三、驳回原告蓝天集团股份有限公司的其他诉讼请求。

【二审判决】

一审宣判后，安信信托投资股份有限公司不服，向天津市高级人民法院上诉，请求撤销原审判决，改判驳回被上诉人的诉讼请求。理由是：1.保本付息条款应属无效。2001年1月颁布实施的《信托投资公司管理办法》第31条明文规定，信托投资公司不得向委托人承诺信托资产不受损失或者保证最低收益。天津市第一中级人民法院仅仅以该管理办法系属部门规章为由，认定其不足以构成判定保底条款无效的依据，继而认定委托资产管理协议的补充协议中还本付息及保底承诺条款有效。上诉人认为，这样的认定是在未能准确确定法律关系基础上简单且错误适用法律的结果，并必然导致自相矛盾的判决结果。《信托投资公司管理办法》虽然效力级别尚属部门规章，但其在对待金融机构涉及委托理财协议中的保底条款效力问题上采取了与证券法相对立的态度，亦即委托理财法律关系中保底条款无效的法律依据包括了证券法在内的众多法律、行政法规以及部门规章。原审仅适用《信托投资公司管理办法》来认定保底条款有效的判定显然根本上违背了整个金融监管法律体系对委托理财法律关系中承诺保底行为的禁止性规定。2.《委托资产管理协议书》《资产委托管理补充协议》以合法形式掩盖非法目的，应属无效。蓝天集团股份有限公司签署委托资产管理协议意图实现的目的并非委托理财或资产管理，而是以资产管理协议的形式意图实现借贷的非法目的。保本付息条款是整个合同的核心条款，是整个交易的基础。而我国目前相关金融法律政策明文禁止企业从事非法借贷，蓝天集团股份有限公司作为一家无权从事金融借贷的公司，其与安信信托投资股份有限公司通过约定还本付息条款实现借贷目的，违反禁止性规定而导致整个借贷行为包括还本付息条款的无效。

被上诉人蓝天集团股份有限公司辩称：1. 委托理财合同应为有效。委托理财合同属于信托公司业务范围，上诉人安信信托投资股份有限公司享有从事此民事行为的权利，没有法律对其资格加以限制，即使是超出经营范围，如果没有违反法律禁止性规定，合同亦是有效的。2. 保底条款应为有效。现行法律法规对此没有禁止性规定，保底条款是合同双方的真实意思表示，以《信托投资公司管理办法》认定保底条款无效没有法律依据。原审判决事实清楚，适用法律正确，请求驳回上诉，维持原判。

天津市高级人民法院经审理，确认了一审查明的事实和证据，并认为：

关于本案合同的性质及效力问题。首先，从双方签订合同的名称及内容看，本案双方所签合同的名称为《委托资产管理协议书》，主要内容是上诉人为被上诉人提供资产管理服务，在管理期限到期后，由受托人返还委托人本息。其次，从委托人的经营资质看，安信信托投资股份有限公司系依法成立的金融机构，具有经营信托金融业务的合法资质。根据《中华人民共和国信托法》及银监会《信托公司管理办法》的规定，可以经营包括资金信托在内的多种信托业务。接受委托人的委托资金并进行管理、运用和处分正是其从事资金信托业务的基本方式之一。本案安信信托接受蓝天股份的委托资金并自行选择投资方向及资金运用方式来管理、运用信托资金，属于其有权经营的资金信托业务范畴中的"非指定用途资金信托"。故，安信信托与蓝天集团股份有限公司签订的委托资产管理协议的性质应为以委托理财为目的的资金信托协议，且合法有效。

关于本案合同中保底条款的效力问题。以委托理财为目的的资金信托，实质上是委托人投资，受托人代为经营管理委托人的资产，并由委托人承担可能存在的风险。而作为委托人，如果不承担风险只享受固定回报，不但违背市场经济基本规律和资本市场规则，而且违反民法的公平原则。本案中双方关于年回报率7%的约定，其实质为保底条款，应依法确认无效。鉴于安信信托作为专业信托机构，在其实际使用了蓝天股份的资金，亦未证实该委托理财行为未取得任何收益的情况下，根据我国民法的公平原则，安信信托应当给付蓝天股份一定补偿为宜。

关于上诉人提出的双方之间的协议以合法形式掩盖非法目的应属无效的主张，从双方协议的内容可以看出，双方之间的合同是被上诉人将资金交与上诉人管理，在管理期间，上诉人有权使用这些资金，并在合同到期后向被上诉人返还本息。该合同的内容并不违反法律的规定，而且当事人签订协议均为谋求各自的利益，事先均对收益问题形成了合理的预期。故，上诉人关于以合法的形式掩盖了非法的目的的主张并无法律依据。

据此，天津市高级人民法院判决：一、维持天津市第一中级人民法院（2006）一中民二初字第 165 号民事判决第三项，即"驳回蓝天股份的其他诉讼请求"；二、撤销天津市第一中级人民法院（2006）一中民二初字第 165 号民事判决第一项；三、安信信托投资股份有限公司按照中国人民银行同期贷款利率向蓝天集团股份有限公司以人民币 2000 万元为基数，支付自 2004 年 5 月 22 日起至 2005 年 5 月 22 日止的利息（减去已付人民币 50 万元）；四、变更天津市第一中级人民法院（2006）一中民二初字第 165 号民事判决第二项，即"安信信托投资股份有限公司向蓝天集团股份有限公司支付违约金人民币 100 万元，并按日万分之五的标准支付逾期付款滞纳金（自 2005 年 6 月 22 日起至 2005 年 7 月 8 日止，以人民币 1440 万元为基数；自 2005 年 7 月 9 日起至 2005 年 8 月 18 日止，以人民币 440 万元为基数；自 2005 年 8 月 19 日起至 2005 年 9 月 30 日止，以人民币 240 万元为基数；自 2005 年 10 月 1 日起至本判决确定给付之日止，以人民币 90 万元为基数计付）"为："安信信托投资股份有限公司向天津蓝团股份有限公司支付违约金人民币 100 万元，并按日万分之五的标准支付逾期付款滞纳金（自 2005 年 6 月 22 日起至 2005 年 7 月 8 日止，以 14215400 元为基数；自 2005 年 7 月 9 日起至 2005 年 8 月 18 日止，以 4215400 元为基数；自 2005 年 8 月 19 日起至 2005 年 9 月 30 日止，以 2215400 元为基数；自 2005 年 10 月 1 日起至本判决确定给付之日止，以 715400 元为基数计付）。"

【定性分析】

本案是一起委托理财合同纠纷，在审理过程中主要争议焦点有两个，以下分述之。

（一）保底条款的效力问题

本案中原、被告双方在《委托资产管理协议书》中约定的"资产管理人承诺给资产委托人到期使用资金的年回报率为7%"的条款属于委托理财合同中的保底条款。保底条款是当事人双方以意思自治的合法形式对受托行为所设定的一种激励和制约机制。尽管现行民商事法律体系中尚无明确否定该保底条款效力之规定，但我们依然倾向于认定保底条款无效，对委托人在诉讼中要求受托人依约履行保底条款的内容的请求，不应予以支持。这是因为：第一，保底条款违背民法之公平原则。当事人在合同中围绕保底条款所配置的民事权利义务严重不对等，致使保底条款从根本上大多难以实际履行。承诺给付最后无法兑现的高收益率之保底条款，通常成为受托人获取资金和交易报酬的一种非法手段。第二，保底条款违反法律禁止性规定。《证券法》第 144 条明确规定："证券公司不得以任何方式对客户证券买卖的收益或者赔偿证券买卖的损失作出承诺。"这一规定从根本上否定了证券公司签订保底条款的法律效力。尽管在主体方面，本案中的安信信托投资股份有限公司不宜完全适用上述法律，但根据法律解释"举重明轻"原则，法律对特殊主体的特别规定对于一般主体亦应具有借鉴和引导作用。第三，保底条款违反市场基本规律。保底条款在法律层面上固然属于当事人意思自治的范畴，似应受到司法尊重，但其在经济层面上却具有极强的信用投机色彩。保底条款通过所谓意思自治的法律安排将投资风险完全分配归受托人，严重违背市场经济规律和资本市场规则。

（二）保底条款效力对委托理财合同效力的影响

保底条款被认定无效后，委托理财合同是否随之全部无效呢？我国《合同法》第56条规定："合同部分无效，不影响其他部分效力的，其他部分仍然有效。"因此，解决此问题的关键在于，保底条款无效是否属于合同的部分无效，是否影响合同其他部分的效力。依据民法原理，合同部分无效须在除去无效的部分行为后，当事人亦将从事剩余部分行为的情况下，发生部分无效。委托理财是指因委托人和受托人约定，委托人将其资金、证券等金融性资产委托给受托人，由受托人在一定期限内管理、投资于证券、期货等金融市场并按期支付给委托人一定比例收益的资产管理活动。在委托理财合同中，保底条款虽然无效了，但委托理财合同仍可履行，不过是收益不确定而已。故此，保底条款无效属于合同部分无效，不能导致委托理财合同无效。另外，确认合同无效应严格遵照《合同法》第52条规定的几种情形，本案中的委托理财合同亦不存在《合同法》第52条规定的几种情形，综上，本案中，委托理财合同应为有效。

五、承运人自行将货物转委托他人运输不构成转委托合同关系
——江门中海公司诉涤纶公司委托合同纠纷案

【基本案情】

涤纶公司一向委托均明公司为其运输货物，涤纶公司直接将运费付给均明公司，均明公司开具了运费发票。

在2002年5月2日至6月21日之间，均明公司将涤纶公司委托其运输的部分货物转委托江门中海公司运输。江门中海公司又先后出了24份沿海内贸货物托运委托书，委托中海集团公司运输这些货物。沿海内贸货物托运委托书记载的委托人是其自己，受托人为中海集团公司；托运人为"开平涤纶""开平涤纶厂""开平涤纶集团公司"等；货物名称为涤纶丝。中海集团公司承运了上述货物，出具了运单。

运单记载的托运人为"开平涤纶集团公司"，但没有涤纶公司的签章。

2002年9月4日，均明公司发给江门中海公司一份费用确认书，确认其系作为开平涤纶集团公司货运代理，委托江门中海公司运输货物，到2002年9月4日止，已收到所有的运输发票，并把上述发票交涤纶公司，现总共欠付江门中海公司费用784705.28元，其与开平涤纶集团公司将尽快安排上述款项的支付。

2003年6月25日，中海集团公司出具一份证明，证明已从江门中海公司处收到托运人为"开平涤纶"的运单项下的运杂费844654.30元。

均明公司的经营范围为货物运输中介服务。

江门中海公司向广州海事法院起诉称，本案的运输事务是均明公司在接到涤纶公司的委托后，转委托江门中海公司办理的。均明公司一开始就是以涤纶公司代理人的名义出现的，所有运单都是根据均明公司提供的信息制作，托运人为涤纶公司。均明公司没有水路运输的能力，涤纶公司要通过均明公司完成运输事项，就肯定要同意均明公司的转委托行为。因此，江门中海公司与涤纶公司之间存在因转委托而形成的水路货物运输的委托合同关系。江门中海公司已依照委托合同的约定完成了委托事项，涤纶公司有义务支付约定的运费和报酬。请求判令涤纶公司支付运费等费用865154.30元。

涤纶公司辩称，涤纶公司委托均明公司运输货物，运费直接向均明公司支付，其与均明公司之间成立的是运输合同关系，而不是委托合同关系。涤纶公司并未同意均明公司转委托江门中海公司办理货物运输，当时也不知道均明公司是否委托他人运输。江门中海公司不能证明涤纶公司同意均明公司转委托江门中海公司办理货物运输，也不能证明存在必须转委托的紧急情况。因此江门中海公司与涤纶公司之间不存在水路货物运输的委托合同关系，其诉讼请求应予驳回。

【法院裁判】

广州海事法院审理认为：江门中海公司主张均明公司转委托其为涤纶公司办理货物托运事项，应对涤纶公司与均明公司之间存在货运委托代理关系，并且同意均明公司转委托承担举证责任。

均明公司在费用确认书中并未明确表示涤纶公司同意其转委托江门中海公司办理货物运输，而且该费用确认书是均明公司单方出具的，未经涤纶公司认可，也没有其他证据可以佐证，不能单独作为认定涤纶公司与均明公司之间存在货运委托代理关系的证据。沿海内贸货物托运委托书、运单亦未经涤纶公司确认或追认，不足以证明涤纶公司与均明公司之间存在货运委托代理关系。除此之外，没有证据能够证明江门中海公司的主张，故江门中海公司关于涤纶公司同意均明公司转委托其办理货物托运的主张，证据不足。本案也没有证据证明，存在均明公司必须转委托的紧急情况。均明公司没有水路货物运输资质，并不影响其直接向承运人办理货物托运，不能得出一定要转委托他人办理的结论，更加不能得出肯定要转委托江门中海公司办理的结论。根据《中华人民共和国合同法》第400条的规定，非经委托人的同意，受托人不得转委托。转委托未经同意的，受托人应对转委托的第三人的行为承担责任。因此，江门中海公司与涤纶公司之间不成立委托合同关系。涤纶公司不应对江门中海公司接受均明公司的委托，办理货物运输事务的行为承担责任。江门中海公司请求涤纶公司支付拖欠的运费等费用的诉讼请求没有事实和法律依据，不予支持。判决驳回江门中海公司江门中海公司的诉讼请求。

江门中海公司不服广州海事法院的一审判决，上诉于广东省高级人民法院。广东省高级人民法院审理认为，原审判决认定事实清楚，适用法律正确，程序合法。因此，驳回江门中海公司的上诉，维持原判。

六、"高考移民"委托合同的效力认定与法律适用
——戴某诉康某委托合同纠纷案

【基本案情】

戴某为江西某县中学教师，其女儿一直在江西某县中学读书。2003年年底，戴某与康某经协商，约定由戴某向康某支付2万元，康某为戴某之女办理合法、正规的提前三年的云南户口、学籍和高考准考证等参加云南省高考的手续。康某向戴某出具了一张收条，内容为"今收到戴某孩儿2004年于云南参加普通高考款贰万元整，若不能或因限报不愿参加其款全部退回等"。高考前，康某为戴某之女及百余名其他外籍考生一同办理的高考准考证被当地教育行政主管部门扣发。后经该批赴云南参加高考的外籍考生及家长集体向当地州政府上访，当地教育行政主管部门将准考证发给了外籍考生，戴某之女在云南省参加了高考，考分达到了该省本科录取分数线。后因云南省对外籍高考移民规定了限报条件，戴某认为违背了其本意，放弃了填报志愿，其女儿当年未被录取。为此，戴某向法院起诉，要求康某返还2万元代理费。

【争议焦点】

该案在审理过程中，有三种不同的意见。第一种意见认为，戴某与康某之间的委托合同是双方当事人的真实意思表示，教育部制定的关于"高考移民"的规范是部门规章非行政法规，违反该规章，并不能导致双方的委托合同无效。在民事领域，法无明文禁止即合法。因而，戴某与康某的委托合同应为有效合同，戴某之女参加云南高

考后，因限报而放弃了填报志愿，康某应依合同约定将2万元代理费返还给戴某。

第二种意见认为，戴某与康某的委托代理高考移民行为，扰乱了国家正常的教育考试秩序，损害了社会公共利益，双方的委托代理行为无效，康某因此获取的2万元代理费，应根据《合同法》第58条规定，全额返还给戴某。

第三种意见认为，戴某与康某约定虚构户籍迁移事实，规避国家高考政策，恶意串通意图明显，既损害了不特定第三人（云南当地考生）利益，又扰乱了国家正常的教育考试秩序，损害了社会公共利益，双方的委托合同应认定为无效合同，戴某支付给康某的2万元属不法原因给付，不得请求返还，其诉讼请求依法应予以驳回，康某所获得的2万元代理费系不法原因受领，不该保有，应依据《民法通则》第61条第2款、《合同法》第59条规定予以追缴入国库。

【定性评析】

笔者同意第三种意见。本案是一起因"高考移民"引发的委托合同纠纷。之所以将本案委托合同界定为无效合同，且非但不支持当事人的诉讼主张，还须适用民事制裁措施，理由如下：

其一，本案所涉委托合同符合损害社会公共利益和恶意串通，损害不特定第三人利益之特征，应认定为无效合同。

我国现行《合同法》第52条规定，有下列情形之一的，合同无效：1.一方以欺诈、胁迫的手段订立合同，损害国家利益；2.恶意串通，损害国家、集体或者第三人利益；3.以合法形式掩盖非法目的；4.损害社会公共利益；5.违反法律、行政法规的强制性规定。本案中康某与戴某的委托代理行为虽系双方真实意思表示，也没有违反法律、行政法规的强制性规定，但在民事领域，权利不是无限的，个人的权利行使应以社会公共利益和不影响他人权利行使为边界。

社会公共利益指社会公众的共同利益，理论界大多认为违反公共安全、环境保护、公共秩序、家庭人伦、公正竞争等公序良俗原则即损害社会公共利益。在我国，虽然每个公民均有接受教育的权利，但受社会发展水平的限制，当前我国公民接受高等教育的机会主要是通过高考这个竞争平台取得。高考指新中国的高等教育入学考试，以教育资源和教育水平为依托，是一个面向全体公民的竞争平台，涉及广泛的社会公众利益。高考制度是规范我国高等教育入学考试各项规定的总和，包括高考报名、招生录取等规定和国家为了维护高考的公平竞争秩序，针对不同地区教育资源的不平衡状况，给予少数民族和部分边远地区适当的高考优惠政策，已为社会公众广泛接受，成了维护我国教育领域公共秩序的一项基本制度。所谓"高考移民"是指考生通过办理非正常户口迁移和学籍手续，取得高考前离开就读地前往录取分数线较低的省（市）报考、录取资格，以享受高考优惠政策谋取高考竞争优势利益的现象。"高考移民"往往以金钱或权力为基础谋取高考竞争中的优势利益，如本案戴某向康某支付2万元，委托康某为其女儿去办理"高考移民"相关手续就是为了谋取云南的高考优惠政策利益，使其女儿在高考中获得竞争优势，就是典型的以金钱为基础的"高考移民"。在高考的竞争机制下，这种"高考移民"对全体考生及家长而言必然会造成不公平的心理预期，严重扰乱了国家高考制度维护的公平竞争秩序，进而也损害了社会公共利益，因而，应认定为无效合同。

　　所谓恶意串通，是指合同当事人在订立合同过程中，为谋取不法利益合谋实施的违法行为。理论界一般认为，恶意串通行为之构成要件有四：1.双方当事人均有损害他人利益的恶意，即不仅明知其行为有损于他人而故意进行，且实施该行为就是以损人利己为目的的；2.须有双方恶意通谋之行为；3.须有双方通过恶意通谋行为谋取不当利益之目的；4.行为结果在客观上损害了国家、集体利益或第三人利益。国家给予云南当地考生高考优惠政策，是针对当地教育发展水平相对落后的状况出台的，该优惠政策适用对象具有特定性，即应为云南当地教育水平下的当地考生。本案中，戴某与康某明知高考是一个竞争平台，戴某之女非云南当地考生，戴某之女到云南去参加高考必然损害云南当地考生的利益，而共同约定虚构戴某之女户籍迁移事实，以规避教育部"考生须在户籍地报考"的规定，谋取戴某之女享受云南高考优惠政策的不当利益，具有恶意通谋损害云南当地考生利益之故意；为实现谋取戴某之女享受云南高考优惠政策利益的目的，戴某向康某支付了2万元，康某为戴某之女办理了高考准考证，双方均实施了恶意通谋行为，该行为客观上必然损害云南当地考生的利益。《合同法》第52条所称的"第三人"是指合同订立人之外的其他人，包括特定的某一人和不特定的某些人，本案中云南当地的考生即系不特定的第三人。故，本案委托合同符合恶意串通，损害不特定第三人利益之特征，应认定为无效合同。

　　其二，"任何人不得以其恶行主张权利"是一个古老的自然正义法则，本案戴某的给付行为构成不法原因给付，不得请求返还。不法原因给付是指违背法律强行性规定或损害公序良俗等社会公共利益而实施的给付。通说认为不法原因给付应具备三大构成要件：1.有给付行为，即行为人有意识地基于一定目的通过法律行为使对方获得一定经济利益。2.该给付存在不法原因。此处的"不法"原因是指违背法律强行性规定或损害公序良俗等社会公共利益，包括给付目的和动机的不法。即当事人实施某一行为，意欲实现不法目的和动机时，如果认定该行为有效，则无疑成为不法目的和动机者的帮凶。3.该不法原因为给付人所承认，即当事人在其行为中明确表现出确有该不法目的或动机。本案中，戴某有支付 2 万元给康某的给付行为，其给付的原因是意图通过委托康某为其女儿办理形式合法的参加云南省高考的相关手续，使其不在云南当地学习的女儿享受国家给予云南当地考生的高考优惠政策，考取一个更好的大学。在我国，由于各种原因，不同地区教育发展水平不平衡是客观现实，为维护社会公平竞争秩序、平等保护公民受教育权利，国家给予教育水平相对落后的少数民族、边远地区高考优惠政策，是实现高考竞争实质公平正义的必要手段。因而，在高考的竞争机制下，戴某的意图实质上是为其女儿谋取高考竞争中的不平等竞争优势利益，这明显与国家出台高考优惠政策营造高考公平竞争秩序的目的相冲突，其意图如果认定为合法有效，则等于否认了在同等条件下竞争的公平原则和国家通过给予教育水平相对落后的少数民族、边远地区高考优惠政策，维护高考公平竞争秩序、平等保护公民受教育权利的必要性，无形中即成了扰乱社会公平竞争秩序，损害社会公共利益的帮凶。戴某要求康某为其女儿办理形式合法、正规的提前三年的云南户口、学籍和高考准考证的行为明确表现出了为其女儿谋取高考竞争中不平等竞争优势利益的不法动机和目的。因而，戴某的给付构成不法原因给付。我国现行的民事立法通过《民法通则》第 58、61 条及《合同法》第 52、58、59 条等条款，明确了"不法原因给付，不得请求返还"的原则。不让不法者通过法律实现自己的不法目的，是不法原因给付不得请求返还的立法精神之所在，不法原因给付不得要求返还的立法目的在于消极制裁不法，使不法原因给付人得不到法律的救济。因而，当戴某为其女儿谋取高考竞争中的不平等竞争优势利益目的未达到时，而寻找法律救济要求康某返还 2 万元时，法律应不予以支持。

其三，康某的行为依法应当受到民事制裁，其违法所得应予以追缴。如果说"任何人不得以其恶行主张权利"是一个古老的自然正义法则，那么，"不允许任何人从其不法行为中获得利益"恰恰应是现代司法正义之自然演绎。

为避免"不违法即合法"现象的出现，我国《民法通则》第 61 条和《合同法》第 59 条均明确规定，如果合同或其他民事行为的无效是由于双方恶意串通，并损害了国家、集体或第三人利益的，法院可以决定把部分给付或者全部给付收归国家所有，以避免不法原因给付物被保留于不法受领者。如前所述，本案中，戴某支付 2 万元给康某系不法原因给付，康某以赢利为目的，非法组织"高考移民"，通过非正当手段打通各方面关节非法为戴某之女中介办理"高考移民"相关手续，严重损害了云南当地考生利益，扰乱了社会公平竞争秩序，损害了社会公共利益，其从戴某处获取的 2 万元金钱报酬，属不法原因受领。在法治社会，维护社会公共秩序是司法的重要职能，司法行为具有社会导向性，法院的判决须注重民事司法效果，体现法的指引作用。民事司法效果是指民事司法行为作用社会以及社会接受或排斥民事司法行为的综合效应。其中既包括民事司法行为对社会的客观作用，也包括社会成员对民事司法行为的反应。国家根据各地教育发展不平衡状况，给予少数民族、边远地区高考优惠政策符合国家全局发展需要和高考竞争实质公平正义要求。对于双方恶意串通损害少数民族、边远地区考生利益和高考公平竞争秩序的"高考移民"委托合同，如果法院允许当事人在合同无效情形下返还财产，则无异于默认"高考移民"的合法性和认可通过金钱、权利去谋取不平等竞争优势利益的行为，其结果不仅会导致大量"高考移民"纠纷涌入法院，还必然会助长"高考移民"之风，催生教育腐败，引起高考领域公平竞争秩序的混乱。因而，不论是从"不允许任何人从其不法行为中获得利益"角度出发，还是从维护社会公共秩序角度出发，康某的行为均应受到民事制裁，其因不法原因受领的 2 万元不应该保有，应认定为非法所得，依据《合同法》第 59 条规定予以追缴入国库。

第十一章　居间合同风险防控

第一节　居间合同概述

一、居间合同的概念

居间合同，又叫中介服务合同，它是指居间人向委托人报告订立合同的机会或者提供订立合同的媒介服务，委托人支付报酬的合同。

在居间合同中，居间人为委托人提供服务，但这种服务表现为报告订约的机会或为订约的媒介。所谓报告订约机会，是指受委托人的委托，寻觅及提供可与委托人订立合同的相对人，从而为委托人订约提供机会。所谓为订约媒介，是指介绍双方当事人订立合同，居间人斡旋于双方当事人之间，促进双方交易达成。在居间合同中，报告订约机会或提供交易媒介的一方为居间人，给付报酬的一方为委托人。居间合同的居间人是作为促进交易双方成交而从中取得报酬的中间人。

二、居间合同的法律特征

（一）居间合同是由居间人向委托人提供居间服务的合同

居间人向委托人报告订立合同的机会或者提供订立合同的媒介服务，委托人是否与第三人订立合同，与居间人无关，居间人不是委托人与第三人之间的合同的当事人。

（二）居间人对委托人与第三人之间的合同没有介入权

居间人只负责向委托人报告订立合同的机会或者为委托人与第三人订约居中斡旋，传达双方意思，起牵线搭桥的作用，对合同没有实质的介入权。

（三）居间合同是双务、有偿、诺成合同

三、居间合同当事人的权利义务

（一）居间人的权利与义务

1. 居间人的权利

居间合同中居间人的权利实际上就是委托人的义务，其权利体现为以下两个方面：

（1）居间人的报酬请求权

报酬请求权是居间人的主要权利。双方当事人约定居间人的报酬，居间人的报酬标准，国家有限制规定的，当事人约定的报酬额不能超过国家规定的最高标准。居间合同报酬的给付义务有两种情况：一是报告居间，因居间人仅为委托人报告订约机会，并不与委托人的相对人发生关系，所以报告居间仅由委托人承担给付义务；二是媒介居间，因为交易双方当事人都因为居间人的媒介而得益，所以，除另有约定外，由双方当事人平均负担居间人的报酬。

居间人行使报酬请求权采取报酬后付，即以合同因其报告或媒介成立而为限。合同未成立的，不得请求报酬；合同虽成立但无效时，居间人也不能请求报酬。

（2）居间人的费用偿还请求权

居间人所需费用，通常包括在报酬内，居间活动的费用一般由居间人负担，非经特别约定，居间人不得请求偿还费用。但当事人在居间合同中约定由委托人承担费用的，居间人对其已付的费用有偿还请求权。居间人违反其对于委托人的义务而作出有利于委托人的相对人的行为，即使事前约定有费用偿还请求权，也无权行使。

2. 居间人的义务

（1）报告订约机会或者提供订立合同媒介的义务

居间人应当就有关订立合同的事项向委托人如实报告。

（2）忠实义务

居间人应当如实报告订立合同的有关事项和其他有关信息。

（3）负担居间费用的义务

居间人促成合同成立的，居间活动的费用，由居间人负担。

（4）隐名和保密义务

在媒介居间中，如果当事人一方或双方指定居间人不得将其姓名或商号、名称告知对方，居间人就负有不将其姓名或商号、名称告知对方的义务，这就是隐名义务，这种居间又称为隐名居间或隐名媒介。是否允许公开自己的名称和姓名是居间合同当事人的权利，因此，无论是委托人还是其交易相对人，都可以指定居间人不得将其姓名或名称告知其相对人，居间人在交易双方订立合同之中或之后都应履行隐名义务。居间人对在为委托人完成居间活动中获悉的委托人的商业秘密以及委托人提供的信息、成交机会、后来合同的订立情况等，应按照合同的约定保守秘密。居间人如违反隐名和保密义务致使隐名当事人或委托人受损害的，应承担损害赔偿责任。

（5）介入义务

居间人的介入义务是指在隐名居间中，在一定情形下由居间人代替隐名当事人以履行辅助人的身份履行责任，并由居间人受领对方当事人所为的给付的义务。居间人承担介入义务与居间人的隐名义务是一致的，是为了保证隐名当事人保持交易秘密目的的最终实现。居间人仅在一定情形下负有介入义务，并不享有介入的权利。换言之，只有在保护隐名当事人利益的前提下，才有居间人的介入义务，而不存在居间人基于特定情形主张介入的权利问题。

（二）委托人的主要义务

1. 支付居间报酬的义务

居间人促成合同成立的，委托人应当按照约定支付报酬。未订立合同的，委托人可以拒绝支付报酬。因居间人提供订立合同的媒介服务而促成合同成立的，由该合同的当事人平均负担居间人的报酬。

2. 偿付费用的义务

居间人未促成合同成立的，不得要求支付报酬，但可以要求委托人支付从事居间活动支出的费用。

四、签订居间合同时应注意事项

居间合同是中介常用到的一个合同，关系到了居间人和委托人的利益，因此签订时要注意以下事项：

（一）保密约定

在签订居间合同时，若委托人要求居间人不得将其姓名或商号、名称告知对方，则应在居间合同中体现出来。此时，居间人就负有对委托人信息保密的义务。居间人在交易双方订立合同之中或之后都应履行保密的义务。居间人如违反该义务致使委托人受损害的，应承担损害赔偿责任。

（二）报酬支付条件

只有当居间人促成合同成立时，居间人才能要求委托人支付报酬。但要注意以下情形：

1. 居间活动费用承担的问题

当居间人促成合同成立时，居间活动的费用由居间人来负担。但是，若居间人未促成合同成立的，可以要求委托人支付从事居间活动支出的必要费用，但不得要求委托人支付报酬。

2. 居间人损害委托人利益的后果

居间人故意隐瞒与订立合同有关的重要事实或者提供虚假情况，损害委托人利益的，不得要求支付报酬并应承担损害赔偿责任。

（三）合同发生的情形

居间合同的基础是委托合同。居间合同的发生有以下两种情形：

1. 委托人主动找居间人。例如甲有一套房子要出租，他找到作为房屋租赁中介机构的乙公司，乙公司在其公司登记的求租人中为其找到了合适的人选丙，丙是作为求租房屋的委托人，甲和丙签订了房屋租赁合同，乙公司收取中介费（佣金），按我国此类居间合同的交易习惯，佣金是由求租人支付。

2. 居间人主动找委托人。居间人往往信息灵通，例如甲知道某物在某地有卖，而急需购买此物的乙却不知道，甲向乙报告了订立合同的信息，并为乙订立合同提供了媒介服务，使乙如愿在某地购买了他所需要的物品，由乙向甲支付一定数额的佣金。

以上两种居间合同的基础都是委托合同。第一种情形甲和丙都是乙公司的委托人，第二种情形尽管是甲先找的乙，但最终乙转化为甲的委托人，由乙向其支付佣金。

第二节　居间合同中的法律风险

一、虚假宣传，诱"君"入瓮

有些居间人往往利用公众认知度较高的媒体发布虚假信息，如转让技术、寻求技术合作、加工承揽等，而事实上中介机构发布的只是一种广告，这种广告谈不上合同的要约，更谈不上合同，充其量只是一种要约的邀请。如果看到了广告的公众找到广告的发布者就草率签订了合同，一旦受欺诈方与中介方在刊登广告的条款或文字表达方面发生关于违约责任的争论时，受欺诈方往往很难取胜。

二、恶意串通，骗取钱财

为了囊取委托人的预付款、定金及服务费，居间人往往与第三人恶意串通进行欺诈，其惯用的手段是发布虚假信息，设置陷阱，使受欺诈方甘心上当付出预付款及中介费。一旦第三人不履约或逃之夭夭，居间人也不会因提供居间服务而受到法律的追究。而受欺诈人要找居间人与第三人恶意串通的证据是非常困难的。

三、居间人诱骗第三人与委托方签约获取中介服务费

这种欺诈行为主要表现为居间人夸大第三人的履约能力，没有把与合同有关的真实情况告诉委托方，致使委托方与第三人订立的合同在履行了一部分后不得不终止，而委托方则因要求返还中介费没有合法依据而不得不承受损失中介费的后果。

四、居间人和第三人通谋让委托人承担"违约责任"

居间人和第三人串通，在委托人与第三人签订的合同履行中以种种借口解除合同，不但赚取了中介费，而且使委托人有苦说不出。多次进行这样的欺诈行为不但获得可观的中介费，而且完成了第三人的加工任务。这种欺诈往往在委托人与第三人签订的合同中就已经设下陷阱，多数表现为加工承揽合同。例如，居间人串通第三人虚报加工任务而中介费根据合同标的额的百分比提取，委托人与第三人签订高额加工承揽合同，按百分比给居间人提取了中介费，但在实际履行中第三人以种种借口解除合同，当委托人找居间人时居间人以合同的解除与自己无关为由拒绝退还中介费。此时委托人往往没有任何证据证明他们的串通，只能吃"哑巴亏"。

五、房屋租赁居间陷阱多多

随着房价上涨得越来越厉害，房屋居间市场也越来越火热起来。与其他行业不同，房屋居间人租出或卖出一套房子就会拥有一笔佣金。在北京有过租房经验的都知道，在一片区域内的房屋往往被房屋中介们瓜分殆尽，分到每个中介手中的房屋十分有限。因此，为了赚取更多的佣金，有些中介就开始在中介费上动了歪心，开始各种坑租户和买主的居间费，设计巧妙，不可不防。

（一）以看房为名骗取看房费

中介公司实行免费登记，付费看房。几乎所有的中介居间合同中，都不会有"看房费"这一项内容，只会有"中介费"或者"居间费"这一项，不论之前中介如何保证，居间费在《合同法》上规定是：自合同签订时生效。因此，假如你来到一个中介公司率先签订《居间合同》，并支付了定金的话，哪怕中介只陪你出去"溜达"了一圈，看了一个房子，也算是履行了义务。

（二）隐瞒信息挣差价佣金

部分中介总是采取种种借口不让消费者与房主见面，表面上中介借口是双方见面容易甩单（即买卖双方甩开中介自行成交），实际上少数中介利用双方信息不对称，以包销的名义，隐瞒委托人的实际出卖价格和第三方进行交易，获取佣金以外的报酬或恶意将房主房屋价格炒高挣差价佣金。更有甚者违规介入买卖房屋，将好房源以公司员工名义收购，再以房主身份高价出售，从而赚取更大的利润差价。

（三）未尽义务使消费者合法权益受损

房产中介对代理销售的房屋质量应审查而不进行审查或审查不严就销售，更有些房产中介为赚取中介费，代理销售不符合销售条件的商品房，且不向消费者如实告知相关信息，如房屋的建造时间、房屋使用缺陷、产权归属情况、配套设施的真实状况，更有甚者建议售房人采取掩盖房屋质量、瑕疵的处理措施，或指导与帮助出售人开具单身证明，伪造相关身份证明、产权证明等进行登记售房。

（四）提供虚假租房信息骗取中介费

一些不法中介公司在租房交易中设下圈套，诱骗消费者上钩，骗取中介费。一般采取告知消费者有符合其需求的房源，然后安排消费者与所谓房主见面，房主往往主动与消费者互换联系方式，后中介以双方达成租房意向为由，要求消费者交中介费，待消费者之后联系准备交易时，房主却再也联系不上了。

（五）无中介资质违规参与中介服务

部分黑中介在没有取得相关中介资质的前提下，违规从事着各种房屋中介活动。还有一些如小餐馆、电话亭、小卖部等小店，搭车做租房中介。这些黑中介发布的房源信息大多是从网络或广告中摘抄下来，其真实性、有效性无法核实。常有看房而等不着房主或联系房主房子早已租出去的情况发生。

（六）设置合同霸王条款减轻自身责任

部分中介公司在合同中恶意不标明服务项目的要求和标准，减轻自身责任。还有的与消费者签订单方面制定的霸王条款，如利用代收房款的优势，在合同中制定消费者如退房，设置高额违约金或无论买卖房屋是否成交，消费者均应支付中介费用等。

第三节　居间合同风险防控技能

一、审查居间人提供信息的真实性

当事人一定要对居间人提供的信息来源作认真、科学的考察。一般而言，居间人欲行合同欺诈，必以提供虚假信息为前提，并附之各种饵料，即可等"君"入瓮。只要委托人能够进行认真、科学的考察，就能轻而易举识破骗局。现实生活中，上当受骗的人都是轻信了居间人一面之词，自己没有进行认真的了解及考察，从而落入合同陷阱。

二、审查信息发布方或提供方的真实身份

在居间合同欺诈中，多数受欺诈人是因为相信居间人的真实和可靠，忽视了对第三方的严格考察；即使对第三方进行了实地考察，也不知道如何进行考察，往往被一些表面现象所蒙蔽，结果还是上当受骗。实践中，应从以下几个方面对第三方身份进行考察：

（一）要坚持看到营业执照的正本和副本，同时对正本、副本的真实性进行验证，不能仅看到营业执照的复印件便轻易相信。

（二）将营业执照上的有关信息作一摘录，通过合法渠道到当地市场监督管理

机关和税务机关进行了解，核实该单位是否真实，是否仍在合法经营，是否年检年报，等等。

（三）注意第三方所要的委托加工等经营活动是否超出其经营范围，如果超出范围应立即停止项目的进行，以免损失的扩大。

三、审查居间合同标的物

当事人一定要对居间合同的标的物进行认真考察，了解其实施的要求是否真实、科学。在居间合同欺诈中，居间人提供的居间信息多为加工承揽信息，所以考察信息的真伪，预防欺诈后果的发生，主要在委托人对加工承揽合同中的标的物进行仔细考察。合同欺诈人惯用的伎俩是预付保证金、试制样品，待样品验收合格后正式履约，而伏笔便设在样品试制上、验收上。根据对方提供的样品或图纸往往根本无法生产出合格的产品，这时受欺诈人不但损失了中介费、产品试制费而且背上了违约责任。因此接受居间服务的一方必须在对合同定作物的具体要求综合考察后，才能决定是否签订合同，是否支付中介费。

四、审查居间服务广告与居间服务合同之间关系是否正常

接受居间服务的一方要注意居间服务广告和居间服务合同之间的联系，不让居间人利用广告与合同内容的不一致进行欺诈行为。由于居间人经常采用广告的形式发布有关信息，而受欺诈人经常误把广告上所刊登的内容理解为合同的内容，其实广告只是一种要约邀请，并不具有合同效力。因此接受中介服务的一方，即使面对的是一份规范的合同也要对自己受到吸引的广告语言是否明确写入合同进行认真检查、核对。如果没有写入合同，就应当要求明确写入；如果居间人推托，就不要轻易签约，否则受到欺诈的可能性便较大。

五、审查居间服务费是否有限制

接受居间服务的一方应当注意对支付居间服务费的限制，以便最大可能地防范合同欺诈的得逞。对于居间服务费用的支付，《合同法》已明确规定应当在居间人促成合同的签订后支付。因为合同虽然已签订，但此合同能否履行仍是未知数，这

时支付服务费很难对居间人加以控制，难以防止欺诈的出现。因此，接受中介服务一方完全可以根据协商原则，在居间合同中对费用支付约定限制性条款。例如，约定先签订居间合同，待交易双方有效签订交易合同时，再支付居间费用；还可以约定，如交易双方不能履约的原因是由于接受居间服务的一方受到所谓第三方的欺诈，则接受居间服务一方有权要求居间人退还已收取的居间费用。对居间人收取费用的限制性条款定得越细，居间人利用合同进行欺诈的可能性越小。

六、留意房屋租赁居间陷阱

针对房屋租赁居间中的陷阱，提醒相关当事人要选择正规的房屋中介，看其是否拥有合法的房地产经纪人资质。要详细了解合同条款，特别仔细留心违约责任条款部分，并对其他重要环节要反复确认，如房屋租赁期限、房屋买卖、租赁付款方式，以及租赁期间的水、电、煤、气、有线电视、上网费用等如何分摊等，预付定金的，不要错误书写为订金。

此外，还应事先多了解房屋的相关信息，向物业公司了解房屋建造、结构和物业服务信息等。

第四节　居间合同典型案例警示

一、A、B两公司之间的转居间关系能否成立
——A公司诉B公司居间合同纠纷案

【基本案情】

2001年11月1日，A设备工程有限公司（下称A公司）与B工程设备安装公司（下称B公司）签订协议，约定：A公司负责跟踪、谈判电梯项目直至签约，B公司代表A公司与C电梯公司（下称C公司）签订具体项目代理协议书，并向C公司开具相应的代理费发票；A公司负责跟踪C公司付款情况，及时通知B公司，以便B公司收到每一笔C公司支付的具体项目代理费后3日内扣除代理费的10%，其余部分立即付给A公司，同时A公司开具相应的发票给B公司。在协议中双方还约定了电梯的总数量、四份电梯合同号及相应佣金数额。B公司在此之前与C公司签订了四份电梯代销具体项目协议，均载明由B公司提供信息并随之促销成功，佣金总金额

合计 84865 元，协议中所载电梯合同号及佣金金额与 A、B 公司的协议中关于电梯的内容完全一致。后因佣金的支付发生纠纷，A 公司将 B 公司诉至法院。

【争论焦点】

本案的争议焦点在于：A、B 公司之间的法律关系是委托合同关系还是转居间合同关系。

A 公司主张，B 公司与 C 公司之间是居间合同关系，其与 B 公司间系有偿受让居间权利义务的转居间合同关系，因此，B 公司应给付其居间合同酬金。B 公司辩称，A 公司与其是委托关系，其受 A 公司委托代为签订电梯销售居间合同，并根据协议的约定办理了有关事项，但应该收取的代理费至今没有收到，因此请求驳回 A 公司的诉讼请求。

【法院判决】

一审法院经审理认为，A 公司与 B 公司签订的协议书是双方当事人的真实意思表示，合法有效。根据协议的约定，A、B 两公司之间是一种委托合同关系。本案中存在着两层法律关系：第一层是 B 公司与 C 公司的居间合同关系，第二层是 A、B 公司之间的委托合同关系。B 公司在没有收到 C 公司支付的代理费的情况下，没有先行给付 A 公司款项的义务，在审理中 A 公司亦未能举证证明 B 公司存在收到代理费且不按约定将款项予以支付的违约事实，故判决驳回 A 公司的诉讼请求，并承担本案的诉讼费。A 公司不服提出上诉。

二审法院经审理认为，B 公司与 C 公司的协议中所体现的居间关系实为 A 公司与 C 公司的居间关系，而 B 公司与 A 公司间实质存在委托代理关系，即受托人 B 公司以自己名义在委托人 A 公司授权范围内与第三人 C 公司订立合同，根据《合同法》第 402、403 条的规定，隐名代理的效力及法律后果可依不同情形产生差异，A 公司由此可依法寻求相应的救济途径来保护自己的合法权益免受损害。若 A 公司坚持向 B 公司主张权利，则应当依据其与 B 公司签订的协议和相关法律规定来确定双方的权利义务。就本案的讼争标的，双方明确约定为 B 公司在收到 C 公司支付的具体代理费后 3 日内，扣除 10% 的代理费，剩余部分立即给付 A 公司。在本案中，A 公司未能举证证明 B 公司存在违约不予付款的事实。因此，驳回上诉，维持原判。

【定性分析】

本案的事实虽较为简单，但因所涉法律关系较为复杂，涉及讼争纠纷法律适用相对原则、居间合同、委托合同、转居间合同、委托代理等法律问题，笔者认为有探讨的必要。

（一）讼争纠纷法律适用相对原则

所谓讼争纠纷法律适用相对原则就是，法院在诉讼中适用法律裁决诉讼当事人的纠纷应根据诉讼当事人之间的法律关系进行选择，而不能以讼争当事人与案外第三人的法律关系或非讼争当事人之间的法律关系选择适用的法律，否则就构成适用法律错误或不当。我们在审判实践中比较常见的是合同相对性，并根据合同的相对性得出讼争纠纷适用法律的相对性。但司法实务中合同纠纷仅是民事纠纷的一部分，讼争纠纷法律适用相对原则其他民事纠纷是否适用？笔者认为，其他民事纠纷中同样存在民事主体、民事法律关系等相对性的法律事实，因此在适用法律解决民事讼争纠纷时，我们亦应根据民事相对性选择相对应的法律。试举例说明：在一案中，甲起诉乙，法院只能基于甲乙之间的法律关系审理并适用法律最终作出裁决，而不能以甲与丙之间的法律关系进行审理作出裁决以解决甲与乙之间法律纠纷，即当事人的诉请须受诉讼中实在的当事人的拘束，受其双方之间的法律关系所制约，如果诉请偏离了诉讼中实在当事人之间的法律关系，就面临败诉的风险。如确需以甲与丙之间的法律关系选择适用法律裁决讼争案件，就必须将丙追加为案件当事人，方才有可能适用，否则就不能。在本案中，A公司仅在诉讼中以B公司为被告，A、B两公司是案件诉讼中实在的当事人，因此法院在审理双方的纠纷选择法律适用时，就必须受A、B两公司的法律关系的制约，而不能扩展到非A、B两公司的合同（如以A、C或B、C的法律关系选择法律适用）确定双方当事人的权利与义务。

（二）居间、委托合同及相互比较

有学者认为居间在希腊时代即出现，我国古代对居间就存在"互郎""牙行"的称谓。《合同法》第424条规定："居间合同是居间人向委托人报告订立合同的机会或者提供订立合同的媒介服务，委托人支付报酬的合同。"从合同法的规定可以看出，根据居间行为的不同，居间合同又可以分为三种情形：一是报告居间（又称指示居间），即提供报告订立合同的机会；二是媒介居间，即提供订立合同的媒介服务；三是混合居间，即同时提供报告订立合同机会和订立合同的媒介服务。居间合同具有以下的法律特征：1.居间合同是居间人为委托人提供报告订立合同的机会或提供订立合同的媒介服务的居间行为的合同，是一种劳务合同；2.居间合同是有偿合同，但委托人给付居间人报酬具有不确定性，必须以委托人与第三人的合同成立为前提，如未能促成合同的成立，居间人仅"可以要求委托人支付从事居间活动所支出的必要费用"；3.居间合同是诺成不要式的合同，居间合同只要双方意思达成一致就可以成立，采取何种方式由当事人自由决定；4.居间合同是双务合同，居间人负有如实向委托人报告订约机会或提供媒介服务的义务，如"故意隐瞒与订立合同有关的重要事实或者提供虚假的情况，损害委托人利益的，不得要求支付报酬并应当承担损害赔偿责任"，委托人则负有向居间人支付在合同成立时的报酬或合同未成立时居间人履行居间所耗的必要居间费用的义务。5.居间人与第三人并不直接发生法律关系。

委托合同又称委任合同，《合同法》第396条规定："委托合同是委托人和受托人约定，由受托人处理委托人事务的合同。"相比较而言，委托合同法律规定得比较详细，其法律特征为人所熟悉，如委托合同是诺成不要式，是建立在信任的基础上的，既可以是单务又可以是双务的，既可以是有偿的又可以是无偿的，代理人所实施的代理行为的法律后果由委托人所承受等等。

居间合同与委托合同存在重大的区别：1.两种合同的标的不同，居间合同的标的是居间人提供居间行为，如报告订约机会或提供订约媒介服务，并不参与委托人与第三人之间的合同关系；而委托合同中，受托人在委托人的授权范围内以委托人或自己的名义代理处理事务，直接与第三人发生法律关系，参与并决定所处理的事务的内容。2.居间合同是有偿、双务合同，而委托合同既可以是有偿双务合同，又可以是单务无偿合同。3.居间人没有将处理事务的后果移交给委托人的义务，而在委托合同中则存在委托人取得事务处理结果的法律后果的立法设计。

（三）转居间合同构成要件及法律规制

合同法中未有转居间合同的立法设计和相关法律规定，但立法中亦未对转居间合同予以明确禁止。在我国经济生活中是否客观存在转居间合同呢？笔者为此翻阅了一些民法书籍并在网上进行了搜索，但未发现有关对转居间合同的论述和研究文章，也未发现有关转居间合同的事例报道。即使在我国中国民商法律网中，崔建远老师虽对居间合同进行详细的论述，但也未发现转居间的阐述。那么是不是转居间合同就不存在？笔者认为转居间合同是客观存在的，就正如转委托的存在一样，只是我们在现实生活中未予以重视。转居间合同是指居间人在受委托人的委托履行报告订约机会或提供订约媒介服务时，又将实施该居间行为的权利、义务全部或部分转让给他人代为行使的居间合同。但居间人与接受再委托的第三人（实际实施居间行为）之间系委托关系，因此转居间合同兼具了居间合同与转委托的特性，在法律上转居间合同应受居间合同与转委托的双重调整。

"居间合同与委托合同和行纪合同本属一类合同，居间合同最初就是从委托合同发展而来的"，转居间合同中存在委托人、居间人、第三人（转居间人）三个民事主体，并不是居间人和转居间人两个主体。从根源上讲，居间人是接受委托人的委托从事居间行为，转居间人却是接受居间人的委托从事居间行为，因此居间人与转居间人之间系委托（转委托）关系。合同法规定受托人在为了委托人的利益需要或紧急情况下，可以将其享有的代理权的全部或部分转委托给他人行使。同样法律亦未不能排除居间人为了委托人的利益需要或在紧急情况下，将居间行为转委托给他人行使，由此产生转居间法律关系。《合同法》第400条规定："委托人应当亲自处理委托事务。经委托人同意，受托人可以转委托，转委托经同意的，委托人可以就委托事务直接指示转委托的第三人，受托人仅就第三人的选任及其对第三人的指示承担责任。转委托未经同意的，受托人应当对转委托的第三人的行为承担责任，但在紧急情况下，受托人为维护委托人的利益需要转委托的除外。"笔者认为，转居间合同除受居间合同的法律规定的约束外，还应受这一法律规定的拘束。另外，如果居间合同中约定不得转居间的，居间人转居间的，对委托人不产生转居间的法律效力。

（四）代理关系

"代理可以通过以下五种方式之一建立：1. 由委托人向代理人提供订立合同的实际代理权；2. 经委托人对由代表他的代理人订立合同的认可，而无须授予他代理权；3. 由委托人授予代理人表面代理权，即使没有授予他实际代理权；4. 对已婚妇女同她丈夫同居情况依照法律进行推定；5. 必要时可根据法律含意。在前两种情况下，委托人可以对第三方当事人提起诉讼或接受第三方当事人的控诉，在委托人和代理人之间也可出现权利和义务……"与此相似，我国民法中对代理权的产生和取得也表现为多种形式，不但存在先授权后从事代理事务，这一最常见的代理权取得方式；另外还存在受托人先从事所代理的事务，然后得到委托人的授权（即一开始是无权但经委托人的追认取得代理权，受托人所进行的民事法律关系对委托人产生拘束力）的代理权取得方式；甚至还有受托人一开始只是取得部分代理权，委托人后又追加给受托人其他的代理权，边授权边代理，或边代理边追认等，以及因表见代理所产生的代理权等代理权取得方式。不论何种取得方式，受托人根据委托人的授权行使代理权，与第三人均形成民法上典型的代理三角形法律关系，即受托人（代理人）与第三人、受托人（代理人）与委托人（被代理人）、委托人（被代理人）与第三人，各自的法律关系因法律设计的不同而产生不同的法律后果。但不可否认的是，委托合同是受托人与委托人之间产生代理关系最常见的、最重要的基础法律事实。

在现实生活中，存在两种典型的代理方式：一是显名代理，即受托人以本人（委托人）的名义处理代理事务，所产生的法律后果直接由本人承受，受托人与第三人签订合同所形成的法律关系对委托人具有直接拘束力，这种代理方式为我们经济生活所最常见；二是隐名代理，英美法系国家较为成熟，我国在制定统一合同法时，于《合同法》第402、403条进行了规制。所谓隐名代理就是，受托人并不是以本人

（委托人）的名义，而是以自己的名义在授权的范围内处理代理事务，与第三人订立合同的民事活动，第三人在订立合同时知道受托人与委托人之间的代理关系的，该合同直接约束委托人与第三人，但有确切证据证明该合同只约束受托人与第三人的除外。因此当受托人以自己的名义与第三人订立合同，根据合同法的规定，因委托人或第三人的原因致使合同的义务未能履行，受托人负有披露义务。根据法律规定，如受托人因第三人的原因未能对委托人履行义务的，受托人应当向委托人披露第三人，委托人因此可以行使受托人对第三人所享有的权利（但第三人与受托人订立合同时如果知道该委托人就不会订立合同除外）；或受托人因委托人的原因对第三人不履行义务，受托人应当向第三人披露委托人，第三人因此可以选择受托人或委托人作为相对人主张权利，但第三人不得变更选定的相对人。

（五）结论

法院的判决是正确的。

在本案中，实际存在三层法律关系：一是 A 公司与 B 公司的委托合同关系，二是 B 公司与 C 公司的居间合同关系，三是 A 公司与 C 公司的居间合同关系。因此，无论这三者中一方选择另外两方当事人中的一方作为对象提起诉讼，都必须遵循所对应的法律关系，享受权利，承担义务。这是代理关系中所常见的也是必须遵循的原则。从上位法律关系而言，A、B、C 三公司之间大的法律关系系居间关系，但这不等于或表明下位的 A、B 之间的法律关系就是居间关系。就本案争讼当事人而言，不论从何种角度理解，A、B 两公司之间的法律关系只能是委托关系，因此应由规制委托合同的相关法律规定进行调整。如果以居间合同的法律规定调整委托合同，就是违背了讼争纠纷适用法律相对性的原则，是张冠李戴，适用法律不当。一旦 A 公司以 B、C 两公司为共同被告，则本案所适用的法律就应以居间合同这一法律事实选择适用法律，而不是依据 A、B 两公司的法律事实确定法律。综上所述，原告关于其与 B 公司之间系转居间关系的诉请不能成立。

二、居间人促成合同成立应有权要求支付报酬
——郭某诉某房屋中介公司居间合同纠纷案

【基本案情】

2007 年 5 月 20 日,经被告某房屋中介公司提供居间服务,原告郭某(乙方、购房人)与案外人李某（甲方、售房人）签订《房屋买卖合同》,约定李某将其坐落于北京市通州区的一套房屋出售给原告郭某,房屋成交价格为 63 万元。同日,李某、郭某、

被告房屋中介公司三方签订《委托过户居间合同》，约定李某和郭某仅委托被告房屋中介公司办理房屋过户手续，并于签订本合同时由郭某支付房屋中介公司居间服务费及过户服务费17000元。当日，郭某向房屋中介公司交纳了居间服务费及过户服务费17000元。后因李某单方违约将该房屋出售给他人，郭某未能购买该房屋，房屋中介公司亦未为原告办理房屋过户手续。

原告郭某诉称，根据合同法的相关规定，居间人未促成合同成立的，不得要求支付报酬，原告未能购买到房屋，被告房屋中介公司无权收取其居间服务费和过户服务费，已收取的费用应当退还原告。原告多次要求被告房屋中介公司返还服务费均未果，故诉至法院，请求判令解除原、被告之间的居间合同，被告房屋中介公司返还原告居间服务费和过户服务费17000元。

【法院判决】

法院经审理认为：依法成立的合同，对当事人具有法律约束力，当事人应当按照约定履行自己的义务。根据查明的事实，被告房屋中介公司为原告郭某和李某提供居间服务，并已促成原告郭某和李某签订《房屋买卖合同》，即已经促成合同成立，原告郭某应当按照约定支付居间服务费，故原告郭某要求退还居间服务费的诉讼请求依据不足，不予支持。关于居间服务费的数额问题，双方对居间服务费的具体数额约定不明确，原告郭某主张是1000元，但未能提供证据，被告房屋中介公司主张应当按照市场上中介行业交易习惯即房款的2.5%收取居间服务费15750元，考虑到被告房屋中介公司主张的居间服务费并未超过政府指导价和被告房屋中介公司为原告提供的劳务情况，法院认为被告房屋中介公司主张按照房款的2.5%收取居间服务费15750元并无不妥，被告房屋中介公司收取的17000元应当分为15750元的居间服务费和1250元的过户服务费。因原告郭某与李某之间的房屋买卖合同已经订立，被告的居间服务行为已经完成，故原告郭某主张解除《委托过户居间合同》的诉讼请求不予支持。因被告房屋中介公司未能实际为原告郭某提供办理房屋过户手续的服务，综上所述，判决被告房屋中介公司退还原告郭某房屋过户服务费人民币1250元，驳回原告郭某的其他诉讼请求。

一审判决后，原告郭某不服该判决，上诉至二审法院，二审法院经审理驳回原告郭某的上诉，维持原判。

【定性分析】

（一）居间人的报酬请求权

本案中，原告郭某主张因其与李某的房屋买卖合同并未实际履行，其未能购得房屋，被告房屋中介公司未能完成居间服务行为，不应当收取其服务费，已收取的服务费应当退还。被告房屋中介公司能否收取居间服务费，行使其居间人的报酬请求权成为本案的关键所在。

按照我国《合同法》的规定，居间合同是指居间人向委托人报告订立合同的机会或者提供订立合同的媒介服务，委托人支付报酬的合同。当事人采用合同书形式订立合同的，自双方当事人签字或者盖章时合同成立。居间人促成合同成立的，委托人应当按照约定支付报酬。本案中，通过被告房屋中介公司提供的居间服务，李某与原告郭某签订了《房屋买卖合同》，双方已在该合同上签字，合同已经成立，居间人即被告房屋中介公司已经促成了合同成立。此时，被告房屋中介公司的居间服务行为已完成，原告郭某就应当按照合同约定支付被告房屋中介公司报酬即居间服务费，至于李某与原告郭某在签订《房屋买卖合同》后是否实际履行该合同，郭某是否实际购得该房屋，并不影响原告郭某给付被告房屋中介公司居间服务费的义务，故原告郭某以其未能实际购得房屋，被告房屋中介公司未能完成居间服务行为，不应当收取其服务费为由，要求被告房屋中介公司退还已经收取的居间服务费的诉讼请求依据不足，法院依法驳回了该部分请求。

（二）居间服务费数额的确定

本案中，因双方对居间服务费的具体数额约定不明确，被告房屋中介公司应当收取居间服务费数额的确定成为本案的另一个关键所在。

按照我国合同法的规定，对居间人的报酬没有约定，或约定不明确，依照《合同法》第61条的规定仍不能确定的，根据居间人的劳动合同确定。《合同法》第61条规定，合同生效后，当事人就质量、价款或者报酬等内容没有约定或者约定不明确的，可以协议补充，不能达成补充协议的，按照合同有关条款或者交易习惯确定。本案中，李某、原告郭某、被告房屋中介公司三方签订的《委托过户居间合同》中约定由原告郭某支付被告房屋中介公司居间服务费及过户服务费17000元，该约定并未明确17000元服务费中居间服务费和过户服务费分别是多少，导致关于居间服务费的数额约定不明确。原告郭某主张被告房屋中介公司收取的17000元中分为居间服务费1000元和过户服务费16000元，但未能提供证据予以证明。被告主张应当按照房屋中介行业的交易习惯划分，即包括按照房款2.5%收取的居间服务费15750元和过户服务费1250元。经法院向北京市发展和改革委员会调查，房屋买卖居间服务费的政府指导价为不超过双方交易房款的2.5%。通常情况下，政府指导价可以作为行业交易习惯的参考价格。被告房屋中介公司主张的居间服务费15750元并未超过该政府指导价，可以作为行业交易习惯的参考价格，根据《合同法》第61条的规定，当双方关于居间服务费的数额约定不明确时可以参照交易习惯确定，故本院认为被告主张的应当按照房款 2.5% 收取的居间服务费 15750 元并无不妥。由此确定被告房屋中介公司收取的 17000 元服务费中应分为 15750 元的居间服务费和 1250 元的过户服务费，居间服务费就不再退还。因被告房屋中介公司并未实际为原告郭某办理房屋过户手续，其收取该 1250 元的过户服务费依据不足，应当退还原告郭某。

综上，法院的判决是正确的。

三、这起房屋买卖的居间合同为何无效
——原告婷婷诉 A、B 两公司居间合同纠纷案

【基本案情】

原告婷婷诉称：2009 年 7 月，其决定通过居间人，即郑州 B 房地产营销公司（以下称 B 公司）购买王某在郑州中原路上的房屋一套。2009 年 7 月 25 日，原告婷婷与 B 公司签订了《房屋买卖居间合同》，同时原告即付定金 1000 元。合同约定：该商品房总价款、被告的居间中介佣金、代办费等共计 600000 元；被告应于合同签订后十个工作日内陪同原告办理正式的购房合同。后原告婷婷多次要求被告协助办理正式的购房合同，但均遭被告拒绝。无奈，原告婷婷只好起诉至法院，请求法院判令被告 B 公司履行《房屋买卖居间合同》第六条约定的督促义务；并由被告支付违约金 59000 元。因 A 房地产营销公司（以下称 A 公司）是被告 B 公司的上级单位，所以，原告婷婷要求 A、B 两公司承担连带责任。

被告 A 公司辩称：原告婷婷认可王某某是代表 A 公司在《房屋买卖居间合同》上签的字，但原告婷婷未提供王某某具有 A 公司代理权的证据，A 公司对王某某的行为没有追认，所以，《房屋买卖居间合同》中房屋买卖条款无效。原告婷婷要求被告 A 公司履行监督 B 公司的义务，因买卖双方未签订正式的买卖合同，被告无法履行监督义务。另外，原告婷婷要求二被告 A、B 两公司承担连带责任，但也无其他证据证明，所以，应判决驳回原告的诉讼请求。

被告 B 公司辩称，该公司未与原告签订合同，与本案无关，原告起诉该公司系诉讼主体错误。综上，应驳回原告对 B 公司的起诉。

【法院判决】

郑州高新区法院经审理查明：2009 年 7 月 24 日，原告向被告 B 公司交付定金 1000 元，用于购买郑州中原路上的房屋一套，被告 B 公司作为居间人向原告出具了加盖其财务专用章的收据一份，收款人是王某某，王某某收到该 1000 元定金后将该款交于被告 A 公司。2009 年 7 月 25 日，原告与王某某签订《房屋买卖合同》一份；

王某某代表 A、B 公司签了名。但该《房屋买卖合同》未加盖 A、B 公司印章。《房屋买卖合同》约定：原告购房需交纳契税、物业维修基金、印花税、工本费、有线电视初装费、测绘费以及中介佣金、代办费等总价款共计 600000 元；支付定金 1000 元，定金在乙方签订正式的购房合同交纳房款时冲抵房款；被告在合同签订后十个工作日内陪同原告办理正式的购房合同，交付房款及相关费用，如任何一方违约，违约方每日应向守约方支付合同约定的房屋总价款的千分之二违约金等。原告称《房屋买卖合同》签订后，其多次要求被告协助办理正式购房合同，但被告一直推托、拒绝，故原告诉至法院。

查明本案原因后，法院认为，王某某以其本人名义在合同上代签签名，其没有代理权，且事后未经被代理人 A、B 公司的追认，其行为无效，该行为对被代理人即卖方的 A、B 公司不发生法律效力。另依照《中华人民共和国合同法》之规定，合同内容应包括"当事人的名称或者姓名和住所"等，该《房屋买卖合同》中却缺少了"卖方"上述这些条款，所以合同内容违反了《中华人民共和国合同法》的规定，系无效合同；同时法院认为，王某某在合同上代理 A、B 公司签名的行为之所以违法，原因是，其一，王某某以其本人名义在合同上签名后未加盖 A、B 公司的印章，没得到 A、B 公司的代理追认；其二，王某某属于 A 公司下属的另一分公司人员，与 B 公司不是同一分公司，所以，没有证据证明 A、B 公司要他代理签名。另外，签订《房屋买卖合同》时，原告未尽注意义务，对王某某的真实身份没弄清就与他签字，其对合同无效亦有过错，所造成的损失应自行承担。综上，原告的诉讼请求理由不当，其提供的证据不力，对其诉讼请求不予支持。据此，法院判决如下：

一、被告 A、B 公司于本判决生效后十日内返还原告定金 1000 元；

二、驳回原告其他诉讼请求。

【定性评析】

（一）B 公司应是适格的民事诉讼主体

本案被告 B 公司在答辩中称，原告起诉该公司系诉讼主体错误。这里说明一个问题，即参与民事诉讼的主体必须适格才合法。那么，B 公司能否作为适格的民事诉讼主体呢？笔者认为可以。要明确这个问题，首先应明确何谓诉讼主体。诉讼主体，是指具备诉讼主体条件的当事人。根据刑事诉讼法规定，公安机关、人民检察院和人民法院是进行刑事诉讼的国家机关。在刑事诉讼中，诉讼主体就是侦查机关、检察机关、人民法院和自诉人、被告人、附带民事诉讼原告人和被告人。根据行政诉讼法规定，行政诉讼主体是人民法院、国家行政机关和个人、法人或其他组织。本案属于民事诉讼，所以诉讼主体自然指的是民事诉讼主体，民事诉讼主体是指参与民事诉讼活动的当事人。在民事诉讼活动中，涉及的诉讼主体包括三个方面，一是主持审判活动的审判机关，即人民法院；二是诉讼当事人，即参与诉讼活动的民事纠纷双方的当事人，也就是原告和被告，包括诉讼代理人（比如律师等）；三是诉讼参与人，包括证人、鉴定人、翻译、勘验人等。

而适格的民事诉讼主体，也称为正当当事人或者合格的当事人，是指人民法院以外的诉讼当事人，即第二类的诉讼当事人。适格当事人就具体的诉讼作为原告或者被告进行诉讼的权能，称为诉讼实施权。B公司在本案作为居间人，当然具有资格，属于适格主体。所以，与第一被告有连带关系。

（二）未经被代理人认可的代理事项不具有法律效力

本案中，王某某是以其本人名义代理A、B公司在《房屋买卖居间合同》中签的名，且事后未经被代理人，即委托方A、B公司的追认，所以，法院认为王某某代签的《房屋买卖居间合同》行为无效，其原因是他没有代理权，代理A、B公司签的名不发生法律效力。法院这样判决，是有法律依据的，比如，我国《民法通则》第66条规定："没有代理权、超越代理权或者代理权终止后的行为，只有经过被代理人的追认，被代理人才承担民事责任。未经追认的行为，由行为人承担民事责任。本人知道他人以本人名义实施民事行为而不作否认表示的，视为同意。"这些规定非常清楚地说明两个问题：一是代理民事活动时代理人必须在被代理人授权的范围内活动，如果超越了被代理人授权的范围，事后，活动内容必须经被代理人确认或同意，被代理人才承担民事责任后果；二是被代理人如果明知代理人以被代理人名义实施民事行为而不提出疑问或不反对的，代理人代理的法律后果应视为被代理人同意。拿本案来说，A、B公司对王某某代签的《房屋买卖居间合同》没有追认，更没有事前默认，所以，王某某的签字属于未经被代理人认可的代理，不具有法律效力。

（三）该案《房屋买卖居间合同》缺少合同的主要条款不合法

本案中，法院认为，原、被告所订《房屋买卖居间合同》系无效合同。那么，为何无效呢？原来是该《房屋买卖居间合同》中缺少卖方的"名称或者姓名和住所"等条款。我国合同法规定，合同条款是合同中明确双方权利义务的具体条文，合同条款的总和就是合同的全部内容。合同双方的权利义务关系除法律明确规定的以外，更多地需要合同条款加以确定。因此，在订立合同时除应当尽量明确和细化合同条款内容外，更要特别注重的是合同的主要条款，合同的主要条款是合同应当具备的条款，它决定着合同的类型，确定着当事人各方权利义务的质和量，处于相当重要的地位。所以，欠缺主要条款是不符合法律规定的，为此，合同也就不能成立。

根据合同法的要求，合同主要的条款应当包括以下内容：1.当事人的名称或者姓名和住所；2.标的；3.数量和质量；4.价款或酬金；5.履行期限、地点和方式；6.违约责任；7.解决争议的方法。由于上述这些条款是法律规定的合同主要条款，所以，订立书面合同时，必须具备这些条款，少一项就应认为合同不成立。如不然，也就体现不出法律的严肃性。

四、居间人是否对委托人的虚假信息向相对人承担责任
——张某诉至诚房地产服务中心居间合同纠纷案

【基本案情】

某房地产公司打算将其处于近郊新建的商品房出租，与至诚房地产服务中心签订居间合同，约定：至诚房地产服务中心负责提供订立合同的机会给房地产公司，而房地产公司与至诚所提供的客户每签订一份合同，至诚房地产服务中心可提取租金总额的1.5%作为服务费。房地产公司在至诚房地产服务中心留有房屋出租条件的详细说明以及房屋的装配设备的详细资料。张某在至诚服务中心的竭力推荐下，与房地产公司签订了期限为半年的房屋租赁合同。在合同签订后，张某发现该房屋不远处开始施工，噪音很大，影响了正常的作息时间。于是张某要求解除合同，认为房地产公司在订立合同时有欺诈行为，宣称该房屋虽地处三环，距离任何地方都近，但该处却与张某单位相距甚远，不利于张某上下班。并且目前又出现施工现象，显然不利于自己身心健康，要求解除合同。房地产公司同意解除合同，但要求张某支付半年的房租。张某不同意，认为自己仅居住15天，只付15天的房租。协商未果，张某向法院提起诉讼，要求解除合同，同时请求房地产公司与至诚房地产服务中心赔偿自己因需另外租赁别处的房屋所受的损失，张某认为自己当初是在至诚房地产服务中心的竭力推荐下才订立合同的，并且至诚房地产服务中心也向自己保证房地产公司所提供的条件和说明是完全属实的，故主张至诚房地产服务中心对房地产公司的欺诈行为应承担责任。并要求至诚房地产服务中心返还其收取的中介费。

【争议焦点】

居间人是否对委托人的虚假信息向相对人承担责任？

一种观点认为，至诚房地产服务中心应与房地产公司承担连带责任。正如张某所言，张某与房地产公司订立合同是在至诚的竭力推荐下，并保证房地产公司所提供的租赁条件是完全属实的，因而对房地产公司的欺诈行为，至诚房地产服务中心应当承担一定的责任，同时至诚房地产服务中心应返还张某的中介费。

另一种观点认为，至诚房地产服务中心只是一个居间人，只是向房地产公司提

供订立合同的机会，只是房地产公司与张某订立合同的中间人，而且至诚房地产服务中心也并非故意隐瞒房地产公司的不实介绍，故不应对房地产公司的瑕疵履行承担责任。但因张某与房地产公司的租赁合同未能成立，故至诚房地产服务中心应返还张某的中介费。

【定性分析】

《合同法》第54条规定："下列合同，当事人一方有权请求人民法院或者仲裁机构变更或者撤销：（一）因重大误解订立的；（二）在订立合同时显失公平的。一方以欺诈、胁迫的手段或者乘人之危，使对方在违背真实意思的情况下订立的合同，受损害方有权请求人民法院或者仲裁机构变更或者撤销。当事人请求变更的，人民法院或者仲裁机构不得撤销。"第424条规定："居间合同是居间人向委托人报告订立合同的机会或者提供订立合同的媒介服务，委托人支付报酬的合同。"第425条规定："居间人应当就有关订立合同的事项向委托人如实报告。居间人故意隐瞒与订立合同有关的重要事实或者提供虚假情况，损害委托人利益的，不得要求支付报酬并应当承担损害赔偿责任。"

本案的焦点在于，居间人在合同订立过程中所承担义务的问题。居间合同是居间人向委托人报告订立合同的机会或者提供订立合同的媒介服务，委托人支付报酬的合同。根据居间人所提供的服务的内容，居间合同可分为报告居间和媒介居间。报告居间是居间人向委托人报告订立合同的机会，委托人支付报酬的合同。媒介居间是居间人向委托人提供订立合同的媒介服务，委托人支付报酬的合同。媒介居间中的居间人既可以受单方委托，也可受双方委托，向委托人提供订立合同的媒介服务。在实践中，两种合同可能会混合，并不是绝对分开的。在居间合同中委托人与居间人均承担一定的义务：

首先，委托人应支付报酬以及活动费用。居间合同是有偿合同。居间人为委托人报告了订立合同的机会或提供订立合同的机会，委托人则应支付报酬。但委托人支付报酬具有不确定性。只有居间人促成合同成立的，委托人才按照约定支付报酬。居间人未能促成合同成立的，不得要求支付报酬。同时，居间人的报酬是由委托人和相对人平均负担的。也就是说，不但委托人要向居间人支付报酬，相对人也要支付报酬。而对于居间人从事居间活动支出的必要费用，无论合同是否成立，委托人都有义务支付。

其次，居间人在居间活动中应忠实尽力。居间人作为媒介，同时其报酬要由委托人和相对人双方来支付，因此居间人对委托人和相对人都承担一定的义务。既然居间人负有忠实尽力义务，居间人应当就有关订立合同的事项向委托人和相对人如实报告。合同法只规定了居间人对委托人负有忠实报告义务，并未要求对相对人负有忠实报告义务。居间人是否要对相对人负有忠实报告义务，在报告居间和媒介居间中要求是不同的。在报告居间中居间人只是向委托人报告订立合同的机会，没有必要向相对人报告委托人的真实情况。而在媒介居间中居间人不仅应将相对人的情况如实报告委托人，也应将委托人的真实情况报告相对人，不论居间人是否同时受双方委托，都负有向双方忠实报告的义务。因为居间人的报酬是由所促成的合同成立的当事人平均负担。如果居间人故意隐瞒与订立合同有关的重要事实或者提供虚假情况，损害委托人或相对人利益的，不得要求支付报酬，并应当承担损害赔偿责任。居间人负有报告义务，但并不负有调查义务，并不需要居间人积极调查委托人或相对人的情况，只是就所知事项负有报告于相对人或委托人的义务。至于居间人的尽力义务，又称勤勉义务，合同法未作明确规定。一般来说，居间人为促成合同的成立，应依合同约定，积极尽力地为双方提供机会。居间人不应怠于进行居间活动，有负委托人的委托。所以还应将尽力义务作为居间人的法定义务。

　　本案中，房地产公司所提供的订立合同的资料存在欺诈的成分，对于商品房周围的概况并未如实地提供，以及对商品房的宣传有虚假夸张的成分，因此与张某所签订的房屋出租合同属于可撤销合同，张某有权要求法院解除合同，同时房地产公司应赔偿张某的损失。但至诚房地产服务中心只是居间人，只就房地产公司所提供的房屋资料向相对人如实报告，并不负有调查义务，而且在房地产公司与张某订立合同的过程中并无任何故意隐瞒或提供虚假有关订立合同的重要事实或情况，因此，至诚房地产服务中心并不向张某承担损害赔偿责任。但至诚房地产服务中心应返还张某的中介费，因张某与房地产公司的租赁合同未能成立。

第十二章　技术合同风险防控

第一节　技术合同概述

技术合同，是当事人就技术开发、转让、咨询或者服务订立的确立相互之间权利和义务的合同。技术合同的标的与技术有密切联系，不同类型的技术合同有不同的技术内容。

一、技术合同的法律特征

技术合同除具备一般合同的特点外，还具备以下特征：

（一）技术合同的标的是提供技术的行为

技术合同的标的是提供技术的行为，包括提供现存的技术成果，对尚未存在的技术进行开发，以及提供与技术有关的辅助性帮助等行为，如技术开发、转让、咨询和服务行为。确定这些行为是否属于提供技术的行为，首先从合同标的所涉及的对象上看，即涉及的对象是否为"技术"。"技术"，一般指根据生产实践经验和科学原理而形成，作用于自然界一切物质设备的操作方法和技能。"技术"依不同标准可分为专利技术和专有技术，生产性技术和非生产性技术等。

（二）技术合同的履行具有特殊性

技术合同履行因常涉及与技术有关的其他权利归属而具有与一般合同履行不同的特性，如发明权、科技成果权、转让权等。因此，技术合同既受债法的约束，又受知识产权制度的规范。技术合同的履行，由于其标的涉及对象为"技术"的特征，形成了其履行的特殊性。

（三）技术合同是双务、有偿合同

技术合同的当事人一方应进行开发、转让、咨询或服务，另一方应支付价款或报酬。

（四）技术合同当事人具有广泛性和特定性

在技术合同的主体范围上，法律上没有限制，无论自然人、法人、其他组织，还是企业、事业单位、社会团体、机关法人等，均有主体资格。但通常至少一方是能够利用自己的技术力量从事技术开发、技术转让、技术服务或技术咨询的组织或个人，因此，技术合同的当事人有一定的限定性。

二、技术合同的种类

《合同法》第322条规定："技术合同是当事人就技术开发、转让、咨询或者服务订立的确立相互之间权利和义务的合同。"由此可知，技术合同的种类包括技术开发合同、技术转让合同、技术咨询合同和技术服务合同。

（一）技术开发合同

技术开发合同，是指当事人之间就新技术、新产品、新工艺或者新材料及其系统的研究开发所订立的合同。包括委托开发合同和合作开发合同。技术开发合同应当采用书面形式。当事人之间就具有产业应用价值的科技成果实施转化，可参照相关技术开发合同的规定订立合同。

（二）技术转让合同

技术转让合同，是指当事人就专利权转让、专利申请权转让、非专利技术转让、专利实施许可及技术引进所订立的合同，包括专利权转让合同、专利申请权转让合同、技术秘密转让合同和专利实施许可合同等。技术转让合同应当采用书面形式。

（三）技术咨询合同

技术咨询合同，是指当事人一方就特定技术项目提供可行性论证、技术预测、专题技术调查、分析评价报告等咨询服务，另一方支付咨询报酬的合同。

（四）技术服务合同

技术服务合同，是指当事人一方以技术知识为另一方解决特定技术问题所订立的合同，但不包括建设工程的勘察、设计、施工合同和承揽合同。

三、技术合同无效的特殊规定

除有《合同法》第52条规定的情形之一的技术合同无效外，根据技术合同的特点，《合同法》第329条专门规定："非法垄断技术、妨碍技术进步或者侵害他人技术成果的技术合同无效。""非法垄断技术、妨碍技术进步"，是指通过合同条款限制对方在合同标的技术的基础上进行新的研究开发，或者限制对方从其他渠道吸收先进技术，或者阻碍对方根据市场的需求，按照合理的方式充分实施专利和使用技术秘密。"侵害他人技术成果"，是指侵害另一方或者第三方的专利权、专利申请权、专利实施权、技术秘密的使用权和转让权或者发明权、发现权等的行为。

四、技术合同的主要内容

技术合同主要包括以下条款：
（一）项目名称；
（二）标的的内容、范围和要求；
（三）履行的计划、进度、期限、地点和方式；
（四）技术情报和资料的保密；
（五）风险责任的承担；
（六）技术成果的归属和收益的分成办法；
（七）验收标准和方法；
（八）价款、报酬或者使用费和支付方式；
（九）违约金或者损失赔偿的计算方法；
（十）解决争议的方法；
（十一）名词和术语的解释。

上述技术合同的条款是指导性条款，不要求订立技术合同的当事人必须采用，也不限制当事人在合同中约定其他权利义务。与履行合同有关的技术资料、可行性论证和技术评价报告、技术标准、技术规范、原始设计和工艺文件，以及其他技术文档，按照当事人的约定可以作为合同的组成部分。

五、技术合同成果的权利归属

（一）职务技术成果的使用权和转让权的归属

职务技术成果的使用权、转让权属于法人或者其他组织的，法人或者其他组织可以就该项职务技术成果订立技术合同。法人或者其他组织应当从使用和转让该项职务技术成果所取得的收益中提取一定比例，对完成该项职务技术成果的个人给予奖励或者报酬。法人或者其他组织订立技术合同转让职务技术成果时，职务技术成果的完成人享有以同等条件优先受让的权利。

（二）非职务技术成果的使用权和转让权的归属

非职务技术成果的使用权、转让权属于完成技术成果的个人，完成技术成果的个人可以就该项非职务技术成果订立技术合同。

（三）委托开发所完成的发明创造的权利归属

委托开发所完成的发明创造，除当事人另有约定的以外，申请专利的权利属于研究开发人。研究开发人取得专利权的，委托人可以免费实施该专利。研究开发人转让专利申请权的，委托人可优先受让该专利申请权。

（四）合作开发所完成的发明创造的权利归属

合作开发所完成的发明创造，除当事人另有约定的外，申请专利的权利属于合作开发的各方共有。当事人一方转让其专利申请权的，其他各方可优先受让其共有的专利申请权。合作开发的一方声明放弃其共有的专利申请权的，可由另一方单独或其他各方共同申请。申请人取得专利权的，放弃专利权的一方可免费实施该项专利。但合作开发的一方不同意申请专利的，另一方或其他各方不得申请专利。

（五）委托开发或合作开发完成的技术秘密成果的权利归属

委托开发或合作开发完成的技术秘密成果的使用权、转让权和利益的分配办法，由当事人约定。没有约定或约定不明确，依《合同法》第61条的规定仍不能确定的，当事人均有使用和转让的权利。但是，委托开发的研究开发人不得在向委托人交付研究开发成果前，将研究开发成果转让给第三人。

总之，在技术转让合同中，当事人可以按照合理的原则，约定实施专利、使用技术秘密的后续改进技术成果的分享办法。在合同没有约定或者约定不明的情况下，当事人可以协议补充；不能达成补充协议的，按照《合同法》中有关条款或交易习惯确定；依照合同有关条款或交易习惯仍不能确定的，一方后续改进的技术成果，其他各方无权分享，而由后续改进方享有。

六、技术合同认定登记

技术合同认定登记，是指根据《技术合同认定登记管理办法》设立的技术合同登记机构对技术合同当事人申请认定登记的技术合同文本从技术上进行核查，确认其是否符合技术合同要求的专项管理工作。法人、个人和其他组织依法订立的技术开发合同、技术转让合同、技术咨询合同和技术服务合同都属于认定登记的范围。

技术合同认定登记的程序：

（一）申请

技术合同依法成立后，由合同卖方当事人（技术开发方、转让方、顾问方和服务方）在技术合同成立之日起30日内，凭完整的合同文本和有关附件，向所在地的技术合同登记机构申请登记。

（二）受理

技术合同登记机构在对合同形式、签章手续及有关附件、证照进行初步查验后，确认符合《合同法》《技术合同认定登记管理办法》《技术合同认定规则》等要求的，予以受理。

（三）审查认定

技术合同登记机构审查和认定申请登记的合同是否属于技术合同、属于何种技术合同。

（四）办理登记

技术合同登记机构根据《技术合同认定规则》，对符合技术合同条件的技术合同进行分类，填写技术合同登记表，编列技术合同登记序号，在技术合同文本上填写登记序号，加盖技术合同登记专用章，发给当事人技术合同登记证明。对于非技术合同或不予登记的合同应在合同文本上注明"未予登记"的字样。

（五）核定技术性收入

核定的技术交易额要在技术合同中单独载明。技术开发合同或者技术转让合同包含技术咨询、技术服务内容的，技术咨询、技术服务所得的报酬，可以计入技术交易额。

第二节　技术合同中的法律风险

技术合同是当事人就技术开发、转让、咨询或者服务订立的确立相互之间权利和义务的合同。由于技术合同的标的是无形的商品，加之当事人主、客观条件的限制，技术合同交易存在极大风险，应严加防控。

一、利用包销条款对技术受让方进行欺诈

技术转让合同是技术持有方将自己的技术交付给受让方使用并从中获得报酬而由技术持有方和被许可实施方签订的合同。在技术转让合同中，欺诈人经常利用合同中的包销条款进行欺诈。包销条款是指技术持有人，将技术转让或许可给受让方后，为增加技术转让的吸引力，减少受让方对投资风险的畏惧，承诺全部承销技术受让方根据该技术生产的产品，这种承诺性条款就是包销条款。包销条款对技术受让方或被许可方产生极大的诱惑力，认为这种合同没有任何风险，合同实施后稳赚不赔，从而对合同标的不进行认真的可行性分析就与技术持有人签订合同，为合同欺诈埋下伏笔。技术合同欺诈中的包销条款，一般都是很原则的条款，通常都必须另定补充协议才能实现。因此，即使有包销条款，这种包销条款也很难履行，并且很难追究欺诈人的法律责任。欺诈人往往利用包销条款虚夸产品的销售量，诱使对方支付较高的技术转让费，甚至提供市场可行性报告、技术实施计划等材料，而在实际履行中却往往以种种借口拒绝包销产品，或以极低的价格回购，使生产方最终放弃包销而改为自销。

二、向技术受让方变相出卖设备牟利

技术转让合同签订后，以提供技术实施设备等条件为名，不平等获得受让方财产。技术合同的标的不是一般的物品，而是一种无形的知识或技术。因此，在技术转让过程中，技术持有方一般都要向受让方提供相关条件和进行具体的实施指导。在技术转让合同欺诈中，欺诈人往往要求受让方必须使用技术持有方提供的技术设备，

否则便不保证产品的质量，而受让方由于受专业知识的影响未能对该设备的技术先进性进行考察，盲目地接受该设备，而一旦发现该技术不具有先进性，生产出的产品没有市场时已无法退回该设备，而技术转让方实际则达成了销售该设备的目的并从中获得了利润。另外，有的欺诈人则以代受让方定购设备为名，从中获取高额利润，受让方以为设备如不由技术持有者组织定购会影响技术实施而同意该约定，事实上该设备往往是市场上很普遍的设备，欺诈人从中获取了高额利润。

三、将不具有可实施性技术转让给受让方

技术合同欺诈人将不成熟的或不可实施的技术当作可实施的技术转让给受让方。在技术合同欺诈中，欺诈人经常使用的另一种手段是将不成熟的或者根本不可实施的技术当作可实施的技术转让给受让方。由于我国法律没有将技术的成熟程度作为交付标的的一个前提，所以经常出现将尚不成熟的技术当作成熟的技术，非专利产品当作专利产品进行转让。还有的是将尚处于试验阶段的技术成果作为已成为商品的技术成果进行转让，从而使受让方承担更高的费用继续进行试制、提高、完善、成型，往往得不偿失。

四、对已经转让的技术重复再转让

在市场经济条件下，已转让的技术进行再转让时，其价值是无法与初次转让相比的。但有的转让者在转让技术时，隐瞒其技术已转让的事实，甚至将已约定不能转让的技术拿来再次转让，以此来谋取更高的利益，给对方造成一定经济损失或使对方无法实现其预测的经济利益。有的情况下，是技术的受让方将技术非法转让给第三方，以骗取钱财，这样不仅损害了第三方的经济利益，而且侵犯了技术转让方的利益，构成直接违约。

五、利用不实报道进行欺诈

有些单位或个人，利用报纸、杂志和专业刊物，以及广播、电视大做广告，或通过某些单位或个人所作的有偿"新闻"报道，发出要约引诱，以推销技术专利、提供技术服务等，骗取定金、技术服务费、技术转让费等费用。这种欺诈方式存在

较大的隐蔽性。

六、技术合同条款出现瑕疵

技术合同中包含有技术咨询合同、技术服务合同、技术转让合同、技术开发合同等不同类型。每一类合同都有其自身不同的特点，在技术咨询合同中双方当事人应对所涉及技术问题、咨询报告的内容、期限、质量进行详细约定，尤其对咨询报告可能出现的虚假、延误问题没有明确违约责任。在技术服务合同中对工作条件、工作成果等技术事项约定不明。在技术转让合同中当事人对使用该技术的范围，以及技术持有人是否保证该技术的实用性、可行性约定模糊。在技术开发合同中易出现的漏洞经常是对所开发出的技术的所有权约定不明确，对技术成果的后续改进成果的分享方法约定不明确，等等。所有这些，都留下来合同风险隐患。

第三节　技术合同风险防控技能

一、要慎重考察合作对象的资信状况

订立技术合同前，订约者有权选择订约对象，这是防止技术合同风险发生的关键。慎选签约对象，就是要选择那些资信情况好的客户作为自己交易的伙伴。事实也证明，技术合同风险的产生，几乎都是因为没有对交易伙伴的资信情况进行很好的调查与了解，只是凭熟人介绍或为贪小便宜与欺诈者成交而造成的。

了解对方的资信情况方法，就是要求对方当事人提供有关证明文件如银行开具的资金证明等。一般情况下，资金多、信誉好的客户为促成交易，会积极主动地提供银行资金证明，以此来赢得交易对方的信任。如果对方不愿提供银行资金证明，则不宜与其进行贸易交易，即使交易，也要持小心谨慎态度。另外，也可通过当地的律师事务所、政府部门及与其交往的其他客户进行调查，获得合作方的经济状况、商业信誉、主体资格、缔约能力等方面的广泛信息，综合判断其资信情况和履约能力。

二、审查合同标的的真实性、先进性和实用性

在签订技术合同前，要对技术合同中的技术标的进行严格的科学审查，全面了解该技术的真实性、可靠性、市场价值。技术合同中的技术标的一般由于其具有先进性，当事人并不太能凭自身的知识了解，但是技术成果不可能违反科学的常理和规律，可以在签订合同前向有关部门或技术人员鉴定该技术的可行性。对技术标的的考察还应包括了解该技术实施后可能创造的经济效益，以及市场范围、是否已实施、实施范围等，从而对付出的成本有所衡量。

同时，要对技术合同中技术标的的来源和技术的持有人进行考察。对技术标的的来源进行考察是预防合同欺诈的有效手段。创造技术成果的单位或个人的技术水平决定了技术成果的水平，通过对技术来源和对技术持有人的考察会对技术成果的可信度有所了解，但这只能作为参考，对技术成果的技术指标还是应当聘请相关专家进行判断。另外，在技术转让合同中，受让方应当对技术成果的所有权归属进行考察，以免与非所有权人订立合同而产生纠纷。

当然，还要对技术转让合同中的技术成果的实用价值进行综合考察。主要考察该技术是否实用，依靠自己的技术力量和资金力量能否实施，该技术是否成熟，是否能够马上进行大规模的工业生产，现阶段的社会经济状况是否适用该技术。对一项技术能否控制最终决定着该项技术能否实施，如果受让人对上述方面的考察中有一项或多项不能确定，就要谨慎对待此项技术合同的签订，否则很可能会蒙受损失。

三、技术合同条款要具体、明确

在签订技术合同时，一定要对合同的条款进行认真的审查，避免出现合同漏洞。一般说来，主要围绕下列内容进行审查：

（一）名词和术语的解释

实践中，很多人不重视这一条款。但事实上，由于技术合同专业性较强，合同中往往会涉及很多专有名词和技术术语，有必要明确其范围、含义；另外，还会涉及一些通用名词需要界定，若不界定，就容易引起歧义，甚至纠纷。

（二）项目名称、内容、范围和要求

此条似乎比较简单，其实不然，尤其是技术功能及相关具体要求的描述必须精确、

详细、具体，没有歧义。

（三）履行的计划、进度、期限、地点、地域和方式

对于技术风险较小的项目应当明确项目完成的总进度和每一阶段完成的进度，并直接与违约责任相联系。对于技术风险较大的项目也应当有相应的时间要求，这样在约定的时间里若不能完成相应的技术开发工作，双方可以重新评估合同是否继续履行或者合同如何变更履行。

（四）双方的权利义务

除约定双方的主权利义务外，还应当约定双方如何相互配合。明确项目代表的权利、义务范围。

（五）技术情报和资料的保密

保守技术秘密是技术合同中的一个重要条款。在订立合同之前，当事人应当就保密问题达成订约前的保密协议，在合同的具体内容中更要对保密事项、保密范围、保密期限及保密责任等问题作出约定，防止因泄密而造成的侵犯技术权益与技术贬值的情况的发生。

（六）风险责任的承担

这是技术开发合同的必备条款，应当区分技术能力和技术风险，明确约定风险责任的承担以及控制风险的措施。

（七）技术成果的归属和收益的分成办法

技术成果的归属和收益的分成办法，价款、报酬或者使用费及其支付方式等，这是直接关系到受托方利益的条款，需要谨慎约定。一般应约定：委托开发完成的发明创造，申请专利的权利属于研究开发人；研究开发人取得专利权的，委托人可以免费实施该专利；研究开发人转让专利申请权的，委托人享有以同等条件优先受让的权利。对于委托开发或者合作开发完成的技术秘密成果的使用权、转让权以及利益的分配办法，也要明确约定。对于技术合同价款、报酬或者使用费的支付方式，可以采取一次总算、一次总付或者一次总算、分期支付，也可以采取提成支付或者提成支付附加预付入门费的方式。约定提成支付的，可以按照产品价格、实施专利和使用技术秘密后新增的产值、利润或者产品销售额的一定比例提成，也可以按照约定的其他方式计算。提成支付的比例可以采取固定比例、逐年递增比例或者逐年递减比例。约定提成支付的，应当在合同中约定查阅有关会计账目的办法。

（八）验收标准和方法

一般应根据技术特点约定分阶段验收、试运行（生产）以及相应的技术服务。

（九）违约金或者损失赔偿的计算方法

违约责任应当具体明确，不要只是简单约定承担违约责任或者赔偿经济损失。通常应当约定延迟支付、延迟交付、不能交付等违约责任，计算方法一定要有可操作性。

（十）解决争议的方法

除协商、调解外，有仲裁和诉讼两种方式可供选择，各有利弊。

四、要慎重付费和担保

技术合同欺诈人一般都以技术使用费、技术转让费为目标。因此，技术合同中的受让方对技术使用费、技术转让费的支付方式一定要慎重，对违约责任要约定明确，使被欺诈的可能性降到最低程度。在技术合同中约定，先不支付费用而在合同实施后，再根据产品的销售按比例提成或盈利后给对方分配一定的利润，这对受让方来说应该是风险最小的一种支付方式。一般来说，合同欺诈人只接受一次性支付，如果对方宁可以极低价格转让也不接受其他方式的支付，受让方应当提高警惕以免上当。另外，在技术合同中对违约责任应当制定得明确详细，为防止合同欺诈提供更多的保护措施。

在签订技术合同时，一方当事人为保险起见，可要求对方当事人设立担保。设定担保时一定要注意，当事人切不可将财物轻易交付给对方而设定担保。因为许多技术合同的欺诈方专以骗取定金、抵押物为目的，骗得手后往往逃之夭夭。

五、注意避免技术合同无效的情形

除了《合同法》总则规定的无效理由（如以合法形式掩盖非法目的）之外，具有下列非法垄断技术、妨碍技术进步或者侵害他人技术成果情形的技术合同也无效：

（一）限制另一方在合同标的技术的基础上进行新的研究开发或者限制其使用所改进的技术，或者双方交换改进技术的条件不对等，包括要求一方将其自行改进的技术无偿地提供给对方、非互惠性地转让给对方、无偿地独占或者共享该改进技术的知识产权。

（二）限制另一方从其他来源获得与技术提供方所提供的技术类似或者与之竞争的技术。

（三）阻碍另一方根据市场的需求，按照合理的方式充分实施合同标的技术，包括明显不合理地限制技术接受方实施合同标的技术生产产品或者提供服务的数量、品种、价格、销售渠道和出口市场。

（四）要求技术接受方接受并非实施技术必不可少的附带条件，包括购买非必需的技术、原材料、产品、设备或者服务等和接收非必需的人才等。

（五）不合理地限制技术接受方购买原材料、零部件、产品或者设备等的渠道或者来源。

（六）禁止技术接受方对合同标的技术的知识产权的有效性提出异议或者对提出异议附加条件。

第四节　技术合同典型案例警示

一、委托开发的专利权归谁所有

——王某甲诉恒泰公司等专利权属纠纷案

【裁判要旨】

当事人之间在完成发明创造过程中，通过合同对专利申请权及专利权归属有约定的，依其约定办理；未作出约定或者约定不明的，申请专利的权利属于研究开发人，取得专利权后，研究开发人依法享有专利权，但委托人可以无偿实施该专利。

【基本案情】

2001年1月19日，恒泰公司与王某甲就开发异黄酮（此处特指染料木素，是治疗骨质疏松一类新药）协议约定：由王某甲完成国家医药局所要求达到临床准入条件，获得批件，准备异黄酮的实验研究资料等；由恒泰公司提供小型设备、大型实验场地及条件；王某甲是本项技术研究成果的唯一合作者，恒泰公司在项目完成后付王某甲技术劳务费200万元。该协议对技术成果归属未作出约定。

2001年2月28日，恒泰公司委托四医大对在现有基础上开发的与染料木素相关的派生科技成果研制开发。

2002年6月28日，恒泰公司将染料木素的制备工艺及其药物组合与应用向国家知识产权局申请专利。2004年9月，恒泰公司、四医大将其共同研发并经国家食品药品监督管理局批准进行临床研究的正式批件及上述研究成果的专利申请权无偿独占性转让给九州公司；2005年8月31日，国家知识产权局向九州公司颁发了发明专利证书。专利证书载明，染料木素的制备工艺发明人：某甲、王某乙、王某丙；专利号：ZL02123450.7；专利权人：九州公司。

王某甲认为，其受恒泰公司委托研究开发了染料木素的制备工艺，该技术的专利申请权及专利权应专属自己所有，故诉至法院。请求判令染料木素的制备工艺专利权归王某甲所有。

【法院裁判】

陕西省西安市中级人民法院审理认为：王某甲与恒泰公司协议约定的主要权利、义务和双方订立合同的目的符合委托技术开发合同的特征，因此本案应适用委托技术开发合同的法律规定确定争讼之专利权的归属问题。根据我国《合同法》第329条规定，当事人之间在完成发明创造过程中，在合同中对专利申请权及专利权归属有约定的，依其约定办理；未作出约定或者约定不明的，依照法律规定，申请专利的权利属于研究开发人，取得专利权后，研究开发人依法享有专利权，但委托人可以无偿实施该专利。本案中，双方并未对专利权的归属作出明确约定，因此，争讼之专利权归属于王某甲。遂判决：确认"染料木素的制备工艺"发明专利（专利号：ZL02123450.7）的专利权人为王某甲。

【定性评析】

（一）技术开发合同的法律性质

技术开发合同是指当事人之间就新技术、新产品、新工艺或者新材料及其系统的研究开发所订立的合同。技术开发针对的是未知技术领域和新的技术课题。如果只是将技术成果运用于实践，没有研究开发的内容，则不属于技术开发的范畴。技术开发合同包括委托开发合同和合作开发合同。其中委托开发合同是指当事人一方委托另一方进行研究开发所订立的合同。作为合同的标的，技术开发涉及的是一项新的技术方案，它可以是方案本身，也可以是体现技术方案的产品、工艺、材料或者其组合的系统。技术开发属于创新的活动。技术开发合同具有的目的是当事人希望在高新技术领域有所突破、创新，因此具有履行的协作性；技术开发成果具有创造性，重在解决尚未解决的问题，研制或改进尚不存在或完善的课题；技术开发合同的标的具有一定的新颖性。本案中，恒泰公司与王某甲明示为双方就开发异黄酮治疗骨质疏松一类新药产品签订协议，王某甲与恒泰公司签订的协议符合委托技术开发合同的特征，因此本案应适用委托技术开发合同的法律规定确定争讼之专利权的归属问题。

（二）委托开发合同专利权归属的问题

委托开发完成的发明创造的归属是指当事人在履行委托开发合同中产生的发明

创造归谁所有、如何行使、如何转让、如何进行利益分配等内容。正确确定专利权的归属有利于鼓励发明创造，促进科学技术进步和创新。法律对专利申请权和专利权归属之所以规定由当事人约定，这是基于其具有财产性权利决定的，而对于精神权利如署名权，则不能约定；另外，法律之所以在当事人无约定时，将申请专利的权利属于研究开发人，这是因为技术成果的获得是研发人的创造性劳动实现的，但为了平衡双方的利益，法律又规定委托人可以无偿实施该专利。具体到本案中，恒泰公司与王某甲签订的协议仅约定了本项技术及研究成果王某甲是唯一独家合作，未对专利权的归属作出明确约定，因此，争讼之专利权应归属于王某甲。

（三）关于争讼之专利权是否属于职务发明的问题

我国《专利法》第6条规定：执行本单位的任务或者主要是利用本单位的物质技术条件所完成的发明创造为职务发明创造。职务发明创造申请专利的权利属于该单位；申请被批准后，该单位为专利权人。非职务发明创造，申请专利的权利属于发明人或者设计人；申请被批准后，该发明人或者设计人为专利权人。利用本单位的物质技术条件所完成的发明创造，单位与发明人或者设计人订有合同，对申请专利的权利和专利权的归属作出约定的，从其约定。而四医大认为恒泰公司与四医大药物研究所签订的技术开发合同并不包含恒泰公司与王某甲签订的协议，二者属于不同的法律关系，两份合同当事人的权利义务是不同的；王某甲研发染料木素的行为是非职务行为。因此，王某甲在履行其与恒泰公司签订的委托技术开发协议期间，既不是在本职工作中作出的发明创造，也不属于履行本单位交付的本职工作之外的任务所作出的发明创造，更不是主要利用所在单位的物质技术条件完成的发明创造。根据我国《合同法》第327条"非职务技术成果的使用权、转让权属于完成技术成果的个人，完成技术成果的个人可以就该项非职务技术成果订立技术合同"之规定，恒泰公司无权以争讼之专利为标的与他人签订技术转让合同。因此，染料木素的制备工艺发明专利的专利权人应为王某甲。

二、以图纸有缺陷为由，要求核减技术转让费的主张能否得到法院的支持

——螺钉厂诉群英机械厂技术转让合同纠纷案

【基本案情】

原告螺钉厂因与被告群英机械厂发生技术转让合同纠纷，向上海市杨浦区人民法院提起诉讼。

原告螺钉厂诉称：1988 年 3 月，原告与被告群英机械厂签订技术转让合同。合同规定：原告向被告转让 Z47—16 型螺控多功位联合机（大张嘴）技术，被告按每台销售额 2.5% 比例支付技术转让费直到销售 10 台为止。合同签订后，原告向被告提供技术图纸 8 套。被告据此图纸，生产了 3 台 Z47—16 型螺控多功位联合机并已销售。但是，被告以图纸有缺陷为由，迟迟不支付技术转让费。故请求被告支付 3 台的技术转让费 2.7 万元，继续履行合同。

被告群英机械厂辩称：被告与原告所签技术转让合同属实，但原告提供的技术图纸有明显缺陷，部分技术不具备实用性和可靠性，致使被告受到损失。要求法院驳回原告的请求。

【法院裁判】

杨浦区人民法院经审理查明：1988 年 3 月 3 日，原告和被告签订技术转让合同，由原告向被告转让 Z47—16 型螺控多功位联合机（大张嘴）技术，被告向原告支付技术转让费人民币 9 万元；支付形式按产品销售价格的 2.5% 比例提取，直至提完为止。1988 年 12 月 26 日，原告交付被告技术图纸 8 套。被告拿到图纸后，未书面提出异议。上述技术在转让过程中，原告和被告曾共同对图纸进行过实质性的修改和补充。1989 年年底，被告根据图纸生产了 3 台 Z47—16 型螺控多功位联合机，每台以 36 万元价格售出。按合同规定，被告应支付原告技术转让费 2.7 万元。但是，被告以原告转让的技术有缺陷为由，要求原告减少技术转让费。双方协商未果，被告拒付技术转让费，原告向法院提起诉讼。

以上事实，有协议、函件及庭审笔录为证。

杨浦区人民法院认为：原告螺钉厂向被告群英机械厂转让的 Z47—16 型螺控多功位联合机技术，图纸虽有误差和不完善之处，但是，经双方共同对图纸进行修改和补充，并未影响转让技术的实施，且被告已生产并销售了 3 台机器。因此，被告以原告所转让的技术不具备实用性、可靠性，有明显缺陷为由，要求核减技术转让费，缺乏法律依据。依照《技术合同法》第 16 条规定，原告与被告签订的技术转让合同合法有效，被告答辩理由不能成立。被告未支付原告技术转让费，依照《技术合同法》第 41 条第（一）项的规定，应当补交，原告要求继续履行合同应予准许。据此，该院于 1992 年 12 月 1 日判决如下：

一、原告螺钉厂与被告群英机械厂签订的 Z47—16 型螺控多功位联合机技术转让合同有效，应继续履行；

二、被告群英机械厂应支付原告螺钉厂技术转让费人民币 2.7 万元，在判决生效之日起十五日内一次付清。

第一审宣判后，原告、被告均未提出上诉。

【定性分析】

（一）违约责任的承担方式

根据《技术合同法》第41条第（一）项的规定，受让方违反合同的，应当承担下列责任：（一）未按照合同约定支付使用费的，应当补交使用费并按照合同约定支付违约金；不补交使用费或者支付违约金的，必须停止实施专利或者使用非专利技术，交还技术资料，支付违约金或者赔偿损失。因此在受让方没有按照合同约定支付使用费的情况下，作为合同的另一方当事人可以要求其补交使用费，并按照合同约定支付违约金。但是如果合同中没有关于违约金的规定时，作为非违约方是否可以要求损害赔偿。从理论上讲，既然存在损害，作为非违约方自然可以要求对方承担损害赔偿的责任。但如果从《技术合同法》第41条第（一）项的规定来看，认为不能要求其支付损害赔偿。因为第41条第（一）项明文规定，只有在当事人不补交使用费的情况下，作为转让方才可以要求支付违约金或者赔偿损失。而同样《技术合同法》第41条第（一）项的规定，如果当事人补交了使用费的情况下，则没有关于损害赔偿的规定。根据条文的这种前后结构，应当认定其没有承担损害赔偿的义务。当然按照《民法通则》第111条的规定，当事人一方不履行合同义务或者履行合同义务不符合约定条件的，另一方当事人有权要求履行或者采取补救措施，有权要求赔偿损失。按照特别法没有规定时适用一般法的规定，作为原告有权引用《民法通则》的规定要求对方承担损害赔偿责任。但是从《技术合同法》第41条第（一）项的规定来看，其本质就是在于规定违约责任的承担方式，因此该规定属于特别规定，应当优先适用，故不能适用《民法通则》的规定。即如果受让方补交了使用费时，作为转让方无权要求损害赔偿。当然如果合同中有关于违约金的约定，可以要求其承担违约金的法律责任，则属于另一问题。如果此案发生在现在，按照《合同法》规定的内容进行处理，其处理结果基本一样。根据《合同法》第352条规定，受让人未按照约定支付使用费的，应当补交使用费并按照约定支付违约金；不补交使用费或者违约金的，应当停止实施专利或者使用技术秘密，交还技术资料，承担违约责任。

应当说，这种结论并不科学，但是从法律本身来讲，这个结论是能够成立的。而造成这种并不理想的结果，其主要原因在于立法。在整个技术合同立法，特别是现在《合同法》项下的技术合同立法，这方面的问题特别严重，作为《合同法》项下的分则合同的起草者，根本不考虑《合同法》总则的规定，还是按照原来的立法模式，即单独立法的方式进行，造成大量条文的规定与《合同法》总则冲突。如既然《合同法》总则规定了有关违约责任的条款，如果分则合同本身没有特殊的违约责任的承担方式，则没有必要规定违约责任的承担问题，因为此时自然考虑《合同法》总则中有关违约责任条款的适用。现在在整个《合同法》分则中技术合同的内容中，大量涉及违约责任条款的规定，此时按照"有特别规定的，按照特别规定处理"的原则。此时凡是分则合同中有关于违约责任规定的内容的，则应当排斥总则违约责任条款的适用。但是如果真要是按照此种方式处理，往往无法保护当事人的利益。

（二）被告的抗辩事由能否成立

考虑被告的抗辩事由能否成立，需要注意两方面的内容，一是被告的抗辩事由是否属于法律上能够成立的抗辩事由；二是如果该抗辩事由在法律上能够成立，则要考虑该抗辩事由是否确实存在。在本案中，被告提出由于原告提供的技术缺乏实用性、可靠性，有明显缺陷，因此不能支付转让费。因此我们首先需要考虑的是如果原告提供的技术缺乏实用性、可靠性，则被告能否要求不支付转让费。根据《技术合同法》第39条的规定，非专利技术转让合同的转让方的主要义务之一就是保证技术的实用性、可靠性。因此作为技术转让方的原告，如果提供的技术不具备实用性和可靠性，被告可以以原告没有履行合同约定的主要义务为由，根据《技术合同法》第24条的规定要求解除合同。而且《技术合同法实施条例》第76条第三款规定，如果非专利技术成果达不到合同约定的技术指标的，转让方应当支付违约金或者赔偿损失。因此我们认为被告的抗辩事由属于法定的抗辩事由之一，因为法律明文规定作为非专利技术的受让方可以要求转让方提供的技术必须具备实用性、可靠性。因此关于技术缺乏实用性、可靠性的抗辩事由在法律上属于合法的抗辩事由。但是在具体的审查中，必须进一步审查该抗辩事由是否在本案中确实存在。在此案中该抗辩事由不能成立。所谓实用性，是指所转让的技术能够在合同约定的领域应用；所谓可靠性，是指按照合同约定重复试验可以得到预期的效果。本案中原告所提供的技术是否具有实用性和可靠性？从已查明的事实看，原告向被告提供Z4—16型螺控多功位联合机技术，虽图纸有误差和不完善之处，但经双方及时修改和补充，原告所转让的技术得到了实施，被告生产并销售了螺控多功位联合机，被告按合同约定得到了预期的效果，原告已履行了合同约定的义务，被告提出的原告所转让的技术不具有实用性、可靠性的理由不能成立。

如果案件发生在现在，按照《合同法》第349条的规定，技术转让合同的让与人应当保证自己是所提供的技术的合法拥有者，并保证所提供的技术完整、无误、有效，能够达到约定的目标。因此作为现行《合同法》的规定，作为让与人应当保证提供的技术完整、无误、有效，能够达到约定的目标。应当说，此处的完整、无误、有效与原来的"实用性、可靠性"相比，要求更为严格和完整。因为保证所提供的技术完整、无误，其中完整、无误的内容很广，除了保证技术本身的完整性和无误性以外，应当还可以包括作为标的技术的权利的完整性。如专利权不受物权或质押权的约束；不存在强制实施许可等等。

（三）关于继续履行之间的关系

根据现行《合同法》总则第110条的规定，当事人一方不履行非金钱债务或者履行非金钱债务不符合约定，对方可以要求履行。根据这一条的规定，必须是在承担非金钱债务的情况下，才可以请求对方承担继续履行的违约责任。但是在此案中，作为原告其所能要求的只能是对方支付技术转让费，这应当属于一种金钱债务，因此能否适用继续履行的违约责任的承担方式值得探讨。当然，在此案审理的当时，《合同法》显然还没有颁布，因此根据《民法通则》第111条规定，当事人一方不履行合同义务或者履行合同义务不符合约定条件的，另一方有权要求履行或者采取补救措施，并有权要求赔偿。从这一条的规定来看，没有强调必须是金钱债务。但是从金钱债务的性质来看，如果是金钱债务的话，由于其标的是一般等价物，所以没有必要强调继续履行，通过损害赔偿同样可以解决。当然由于是技术转让合同，因此其转让费的支付是与对方的销售联系在一起的，因此只有在对方进行具体销售的情况下，才能够要求被告按照销售比例给予原告提成。

在技术转让合同中能否采用继续履行这种违约形态，还需要考虑技术合同本身的特性。由于技术合同标的属于专业性很强的内容，因此在技术合同履行中，往往强调双方当事人之间的合作，这在技术开发合同中体现得更为明显。从这个角度讲，在技术合同中适用继续履行的违约责任形态应当有一定的限制。

无论从原来的《技术合同法》还是《合同法》中技术合同篇的规定来看，都没有涉及继续履行的问题。原来的《技术合同法》第41条规定的受让方承担的违约责任方式就是补交使用费、支付违约金、赔偿损失三种，而《合同法》中技术合同篇的规定完全照搬了原来《技术合同法》的规定，并没有变化，因此在技术转让合同中能否采用继续履行的违约责任还有商榷的余地。

【案件警示】

此案涉及的是非专利技术转让合同纠纷。案情比较简单，其作为典型案例出现的一个重要方面在于其案件是在《技术合同法》颁布以后较早出现的纠纷。从法院的处理来看，也较为规范。由于《技术合同法》作为单独的立法，有其自己的特点，所以有几个问题需要考虑：1.未支付技术转让费的违约责任形式有哪些以及各种违约责任形式之间的关系如何。2.作为受让方的抗辩事由是否成立。3.技术合同中的继续履行。

三、当事人主张的技术成果为其非职务技术成果能否得到法院的支持

—— 李某某诉邯郸制药有限公司技术合同纠纷案

【基本案情】

原告：李某某；被告：邯郸制药有限公司（简称邯药公司）；第三人：河北省中医院。

20 世纪 70 年代末，任职于河北省中医院的李某某提出一种治疗慢性萎缩性胃炎的中药配方，经该院内部使用后疗效显著，后逐步发展为成药丸剂，并命名为"摩罗丹"。1985 年 2 月，时任河北省中医院院长、法定代表人的李某某以甲方的身份与乙方邯郸制药厂签订了技术转让合同，约定无保留地将生产"摩罗丹"的配方、生产工艺流程、质量标准以及临床病例资料等传授给乙方；乙方答应给付李某某报酬费 4 万元并在 3 年内给付相应的销售提成和奖金；乙方在其产品"摩罗丹"上标注"李某某验方"字样。当年 8 月，邯郸制药厂开始生产并销售"摩罗丹"。1998 年 10 月，邯郸制药厂改为邯药公司，继续生产销售"摩罗丹"，但未与李某某协商，便不再标注"李某某验方"的字样。

2007 年，李某某以邯药公司违约为由向河北省高院提起诉讼，请求法院判令："摩罗丹"技术成果为其非职务技术成果，成果权归其个人所有；邯药公司支付技术使用费 2900 余万元。

【法院裁判】

河北省高院审理后作出一审判决："摩罗丹"配方、生产工艺及质量标准技术成果为李某某非职务技术成果，邯药公司赔偿李某某违约损失 20 万元；同时，邯药公司立即在其生产、销售的"摩罗丹"产品上标注"李某某验方"字样。

双方均不服并上诉至最高人民法院，最高法院终审判决：维持原审第一项判决；撤销原审第二项判决。因邯药公司对于无法在产品上标注"李某某验方"字样的情况没有及时与李某某协商变通标注的事宜，作为补救，邯药公司应再向李某某支付 20 万元。

【定性分析】

本案为涉及职务技术成果的判定，存在违约情形的技术合同纠纷，是日常生活中比较常见的纠纷类型。在分析本案时，需要从两个方面来梳理线索：

（一）前提认定：职务技术成果的相关判断

所谓职务技术成果是指执行法人或者其他组织的工作任务，或者主要是利用法人或者其他组织（以下简称本单位）的物质技术条件所完成的技术成果。根据法律的相关规定，职务技术成果主要包括以下几类：第一，在职人员承担本单位的科学研究和技术开发课题所完成的成果；第二，在职人员履行本岗位的职责所完成的技术成果；第三，退休、离休、调动工作的人员在离开原单位一年内继续承担原单位的科学研究和技术开发课题或者履行原岗位的职责所完成的技术成果；第四，主要是利用本单位的物质技术条件所完成的技术成果。由此可知，认定是否属于职务技术成果，关键看两点：是否为履行公司任务的职责行为，无论是否在岗；是否主要利用单位的物质技术条件。

在本案中，经法院审理查明，河北省中医院并没有足够的证据证明其对"摩罗丹"的研制任务进行了专门的交付和投入。其仅因为李某某在技术成果完成后，对其进行了临床使用、后期验证性研究和资金投入，而主张对"摩罗丹"技术成果享有所有权，这是没有法律依据的。因为研制药品的专业性要求很高，李某某并无义务研制该药，第三人河北省中医院又无法证明其分配给李某某此研制任务或者李某某研制该药期间主要利用了医院的技术设备。后期的试验和相关资金的使用可由李某某支付相应的费用，但这并不属于研制发明的构成部分。因而，"摩罗丹"药物的开发并非职务技术成果，第三人河北省中医院提出的请求不能成立。

（二）责任认定：合同违约的相关判断

所谓违约是指当事人违反合同的相关规定，不履行合同债务或者履行合同债务不符合约定的行为。合同是当事人之间的合意，是约束当事人行为的法则，当事人都应当遵守合同的相关规定，履行合同的约定内容，违约的当事人应当承担违约责任。承担违约责任的形式包括支付违约金、赔偿损失、继续履行和采取补救措施等。

结合本案具体情况来看，原告与邯郸制药厂签订了技术转让合同，其中明确约定，乙方在其"摩罗丹"上标注"李某某验方"字样。在邯郸制药厂改为邯药公司后，其并未通知原告该事项，并不再在药品上标注"李某某验方"字样。这是明显违反合同的约定条文的，构成了违约行为。

【案件警示】

在技术创新飞速发展的今天，技术成果的转让也成为屡见不鲜的常事，但是很多当事人在进行技术成果的转让时却忽视了很多应当引起重视的地方，从而使自己的权益受损。妥善处理技术成果的转让问题，在签订技术转让合同时需要注意以下几点：

首先,应当在合同里明确转让的技术成果的名称、内容和期限。对于受让方来说,要特别注意受让的专利或者技术成果的有效期限是否尚未经过,如果已经经过仍然购买,相当于花钱购买了一项公知技术,得不偿失。

其次,应当明确写明技术资料的提交期限、地点和使用方式,用语要清晰明朗,避免使用模糊性语言和易发生歧义理解的词汇,以免出现不必要的争端。

最后,需要列明转让的费用和具体的支付方式,如果存在需要专业技术人员指导的情况,还应当列明技术指导和协助的相关条款。

总之,在签订技术转让合同时,不论是出让方还是受让方,都应当具备谨慎和细致的态度,详尽地列明应当注意的事项,用词精确。

四、技术合同不履行有什么严重后果
——王某某、韩某某诉姚某某技术合同纠纷案

【基本案情】

2007年11月5日,原告与被告签订了一份花炮、烟花技术转让协议,约定:由被告向原告传授烟花安全彩光鞭炮制作技术及配方,包教包会,学会为止,并且被告要负责原告投产成功;原告学会烟花及安全彩光鞭炮技术后,由原告向被告支付学费3000元整;付款方式是待原告全部学会以上技术后,一次性付清学费;原告在生产烟花、花炮过程中,如遇到技术上的难题,被告应对原告继续免费支持,并保证原告投产成功。协议签订后,原告先后在浏阳、被告处购买了原材料及设备,支出货款15370元,原材料及设备托运到江西万年县,支出运费602元。之后,被告向原告提供了开爆药、烟花内筒泥底、锥形烟花等配方制作工艺,未向原告提供安全彩光鞭炮制作技术。原告回江西万年县后,以被告提供的烟花技术配方进行试验制作,未能成功。然后,原告要求被告按照协议前往指导求教,被告一直未到原告处指导传授技术,原告多次到浏阳与被告协商未果。其间,原告先后四次往返于江西万年县与湖南浏阳市之间,开支交通费1698.60元,住宿费710元,复印费203元。

【法院裁判】

法院认为,原、被告之间签订的花炮、烟花技术转让协议系双方当事人真实意思表示,不违反法律、行政法规的禁止性规定,合同合法有效,对双方均具有约束力,双方应严格履行各自的义务。根据法律规定,当事人一方不履行合同义务或者履行合同义务不符合约定条件的,另一方有权要求履行或者采取补救措施,并有权要求赔偿损失。被告未按照合同约定向原告传授全部烟花、安全彩光鞭炮制作技术及配方,

不能保证原告烟花、安全彩光鞭炮投产成功。被告已构成违约,应承担违约赔偿责任。被告辩称其未给原告造成损失、原告的损失是自己造成的、原告生产烟花需办理证照、本案中其不应承担赔偿责任等理由,因被告未提供任何证据证明,本院不予采信。原告王某某、韩某某提出要求赔偿其误工费、出差补助费和烟花利润因无相应证据和法律依据,对此,本院不予支持。故本院对原告王某某、韩某某的诉讼请求部分予以支持。据此,依照《合同法》第60条、第107条规定,判决:一、被告姚某某在本判决生效之日起十日内赔偿原告王某某、韩某某原材料及设备款15370元、运费602元、交通费1698.60元、住宿费710元、复印费203元,共计18583.60元;二、驳回原告王某某、韩某某其他诉讼请求。

【争议焦点】

本案的被告人不按技术合同约定履行义务是否构成违约责任?

【定性评析】

合同是一项当事人之间的反应真实意思表示的为达成某项合同双方当事人之间真实意思表示的民事约定,或者民事协议。以不违背法律及其他社会公序良俗原则为前提。同时,不损害任何其他各方当事人的利益。

我国合同法规定:合同是平等主体的自然人、法人、其他组织之间设立、变更、终止民事权利义务关系的协议。

但是关于婚姻、收养、监护等有关身份关系的协议,适用其他法律的规定,就不能适用合同法的规定。也就是合同法排除具有人身关系合同的适用。从合同的定义来看,合同要求签订合同的双方当事人法律地位平等,地位不对等的人不能适用合同法的规定。目的是为设立、变更、终止民事权利义务关系。所以合法的合同受法律的保护。当事人都需要为自己的真实意思表示承担民事责任。

这就涉及另一个问题,就是合同的法律约束力,它是法律赋予合同对当事人的强制力,也就是说合同的双方当事人如违反合同约定的内容,那么就产生相应的法律后果,主要是要求合同不履行承担相应的法律责任,主要是对守约方的责任。法律的约束力是当事人必须为之或不得为之的强制状态,约束力或来源于法律,或来源于道德规范,或来源于人们的自觉意识,当然,源于法律的法律约束力,对人们的行为具有最强迫约束力。因为当事人违背的话就意味着要承担国家的暴力工具干涉。合同的约束力主要表现为以下几种情况:1.当事人不得擅自变更或者解除合同,当然协议约定一致的变更和解除是可以的;2.当事人应按合同约定履行其合同义务,不履行就要承担惩罚性责任3.当事人应按诚实信用原则履行一定的合同外义务,如完成合同的报批、登记手续以使合同生效,这是为保证合同真正完全地得到履行。

不得恶意影响附条件法律行为的条件的成就或不成就，不得损害附期限法律行为的期限利益等。否则都得承受消极后果。

本文涉及的技术合同，是指平等的当事人之间就技术开发、技术转让、技术咨询和技术服务所达成的具有明确全力义务内容的协议。本案的原告和被告签订了表示真实意愿的技术合同，所以当时就必须履行，然而本案的被告在原告的一再要求下，对自己的合同义务却置之不理，实际上就已经构成了合同违约，所以就需要对守约的一方原告两人承担违约责任，赔偿原告为履行本合同而付出的合同对价。

【案件警示】

作为合同类型的典型形态之一技术合同，法律对规定明确的规范标准，合同的双方当事人就必须严格遵守。合同虽然是民事约定，但是法律对合法的合同给予了强制力保护，所以对于民事约定中违约的当事人，合同的守约方就可以依据法律得到违约方的赔偿。从法律的层面讲，违约是一个惩罚性责任的承担，但是从社会来讲，违约就意味着诚信的不再拥有，作为一个市场经济下的主体，这往往就是致命的。

五、用户未按约定验收后能否主张开发的产品有瑕疵
——普安医药公司与现代商友公司买卖及技术服务合同纠纷案

【裁判要旨】

软件系统供应商在向用户交付软件产品并完成技术实施服务后，用户未按约定予以验收确认的，供应商主张其交付的软件产品和提供的实施服务符合合同约定的，应获支持，用户应按合同约定履行支付货款和技术实施服务费用的义务。

用户在合同约定验收期限届满之后主张软件系统存在运行故障或功能缺陷，应适用双方有关系统运营维护阶段发生质量问题的约定界定责任。用户拒绝按合同约定标准支付系统运营维护服务费用的，技术提供方未提供运营维护服务，不构成违约。

【基本案情】

原告（反诉被告，二审上诉人）：普安医药有限公司（下称普安医药公司）

被告（反诉原告，二审被上诉人）：现代商友软件有限公司（下称现代商友公司）

2012 年 4 月 10 日，普安医药公司（甲方）与现代商友公司（乙方）签署《OracleJDEERP 管理系统实施服务合同》，约定由乙方向甲方提供 JDE 系统实施服务，甲方向乙方支付合同费用 132 万元，年维护费用 6 万元。2012 年 4 月 12 日，双方又签订《OracleJDE 软件产品购销合同》，约定甲方向乙方购买 OracleJDEdwardsEnterpriseOne 应用软件解决方案，合同总价 45 万元，包含软件费和

一年的 JDE 软件维护费用。

合同签订后，现代商友公司向普安公司交付了 Oracle DE 软件产品并安排员工到普安公司现场提供系统实施服务。2013 年 1 月 7 日，现代商友公司向普安公司发送上线确认邮件。2013 年 2 月 1 日，普安公司向现代商友公司发送了感谢信。至 2013 年 3 月 26 日，普安公司共向现代商友公司支付了 JDE 实施费用总计 97.5 万元，并支付了 JDE 软件款 45 万元。2013 年 4 月至 6 月期间，因 ERP 系统运行出现技术问题，普安公司同现代商友公司进行联系，部分问题得到解决；就余下未解决技术问题，双方未能达成协议。2014 年 8 月 31 日后，普安公司即停止使用 OracleJDEERP 系统，并改用了其他公司的 ERP 系统。2014 年 9 月，普安公司以现代商友公司提供的 OracleJDEERP 管理系统及 OracleJDE 软件产品不符合合同要求为由，诉至法院，请求解除涉案两份合同并退回所有已收取的款项 142.5 万元。现代商友公司向法院提出反诉，请求普安公司支付剩余 JDE 实施费 31.5 万元及年维护费 2 万元。

【法院裁判】

武汉市中级人民法院认为，关于实施服务是否符合合同约定问题。现代商友公司向普安公司发送的上线确认邮件以及普安公司发送的感谢信，可以确定普安公司 JDE 管理系统正式上线。普安公司在收到现代商友公司发送的邮件后，不仅未对邮件内容提出异议，相反还追加服务款项 3 万元。从双方履约行为判断，可以确定现代商友公司按约提供了 JDE 管理系统实施服务，普安公司应按约支付欠付的系统实施费 31.5 万元。因普安公司在 2014 年 8 月 31 日之后已不再使用现代商友公司提供的 JDE 管理系统，继续履行双方签署的实施服务合同缺乏客观基础和必要，有关实施服务合同可予解除。

关于软件产品质量问题。因双方在软件销售合同中并未约定对软件产品进行质量检验的方式及检验期间，考虑基于 JDE 软件产品而实施的 JDE 管理系统已能完成上线并保证首次财务月结成功，初步表明该软件产品在技术上是可靠并能发挥基本功用。同时，软件系统故障与软件产品、有关技术实施服务及系统运行环境等多种因素有关，不能因存在系统故障而直接反推 JDE 软件产品不符合合同约定。至于 JDE 管理系统上线运行后发生的故障问题，属于 JDE 管理系统维护阶段的问题，应根据双方有关系统维护阶段权利义务的约定进行处理。普安公司拒绝同意按合同约定的售后服务费用标准解决有关技术故障，其应自担风险。同时，因普安公司 JDE 系统在运维阶段出现的问题确实未得到全面有效解决，对现代商友公司反诉主张的 2 万元 JDE 维护费用，不予支持。一审法院遂判决解除普安公司与现代商友公司签订的《OracleJDEERP 管理系统实施服务合同》，并由普安公司支付现代商友公司 JDE

系统实施费用 31.5 万元。

普安公司不服一审判决，向湖北省高级人民法院提起上诉。二审判决驳回上诉，维持一审判决。

【案件警示】

本案系有关大型 ERP 应用软件系统销售和技术服务合同纠纷案件。与普通的单机应用型计算机软件可由用户自主安装运行不同，在 ERP 等大型软件系统实施项目中，供应商除提供软件产品外，还需结合用户的需求进行业务分析与方案设计，再进行相应的系统配置开发与测试，最终实现软件系统的整体功能。该类软件系统能否持续稳定地发挥功能，不仅与软件产品本身有关，与技术提供方提供的实施服务以及系统运行环境也密不可分。本案以双方当事人的合同约定为基础，以合同履行过程为脉络，在充分查清案件事实的基础上，通过裁判明确了软件销售和技术实施服务中的履约规则，裁判结果对指导当事人善意履行契约义务，防范法律风险具有指导意义。

1. 本案裁判明确了软件系统实施服务合同中验收条款对界定当事人责任范围的重要意义。验收条款中约定的验收期限是区分软件系统是处于安装实施服务阶段还是转为运营维护阶段的重要分界线。在系统供应商已完成产品交付和技术实施服务，达到验收条件而用户未按约定予以验收确认的，应视同有关软件系统质量符合合同约定，用户应按照约定支付货款和技术实施服务费用。对软件系统在约定验收期届满后发生的故障或功能缺陷，应根据系统运营维护阶段的约定确定当事人的责任。

2. 本案裁判明确了用户和供应商对软件系统是否满足技术保障承诺要求的举证规则。用户在验收期届满后，以供应商提供的软件系统不符合"成熟、稳定和可靠"的技术保障承诺，要求退货并返还技术服务费的，用户应就系统故障系因软件产品质量或技术实施服务缺陷引起进行初步举证说明。在用户进行初步举证说明后，供应商应就系统故障原因进行解释说明。供应商能举证说明有关系统故障系因用户需求变更、系统运行环境改变等造成的，仍应由用户承担举证责任。双方对故障原因陈述不一致导致有关责任无法界定时，可通过检测机构鉴定或专业技术人员出庭说明的方式核实有关事实。因用户原因导致有关技术检测无法进行，或者用户不申请检测鉴定时，由用户承担举证不能的法律后果。